LE DROIT

INTERNATIONAL

THÉORIQUE ET PRATIQUE

LE DROIT

INTERNATIONAL

THÉORIQUE ET PRATIQUE

PRÉCÉDÉ D'UN EXPOSÉ HISTORIQUE

DES PROGRÈS DE LA SCIENCE DU DROIT DES GENS

PAR

M. CHARLES CALVO

ENVOYÉ EXTRAORDINAIRE ET MINISTRE PLÉNIPOTENTIAIRE DE LA RÉPUBLIQUE ARGENTINE
AUPRÈS DE S. M. L'EMPEREUR D'ALLEMAGNE,
ASSOCIÉ ÉTRANGER DE L'ACADÉMIE DES SCIENCES MORALES ET POLITIQUES
DE L'INSTITUT DE FRANCE,
MEMBRE D'HONNEUR DE L'INSTITUT DE DROIT INTERNATIONAL,
DE L'ACADÉMIE ROYALE D'HISTOIRE DE MADRID, ETC.

CINQUIÈME ÉDITION

Revue et complétée par un Supplément

TOME VI

SUPPLÉMENT GÉNÉRAL

PARIS

Librairie nouvelle de Droit et de Jurisprudence

Arthur ROUSSEAU, Éditeur

14, RUE SOUFFLOT ET RUE TOULLIER, 13

—

1896

AVANT-PROPOS

DU SUPPLÉMENT DE LA CINQUIÈME ÉDITION

Désirant tenir les lecteurs de la cinquième édition du *Droit international* au courant des faits qui se sont produits depuis 1888, dans la sphère du droit des gens, et aussi leur éviter la peine de compulser de nombreuses publications. nous nous sommes décidé à leur offrir le présent supplément.

Il comprend un précis des événements qui ont récemment marqué dans la sphère du droit international, la suite de la bibliographie du droit des gens, un résumé des traités, des sentences des cours de justice, des cas intéressants au point de vue de ce droit, des votes des corps savants et des opinions des jurisconsultes, depuis la publication de notre quatrième édition jusqu'à l'heure actuelle. C'est dire que ce volume est un diminutif des cinq premiers de ceux qui composent cette édition. Les chapitres qui n'y figurent pas, sont ceux qui ont trait à des matières où il ne s'est produit aucun changement pendant ces dernières années. Nous avons principalement développé les parties de notre ouvrage consacrées au droit de la guerre et au droit maritime. A part quelques luttes sans portée générale, le monde a joui, sur terre et sur mer, d'une paix profonde, depuis la publication de notre dernière édition. Aussi n'avons-nous guère eu à signaler, dans ces ordres d'idées, que les votes des corps savants qui tendent de plus en plus à substituer aux pratiques de la guerre actuelle, des usages mieux en rapport avec les tendances de notre époque. Ces votes ont porté, avant tout, sur la question, plus que jamais à l'ordre du jour, des arbitrages internationaux.

TABLE DES MATIÈRES

CONTENUES DANS CE VOLUME.

_____

INTRODUCTION

ESQUISSE HISTORIQUE DES PROGRÈS DU DROIT INTERNATIONAL.

PREMIÈRE PARTIE

ÉTAT DE PAIX.

LIVRE I

PRINCIPES GÉNÉRAUX ET SOURCES DU DROIT INTERNATIONAL

LIVRE II

SOUVERAINETÉ DES ÉTATS.

LIVRE III

INDÉPENDANCE ET CONSERVATION DES ÉTATS.

LIVRE IV

ÉGALITÉ DES ÉTATS,

LIVRE V

PROPRIÉTÉ ET DOMAINE PUBLIC.

LIVRE VI

DROIT DE LA MER.

SECTION I. — DE LA MER.

SECTION II. — DE LA NAVIGATION.

SECTION III. — JURIDICTION D'UN ÉTAT SUR LES NAVIRES.

LIVRE VII

DROIT INTERNATIONAL PRIVÉ.

LIVRE VIII

DE LA NATIONALITÉ.

LIVRE IX

DU DOMICILE

LIVRE X

SECTION I. — DES PERSONNES PHYSIQUES.

SECTION II. — DES PERSONNES MORALES.

SECTION III. — DU MARIAGE.

SECTION IV. — DU DIVORCE.

SECTION V. — DU DROIT DE FAMILLE.

SECTION VI. — DES SUCCESSIONS.

LIVRE XI

CONFLIT DES LOIS DE PROCÉDURE CIVILE.

SECTION I. — DU POUVOIR JUDICIAIRE.

SECTION II. — DES JUGEMENTS ÉTRANGERS.

SECTION III. — COMMISSIONS ROGATOIRES.

LIVRE XII

CONFLIT DES LOIS COMMERCIALES. — ACTES DE COMMERCE.

LIVRE XIII

DROIT PÉNAL INTERNATIONAL. — CONFLIT DES LOIS CRIMINELLES.

SECTION I. — JURIDICTION D'UN ÉTAT SUR LES CRIMES ET LES DÉLITS.

SECTION II. — EXTRADITION.

LIVRE XIV

RÈGLEMENTS INTERNATIONAUX CONCERNANT LES INTÉRÊTS SOCIAUX ET ÉCONOMIQUES DES PEUPLES.

SECTION I. — PROPRIÉTÉ LITTÉRAIRE ET ARTISTIQUE.

SECTION IX. — AUTRES ACCORDS INTERNATIONAUX. — POIDS ET MESURES.

SECTION X. — PUBLICATION DES TARIFS DOUANIERS.

LIVRE XV

DEVOIRS MUTUELS.

LIVRE XVI

DROIT DE REPRÉSENTATION.

SECTION I. — DIPLOMATIE.

SECTION II. — AMBASSADES.

SECTION III. — CONSULAT.

LIVRE XVII

PRIVILÈGE D'EXTERRITORIALITÉ.

SECTION I. — DES SOUVERAINS ET DES GOUVERNEMENTS. — DE LEURS OBLIGATIONS ET DE LEURS DROITS.

SECTION II. — AGENTS DIPLOMATIQUES.

SECTION III. — BATIMENTS DE GUERRE ET ARMÉES ÉTRANGÈRES.

LIVRE XVIII

ACCORDS INTERNATIONAUX.

SECTION I. — DROIT CONVENTIONNEL.

SECTION II. — NÉGOCIATIONS.

SECTION III. — EXÉCUTION ET INTERPRÉTATION DES TRAITÉS.

LIVRE XIX

DIFFÉRENDS ENTRE ÉTATS ET DES MOYENS DE LES RÉGLER.

SECTION I. — NÉGOCIATIONS DIRECTES. — CONGRÈS ET CONFÉRENCES.

SECTION IV. — AVENIR DE L'ARBITRAGE. — TRIBUNAL INTERNATIONAL.

SECTION V. — SOLUTIONS VIOLENTES. — RÉTORSION. — REPRÉSAILLES. — EMBARGO.

SECTION VI. — BLOCUS PACIFIQUE.

SECONDE PARTIE

ÉTAT DE GUERRE.

LIVRE PREMIER

DU BUT ET DES CAUSES JUSTIFICATIVES DE LA GUERRE.

LIVRE II

DE LA DÉCLARATION DE GUERRE ET SES EFFETS IMMÉDIATS.

SECTION I. — ULTIMATUM. — DÉCLARATION DE GUERRE ET MESURES QUI L'ACCOMPAGNENT.

LIVRE VII

RAPPORTS ENTRE BELLIGÉRANTS. SUSPENSION DES HOSTILITÉS.
SAUF-CONDUITS. CAPITULATIONS.

LIVRE VIII

DE LA CONQUÈTE.

TROISIÈME PARTIE

ÉTAT DE NEUTRALITÉ.

LIVRE PREMIER

DÉFINITION ET APERÇU HISTORIQUE DE LA NEUTRALITÉ.

LIVRE II

PRINCIPES GÉNÉRAUX DE LA NEUTRALITÉ ET DEVOIRS DES NEUTRES.

LIVRE III

DROIT DES NEUTRES.

LIVRE IV

DE LA CONTREBANDE DE GUERRE.

LIVRE V

DES SIÈGES ET BLOCUS

SECTION I. — DU BLOCUS EFFECTIF ET DE SES EFFETS.

SECTION II. — DU BLOCUS EFFECTIF.

LIVRE VI

DU DROIT DE VISITE ET DE RECHERCHE.

LIVRE VII

DES PRISES MARITIMES

SECTION I. — PRINCIPES GÉNÉRAUX DU DROIT DE PRISE.

QUATRIÈME PARTIE

FIN DE LA GUERRE.

LIVRE PREMIER

DES TRAITÉS DE PAIX.

LIVRE II

DU DROIT DE POSLIMINIE ET DU DROIT DE REPRISE.

APPENDICE

FIN DE LA TABLE DES MATIÈRES

INTRODUCTION

ESQUISSE HISTORIQUE DES PROGRÈS DU DROIT INTERNATIONAL

Aux publicistes antérieurs à 1815 (*Droit international*, I, p. 27 et s.) il convient d'ajouter les suivants :

M. Maspero a publié, dans le *Journal des Débats*, une étude sur les relations de l'Egypte avec les puissances étrangères, vers le XVIe siècle avant notre ère, étude qui vient compléter ce que nous disions sur ce sujet (*Droit international*, I, p. 2). Ces relations étaient réglées par une douzaine de personnages qui suivaient partout le Pharaon. Ils introduisaient les ambassadeurs étrangers, leur apprenaient le cérémonial, traduisaient leurs discours, présentaient leurs cadeaux et transmettaient leurs lettres de créance. Ils avaient sous leurs ordres des secrétaires et des interprètes. En guise de cartons on usait de grandes jarres en terre cuite où l'on empilait les dépêches et les documents, c'est-à-dire des tablettes en terre cuite également. Mais ces tablettes ne portaient que les communications des États étrangers. Les réponses des Pharaons étaient couchées sur papyrus. Comme conséquence de la polygamie, il est souvent question de femmes dans les dépêches ; chaque souverain avait quantité de sœurs, de filles et de nièces, qu'il s'agissait de placer, et, si pleins que fussent les harems, les Pharaons y trouvaient toujours une place pour les princesses des pays vaincus. Ces princesses comptaient dans la rançon de leur père ou de leur frère et répondaient de la fidélité de leur famille. En revanche jamais fille d'Egypte n'était donnée au dehors à un vassal.

L'usage voulait que le roi envoyât à son beau-père un cadeau proportionné à la valeur de la princesse, et ces cadeaux que les souverains de l'Egypte ne payaient qu'en rechignant, font, avec les traités

La diplomatie chez les Egyptiens.

de paix conclus avec les vaincus, l'objet principal des négociations diplomatiques des Pharaons (1).

Robert. La Bibliothèque nationale de Paris possède un traité du droit de la guerre, qui date du XVIe siècle. Il est intitulé : *Quatre livres du droit de la guerre, composés par Jehan Robert, lieutenant général de la marine, le quatrième desquels contient un bref sommaire de la pratique criminelle observée tant aux armées selon les lois et ordonnances militaires qu'aux juridictions ordinaires.* Cet ouvrage, évidemment antérieur à Grotius, procède des jurisconsultes italiens et des scolastiques.

Urélant. Philippe Urélant écrivit au XVIe siècle un ouvrage intitulé *Pratique criminelle* où il s'occupe entre autres du droit de la guerre. Pour la légitimité de la guerre il exige quatre conditions : une cause juste, une bonne intention, l'autorisation supérieure (souverain) et des personnes capables.

Van Clichthove. Un compatriote du précédent, Josse van Clichthove (mort en 1543), écrivit en latin un traité de la guerre et de la paix, puis un ouvrage sur les devoirs des rois.

Biese. En 1556 Nicolas Biese, né à Gand en 1516, mort à Vienne en 1572, a publié un ouvrage intitulé : *De republica libri quatuor*, où il plaide la légitimité de la guerre.

Canonhieri, de Chokier, Goudelin. Les trois écrivains suivants se sont occupés du droit d'ambassade. Ce sont P. A. Canonhieri, né à Anvers en 1584 (*De legatis*, 1615), J. de Chokier, né à Liège en 1571 (*Tractatus de legato*, 1624), et P. Goudelin, né à Cette en 1550 (*De pace*).

Van den Zype. F. van den Zype (Zypaeus), né à Malines en 1580, mort avant 1665, publia un ouvrage intitulé : *Judex, magistratus, senator libris IV exhibitus.* Au 4e livre, il y traite des pouvoirs du souverain, puis du droit d'ambassade et du droit de la guerre. Il déclare que l'augmentation de puissance d'un État voisin n'est pas une cause légitime de guerre ; il soutient qu'il faut s'abstenir de représailles et de lettres de marque et n'admet pas que l'ennemi puisse être réduit en esclavage.

Perez. Dans son *Jus publicum*, Antoine Perez, né dans la Navarre en 1583, mort à Louvain en 1673, affirme que l'on ne peut faire la guerre aux hérétiques pour ce seul fait qu'ils sont hérétiques.

Pattyn. Ch. Th. Pattyn, plus tard vicomte de Potin, né en 1687 à Noordschote, mort à Gand en 1773, publia un ouvrage intitulé *Mare liberum*, qui fut traduit en français et en flamand. Il y combat les théories de Hobbes et soutient que le droit des gens ne tire point son autorité de la volonté des peuples, mais de la droite raison et de la

(1) *Journal des Débats* du 7 avril 1893.

nécessité. A l'entendre, le droit de naviguer et de commercer est donné à tous les hommes par la loi de nature.

M. le marquis d'Olivart a eu l'heureuse idée de réimprimer en fac-similé le premier traité espagnol du droit public, de la paix et de la guerre, traité qui a pour auteur D. José de Olmedo y Léon. Cet ouvrage a paru en deux volumes à Madrid en 1771 sous le titre suivant : *Elementos del derecho publico de la paz y de la guerra*. Cette splendide réimpression, tirée à 50 exemplaires seulement, est suivie d'un essai biographique et critique sur l'auteur et ses doctrines.

Olmedo y Léon.

A la même période appartiennent les *Rudimenta juris naturæ et gentium* (Eléments du droit naturel et du droit des gens. — Venise, 1791) de C. Morelli, ancien professeur de l'université de Cordoba (République argentine). Le 1ᵉʳ livre est consacré au droit naturel, le 2ᵉ au droit international public et privé. Les chapîtres II-V où l'auteur traite de la famille, du mariage, des successions, etc., présentent surtout un vif intérêt. Les suivants sont consacrés à la souveraineté et à la guerre.

Morelli.

En 1782, parut à Naples un volume intitulé *De doveri de principi neutrali verso e principi guerreggianti* (Des devoirs des princes neutres vis-à-vis des princes belligérants), dont l'auteur avait gardé l'anonymat ; mais on sut plus tard que c'était le spirituel abbé Galiani. Cet ouvrage est long et diffus, mais il renferme des pages remarquables, où l'auteur devance la majorité de ses contemporains. Il fut traduit en allemand par K. A. Cœsar, qui y ajouta des commentaires.

Galiani.

Depuis la publication du premier volume de la 4ᵉ édition du *Droit international*, il ne s'est passé rien de bien saillant dans la sphère du droit international, si ce n'est peut-être qu'on voit se multiplier les accords internationaux concernant les intérêts sociaux et économiques des peuples.

Congrès et conférences.

L'Union littéraire internationale et le Congrès artistique international ont tenu à Berne, puis à Milan, des assises où l'on a voté des résolutions qui n'ont malheureusement reçu encore qu'en partie la sanction légale. Il en est de même des vœux émis à Paris, en 1889, par le Congrès de la propriété industrielle.

Plus important était le quatrième congrès postal que Vienne a vu siéger dans ses murs en 1891 et dont les votes ont été ratifiés. A signaler principalement les décisions prises à l'égard de la téléphonie internationale, qui est définitivement autorisée.

En même temps la Belgique, la France et la Grande-Bretagne concluaient des conventions relatives à l'installation des téléphones entre leurs capitales.

La convention internationale relative aux transports par voie ferrée a été signée à Berne en 1890, et en juin 1893, des délégués des États contractants, réunis dans la même ville, ont stipulé un certain nombre de mesures de nature à en faciliter l'exécution. La convention est entrée en vigueur en 1893.

Les deux congrès monétaires de 1889 (Paris) et de 1892 (Bruxelles) n'ont pas fait faire un pas à la solution des difficultés qui ont suscité la baisse du métal-argent et l'adoption de l'étalon d'or par l'Allemagne et l'Autriche-Hongrie.

En 1893 s'est réunie à Dresde une conférence internationale dans le but de généraliser et d'unifier les mesures à prendre en cas d'épidémies cholériques. Les décisions de cette conférence seront, sans nul doute, ratifiées par les pouvoirs législatifs des pays représentés.

Mentionnons enfin, dans la sphère des accords internationaux, l'Union pour la publication des tarifs douaniers. Elle a pour organe un bureau international dont le siège est à Bruxelles.

En fait d'accords purement politiques, il faut signaler en première ligne le traité anglo-allemand au sujet de l'Afrique. Ce traité délimite les sphères d'influence de l'Allemagne et de la Grande-Bretagne en Afrique. L'Allemagne y abandonne le protectorat de Vitu et reconnaît celui de l'Angleterre sur les possessions insulaires du Sultan de Zanzibar. En revanche la Grande-Bretagne cède à l'Allemagne l'île d'Héligoland et se charge d'obtenir que le Sultan de Zanzibar cède à l'Empire allemand, moyennant indemnité, ses possessions continentales.

En compensation, l'Allemagne a reconnu le protectorat de la France sur Madagascar.

A signaler, dans ce même ordre d'idées, la convention relative à l'indépendance et à la neutralité des îles Samoa. Les signataires sont l'Allemagne, les États-Unis et la Grande-Bretagne.

En 1889 et en 1890, a siégé à Bruxelles une conférence des États signataires de l'acte du Congo. Elle a abouti à une convention réglant la mise à exécution de l'article IX de cet acte, concernant la répression de la traite.

La conférence qui s'est réunie à Berlin en 1890, n'a pas eu jusqu'ici de résultats pratiques. Il s'agissait d'arriver à une entente internationale sur les conditions du travail et plus spécialement sur le travail dans les mines, ainsi que le travail des femmes et des enfants.

Sur la proposition de M. Gladstone, la Chambre des communes anglaises a voté, le 17 juin 1893, une motion portant que la Grande-

Bretagne, d'accord avec les États-Unis, favorisera autant que possible l'institution de cours arbitrales.

On avait fondé de grandes espérances sur la Conférence internationale américaine qui a siégé à Washington en 1890. Les États-Unis, qui en avaient eu l'initiative, se flattaient d'obtenir l'adhésion des États de l'Amérique centrale et méridionale à un Zollverein américain. Mais, vu la diversité des intérêts des pays en cause, et grâce surtout à l'opposition fortement motivée des délégués argentins, la proposition d'unifier l'Amérique, au point de vue douanier, a été repoussée.

En revanche la Conférence a voté un plan d'arbitrage pour la solution des différends entre les nations américaines. Elle a donné de plus son assentiment au chemin de fer qui doit relier l'Amérique du Nord à l'Amérique du Sud et aux décisions du Congrès Sud-Américain de Montévideo relatives aux propriétés littéraire, artistique et industrielle, ainsi qu'à l'extradition.

Ce congrès, consulté sur diverses questions de droit international privé, a eu des résultats plus pratiques. Il a conclu un ensemble de traités qui constituent un véritable code de ce droit.

On ne saurait dire que l'idée de l'arbitrage ait gagné du terrain dans la pratique. La solution des différends internationaux par décisions d'arbitres demeure circonscrite aux cas où l'honneur national, l'indépendance des nations ne sont pas en jeu. Et encore dans ces cas, les tribunaux d'arbitres n'ont toujours aucun moyen d'imposer leurs sentences. *Arbitrage.*

Le seul cas d'arbitrage d'une portée vraiment internationale, est celui des pêcheries de la mer de Behring, dont le succès a été le plus satisfaisant (Voir plus loin l'*arbitrage des pêcheries de Behring*).

Cet acte international a eu un retentissement considérable et nous n'en voulons prendre pour témoins que l'opinion des deux hommes d'État les plus éminents de notre époque, M. le duc de Broglie et M. Jules Simon.

M. de Broglie ne croyait pas au succès de l'arbitrage, il ne voyait que comme un « rêve d'esprit généreux, l'idée d'une juridiction internationale terminant tous les différends des États par une sentence juridique ». *Opinion de M. le duc de Broglie.*

Aujourd'hui, il est forcé de s'incliner et « de reconnaître que le rêve est près d'être réalisé », en voyant « deux des plus grands gouvernements du monde, l'Angleterre et les États-Unis, d'accord pour terminer un différend sérieux qui les partage, à répudier l'emploi de la force et à tout attendre de la reconnaissance de leur droit ». Il reconnaît volontiers son erreur, mais il voudrait « qu'elle fût plus complète et que nous fussions à la veille de voir luire l'heureux jour où le droit serait seul appelé à se faire entendre, et où la force n'aurait rien à dire ni à voir dans les relations internationales ».

Opinion de M. Jules Simon.

De son côté, M. Jules Simon écrit les lignes suivantes :

« Il n'y a plus de guerres isolées. Les grands États ne peuvent tirer l'épée sans que le monde entier soit entraîné dans la querelle.

« La guerre de 1870 sera la dernière où le monde aura laissé faire un égorgement sans intervenir. Ce sera la dernière aussi où un peuple aura été vaincu sans être tué. Il faudra prendre parti pendant la bataille, parce qu'on voudra participer à la curée. Dans cette situation, tout fait un devoir aux peuples civilisés, à tous les peuples civilisés, d'imposer une tentative de conciliation, et, s'ils ne peuvent l'imposer, de la proposer au moins. Ils ne doivent pas, pour leur sécurité, leur honneur, pour l'accomplissement du devoir consacré par cette parole : « Aidez-vous les uns les autres », rester impassibles au milieu du péril commun.

. . . .

« Dieu et les hommes sont d'accord. Si la diplomatie s'arrête à des minutes devant de tels périls, que l'opinion publique lui force la main. Il ne s'agit pas de tout faire en un seul jour, ni même de tout faire. En toutes choses il faut analyser. On vient à bout des difficultés l'une après l'autre, chaque succès obtenu facilite le succès qui reste à conquérir, je voudrais que le triomphe de la force, qui est manifeste depuis un quart de siècle, tournât à la défaite de la force. J'ai prêché cette doctrine, il y a un mois, pendant le centenaire de l'Institut, avec l'assentiment de tout ce qu'il y a de grand dans les arts et dans la science. C'est la cause de la paix et c'est celle de Dieu ! »

Réfugiés politiques.

A propos de l'incident Wohlgemuth, l'Allemagne a reconnu le droit d'un État d'interdire l'accès de son territoire aux fonctionnaires étrangers, et, de son côté, la Suisse s'est engagée à exercer une surveillance plus efficace sur les anarchistes et les nihilistes qui se réfugient sur son territoire.

Droit maritime.

Le Congrès de droit maritime a tenu ses assises à Gênes en 1892. Il s'est occupé principalement de la modification urgente des règles d'York et d'Anvers.

Extradition.

A signaler, au sujet de l'extradition, la loi suisse sur cette matière, ainsi que les conventions conclues depuis la publication du second volume de la 4ᵉ édition du *Droit international*. Ces conventions stipulent toutes la non-extradition pour délits politiques et n'étendent pas leurs effets aux nationaux.

Aux associations énumérées à la page 99 du 1ᵉʳ volume du *Droit international*, est venue s'ajouter une union que nous mentionnons parce qu'elle embrasse des jurisconsultes de tous les pays, et quoique son programme ne rentre pas précisément dans la sphère du droit des gens.

Grâce à l'initiative des professeurs de Liszt, von Hamel et Prins, il s'est fondé une Union internationale de droit pénal. Voici un résumé de son programme : le droit pénal a pour mission la lutte contre la criminalité envisagée comme phénomène social. Il doit donc tenir compte des études anthropologiques et sociologiques. La peine ne doit pas faire oublier les mesures préventives. La législation pénale doit distinguer entre les délinquants d'accident et les délinquants d'habitude. La séparation entre la fonction répressive et la fonction pénitentiaire est irrationnelle. Il est désirable de substituer à l'emprisonnement de courte durée des mesures d'une efficacité équivalente. La durée de l'emprisonnement doit dépendre aussi des résultats obtenus par le régime pénitentiaire. Pour les délinquants d'habitude, la loi pénale doit avoir pour premier but de les mettre hors d'état de nuire, le plus longtemps possible.

Union internationale de droit pénal.

Parmi les conflits qui se sont terminés par une solution sanglante, signalons celui qui éclata à la fin de décembre 1895 entre l'Angleterre et la République Sud-africaine du Transwaal.

Conflit anglo-transwaalien.

C'est là que se produisit l'acte de flibusterie internationale le plus remarquable pendant la seconde moitié de ce siècle : les agents d'une compagnie à charte anglaise franchirent la frontière et envahirent le territoire de la République soi-disant pour faire cesser des troubles intérieurs. Mais les Boërs répondirent à l'appel du Président de la République et infligèrent à Krugersdorp une sanglante défaite au docteur Jameson et à ses compagnons.

A signaler encore à ce propos un télégramme de félicitations adressé par l'Empereur d'Allemagne Guillaume II au président Krüger et qui eut en Europe un retentissement considérable (voir plus loin § 415).

A propos des conflits à main armée, le fait international le plus saillant est la guerre sino-japonaise (voir plus loin). De cette guerre deux faits se dégagent nettement :

Guerre Sino-Japonaise.

1° Les immenses progrès que la civilisation a faits au Japon, qui est maintenant digne de figurer parmi les grandes puissances, et la faiblesse de la Chine qui dépasse tout ce qu'on peut imaginer.

2° La nécessité pour l'Empire chinois d'ouvrir ses portes à la civilisation occidentale et de subir une transformation radicale, sous peine d'une disparition prochaine et d'un démembrement fatal.

Aux publicistes cités, à la page 105 du premier volume du *Droit international*, nous devons ajouter les suivants :

I. *Histoire du droit des gens.*

De Scala.

Sous le titre de *Die Studien des Polybios* (Les études de Polybe), M. R. de Scala, de l'Université d'Inspruck, a recherché ce que Polybe pense en matière de droit des gens. On voit clairement exprimée dans ses écrits, dit-il, l'idée de lois communes à tous les hommes, et s'appliquant naturellement avant tout à l'état de guerre.

P. Fauchille.

M. Paul Fauchille, Docteur en droit et l'un des Directeurs de la *Revue générale de Droit international public*, a fait paraître en 1895 une remarquable étude d'histoire diplomatique : *La diplomatie française et la ligue des neutres de 1780* (1776-1780). Cet ouvrage a été couronné par l'Institut de France.

II. *Bibliographie du droit des gens.*

Rivier.

Nous n'avons à citer sous cette rubrique que l'ouvrage de M. Rivier : *Programme d'un cours de droit des gens* que nous signalons plus loin, contenant une bibliographie très complète du droit international public et du même auteur la partie bibliographique du Manuel Holtzendorff.

III. *Recueils de traités.*

Palma.

Sous le titre de *Trattati e convenzioni in vigore frà il regno d'Italia ed igoverni esteri*, M. le professeur L. Palma a publié à Turin en 1879 et en 1890 deux volumes renfermant les traités conclus par l'Italie jusqu'à cette dernière date. Cet ouvrage se distingue par une classification méthodique et par d'excellents résumés du droit public résultant de l'ensemble des actes transcrits dans le recueil.

d'Olivart.

Le ministère des Affaires étrangères espagnol a chargé M. d'Olivart de publier, en collaboration avec M. J. Binder, un recueil des traités conclus par l'Espagne depuis 1833 jusqu'à nos jours. Ce recueil a pour titre : *Coleccion de los tratados, convenios y documentos internationales celebrados par nuestros gobiernos desde el reinado de Dona Isabel II, hasta nuestros dias* (Madrid, 1890). Le premier volume va jusqu'en 1848, le second jusqu'à 1856. Au recueil sont annexés des volumes de *Notas* (commentaires historiques et critiques), dont le premier donne entre autres l'histoire secrète du traité de la quadruple alliance en 1834 et des décrets qui ont précédé la conclusion des traités de reconnaissance des États de l'Amérique espagnole. Les traités sont publiés en espagnol et dans le texte étranger, s'il y a lieu.

Le ministère des Affaires étrangères de Portugal public, par les soins de MM. Borges de Castro et Judice Biker, un recueil des traités conclus par ce pays (*Colleccao dos tratados, convençoes, contratos e actos publicos celebrados entre a Coroa de Portugal e as mais potentias.* — Lisbonne, 30 vol.). Ces documents sont compris entre 1640 et 1870. Ce recueil sera, espérons-le, continué. *[marginal: Borges de Castro et J.Biker.]*

M. Iwanowsky a entrepris le même travail pour la Russie dans son *Recueil des traités en vigueur conclus par la Russie avec les puissances étrangères* (Odessa, 1889-90), dont il a paru jusqu'ici les deux parties du tome I et la 2ᵉ partie du tome II. Ces volumes donnent le texte des traités en entier, en français et en russe, avec indication des sources et des clauses abrogées. *[marginal: Iwanowsky.]*

Dans son *Code des relations extérieures de la Belgique*, publié en 1892, M. Lanckmann a réuni les traités et documents relatifs aux rapports internationaux de la Belgique. La première partie comprend les traités généraux et les unions internationales, la seconde les traités spéciaux conclus par la Belgique. *[marginal: Lanckmann.]*

Depuis 1877, M. O. S. Rydberg publie sous les auspices du ministère des Affaires étrangères de la Suède, un recueil des traités conclus par cette puissance avec les pays étrangers (*Sverges Traktater med fiämmande Magter jemte andra dit hörande handlingar.* Stockholm, 1877). Ce recueil, dont il a paru cinq volumes, comprend jusqu'à présent les conventions conclues de 822 à 1630. Elles sont reproduites dans la langue originale et accompagnées de très nombreuses notes explicatives en suédois. Un appendice donne la traduction française des titres des documents mis au jour. *[marginal: Traités de la Suède.]*

M. Djuvara, agent diplomatique de Roumanie en Bulgarie, a publié, sur l'ordre du ministre des Affaires étrangères de son pays, un recueil des traités roumains actuellement en vigueur (*Tractate, conventiunisi invoiri internasionale ale Romaniei actualmente in vigore* (Bucharest et Paris). Cette collection, imprimée à la fois en roumain et en français, est la première qui mette à la portée du grand public l'ensemble des conventions roumaines. Elle comprend 71 traités et une introduction sur les principes qui ont guidé la Roumanie dans leur conclusion. *[marginal: Djuvara.]*

Le gouvernement de la République Argentine a publié, à Buenos-Ayres, en 1888, les traités sanctionnés par le Congrès de Montévideo (*Tratados sancionados por el Congreso sud-americano de derecho internacional privado instalado en Montevideo*), et l'année suivante, les procès-verbaux des 34 séances de ce Congrès (*Actas de las sesiones del Congreso sud-americano*, etc.). Ces deux publica- *[marginal: Congrès de Montévideo.]*

tions ont été commentées et critiquées par un jurisconsulte ar-

Segovia.

gentin, M. L. Segovia, dans un ouvrage intitulé : *El derecho internacional privado y el Congreso sud-americano* (Buenos-Ayres, 1889). L'auteur donne au droit international privé des fondements identiques à ceux du droit privé interne.

F. de Martens.

Le *Recueil des traités et conventions conclus par la Russie avec les puissances étrangères*, publié par M. F. de Martens, s'est enrichi de trois volumes, les septième et huitième qui comprennent les traités conclus avec l'Allemagne de 1809 à 1888, et le neuvième qui renferme les traités entre l'Angleterre et la Russie, de 1710 à 1801. Il ne s'agit pas ici d'un simple recueil de textes. Les documents sont accompagnés de commentaires et d'exposés historiques puisés aux Archives du ministère des Affaires étrangères de Russie. Ainsi, le neuvième volume débute par une introduction qui expose les relations de la Russie avec l'Angleterre avant Pierre-le-Grand. Les traités sont imprimés en double. D'un côté l'original, de l'autre la traduction russe. Les esquisses historiques sont en français.

Stoerck.

Le Recueil de traités de Ch. de Martens et F. de Cassy est continué par le professeur Stoerck, de Greifswald, qui a succédé à M. Geffcken.

De Clercq.

Le *Recueil des traités de la France* de M. de Clercq s'est enrichi de cinq nouveaux volumes qui comprennent les années 1884 à 1893, continué par M. Jules de Clercq, Consul général de France à Florence.

Décisions des Cours des Etats-Unis.

Le gouvernement des États-Unis a publié, en 1877, à Washington, un résumé des opinions des avocats généraux et des décisions des cours de justice fédérales, ayant trait au droit international et aux traités (*Digest of the published opinions of the Attorneys General and of the leading decisions of the Federal Courts*).

Ribier.

M. G. de Ribier, sous-directeur honoraire au ministère des Affaires étrangères de France, publie sous les auspices de son ministère, un *Répertoire des Traités de paix, de commerce, d'alliance, conventions et actes conclus entre les puissances du globe, depuis 1867* (2 vol. Paris, 1895-96). Le titre de cet ouvrage qui fait . suite au répertoire de .Tétot indique suffisamment son but et les services qu'il peut rendre.

IV. *Manuels de droit des gens en général.*

Aux ouvrages énumérés aux pages 107 et suivantes du premier volume du *Droit international*, il faut ajouter les publications suivantes :

En 1885 le regretté François de Holtzendorff a entre pris la publication d'un Manuel du droit des gens (*Handbuch des Völkerrechts*) en quatre volumes. Les collaborateurs de ce vaste ouvrage sont, outre son rédacteur, MM. de Bulmerincq, Carathéodory, Dambach, Gareis, Geffcken, Gessner, Lammasch, Lueder, Meili, de Melle, Rivier et Stœrck. Il a paru une traduction française du 1er volume qui comprend une introduction au droit international par de Holtzendorff et une bibliographie très complète du droit des gens par M. A. Rivier.

Holtzendorff.

M. Henry Sumner Maine, ci-devant professeur à l'Université de Cambridge, a mis à jour le cours de droit international qu'il y faisait. Son livre, qui a paru en 1888, est intitulé : *International law. A series of lectures delivered before the University of Cambridge.* Le droit romain et le droit oriental, ainsi que les lois de la guerre sur terre, y occupent une grande place.

Sumner Maine.

M. Rivier, consul général de Suisse en Belgique, et professeur à l'Université de Bruxelles, a publié à la fois deux ouvrages importants intitulés : *Programme d'un cours de droit des gens pour servir à l'étude privée et aux cours universitaires* (Bruxelles, 1889), et *Lehrbuch des Völkerrechts* (Stuttgart, 1889). Ces ouvrages ne sont pas une traduction l'un de l'autre. Le manuel français est destiné surtout à fournir aux cours de droit des gens une base sûre et de nombreux exemples. L'ouvrage allemand, qui fait partie de la *Bibliothèque du droit public*, est un développement des jalons plantés par le Manuel français. L'auteur ne divise pas le droit de la paix et celui de la guerre. Celui-ci n'apparaît que comme une subdivision du livre VIII (livre VII du Lehrbuch) sur les différends entre États. Ces deux ouvrages se distinguent par la précision du langage juridique, une profonde connaissance des sources et une préoccupation constante de justifier le caractère positif du droit des gens.

Rivier.

M. Pradier-Fodéré a fait paraître à Paris, de 1886 à 1891, un vaste *Traité du droit international public européen et américain*, suivant les progrès de la science et de la pratique contemporaines. Ce traité comprend jusqu'ici six volumes, qui seront suivis d'un septième consacré aux relations pendant la guerre et au rétablissement de la paix.

Pradier-Fodéré.

M. Fiore nous a donné en 1890, sous le titre de *Ordinamente juridico della societa degli stati. Il diritto internazionale codificato la sua sanzione juridica* (Turin, 1890), un ensemble de maximes et de règles classées dans un certain ordre logique et dont plusieurs sont fondées sur le droit positif ou conformes aux principes

Fiore.

essentiels de la coexistence des nations. Mais la plupart sont l'expression des idées personnelles de l'auteur sur les rapports juridiques qui tombent sous l'autorité du droit international.

Miceli.

Sous le titre de *Filosofia del diritto internazionale* (Philosophie du droit international. Florence, 1889), M. Miceli a publié un ouvrage où il examine, au point de vue philosophique, les principes et les théories du droit des gens. En même temps, il en fait la critique.

d'Olivart.

M. le marquis d'Olivart a publié à Madrid en 1887, en deux volumes, un ouvrage important, intitulé *Tratado y notas de derecho internacional público* (Traité et notes de droit international public). Cet ouvrage est un développement du *Manual de derecho internacional* du même auteur. Il y a spécialement égard à l'influence du droit des gens en général et des publicistes espagnols sur le droit intérieur de son pays.

Fiore.

La seconde édition du *Droit international* de M. Fiore, a été suivie de près par une troisième (Rome et Naples) entièrement refondue et enrichie d'un chapitre sur la condition juridique de l'Eglise et du Pape.

Twiss.

Il a paru à Paris, en 1887 et 1889, une édition française de l'ouvrage de Sir Francis Twiss sur le *Droit international*. Le premier volume est consacré aux droits et devoirs des nations en temps de paix, le second à l'état de guerre. L'auteur y a fait subir de nombreux changements à l'édition originale anglaise.

Hefter.

La 8ᵉ édition du Manuel de Hefter a été remaniée par M. Geffcken, qui a élagué ce qui était suranné ou inutile, pour faire place à des indications plus fraîches. Elle est enrichie également de notes, et M. Geffcken a refait des paragraphes entiers.

Hall.
Phillimore.

Il a paru en 1890 une 3ᵉ édition du *Droit international* de M. Hall, et en 1879-1882, une 3ᵉ édition des *Commentaires* de Phillimore.

Wallgren.

Sous le titre suivant : *Den internationela Rattsordningens problem* (Le problème du droit international, Upsale, 1892), M. H. Wallgren a publié la 1ʳᵉ partie d'un ouvrage sur la philosophie du droit des gens, ouvrage qui repose sur les théories de Bostrœm. L'auteur admet l'existence d'un droit des gens naturel, embrassant toutes les nations du globe et opposé au droit international de fait qui ne régit que les peuples civilisés.

Nys.

Dans ses *Notes pour servir à l'histoire littéraire et dogmatique du droit international* (Bruxelles, 1888), M. Nys recherche les précurseurs et les initiateurs du droit des gens en Angleterre. Le volume publié nous mène jusqu'au XVIIᵉ siècle.

Le même auteur a publié à Bruxelles et à Paris, en 1895, une traduction de l'ouvrage de M. Westlake : *Etude sur les principes de Droit international*. Ce n'est pas un traité détaillé de droit international, c'est un recueil d'articles sur des sujets importants du droit des gens.

M. Henry Bonfils, doyen honoraire de la Faculté de droit de Toulouse, a publié sous ce titre : *Manuel de droit international public (Droit des gens)*, destiné aux étudiants des facultés de droit et aux aspirants aux fonctions diplomatiques et consulaires (Paris, 1894), un remarquable ouvrage de principes dont la portée est beaucoup au-dessus de ce qu'annonce son titre. — Bonfils.

M. Frantz Despagnet, professeur à la Faculté de droit de Bordeaux, a publié en 1894, à Paris, sous le titre : *Cours de droit international public*, un traité élémentaire destiné aux étudiants et aux aspirants à la carrière diplomatique. — Despagnet.

En 1894, a paru à Paris un *Précis de droit international public ou droit des gens* de M. Piédelièvre qui y expose les principes sur lesquels repose le droit international public en faisant la part et du droit international, tel qu'il est enseigné par la philosophie, et du droit positif, tel qu'il résulte de l'usage et des traités. — Piédelièvre.

M. D. Luis Gestoso y Acosta, professeur à l'Université de Valence, a publié en 1894 un *Cours de droit international public* qui est la reproduction du cours qu'il professe. — Luis Gestoso y Acosta.

La codification du droit international de la faillite, tel est le titre de l'ouvrage publié en 1895 à La Haye et à Paris par M Jitta. L'auteur examine les nombreuses questions internationales pouvant surgir en matière de faillite et termine en se demandant si la réforme du droit international des faillites doit avoir lieu par législation ou par traité international : il se prononce pour une combinaison de ces deux sources. — Jitta,

Une traduction française du *Manuel du droit international public* du professeur Holtzendorff a été publiée par M. Zographos, docteur en droit (Paris, 1891). — Holtzendorff Zographos.

M. de Riedmatten, avocat à la Cour d'appel de Paris, a publié une traduction, revue et annotée, de la 3e édition des *Eléments du droit des gens moderne européen* du baron de Neumann (Paris, 1886). — Riedmatten.

M. Rivier, le savant professeur de l'Université de Bruxelles, prépare sous ce titre : *Principes du droit des gens*, un important ouvrage en 2 volumes qui paraîtra en 1896. — Rivier.

M. Chrétien, professeur à la Faculté de droit de Nancy, publie sous — Chrétien.

ce titre : *Principes de droit international public*, un ouvrage re-commandable mais inachevé.

Sous le titre de *Précis élémentaire de droit international public*, M. G. Bry, professeur à Aix, nous donne un petit manuel destiné, paraît-il, à la fois aux étudiants et aux gens du monde et qui reflète exactement les opinions aujourd'hui en cours (Paris, 1891). Il en a paru en 1892 une 2e édition enrichie d'une introduction bibliographique et de notes.

En 1892, M. Foignet a fait paraître à Paris un *Manuel élémentaire de droit international public*. Cet ouvrage est destiné spécialement aux étudiants en droit et aux candidats aux carrières diplomatique et consulaire.

M. Chauveau, professeur à la Faculté de droit de Reims, a publié sous le titre : *Le droit des gens ou droit international public. Introduction* (Paris, 1892), un petit ouvrage qui renferme entre autres un plan méthodique pour l'étude du droit des gens, une histoire abrégée de ce droit, et des notions générales sur son idée première.

Le petit manuel de droit des gens de M. Cantuzzi (*Diritto internazionale publico*. Milan, 1889) résume, sous une forme intelligible, même pour les gens du monde, l'état actuel du droit international.

M. J. Macri, professeur à l'Université de Messine, a consacré deux volumes à la théorie du droit des gens (*Teorica del diritto internazionale*. Messine, 1883-84). Le premier est consacré au droit de représentation et au droit privé, le second au droit conventionnel, aux traités et à l'état de guerre.

Le droit des gens européen de M. le professeur Resch (*Das europäische Völkerrecht der Gegenwart*. Gratz et Leipzig, 1885) s'adresse avant tout aux étudiants et au grand public, puis aux agents consulaires et en général aux fonctionnaires qui n'ont pas le loisir d'étudier les manuels à l'usage spécial des publicistes.

M. A. G. Moreno a publié à Madrid, en 1891, une traduction espagnole en deux volumes du *Droit international codifié* de M. P. Fiore. Elle est intitulée : *El derecho internacional codificado y su sancion juridica*.

Puis la traduction du *Manuel de droit international* de l'auteur, que nous devons à M. St. Ath. Papafrankos, professeur de droit à Athènes. Elle a paru en 1893, dans cette ville, sous le titre suivant : Ἐγχειρίδιον διεθνοῦς δικαίου δημοσίου καὶ ἰδιωτικοῦ ὑπὸ Καρόλου Κάλβο. Le traducteur l'a enrichie de notes relatives à la législation de la Grèce et aux traités conclus par ce pays.

Pour clore ce chapitre, une rectification. L'auteur du premier ouvrage en langue grecque sur le droit international ne s'appelle pas Saripoulas, mais Saripolas.

V. *Droit international privé.*

Le *Dictionnaire du droit international privé* de MM. Vincent et Penaud (Paris, 1887) donne en somme plus qu'il ne promet, car il renferme de nombreux articles qui rentrent plutôt dans le droit public. Les auteurs ont traité entre autres avec soin les abordages maritimes, l'arbitrage, l'assistance judiciaire, les commissions rogatoires, les assurances et les conventions matrimoniales. Parmi les matières qui tiennent au droit des gens, à signaler entre autres l'étude sur l'extradition. *Vincent et Penaud.*

Le *Curso de derecho internacional privado* (Cours de droit international privé) de M. Alcorta, professeur à Buenos-Ayres (Buenos-Ayres, 1887) donne entre autres des renseignements fort utiles sur les solutions adoptées dans l'Amérique du Sud. A signaler surtout les chapitres sur la nationalité, les droits d'auteur, les brevets et les marques de fabrique. *Alcorta.*

M. Fr. Muheim, avocat à Alltdorf, a publié sous le titre de *Prinzipien des internationalen Privatrechts im schweizerischen Privatrechte* (Principes du droit international privé dans le droit privé suisse) une dissertation qui a trait à la situation fort complexe de la Suisse vis-à-vis du droit international privé, la législation civile étant encore en majeure partie du ressort des cantons. Il en résulte que, pour les successions, la famille, les mariages, etc., la question du droit applicable se pose non seulement pour les étrangers, mais pour les confédérés établis dans un autre canton que celui de leur origine. Le droit international se double donc d'un droit intercantonal. *Muheim.*

M. Catellani fait paraître à Turin depuis 1883, un ouvrage en trois volumes consacré au droit international privé et à ses progrès. *Il diritto internazionale privato e i sui recenti progressi*). Un chapitre est consacré à l'action diplomatique et à l'avenir de ce droit international privé. *Catellani.*

Sous le titre de *Lehrbuch des internationalen Privat-und Strafrechts* (Manuel du droit international privé et pénal), le professeur de Bar a publié, en 1895, un petit ouvrage où il condense les principes développés dans son grand travail sur le droit international privé. En outre il y traite du droit pénal international et de l'extradition. *de Bar.*

Le même auteur a donné en 1889, à Hanovre, une seconde édition, en deux volumes, de ce grand ouvrage que nous venons de citer, et cela sous le titre de *Theorie und Praxis des internationalen Privatrechts* (Théorie et pratique du droit international). Cette édition se distingue de la première entre autres par l'omission des chapitres sur le droit pénal et la procédure pénale. En revanche les autres chapitres sont devenus des livres, et certains sont entièrement refondus.

Jitta.   M. le docteur Jitta, avocat à Amsterdam, a publié (Amsterdam, 1890) sous le titre de *Méthode du droit international privé* un ouvrage dont l'idée dominante est la suivante :

L'auteur voit, dans ce droit, un ensemble de rapports, non pas parallèles, mais supérieurs aux rapports des nationaux, et reliant les hommes en tant que citoyens du tout qui s'appelle l'humanité. Il y a, en d'autres termes, un certain nombre de cercles, la famille, la commune, l'État, le monde entier, et ce dernier cercle renferme des principes autres que ceux que met à contribution le droit des États. Ce sont ces principes qui constituent le droit international privé.

Lainé.   M. Lainé, professeur de droit international privé à la Faculté de Droit de Paris, a donné deux volumes de son *Introduction au droit international privé* (Paris, 1888). Ce volume renferme une étude historique et critique de la théorie des statuts et des rapports de cette théorie avec le Code civil.

Weiss.   M. A. Weiss, professeur agrégé à la Faculté de droit de Paris, nous donne les 2 premiers volumes d'un *Traité théorique et pratique de droit international privé* (Paris, 1892). Le tome 1er traite de la nationalité et plus spécialement des conflits de nationalité d'origine. On y trouve un exposé parfaitement clair de ces conflits. Le tome II est consacré au droit de l'Etranger en France. L'auteur cite à l'appui de ses conclusions un grand nombre de décisions de tribunaux français ou autres.

Despagnet.   Le *Précis de droit international privé* de M. Despagnet, professeur à Bordeaux, compte déjà deux éditions (Paris, 1886 et 1891). Cet ouvrage ne tient guère compte que des travaux et arrêts de la jurisprudence et des tribunaux français.

Surville et Arthuys.   MM. Surville et Arthuys, professeurs à la Faculté de droit de Poitiers, ont publié en 1890 un *Cours élémentaire de Droit international privé* ; une 2e édition de cet ouvrage a paru en 1894.

Thaller.   M. Thaller, le savant professeur de Droit commercial, a publié en 1887 un important ouvrage sur les faillites en droit comparé avec une étude sur le règlement des faillites en droit international. Ce remarquable travail, couronné par l'Institut de France, comprend dans son programme toutes les questions relatives au droit des faillites en Europe, offrant un intérêt doctrinal ou pratique.

M. Darras, docteur en droit, secrétaire à la Rédaction du *Journal du Droit international privé*, a fait paraître, en 1887, un ouvrage très apprécié ayant pour titre : *Des droits intellectuels. Du droit des auteurs et des artistes dans les rapports internationaux*. Cet ouvrage a été couronné par la Faculté de droit de Douai et par l'Académie de législation de Toulouse. Darras.

Le Congrès international des Sociétés par actions, qui a eu lieu en 1889 à Paris, a consigné, dans un volume paru la même année, le compte rendu de ses travaux. Congrès des Sociétés par actions.

M. Campistron, professeur à la Faculté de droit de Toulouse, a fait paraître en 1894 (Paris), un *Commentaire pratique des lois françaises des 26 juin 1889 et 22 juin 1893 sur la nationalité*, dans lequel il a inséré des notions pratiques et des modèles de déclarations. Campistron.

La question de la nationalité a encore été traitée par M. Glard, docteur en droit, dans un mémoire couronné qui a été publié sous ce titre : *De l'acquisition et de la perte de la nationalité française au point de vue du Droit civil français et du Droit international* (Paris, 1893). Glard.

Le même auteur a publié en 1894 une intéressante étude sur la condition des meubles en Droit international privé.

On doit à M. Ricaud, docteur en droit, avocat à la Cour de Paris, une excellente étude : *Des régimes matrimoniaux au point de vue du Droit international privé* (Paris, 1886). Ricaud.

M. Champcommunal a publié (Paris, 1892) une étude bien nourrie sur la *Succession ab intestat en droit international privé*. L'auteur y fait l'historique des phases qu'a traversées le droit des étrangers au point de vue de la faculté de transmettre et de succéder, et expose l'état actuel des législations en cette matière. Puis il recherche comment doit s'opérer le règlement de la succession lorsque les biens sont répartis entre plusieurs territoires, et quelle doit être la compétence des tribunaux chargés de juger les contestations qui peuvent surgir de ce fait. Enfin l'auteur indique les mesures de protection des différents pays en faveur de leurs ressortissants en concours avec des étrangers. Champcommunal.

Dans son traité de droit international privé (*Il diritto internazionale privato nei suoi rapporti colle leggi territoriali*. Bologne), dont le 1er volume a seul paru, M. Laghi s'occupe principalement de la théorie des lois territoriales et du droit des personnes. Laghi.

Cantuzzi.

M. Cantuzzi, cité plus haut, a publié à Milan en 1887 un petit manuel du droit international privé (*Diritto internazionale privato*) qui traite le sujet spécialement au point de vue de la législation et de la jurisprudence italiennes.

Codification du droit civil et commercial.

Sous le titre de : *Die Codification des internationalen Civil und Handelsrechts* (Codification du droit civil et commercial international), il a paru à Leipzig, en 1891, un recueil qui comprend toutes les dispositions relatives au conflit des lois, et la bibliographie des ouvrages de droit international privé.

Iwanowsky.

De l'assistance judiciaire mutuelle des États dans la procédure criminelle, tel est le titre d'une étude en langue russe qu'a fait paraître, en 1889, M. Iwanowsky, professeur à l'Université d'Odessa. L'auteur y expose la théorie de l'assistance judiciaire, telle qu'elle découle des lois et traités en vigueur.

Jettel.

Nous devons à M. E. Jettel un travail important sur le droit international privé inspiré par les législateurs de l'Autriche, de la Hongrie, de la Croatie et de la Bosnie (*Handbuch des internationalen Privat-und Strafrechts, mit Rücsicht auf die Gesetzgebungen Osterreichs, Ungarus, Croatiens und Bosniens*. Vienne, 1892). Il y examine principalement la preuve des lois étrangères, les ressorts territoriaux législatifs en Autriche-Hongrie, enfin les droits des étrangers.

Basett Moore.

En 1891, M. J. Basett Moore, secrétaire d'État adjoint des États-Unis, a publié un traité d'extradition (*A treatise on extradition and interstate rendition.*— 2 vol.— Boston) pour lequel il a pu consulter de nombreux documents inédits. Dans la 1re partie, il s'occupe de l'extradition proprement dite entre États indépendants. Dans la 2e il traite de l'extradition entre les divers États mi-souverains dont se compose l'Union américaine. Cette partie est complétée par la reproduction des lois en vigueur sur cette matière.

Ce travail est complété par deux rapports au Congrès sur les traités d'extradition conclus par les États-Unis et sur les cas d'extradition qui se sont présentés dans ce pays de 1842 à 1890. Ce dernier donne de plus un résumé des législations étrangères sur ce sujet.

Ulveling.

M. A. Ulveling a publié un ouvrage intitulé : *Les étrangers dans le Luxembourg* (Paris, 1890). Il y étudie les traités d'extradition conclus par le Luxembourg avec treize puissances et la loi luxembourgeoise sur l'extradition. Partout il indique, dans les questions soulevées, la solution qui lui semble préférable.

Lachau et Daguin.

Nous devons à MM. Lachau et Daguin, avocats à la Cour de Paris, une étude approfondie sur l'*Exécution des jugements étrangers*

d'après la jurisprudence française (Paris, 1889). C'est un répertoire méthodique des principales décisions rendues sur la matière,
et des jugements exécutés en France, en vertu des conventions relatives à l'*exequatur*.

M. Lachau a fait suivre cet ouvrage d'un volume intitulé *De la*   Lachau.
compétence des tribunaux français à l'égard des étrangers, en
matière civile et commerciale (Paris, 1893). La partie pour nous
la plus importante de ce travail est celle qui renferme les modifications que les traités de la France avec l'étranger apportent au droit
commun. L'auteur a surtout étudié les jugements se rapportant à
l'application du traité franco-suisse.

M. Cogordan, ministre plénipotentiaire, a publié en 1879 une im-   Cogordan.
portante monographie sur *La nationalité au point de vue des rap-*
ports internationaux. Cet ouvrage a été réimprimé à Paris, en
1890, et mis ainsi au courant du dernier état de la législation en
France et à l'étranger, législation qui a été profondément modifiée
en 1889, dans le premier de ces pays.

Sous le titre de *Internationale Rechtshülfe in Strafsachen* (Assis-   de Martitz.
tance internationale en matière pénale), M. le professeur de Martitz
a publié à Leipzig, en 1888, la première partie d'une monographie
consacrée au droit pénal international, c'est-à-dire au droit d'expulsion, à la juridiction sur les crimes commis hors du pays, la qualité
de citoyen d'un pays en droit pénal, enfin l'extradition.

Dans sa brochure sur l'*Admission et l'expulsion des étrangers*   Pascaud.
par l'État (Paris, 1889), M. Pascaud, conseiller à la Cour d'appel de
Chambéry, combat les théories en vertu desquelles l'État devrait
s'opposer au séjour des étrangers ; mais il revendique pour l'État le
droit d'expulser ces étrangers par mesure de haute police. Il n'admet les expulsions collectives qu'à titre de représailles ou contre les
ressortissants d'un pays ennemi.

Le travail de M. J. Berney sur la *Procédure suivie en Suisse pour*   Berney.
l'extradition des malfaiteurs aux pays étrangers (Bâle, 1889), se
termine par un projet de loi d'extradition internationale, conforme
aux résolutions de l'Institut de droit international. L'auteur est d'avis
également que l'extradition s'impose indépendamment des lois et
traités, ce qui n'empêche pas que les uns et les autres ne soient désirables.

El derecho internacional privado y el Codigo civil argentino   Molina.
(Le droit international privé et le Code civil argentin. Buenos-Ayres,
1882), tel est le titre d'une intéressante publication que M. V. Ch.

Molina a consacrée aux rapports entre le droit civil argentin et les principes généraux du droit international privé.

Kyriakos.

M. C.Kyriakos a publié,à Athènes,en 1885,un traité d'extradition, Περι εκδοσεως εγκκημκτιων qui complète fort heureusement les ouvrages de MM. Saripolas et Papafrankos.

Ramirez.

L'ouvrage de M.Gonzalo Ramirez (*Proyecto de Codigo de derecho internacional privado*. Buenos-Ayres, 1888) renferme un projet de code international privé.Il sera suivi de deux autres volumes,l'un consacré au droit commercial terrestre et maritime, l'autre au Congrès Sud-Américain.

Roguin.

M. le professeur Roguin a fait paraître à Lausanne, en 1891, une étude sur les *Conflits des lois suisses· en matière internationale et intercantonale*. Il y examine les relations si complexes que la diversité des législations civiles cantonales crée entre les ressortissants des 25 petits États suisses, et les relations entre Français et Suisses, telles qu'elles sont réglées par la convention de 1869.

Prida.

M. le professeur Prida, l'un des jurisconsultes les plus distingués de l'Espagne moderne, a publié à Madrid, en 1888, dans la *Rivista de derecho internacional*, une étude sur les principes du droit des gens de Lorimer ; puis, à Vitoria (1888), des conférences sur le droit international privé (*Fundamentos del derecho internacional privado*).

Dicey.

M. Stocquart, avocat à Bruxelles,a traduit en français l'ouvrage de Dicey sur les lois du domicile, en le complétant par les derniers arrêts des cours de Londres et par la comparaison avec le code Napoléon et les diverses législations du continent (Bruxelles, 1887-88, 2 vol.).

Lorimer.

M. Nys a publié à Bruxelles une traduction française des *Institutes of law* de Lorimer, et cette traduction a été à son tour traduite en espagnol par M. L. Coterilla (Madrid, 1888).

Alonso.

Le capitaine d'état-major espagnol C. G. Alonso a élaboré un Code des lois et usages de la guerre (*Cartilla de leyes y usos de la guerra*, Madrid, 1892) qui est l'expression des vœux émis en 1892 par le Congrès militaire hispano-portugais américain. Ce Code, qui repose en bonne partie sur les principes du *Manuel des lois de la guerre* publié par l'Institut de droit international, a pour principal mérite d'exprimer les opinions d'officiers de tous grades de la Péninsule ibérique et de l'Amérique latine. Il a été adopté pour les écoles militaires espagnoles.

de Bustamante.

M. de Bustamante, professeur à l'Université de la Havane, a publié à Madrid, en 1891, le programme de son cours de droit international public et privé (*Programas de las asignaturas de derecho internacional publico y privado*). L'auteur embrasse le triple point de vue historique, positif et philosophique de la science et s'attache plus spécialement au développement du droit espagnol.

En 1893, a paru à la Havane, *l'Ordre public,* — *Étude de droit international privé*, du même auteur. Il considère comme touchant à l'ordre public « les lois qui ont pour objet l'État et qui forment son droit, dont la violation ou la non-application doit porter atteinte à la souveraineté et en détruire les fondements. C'est un ouvrage remarquable à cause de son originalité.

L'*Introduction au droit international privé*, publiée en 1895 à Athènes par M. Streit, est la leçon d'ouverture par laquelle l'auteur a inauguré son cours ; il expose l'état actuel du droit international et de la science qui s'en occupe. Streit.

M. Guelo Diena, avocat, a publié à Turin, en 1895, un ouvrage intitulé : *Les droits réels considérés en droit international privé*. Après s'être occupé du développement historique et scientifique du droit international privé dans ses rapports avec les droits réels, M. Diena parle des législations positives, de la possession, des droits de servitude, des conflits en matière d'hypothèque, etc., et termine par l'étude des droits réels en matière maritime. Diena.

VI. *Droit de la guerre.* — *Arbitrages.*

Dans son *Droit de la guerre* (Paris, 1888) M. Accolas développe les conséquences des trois propositions suivantes : La guerre ne peut avoir d'autre cause de justice que l'intérêt de la légitime défense ; elle ne peut avoir d'autre but de justice que de faire rentrer dans le droit l'État qui en est sorti ; elle n'est pas une relation d'homme à homme, mais d'État à État. Accolas.

M. le professeur Roszkowski a publié à Léopol, en 1889, un travail sur le *Droit actuel de la guerre sur terre*. C'est un exposé, à l'usage des diplomates et des militaires, des maximes en vigueur sur cette matière. L'auteur a le mérite, entre autres, de ne pas se laisser emporter par des tendances humanitaires au delà de ce que permettent les nécessités de la guerre. Roszkowski.

M. Féraud-Giraud, président honoraire à la Cour de cassation française, a consacré une savante étude aux *Recours à raison des dommages causés par la guerre* (Paris, 1881). Elle est suivie d'une reproduction des documents et des projets de conventions relatifs à ce sujet. Féraud-Giraud.

Pillet.

M. Pillet, professeur à Grenoble, a publié en 1892 et 1893 un ouvrage en deux volumes intitulé : *Le droit de la guerre*. C'est une série de conférences faites aux officiers de la garnison de Grenoble.

L'auteur juge la guerre un mal nécessaire et se sépare des utopistes qui ont cru possible de la supprimer.

Il en étudie ensuite les effets sur les peuples qui y prennent et n'y prennent pas part et termine par une étude sur la neutralité.

de Sainte-Croix.

M. Lucien de Sainte-Croix a spécialement étudié, dans un volume paru en 1892 à Paris, *La déclaration de guerre et ses effets immédiats*, étude d'histoire et de législation comparée.

Rouard de Card.

Les destinées de l'arbitrage international depuis la sentence rendue par le tribunal de Genève (Paris, 1892), tel est le titre d'un ouvrage où M. Rouard de Card expose tout ce qui a été dit et fait en matière d'arbitrage depuis les vingt dernières années. Il étudie la propagande des associations philanthropiques et scientifiques, les résolutions des Congrès, les motions faites dans les parlements en vue de faire adopter l'arbitrage. Enfin l'auteur passe en revue les différends soumis à des arbitres, et étudie la clause compromissoire, ainsi que les traités d'arbitrage permanent.

Mougins de Roquefort.

M. Mougins de Roquefort, avocat à la Cour d'Aix, a publié (Paris, 1889) une étude sur la solution juridique des conflits internationaux et l'arbitrage. Il cherche à y prouver que les États civilisés feraient sagement de sacrifier leur indépendance à l'idée de l'organisation juridique internationale.

Revon.

L'Académie des sciences morales et politiques de France a décerné, sur l'avis de M. Arthur Desjardins, un prix de 2.500 fr. à un important travail de M. Revon intitulé, *L'arbitrage international, son passé, son présent, son avenir* (Paris, un volume). Après une introduction sur la philosophie de la guerre, l'auteur suit pas à pas, à travers les âges, les progrès de l'arbitrage. Il expose les grands arbitrages du XIXe siècle ; et enfin il plaide en faveur de traités d'arbitrage permanent entre certains peuples unis par nature. Cet exemple en entraînera d'autres et l'on pourra enfin organiser un tribunal unique.

Dreyfus.

M. Ferdinand Dreyfus a consacré un volume au même sujet (Paris, 1892). Il examine tour à tour les questions suivantes : Quelles sont les limites de l'arbitrage international ? Peut-il être permanent ou accidentel ? Obligatoire ou facultatif ? Général ou spécial ? Doit-il se fonder sur l'équité, sur la coutume ou sur la loi écrite ? De quelle sanction ces décisions sont-elles susceptibles ? Comment convient-il d'organiser cette procédure, et quelles indications fournit à cet égard la jurisprudence internationale ? Le travail de M. Dreyfus est précédé d'une préface de M. Fr. Passy.

M. Mérignhac, professeur de droit international public et privé à la Faculté de droit de Toulouse, a fait paraître un *Traité théorique et pratique de l'arbitrage international,* où il étudie spécialement le rôle du droit dans le fonctionnement actuel de l'institution et dans ses destinées futures (1895).

A la question de l'arbitrage est consacré un opuscule fort intéressant de M. Manuel Torres Campos, professeur à Grenade (*Congreso juridico ibero-americano. Memoria presentada par D. M. T. Campos.* Madrid, 1892). L'auteur arrive à des conclusions qui peuvent se résumer comme suit : Il sera conclu, entre les républiques américaines, le Portugal et l'Espagne, des traités d'arbitrage sur la base de celui de l'Espagne avec l'Equateur. Pour mieux sanctionner le principe de l'arbitrage, il sera constitué, entre ces États, une union juridique internationale qui réunira en un traité les dispositions du droit international public et privé, avec annexes relatives aux consuls, à l'application des lois étrangères, à l'extradition. Ce traité imposerait aux contractants l'obligation de ne renoncer en aucun cas à l'arbitrage.

M. G. Seoane, avocat de la Légation française au Pérou, a publié, à propos des arbitrages, un travail important sur les réclamations que la France a présentées au tribunal d'arbitrage franco-chilien (*Tribunales de arbitrage. Contra-Memorandum sobre algunas reclamaciones francesas presentado al tribunal franco-chileno.* Santiago, 1885). Il s'agit des dommages que les événements du Chili avaient fait éprouver à des ressortissants français.

Le gouvernement du Chili a fait publier à Santiago, en 1894 et 1895, un ouvrage très remarquable sous le titre de : *Dictamenes del fiscal de la corte suprema de justicia,* en deux volumes, se rapportant aux réclamations faites à la suite des opérations des forces chiliennes dans la guerre avec le Pérou. L'auteur de ce savant ouvrage est M. A. Montt, magistrat éminent du Chili.

VII. *Droit maritime.*

Voir *Droit international*, I, p. 127 et s.

Pour 1888, l'Académie des sciences morales et politiques de l'Institut de France avait proposé pour sujet de concours une étude avant tout préoccupé de définir la notion des blocus pacifiques.

A. Desjardins.   M. Desjardins a fait suivre en 1890, son *Traité du droit commercial maritime* d'une *Introduction historique à l'étude du droit commercial maritime*. Ce volume comprend une histoire de ce droit et un tableau des législations maritimes de l'Europe et de l'Amérique. Il est suivi d'une table générale des matières du *Traité* et de l'*Introduction*.

Bijelow.   Sous le titre de *France and the Confederate navy*, M. Bijelow, ancien ministre des Etats-Unis en France, a publié (Londres, 1888) une relation des efforts tentés par les États sudistes pour faire construire secrètement en France des vaisseaux de guerre destinés à faire échec à la marine du Nord. Ces efforts furent déjoués par M. Bijelow surtout, en dépit des difficultés provenant de ce que le gouvernement français était favorable aux sudistes.

VIII. *Manuels diplomatiques et consulaires*.

Voir *Droit international*, I, p. 132.

Lehr.   M. le professeur Lehr a publié en 1888, à Paris, un *Manuel théorique et pratique des agents diplomatiques et consulaires français et étrangers*. Il y a réuni toutes les notions théoriques et tous les renseignements pratiques qui peuvent être utiles aux diplomates et aux consuls au point de vue de leur recrutement, de leurs immunités, de leurs fonctions et de leurs attributions.

Odier.   M. Odier, ancien attaché à la Légation suisse en France, a fait paraître à Paris une étude sur les *Privilèges et immunités des agents diplomatiques*. Il les divise en immunités nécessaires et en immunités de pure courtoisie. Un chapitre est consacré aux personnes qui peuvent revendiquer les privilèges accordés aux agents diplomatiques.

Rouard de Card.   M. Rouard de Card, professeur à Toulouse, a publié à Paris en 1890, sous le titre d'*Etudes de droit international*, une série de monographies qui ont trait à l'échange des actes de l'état civil par voie diplomatique, aux annexions et aux plébiscites, à la naturalisation en Algérie, à la codification des lois de la guerre continentale et à l'arbitrage.

Toda.   Sous le titre de *Derecho consular de Espana* (Droit consulaire de l'Espagne, Madrid, 1889) M. Toda nous a donné un recueil des lois et ordonnances relatives à l'exercice des fonctions des consuls espagnols.

Flaischlen.   M. G. Flaischlen, président du tribunal de Suceava-Folticeni (Roumanie), a fait paraître à Paris, en 1892, un travail intitulé : *Des attributions des consuls en matière de notariat et d'état civil.*

Sous le titre de *Agentes diplomaticos, la Exterritorialidad, de los privilejos e immunudades, de sus funciones y de sus deberes* (Berlin, 1893), M. A. Guesalaga, premier secrétaire de la Légation de la République Argentine, vient de publier un excellent manuel où il résume les études qu'il a faites, durant ses années de service, sur les agents diplomatiques, leurs privilèges, leurs fonctions et leurs devoirs. Le dernier chapitre est consacré aux lois et règlements qui régissent le service diplomatique de la République Argentine. *[Guesalaga.]*

M. François Pietri a traité sous ce titre : *Etude critique sur la fiction d'exterritorialité*, cette question si intéressante pour le personnel des ambassades et consulats (Paris, 1895). *[Pietri.]*

La diplomatie au temps de Machiavel (Paris, 1892), tel est le titre d'un ouvrage où M. de Maulde La Clavière nous présente la diplomatie telle qu'elle se dégage de l'œuvre sociale et politique du moyen âge. Il nous fait assister à l'éveil de la solidarité internationale, à la rupture des traditions d'isolement d'autrefois, à la naissance des ambassades permanentes et de la diplomatie. Son travail est en quelque sorte une introduction à l'histoire du droit des gens. *[de Maulde La Clavière.]*

Dans son *Examen de quelques problèmes sur l'extradition* (Paris, 1892), M. Depeiges, substitut du procureur général de Riom, s'applique à démontrer qu'en cette matière il faut s'en rapporter à la conscience des gouvernements du pays requis, surtout lorsqu'il s'agit de distinguer entre les faits politiques et les délits du droit commun. *[Depeiges.]*

IX. *Monographies.*

Voir *Droit international,* I, p. 133 et s.

M. Meili, professeur à l'Université de Zurich, a publié un résumé des dispositions légales qui régissent les moyens de transport (*Das Recht der modernen Verkehrs-und Transportanstalten*, Leipzig, 1888). Il y plaide en faveur de l'universalité du droit en cette matière, attendu que les moyens de transport actuels franchissent toutes les frontières et sont de leur nature internationaux. *[Meili.]*

Sous le titre *Partage politique de l'Afrique d'après les transactions internationales les plus récentes*, M. Banning a fait paraître (Bruxelles, 1888) un historique complet des négociations qui ont abouti au partage de l'Afrique. C'est, il le dit lui-même, le premier chapitre du code diplomatique de ce continent. Délégué à la *[Banning.]*

Conférence de Berlin par la Belgique, avec le baron de Lambermont, l'auteur était particulièrement compétent pour traiter ce sujet.

Cimbali.

Dans un volume intitulé *Il non-intervento* (Rome, 1889), M. Cimbali étudie, au point de vue de ce qu'il appelle le droit international universel, la question difficile de la non-intervention. Il estime que celle-ci doit être la règle.

Hilty.

Die Neutralität der Schweiz in ihrer heutigen Auffassung (La neutralité de la Suisse au point de vue actuel. Berne, 1889) est le titre d'un opuscule où M. Hilty cherche à démontrer qu'un État neutralisé peut conclure alliance avec une autre puissance et renoncer momentanément à sa neutralité dans le but de se défendre. ·

Westlake.

M. J. Westlake a donné en 1891 dans la *Revue de droit international* une étude approfondie et consciencieuse sur le conflit qu'a suscité entre la Grande-Bretagne et le Portugal la question si grave de la délimitation des sphères d'action des puissances européennes en Afrique.

Carathéodory.

M. Et. Carathéodory a publié à part (Hambourg, 1887) le chapitre du grand Manuel de Holtzendorff consacré à la navigation fluviale. Cet opuscule est intitulé, *Das Stromgebietsrecht und die internationale Flussschifffahrt*.

de Moura Coutinho Almeida d'Eça.

M. de Moura Coutinho Almeida d'Eça, officier de l'armée portugaise, a mis au jour en 1885, une dissertation sur l'exercice de la pêche maritime (*Do exercicio da pesca maritima*).

Catellani.

A la question du Danube et à la navigation fluviale en générale, suivant le droit des gens, est consacrée une intéressante monographie de M. E. L. Catellani, professeur à l'Université de Padoue (*La navigazione fluviale e la questione del Danubio*. Turin, 1883).

Tanoviceano.

Dans son travail sur *L'Intervention au point de vue du droit international* (Paris, 1884), M. Tanoviceano cherche à prouver que toute intervention est injuste en soi et funeste en ses conséquences.

De Roquette-Buisson.

M. Pierre de Roquette-Buisson vient de publier un travail soigné sous ce titre : *Du principe des nationalités*. — 1 vol., Paris, 1896.

Antonopoulos.

M. Stamati Antonopoulos, chargé d'affaires de Grèce à Berlin, a publié à Athènes, en 1880, un traité sous le titre : « Περί τῆς ἐν τουρκία περοδινίας », qui indique, en détail, les *fora* auxquels les étrangers sont soumis en Turquie pour les procès civils et criminels, d'après les capitulations, la législation ottomane et les usages. Il traite aussi de l'exécution des sentences rendues par les tribunaux ottomans contre les étrangers. Ce travail, révisé et complété par l'auteur, a été traduit en allemand et enrichi encore d'autres additions par M. le

Dr Meyer, juge à Berlin et président de la Société de législation comparée ; ainsi remanié, le traité en question a été publié à Berlin, en 1895, sous le titre : *Über die Exterritorialität der Ausländer in die Türkei.*

Au massacre de prisonniers italiens par la populace de la Nouvelle-Orléans est consacrée une publication du département de l'Intérieur des États-Unis (*Correspondence in relation to the killing of prisonners in New-Orléans.* Washington, 1891). Elle renferme la correspondance échangée à ce propos entre les autorités américaines, puis entre les cabinets de Washington et de Rome.

Essai sur la neutralité perpétuelle (Paris, 1891), tel est le titre d'un opuscule où M. C. Piccioni, attaché au ministère des Affaires étrangères de France, consacre à la question de la neutralité des territoires, en laissant de côté les mers, les détroits et les canaux maritimes. <small>Piccioni.</small>

M. le professeur Geffcken a fait un tirage à part du chapitre du Manuel de Holtzendorff consacré à la neutralité (*Die Neutralität.* Hambourg). <small>Geffcken.</small>

M. le professeur L. Renault a fait un tirage à part de l'article qu'il avait consacré dans la *Revue de droit international à La protection des télégraphes sous-marins et la Conférence de Paris en 1882* (Bruxelles). <small>Renault.</small>

M. Bompard, docteur en droit, a publié en 1888, un travail sur *Le pape et le droit des gens,* dans lequel il étudie toutes les questions internationales intéressant le Saint-Siège, mais nous ne saurions en adopter toutes les conclusions. <small>Bompard.</small>

M. Milovanowich, docteur en droit, a publié une étude très complète des *Traités de garantie au XIXe siècle,* dans laquelle il traite successivement et avec une réelle compétence la théorie juridique et la valeur pratique de ces traités. La partie de l'histoire diplomatique concernant le Congrès de Vienne et la Sainte-Alliance, la question polonaise, la neutralité suisse, belge, etc., etc., est fort intéressante (Paris, 1888). <small>Milovanowich</small>

M. Ricci, avocat, docteur en droit, a publié une monographie sur *Les effets de l'extradition* (Paris, 1886). <small>Ricci.</small>

L. Kamarowski (le comte), professeur à l'Université de Moscou, a publié : *Le tribunal international,* ouvrage traduit par S. de Westmann, ancien élève de l'Ecole des sciences politiques et précédé d'une introduction par Jules Lacointa, 1887. <small>Kamarowski.</small>

M. Féraud-Giraud, président honoraire à la Cour de cassation, a publié deux volumes sous ce titre : *États, souverains et chefs d'É-* <small>Féraud-Giraud.</small>

tat, *personnel diplomatique et consulaire, personnes civiles devant les tribunaux étrangers* (1895).

Imbard-Latour.

M. Imbart-Latour (J.), avocat à la Cour de Paris, a publié : *La papauté en droit international* (1893).

Moynier.

Dans l'ouvrage intitulé : *Les bureaux internationaux des Unions universelles* (Genève et Paris, 1892), M. G. Moynier fait l'historique et expose les fonctions des bureaux créés en vue d'assurer l'exécution des conventions internationales relatives aux postes et télégraphes, à la protection des propriétés industrielle, littéraire et artistique, aux poids et mesures, aux tarifs des chemins de fer, à la publication des tarifs douaniers, à la géodésie et à la répression de la traite.

Institut de droit international.

En vertu d'une décision de l'Institut de droit international, son secrétaire, M. Lehr, a rédigé (Paris, Bruxelles, etc., 1893) un *Tableau général de l'organisation des travaux et du personnel de l'Institut de droit international*. Ce volume comprend entre autres un résumé des travaux de l'Institut dès sa fondation de 1873 à la fin de l'année 1892.

J. B. Moore.

M. John Bassett Moore, professeur de droit international au Colombia College, a publié en 1892, à New-York, une *Etude sur le droit d'asile des légations, des consulats et des navires* (*Asylum in legations and consulates and in vessels*). Il s'y prononce en somme contre l'exterritorialité qu'il ne faut pas confondre avec l'inviolabilité du domicile des agents diplomatiques. L'exterritorialité est inadmissible principalement en ce qui concerne les mariages célébrés dans la résidence d'un agent, ces mariages péchant contre la règle d'après laquelle c'est la *lex loci celebrationis* qui prévaut en pareil cas. La validité internationale de ces mariages semble douteuse.

Le même auteur a fait un tirage à part de sa biographie de Wharton (*A brief sketch of the life of Fr. Wharton*). Cette biographie sert d'introduction à la correspondance diplomatique de la Révolution américaine, publiée par Fr. Wharton.

Kleen.

De la contrebande de guerre et des transports interdits aux neutres, d'après les principes du droit international contemporain, tel est le titre d'un ouvrage publié à Paris, en 1893, par M. Kleen.

C'est un exposé des motifs d'un avant-projet de règlement dont l'Institut de droit international doit être saisi.

Politis.

M. Politis a publié en 1894 un ouvrage sur *Les emprunts d'État en droit international*, qui comprend quatre parties : dans la première, l'auteur définit l'emprunt d'État ; dans la deuxième il détermine la capacité requise pour émettre un emprunt ; dans la troisième il s'occupe de la banqueroute d'un État et dans la dernière examine les sanctions du contrat d'emprunt.

En 1894, à la Havane, a paru *La doctrine de Monroë* de M. Jose-Maria Cespedes : c'est une étude intéressante et très documentée de la politique des États-Unis dans leurs relations avec les autres États d'Amérique.

Cespedes.

X. — *Droit public. Science du droit en général.*

Sous le titre de *Handbuch des öffentlichen Rechts* (Manuel du droit public. — Fribourg en Brisgau, 1892), M. Marquardsen publie un recueil de monographies embrassant le droit public de toutes les nations modernes. Chacune de ces monographies a pour auteur un publiciste du pays en cause. Ainsi M. le professeur Brusa expose le droit public italien, M. le professeur Vauthier celui de la Belgique.

Marquardsen.

M. le Dr Fr. Wegmann a publié sous le titre de *Die Ratifikation der Staatsverträge* (La ratification des traités. Berlin, 1892) une étude sur le rôle des parlements dans la ratification des traités et sur les clauses à introduire dans ceux-ci, aux fins de réserver l'assentiment des représentations nationales.

Wegmann.

On doit à M. Larcher, docteur en droit, avocat à la Cour d'appel de Nancy, un travail fort intéressant, couronné par la Faculté de droit de Paris, récemment paru (1896) sous le titre de : *L'Initiative parlementaire en France.*

Larcher.

XI. *Publications périodiques.*

Chaque année, M. Lehr, le savant secrétaire général de l'Institut de droit international, en publie l'annuaire.

Institut de droit international.

L'ouvrage comprend, outre les règlements et les statuts, des documents relatifs à l'histoire et aux travaux de l'Institut pendant l'année écoulée, des notices bibliographiques et nécrologiques sur les membres de l'Institut et enfin les questions inscrites à l'ordre du jour de la prochaine session et la composition des commissions chargées de les étudier au préalable.

La période de 1873 à 1892 a été condensée par M. Lehr en un seul volume sous le titre de : *Tableau général de l'Institut de droit international,* dont nous avons parlé plus haut.

Sous le titre de *Zeitschrift für internationales Privat-und Strafrecht* (Revue de droit international privé et pénal), il paraît depuis

Zeitschrift für Privatrecht.

1891, à Erlangen, sous la direction de M. F. Bœhm, conseiller à la Cour d'appel de Naumbourg, une revue consacrée au droit international privé et pénal, et plus spécialement à l'exécution des jugements étrangers. Parmi les collaborateurs nous remarquons MM. Asser, de Bar, Bergbohm, P. Fiore, Lehr, de Marquardsen, de Martens, Meili, Rivier et A. Weiss.

Revue d'histoire diplomatique. — *Revue d'histoire diplomatique* (de Maulde), fondée en 1887, publiée à Paris depuis cette époque, 9e année.

Annales de droit commercial. — A citer aussi les *Annales de droit commercial* qui paraissent à Paris depuis 1887 sous la direction de M. Thaller. Cette publication ouvre assez fréquemment ses colonnes à des essais concernant le côté international du droit commercial et donne le texte des conventions qui touchent à ce droit.

Archives diplomatiques. — Puis les *Archives diplomatiques* publiées à Paris par M. le professeur L. Renault. Elles donnent le texte français de tous les actes diplomatiques, ainsi que des principales dépêches et des lois dont la portée est plus ou moins internationale.

Staatsarchiv. Annales de l'Ecole des sciences politiques. Bulletin de législation comparée. Archives d'administration comparée. — Citons enfin le *Staatsarchiv*, publication allemande similaire, mais qui donne les traités dans la langue originale ; puis les *Annales de l'Ecole des sciences politiques* et le *Bulletin de la Société de législation comparée*.

Sous le titre d'*Archives internationales d'administration comparée*, M. Mulder publie, à La Haye, depuis 1893, une revue des publications et des propositions dans la sphère de l'administration des États, des provinces et des communes, qu'elles émanent des autorités constituées ou de l'initiative privée. En même temps il publie des études scientifiques sur la réforme de l'administration, une bibliographie fort complète des ouvrages qui ont trait à ces matières et un répertoire des articles qui paraîtront dans les revues de jurisprudence. Les lois et autres documents officiels sont reproduits dans l'idiome original, lorsque cet idiome est l'allemand, l'anglais ou le français, en traduction française lorsqu'il s'agit d'autres langues.

Signalons encore :

Revue du droit public et de la science politique en France et à l'étranger. — La *Revue du droit public et de la science politique en France et à l'étranger*, fondée en 1892, et publiée depuis cette époque sous la direction de M. Ferdinand Larnaude, professeur de Droit public général à la Faculté de droit de Paris. Cette Revue paraît tous les deux mois en fascicules de 200 pages ; chaque numéro contient des articles de fond, des chroniques, des articles de variétés et des documents. Nous avons remarqué : une étude sur la *Personnalité civile en France, du Saint-Siège et des autres puissances étrangères*, par M. le professeur Ducrocq ; un article de M. Mérignhac sur *L'in-*

cident franco-siamois et l'État tampon ; une étude de M. Can-
tuzzy sur *Les limites que les traités de commerce imposent aux
États contractants dans l'adoption de mesures financières d'ordre
intérieur ;* des articles de M. Fiore sur *L'abordage des navires suivant le Droit international,* etc., etc.

La *Revue politique et parlementaire,* fondée en 1894, et publiée
sous la direction de M. Marcel Fournier, agrégé des Facultés de droit,
lauréat de l'Institut.

Revue poli-
tique et par-
lementaire.

Depuis 1894, il existe à Paris une Revue exclusivement consacrée
à l'étude du droit des gens. C'est la *Revue générale de droit international public,* fondée par MM. Antoine Pillet et Paul Fauchille. Des
articles fort intéressants y ont été publiés, signés des noms les plus
connus. Ce qui la caractérise et en fait la grande utilité c'est la chronique des faits internationaux, publiée dans chacune de ses livrai-
sons et où sont retracés et appréciés au point de vue juridique les
événements actuels. La Revue publie encore en texte les principaux
documents diplomatiques et un bulletin bibliographique comprenant,
avec les comptes rendus des livres nouveaux, les sommaires des
différents périodiques de France et de l'étranger.

Revue gé-
nérale de
droit interna-
national pu-
blic.

Le *Journal du droit international privé* poursuit sa publication
avec un succès très mérité, sous l'habile direction de M. Clunet,
avocat à la Cour d'appel de Paris, qui s'est adjoint depuis 1890 un
précieux collaborateur, M. Alcide Darras, docteur en droit, bien
connu par ses travaux spéciaux de droit international concernant la
propriété industrielle, artistique et littéraire. Ce journal a donné ces
dernières années plus de développement à la partie du droit des
gens, il a publié notamment quelques articles fort appréciés que
nous croyons devoir signaler à raison de l'autorité des signataires.

Journal du
droit interna-
tional privé.

Poinsard, *Entente internationale sur la police de la navigation
dans la mer du Nord.* — Saint-Marc, *De la compétence criminelle en cas d'annexion de territoire.* — Trigaut-Geneste, *La loi
française sur l'espionnage envisagée au point de vue allemand.*
— Wilhelm, *Théorie juridique des protectorats.* — De Boeck,
Rapatriement des étrangers et des nationaux. — Arthur Desjardins, *Des droits en Roumanie d'un État étranger appelé par testament à recueillir la succession d'un de ses sujets.* — Le professeur Louis Renault, *Du droit pour une personne morale étrangère
de recueillir par succession un immeuble situé en France.* — Le
professeur Lyon-Caen, *La Convention du 14 octobre 1890 sur le
transport international des marchandises par chemins de fer.*

PREMIÈRE PARTIE

ÉTAT DE PAIX

LIVRE PREMIER

PRINCIPES GÉNÉRAUX ET SOURCES DU DROIT INTERNATIONAL

Voir *Droit international,* I, § 1 et s.

Aucun fait remarquable ne s'est produit dans cet ordre de questïons depuis la quatrième édition.

LIVRE II

SOUVERAINETÉ DES ÉTATS

(Voir *Droit international*, 1, § 39 et s. ; II, § 935 ;
III, § 1500 ; IV, §§ 2116, 2597).

Droit d'un
Etat d'inter-
dire aux fonc-
tionnaires
étrangers l'ac-
cès de son ter-
ritoire.
§ 1. Le principe de la souveraineté des États autorise un gouvernement à interdire l'accès de son territoire à tout fonctionnaire étranger qui s'y introduit en secret ou sans en avoir demandé l'autorisation.

Il peut exister entre deux États voisins une certaine tolérance relativement aux incursions que font, sur leurs territoires respectifs, les agents de la police chargés de recueillir des informations utiles à leur service. Mais cette tolérance ne saurait être exigée à l'égard de personnes se livrant à des agissements de nature à nuire aux intérêts du pays.

Le conseil fédéral suisse a eu récemment à se prévaloir de ce droit contre des agents supérieurs et subalternes de la police allemande.

Cas de Haupt.
Le 27 janvier 1888 fut lancé contre un nommé Haupt, déserteur allemand, un mandat d'expulsion du territoire suisse.

Haupt, qui recevait un salaire mensuel de la direction de la police de Berlin, était prévenu d'exciter à des violences les ouvriers allemands résidant à Genève.

Expulsion de
l'inspecteur
de police Wo-
hlgemuth du
territoire
suisse.
§ 2. De beaucoup plus graves conséquences semblaient tout d'abord devoir résulter de l'expulsion d'un commissaire de police de Mulhouse nommé Wohlgemuth. Après être entré en relations par correspondance avec un tailleur bavarois du nom de Lütz, habitant Bâle, dans le but de l'enrôler au service de la police allemande, il lui donna rendez-vous, le 24 mars 1889, à Rheinfelden sur le territoire suisse (Argovie), afin de lui remettre le salaire convenu entre eux et lui communiquer des instructions relatives à ses agissements subsé-

quents. Le mois suivant, le 21 avril, Lütz engagea à son tour le commissaire allemand à se rendre dans le même lieu pour conférer avec lui. Le préfet de Rheinfelden ayant été informé de ce rendez-vous par les complices de Lütz, tous deux furent arrêtés et Wohlgemuth incarcéré dans les prisons de Rheinfelden où il resta 10 jours. Ses papiers furent saisis et confirmèrent sa culpabilité déjà établie par six lettres qu'il avait adressées à Lütz, et qui prouvaient que le salarié de l'inspecteur mulhousin était chargé non seulement de surveiller les socialistes, mais aussi de créer de l'agitation parmi eux.

Le Conseil fédéral suisse saisi de l'affaire, considérant que l'inspecteur de police de Mulhouse avait commis sur le territoire suisse des actes qui étaient de nature, par leurs résultats possibles, à compromettre la sûreté intérieure ou extérieure de la Suisse, attendu qu'il avait embauché le tailleur Lütz dans le but avéré de créer de l'agitation dans les milieux ouvriers de Bâle, d'Alsace-Lorraine et du Grand-Duché de Bade, et qu'entr'autres, il lui avait écrit : « Agitez toujours et allez-y gaîment! » (*Wühlen sie nur lüstig drauf los!*), rendit le 30 avril contre l'accusé un arrêté d'expulsion. Cet acte se basait sur l'article 70 de la Constitution fédérale qui porte que : « La » Confédération a le droit de renvoyer de son territoire les étrangers » qui compromettent la sûreté intérieure et extérieure de la Suisse ».

Après un complément d'enquête, le Conseil fédéral expulsa également du territoire suisse, par arrêté du 3 mai, le tailleur Lütz, se fondant sur ce qu'il avait « accepté le rôle d'agent provocateur, qui lui avait été proposé par l'inspecteur de police Wohlgemuth, ainsi que les sommes à lui payées à diverses reprises par ce dernier pour créer de l'agitation dans les milieux ouvriers de Bâle, d'Alsace-Lorraine et du Grand-Duché de Bâde, et pour faire des rapports à ce sujet, rapports effectivement fournis » (1).

L'incarcération de Wohlgemuth par la police argovienne, puis son expulsion soulevèrent dans la presse officieuse allemande, contre le peuple suisse et ses autorités, de violentes attaques et des menaces hors de proportion avec la cause du différend.

Bien que ne devant pas être pris pour l'expression de l'opinion publique en Allemagne, les excès de langage de journaux représentant la Suisse comme un foyer de révolution et d'anarchie, causèrent dans ce pays une vive irritation et de sérieuses inquiétudes au sujet du maintien de la paix. L'incident Wolhgemuth prit ainsi pendant plusieurs semaines les proportions d'un conflit internatioual.

(1) *Gazette de Lausanne* du 4 mai 1889.

Moins excessives étaient les représentations faites officiellement par la Chancellerie de l'Empire.

Cependant, s'écartant du cas spécial de l'inspecteur Wohlgemuth, sur lequel il renonçait à tomber d'accord avec le chef du département des Affaires étrangères, le prince de Bismarck, généralisant le débat, touchait à différentes questions de la plus haute importance pour les intérêts et même l'existence politique de la Suisse.

Reprochant au Gouvernement de la Confédération l'insuffisance de sa police des étrangers, qui faisait de la Suisse le centre de ralliement des démocrates socialistes allemands, le Grand Chancelier menaçait, si cette situation ne s'améliorait pas dans la suite, « d'exa- » miner, de concert avec les puissances amies, la question de savoir » jusqu'à quel point la neutralité de la Suisse est conciliable avec les » garanties d'ordre et de paix sans lesquelles il n'y a pas pour les au- » tres pays de l'Europe de tranquillité (1) ».

La Russie d'abord, puis l'Autriche firent alors aussi des représentations dans le même sens mais plus modérées.

En même temps l'organe officieux de la Chancellerie allemande, la *Norddeutsche Allgemeine Zeitung*, publiait une série d'articles tendant à démontrer la caducité des clauses contractuelles sur lesquelles est fondée cette neutralité (Voir *Neutralité de la Suisse*, IV, § 2597).

Le droit d'asile de la Suisse était également mis en cause.

Par une interprétation nouvelle de l'article 2 du traité d'établissement du 27 avril 1876, le Prince de Bismarck prétendait imposer à la Suisse le devoir de n'accorder l'accès sur son sol qu'aux Allemands qui demanderaient à s'y établir, munis de certains certificats émanant des autorités de leur patrie. Le Prince y voyait motif à dénoncer le traité pour non-observation.

M. Droz, alors chef du département des Affaires étrangères de la Confédération, répondit avec beaucoup de fermeté. Après avoir justifié par des faits les actes des autorités suisses à l'égard de Wohlgemuth, il démontrait par le texte du traité d'établissement, l'historique de sa conclusion et les affirmations mêmes du mémoire du chancelier au Reichstag du 18 novembre 1876 « que les deux gou- » vernements n'avaient pas entendu restreindre leur droit de recevoir » chez eux qui bon leur semble, mais qu'ils avaient eu pour but unique » de déterminer les conditions moyennant lesquelles le séjour ou l'éta-

---

(1) *Note du Chancelier* du 5 juin 1889. *Norddeutsche Allgemeine Zeitung*, n° du 5 juillet 1889.

» blissement sur le territoire de l'un des États ne pourrait pas être re-
» fusé aux ressortissants de l'autre (1) ».

En même temps, pour témoigner son souci de remplir ses devoirs internationaux et son désir de maintenir ses bons rapports avec les pays amis, l'Assemblée fédérale de la Confédération décrétait, le 29 juin, le rétablissement d'un fonctionnaire spécial, le Procureur Général de la Confédération, chargé de surveiller la police des étrangers en ce qui concerne les actes qui compromettent la sûreté intérieure et extérieure de la Suisse.

Création d'un Procureur général de la Confédération chargé de la police des étrangers.

En réponse à cette note l'Allemagne dénonça le traité d'établissement qui devait cesser d'être en vigueur le 20 juillet 1890.

Ainsi se termina ce différend qui troubla trop longtemps les bonnes relations des deux pays. Les autorités d'Argovie, en emprisonnant l'inspecteur de police mulhousois surpris sur leur territoire et le Conseil fédéral, en l'expulsant, ont usé d'un droit incontestable. L'Allemagne semble du reste s'être finalement rendue à cette manière de voir : elle ne donna aucune suite à ses menaces de représailles, aucune satisfaction ne fut exigée et les graves questions de politique internationale qu'elle avait elle-même soulevées, en restèrent au même point (2).

Quelques mois après dans la séance du Reichstag du 22 novembre 1889, répondant au député progressiste Baumbach, le comte Herbert de Bismarck déclara que les meilleurs rapports diplomatiques existaient avec la Suisse et que l'incident Wohlgemuth était une affaire terminée (3). Enfin, le renouvellement du traité d'établissement entre la Suisse et l'Allemagne en juin 1890, mit un terme définitif à cet incident (4).

§ 3. D'après la Constitution des États-Unis (*Droit international*, I, § 60), dans le pouvoir fédéral suprême réside exclusivement la souveraineté extérieure de la nation et se confond l'indépendance internationale de chaque État.

Affaire de la Nouvelle-Orléans. Conflit entre l'Italie et les États-Unis.

Malheureusement ce principe a été mis en question par ceux-là mêmes que le peuple des États-Unis a chargés de le représenter vis-à-vis de l'étranger.

La population de la Nouvelle-Orléans ayant appliqué la loi de Lynch à des Italiens que le jury régulier avait acquittés et dont quelques-

(1) *Note de M. Droz du 10 juillet 1889, Gazette de Lausanne*, 15 juillet 1889.
(2) *Journ .du Droit intern. privé*, 1889, pp. 418 et suiv.
(3) *Archives diplomatiques*, 1889, I, pp. 124-117 ; II, pp. 369-373 ; VIII-IX, pp. 333-341.
(4) Numa Droz, *Etudes et portraits politiques*, p. 68.

uns avaient conservé leur nationalité, le cabinet de Rome réclama la punition des coupables et, sur la fin de non-recevoir qui lui fut opposée, le ministre d'Italie demanda ses passeports et quitta Washington. Dans sa réponse aux justes réclamations de l'Italie, le gouvernement Américain s'est retranché derrière la Constitution qui ne lui permettrait pas de s'immiscer dans les affaires de la Louisiane. Le cabinet de Rome a répliqué qu'il n'avait pas à discuter la Constitution des États-Unis, mais que son devoir était de faire respecter les principes du droit public international, et qu'il ne pouvait admettre la théorie de l'irresponsabilité du gouvernement central. Après avoir fait remarquer que la cause de l'Italie était, en cette affaire, celle de tous les peuples, le cabinet italien a ajouté que le gouvernement du Roi déplorait que les États-Unis, si avancés dans la civilisation, méconnussent absolument des principes de droit et de justice universellement proclamés et scrupuleusement observés en Europe.

Opinion de M. A. Desjardins. § 4. M. A. Desjardins, qui a consacré à l'affaire de la Nouvelle-Orléans une étude très consciencieuse (1), la termine par ces mots : « Com-
» ment admettre que les pouvoirs fédéraux soient les seuls organes
» de ce grand peuple (celui des États-Unis) toutes les fois qu'il s'a-
» gira de porter une de ses réclamations à quelque autre puissance,
» et qu'il se dérobe derrière l'omnipotence des législatures loca-
» les, quand celle-ci réclamera pour son compte ? Il y a dans cette
» situation équivoque et fausse le germe de grands embarras, peut-
» être un péril international ».

Reconnaissance des souverains Princes de Bulgarie. § 5. Aux États mi-souverains (*Droit international*, I, § 64) est venue s'ajouter la Bulgarie. La situation ainsi faite au prince Ferdinand de Bulgarie a donné lieu à une action en justice que nous résumons comme suit :

En janvier 1892, la Cour suprême de l'Empire d'Allemagne a rendu un arrêt relatif à la situation du prince Ferdinand de Bulgarie. Poursuivi pour diffamation par ce prince, un journaliste de Gotha s'était entendu condamner par le tribunal de cette ville, qui, dans les considérants, avait accordé au prince le titre de souverain ! Sur l'appel interjeté par le défendeur, la Cour de Leipzig lui a donné raison. D'après l'article 1er du traité de Berlin de 1878, est-il dit dans l'arrêt, la Bulgarie n'est pas souveraine, mais vassale du Sultan. De plus l'article 2 exige que l'élection du prince de Bulgarie, pour être légitime en droit international, soit confirmée par la Porte et agréée par les puissances. Or Ferdinand de Saxe-Cobourg-Gotha, élu prince, ne réunit pas ces conditions. En conséquence il faut le considérer

(1) *Revue des Deux-Mondes* du 15 mai 1891.

comme appartenant encore à la maison princière de Saxe-Cobourg-Gotha, et non comme prince souverain (1).

§ 6. La situation des tribus indiennes vis-à-vis du gouvernement des États-Unis (*Droit international*, I, § 71) a également donné lieu, en 1890, à une décision de la Cour suprême de ce pays. Cette décision a confirmé celle de 1831, d'après laquelle les Cherokees ont la situation d'un peuple dépendant vis-à-vis d'un État protecteur. Le Congrès des États-Unis, dit la Cour, a le pouvoir d'autoriser une compagnie de chemins de fer à s'emparer, sauf indemnité, des terres faisant partie du territoire Cherokee.

Indiens de l'Amérique du Nord. Cas de la South Kansas Railway Co.

La prétention que la nation Cherokee est souveraine au même titre que les États-Unis et que seule, sur le territoire qui lui est réservé, elle jouit d'un droit de propriété éminente, ne trouve d'appui ni dans les traités de cette nation avec les États-Unis, ni dans les décisions de la Cour suprême, ni dans les votes du Congrès. Sans doute les Cherokees forment une nation distincte pour l'organisation exécutive, législative et judiciaire, mais ces circonstances ne sont pas suffisantes pour que cette nation forme un État souverain. Les traités l'ont placée dans un état de minorité.

En outre, lorsqu'il s'agit de travaux publics, le Congrès peut ordonner l'expropriation des terrains nécessaires, sans qu'il puisse être arrêté par l'opposition des États particuliers (2).

§ 7. Au sujet de l'emprunt de 1852, contracté par Dom Miguel de Portugal (*Droit international*, I, § 102), la situation s'est modifiée depuis notre quatrième édition.

Emprunt Dom Miguel.

Le *Journal officiel* français a annoncé, en 1892, que le Comptoir d'escompte a été chargé de mettre en réserve, sur le produit de l'emprunt des tabacs portugais, une somme de 2.500.000 francs, destinée aux porteurs d'obligations Dom Miguel. Cette somme a été répartie entre ceux des créanciers qui ont consenti à l'abandon de toute réclamation contre le Portugal, du chef de l'emprunt en question (3).

§ 8. La reconnaissance des partis engagés dans une guerre civile (*Droit international*, I, § 84 s.), a été débattue entre autres à propos des troubles qui ont désolé le Chili en 1891 principalement, et cela dans les dépêches qu'ont échangées à ce sujet le chancelier de l'Empire allemand et le ministre d'Allemagne au Chili. Il ressort de ces docu-

L'Allemagne et le Chili.

(1) *Journal du droit international privé*, 1892, p. 1090.
(2) *Journal du Droit international privé*, 1892, p. 284.
(3) Kebedgy, *De la protection des créanciers d'un État étranger* (*Journal du Droit international privé*, 1894, p. 59).

ments que ce ministre a reçu pour instructions d'observer la neutralité la plus stricte, mais d'entretenir les relations officielles avec le président Balmaceda, tant que celui-ci occuperait le Palais. Quant aux consuls, dans ce cas de double gouvernement, ils ont été autorisés à entretenir des relations non officielles avec le parti du Congrès.

Suède et Norvège. Le conflit de l'Union. § 9. Un journal suédois important, le *Stockholms Dagblad*, a pensé, peut-être non sans raison, que les questions de politique scandinave étaient trop peu connues à l'étranger, et il a publié en langue française un article (n° du 23 août) sur le conflit de l'union entre la Suède et la Norvège (voir *Droit International*, I, § 45).

Nous le résumons rapidement ici (1).

La Norvège veut être sur un pied d'égalité parfaite avec la Suède, estimant que cette égalité n'existera pas tant qu'elle n'aura pas obtenu ce qui lui a manqué jusqu'ici, à savoir, non seulement une organisation consulaire qui lui soit propre, mais encore la participation à la direction des affaires étrangères, qu'elle veut aussi contrôler d'une manière indépendante.

De ces deux exigences, celle qui concerne l'organisation consulaire est de date très ancienne — elle remonte aux premiers jours de l'Union, — tandis que l'autre n'a été soulevée que plus tard. On peut dire que ces deux exigences rencontrent les sympathies de la majorité du peuple norvégien. Mais tandis que, pour la direction des affaires étrangères, les conservateurs et les modérés veulent atteindre leur but sans rompre la communauté actuelle avec la Suède, les radicaux réclament un Ministre des Affaires étrangères spécial pour la Norvège.

Les deux partis opposés diffèrent aussi sur la manière de faire accepter les réformes qu'ils réclament. Les radicaux ont regardé ces réformes comme des questions exclusivement norvégiennes, qui doivent tout simplement être résolues par la décision de la représentation et du Gouvernement norvégiens.

Le parti moyen soutient au contraire que les intérêts dans les questions étrangères sont communs et qu'il est dans la nature même de l'Union, que cette communauté ne peut être modifiée qu'avec le consentement des deux pays.

Le roi de son côté partage entièrement cette manière de voir et n'a pas hésité à user du droit de refuser sa sanction aux décisions du Storthing, malgré tous les efforts tentés pour lui rendre la situation aussi difficile que possible.

(1) *Archives diplomatiques*, 1895, VII-VIII, p. 228 et s.

Les partisans de l'Union n'ont pas opposé une fin de non-recevoir aux réclamations de la Norvège.

La Suède admettra bien la réforme consulaire, si la Norvège y tient absolument. On est disposé aussi à accorder à la Norvège, sous certaines conditions, l'égalité avec la Suède quant à la direction des affaires étrangères. Déjà, en 1893, le Gouvernement suédois a proposé au Gouvernement norvégien que le poste de Ministre des Affaires étrangères pût dorénavant être occupé aussi bien par un Norvégien que par un Suédois, responsable devant les représentations des deux pays, tandis que jusqu'à présent il a été exclusivement occupé par des Suédois. Cette offre qui donnerait, nous semble-t-il, à la Norvège, l'égalité qu'elle demande si instamment, la Suède la maintient toujours ; mais, bien entendu, elle n'ira pas plus loin, jugeant impossible de donner à la Norvège un Ministre particulier des Affaires étrangères, car une direction commune des affaires de l'Union vis-à-vis de l'étranger est la condition même de l'existence de cette Union.

La Diète suédoise, le « Riksdag », a fait connaître expressément son opinion sur ce point au sujet de l'organisation consulaire. La Suède, pour consentir à ce que demande la Norvège, réclame aussi quelques concessions de la part de celle-ci. Aussi le Riksdag suédois a-t-il demandé au Gouvernement de préparer sans retard une revision de l'acte d'Union, document qui, il faut le dire, est bien obscur et défectueux pour régler la situation des deux pays vis-à-vis l'un de l'autre.

L'attitude ferme du roi et du Riksdag n'a pas été sans effet. La majorité du Storthing a fini par juger nécessaire de permettre des négociations avec le pays-frère, sous la condition expresse toutefois que le Gouvernement du pays serait confié à un ministère « agissant d'accord avec le Storthing ». On ne voulait pas reconnaître comme tel le Ministère de droite présidé par M. Stang ; or, celui-ci est toujours resté aux affaires, quoique, dès le commencement de cette année, il ait demandé au roi d'agréer sa démission. On a vainement tenté bien des efforts pour constituer un Ministère qui permît une collaboration entre le roi et la représentation.

Quant à la révision de l'acte d'Union, cette question doit, paraît-il, rester en suspens jusqu'au changement de ministère projeté en Norvège.

LIVRE III

INDÉPENDANCE ET CONSERVATION DES ÉTATS

(Voir *Droit international*, I, § 107 s.)

Non-inter-
vention. Lord
Salisbury.
§ 10. Aux opinions des hommes d'État et publicistes sur la non-intervention (*Droit international*, I, § 112), il faut ajouter celle de lord Salisbury. Dans un discours prononcé en 1891, il a proclamé de la façon la plus claire, le principe que la Grande-Bretagne n'a pas à intervenir dans les affaires intérieures des pays Sud-Américains. Elle n'interviendra que pour protéger ses ressortissants, s'ils venaient à être lésés par les troubles intérieurs (1).

Intervention
européenne en
Egypte.
§ 11. Les interventions successives des puissances enropéennes en Turquie ont été suivies de celle qui s'est produite en Egypte, qui, depuis 1840, est vassale de l'Empire ottoman. Le vice-roi d'Egypte a le droit, en sa qualité de délégué du sultan, de percevoir des contributions et de retenir à son profit le produit des douanes ; mais l'armée égyptienne est regardée comme faisant partie de celle de l'Empire ottoman.

L'intervention des puissances occidentales en Egypte eut pour origine les embarras financiers de ce pays, embarras qui inspiraient des craintes sérieuses aux créanciers du Khédive : c'est là l'origine du décret du 18 novembre 1876, qui donnait à deux fonctionnaires européens, désignés sous le nom de Contrôleurs Généraux, une part prépondérante dans la direction des services financiers égyptiens. Ces deux Contrôleurs avaient une attribution commune et devaient l'un et l'autre prendre part à la préparation du budget.

D'abord purement officieuse, la question des Contrôleurs Généraux ne tarda pas à devenir l'objet d'engagements diplomatiques.

(1) *La Nation*, 27 août 1891.

La France et l'Angleterre s'entendirent pour diriger cette institution dans une voie qui devait conduire au raffermissement du crédit de l'Egypte et au salut des intérêts européens. De concert avec les commissaires égyptiens de la Dette, les Contrôleurs Généraux ont préparé les éléments de la loi de liquidation, à laquelle toutes les puissances ont pris part ou adhéré, et qui a délivré le Trésor égyptien de la dette flottante, ainsi que des réclamations internationales.

D'aussi heureux résultats conduisirent à des organisations analogues pour la Daïra et les Domaines, c'est-à-dire pour les biens khédiviaux, dont l'abandon avait fourni les ressources nécessaires à la liquidation générale des dettes.

§ 12. Malheureusement, au moment où les revenus de l'Égypte allaient être uniquement consacrés au développement de ce pays, éclata une sédition qui mit fin à l'entente de la France et de l'Angleterre. La Grande-Bretagne, au contraire de son alliée, jugea indispensable une répression par les armes, répression qui créa une situation nouvelle, puis l'occupation de l'Egypte. L'Angleterre ayant déclaré son intention formelle de respecter, une fois l'ordre rétabli, les droits acquis et les engagements internationaux, la France lui laissa l'initiative des mesures à prendre. C'est dire que la Grande-Bretagne assuma, à elle seule, la charge et le règlement des affaires d'Egypte et que la France reprit sa liberté d'action. *Occupation anglaise.*

§ 13. En premier lieu, et sur la proposition des Contrôleurs Généraux, le Khédive promulgua, le 13 janvier 1883, avec l'assentiment des grandes puissances, un décret instituant une Commission internationale, dont le but était de recevoir et d'examiner les réclamations des victimes des faits de guerre et de rébellion, les actes de pillage ou d'incendie qui s'étaient produits depuis le 10 juin 1882, notamment à la suite du bombardement d'Alexandrie. Cette Commission devait statuer souverainement sur l'admission ou le rejet de chaque réclamation, et fixer les allocations de dommages-intérêts. La Commission était composée comme suit : deux délégués de l'Égypte, président et vice-président ; un délégué de l'Allemagne, de l'Autriche-Hongrie, de la France, de la Grande-Bretagne, de l'Italie, de la Russie, des États-Unis et de la Grèce ; un délégué désigné d'un commun accord par la Belgique, le Danemark, l'Espagne, les Pays-Bas, le Portugal, la Suède et Norvège. La Commission statuait à la majorité des voix. Les crédits nécessaires lui étaient ouverts par le Conseil des ministres égyptien. Il devait être ultérieurement pourvu à la fixation de l'époque et aux voies et moyens de paiement des indemnités accordées par la Commission. Elle a siégé du 6 février 1883 *Indemnité de guerre. Commission internationale.*

au 8 mars 1884, et examiné 9843 réclamations. En somme elle a
alloué 106.820.236 francs, répartis entre indigènes et étrangers de
toutes nationalités.

Le 15 juin 1884, la France déclarait, par une dépêche de M. Waddington à lord Granville, repousser toute idée d'occupation collective
de l'Egypte par la France et l'Angleterre ; elle repoussait de même
l'idée de substituer l'occupation française à l'occupation anglaise.
Cela, il est vrai, dans l'hypothèse que le Gouvernement anglais con-
firmerait sa ferme intention de ne porter aucune atteinte à la situation
internationale de l'Égypte, et d'évacuer ce pays, lorsque l'ordre y
serait rétabli.

En même temps, M. Waddington réclamait, en faveur des créanciers de l'Égypte, un contrôle sérieux des finances égyptiennes. La
France, disait-il, voit cette garantie dans l'extension des pouvoirs de
la Commission de la dette.

Le 16 juin lord Granville, prenant acte des déclarations de la
France, exprimait ses regrets de ce que les circonstances s'opposaient
encore à l'évacuation. On peut espérer, disait-il en substance, que
l'Angleterre pourra retirer ses troupes en 1888 ; mais si alors la
prolongation de l'occupation se trouvait nécessaire, la Grande-Bretagne espère que les puissances ne s'y opposeront pas. L'Angleterre,
ayant seule à supporter le fardeau de l'occupation, ne saurait du
reste plus admettre la participation des autres puissances au contrôle de l'administration égyptienne. Mais elle est prête à donner les
mains à une extension des pouvoirs de la Commission de la Caisse
de la dette publique, caisse qui, après le retrait des troupes anglaises, aurait en plus le droit d'inspection des revenus. Le président de
la caisse serait un Anglais.

Neutralisa-
tion de l'E-
gypte et du
canal de Suez.

§ 14. Lord Granville propose enfin de neutraliser l'Égypte sur la base
des principes appliqués à la Belgique, et de neutraliser également le
canal de Suez, afin d'assurer le libre parcours de cette voie internationale même en temps de guerre (1). Mais les navires des belligérants
devront évacuer le canal dans un laps de temps déterminé et ne
pourront y débarquer ni troupes ni munitions. Aucun acte d'hostilité ne pourra être commis dans le canal, ni dans ses approches,
alors même que la Turquie serait belligérante. Sont réservées toutefois les mesures à prendre pour la défense de l'Égypte. Il ne sera
pas élevé de fortifications sur le canal ou dans son voisinage.

(1) La neutralité du canal de Suez a été reconnue et garantie par le
traité de Constantinople du 29 octobre 1888. — On trouvera le texte de
ce traité *infrà* dans l'appendice.

Cet arrangement fut accepté le lendemain par le Gouvernement français (*Droit international*, I, § 377 s.).

§ 15. Poursuivant le but énoncé plus haut, d'arriver à la réorganisation financière de l'Égypte, le gouvernement anglais soumettait aux puissances, le 29 novembre 1884, un mémorandum qui peut se résumer ainsi :

Il sera émis un emprunt à 3 1/2 0/0 de cinq millions de livres sterling, c'est-à-dire suffisant pour pourvoir à la dette flottante et à l'irrigation.

Les intérêts de cet emprunt garanti par l'Angleterre seront gagés avec priorité sur les revenus égyptiens. Les revenus de la Daïra et des Domaines seront versés à la Banque d'Angleterre. Les intérêts du nouvel emprunt seront prélevés sur ces sommes avant toutes choses. L'administration des terres de la Daïra et des Domaines restera entre les mains de l'Égypte, sous le contrôle de l'Angleterre.

La seconde charge des revenus égyptiens sera le service des dettes existantes, la 3e les frais d'administration, la 4e l'emprunt de Suez, enfin 1/2 0/0 des dettes unifiées et les frais de l'armée d'occupation. Les excédents éventuels seront appliqués avant tout aux arrérages des années précédentes. Les étrangers seraient soumis à certains impôts dont ils étaient exempts jusqu'ici. Les indemnités de guerre enfin seront payées en titres de la dette privilégiée égyptienne.

§ 16. Un contre-mémorandum français proposait entre autres de comprendre les indemnités de guerre dans un emprunt à émettre et de porter celui-ci à 9 millions de livres sterling, en y attachant la garantie collective des puissances. Il proposerait en outre de ne point modifier le régime de la Daïra et des Domaines, et de les faire participer aux sacrifices communs en les soumettant à l'impôt et à la suspension d'amortissement.

Ces propositions françaises obtinrent l'assentiment de l'Allemagne, de l'Autriche-Hongrie, de l'Italie et de la Russie. Quant à l'Angleterre, principale intéressée, elle accepta, le 21 janvier 1883, pour l'emprunt surprivilégié de neuf millions de livres, la garantie collective sur la base de celle de l'emprunt turc de 1855, et admit la représentation, à la caisse de la dette, des gouvernements allemand et russe. Quant à l'enquête internationale elle estimait que pour l'heure, elle nuirait à l'autorité du gouvernement khédivial ; mais que, dans deux ans, on pourrait instituer de nouveau une commission internationale. Le gouvernement anglais accepta de plus le traité relatif au canal de Suez et abandonna ses propositions relatives aux emprunts et aux administrateurs de la Daïra et des Domaines.

Mémorandum anglais.

Contre-mémorandum français.

§ 17. Le 24 janvier 1885, la France, d'accord avec les autres Puissances, accepta les bases proposées par l'Angleterre le 21 janvier ; puis, le 1er février. Elle le fit dans un mémorandum adressé au cabinet de St-James, dans lequel elle proposait la conclusion d'une convention internationale destinée à fixer les conditions et l'emploi de l'emprunt de neuf millions de livres, l'élaboration d'un décret égyptien établissant l'impôt provisoire de 5 fr. 70 sur les coupons de la Dette, et les taxes nouvelles sur les étrangers ; enfin la réunion de la Commission du canal de Suez.

§ 18. Ces propositions ayant reçu l'assentiment des puissances, leurs représentants signèrent à Londres, le 17 mars, une déclaration portant avant tout sur la garantie de l'emprunt de neuf millions, les taxes sur les étrangers, et l'élaboration de l'Acte consacrant le libre usage du canal de Suez. De plus les Puissances approuvaient, le même jour, une convention par laquelle elles autorisaient l'emprunt de neuf millions de livres. Elles y stipulaient aussi qu'une annuité de 315.000 livres sterling, destinée au service de cet emprunt, serait prélevée sur les revenus affectés au service de la dette privilégiée et de la dette unifiée, et s'engageaient collectivement à assurer le paiement de cette annuité.

De son côté le vice-roi d'Égypte promulguait des décrets fixant les conditions de l'emprunt.

Il nous reste à résumer la convention anglo-turque de 1885, les négociations relatives à l'évacuation de l'Égypte, puis les faits concernant les tribunaux mixtes et l'établissement d'une municipalité internationale à Alexandrie.

§ 19. Le 17 novembre 1885 les représentants de l'Angleterre et de la Porte signaient une convention portant l'envoi en Egypte de deux commissions extraordinaires, en vue du règlement des affaires de ce pays. En voici d'ailleurs le texte :

ART. 1er. — S. M. I. le Sultan et S. M. Britannique enverront respectivement un haut fonctionnaire en Egypte.

ART. 2. — Le Haut Commissaire ottoman avisera, de concert avec S. A. le Khédive ou avec le fonctionnaire qui sera désigné à cet effet par Son Altesse, aux moyens les plus propres à apaiser le Soudan par des voies pacifiques.

Le Haut Commissaire ottoman et S. A. le Khédive tiendront le Haut Commissaire anglais au courant des négociations, et comme les mesures à arrêter se rattachent au règlement général des affaires égyptiennes, elles seront adoptées et mises à exécution d'accord avec le Haut Commissaire anglais.

ART. 3. — Les deux Hauts Commissaires réorganiseront, de concert avec S. A. le Khédive, l'armée égyptienne.

ART. 4. — Les deux Hauts Commissaires de concert avec S. A. le Khédive examineront toutes les branches de l'administration égyptienne et pourront y adopter les modifications qu'ils jugeront nécessaires dans les limites des firmans impériaux.

ART. 5. — Les engagements internationaux contractés par S. A. le Khédive, seront approuvés par le Gouvernement ottoman, en tant qu'ils ne seront pas contraires aux privilèges octroyés par les firmans impériaux.

ART. 6. — Dès que les deux Hauts Commissaires auront constaté que la sécurité des frontières et le bon fonctionnement et la stabilité du Gouvernement égyptien seront assurés, ils présenteront un rapport à leurs gouvernements respectifs qui aviseront à la conclusion d'une convention réglant le retrait des troupes britanniques de l'Egypte dans un délai convenable.

ART. 7. — La présente convention sera ratifiée et les ratifications en seront échangées à Constantinople dans l'espace de quinze jours, ou plus tôt si faire se peut.

En foi de quoi les deux plénipotentiaires (1) y ont apposé leurs signatures et le sceau de leurs armes.

Fait à, etc . . . .

§ 20. La tâche des commissaires étant à peu près achevée vers la fin de 1886, la France sonda le cabinet de St-James sur ses intentions à l'égard du retrait des troupes anglaises. Dans un entretien que l'ambassadeur de France à Londres eut, le 3 novembre, avec lord Salisbury, celui-ci déclara l'Angleterre prête à évacuer. Mais le ministre ajoutait : *(Evacuation de l'Egypte.)*

Que l'Angleterre, au moment de l'évacuation, demanderait à l'Europe de fixer un terme pendant lequel elle aurait le droit de rentrer en Egypte, si de nouveaux désordres y éclataient. En même temps lord Salisbury insistait sur la nécessité de doter l'Egypte d'une armée suffisante pour garantir la sécurité et l'ordre.

Le cabinet français ne fit pas d'objections de principe à l'idée d'un terme pendant lequel les troupes anglaises pourraient rentrer en Egypte. Mais il estimait que les circonstances dont il s'agissait, ne se produiraient pas. Du reste, pour ce qui concerne l'armée, la France ne s'opposait pas à ce qu'un certain nombre d'officiers euro-

(1) Ces deux plénipotentiaires étaient Mehemed-Saïd-Pacha, ministre des Affaires étrangères, pour la Turquie et Sir Henri Drumond Wolff, pour l'Angleterre.

péens demeurassent dans l'armée égyptienne, même après l'évacuation.

Quelques jours après, M. de Freycinet précisait ces idées dans une dépêche adressée à l'ambassadeur de France à Constantinople. Il y insistait notamment sur la nécessité de rendre l'Egypte à elle-même, à l'expiration de la période de transition.

§ 21. Afin de donner une forme plus précise à ces idées et de faciliter les négociations, Sir D. Wolff partait pour Constantinople en janvier 1887. Il y remettait, le 8 février, au Grand-Vizir un mémorandum où il insistait d'abord sur l'impossibilité de fixer une date pour l'évacuation, avant que l'Angleterre fût en mesure d'assurer la paix de l'Egypte, pour l'avenir. L'existence de colonies étrangères soutenues par des privilèges extra-territoriaux constitue, disait-il, un élément de désordre. Etant donné de plus le caractère des populations égyptiennes, il faudra bien des années avant que disparaisse tout danger de convulsions intestines. D'accord avec les puissances, Sir D. Wolff propose la neutralisation de l'Egypte, mais en réservant à l'Angleterre le droit d'intervenir toutes les fois que la paix et la sécurité seront menacées. Enfin le représentant de l'Angleterre insiste sur la nécessité de maintenir des officiers anglais au commandement des forces égyptiennes.

Pourparlers entre la Porte et le Cabinet de Londres. Mémorandum anglais.

§ 22. Dans sa réponse la Porte exprime l'avis que l'évacuation ne sera complète que quand les officiers anglais auront quitté leurs commandements. Quant à la neutralisation avec faculté d'intervention des troupes anglaises, ce serait infirmer le droit de la Porte que d'intervenir dans ses possessions d'Égypte et transférer à une autre puissance la souveraineté de celle-ci. Les autres Puissances européennes n'y prêteraient pas la main. En revanche, pour les capitulations, la Porte se déclarait prête à une réforme.

Réponse de la Porte.

De son côté, la France déclarait à la Porte et au cabinet de St-James qu'elle n'accepterait point un arrangement permettant à l'Angleterre de rentrer en Égypte.

§ 23. Sur quoi, après de longs pourparlers, les délégués britannique et ottoman arrêtèrent, le 22 mai 1887, un projet de convention qui tenait compte dans une certaine mesure des objections de la France.

Projet de convention anglo-égyptienne.

L'article 5 de cette Convention portait qu'à l'expiration d'une période de trois ans, à partir de la date de la Convention, la Grande-Bretagne retirerait ses troupes de l'Égypte. Si, à cette époque, un danger menaçait le pays, l'évacuation serait ajournée jusqu'à la disparition de ce danger. Le territoire égyptien serait inviolable et la Porte aurait le droit de l'occuper en cas de trouble ou de désobéissance du Khédive. La Grande-Bretagne jouissait du même droit.

Un protocole annexé à cette Convention stipulait l'invitation aux Puissances de s'entendre sur les moyens de soumettre leurs ressortissants en Égypte à une juridiction locale uniforme, et au paiement des impôts.

La Porte n'ayant ratifié ni cette convention, ni une seconde convention qui la modifiait sur quelques points, les négociations furent rompues et sir D. Wolff quitta Constantinople.

§ 24. Les négociations relatives à l'évacuation de l'Égypte furent reprises en 1890, sur l'initiative de la Porte et en somme sur les bases de la Convention de 1887, sauf modification à l'égard des points qui en avaient amené le rejet. Cette reprise avait été précédée d'une déclaration formelle de la France, portant que cette puissance ne songeait point à occuper l'Égypte après le retrait des troupes anglaises et qu'elle était opposée à l'occupation de ce pays par une puissance quelconque.

Reprise et échec des négociations.

Malheureusement ces négociations ne purent aboutir, à la suite du refus de l'Angleterre de renoncer, avec l'occupation, au contrôle politique auquel le nouveau Khédive avait cherché à se soustraire. Ce refus est largement motivé dans une dépêche de lord Rosebery à lord Aomer, en date du 15 février 1893 (1). Examinant la question de l'occupation, même contre le gré des populations égyptiennes, lord Rosebery affirme que plusieurs considérations s'opposent au retrait des troupes anglaises. Il faut considérer, dit-il, les intérêts de la nombreuse colonie européenne en Égypte ; il n'est pas prouvé que le sentiment réel de la population indigène soit hostile à l'occupation ; il est impossible d'abandonner, à la moindre difficulté, une tâche entreprise dans l'intérêt de l'Europe ; enfin le retrait des troupes anglaises serait le signal d'un retour aux errements de l'ancienne administration. Ce retour amènerait nécessairement une nouvelle intervention. Pour le moment, conclut lord Rosebery, il n'y a qu'un but à poursuivre : maintenir l'édifice élevé sous la direction anglaise, et organiser un système administratif et judiciaire qui garantisse la prospérité de l'Égypte. Ce pays ne saurait se passer du contrôle européen, et celui-ci pourrait même recevoir une application plus étroite et plus ferme que celle en vigueur.

A citer enfin, le compte rendu d'un entretien entre M. Gladstone et M. Waddington (2). Le premier ministre anglais ne peut recon-

(1) *Blue Book, Affairs of Egypt.*, n° 2, 1893, C. 6849.
(2) *Livre jaune*, 1884-93, n° 390.

naître à la France un droit spécial de s'occuper des affaires d'Égypte, celles-ci concernant toutes les puissances ; et il invoque particulièrement le traité de Paris de 1856.

A ces arguments, M. Waddington oppose les suivants : « Lorsqu'en 1878 la France a été invitée à participer aux travaux du Congrès de Berlin, j'ai posé comme condition préalable que les affaires d'Égypte resteraient en dehors des délibérations de la Haute Assemblée, et seraient considérées comme concernant exclusivement la France et l'Angleterre. Cette condition fut acceptée par le prince de Bismarck au nom de l'Allemagne, et par les autres Puissances, et ce ne fut qu'après que j'acceptai au nom de la France l'invitation au Congrès ».

« Ceci a été le point de départ du condominium anglo-français en Égypte, qui a été négocié entre lord Salisbury et moi à la fin de 1878. Ensuite, lorsqu'est survenue la révolte d'Arabi, c'est encore à la France que l'Angleterre s'est adressée pour réprimer en commun cette insurrection. La France, il est vrai, n'a pas donné son concours ; néanmoins, en 1884 et 1885, c'est encore avec la France que l'Angleterre négociait au sujet de l'évacuation ; si bien qu'un projet d'accord fut préparé à cette époque par M. Granville, ministre de M. Gladstone, et moi, fixant, moyennant certaines conditions, l'évacuation au 1er janvier 1888 ».

« Mais cette convention politique était liée à un arrangement financier qui n'aboutit pas. Ainsi, à cette époque encore, la situation politique de l'Égypte était considérée par le cabinet libéral comme une affaire à traiter entre la France et l'Angleterre, tandis que les finances seules étaient regardées comme du domaine de toutes les grandes Puissances ».

M. Waddington ajouta que la France ne pourrait accepter le droit indéfini pour l'Angleterre de rentrer en Égypte après l'évacuation, car ce droit équivaudrait à un protectorat spécial et intermittent de l'Angleterre sur l'Égypte. Mais il y aurait peut-être moyen de s'entendre, si ce droit était limité à un petit nombre d'années.

Les choses en sont là. Sans aller jusqu'à un protectorat, tel que celui de la France sur un autre Etat vassal de la Porte, la Tunisie, il semble peu probable que la Grande-Bretagne renonce à la situation qu'elle a conquise sur les bords du Nil.

Tribunaux mixtes.

§ 25. Il nous reste à compléter ce que nous avons dit (*Droit international*, III, § 1783) des tribunaux mixtes d'Egypte. Le 9 octobre 1888, le ministre des Affaires étrangères du Khédive adressait aux puissances une circulaire où il les avertissait que la période quinquennale pour le fonctionnement de ces tribunaux expirait le 1ᵉʳ février 1889. En même temps il proposait, pour le cas d'une prorogation, des réformes portant sur les deux points suivants : extension de compétence, système législatif à adopter pour introduire, dans les codes et dans les règlements, les amendements dont l'expérience démontrerait la nécessité.

Ces propositions firent l'objet, entre les puissances et le gouvernement égyptien, de négociations qui aboutirent aux deux décrets khédiviaux du 31 janvier 1889. Voici la substance de ces décrets :

Les pouvoirs des tribunaux mixtes sont prorogés pour cinq ans, sauf pour la Grèce, à l'égard de laquelle la prorogation n'a d'effet que pour une année, à partir du 1ᵉʳ février 1889. Les tribunaux seront compétents pour juger ce qui concerne le régime des terres, digues et canaux, les antiquités, la voirie, l'hygiène publique, la police des établissements publics, l'introduction, la vente et le port d'armes et de matières explosibles, le droit de chasse, les moyens de transport, la police des ports, de la navigation et des ponts, la mendicité, le vagabondage et le colportage, les établissements insalubres, incommodes et dangereux, enfin en général tout ce qui rentre dans la police et la sûreté générales.

En ce qui concerne le perfectionnement de l'institution du tribunal mixte, le gouvernement khédivial proposa de créer, le 23 février 1889, une Commission chargée d'examiner les propositions de l'Égypte et des puissances. Il demandait en outre une augmentation du personnel de la Cour, et l'admission de l'anglais comme langue judiciaire à côté de l'arabe, du français et de l'italien. En outre, il fut convenu, entre les intéressés, qu'on admettrait un conseiller hellénique au nombre des juges nommés par les puissances, à cause de l'importance de la colonie grecque d'Alexandrie. Malheureusement la Commission ne donna pas tout ce qu'on en attendait. Dans une session assez courte, elle fit bien prévaloir le principe que le tribunal mixte serait seul compétent pour statuer en matière d'immeubles, même entre indigènes, mais elle ne put s'entendre sur la question de l'indépendance du parquet appelé à fonctionner auprès de la Cour, et s'ajourna *sine die* à la fin d'avril 1890.

§ 26. Quelques mots enfin de la municipalité d'Alexandrie, instituée par décret khédivial du 5 janvier 1890, avec l'assentiment des Puissances.

Municipalité d'Alexandrie.

La Commission municipale d'Alexandrie se compose de vingt-huit membres, dont six de droit, huit nommés par le gouvernement, six élus par le collège électoral, c'est-à-dire par toutes les personnes du sexe masculin âgées d'au moins 25 ans et occupant dans la ville un local d'une valeur locative d'au moins 75 livres égyptiennes, trois élus par les négociants exportateurs, trois par les négociants importateurs et deux par les propriétaires d'immeubles. Ne sont ni électeurs, ni éligibles les membres du corps diplomatique et consulaire, non plus que les fonctionnaires des consulats. La Commission est compétente en matière de budget, d'impôts, de voirie, d'assistance publique, de service de santé, de police des bâtiments et d'incendies (1).

Turquie.
Massacres
d'Arménie.

§ 27. Cette question déjà si fertile en problèmes diplomatiques (*Droit international*, I, § 191) en a posé un de plus à l'Europe en novembre 1894 : à cette époque en effet, on apprit tout à coup que des massacres épouvantables avaient eu lieu en Arménie. C'était l'Association Anglo-Arménienne qui avait répandu la nouvelle en envoyant à Lord Kimberley une note pour le prier d'intervenir en faveur des Arméniens auprès de la Grande-Bretagne et des puissances signataires du traité de Berlin (2). Les premières explications tendirent à faire porter toute la responsabilité sur les Arméniens qui auraient commencé par supplicier plusieurs Turcs inoffensifs et se seraient ainsi exposés à des représailles.

Peu à peu, cependant, grâce aux efforts constants des amis des Arméniens, on est arrivé à voir la question sous son véritable jour et à apprendre les vraies causes du conflit.

Celui-ci se produisit dans le district de Sassim, au sud-ouest du lac Vay, près des villes de Bitlis et de Mousch.

Les Arméniens de cette région vivent dans une sorte d'état de vassalité envers les tribus Kurdes : de là obligations réciproques, l'Arménien paie au Kurde des redevances moyennant lesquelles celui-ci lui donne sa protection.

Il en résulte ce fait qui est l'origine du conflit actuel, que lorsque le collecteur d'impôts ottoman vient lever ses taxes, le cultivateur arménien refuse de les payer si on ne le garantit pas contre les exactions kurdes.

Un corps d'irréguliers turcs venu pour lever de force des impôts aurait été repoussé par les paysans arméniens.

(1) *Livres jaunes français : Affaires d'Égypte*, 1875-1893. — M. Kaufmann, *Le droit international et la dette publique égyptienne : Revue de droit international*, XXII, p. 556 ; *Archives diplomatiques*, 1893, VIII-IX, p. 215 et s.
(2) *Revue générale de droit international public*, 1895, n° 2, p. 256.

Il aurait alors appelé à son aide des renforts et ces troupes auraient vengé la première défaite en massacrant les malheureux paysans.

Les coupables étaient les cavaliers kurdes du corps Hamediech, les garnisons d'Erzeroum, d'Irisa, de Wan, de Tigranokert, etc., soit en tout 50 à 60.000 hommes qui s'étaient réunis pour vaincre la faible résistance que pouvait leur opposer une population armée de faux, de coutelas et de quelques mauvais fusils.

7 villages dans le district de Schatuck, 13 dans celui de Sassim, 3 dans celui de Chian, 5 dans celui de Chuspaï et 6 dans celui de Chianu furent pillés et brûlés. Partout, les habitants furent tués ou martyrisés, les enfants et les femmes furent massacrés et celles-ci durent subir les plus grossiers outrages du farouche vainqueur de leurs époux.

§ 28. L'Arménie est, s'il faut en croire les témoignages et les correspondances publiés dans la presse européenne, en proie à des violences continuelles en des proportions telles qu'on peut réellement se demander si les Turcs ne visent pas à la destruction de ce peuple : on y parle couramment de meurtres, de villages détruits, de viols, de pillages, etc.

Intervention européenne.

Cependant quelques voix s'élevèrent pour défendre le gouvernement ottoman et les Kurdes et pour contester l'authenticité absolue des nouvelles qui émotionnaient si vivement l'Europe ; on rappela les provocations des comités arméniens de Londres, d'Athènes et de Varna, les témoignages des voyageurs affirmant la paix et la quiétude parfaites d'un pays que la presse se plaisait à représenter comme en proie à des luttes intestines terribles. Enfin on parla beaucoup d'une lettre du patriarche de l'Église arménienne unie, Mgr Azarian et des commentaires plus ou moins justes et polis que lui valut son opinion dans certains journaux allemands.

On ne peut, sans vouloir discuter une question que nous n'avons nullement qualité pour examiner, s'empêcher cependant de remarquer que la vraisemblance appartient aux partisans des Arméniens.

De plus certains faits montrent une attitude bizarre du gouvernement ottoman : en effet, celui-ci supprima toutes correspondances avec le théâtre du conflit ; il empêcha les consuls européens de faire une enquête sur les lieux et enfin il jugea à propos de conférer une décoration à Zekki-Pacha qui commandait les troupes envoyées contre les Arméniens.

Les puissances européennes avaient-elles le droit d'intervenir pour empêcher le retour de semblables atrocités ?

L'article 61 du traité de Berlin répond éloquemment à cette question :

« La Sublime Porte s'engage à réaliser, sans plus de retard, les
» améliorations et les réformes qu'exigent les besoins locaux dans
» les provinces habitées par les Kurdes. Elle donnera périodique-
» ment connaissance des mesures prises à cet effet aux puissances
» qui en surveilleront l'application ».

De ce texte, il est facile de conclure que les puissances signataires, c'est-à-dire l'Autriche, la France, la Grande-Bretagne, l'Italie et la Russie ont le droit de veiller sur le sort des populations arméniennes, sur la réalisation des promesses de la Porte.

Sitôt averti des événements qui se déroulaient en Arménie, le cabinet anglais s'empressa d'avertir les autres gouvernements pour se concerter avec eux sur les mesures à prendre.

On décida tout d'abord de faire une enquête impartiale sur les faits allégués.

L'Angleterre ayant voulu envoyer son attaché militaire à Constantinople, le colonel Herbert Chermside, le sultan ému de cette perspective, promit d'envoyer sur les lieux une commission formée d'hommes impartiaux. La nomination de cette commission fut des plus laborieuse : la mauvaise foi évidente des Ottomans fit repousser l'idée, d'abord acceptée, de composer cette commission uniquement de fonctionnaires turcs et l'on exigea qu'elle comprît également les représentants des puissances occidentales.

Après quelques tâtonnements elle fut enfin composée des fonctionnaires turcs et de MM. Supley, Vilbert et Prejevalski, délégués de l'Angleterre, de la France et de la Russie.

Ces laborieuses négociations ne permirent à la Commission de commencer ses travaux que tout récemment et il nous est impossible par conséquent de faire connaître l'issue de cette affaire.

La Commission, c'est certain, peut arriver à la découverte de la vérité, mais on ne peut se dissimuler que sa tâche sera des plus rude, car le pays lui-même est aussi peu favorable que possible aux opérations de l'enquête : c'est en effet une région sauvage et montagneuse où les moyens de communication manquent totalement. De plus ne faut-il pas craindre que les Arméniens habitués à la longue tyrannie qu'ils subissent ne préfèrent taire leur malheur de peur des représailles qu'ils connaissent si bien, plutôt que de chercher à seconder les efforts des commissaires ?

La question est grave. C'est à l'Europe qu'il appartient de prévenir ce danger. Si de suite elle montre son intention ferme et arrêtée de ne pas abandonner les Arméniens et qu'elle justifie cette intention par des actes, les commissaires trouveront dans la population un auxiliaire dévoué et reconnaissant qui ne cherchera qu'à faciliter leur tâche.

———————

LIVRE IV

ÉGALITÉ DES ÉTATS.

(Voir Droit international, I, § 210 et s.)

Aucun fait remarquable ne s'est produit dans cet ordre de questions depuis la quatrième édition.

LIVRE V

PROPRIÉTÉ ET DOMAINE PUBLIC.

Voir *Droit international*, I, § 260 s.

§ 29. On a parfois émis des doutes sur la nature de la puissance souveraine désignée sous le nom de Saint-Siège. Est-elle limitée à la vie de chaque pape, se renouvelle-t-elle à chaque nouvelle élection, ou bien est-elle aussi perpétuelle que les monarchies non électives? Cette question a été tranchée par un tribunal français (V. *Droit international*, I, § 262).

Situation
du Saint-
Siège.

Statuant dans l'affaire de la marquise de Plessis-Bellière, qui avait légué sa fortune au pape Léon XIII et dont le testament avait été attaqué par les collatéraux de la dite dame, le tribunal civil de Montdidier a posé les principes suivants:

Legs fait au
Pape. Affaire
de Plessis-
Bellière.

La puissance souveraine désignée en droit international sous le nom de Saint-Siège ou de Papauté n'est pas intermittente et limitée à la vie de chaque pape, mais se perpétue en vertu de ses propres institutions électives.

Elle est reconnue par la France en qualité d'Etat étranger.

La capacité de chaque État est limitée, en ce qui concerne les acquisitions à faire dans le ressort d'autres États, par la souveraineté de ceux-ci, par leur législation et par les usages internationaux. Par suite, si, d'après la loi du 14 juillet 1819, les personnes morales étrangères peuvent succéder et recueillir en France, elles ne peuvent le faire qu'avec l'autorisation du gouvernement.

En conséquence le Saint-Siège est déclaré capable de recevoir le legs en cause, à la condition qu'il obtienne l'autorisation du gouvernement français (1).

(1) *Journal du droit international privé*, 1892, p. 447.

La Cour d'appel d'Amiens, saisie de cette affaire, a rendu le 24 février 1893, un arrêt contraire. Selon elle, le legs de la marquise de Plessis-Bellière s'adresse au pape, comme chef visible de l'Église catholique, et le pape ne peut, en cette qualité, recueillir de legs en France. Voici du reste le résumé de l'arrêt :

1° Du moment où il est acquis que le pape a été institué par un testateur comme chef visible de l'Église catholique universelle, et non comme souverain d'un État étranger, il est sans intérêt de rechercher si le pape est demeuré un souverain temporel, au moins dans les limites réduites que lui a imposées un acte unilatéral du gouvernement italien, la loi des Garanties du 13 mai 1871, et si la faculté pour les États étrangers de recevoir et de posséder en France constitue à leur profit un droit ou une simple tolérance du gouvernement français.

2° En cette qualité de chef visible de l'Église catholique universelle, le Pape est incapable de recueillir un legs en France ;

3° Au cas d'annulation d'un pareil legs, on doit considérer comme fait à une personne interposée celui fait à une personne tierce en vue de faire parvenir, par voie indirecte, la libéralité adressée au Pape (Voir plus loin, l'affaire Zappa) (1).

Le Pape se pourvut en cassation contre l'arrêt de la Cour d'Amiens.

Mᵉ Sabatier représentait le St-Siège, Mᵉ Sauvel les héritiers et M. le Procureur général Manau occupait le siège du Ministère public.

Mᵉ Sabatier a commencé par montrer que ce procès, en réalité, mettait en question la souveraineté temporelle du Pape. La Cour d'Amiens évitant d'aborder cette délicate question avait séparé la personnalité du Pape-Roi et du Pape chef visible de la Chrétienté.

Mᵉ Sabatier estime que cette distinction est arbitraire, qu'il faut aborder la question de front, et que des biens temporels n'ont pu être légués qu'à un souverain temporel. Pourquoi, dès lors, le principe étant admis que les souverains étrangers peuvent posséder en France, proclamer l'incapacité du Pape, auquel l'occupation de Rome, en 1870, a laissé encore un domaine, restreint il est vrai, mais un domaine, auprès duquel tous les États de l'Europe sont représentés par des ambassadeurs et qui est à la fois, dans sa personnalité indivisible, le chef de la chrétienté et le souverain du Vatican ?

L'éminent avocat rappelle que le gouvernement français s'est incliné lui-même, dans le procès d'aujourd'hui, devant cette double qualité de Léon XIII.

_____

(1) *Journal du droit international privé*, 1893, p. 384.

Lorsque le Pape eut appris la libéralité de Mme de Plessis-Bellière, il fit prier M. Lefebvre de Béhaine, ministre de France au Vatican, de s'enquérir près du ministre des Affaires étrangères des formalités relatives au paiement des droits de succession. Loin de lui contester sa capacité de légataire, le gouvernement français s'empressa de lui fournir à cet égard tous les éclaircissements désirables, et c'est sur la foi de ces communications que Léon XIII se décida à demander son envoi en possession.

Et, dans une discussion très serrée, Mᵉ Sabatier s'attache à établir qu'il est impossible de séparer l'une de l'autre la puissance spirituelle et la puissance temporelle du Pape. Or, reconnu diplomatiquement comme souverain étranger par la France, le Pape, comme tous les autres souverains, a le droit d'acquérir par legs et de posséder.

Après une courte plaidoirie de Mᵉ Sauvel en faveur des héritiers éventuels de la marquise, M. le Procureur général Manau prend la parole et conclut énergiquement à l'annulation du testament.

« Nous nous inclinons avec respect, dit-il, devant la haute personnalité qui domine ce débat et devant la mission sacrée qu'elle » remplit dans le monde, mais il y a plus de cent ans que la nation, » dans un effort suprême, a fait disparaître le domaine de l'Église » et qu'elle a pris les mesures énergiques pour l'empêcher de se » reconstituer.

« Tous les gouvernements, depuis lors, ont opposé, avec un soin » jaloux, une barrière infranchissable à cette reconstitution.

« Eh bien ! messieurs, c'est ce domaine de l'Église qu'on vous » demande de rétablir ! »

M. le Procureur général estime, en effet, que les libéralités testamentaires de Mme de Plessis-Bellière ne s'adressaient qu'au chef spirituel de l'Église, et nullement au Pape souverain temporel d'un État supérieur.

Aussi conclut-il à l'inexistence légale d'une pareille puissance et demande-t-il énergiquement à la Cour suprême d'invalider les volontés dernières de la testatrice, qui a légué, non pas à un souverain, mais au chef spirituel d'une religion.

Malgré les conclusions du Procureur général, la chambre des Requêtes a admis le pourvoi et en a renvoyé l'examen à la Chambre civile. On avait annoncé dans divers Recueils et Journaux français qu'une transaction était intervenue entre le Saint-Siège et les héritiers Plessis-Bellière, mais cette information était controuvée. L'admission du pourvoi par la chambre des requêtes de la Cour de cassation a saisi la chambre civile de cette haute juridiction, qui aura à statuer prochainement.

Ce procès, d'une importance exceptionnelle, aura pour résultat de fixer définitivement par arrêt de la Cour suprème la question de savoir si le Souverain Pontife a le droit de posséder en France. Ce droit a été reconnu ailleurs, notamment en Autriche où le Pape est devenu propriétaire de plusieurs immeubles en 1893 (1).

§ 30. L'Institut de droit international s'est occupé à son tour des prises de possession ultérieures et des moyens de prévenir les conflits qui pourraient en résulter.

Occupations de territoires.

Dans sa session de Lausanne, il a voté, sur la proposition de M. Engelhardt, un projet de déclaration internationale relative aux occupations de territoires. En voici les dispositions principales :

L'occupation d'un territoire à titre de souveraineté n'est valable que s'il y a eu prise de possession d'un territoire enfermé dans certaines limites, faite au nom du gouvernement, et que si la notification officielle de cette prise de possession a eu lieu.

La prise de possession s'accomplit par l'établissement d'un pouvoir local.

Les règles ci-dessus sont applicables aux protectorats.

Si la prise de possession donne lieu à des réclamations fondées sur des titres antérieurs, les intéressés feront appel aux bons offices, à la médiation ou à l'arbitrage de tierces puissances.

Sont proscrites les guerres d'extermination contre les indigènes, même à titre de représailles.

L'autorité fera respecter la propriété privée, veillera à la conservation des indigènes, à leur éducation et à l'amélioration de leurs conditions morales. Elle favorisera toutes les entreprises à ces fins, si celles-ci ne compromettent pas les intérêts politiques de l'Etat occupant.

La liberté de conscience est garantie aux indigènes, aux nationaux et aux étrangers. L'exercice des cultes est libre.

L'autorité préparera l'abolition de l'esclavage. Seront interdits immédiatement l'achat ou l'emploi des esclaves par d'autres que par les indigènes. La traite est interdite dans tous les territoires visés par la déclaration, ainsi que le commerce des instruments de supplice à l'usage des propriétaires d'esclaves.

Le débit des boissons fortes sera contrôlé de façon à préserver les indigènes des maux résultant de leur abus (2).

§ 31. En janvier 1895 un navire anglais vint prendre possession

Affaire de la Trinidad.

au nom de S. M. la Reine d'Angleterre de l'île de la Trinidad.

(1) V. *Journal du droit international privé*, 1895, p. 226.
(2) *Revue de droit international*, vol. 20, p. 605.

La nouvelle répandue aussitôt par les journaux émut vivement le Gouvernement brésilien qui adressa immédiatement une protestation au cabinet anglais en lui représentant que l'île de la Trinidad, colonie portugaise, était passée dans le domaine de l'empire du Brésil au moment de la proclamation de son indépendance et faisait donc actuellement partie du patrimoine des Etats-Unis du Brésil. A l'appui de sa réclamation le ministre des Affaires étrangères brésilien joignait une longue note établissant d'une façon absolue les droits du Brésil (1).

(1) Note à la légation britannique, en date du 22 juillet 1895.

Le 19 courant, j'ai eu l'honneur d'apprendre de M. Constantin Phipps, E. E. et ministre plénipotentiaire de S. M. Britannique, à propos de la nouvelle donnée par quelques journaux de l'occupation de l'île de la Trinité, dans l'océan Atlantique entre l'Amérique méridionale et la côte occidentale de l'Afrique, par des sujets de Sa Majesté, qu'elle ne lui paraissait pas dénuée de fondement. Immédiatement je fis observer que cette île faisant partie du domaine de la République des Etats-Unis du Brésil, une semblable occupation serait illégitime et ne pourrait prévaloir ; je lui affirmai que ce domaine était non équivoque, ce qui serait démontré en temps opportun ; et je lui annonçai que j'avais non seulement donné ordre par télégramme à la légation brésilienne à Londres de m'adresser des informations à ce sujet, mais je lui fis part de l'agitation qui se produisait dans l'esprit public à cette occasion, de même que pour tous les autres faits internationaux provoquant la fermentation et l'exaltation du naturel et noble sentiment de la nationalité.

Le *Paiz* du lendemain ayant dénoncé la résolution du gouvernement fédéral d'envoyer à cette île un navire de guerre pour s'assurer du fait de l'occupation, M. Constantin Phipps eut la courtoisie de me faire parvenir à trois heures de l'après-midi, pour plus ample information, une déclaration que le fait de l'occupation, au nom de la Couronne d'Angleterre, était avéré, parce qu'il s'agissait d'un territoire abandonné et ne possédant aucun vestige de possession d'aucune autre nation.

Je ne lui cachai ni la surprise ni le déplaisir que cela me causait, lui renouvelant mes affirmations de la veille appuyées par les antécédents historiques et les témoignages des géographes.

Les doutes concernant l'effectivité de l'occupation ayant été dissipés, M. Phipps me dit qu'il conviendrait de suspendre l'ordre relatif à la sortie du navire de guerre, qu'il allait porter mes observations à la connaissance de son gouvernement et que, dans quarante-huit heures, il aurait des instructions pour traiter de cet incident, désagréable aux relations que maintiennent heureusement les deux pays, le Brésil et l'Angleterre.

J'accomplis maintenant le devoir de consigner ici, comme je le promis à M. Phipps, les raisons sur lesquelles je me suis fondé pour qualifier d'illégitime l'occupation de l'île de la Trinité ; mais, auparavant permettez-moi cependant de lui communiquer que, par télégramme reçu hier de la légation du Brésil à Londres, on me dit avoir été informé par le Foreign Office que cette occupation date de janvier dernier au nom du gouvernement anglais pour le service du câble sous-marin argentin, sans avoir donné publicité à cet acte ni fait aucune notification.

L'île de la Trinité, comme M. Phipps le sait, est située entre le 20° 31'

Découverte par les Portugais en 1501, ce fut seulement le 15 avril 1700 que le capitaine anglais Edmond Halley y débarqua et le

de latitude sud et le 13°47'57' de longitude. A l'est du méridien de Rio-de-Janeiro, elle est distante, selon — The practice of navigation and nautical astronomy — de H. Rapper (Lieut. R. N., 7⁰ éd., London, 1862) de 651 milles géographiques du point de la côte de l'Etat d'Espirito Santo situé dans la même latitude. Découverte par les Portugais en 1501, ce fut seulement le 15 avril de 1700 que le capitaine anglais Edmond Halley y débarqua et le 31 mais 1775 J. Cook, à son second voyage. En 1781, le gouvernement de la Grande-Bretagne, se trouvant en guerre avec celui de l'Espagne, envoya occuper cette île dans le but d'entraver le commerce espagnol avec les colonies de la Plata, ce qui motiva de sérieuses réclamations de l'Espagne au Portugal ; ce dernier ordonna alors au vice-roi du Brésil d'envoyer une expédition pour arrêter l'occupation. En 1782, un établissement militaire portugais y fut alors formé et le 16 septembre de cette même année, le vice-roi reçut ordre d'établir des communications régulières avec l'île. Pendant le voyage de La Pérouse en 1785, le drapeau portugais fut aperçu sur une montagne, seulement, par ordre du 6 février 1795, le détachement et l'armement qui s'y trouvaient furent transportés par la frégate *Princeza da Beira*, qui arriva à Rio le 11 octobre de la même année.

Avec l'indépendance du Brésil, l'île de la Trinité cessa d'appartenir au Portugal.

En 1825, la corvette brésilienne *Itaparica*, commandée par le capitaine de la marine de guerre Diogo Jorge de Brito, y fut envoyée en commission par le gouvernement brésilien ; et en 1831 la Régence, au nom de l'Empereur, envoya procéder à des études et à un examen sur son utilisation.

Furent encore envoyés en commission dans cette île par le gouvernement : les corvettes D, *Izabel* en 1856, *Bahiana* en 1871, *Nitcheroy* dans cette même année, et en 1884, puis dernièrement le transport de guerre *Penedo*, en avril 1893, sous le commandement du premier lieutenant de l'escadre Joaquim Sarmanho.

Avant la commission confiée en 1894 au transport *Penedo*, le gouvernement de la République avait commencé des travaux dans le sens d'une adaptation de l'île au service pénitencier, ce dont font foi deux avis du 11 juillet et du 14 octobre 1891 du ministère de la justice.

Malte-Brun et Elisée Reclus (ce dernier encore en 1894), parmi les terres appartenant au Brésil, énumèrent l'île de la Trinité, pour ne pas invoquer Pierre Larousse (Dict. Univ., t. XV).

Je dois aussi insister auprès de M. Phipps sur ce que, sous le régime de l'Empire, le gouvernement brésilien, par décret n⁰ 9334 du 29 novembre 1884, accorda au citoyen Joao Alves Guerra la permission d'explorer des mines, d'extraire des produits naturels et d'établir des salines dans l'île de la Trinité, la considérant alors comme une annexe de la province de Espirito Santo. Tout cela est décisif.

L'occupation est le moyen légitime d'acquérir un domaine, seulement relativement à des choses qui n'ont point de maître — *res nullius*. — Sont considérées comme telles seulement celles qui n'ont été sous le domaine de personne, soit qu'elles n'aient appartenu à personne, soit qu'elles aient été abandonnées par leur ancien possesseur.

L'abandon ne peut se présumer, en vertu de la règle *nemo suum jac-*

31 mai 1775 J. Kook y aborda, à son second voyage. En 1781, le gouvernement de la Grande-Bretagne se trouvant en guerre avec

tare præsumitur ; il faut manifester l'intention de renonciation et de cessation de pouvoir physique sur la chose, et ne pas le confondre avec les simples « délaissement » ou « désertion ». Le propriétaire peut laisser la chose « désertée » ou la délaisser et cependant en conserver la possession. Le fait de la possession légale ne consiste pas seulement dans la détention réelle de la chose, mais aussi à la tenir à sa libre disposition. L'absence du propriétaire, le délaissement ou la désertion n'excluent pas la libre disposition. De là l'adage : *Animo retinetur possessio.*

Gaius (Inst. 4, § 154) enseigne. « *... Quoniam possidemus animo solo » quum volumus retinere possessionem. — Neque vero deseri locum » aliquem satis est, ut pro derelicto habendus sit, sed manifestis appa- » reat indiciis derelinquendi affectio,* » dit avec plus de force que Muhlenbruch (Doctrina Pandect, §§ 241 et 251).

L'abandon ne peut découler que de la manifestation expresse de la volonté et c'est pour cela que l'*animus* est la possibilité de reproduire la première volonté d'acquisition de la possession, comme l'enseigne Savigny (§ 32), sans qu'il y ait nécessité d'avoir constamment la conscience de la possession.

Pour l'abandon, il est nécessaire d'effectuer un nouvel acte de volonté dirigé en sens contraire de la première volonté, *animus in contrarium actus.*

Pro derelicto autem habetur quod dominus ea mente abjecerit ut id rerum suarum est nolit, disent les Institutes.

Lorsque la chose dont on invoque l'abandon pour légitimer l'occupation est du domaine d'une nation, la nécessité de l'appuyer par une manifestation positive et expresse de ne pas vouloir continuer à posséder, devient plus rigoureuse par cela même que la possession territoriale ne présume pas l'abandon, la présomption n'est pas d'être *res nullius* comme dans le cas des Institutes, *Insula quae in mari nata est (quod raro accidit) occupantis fit : nullius enim esse creditur.*

Si l'île de la Trinité fut découverte par les Portugais et par eux occupée militairement jusqu'en 1795, si ces faits sont historiques et que les annales des nations excluent l'ignorance de ceux-ci ; si par des actes positifs et publics le gouvernement brésilien a toujours manifesté la conviction que l'île de la Trinité est un territoire national, la condition de l'occupation qui a pour objet le *res nullius* ne se justifie pas.

La possession se perd *corpore* seulement lorsque la faculté de disposer devient complètement impossible, lorsque disparaît l'état de fait qui ne permet pas de disposer de la chose possédée.

Si le Brésil n'a pas manifesté par acte exprès sa volonté d'abandonner l'île, qui fût adjugée au continent brésilien par le fait de son indépendance politique, et si, M. Phipps en conviendra, il n'existe pas actuellement un état de fait qui l'empêche de disposer de l'île ou de l'utiliser quand et comment il le juge bon, il a conservé avec le domaine la possession intégrale ; comme l'île n'est pas *res pro derelictâ,* son occupation au nom du gouvernement anglais est sans titre légitime d'acquisition ou de domaine.

Ces réflexions soumises à M. Phipps, je crois qu'il ne laissera pas de les soumettre au gouvernement de S. M. la reine d'Angleterre, comme protestation contre l'occupation de l'île de la Trinité, qui fait partie du

celui de l'Espagne, envoya occuper cette île dans le but de développer le commerce espagnol avec les colonies de la Plata, ce qui motiva

territoire brésilien, et je suis certain que lorsqu'aura disparu l'équivoque de l'abandon et de la qualité de *res nullius*, le gouvernement britannique enverra des ordres pour suspendre l'occupation, rendant ainsi
hommage aux sentiments de justice qui accentuent une fois de plus les
dispositions dans lesquelles se trouvent les deux gouvernements, celui
du Brésil et celui de l'Angleterre, de conserver inaltérées les relations
qu'ils maintiennent entre eux. Pour infime que soit la valeur de l'île de
la Trinité, le gouvernement fédéral se croit obligé d'agir comme il le fait,
parce que, si la lésion de droit était consciente et voulue, le point d'honneur national n'en serait pas moins affecté.

Je réitère à M. le Ministre les assurances de ma haute considération.

CARLOS DE CARVALHO.

A M. Constantin Phipps.

Note de la Légation britannique.

Pétropolis, le 20 juillet 1895.

Monsieur le ministre,

Je n'ai pas manqué, après mes conférences avec Votre Excellence ven-
dredi et samedi dernier, de communiquer au principal secrétaire d'Etat
des affaires étrangères de Sa Majesté les observations de votre Excellence,
relatives à l'acte attribué au gouvernement de Sa Majesté de l'occupation
de l'île de la Trinité.

J'ai l'ordre d'informer Votre Excellence que la possession de l'île en
question fut pour la première fois prise par la Grande-Bretagne en l'an
1700. Aucune preuve ne fut alors rencontrée de possession portugaise
ni aucune protestation présentée par le Portugal. Dans l'opinion toutefois du marquis de Salisbury, il ne peut exister aucun titre brésilien
supérieur à celui de la Grande-Bretagne. Quand le gouvernement de Sa
Majesté a pris possession pour la seconde fois de cette île et de celle de
Martin Vaz en janvier dernier, il n'a rencontré aucun signe d'occupation étrangère et comme la Trinité devient nécessaire pour une station
télégraphique, le gouvernement de Sa Majesté ne peut consentir à abandonner ses droits sur elle.

J'ai eu la plus vive satisfaction d'informer lord Salisbury que Votre
Excellence, de la manière la plus cordiale, s'était rangée à l'opinion que
j'eus l'honneur de lui exposer qu'il ne serait pas nécessaire, en vue de
la connaissance que j'ai donnée de la question au gouvernement de Sa
Majesté, d'envoyer un navire de guerre à la Trinité et je suis certain que
Votre Excellence ne laissera pas de reconnaître qu'il ne peut être opportun d'envoyer un navire pour affirmer le droit de souveraineté dans une
île qui se trouve au pouvoir du gouvernement de Sa Majesté.

Je profite de l'occasion, M. le ministre, pour réitérer à Votre Excellence
les assurances de ma très haute considération.

CON. PHIPPS.

A Son Excellence, M. Carlos de Carvalho, Ministre des affaires étrangères.

Seconde note à la légation britannique

Ministère des Affaires étrangères, Rio-de-Janeiro, 23 juillet 1895.

En ce moment, trente-cinq minutes après-midi, j'ai l'honneur de recede nombreuses réclamations de l'Espagne au Portugal ; ce dernier ordonna alors au vice-roi du Brésil d'envoyer une expédition pour

voir la note datée du 20 courant par laquelle M. Constantin Phipps, envoyé extraordinaire et ministre plénipotentiaire de Sa Majesté britannique, me communique, par ordre de son gouvernement, que la possession de l'île de la Trinité a été pour la première fois prise par la Grande-Bretagne en l'an 1700 sans qu'il y eût protestation de la part du Portugal, et que l'opinion de lord Salisbury, principal secrétaire d'Etat des Affaires étrangères, est qu'il ne peut y avoir de titre brésilien à la possession de cette île supérieur à celui de la Grande-Bretagne. M. Phipps ajoute que le gouvernement de Sa Majesté la reine de la Grande-Bretagne ayant occupé l'île de la Trinité et celle de Martin-Vaz, en janvier dernier, pour y établir une station de câble télégraphique, elle ne peut consentir à abandonner ce droit sur elles.

Que M. Phipps me permette de lui répondre, et pour qu'il le transmette à lord Salisbury, que le meilleur titre de droit du Brésil sur l'île de la Trinité est la reconnaissance solennelle, positive et pratique, de ce droit par l'amirauté anglaise qui, le 22 août 1782, expédia des ordres explicites à l'officier anglais qui commandait l'île de la Trinité pour qu'il en effectuât l'évacuation sans retard et la remît au gouvernement portugais, comme appartenant aux possessions du royaume de Portugal dans l'Amérique du Sud et sujette du vice-royaume du Brésil.

M. Phipps voit donc que lord Salisbury, faisant remonter les titres anglais à 1700, année en laquelle le capitaine Edmond Halley aborda à l'île de la Trinité, découverte par les Portugais au commencement du seizième siècle, tombe dans une erreur que les archives britanniques pourront facilement dissiper.

J'offre de soumettre à M. Phipps copie des instructions que le capitaine de la marine de guerre, commandant le bâtiment *Nossa Senhora dos Prazeres*, reçut le 7 décembre 1782 du vice-roi du Brésil, Luiz de Vasconcellos et Souza, pour l'établissement militaire de l'île de la Trinité en cette année et pour que continue, comme elle continua, la retraite des forces anglaises qui s'y trouvaient indûment. De tout cela, le vice-roi donna communication à son gouvernement le 20 décembre de la même année.

Par elles, M. Phipps verra que la Grande-Bretagne a cédé à la justice et à la raison en se retirant de l'île de la Trinité et en proclamant les droits échus au Brésil par le motif de son indépendance politique et parce que l'île de la Trinité était sous la juridiction du gouvernement de Rio-de-Janeiro.

Le titre de 1700, invoqué par lord Salisbury, ne résistera pas aux faits antérieurs comme il ne peut résister aux fais subséquents.

Je soumets également à l'appréciation de M. Phipps la lettre royale du 22 février 1724, dans laquelle le roi Jean de Portugal donna des ordres pour empêcher que la Compagnie anglaise de Guinée se serve de l'île de la Trinité pour le commerce des esclaves. C'est là, sans aucun doute, une solennelle protestation contre l'acte de 1700 pratiqué par le capitaine Halley.

J'accomplis le devoir d'en appeler aux sentiments de justice du gouvernement de S. M. la reine de la Grande-Bretagne dans le but d'éloigner des bonnes relations qu'il maintient avec la République des E. E. U.U. du Brésil ce motif de perturbation.

Il n'y a pas de doute qu'à la vérification de ce que j'affirme, succédera

3

arrêter l'occupation. En 1782, un établissement militaire portugais y fut formé et le 16 septembre de cette même année le vice-roi reçut ordre d'établir des communications régulières avec l'île. Pendant le voyage de La Pérouse en 1785, le drapeau portugais fut aperçu sur une montagne et seulement, par ordre du 6 février 1795, le détachement et l'armement qui s'y trouvaient furent transportés par la frégate *Princeza da Beira*, qui arriva à Rio le 11 octobre de la même année (1).

Avec l'indépendance du Brésil, l'île de la Trinité cessa d'appartenir au Portugal.

En 1825, la corvette brésilienne *Itaparica*, commandée par le capitaine de la marine de guerre Diégo Jorge de Brito, y fut envoyée en commission par le gouvernement brésilien ; et en 1831 la Régence, au nom de l'Empereur, y envoya une mission procéder à des études et à un examen sur son utilisation. Les corvettes *Izabel* en 1856, *Bahiana* en 1871, *Ictheroy* dans cette même année et en 1884, puis dernièrement le transport de guerre *Penedo*, en avril 1894, sous le commandement du premier lieutenant de l'escadre Joaquim Sarmanho, furent encore envoyés en commission dans cette île par le gouvernement brésilien.

Avant la commission confiée en 1894 au transport *Penedo*, le gouvernement de la République avait commencé des travaux dans le sens d'une adaptation de l'île au service pénitencier, ce dont font foi deux avis du 11 juillet et du 14 octobre 1891 du ministère de la justice.

---

spontanément la désoccupation de l'île de la Trinité, comme le fit, en 1792. le gouvernement de Sa Majesté Britannique.

Quant à l'allusion relative à la prière qu'il me fit de suspendre l'envoi d'un navire de guerre brésilien à l'île, je dois déclarer qu'après ce qu'il m'a exposé de la part de son gouvernement, il n'y avait plus nécessité de l'envoyer pour s'assurer que le gouvernement de Sa Majesté la Reine exerçait un acte de souveraineté par l'occupation de cette île, je protestai de la façon la plus vive contre une semblable assertion, faisant réserve de tous droits généralement quelconques du Brésil et demandai la permission de faire sentir à M. Phipps, ce que je lui ai déclaré verbalement aujourd'hui, à 11 heures et 1/2 du matin, que, forte de son droit, la république des Etats-Unis du Brésil ne l'abandonnera pas, confiante avant tout dans les sentiments du gouvernement de S. M. la Reine d'Angleterre.

Je réitère, à monsieur le ministre, les assurances de ma haute considération.

                                        CARLOS DE CARVALHO.

A Monsieur Constantin Phipps.

(1) *L'Indépendance belge*, 20 août 1895.

L'occupation est le moyen légitime d'acquérir un domaine, seulement, relativement à des choses qui n'ont point de maître — *res nullius*. — Sont considérées comme telles seulement celles qui n'ont été sous le domaine de personne, soit qu'elles n'ont appartenu à personne, soit qu'elles aient été abandonnées par leur ancien possesseur.

L'abandon ne peut se présumer, en vertu de la règle *nemo suum jactare præsumitur* ; il faut manifester l'intention de renonciation et de cessation de pouvoir physique sur la chose, et ne pas le confondre avec les simples « délaissement » ou « désertion ». Le propriétaire peut laisser la chose désertée ou la délaisser et cependant en conserver la possession. Le fait de la possession légale ne consiste pas seulement dans la détention réelle de la chose, mais consiste aussi à la tenir à sa libre disposition. L'absence du propriétaire, le délaissement ou la désertion n'excluent pas la libre disposition. De là l'adage : *Animo retinetur possessio.*

Si l'île de la Trinité fut découverte par les Portugais et par eux occupée militairement jusqu'en 1795, si ces faits sont historiques et que les annales des nations excluent l'ignorance de ceux-ci ; si par des actes positifs et publics le gouvernement brésilien a toujours manifesté la conviction que l'île de la Trinité est un territoire national, la condition de l'occupation qui a pour objet la *res nullius* ne se justifie pas.

La possession se perd *corpore*, seulement lorsque la faculté de disposer devient complètement impossible, lorsque disparaît l'état de fait qui ne permet pas de disposer de la chose possédée.

Le chargé d'affaires anglais répondit par une note dont nous extrayons le passage suivant : « J'ai l'ordre d'informer Votre Excellence » que la possession de l'île en question fut pour la première fois prise » par la Grande-Bretagne en l'an 1700. Aucune preuve ne fut alors » rencontrée de possession portugaise ni aucune protestation présen- » tée par le Portugal. Dans l'opinion, toutefois, du marquis de Sa- » lisbury, il ne peut exister aucun titre brésilien supérieur à celui de » la Grande-Bretagne. Quand le gouvernement de Sa Majesté a pris » possession pour la seconde fois de cette île et de celle de Martin » Vaz en janvier dernier, il n'a rencontré aucun signe d'occupation » étrangère et comme la Trinité devient nécessaire pour une station » télégraphique, le gouvernement de Sa Majesté ne peut consentir à » abandonner ses droits sur elle ».

Une nouvelle note de M. Carlos de Carvalho, ministre des Affaires étrangères, répondit qu'en effet l'occupation anglaise de 1700 pouvait n'avoir soulevé aucune protestation, mais que le meilleur titre de droit du Brésil sur l'île de la Trinité était la reconnaissance solennelle, positive et pratique de ce droit par l'amirauté anglaise qui, le 22 août 1782, expédia des ordres explicites à l'officier anglais qui commandait l'île de la Trinité pour qu'il en effectue l'évacuation sans retard et la remette au gouvernement portugais, comme appartenant aux possessions du royaume de Portugal dans l'Amérique du Sud et sujette au vice-royaume du Brésil.

La question est pendante en ce moment et aucune solution définitive n'est encore intervenue.

L'Angleterre, nous le voyons, ne peut baser ses prétentions sur aucun des deux arguments qu'elle invoque : celui tiré de l'occupation est en effet détruit par la reconnaissance solennelle faite par la Grande-Bretagne, le 12 août 1782, des droits du Portugal et l'évacuation de l'île.

Quant à l'argument tiré de l'abandon, il ne résiste pas non plus à un examen sérieux : en effet, l'abandon ne peut découler que de la manifestation de la volonté expresse, de l'*animus* ; il faut donc un second acte de volonté, dirigé en sens contraire du premier qui a tendu à l'occupation, *animus in contrarium actus*.

Or si le Brésil n'a pas manifesté par un acte exprès la volonté d'abandonner l'île, et s'il n'existe pas à l'époque actuelle de faits l'empêchant d'en disposer, il a conservé avec le domaine la possession intégrale, et l'île ne pouvant par conséquent être considérée comme *res pro derelicto*, l'occupation anglaise n'est basée sur aucun titre légitime.

Nous retrouvons ici une situation absolument analogue à celle qui existe entre l'Angleterre et la République Argentine au sujet des îles Malouines (*Droit international*, I, § 287), celle-ci conservant toujours malgré l'usurpation de l'Angleterre le droit de propriété qu'elle tient de l'Espagne.

Cession d'Héligoland. § 32. En fait de cessions volontaires de territoires, en Europe (*Droit international*, I, § 298), nous n'avons à mentionner que celle de l'île d'Héligoland. La Grande-Bretagne l'a cédée à l'Allemagne, moyennant certaines compensations dans l'Afrique équatoriale. L'île a été attribuée à la province prussienne de Schleswig-Holstein dont elle est voisine (Voir plus loin : *Accords internationaux*).

Annexion à la France (affaire Sweet). § 33. Le tribunal de Papeete (île de Tahiti) a consacré, à propos de l'exception d'incompétence alléguée par le sieur Sweet, les principes suivants sur les effets civils de l'annexion.

L'annexion d'un pays à la France est consommée, lorsque, prononcée par le délégué du gouvernement français, agissant à la demande des habitants, elle est suivie d'une prise de possession effective des principaux points du territoire. Si l'annexion n'a qu'un caractère provisoire, jusqu'à la ratification du traité par les chambres, les mesures ordonnées par le gouvernement français n'en sont pas moins impératives et obligatoires. Aux termes de l'acte d'annexion du 16 mars 1888, applicable entre autres à l'île Huahine, la compétence des tribunaux français s'étend à tous les habitants des établissements français d'Océanie, et ces tribunaux peuvent donc connaître des affaires de successions, lorsque les intéressés sont domiciliés dans le pays, alors même qu'ils appartiennent à des nationalités différentes (1).

§ 34. Dans une longue étude sur « l'État indépendant du Congo et les indigènes » publiée en 1895 dans la *Revue de droit international et de législation comparée*, M. Cattier s'est préoccupé des conséquences qu'avait eues l'acte général de la Conférence de Berlin depuis sa signature.

Notre quatrième édition s'étant arrêtée sur cette question à la signature de cette convention internationale il nous a semblé logique d'aborder par l'examen de l'étude de M. Cattier la grosse question si brûlante et encore pendante du Congo, malgré les progrès qu'elle a faits dans ces dernières années.

La Conférence de Berlin, dit l'auteur, a assumé vis-à-vis des indigènes le rôle de tuteur officieux en les considérant comme des mineurs incapables de se protéger et elle a adopté des règles de nature à les défendre contre toute oppression.

En effet, tout en abandonnant à chaque État le soin de poursuivre ce but, la Conférence a admis un certain nombre de dispositions restrictives à la souveraineté interne et destinées à rendre impossible toute injustice vis-à-vis des indigènes.

Ces obligations sont presque toutes comprises dans l'article 6 du traité :

1° C'est d'abord l'obligation de veiller à la conservation des populations indigènes, règle adoptée pour prévenir le retour des atrocités commises au temps des premières tentatives de colonisation ;

2° L'état colonisateur doit veiller « à l'amélioration des conditions morales et matérielles de l'existence des indigènes ;

3° Obligation de concourir à la suppression de l'esclavage et surtout de la traite des noirs. C'est le point sur lequel le traité est le plus net : vis-à-vis de la traite, aucune tolérance, elle doit disparaître dans le plus bref délai ;

Le Congo.

---

(1) *Journal du Droit international privé*, 1891, p. 118.

4° Liberté de conscience, exercice libre et public de tous les cultes. On a senti au Congrès de Berlin que le temps était passé où la colonisation était une œuvre de prosélytisme religieux étroit et farouche : la liberté des croyances, la pratique libre et publique de leurs cultes sont garanties aux indigènes comme aux blancs ;

5° Enfin retenu par des préoccupations d'ordre commercial, le Congrès n'avait pas osé malgré plusieurs propositions faites en ce sens introduire dans le traité des prohibitions contre l'alcool, les armes à feu et les munitions ; en 1890 se réunit à Bruxelles le Congrès anti-esclavagiste qui a réparé cette lacune (art. 90 et suivants) en interdisant la fabrication et l'importation des spiritueux dans les régions où l'usage des boissons distillées n'existe pas et en les frappant de droits énormes dans les autres.

Des restrictions de même nature ont frappé la vente des armes à feu et de la poudre.

Telles sont les mesures de protection prises par les Congrès de Berlin et de Bruxelles, mesures d'ailleurs bien diversement appréciées. Quels résultats donneront-ils ? Seront-ils, comme le pensaient certains savants et diplomates, le point de départ d'une ère nouvelle d'humanité et de justice ? Au contraire le sort des indigènes restera-t-il ce qu'il a été jusqu'aujourd'hui, malgré ces mesures de protection qui ne sont, disent d'autres, que de vaines affirmations de principes aussi beaux qu'irréalisables ? L'avenir seul nous le dira et les dix années pendant lesquelles on a tenté d'appliquer ces règles sont au point de vue historique un trop court espace de temps pour que nous puissions déjà tirer quelque conclusion des événements survenus depuis 1885.

Traité franco-allemand du 15 mars 1894. § 35. Une communauté d'intérêts en Afrique a fait signer entre divers États européens toute une série de traités que nous allons examiner successivement.

La question du Congo a en effet rapproché en Afrique les pays les plus divisés en Europe, soit par la forme de gouvernement, soit par les idées, soit par les mœurs, soit enfin par les événements.

En effet, le 15 mars 1894, la France et l'Allemagne signaient une convention « pour la délimitation des colonies du Congo fran- » çais et du Cameroun et pour la détermination des sphères d'in- » fluence française et allemande dans la région du lac Tchad », convention dont voici d'ailleurs le texte officiel :

« Le gouvernement de la République française et le gouvernement de Sa Majesté l'Empereur d'Allemagne, ayant résolu, dans un esprit de bonne entente mutuelle, de donner force et vigueur à l'accord préparé par leurs délégués respectifs pour la délimitation des colonies du Congo français et du Cameroun et pour la détermination des sphères d'influence française et allemande dans la région du lac Tchad, les soussignés :

M. Jules Herbette, ambassadeur extraordinaire et plénipotentiaire de la République française auprès de Sa Majesté l'Empereur d'Allemagne et le Baron de Marschall, secrétaire d'Etat des Affaires Étrangères, dûment autorisés à cet effet, confirment le protocole (avec ses annexes) dressé à Berlin le 4 février dernier et dont la teneur suit:

Protocole.

Les soussignés :

Jacques Haussmann, chef de division au sous-secrétariat d'Etat des colonies ;

Louis-Parfait Monteil, chef de bataillon d'infanterie de marine ;

Dr Paul Kayser, conseiller privé actuel de légation, dirigeant les affaires coloniales au département des Affaires étrangères ;

Dr Alexandre, baron de Danckelman, professeur ;

Délégués par le gouvernement de la République française et par le gouvernement de l'Empire allemand à l'effet de préparer un accord destiné à régler les questions pendantes entre la France et l'Allemagne dans la région comprise entre les colonies du Congo français et du Cameroun et à établir la ligne de démarcation des zones d'influence respectives des deux pays dans la région du lac Tchad,

Sont convenus des dispositions suivantes :

ART. 1er. — La frontière entre la colonie du Congo français et la colonie du Cameroun suivra, à partir de l'intersection du parallèle formant la frontière avec le méridien 12°40 Paris [15° Greenwich], ledit méridien jusqu'à sa rencontre avec la rivière Ngoko ; le Ngoko jusqu'à sa rencontre avec le parallèle 2° (1) ; de là, en se dirigeant vers l'est, ce parallèle jusqu'à sa rencontre avec la rivière Sangha. Elle suivra ensuite, en remontant vers le nord, sur une longueur de 30 kilomètres, la rivière Sangha ; du point qui sera ainsi déterminé sur la rive droite de la Sangha, une ligne droite aboutissant, sur le parallèle de Bania, à soixante-deux minutes (62') à l'ouest de Bania ; de ce point, une ligne droite aboutissant, sur le parallèle de Gaza, à quarante-trois minutes (43') à l'ouest de Gaza.

De là, la frontière se dirigera en ligne droite vers Koundé, laissant

---

(1) Voir Annexe, § II.

Koundé à l'est, avec une banlieue déterminée à l'ouest par un arc
de cercle d'un rayon de 5 kilomètres, partant, au sud, du point où
il sera coupé par la ligne allant à Koundé et finissant, au nord, à
son intersection avec le méridien de Koundé. De là, la frontière suivra le parallèle de ce point jusqu'à sa rencontre avec le méridien
12°40' Paris (15° Greenwich) (1).

Le tracé suivra ensuite le méridien 12°40 (Paris) (15° Greenwich)
jusqu'à sa rencontre avec le parallèle 8°30, puis une ligne droite
aboutissant à Lamé, en laissant une banlieue de 5 kilomètres à
l'ouest de ce point ; de Lané, une ligne droite aboutissant sur la rive
gauche du Mayo-Kebbi, à hauteur de Bifara (2). — Du point d'accès
à la rive gauche du Mayo-Kebbi, la frontière traversera la rivière et
remontera en ligne droite vers le nord, laissant Bifara à l'est, jusqu'à
la rencontre du 10° parallèle. Elle suivra ce parallèle jusqu'à sa
rencontre avec le Chari (3) ; enfin le cours du Chari jusqu'au lac
Tchad (4).

Art. 2. — Le gouvernement français et le gouvernement allemand prennent l'engagement réciproque de n'exercer aucune action
politique dans les sphères d'influence qu'ils se reconnaissent par la
ligne de démarcation déterminée à l'article précédent. Il est convenu
par là que chacune des deux puissances s'interdit de faire des acquisitions territoriales, de conclure des traités, d'accepter des droits de
souveraineté ou de protectorat, de gêner ou de contester l'influence
de l'autre puissance dans la zone qui lui est réservée.

Art. 3. — L'Allemagne, en ce qui concerne la partie des eaux
de la Benoué et de ses affluents comprise dans sa sphère d'influence,
— la France, en ce qui concerne la partie du Mayo-Kebbi et des autres affluents de la Benoué comprise dans sa sphère d'influence, se
reconnaissent respectivement tenues d'appliquer et de faire respecter les dispositions relatives à la liberté de navigation et de commerce énumérées dans les articles 26, 27, 28, 29, 31, 32, 33 de
l'acte de Berlin du 26 février 1885, de même que les clauses de
l'acte de Bruxelles relatives à l'importation des armes et des spiritueux.

La France et l'Allemagne s'assurent respectivement le bénéfice de
ces mêmes dispositions en ce qui concerne la navigation du Chari,

(1) Voir Annexe, § III.
(2) Voir Annexe, § IV.
(3) Voir Annexe, § III.
(4) Voir Annexe, § V.

du Logone et de leurs affluents et l'importation des armes et des spiritueux dans les bassins de ces rivières.

ART. 4. — Dans les territoires de leurs zones d'influence respectives compris dans les bassins de la Bénoué et de ses affluents, du Chari, du Logone et de leurs affluents, de même que dans les territoires situés au sud et au sud-est du lac Tchad, les commerçants ou les voyageurs des deux pays seront traités sur le pied d'une parfaite égalité en ce qui concerne l'usage des routes ou autres voies de communications terrestres.

Dans ces mêmes territoires, les nationaux des deux pays seront soumis aux mêmes règles et jouiront des mêmes avantages au point de vue des acquisitions et installations nécessaires à l'exercice et au développement de leur commerce et de leur industrie.

Sont exclues de ces dispositions les routes et voies terrestres de communication des bassins côtiers de la Colonie du Cameroun, ou des bassins côtiers de la Colonie du Congo français non compris dans le bassin conventionnel du Congo tel qu'il a été défini par l'acte de Berlin.

Ces dispositions, toutefois, s'appliquent à la route d'Yola, Ngaoundéré, Koundé, Gaza, Bania, et vice versà, telle qu'elle est repérée sur la carte annexée au présent protocole, alors même qu'elle serait coupée par des affluents des bassins côtiers.

Les tarifs des taxes ou droits qui pourront être établis de part et d'autre ne comporteront, à l'égard des commerçants des deux pays, aucun traitement différentiel.

ART. 5. — En foi de quoi les délégués ont dressé le présent protocole et y ont apposé leur signature.

Fait à Berlin, en double expédition, le 4 février 1894.

Les délégués français :

Signé : HAUSSMANN.
MONTEIL.

Les délégués allemands :

Signé : KAYSER.
DANCKELMAN.

Annexe.

I. — La ligne de démarcation des sphères d'influence respectives des deux puissances contractantes, telle qu'elle est décrite à l'article 1er du protocole du même jour, sera conforme au tracé porté sur la carte annexée au présent protocole qui a été établie d'après les données géographiques actuellement connues et admises de part et d'autre.

II. — Dans le cas où la rivière Ngoko, à partir de son intersection avec le méridien 12°40 Paris (15° Grennwich), ne couperait pas le 2ᵉ parallèle, la frontière suivrait le Ngoko sur une longueur de 35 kilomètres à l'est de son intersection avec le méridien 12°40 Paris (15° Greenwich) ; à partir du point ainsi déterminé à l'est, elle rejoindrait, par une ligne droite, l'intersection du 2ᵉ parallèle avec la Sangha.

III. — S'il venait à être démontré, à la suite d'observations nouvelles dûment vérifiées, que les positions de Bania, de Gaza ou de Koundé, sont erronées et que, par suite, la frontière telle qu'elle est définie par le présent protocole, se trouve reportée, au regard de l'un de ces trois points, d'une distance supérieure à dix minutes de degré (10') à l'ouest du méridien 12°40 Paris (15° Greenwich), les deux gouvernements se mettraient d'accord pour procéder à une rectification du tracé, de manière à établir une compensation équivalente au profit de l'Allemagne, dans la région en question.

Une rectification du même genre interviendrait, en vue d'établir une compensation au profit de la France, s'il était démontré que l'intersection du parallèle 10° avec le Chari reporte la frontière à une distance de plus de dix minutes (10') à l'est du point indiqué sur la carte longitude 14°50 Paris (17°10' Greenwich).

IV. — En ce qui concerne le point d'accès au Mayo-Kebbi, il demeure entendu que, quelle que soit la position définitivement reconnue pour ce point, la frontière laissera dans la sphère d'influence française les villages de Bifara et de Lamé.

V. — Dans le cas où le Chari, depuis Goulfeï jusqu'à son embouchure dans le Tchad, se diviserait en plusieurs bras, la frontière suivrait la principale branche navigable jusqu'à l'entrée dans le Tchad, avec cette réserve que, pour que ce tracé soit définitif, la différence de longitude entre le point ainsi atteint par la frontière sur la rive sud du Tchad et Kouka, capitale du Bornou, pris comme point fixe, sera de un degré.

Dans le cas où des observations ultérieures, dûment vérifiées, démontreraient que l'écart en longitude entre Kouka et ladite embouchure diffère de cinq minutes de degré (5'), en plus ou en moins, de celui qui vient d'être indiqué, il y aurait lieu, par une entente amiable, de modifier le tracé de cette partie de la frontière, de manière que les deux pays conservent, au point de vue de l'accès au Tchad et des territoires qui leur sont reconnus dans cette région, des avantages équivalents à ceux qui leur sont assurés par le tracé porté sur la carte annexée au présent protocole.

VII. — Toutes les fois que le cours d'un fleuve ou d'une rivière est indiqué comme formant la ligne de démarcation, c'est le thalweg du fleuve ou de la rivière qui est considéré comme frontière.

VIII. — Les deux gouvernements admettent qu'il y aura lieu, dans l'avenir, de substituer progressivement aux lignes idéales qui ont servi à déterminer la frontière telle qu'elle est définie par le présent protocole, un tracé déterminé par la configuration naturelle du errain et jalonné par des points exactement reconnus, en ayant soin, dans les accords qui interviendront à cet effet, de ne pas avantager l'une des deux parties sans compensation équitable pour l'autre.

Vu pour être annexé au protocole du 4 février 1894.

Les délégués français :

Signé :   HAUSSMANN.
MONTEIL.

Les délégués allemands.

Signé :   KAYSER.
DANCKELMANN.

La présente convention sera ratifiée et les ratifications en seront échangées à Berlin dans le délai de six mois ou plus tôt si faire se peut.

Fait à Berlin, le 15 mars 1894, en double exemplaire.

Signé :   J. HERBETTE.
MARSCHALL.

L'arrangement toutefois n'est pas définitif. Les deux gouvernements admettent qu'il y aura lieu, dans l'avenir, de substituer progressivement aux lignes idéales qui ont servi à déterminer la frontière telle qu'elle est actuellement définie, un tracé déterminé par la configuration naturelle du terrain et jalonné par des points exactement reconnus, en ayant soin, dans les accords qui interviendront à cet effet, de ne pas avantager l'une des deux parties sans compensation équitable pour l'autre. Le point essentiel de l'arrangement est que la France reconnaît au Cameroun l'accès à la Sangha, contre l'accès au Mayo-Kebbi, affluent de la Benoué, qui est reconnu à la France.

Le résultat principal de ce traité est que les deux gouvernements, fermement et évidemment disposés à se soutenir en Afrique à cause de leur communauté d'intérêts vis-à-vis des autres puissances, n'hésiteront point dans l'avenir à se faire mutuellement de nouvelles concessions pour arriver à une entente amiable sur les difficultés qui pourraient s'élever entre eux à propos de la question congolaise (1).

(1) *Revue générale de Droit international public*, 1894, n° 4, p. 361.

§ 36. Le 12 mai 1894 un traité passé à propos d'une délimitation de frontières était signé entre l'Angleterre et l'État indépendant du Congo « relativement aux sphères d'influence des deux pays dans l'Afrique orientale et centrale ». Voici le texte de ce traité :

Art. 1er. — A. — Il est convenu que la sphère d'influence de l'État indépendant du Congo sera limitée au nord de la sphère allemande, dans l'est africain, par une frontière suivant le 30° méridien Est de Greenwich, jusqu'à son intersection avec la crête du partage des eaux du Nil et du Congo, et cette crête de partage dans la direction du Nord et du Nord-Ouest.

B. — La frontière entre l'État indépendant du Congo et la sphère britannique au nord du Zambèze suivra une ligne allant directement de l'extrémité du cap Akalunga, sur le lac Tanganika situé au point le plus septentrional de la baie de Cameroun, par environ 8°15' de latitude sud, à la rive droite de la rivière Lualapa, au point où cette rivière sort de la Moëro. La ligne sera ensuite prolongée directement jusqu'à l'embouchure de cette rivière dans le lac ; toutefois, vers le sud du lac, elle suivra le thalweg de la Lualapa jusqu'au point où cette rivière sort du lac Bangwélo. Elle suivra ensuite, dans la direction du Sud, le méridien de longitude passant par ce point jusqu'à la crête de partage du Congo et du Zambèze, puis cette crête de partage jusqu'à la frontière portugaise.

Art. 2. — La Grande-Bretagne donne à bail à S. M. le roi Léopol II, souverain de l'État indépendant du Congo, les territoires ci-après déterminés pour être occupés et administrés par lui, aux conditions et pour la période de temps ci-après stipulées :

Ces territoires seront limités par une ligne partant d'un point situé à la rive occidentale du lac Albert, immédiatement au sud de Mahagi et allant jusqu'au point le plus rapproché de la frontière définie au paragraphe A de l'article précédent. Cette ligne suivra ensuite la crête de partage des eaux du Congo et du Nil jusqu'au 23° méridien Est de Greenwich et ce méridien jusqu'à son intersection avec le 10° parallèle Nord ; puis elle longera ce parallèle directement vers un point à déterminer au nord de Fachoda.

Elle suivra ensuite le thalweg du Nil dans la direction du Sud jusqu'au lac Albert, et la rive occidentale du lac jusqu'au point indiqué ci-dessus au sud de Mahagi.

Ce bail restera en vigueur pendant la durée du règne de Sa Majesté Léopold II, souverain de l'État indépendant du Congo.

Toutefois, à l'expiration du règne de Sa Majesté, il restera en vigueur de plein droit en ce qui concerne toute la partie des territoires mentionnés plus haut à l'ouest du 30° méridien Est de Greenwich, ainsi qu'une bande de 25 kilomètres d'étendue en largeur, à déterminer de commun accord, se prolongeant de la crête de partage des eaux du Nil et du Congo jusqu'à la zone occidentale du lac Albert et comprenant le port de Mahagi. Ce bail prolongé restera en vigueur aussi longtemps que les territoires du Congo resteront, comme Etat indépendant, ou comme colonie belge sous la souveraineté de Sa Majesté ou des successeurs de Sa Majesté.

Pendant toute la durée du présent bail, il sera fait usage d'un pavillon spécial dans les territoires donnés à bail.

Art. 3. — L'Etat indépendant donne à bail, à la Grande-Bretagne, pour être administrée quand elle l'occupera, sous les conditions et pour la période ci-après déterminées, une bande de terre d'une étendue de 25 kilomètres de largeur, se prolongeant du port le plus septentrional sur le lac Tanganika, lequel port est compris dans la bande, jusqu'au point le plus méridional du lac Albert-Edouard.

Ce bail aura la même durée que celui qui s'applique aux territoires situés à l'Ouest du 30° méridien Est de Greenwich.

Art. 4. — Sa Majesté le roi Léopold II, souverain de l'État indépendant du Congo, reconnaît qu'il n'a et ne cherche à acquérir d'autres droits politiques dans les territoires qui lui sont cédés à bail dans le bassin du Nil qu'en conformité du présent arrangement.

De même, la Grande-Bretagne reconnaît qu'elle n'a et ne cherche à acquérir d'autres droits politiques dans la bande du territoire qui lui est cédée à bail entre le lac Tanganika et le lac Albert-Edouard qu'en conformité du présent arrangement.

Art. 5. — L'État indépendant du Congo autorise la construction à travers ses territoires, par la Grande-Bretagne ou par une Compagnie dûment autorisée par le gouvernement anglais, d'une ligne télégraphique reliant les territoires anglais de l'Afrique du Sud à la sphère d'influence anglaise du Nil. Le gouvernement de l'État du Congo aura toutes facilités pour relier cette ligne à son propre système télégraphique.

Cette autorisation ne confère ni à la Grande-Bretagne, ni à aucune compagnie, personne ou personnes déléguées aux fins de construire la ligne télégraphique, aucun droit de police ou d'administration dans le territoire de l'État du Congo.

Art. 6. — Dans les territoires donnés à bail par le présent arrangement, les nationaux de chacune des parties contractantes jouiront réciproquement des droits et immunités des nationaux de l'autre partie et ne seront soumis à aucun traitement différentiel.

En foi de quoi les soussignés ont signé le présent arrangement et y ont apposé le sceau de leurs armes .

Fait en double à Bruxelles, ce douzième jour de mai 1894.

Signé : EDM. VAN EETVELDE.

FR. PLUNKETT.

Le traité, nous le voyons, poursuit deux objets bien distincts : une rectification de frontières, et ensuite des concessions réciproques que se font la Grande-Bretagne et l'État du Congo, à titre de bail au gré de leurs convenances réciproques (1).

Le premier des deux objets est de beaucoup le moins important mais peut déjà donner lieu à des difficultés. En effet le 30ᵉ degré de longitude Est et le 4ᵉ parallèle Nord sont les frontières reconnues au traité de Berlin ; une modification ne peut donc être régulière qu'à la condition d'obtenir l'assentiment des puissances représentées à ce congrès.

L'autre objet est singulièrement plus important : les deux pays se donnent mutuellement à bail des portions de territoire.

Pour l'État du Congo, c'est une immense portion du Soudan égyptien qu'il prétend ainsi occuper, comprenant les parties les plus fertiles, les vallées du Bahr-el-Ghuzal et du Bahr-el-Arab avec des points importants comme Dufilé, Lucto, Fashvda.

En retour la Grande-Bretagne n'exige à titre de bail qu'une bande de terre bien moins importante comme superficie.

Le bail est conclu pour tout le temps que doit durer la possession par l'État du Congo des territoires visés.

Emotion en Europe.

§ 37. C'est là la fameuse clause dont la révélation produisit en Europe et surtout en France une impression d'autant plus vive que les négociations s'étaient poursuivies dans le secret le plus absolu.

En France surtout, disons-nous, l'impression fut profonde, et cela se justifiait par cette situation que les tentatives d'arrangement entre la France et l'État du Congo, commencées le 16 avril 1894, avaient échoué le 25 du même mois et que moins de trois semaines après le traité anglo-congolais était signé.

L'État indépendant et la France n'ayant pu s'arranger, ne devaient-ils pas, avant de rien faire, recourir à la médiation d'une autre puissance conformément à l'acte général de Berlin ?

A un autre point de vue la légalité du traité peut être encore contestée. L'Angleterre avait-elle bien le droit de disposer des territoires qu'elle a cédés au Congo ?

(1) *Revue générale de droit international public*, 1894, nᵒ 4, p. 374.

Sur quoi peut être fondé ce droit? Pas sur l'occupation, puisque depuis les succès des Madhistes, le Soudan égyptien n'est occupé par aucune puissance reconnue. Le cabinet anglais base évidemment ses prétentions sur le traité anglo-allemand de 1890. Mais ici encore on peut se demander si les puissances qui n'ont pas participé à ces délimitations de frontières sont tenues de respecter ces conventions?

On s'est étonné en Angleterre que l'émotion fût si vive en France ; elle peut cependant s'expliquer par deux faits : l'extension des frontières de l'Etat indépendant est absolument contraire aux intérêts de la France : en effet son traité du 4 février 1894 avec l'Allemagne la débarrasse de toute concurrence allemande au delà du Chari et elle était en droit d'espérer que l'Etat indépendant, conscient de ses devoirs de puissance internationale et neutre, s'interdirait toute expansion de frontières et c'est cette confiance qui avait déterminé la France à n'accepter que la sphère d'influence la plus éloignée des côtes.

Enfin en second lieu, la France avait un droit de préférence qui lui avait été reconnu en termes formels par l'Etat du Congo dans un échange de lettres entre M. Strauch, président de l'association internationale à Bruxelles, et M. Jules Ferry, ministre des affaires étrangères, lettres dont voici les textes :

Bruxelles, le 23 avril 1884.

Monsieur le Ministre, l'Association internationale du Congo, au nom des stations et territoires libres qu'elle a fondés au Congo et dans la vallée du Niadi Quillou, déclare formellement qu'elle ne les cédera à aucune puissance, sous réserve des conventions particulières qui pourraient intervenir entre la France et l'Association, pour fixer les limites et les conditions de leur action respective. Toutefois, l'Association, désirant donner une nouvelle preuve de ses sentiments amicaux pour la France, s'engage à lui donner le droit de préférence, si, par des circonstances imprévues, l'Association était amenée un jour à réaliser ses possessions.

STRAUCH.

A cette lettre, M. Jules Ferry répondait dès le lendemain par la communication suivante :

Paris, le 24 avril 1884.

Monsieur, j'ai l'honneur de vous accuser réception de la lettre, en date du 23 courant, par laquelle, en votre qualité de Président de l'Association internationale du Congo, vous me transmettez des assurances et des garanties destinées à consolider nos rapports de cordialité et de bon voisinage dans la région du Congo.

Je prends acte avec grande satisfaction de ces déclarations et, en retour, j'ai l'honneur de vous faire savoir que le Gouvernement français prend l'engagement de respecter les stations et territoires libres de l'Association et de ne pas mettre obstacle à l'exercice de ses droits.

JULES FERRY.

C'était une reconnaissance formelle et nette des droits de préemption de la France.

En 1887, nouvel échange de notes entre M. Van Eetvelde, Administrateur général des affaires étrangères de l'Etat indépendant du Congo et M. Bourée, ministre de France à Bruxelles.

Bruxelles, le 22 avril 1887.

L'Association internationale africaine lorsqu'elle a fait avec le Gouvernement de la République l'arrangement de 1884, confirmé par la lettre du 5 février 1885, n'a pas entendu et n'a pas pu entendre qu'en cas de réalisation de ses possessions le droit de préférence reconnu à la France envers toutes les autres Puissances pût être opposé à la Belgique, dont le Roi Léopold était souverain ; mais il va de soi que l'État du Congo ne pourrait céder ces mêmes possessions à la Belgique sans lui imposer l'obligation de reconnaître le droit de préférence de la France pour le cas où elle-même viendrait ultérieurement à les réaliser.

Cette explication n'enlève et n'ajoute rien aux actes rappelés ci-dessus ; loin de leur être contraire, elle ne fait qu'en constater le sens ; je suis autorisé à ajouter que c'est celui qu'y a attaché l'auguste fondateur de l'Association internationale africaine en les autorisant.

VAN EETVELDE.

A quoi, le 29 avril 1887, M. Bourée répondait la lettre suivante :

Bruxelles, le 29 avril 1887,

Vous m'avez fait l'honneur de m'écrire, à la date du 22 avril, une lettre qui a pour objet d'établir que l'Association internationale africaine, lorsqu'elle a contracté avec le gouvernement de la République l'arrangement de 1884, confirmé par la lettre du 5 février 1885, n'avait pas entendu qu'en cas de réalisation de ses possessions, le droit de préférence reconnu à la France envers toutes les autres Puissances pût être opposé à la Belgique, dont le roi Léopold était souverain. Vous ajoutiez qu'il allait de soi, toutefois, que l'État du Congo ne pourrait céder ces mêmes possessions à la Belgique sans lui imposer l'obligation de reconnaître le droit de préférence de la France, pour le cas où elle voudrait, elle-même, les réaliser.

Vous faites remarquer, d'autre part, que cette explication n'enlève ni n'ajoute rien aux actes rappelés ci-dessus ; que, loin de leur être contraire, elle ne fait qu'en constater le sens, et que tel est bien celui qu'y a attaché l'auguste fondateur de l'Association internationale africaine en les autorisant.

En vous accusant réception de cette communication, je suis autorisé à vous dire que je prends acte, au nom du gouvernement de la République, de l'interprétation qu'elle renferme et que vous présentez comme ayant toujours été celle que vous avez attachée à la Convention de 1884, en tant que cette interprétation n'est pas contraire aux actes internationaux préexistants.

Bourée.

C'était une seconde reconnaissance des droits de la France aussi solennelle que la première.

Mais ce droit qu'est-il devenu ? Sans doute il est réservé, mais la France n'est-elle pas en droit de penser qu'il l'est peut-être comme l'ont été ceux de le Porte sur le Soudan égyptien visé dans le traité du 12 mai 1894 ?

§ 38. L'Allemagne, de son côté, n'était pas désintéressée de la question. En effet, lors de la conclusion du traité allemand-congolais de 1884 dont nous donnons ci-dessous le texte, il avait été convenu que l'État du Congo ne céderait aucune part de son territoire à une tierce puissance sans le consentement de l'Allemagne :

Traité allemand-congolais du 8 novembre 1884.

Article 1er. — L'Association internationale du Congo s'engage à ne prélever aucun droit sur les articles ou marchandises importées directement ou en transit dans ses possessions présentes et futures des bassins du Congo et du Niadi-Kwilu, ou dans ses possessions situées au bord de l'Océan Atlantique. Cette franchise de droit s'étend particulièrement aux marchandises et articles de commerce qui sont transportés par les routes établies autour des cataractes du Congo.

Art. 2. — Les sujets de l'Empire allemand auront le droit de séjourner et de s'établir sur les territoires de l'Association. Ils seront traités sur le même pied que les sujets de la nation la plus favorisée, y compris les habitants du pays, en ce qui concerne la protection de leurs personnes et de leurs biens, le libre exercice de leurs cultes, la revendication et la défense de leurs droits, ainsi que par rapport à la navigation, au commerce et à l'industrie. Spécialement, ils auront le droit d'acheter, de vendre et de louer des terres et des édifices situés sur les territoires de l'Association, d'y fonder des maisons de commerce et d'y faire le commerce ou le cabotage sous pavillon allemand.

Art. 3. — L'Association s'engage à ne jamais accorder d'avantages, n'importe lesquels, aux sujets d'une autre nation, sans que ces avantages soient immédiatement étendus aux sujets allemands.

Art. 4. — En cas de cession du territoire actuelle ou future de l'Association ou d'une partie de ce territoire, les obligations contractées par l'Association envers l'Empire d'Allemagne seront imposées à l'acquéreur. Ces obligations et les droits accordés par l'Association à l'Empire d'Allemagne et à ses sujets resteront en vigueur après toute cession vis-à-vis de chaque nouvel acquéreur.

Art. 5. — L'Empire d'Allemagne reconnaît le pavillon de l'Association — drapeau bleu avec étoile d'or au centre — comme celui d'un État ami.

Art. 6. — L'Empire d'Allemagne est prêt à reconnaître de son côté les frontières du territoire de l'Association et du nouvel État à créer, telles qu'elles sont indiquées sur la carte ci-jointe.

Art. 7. — Cette Convention sera ratifiée et les ratifications en seront échangées dans le plus bref délai possible.

Cette Convention entrera en vigueur immédiatement après l'échange des ratifications.

Ainsi fait à Bruxelles, le huit novembre mil huit cent quatre-vingt-quatre.

Signé : Comte de Brandenbourg.
Strauch.

De plus il y avait violation de la neutralité promise dans ce traité, et enfin il y avait pour l'Allemagne un préjudice provenant de l'interruption des relations directes entre le Congo et les territoires allemands du Nord-Est Africain. Ce dernier grief seul dont l'importance immédiate au point de vue commercial, ultérieure peut-être au point de vue politique, n'échappe à personne fut seul invoqué par l'Allemagne. L'énergique attitude du Cabinet de Berlin eut un résultat immédiat et le 25 juin 1894, Sir E. Grey déclarait à la Chambre des Communes que le Gouvernement de la Reine avait signé un protocole annulant l'article 3 du traité du 12 mai sans introduire dans le traité aucune disposition nouvelle.

Satisfaction était donc donnée à l'Allemagne, mais le Cabinet de Berlin comprenant bien que les intérêts allemands et français étaient solidaires, un échange de lettres, s'occupant de l'attitude à prendre, eut lieu entre Paris et Berlin : cette correspondance que nous résu-

mons rapidemen ici arrive à cette conclusion, que l'Allemagne doit
soutenir les prétentions de la France au maintien du *statu quo* en
Afrique :

 « La convention anglo-congolaise du 12 mai 1894 provoqua,
» dès sa publication, un échange de vues entre l'Allemagne et la
» France dont les possessions sont limitrophes de l'État indépen-
» dant.

 » La Chancellerie Impériale était particulièrement touchée par
» l'article 3 de cet arrangement qui, en donnant à bail à l'Angle-
» terre une bande de terre de 25 kilomètres entre les lacs Tanganika
» et Édouard-Albert, mettait cette puissance en contact presque
» immédiat avec la colonie allemande. Elle avait au début formulé
» cet unique grief à Bruxelles, mais elle s'était vite aperçue que la
» Convention du 8 novembre 1884, qu'elle invoquait comme ayant
» définitivement réglé ses relations de voisinage avec le Congo,
» prévoyait précisément, dans son article 4, la cession de tout ou
» partie du territoire congolais. Tout au plus l'État indépendant
» pouvait-il être considéré comme ayant manqué d'égards vis-à-vis
» de l'Allemagne en ne la prévenant pas de l'objet de sa négociation
» avec le cabinet de Londres.

 » C'est alors que le Gouvernement Impérial proposa vers la mi-
» juin au gouvernement français, comme but commun qu'ils pour-
» suivaient soit dans leurs négociations parallèles soit éventuelle-
» ment en conférence, au sujet de la convention du 12 mai, *le main-
» tien du* statu quo *légal africain défini par l'Acte général du
» Congo du* 26 *février* 1885.

 » Le gouvernement de la République n'avait aucun motif pour
» écarter cette formule qui justifiait pleinement ses protestations
» contre l'ensemble de la convention du 12 mai. N'est-il pas évident
» en effet, que le maintien du *statu quo* légal africain dans la ré-
» gion conventionnelle du Congo entraînerait la déchéance de la
» neutralité de l'État indépendant (non garantie mais simplement
» acceptée par les Puissances), dans le cas où cet État ne respec-
» terait pas lui-même les devoirs de sa neutralité (art. 10 de l'Acte
» général du Congo de 1885). Or, les principes fondamentaux de la
» neutralité n'interdisent-ils pas aux États neutres : 1° d'aliéner
» même à titre précaire, une partie de leur territoire ; 2° d'acquérir
» des territoires non neutralisés pour la défense desquels ils pour-
» raient être suspects de faire usage des forces et des ressources de
» leur domaine neutre ; 3° de concéder à un gouvernement étranger
» des privilèges spéciaux, tels que celui d'une ligne télégraphique

» dans les conditions prévues par l'article 5 de la Convention du
» 12 mai ?

   » L'Allemagne a tiré un parti décisif de la constatation de sa
» communauté de vues avec la France sur la nécessité du maintien
» du *statu quo* légal africain dans la région conventionnelle du
» Congo. Elle a rapidement obtenu l'abolition de l'article 3 de la
» Convention anglo-congolaise ; mais ce succès ne l'a pas empêchée
» de reconnaître vis-à-vis du gouvernement de la République, que
» la circonstance qu'elle a limité ses observations sur la Convention
» anglo-congolaise à l'article 3 dudit arrangement n'implique pas
» la reconnaissance de la légalité des articles 2 et 5 de la même
» Convention.

   » Cette déclaration loyale ne pouvait que faciliter à la France un
» accord avec les gouvernements anglais et congolais ».

Discours de M. Hanotaux, ministre des Affaires étrangères de France.

   § 39. — L'émotion si vive en France dont nous avons parlé, se traduisit à la Chambre des députés par une interpellation de MM. Etienne et Deloncle. Le ministre des Affaires étrangères, M. Hanotaux, répondit par un discours remarquable dans lequel il affirma la volonté absolue du Gouvernement de faire respecter les droits acquis.

   « Le droit international africain, déclare le Ministre, repose sur des textes, en ce qui concerne du moins les intérêts mis en jeu par la convention du 12 mai et parmi ces textes, figurent au premier rang l'Acte général de Berlin du 26 février 1885 et les actes y annexés.

   « Quelle est la doctrine générale qui émane de ces documents ?

   « En ce qui concerne spécialement le bassin du Congo, c'est que le bassin de ce grand fleuve, dans les limites où il était connu et relevé sur les cartes à cette époque, est placé « sous la haute surveillance de l'Europe ». Si l'Europe croyait devoir disposer d'une partie considérable de ce bassin pour en confier l'administration à une compagnie privilégiée, cette « Association internationale », comme son nom l'indique, ne pouvait subsister légitimement qu'en se conformant aux principes et aux obligations édictées dans l'acte dont elle tenait ses droits.

   « Il était entendu, en outre, qu'en assignant à l'association du Congo le vaste domaine qui devenait son champ d'opérations, les puissances de l'Europe prenaient, au point de vue de leurs propres intérêts, « certaines garanties » clairement déterminées et qui leur paraissaient d'ailleurs nécessaires au développement pacifique du nouvel organisme qu'elles venaient de créer. Ces garanties étaient la neutralité, la liberté commerciale, l'égalité de traitement pour tous les natio-

naux des puissances signataires. En raison des sacrifices faits par la
France au cours de ces arrangements, de la protection accordée par
elle à l'Association internationale, en raison du voisinage immédiat
de la colonie française du Gabon, placée au premier rang pour se
développer dans le bassin du grand fleuve africain, il était également
entendu que la France conserverait sur les territoires laissés à l'association un droit de préférence.

« Sans entrer dans une discussion de textes qui est du ressort des
jurisconsultes, il suffit de constater que le droit de préférence existe
et qu'il donne à la France une raison particulière de s'intéresser à tout
ce qui se passe dans les territoires réservés par l'acte de Berlin à
l'Association internationale africaine et actuellement administrés par
l'Etat indépendant du Congo ».

Après avoir ainsi précisé les conditions d'existence qui devaient
être celles de l'Association du Congo, devenue l'Etat indépendant,
l'orateur pose cette question : ces conditions sont-elles respectées
dans la convention anglo-congolaise du 12 mai ?

Il n'hésite pas à répondre : Non !

« Il n'est pas tenu compte davantage de droits tout différents, mais
d'une nature tout aussi claire, tout aussi respectable, et cela avec
une intention d'autant plus marquée qu'on a pris soin de rappeler
ces droits dans le texte même de certains documents annexés à la
convention (l'orateur fait allusion à deux lettres par lesquelles les
puissances signataires déclarent ne pas ignorer les droits de l'Égypte
sur le Soudan).

« Les droits ainsi méconnus sont bien antérieurs aux stipulations
de l'acte de Berlin. Il ne s'agit plus seulement du bassin du Congo,
mais du bassin du Nil, et partant de l'intégrité de l'empire ottoman.

« On a dit que la France aurait pu, si elle l'eût voulu, signer avec
l'État indépendant du Congo une convention analogue à celle signée
par lui avec l'Angleterre.

« C'est vrai ; deux ans auparavant, en effet, des pourparlers avaient
été engagés qui paraissaient avoir pour but d'amener à un partage,
sur le papier, d'une partie du bassin du Nil.

« Quelles ont été les raisons qui ont empêché le Gouvernement
français de donner son adhésion à cette convention ?

« D'abord, en échange de ¹a combinaison à laquelle on la conviait,
on demandait à la France d'abandonner la plus grande partie des
territoires du haut Oubanghi ; en échange de promesses, assez vagues d'ailleurs, on lui demandait de renoncer, ou peu s'en faut, aux
droits clairs, nets, que la convention de 1887 lui reconnaît sur ces

territoires. C'eût été, à proprement parler, lâcher la proie pour l'ombre. Mais, une raison plus haute a pesé à cette époque sur les déterminations du gouvernement de la République. Il a pensé que la France, qui, à maintes reprises, avait pris l'engagement de respecter l'intégrité de l'empire ottoman, qui a toujours réclamé et qui réclame encore le maintien des droits du sultan et du khédive dans le bassin du Nil, ne pouvait prendre l'initiative de violer elle-même cette haute souveraineté et l'ensemble des textes cités plus haut.

« Le gouvernement de la République n'a pas voulu laisser à une autre puissance le rôle de défenseur des traités. Satisfait de son propre droit et du légitime développement que ce droit comporte, il a sagement pensé que ni les séductions ni l'appui si souvent offert et probablement si onéreux de l'État indépendant du Congo n'étaient de nature à nous faire sortir de la réserve que nous commandait le respect général des actes internationaux.

« Dans cette affaire, la France n'a eu, en somme, de tout temps, qu'une seule attitude, toujours la même, et qui se résume en deux mots : respectueuse du droit des autres, elle voulait qu'on respectât tout son droit !

« Après avoir opposé des fins de non-recevoir aux représentations du Gouvernement, la Grande-Bretagne s'est décidée à l'avertir qu'elle était disposée à discuter les objections que la France pouvait faire au traité du 12 mai.

« Jusqu'à ce que l'examen dont il s'agit se soit produit et qu'un accord soit intervenu, la France, s'appuyant sur le fait que la convention anglo-congolaise est en contradiction manifeste avec les principes, les doctrines, le texte de l'acte de Berlin, qu'elle atteint ou menace l'intégrité de l'empire ottoman, doit considérer cette convention comme contraire au droit et jusqu'à plus ample informé, comme nulle et de nulle portée à ses yeux. »

L'orateur examine ensuite la situation commerciale faite par le traité anglo-congolais.

Il rappelle les empiétements faits par les agents du Congo sur les territoires français et les pourparlers engagés à Bruxelles. L'échec de ces pourparlers avait amené M. Casimir-Périer à réclamer un arbitrage quand éclata la nouvelle de la Convention du 12 mai.

Quand le principe fut adopté de part et d'autre des difficultés nouvelles surgirent sur les conditions mêmes dans lesquelles le débat allait s'ouvrir devant l'arbitre. Avec une ténacité persistante, on essayait de trancher d'avance la question qu'on allait soumettre à l'arbitrage par la façon même dont on essayait de rédiger le compromis qui engageait la procédure.

Enfin l'orateur termine en déclarant que le Gouvernement saura défendre avec sang-froid mais aussi avec énergie les intérêts et les droits dont le pays lui a confié la garde.

§ 40. Le 5 mai 1894 l'Angleterre et l'Italie avaient signé un traité dont nous donnons ci-dessous le texte, réglant la délimitation, les sphères d'influence britannique et italienne dans l'Afrique Orientale et qui, sans y tenir étroitement, intéresse à certains points de vue la question congolaise.

Le traité anglo-italien du 5 mai 1894.

ARTICLE 1er. — La limite des sphères d'influence de la Grande-Bretagne et de l'Italie dans les régions du golfe d'Aden est constituée par une ligne qui partant de Gildessa et se dirigeant vers le 8° latitude nord, contourne la frontière nord-est des territoires des tribus Girri, Bertiri et Rer-Alli, en laissant à droite les villages de Gildessa, Darmi, Giggigœ et Milmil.

Arrivée au 8° latitude nord, la ligne s'identifie avec ce parallèle jusqu'à son intersection avec le méridien 48° longitude est de Greenwich ; elle se dirige ensuite à l'intersection du 9° latitude nord et du 49° longitude est de Greenwich et suit ce méridien jusqu'à la mer.

ART. 2. — Les deux gouvernements s'engagent à se conformer dans les régions du protectorat britannique et dans celle de l'Ogaden, en faveur des sujets et protégés britanniques et italiens, ainsi que les tribus qui habitent ces territoires aux stipulations de l'acte général de Berlin et de la déclaration de Bruxelles relatives à la liberté du commerce.

ART. 3. — Dans le port de Zeiler il y aura égalité de traitement pour les sujets et protégés britanniques et italiens en tout ce qui concerne leurs personnes, leurs biens et l'exercice de leur commerce et de leur industrie.

Fait à Rome, le 5 mai 1894.

Signé : CRISPI.
FRANCIS CLARE FORD.

Dès qu'il fut connu ce traité provoqua de la part du gouvernement français des réserves qui devinrent de véritables protestations justifiées par les faits. Le traité franco-anglais du 8 février 1888 disposait de la façon suivante :

« Les deux gouvernements s'engagent à ne pas chercher à an-
» nexer le Harrar ou à le placer sous leur protectorat. En prenant
» cet engagement les deux gouvernements ne renoncent pas au droit

» de s'opposer à ce que toute autre puissance acquière ou s'arroge
» des droits quelconques sur le Harrar ».

Or le traité du 5 mai attribue à l'Italie ce qui appartient à l'Egypte
ou à l'Abyssinie et le Harrar, dont le traité du 8 février 1888 lui défend de disposer ; le Congo, par le traité du 12 mai, recevait, pour
prix de sa complaisance, une part des provinces soudanaises de l'E-
gypte.

Traité fran-
co-congolais
du 14 août
1894. § 41. A la suite de ces événements la France prit des mesures
conservatoires de ses droits et de ses intérêts en renforçant sérieu-
sement les troupes du haut Oubanghi et en donnant des instructions
précises et énergiques à ses agents.

L'arbitrage, auquel M. Hanotaux a fait allusion, restait toujours
dans les contingences de l'avenir ; mais la France prétendait y aller,
comme le voulait le gouvernement congolais, avec des arguments de
possession d'état auxquels s'ajouteraient naturellement les arguments de droit.

Après ces événements et devant l'attitude ferme et résolue de la
France affirmant son intention formelle de ne pas renoncer à ses prétentions, la Belgique et avec elle l'État du Congo se décidèrent à
plier. Des négociations s'engagèrent à Paris et le 14 août 1894 aboutirent à la signature du traité franco-congolais dont voici le texte :

ARTICLE 1er. — La frontière entre l'État indépendant du Congo
et la Colonie du Congo français, après avoir suivi le thalweg de
l'Oubanghi jusqu'au confluent de M'Bomou et du Ouellé, sera constituée ainsi qu'il suit :

1° Le thalweg du M'Bomou jusqu'à sa source ;

2° Une ligne droite rejoignant la crête de partage des eaux entre
les bassins du Congo et du Nil.

A partir de ce point, la frontière de l'État indépendant est constituée par ladite crête de partage jusqu'à son intersection avec le
30e degré de longitude Est Greenwich (27° 40' Paris).

ART. 2. — Il est entendu que la France exercera, dans des conditions qui seront déterminées par un arrangement spécial, le droit
de police sur le cours du M'Bomou, avec un droit de suite sur la rive
gauche. Ce droit de police ne pourra s'exercer sur la rive gauche
qu'exclusivement le long de la rivière, en cas de flagrant délit, et
autant que la poursuite par les agents français serait indispensable
pour amener l'arrestation des auteurs d'infractions commises sur le
territoire français ou sur les eaux de la rivière.

Elle aura, au besoin, un droit de passage sur la rive gauche pour
assurer ses communications le long de la rivière.

ART. 3. — Les postes établis par l'État indépendant au nord de la frontière stipulée par le présent arrangement seront remis aux agents accrédités par l'autorité française, au fur et à mesure que ceux-ci se présenteront sur les lieux.

Des instructions, à cet effet, seront concertées immédiatement entre les deux Gouvernements et seront adressées à leurs agents respectifs.

ART. 4. — L'État indépendant s'engage à renoncer à toute occupation et à n'exercer, à l'avenir, aucune action politique d'aucune sorte à l'ouest et au nord d'une ligne ainsi déterminée :

Le 30e degré de longitude Est de Greenwich (27° 40' Paris), à partir de son intersection avec la crête de partage des eaux des bassins du Congo et du Nil, jusqu'au point où ce méridien rencontre le parallèle jusqu'au Nil.

ART. 5. — Le présent arrangement sera ratifié, et les ratifications en seront échangées, à Paris, dans le délai de trois mois ou plus tôt, si faire se peut.   .

ART. 6. — En foi de quoi les Plénipotentiaires ont dressé le présent arrangement et y ont apposé leurs signatures.

Fait à Paris, en double exemplaire, le 14 août 1894.

Signé : G. HANOTAUX.

J. HAUSSMANN.

J. DEVOEDER.

Baron C. GOFFINET.

L'importance de ce traité n'échappera à personne : en effet sur les deux points en litige : 1° frontières des deux Congo ; 2° traité anglo-congolais, la France reçoit satisfaction.

Pour ce qui est de la délimitation des deux Congo, on a pris une ligne qui est le thalweg du M'Bohmou, plus une ligne qui se rapproche de l'extrémité du M'Bohmou à la ligne de partage des eaux du bassin du Congo et du Nil. De plus, la rive droite de l'Oubanghi appartient à la France ainsi que le droit de police et de surveillance sur la rive gauche, où elle s'est réservé une route.

Les Belges remettront à la France les postes qu'ils ont sur la rive droite et les régions adjacentes. C'est même peut-être la première fois que l'on voit dans un traité de ce genre une nation européenne céder autre chose que des droits éventuels sur des sphères d'influence plus ou moins imaginaires. Quelques-uns de ces postes sont importants et le recul des Belges leur fait perdre une région *mouillée* des plus fertiles et dont la population est une des plus denses de l'Afrique.

Du côté du Nil, la convention du 12 mai n'existe plus, puisque l'État indépendant du Congo s'interdit toute action politique ou commerciale dans les territoires appartenant à l'Égypte et à la Turquie, sauf sur le territoire qui s'étend entre les limites de l'État du Congo et Lado.

De plus l'espèce d'État-tampon que la Belgique et l'Angleterre avaient essayé de former dans le Bahr-el-Gazal pour séparer d'une façon définitive les possessions françaises de l'Ouest et le bassin du Nil, n'existe plus. Et c'était là une des principales objections qu'élevait la France contre le traité du 12 mai. Il n'y a plus de territoires cédés au Congo par l'Angleterre à bail perpétuel ou temporaire. C'est là un résultat important.

Donc, en résumé, qu'il s'agisse soit de la zone qu'ils avaient occupée dans le bassin du Congo, soit de celle qu'ils avaient prise dans le bassin du Nil, c'est-à-dire le Bahr-el-Gazal, les Belges redescendent du 10° au 5° à l'Ouest et du 10° au 5° à l'Est du 30° longitude.

Le résultat est d'autant plus appréciable, qu'il a été atteint sans frais, sans coups de fusil, ce qui eût été facilement à craindre dans la région de l'Ougandi.

L'arrangement franco-congolais résout de grosses difficultés à propos de la question : en effet, s'il est respecté, on chercherait en vain quelque nouveau motif de dissentiments graves entre la France et l'État indépendant du Congo. Rien n'empêche plus le gouvernement du Congo et le gouvernement français de coordonner leur action avec une confiance complète de part et d'autre, et la France a trop d'intérêts engagés au Congo pour ne pas se réjouir de les voir désormais assurés et garantis.

Testament du roi Léopold II. §42. Le roi Léopold II avait en 1890 publié son testament politique dont nous donnons ici le texte à titre de document : .

« Nous, Léopold II, Roi des Belges, souverain de l'Etat indépendant du Congo :

« Voulant assurer à notre patrie bien-aimée les fruits de l'œuvre que, depuis de longues années, nous poursuivons dans le continent africain, avec le concours généreux et dévoué de beaucoup de Belges ;

« Convaincu de contribuer à assurer à la Belgique, si elle le veut, les débouchés indispensables à son commerce et à son industrie et d'ouvrir à l'activité de ses enfants des voies nouvelles ;

« Déclarons par les présentes, léguer et transmettre, après notre mort, à la Belgique, tous nos droits souverains sur l'Etat indépendant du Congo, tels qu'ils ont été reconnus par les déclarations, conven-

tions et traités intervenus depuis 1884, entre les puissances étrangères, d'une part, l'Association internationale du Congo et l'État indépendant du Congo, d'autre part, ainsi que tous biens, droits et
avantages attachés à cette souveraineté.

« En attendant que la législature Belge se soit prononcée sur l'acceptation de mes dispositions prédites, la souveraineté sera exercée
collectivement par le Conseil des trois administrateurs de l'État indépendant du Congo et par le Gouverneur Général. »

Fait à Bruxelles, le 2 août 1889.

Signé : Léopold.

§ 43. Cette publication intéressait au plus haut point la France à
cause des droits de préemption qu'elle possède et dont nous avons
parlé plus haut.

Convention
du 3 juillet
1890 entre la
Belgique et
l'État indé-
pendant du
Congo.

De plus, le 3 juillet 1890 une convention était signée entre la Belgique et l'État du Congo, et qui au fond était l'annexion de l'État
indépendant à la Belgique, convention dont voici le texte :

« Entre l'État belge représenté par M. Beernaërt, Ministre des Finances, agissant sous réserve de l'approbation de la Législature et
l'État indépendant du Congo représenté par M. E. Van Eetvelde,
Administrateur général du département des Affaires étrangères, à ce
autorisé par le Roi Souverain, est intervenue la convention suivante :

I. L'État belge s'engage à avancer, à titre de prêt, à l'État indépendant du Congo, une somme de 25 millions de francs, et ce, savoir : cinq millions de francs aussitôt après l'approbation de la législature et deux millions de francs par an, pendant dix ans, à partir
de ce premier versement.

Pendant ces dix années, les sommes ainsi prêtées ne seront point
productives d'intérêts.

II. Six mois après l'expiration du prédit terme de dix ans, l'État
belge pourra, s'il le juge bon, s'annexer l'État indépendant du Congo
avec tous les biens, droits et avantages attachés à la souveraineté de
cet État, tels qu'ils ont été reconnus et fixés, notamment par l'acte
général de Berlin du 26 février 1885, et par l'acte général de Bruxelles et la déclaration du 2 juillet 1890 ; mais aussi à charge de reprendre les obligations dudit État envers les tiers, le roi-souverain refusant expressément toute indemnité du chef des sacrifices personnels
qu'il s'est imposés.

Une loi règlera le régime spécial sous lequel les territoires du
Congo seront alors placés.

III. Dès à présent l'État belge recevra de l'État indépendant du

Congo tels renseignements qu'il jugera désirables sur la situation économique commerciale et financière de celui-ci.

Il pourra notamment demander communication des budgets de recettes et de dépenses et des relevés de la douane quant aux entrées et aux sorties.

Ces renseignements ne doivent avoir d'autre but que d'éclairer le gouvernement belge et celui-ci ne s'immiscera en aucune manière dans l'administration de l'État indépendant du Congo, qui continuera à n'être rattaché à la Belgique que par l'union personnelle des deux couronnes.

Toutefois, l'État du Congo s'engage à ne contracter désormais aucun nouvel emprunt sans l'assentiment du gouvernement belge.

IV. Si, au terme prédit, la Belgique décidait de ne pas accepter l'annexion de l'État du Congo, la somme de 25 millions de francs prêtée, inscrite au Grand-Livre de sa dette, ne deviendrait exigible qu'après un nouveau terme de dix ans, mais elle serait, entre temps, productive d'un intérêt annuel de 3 1/2 0/0, payable par semestre, et même avant ce terme, l'État indépendant du Congo devrait affecter à des remboursements partiels toutes les sommes à provenir des cessions de terre ou de mines domaniales.

Fait double à Bruxelles, le 3 juillet 1890.

> Signé : A. BEERNAERT.
>
> E. VAN EETVELDE.

Traité franco-belge du 5 février 1895.

§ 44. Le Gouvernement français ne pouvait point ne pas se préoccuper de ces événements (1). M. Ribot, ministre des Affaires étrangères, consentit à se rallier à la thèse présentée en 1887 par M. Van Eetvelde à la condition qu'il fût bien entendu que le droit de la France subsisterait intact vis-à-vis de toute autre puissance que la Belgique : voici d'ailleurs la lettre adressée à cette époque à M. Bourée, ministre de France à Bruxelles.

> Paris, le 21 août 1890.

J'ai pris connaissance du compte rendu *in extenso* de la séance de la Chambre des Représentants du 25 juillet dernier, dans laquelle a eu lieu la discussion du projet de loi portant approbation de la convention conclue entre l'État belge et l'État indépendant du Congo.

J'ai été heureux de constater que les déclarations portées à la tribune par le Ministre des finances au sujet des droits assurés à la France par les stipulations de 1884 et 1887 étaient, d'une manière

(1) *Revue générale de Droit international public*, 1895, n° 5, p. 545 et s.

générale, d'accord avec les vues que j'avais eu récemment l'occasion d'échanger sur cette question avec les Représentants du Roi.

J'ai remarqué, toutefois, qu'en rappelant les déclarations de 1887
et en indiquant que le Gouvernement de la République avait donné
acte à l'État du Congo de son interprétation, le Chef du Cabinet a
omis de parler des réserves formulées par nous à cette époque.

M. Beernaërt n'a pas fait davantage allusion aux observations que
nous a suggérées le projet de loi soumis à la Chambre des Représentants, en ce qui concerne l'exercice futur du droit de préférence
reconnu à notre pays. D'après les termes de la déclaration de 1884,
ce droit s'ouvrirait dans le cas où « l'Association serait amenée un jour
« à réaliser ses possessions ». Cette expression « réaliser » se comprenait parfaitement quand il s'agissait d'une association commerciale
qui ne pouvait consentir à céder ses droits qu'à titre onéreux ; en
présence du nouvel état des choses, qui résulterait d'une cession au
profit d'un État souverain comme la Belgique, il ne nous avait point
paru superflu de préciser le sens du mot « réaliser », et de bien spé-
cifier que toute cession qui serait faite par la Belgique de ses droits
sur le Congo donnerait équitablement ouverture au droit de préférence de la France.

Ainsi que vous le savez, M. Beernaërt avait paru tout d'abord disposé à entrer dans ces vues, pourvu que de notre côté nous consen-
tissions à donner notre adhésion explicite à l'interprétation faite en
1887 de l'engagement de M. Strauch par l'Administration des affaires
étrangères du Congo, au nom de Sa Majesté.

Mais le Président du Conseil, avant d'avoir reçu notre réponse à
ses ouvertures, a cru devoir indiquer dans une lettre qu'il vous a
adressée certaines considérations de politique générale qui ne lui
permettaient pas de donner suite à ses propositions.

Au cours d'un entretien que j'ai eu moi-même avec le Baron Lambermont, j'ai été amené à lui expliquer que nous ne voulions pas
créer de difficultés au Gouvernement belge, mais qu'il ne dépendait
pas de nous de renoncer aux avantages qui résultent pour notre pays
des déclarations de 1884 et de 1887. S'il peut entrer, en effet, dans
les vues du Gouvernement de la République de ne pas se prévaloir
vis-à-vis de la Belgique des termes généraux de la déclaration de 1884
et des réserves insérées dans celle de 1887, il n'en serait pas de
même à l'encontre d'une autre puissance qui viendrait à être substi-
tuée à la Belgique par un mode de cession quelconque. M. Beernaërt
a exactement traduit notre pensée sur ce point, en disant que « si la
» France voit avec satisfaction la Belgique s'installer à ses côtés sur

» les rives du Congo, toute modification à la souveraineté de ces ter-
» ritoires autre que celle réglée par la convention soumise à la Cham-
» bre des Représentants ne laisserait pas la France indifférente ».

Il vous appartient de faire comprendre au Gouvernement du Roi,
dans les entretiens que vous aurez, soit avec le président du Conseil,
soit avec le Ministre des Affaires étrangères, la portée des observations qui précèdent, et qui ne sont, d'ailleurs, que le résumé des
communications que vous avez été chargé de faire précédemment
au Gouvernement de Sa Majesté. Je n'ai pas besoin d'ajouter que
vous devrez éviter avec le plus grand soin tout ce qui pourrait enlever à ces communications le caractère amical que nous avons toujours entendu leur donner.

RIBOT.

L'entente existait donc entre les deux gouvernements, mais aucun
acte formel ne la consacrait et l'on pouvait craindre qu'un événement imprévu ne vînt la détruire : c'est ce qui faillit arriver à la suite
du traité congolais. Heureusement le traité a été retiré.

Au commencement de 1895 le traité qui devait réaliser l'annexion
immédiate du Congo à la Belgique était signé. Le Gouvernement
français dut faire rappeler à Bruxelles que la question des droits
n'était pas encore réglée et qu'il était important, étant donnée la
situation, qu'elle le fût dans le plus bref délai.

Le gouvernement belge s'empressa de reconnaître la nécessité de
ce règlement et les conférences tenues à Paris entre M. Hanotaux et
le baron d'Anethan aboutirent au traité du 5 février dont voici le
texte :

Considérant qu'en vertu des lettres échangées les 23-24 avril 1884,
entre M. Strauch, président de l'Association internationale du Congo
et M. J. Ferry, président du Conseil et Ministre des Affaires étrangères de la République française, un droit de préférence a été assuré
à la France pour le cas où l'Association serait amenée un jour à réaliser ses possessions, que ce droit de préférence a été maintenu, lorsque l'État indépendant du Congo a remplacé l'Association internationale.

Considérant qu'en vue du transfert à la Belgique des possessions
de l'État indépendant du Congo, en vertu du traité de cession du
9 janvier 1895, le Gouvernement belge se trouvera substitué à l'o-
bligation contractée sous ce rapport par le gouvernement dudit
État.

Les soussignés sont convenus des dispositions suivantes qui règleront désormais le droit de préférence de la France à l'égard de la colonie libre du Congo.

ARTICLE 1ᵉʳ. — Le gouvernement belge reconnaît à la France un droit de préférence sur ses possessions congolaises, en cas d'aliénation de celles-ci à titre onéreux en tout ou partie.

Donneront également ouverture au droit de préférence de la France, et feront, par suite, l'objet d'une négociation préalable entre le gouvernement de la République française et le gouvernement belge, tout échange des territoires congolais avec une puissance étrangère, toute location desdits territoires, en tout ou en partie, aux mains d'un État étranger ou d'une compagnie étrangère investie de droits de souveraineté.

ART. 2. — Le Gouvernement belge déclare qu'il ne sera jamais fait de cession à titre gratuit de tout ou partie de ces mêmes possessions.

ART. 3. — Les dispositions prévues aux articles ci-dessus s'appliquent à la totalité des territoires du Congo belge.

En foi de quoi les soussignés ont dressé le présent arrangement qu'ils ont revêtu de leur cachet.

Fait en double exemplaire, à Paris, le 5 février 1895.

Signé : G. HANOTAUX
Baron D'ANETHAN.

DÉCLARATION.

Le Gouvernement de la République française et le Gouvernement belge conviennent d'adopter pour limites de leurs possessions respectives dans le Stanley-Pool :

La ligne médiane du Stanley-Pool jusqu'au point de contact de cette ligne avec l'île de Bamou, la rive méridionale de cette île jusqu'à son extrémité orientale, ensuite la ligne médiane du Stanley-Pool.

L'île de Bamou, les eaux et les îlots compris entre l'île de Bamou et la rive septentrionale du Stanley-Pool seront à la France, les eaux et les îles comprises entre l'île de Bamou et la rive méridionale du Stanley-Pool seront à la Belgique.

Il ne sera pas créé d'établissements militaires dans l'île de Bamou.

En foi de quoi les soussignés ont dressé la présente déclaration qu'ils ont revêtue de leur cachet.

Fait en double exemplaire, à Paris, le 5 février 1895.

Signé : HANOTAUX.
Baron D'ANETHAN.

Paris, 5 février 1895.

En outre, il est entendu qu'une commission mixte, qui se réunira à Paris, sera chargée de régler la délimitation de certaines parties de la frontière dans la région de Manyanga-Quillou.

L'annexion du Congo à la Belgique, dont on se préoccupe autant à Paris qu'à Bruxelles, peut et doit être envisagée à un triple point de vue : congolais, belge et français (1).

Pour l'Etat indépendant du Congo et pour ceux qui se sont intéressés à son développement économique, l'annexion à la Belgique est la solution rationnelle, la seule qui puisse mettre fin aux embarras financiers de l'Etat et de ses collaborateurs. Les fondateurs de l'Etat du Congo poursuivent au surplus la réalisation du programme que le roi Léopold a formulé dès le mois de juillet 1890, lors de la publication de son testament politique dans lequel il léguait au peuple belge ses droits sur le Congo. Nous avons, pour notre part, indiqué depuis assez longtemps cette transformation de l'œuvre du roi des Belges pour qu'il soit inutile d'y revenir longuement en ce moment.

Au point de vue belge, on doit reconnaître que l'opinion publique paraît en majorité favorable à la politique coloniale congolaise et que les intérêts belges engagés au Congo sont aujourd'hui assez puissants pour décider le gouvernement belge à précipiter une reprise, prévue, disons même escomptée, et qui, en principe, ne devait avoir lieu que dans cinq ans. On envisage donc à Bruxelles et à Anvers l'annexion du Congo comme de nature à favoriser l'essor économique de la Belgique et à compenser, dans un avenir plus ou moins lointain, les sacrifices budgétaires que le trésor belge a déjà consentis et devra consentir encore pour ramener l'équilibre dans les finances du Congo. Les seules objections possibles ne pourraient provenir que des réserves que les puissances garantes de la neutralité belge pourraient formuler. Quand, en 1839, dans la convention signée à Londres le 19 avril, l'Autriche, l'Angleterre, la Prusse, la Russie et la France ont déclaré garantir la neutralité du territoire belge, elles ne se sont formellement engagées que pour une Belgique européenne. On voit que malgré la reconnaissance de la neutralité du Congo belge, il peut surgir une question de droit international sur juxtaposition des deux neutralités.

En ce qui regarde la France, il est de toute évidence qu'elle ne peut envisager qu'avec satisfaction toute mesure destinée à faciliter l'essor de la civilisation dans l'Afrique centrale. Elle a, on le sait, des

(1) *Le Temps*, 9 janvier 1895.

droits et des intérêts à défendre ; mais leur défense ne paraît pas inconciliable, de prime abord, avec la réalisation du programme du gouvernement congolais. En effet, en août 1894 la France et l'Etat indépendant du Congo, par des concessions réciproques, ont mis fin au conflit territorial pendant depuis plus de trois ans et qui avait pris, en Afrique, un caractère très aigu. Tout laisse supposer. qu'il en sera de même pour le droit de préférence de la France sur le Congo.

Sans nul doute, si l'on compare l'arrangement du 5 février 1895 à la lettre du 23-24 avril 1894, où le président de l'Association internationale du Congo, le colonel Strauch, reconnaissait au Gouvernement français, représenté par M. Jules Ferry, un droit de préférence absolu, sans réserve, on voit que, en somme, la France renonce en faveur de la Belgique à la situation privilégiée qui lui était faite. Toutefois, la France était moralement dans l'impossibilité de prétendre reprendre le Congo le jour où le Gouvernement belge se montrait disposé à recevoir du roi Léopold la souveraineté du Congo (1). En fait, l'Etat du Congo n'a presque jamais vécu en Etat complètement indépendant : financièrement, militairement, il a été un Etat lié à la Belgique par des liens autrement solides que ceux de l'union personnelle. C'est l'argent belge qui a commencé la mise en œuvre économique du Congo : ce sont les officiers belges qui ont combattu les Arabes esclavagistes. Aux droits diplomatiques que la France pouvait faire valoir, la Belgique avait à opposer les sacrifices qu'elle avait déjà consentis et qu'elle se déclare prête à consentir encore. On conviendra qu'il n'eût pas été digne de la France d'avoir une politique autre que celle qui a eu pour conclusion l'accord du 5 février.

Cet accord présente, au surplus, pour la France, l'avantage de mettre un terme à des interprétations singulières de la lettre du colonel Strauch. On affectait de dire que le droit de préférence en cas de réalisation était un droit de « préemption », supposant une cession à titre onéreux, et que, par conséquent, le Gouvernement français n'avait aucune objection à formuler quand il s'agissait d'une cession à titre gracieux. On disait encore que les droits de la France ne pouvaient s'exercer que sur la totalité des territoires du Congo et non sur une partie de ces territoires. Enfin, on émettait cette théorie que l'Etat du Congo pouvait « donner à bail » certaines de ses provinces à des compagnies à charte exerçant en fait, sinon en droit,

(1) *Le Temps*, 10 février 1895.

une véritable souveraineté sur les concessions qui leur auraient été accordées.

On ne peut méconnaître que la convention franco-belge écarte complètement toutes ces éventualités et que l'on se trouve en présence d'un instrument diplomatique qui réserve entièrement les droits de la France. A ce titre, on doit la considérer comme de nature à éviter des conflits diplomatiques que les extensions des possessions européennes en Afrique n'ont que trop motivés dans ces dernières années (1).

(1) Discussão do acto géral da conferencia de Berlin, par M. Vicente Pinheiro. Discussão du creução do destricto do Congo, par M. Vicente Pinheiro (Lisbonne, 1885). Ministère des affaires étrangères, documents diplomatiques: affaires du Congo, 1884-1895 (Paris, 1895). Ministère des affaires étrangères, documents diplomatiques : délimitation des possessions françaises de la côte occidentale d'Afrique 1889-1895 (Paris, 1895). Négocios externos-documentos apresentados as Cortes: Africa oriental (Lisbonne, 1894).

LIVRE VI

DROIT DE LA MER.

Section I. — DE LA MER

Droit international, tome I, § 343 et s.

§ 45. Dans sa session de Paris, en 1894, l'Institut de Droit international a été appelé à s'occuper de la définition et du régime de la mer territoriale et a adopté, le 31 mars, les règles suivantes : Définition et régime de la mer territoriale par l'Institut de Droit international.

Article 1er. — L'Etat a un droit de souveraineté sur une zone de la mer qui baigne la côte, sauf le droit de passage inoffensif réservé à l'article 5.

Cette zone porte le nom de mer territoriale.

Art. 2. — La mer territoriale s'étend à six milles marins (60 au degré) de la laisse de basse marée sur toute l'étendue des côtes.

Art. 3. — Pour les baies, la mer territoriale suit les sinuosités de la côte sauf qu'elle est mesurée à partir d'une ligne droite tirée en travers de la baie, dans la partie la plus rapprochée de l'ouverture de la mer, où l'écart entre les deux côtes de la baie est de douze milles marins de largeur à moins qu'un usage continu et séculaire n'ait consacré une largeur plus grande.

Art. 4. — En cas de guerre, l'Etat riverain neutre a le droit de fixer, par sa déclaration de neutralité ou par notification spéciale, sa zone neutre au delà de six milles jusqu'à portée du canon des côtes.

Art. 5. — Tous les navires sans distinction ont le droit de passage inoffensif par la mer territoriale, sauf le droit de réglementer, et dans un but de défense, de barrer le passage dans ladite mer à tout navire et sauf le droit des neutres de réglementer le passage dans ladite mer pour les navires de guerre de toutes nationalités.

Art. 6. — Les crimes et délits commis à bord des navires étrangers de passage dans la mer territoriale par des personnes qui se trouvent à bord de ces navires sur des personnes ou des choses à bord de ces mêmes navires, sont, comme tels, en dehors de la juridiction de l'Etat riverain, à moins qu'ils n'impliquent une violation des droits ou des intérêts de l'Etat riverain, ou de ses ressortissants ne faisant partie ni de l'équipage ni des passagers.

Art. 7. — Les navires qui traversent les eaux territoriales se conformeront aux règlements spéciaux édictés par l'Etat riverain, dans l'intérêt et pour la sécurité de la navigation et pour la police maritime.

Art 8. — Les navires de toutes nationalités, par le fait seul qu'ils se trouvent dans les eaux territoriales, à moins qu'ils n'y soient seulement de passage, sont soumis à la juridiction de l'Etat riverain.

L'État riverain a le droit de continuer sur la haute mer la poursuite commencée dans la mer territoriale, d'arrêter et de juger le navire qui aurait commis une infraction dans les limites de ses eaux. En cas de capture sur la haute mer, le fait sera, toutefois, notifié sans délai à l'État dont le navire porte le pavillon. La poursuite est interrompue dès que le navire entre dans la mer territoriale de son pays ou d'une autre puissance. Le droit de poursuite cesse dès que le navira sera entré dans un port de son pays ou d'une tierce puissance.

Art. 9. — Est réservée la situation particulière des navires de guerre et de ceux qui leur sont assimilés.

Art. 10. — Les dispositions des articles précédents s'appliquent aux détroits dont l'écard n'excède pas douze milles sauf les modifications et distinctions suivantes :

1° Les détroits dont les côtes appartiennent à des États différents font partie de la mer territoriale des États riverains qui y exerceront leur souveraineté jusqu'à la ligne médiane ;

2o Les détroits dont les côtes appartiennent au même État et qui sont indispensables aux communications maritimes entre deux ou plusieurs États autres que l'État riverain font toujours partie de la mer territoriale du riverain, quel que soit le rapprochement des côtes.

3° Les détroits qui servent de passage d'une mer libre à une autre mer libre ne peuvent jamais être fermés.

Art. 11. — Le régime des détroits actuellement soumis à des conventions ou usages spéciaux demeure réservé.

Pêcheries américaines. Opinions de M. Geffcken.

§ 46. Complétons ce que nous avons dit (*Droit international*, I, §§ 360 et 363) sur la question des pêcheries américaines par un résumé des opinions de M. Geffcken sur cette question.

La pêche dans la haute mer, dit-il, est ouverte à tous en vertu du principe que la mer n'appartient à personne. En revanche les gouvernements riverains ont le droit de soumettre les eaux territoriales aux prescriptions qu'ils jugent nécessaires pour leur sûreté, et ils y exercent la juridiction. Spécialement ils réservent à leurs sujets le droit de pêche dans ces eaux, droit qui est généralement reconnu. Les deux principales exceptions à ce droit sont les privilèges accordés par l'Angleterre aux pêcheurs français dans les eaux de Terre-Neuve, et aux pêcheurs des États-Unis dans les eaux du Canada, du Labrador et de l'Alaska.

§ 47. Pour ce qui est de Terre-Neuve, possession cédée par la France à l'Angleterre par le traité d'Utrecht, les droits des pêcheurs français reposent sur l'article 13 de ce traité, puis sur l'article 5 du traité de Paris du 10 février 1763, article confirmant la liberté de pêche et de sécherie, du cap Bonasista à Point-Riche, à la condition de n'exercer la pêche qu'à la distance de trois lieues des côtes, pour le golfe de Saint-Laurent et de quinze lieues pour les côtes de l'île du Cap-Breton. Dans la pêche sur les côtes de la Nouvelle-Ecosse, elle demeure sur le pied des traités antérieurs. En même temps l'Angleterre laissait à la France les îles voisines de Saint-Pierre et de Miquelon, pour servir d'abri aux pêcheurs français, à condition de ne les point fortifier. Une déclaration du roi Georges, annexée au traité, portait entre autres que « Sa Majesté britannique prendra les mesures les plus efficaces pour empêcher ses sujets d'entraver, par leur concurrence, de quelque façon que ce soit, la pêche des Français, durant l'exercice temporaire de la dite à eux garanti, et cela sur les côtes de Terre-Neuve ; dans ce but elle fera enlever les établissements fixes qui pourraient y être installés ».

En 1814 et 1857, nouvelles conventions réglant le droit de pêche, fixant les points des côtes où ce droit est réservé à chacune des deux nations exclusivement et celles où elles peuvent l'exercer concurremment. En outre, l'article 5 permet aux Français d'acheter de l'appât sur la côte et de pêcher avec des filets ordinaires.

Grâce à une prime accordée par la France pour la morue exportée de France et de ses colonies, les Anglais ne purent bientôt plus soutenir la concurrence, ce qui amena le Parlement de Terre-Neuve à voter une loi défendant aux habitants de vendre de l'appât, et une autre loi permettant l'usage de pièges. En conséquence le produit des pêches françaises baissa de moitié. Les Français tentèrent alors de se procurer des harengs en les pêchant avec des filets sur leurs côtes réservées ; sur quoi les Anglais débarquèrent en armes dans la

Pêcheries de Terre-Neuve cédées à l'Angleterre par le traité d'Utrecht.

baie de St-Georges et s'y comportèrent en maîtres, au mépris des traités.

Une troisième difficulté provient de ce que les Français prétendent avoir le droit exclusif de pêcher et de conserver le homard sur les côtes réservées pour leur pêche d'été. Cette prétention, dit M. Geffcken (1), n'est pas admissible.

Finalement le Parlement de Terre-Neuve a offert, dans une adresse à la Reine, de rapporter la loi sur l'appât, si la France supprime les primes, et de racheter les droits des marins français sur le *French Shore*.

Mais la France ayant déclaré ne pouvoir accepter ces offres, les gouvernements anglais et français sont tombés d'accord pour soumettre le litige à la décision d'un tribunal d'arbitres. Voici le résumé de l'arrangement relatif à ce tribunal, signé à Londres le 11 mars 1891.

La Commission arbitrale tranchera toutes les questions de principe qui lui seront soumises concernant la pêche du homard et sa préparation sur les côtes de Terre-Neuve comprises entre le cap St-Jean et le cap Raye, en passant par le Nord.

Les deux gouvernements s'engagent à exécuter les décisions de la Commission. En attendant le *modus vivendi* de 1890 est renouvelé pour 1891.

La question des homards tranchée, la Commission pourra être saisie d'autres questions subsidiaires, relatives aux pêcheries.

La Commission se composera de trois jurisconsultes désignés d'un commun accord par les deux gouvernements et des délégués de chaque pays. Elle statuera à la majorité des voix et sans appel.

Les arbitres désignés par les gouvernements sont M. de Martens, professeur à l'Université de St-Pétersbourg, M. A. Rivier, consul général de Suisse à Bruxelles, président de l'Institut de droit international, et M. Gram, ancien membre de la Cour suprême de Norvège. A l'heure où nous écrivons cette commission ne s'est point encore réunie.

Pêcheries du Canada et du Labrador.   § 48. Plus graves sont les différends entre les États-Unis et la Grande-Bretagne au sujet de la pêche dans les eaux du Canada et du Labrador. Le droit de pêche dans les eaux britanniques, que les États-Unis avaient perdu par leur émancipation, ils le retrouvèrent par l'article 8 du traité de Paris de 1783, d'après lequel les pêcheurs

(1) Dʳ H. Geffcken, *Question des pêcheries de Terre-Neuve et sur les côtes des États-Unis d'Amérique et du Canada, Revue de droit international*, 1890.

américains sont autorisés à prendre du poisson sur le Banc de Terre-
Neuve et dans le golfe de St-Laurent, mais point à y sécher ce poisson sur les côtes. Mais cette concession tomba à la suite de la guerre
de 1812, et, l'Angleterre ayant refusé de la rétablir, on prit le parti
d'omettre ce point dans le traité de paix du 24 décembre 1814. Les
Américains prétendent que leur droit de pêche est imprescriptible,
et ne saurait être affecté par l'état de guerre, de même que la guerre
ne modifie les limites entre États, que si elles sont expressément
changées par le traité de paix. L'Angleterre de son côté, par note
du 30 octobre 1815, contesta le parallélisme de ces deux questions.
Le rétablissement des limites est, disait-elle, une nécessité, qui
n'existe point pour un droit de commerce accordé avant la guerre.
Ce droit tombe *ipso facto* par la déclaration de guerre et doit être
expressément rétabli par le traité de paix (1).

Les Américains renoncèrent expressément, du reste, au droit de
pêche par l'article 1er du traité du 20 octobre 1818, mais l'Angleterre
le leur concéda néanmoins sur certaines parties des côtes du Labrador et de Terre-Neuve. En outre les pêcheurs reçurent le droit de refuge dans les ports, celui d'y réparer leurs avaries, d'acheter du
bois et d'obtenir de l'eau. Tant que la pêche ne comprit guère que
celle de la morue, les Américains se contentèrent de ces concessions ;
mais aujourd'hui c'est le maquereau qui l'emporte ; or ce poisson ne
se prend que dans les eaux territoriales. En outre les Américains
voudraient pouvoir acheter de l'appât dans les colonies anglaises.
Mais l'Angleterre et ses colonies se refusèrent à toute concession jusqu'au traité de 1854, en vertu duquel les Américains obtinrent le
droit de pêcher sur toute la côte anglaise, d'y aborder même pour
saler le poisson, mais à la condition que les colonies anglaises seraient libres d'importer aux États-Unis leurs principaux produits.
Puis survint la guerre de sécession avec son tarif protecteur, et le
cabinet de Washington dénonça le traité de 1854. En 1871 nouveau
traité restreignant la libre importation au poisson et à l'huile de poisson, et obligeant les États-Unis à payer 5 millions 1/2 de dollars
pour les faveurs accordées à leurs pêcheurs. En 1883 dénonciation
de ce traité par l'Amérique, de sorte qu'aujourd'hui c'est le traité
de 1818 qui est de nouveau en vigueur. Mais les Américains l'ayant
violé à plusieurs reprises, il s'en est suivi des confiscations de navires, qui excitèrent au plus haut point la colère des États-Unis. On
parla de fermer les ports de la République au commerce canadien,
de lui interdire le transit.

(1) Wharton, *Digeste*, III, § 303.

En 1886 on essaya de vider le différend par un traité d'après lequel l'Angleterre renonçait à déclarer toutes les baies eaux territoriales, permettait aux pêcheurs d'entrer dans les ports canadiens pour s'y ravitailler, y acheter de l'appât, de la glace, etc., moyennant une compensation annuelle de 1 dollar 1/2 par tonneau. On leur permettrait même de pêcher dans les eaux territoriales, si les Américains autorisaient la libre entrée du poisson.

Mais ce traité, tout à l'avantage des États-Unis, fut rejeté par le Sénat de Washington et l'on revint à la menace des représailles. Depuis lors l'affaire est en suspens.

§ 49. Le troisième différend entre l'Angleterre et les États-Unis, est celui qui provient de la chasse du phoque dans l'Alaska. Il a trait à la question des mers fermées.

Voici l'origine de ce différend. En 1728, V. Behring entreprit son grand voyage, où il découvrit l'île de St-Laurent. Treize ans plus tard, il reconnaissait les îles Aléoutes et la côte d'Amérique. Il fut suivi par plusieurs navigateurs, également russes, qui complétèrent ces découvertes, et, dès 1772, nous voyons vingt-cinq compagnies russes, attirées par les bénéfices du commerce des fourrures, créer plusieurs établissements dans les îles de la mer de Behring. Ces compagnies avaient été soutenues par le gouvernement impérial. Leurs établissements firent place, en 1799, à la Compagnie de l'Amérique russe, à qui le tsar Paul Ier concéda l'usage de tous les territoires de chasse et des établissements existant sur la côte nord-ouest d'Amérique, depuis le 55° de latitude nord jusqu'au détroit de Behring, et sur les îles Aléoutes. En 1820, puis en 1844, ses privilèges furent renouvelés. Elle exerçait un pouvoir absolu sur les indigènes. Ses principales opérations étaient la chasse des phoques et des loutres, à laquelle ses agents s'adonnèrent avec plus de zèle que de discernement.

Dans la seule année 1867 on prit près de 100.000 phoques sur les Pribylof seulement, les Russes n'ayant plus d'intérêt à ménager une sorte de richesses qui allait cesser de leur appartenir. En effet, par traité du 30 mars 1866, la Russie avait vendu l'Alaska aux États-Unis qui peu après affermèrent à une compagnie le droit de capturer des phoques dans les eaux territoriales américaines. Par eaux territoriales, les États-Unis entendaient toutes les baies de leurs côtes, eussent-elles plus de trois milles de largeur. En conséquence de cette prétention, les croiseurs des États-Unis se mirent à saisir, sur la haute mer, des bâtiments de pêche anglais, chargés de peaux de phoque pris sur les côtes de Vancouver. L'Angleterre ayant pro-

Alaska. Pêcheries du détroit de Behring.

testé, le cabinet de Washington leva bien la saisie, mais son décret est demeuré sans exécution et l'on n'a alloué aucun dédommagement aux propriétaires (1).

§ 50. « La conduite des Américains, dit M. Geffcken, est incompatible avec les notions les plus élémentaires du droit international... La saisie des bâtiments anglais sur la haute mer est en tous points illégale ; la prétention que la mer de Behring est une mer fermée ne supporte pas l'examen, est contraire au traité russo-américain de 1824... Il y a lieu de s'étonner de la longanimité du gouvernement anglais... et il importe, dans l'intérêt général, qu'un tel état de choses cesse et que justice soit faite » (Voir plus loin la constitution du tribunal d'arbitrage chargé de vider ce litige). *Opinions de M. Geffcken.*

§ 51. Les États-Unis basaient leurs prétentions sur les traités qu'ils avaient conclus avec la Russie en 1824 et en 1825. Le premier stipule que les ressortissants des pays contractants pourront librement pêcher et naviguer dans tout l'Océan pacifique ou mer du Sud, et aborder aux points non encore occupés, dans le but de commercer avec les indigènes. Mais les citoyens des États-Unis n'aborderont pas sans la permission du gouverneur ou commandant sur les points où il y a un établissement russe, et d'autre part les Russes n'aborderont pas sans permission dans les établissements des États-Unis sur la côte nord-ouest. Ceux-ci ne créeront à l'avenir aucun établissement sur cette côte ou les îles adjacentes, au nord du 54°40' de latitude nord et les Russes agiront de même au sud de ce parallèle. Néanmoins, pendant dix ans, les vaisseaux des contractants pourront fréquenter les mers intérieures, golfes, ports et docks sur la côte mentionnée ci-dessus, dans le but de commercer avec les indigènes. *Traités de 1824 et 1825.*

Le traité de 1825 confirme les dispositions du précédent et trace une ligne de démarcation entre les possessions des contractants sur la côte du continent et des îles d'Amérique, commençant au 54° 40' latitude nord, la ligne se dirige au nord, suivant le Portland Channel jusqu'à son intersection avec le 56° latitude nord, puis le sommet et les montagnes parallèles à la côte jusqu'au 141° longitude ouest et ce méridien, à partir de ce point, jusqu'à l'Océan glacial. Partout où le sommet des montagnes, du 56° latitude nord au point d'intersection avec le 141° longitude ouest, sera à moins de dix lieues marines de l'Océan, les limites entre les possessions britanniques et la ligne de côté, qui appartient à la Russie, sera formée par une ligne

(1) Wharton, *International law*, I, p. 2112. *Revue d'histoire diplomatique*, tome 7, p. 375.

parallèle à la côte, sans s'en éloigner de plus de dix lieues marines. La navigation des rivières qui traversent les territoires anglais et russe, est libre.

Ces traités proclament donc la liberté du Pacifique et le retour aux principes du droit des gens en matière de souveraineté sur les eaux territoriales. Mais ils ne stipulent pas expressément que la mer de Behring fait partie du Pacifique, et les États-Unis arguent de cette omission, ainsi que du fait que la Russie exerçait dans la mer de Behring, lors de la cession de l'Alaska, une juridiction extraordinaire s'étendant à cent milles des côtes (1).

Congrès de droit maritime. § 52. En 1892 a siégé à Gênes, le Congrès international de droit maritime. Voici un résumé des résolutions prises :

Chaque navire est une personne juridique ayant une responsabilité jusqu'à concurrence de son patrimoine. L'assurance fait partie de ce patrimoine. La gestion et la représentation du navire appartiennent à l'armateur, qui est tenu de provoquer la liquidation, si le navire ne peut satisfaire à ses obligations. Dans ce cas le tribunal convoque les créanciers pour la nomination d'un administrateur.

Les règles d'York et d'Anvers doivent être modifiées comme suit : Sont avaries communes : les dommages causés par l'extinction d'un incendie à bord, par l'échouement volontaire que nécessite le salut commun : les pertes résultant de ce que, pour le salut commun, on a dû brûler une partie de la cargaison. L'avarie commune est réglée par les lois et usages du pays de destination, ou du lieu de relâche, lorsque la relâche est forcée.

L'armateur ne répond pas des dangers de mer, de l'incendie, des pirates, de la baraterie et de l'embargo. Il ne répond pas non plus des collisions ou échouements, même lorsque le dommage provient des employés de l'armateur. Il ne répond pas des explosions de chaudières, des avaries de la machine, des avaries de la cargaison résultant de sa nature, de son emballage ou de son contact avec d'autres marchandises ; il ne répond pas non plus des erreurs provenant d'insuffisance d'adresses. Lorsqu'au delà du connaissement, les poids et mesures sont méconnus, le capitaine ne répond pas de la conformité des marchandises ; des clauses *franc de casse, franc d'avarie, franc de coulage*, exonèrent le capitaine, à moins que sa faute ne soit prouvée. La signature de l'armateur sur les connaissements ne le rend pas responsable des faits de l'équipage ou du capitaine.

---

(1) *Revue d'histoire diplomatique*, vol. 7, p. 390.

Les clauses de la charte-partie ne peuvent être invoquées contre les porteurs du connaissement que si elles sont expressément indiquées.

Si plusieurs assurances sur une seule chose et sur les mêmes risques sont stipulées, la première est seule valable ; si elle ne couvre pas la valeur, les assurances postérieures viennent en ordre de date. Les assurances stipulées par le véritable intéressé ont le pas sur les autres. Le droit de délaissement est maintenu ; il est limité au cas de destruction totale de la chose assurée. Cette perte comprend la prise, l'arrêt de prime, le manque de nouvelles, la non-arrivée, l'impossibilité de réparation.

Pour les abordages, les sauvetages et l'assistance. il est institué une juridiction internationale maritime entre les États adhérents, sous réserve de la juridiction ordinaire en cas d'accord entre les parties. Cette juridiction appartient en premier degré au tribunal arbitral du lieu de la première relâche, en deuxième degré aux Cours suprêmes maritimes, dont la décision sera définitive. La compétence territoriale des tribunaux arbitraux est déterminée par la juridiction consulaire, celle des Cours par le traité. Les tribunaux arbitraux se composent de deux arbitres élus par les parties, et d'un tiers arbitre élu par les arbitres. Les Cours suprêmes se composent de deux représentants spéciaux pour chaque État adhérent, l'un pour la partie juridique, l'autre pour la partie maritime. Si le fait est arrivé dans les eaux intérieures, la juridiction internationale est facultative. La responsabilité en matière d'abordage est réglée par la loi de l'État du navire en faute ; en cas de faute commune ou de conflit entre les lois des deux navires, elle est réglée *ex bono et aequo*. En cas d'abordage, les navires se doivent aide et assistance. L'assistance aux personnes est obligatoire, le sauvetage des choses est facultatif et peut être l'objet d'une convention. A défaut de convention les tribunaux consulaires fixeront les indemnités (1).

§ 53. M. Arthur Desjardins fut chargé de présenter à l'Académie des Sciences Morales et Politiques un rapport sur ledit Congrès ; il nous a paru intéressant de résumer les travaux de cette Assemblée en extrayant quelques passages du rapport du savant jurisconsulte :

Un congrès international de droit maritime s'est réuni, le 26 septembre, à Gênes. En majeure partie composé de jurisconsultes et de négociants italiens, il comptait en outre un assez grand nombre de

(1) *Journal du droit international privé*, 1893, p. 79.

Rapport fait à l'Académie des sciences morales et politiques de l'Institut de France sur le Congrès de Droit maritime de Gênes 1892, par M. Arthur Desjardins.

membres français, belges, russes, allemands, autrichiens, hongrois. Ce n'est donc pas à un point de vue exclusivement italien que ces questions de législation maritime ont été traitées dans la capitale maritime de l'Italie. Comme jadis à Anvers, à Bruxelles, à Hambourg, à Brême, à Glascow, à York, à Londres, à Liverpool, à Washington, on s'est préoccupé d'uniformiser et de perfectionner la coutume universelle.

La quatrième section du Congrès, présidée par le jurisconsulte Ugo Carcussi, avait été spécialement chargée d'étudier les questions relatives à l'abordage et à l'assistance maritime.

Les solutions qu'elle proposait ont été pour la plupart, sur un savant rapport de M. Prétro Cogliolo, adoptées avec de très légers remaniements. Le Congrès a voté les résolutions suivantes :

« I. Pour les abordages, les sauvetages, l'assistance et les ques-
» tions accessoires, il est institué une juridiction internationale
» maritime entre les États adhérents sous réserve de la juridiction
» ordinaire en cas d'accord des parties. II. La juridiction interna-
» tionale maritime appartient : A. au premier degré, au tribunal
» arbitral du lieu de la première relâche (del luogo di primo
» approdo) et, lorsqu'on ne peut établir la priorité de la relâche, au
» tribunal qui a été le premier saisi de l'affaire. B. au deuxième de-
» gré, aux cours suprêmes maritimes dont la décision sera définitive
» et irrévocable. III. La compétence territoriale des tribunaux ar-
» bitraux est déterminée par la juridiction consulaire (determinata
» dalla giurisdizione), celle des cours par des traités. Les tribu-
» naux arbitraux se composent de deux arbitres choisis par les
» parties, un par chacune d'elles, sur une liste formée des noms
» des consuls de la circonscription consulaire, des commandants de
» port et des commandants de navire qui seront inscrits dans la
» liste susdite suivant les modes et conditions réglementaires à éta-
» blir. Le collège arbitral est présidé par un tiers arbitre choisi par
» les parties ou, à défaut, par le président du plus haut collège ju-
» diciaire du lieu de l'arbitrage. Dans le cas où les bâtiments plai-
» dants sont plus de deux, les arbitres seront élus en nombre impair
» et proportionnel suivant la règle ci-dessus. IV. Les cours suprê-
» mes internationales maritimes se composent de représentants spé-
» ciaux des États adhérents au nombre de deux pour chaque État,
» l'un pour la partie juridique, l'autre pour la partie maritime.
» V. Dans le cas où des navires, portant le même pavillon, plaident
» sur un fait advenu dans un port ou fleuve ou dans les autres eaux
» intérieures de l'État auquel ils appartiennent, la juridiction inter-

» nationale est facultative. La même règle sera appliquée auxdits
» navires même pour les événements survenus en mer, pourvu que
» le procès soit intenté pendant qu'ils se trouvent dans un port de
» leur nationalité.

» VI. Dans tous les cas d'abordage, chaque commandant de na-
» vire doit prêter, autant qu'il peut, à l'autre navire, à son équipage,
» à ses passagers tous les secours possibles et utiles pour les sauver
» du danger résultant de l'abordage suivant les règles à établir par
» des traités. VII. L'assistance aux personnes est obligatoire sous
» les sanctions à établir par traités. VII. Le sauvetage des choses
» est facultatif et peut être l'objet de conventions. Les conventions
» sont valables dans les limites du danger que le navire assistant
» (nave salvante) a rencontré pour porter secours, du risque qu'il
» a couru pour effectuer le sauvetage, des pertes, frais et dommages
» auxquels il s'est exposé, et finalement de la valeur des choses sau-
» vées et d'une juste rémunération pour le sauvetage des choses.
» Ces conventions, en cas d'excès, sont sujettes à réduction. IX. S'il
» n'est pas intervenu de convention et si les parties ne s'accordent
» pas pour établir le montant des indemnités et des compensations
» dues au navire assistant, les tribunaux arbitraux les fixeront d'a-
» près les circonstances et conformément à la règle énoncée en l'ar-
» ticle VIII ».

Nous sommes heureux de constater que les Chambres françaises
sont elles-mêmes, après de bien longs tâtonnements, entrées dans
cette voie. Notre loi du 10 mars 1891 pose enfin, dans son article 4,
le principe d'une assistance obligatoire, après un abordage, pour
chacun des navires abordés. Le congrès de Gênes a bien fait en
premier lieu de s'approprier cette règle, en second lieu, de la généraliser.

C'est la première section du congrès qui, sous la présidence et au
rapport du jurisconsulte G. Picconi, a fait passer l'innovation la plus
hardie. « Chaque navire, a-t-il été décidé, est une individualité ju-
» ridique à responsabilité limitée jusqu'à concurrence de ce qui cons-
» titue son patrimoine ».

Le navire, bien que chose, est traité comme une personne. Son
armateur, auquel appartient, d'après le texte d'une seconde résolution, « la gestion et la représentation active et passive du navire »,
serait assimilé désormais au gérant d'une société à responsabilité limitée, lequel ne s'oblige pas personnellement, mais oblige seulement
la personne morale (dans l'espèce, le navire).

J'approuve la première section d'avoir fait voter la résolution sui-

vante : « Les gens de l'équipage ne perdent leurs droits à leurs loyers
» que si l'on établit à leur charge une faute ou une négligence ».

On cesse définitivement de regarder les loyers des matelots comme
une sorte de produit du prêt perdu en cas de naufrage ; on ne juge
plus équitable de faire participer les matelots au désastre qui attei-
gnait l'armateur ; il ne paraît plus indispensable d'intéresser les matelots au salut du navire afin qu'ils soient moins tentés de l'abandonner en cas de péril.

La deuxième section a remanié et complété les règles adoptées à
Liverpool : elle s'est proposé de sanctionner un usage commercial
aujourd'hui répandu, qui consiste à classer dans certains cas comme
avaries communes les réparations provisoires d'avaries particulières.
Sont assurément avaries grosses les dépenses occasionnées par les
réparations purement *provisoires* qui, n'augmentant en rien la valeur du navire, sont rendues nécessaires à la suite d'un dommage
admis lui-même en avarie grosse. Mais la section et le congrès ont
prévu cet autre cas où, le dommage à réparer étant lui-même avarie
particulière, le capitaine, faute de moyens pour procéder aux réparations nécessaires, se trouve dans la nécessité ou de rompre son
voyage ou de faire exécuter *provisoirement* des réparations qui permettent au navire d'atteindre le port de destination, tout au moins
de gagner le port le plus proche (1). Telle est l'origine logique du
nouveau texte, ainsi conçu : « Les réparations provisoires d'avaries
» particulières, faites dans un port de relâche forcée, seront excep-
» tionnellement admises en avarie commune dans le cas où le navire
» se trouve dans de telles conditions qu'il ne peut plus continuer
» le voyage sans ces réparations et que les réparations définitives
» ne sont pas possibles ou demandent une durée assez longue ou
» des dépenses communes assez considérables pour compromettre
» le résultat du voyage. Il faudra déduire de l'avarie commune tout
» ce qui, des réparations provisoires, peut être utilisé dans les ré-
» parations définitives ».

Le congrès de Liverpool s'était montré singulièrement timide en
se bornant à la proposition suivante : « Dans les cas non prévus par
» les règles ci-dessus, le règlement sera établi conformément aux
» lois et aux usages qui lui eussent été appliqués si le contrat d'affré-
» tement n'avait pas contenu la clause que le règlement serait fait
» conformément aux règles d'York-Anvers ». Le congrès de Gênes
a dit, dans un langage à la fois plus précis et plus juridique : « Pour

_____

(1) Henri Fromageot, *Gazette des Tribunaux* du 12 octobre 1892.

» tout ce qui n'est pas prévu par les règles précédentes, l'avarie
» commune sera réglée d'après les lois ou les usages du lieu de des-
» tination. Si le voyage est rompu dans un port de relâche forcée,
» on appliquera la loi du lieu. Si, dans le lieu de relâche, manquaient
» absolument les moyens de dresser le règlement d'avarie commune,
» celui-ci devra être fait dans le port d'attache du navire et selon la
» loi de ce port ». Il était utile de s'expliquer.

La troisième section, chargée du travail préparatoire sur les assurances maritimes, limita sur le champ ses études à deux objets : les
assurances multiples, le délaissement. Le Congrès adopta sur l'un et
sur l'autre les conclusions de son rapporteur, l'avocat Ernesto Delpino.

« A. Si plusieurs assurances sur une seule chose et pour les mê-
» mes risques sont stipulées par l'intéressé ou par ses mandataires
» avec mandat direct, lit-on dans une première résolution, la pre-
» mière assurance par ordre de date est la seule valable quand elle
» couvre l'entière valeur de la chose assurée. Si la valeur totale
» n'est pas couverte par la première assurance, les assurances pos-
» térieures tiendront par ordre de date jusqu'à concurrence de la
» valeur de la chose.

» B. Si plusieurs assurances sont stipulées par différentes per-
» sonnes pour compte de qui il appartient, sans mandat direct, et
» s'il y a aussi une assurance stipulée par celui qui courait le ris-
» que et qui a droit au paiement de la somme assurée ou par son
» mandataire direct, cette dernière assurance doit avoir la préfé-
» rence sur celles qui n'ont pas été stipulées par le véritable inté-
» ressé ou par son mandataire direct. Si cette assurance ne couvre
» pas l'entière valeur de la chose assurée, les suivantes seront va-
» lables jusqu'à concurrence de la valeur totale.

» C. Dans le cas où il n'y a pas d'assurance conclue directement
» par l'intéressé ou par son mandataire direct et s'il y a seulement
» des assurances conclues par d'autres pour compte de qui il ap-
» partiendra, la première assurance par ordre de date sera préfé-
» rée ; et, si elle ne couvre pas la valeur de la chose assurée jus-
» qu'à concurrence de ladite valeur, viendront les suivantes par
» ordre de date.

» D. En cas de concours des polices d'abonnement à forfait avec
» des polices ordinaires, la date des assurances comprises dans la
» police d'abonnement est la date de la police même. Quand il s'a-
» git d'une police d'abonnement qui oblige l'assuré à dénoncer cha-
» que événement de risque, la date de l'assurance est fixée par le
» commencement du risque.

» E. Les assureurs qui n'auront point couru de risque seront
» tenus à la restitution de la prime. »

Tels sont les passages les plus intéressants du rapport de M. Arthur Desjardins qui se termine par un hommage rendu à la ville de Gênes, qui, dit-il, « a donné le jour non seulement à de grands na-
» vigateurs, mais à de grands jurisconsultes ».

Section II. — DE LA NAVIGATION.

Pavillon
brésilien.Con-
flit à ce sujet.

§ 54. Le 7 décembre 1889, à son entrée en rade de Lisbonne, le paquebot qui a amené en Portugal l'Empereur Dom Pedro, l'*Alagoas*, avait encore le drapeau impérial du Brésil. Le 10, il arborait le pavillon nouveau, adopté par le Gouvernement provisoire de Rio. Le commandant du navire ne faisait ainsi que se conformer aux ordres télégraphiques du ministre de la marine brésilienne. D'après ces instructions, il devait conserver le pavillon impérial tant que Dom Pedro serait à bord ; mais aussitôt après le débarquement de S. M. I., il devait y substituer le drapeau qui lui avait été remis au départ du Brésil.

Le jour même, le capitaine du port avisait le commandant de l'*Alagoas* d'avoir à amener son pavillon qui n'était pas encore officiellement reconnu par le Portugal. L'invitation ne provoqua aucune résistance et il y fut immédiatement obtempéré. Toutefois la question fut soumise au Ministre du Brésil, qui, après un entretien avec le Ministre des Affaires étrangères de Portugal, en référa à Rio par le télégraphe.

Le 11, avant l'arrivée des instructions attendues du Brésil, le commandant de l'*Alagoas* demandait, pour sa décharge, que l'intimation lui fût notifiée, par écrit, dans un délai de quelques heures. Sa demande fut accueillie. Avant l'heure fixée, un officier du port lui transmit un document, dont voici la traduction :

« *Capitainerie du port de Lisbonne.* — Attendu que le pavillon, hissé hier sur le vapeur brésilien *Alagoas*, n'est pas officiellement reconnu dans cette capitainerie ; que ce pavillon a été retiré sur l'invitation de cette administration ; intimation est faite au commandant dudit navire, au nom du capitaine du port de Lisbonne, de ne pas le hisser de nouveau, tant que le navire restera mouillé sur le Tage.

Capitainerie du port de Lisbonne, le 11 décembre 1889.

Signé : Antonio José Machado,
1er Lieutenant-adjudant.

Cependant le Ministre des Affaires étrangères à Lisbonne ne jugeait pas inutile de prévenir, par une démarche de courtoisie, certaines représentations possibles. Dans cette même journée du 11, il invitait par le télégraphe le chargé d'affaires du Portugal à Rio à expliquer au Gouvernement provisoire que la résolution prise à Lisbonne n'impliquait aucune intention défavorable, que le Gouvernement portugais ne faisait que se conformer aux règles du droit international et que toute autre attitude lui était interdite, tant qu'il n'aurait pas reconnu officiellement le nouveau régime établi au Brésil.

En ce qui touche spécialement le pavillon, on peut se demander si les autorités portugaises n'ont pas excédé la mesure de leur droit, en proscrivant de leurs eaux l'insigne adopté par un gouvernement de fait, avec lequel elles voulaient entretenir des rapports amicaux, quoique officieux, un gouvernement qu'elles considèrent comme lié par les traités antérieurement conclus entre les deux pays et auquel elles ne sauraient, par conséquent, dénier la faculté de prendre telles dispositions d'ordre intérieur qu'il juge convenable. Le Gouvernement anglais a compris autrement son devoir. D'après un télégramme du consul portugais à Plymouth, l'autorité de ce port aurait laissé un vaisseau de guerre brésilien arborer les nouvelles couleurs de son pays ; elle se serait bornée à ne pas les accueillir par les salves réglementaires, en justifiant son abstention par ce fait qu'elles n'étaient pas encore officiellement reconnues (V. *Droit international*, I, § 427).

§ 55. Des contrats d'affrétement (V. *Droit international*, I, § 440) ont donné lieu, ces dernières années, à plusieurs contestations qui ont dû être tranchées par les tribunaux. Comme exemple, nous citerons le litige suivant :

Responsabilité des armateurs pour retards. Affaire Strauss c. Thomson.

Dans l'affaire Strauss contre Thomson, le tribunal de commerce de Marseille a décidé, le 3 mars 1887, qu'un armateur n'est pas passible de dommages-intérêts pour retard dans l'arrivée de son navire quand la date est accompagnée du mot *environ*. En outre il a décidé que c'est à l'affréteur qu'il incombe de connaître les législations relatives aux émigrants dans les pays où les armateurs étrangers d'un navire sont chargés d'aller embarquer des émigrants. Ce n'est point l'affaire de ces armateurs.

Il s'agissait, dans l'espèce, du vapeur *Lake-Champlain* affrété par le sieur Strauss pour le transport d'émigrants dans l'Amérique du Sud. Le vapeur n'était arrivé à Marseille qu'après la date fixée et les installations s'étaient trouvées défectueuses et contraires aux lois françaises sur la matière, et également en désaccord avec les lois espagnoles, de sorte que les autorités de Parragone, où l'on devait aussi prendre des émigrants, n'en auraient pas permis l'embarquement. Pour ce qui est du premier point, il avait été prouvé que les armateurs ne s'étaient pas astreints à une date fixe (1).

Naufrage volontaire. Affaire du *Paena*.

§ 56. Pour ce qui est des naufrages (V. *Droit international*, I, § 441), nous citerons une décision de la Cour suprême du Chili.

Il s'agissait du navire anglais *Paena* :

Le naufrage volontaire d'un navire étranger à 7 ou 9 milles de la côte chilienne, dit la Cour, ne saurait donner lieu à une poursuite criminelle contre le capitaine du navire étranger devant les tribunaux du pays riverain, à moins que les actes préparatoires du crime ne se soient produits dans la mer territoriale ou les ports de ce pays. En revanche serait recevable la poursuite civile en dommages-intérêts contre le capitaine (2).

Cas du *Felguera*.

§ 57. Comme exemples des difficultés et des conflits que peuvent susciter les abordages, citons les cas suivants. (V. *Droit international*, I, § 444). D'abord celui du vapeur espagnol *Felguera*, coulé à pic par le vapeur anglais *Ardentienne* à la hauteur du cap St-Antoine. Après avoir recueilli l'équipage, ce dernier navire entra au Grao de Valence avec quelques avaries. Le commandant de marine espagnol procéda de suite à une enquête, mais le capitaine anglais, voyant cela, s'empressa de se rendre à Marseille. Le consignataire du *Felguera* avait bien sollicité des mesures destinées à retenir le navire anglais, mais le commandant l'avait renvoyé aux tribunaux qui de leur côté avaient exigé un avis officiel du commandant.

Repoussé par les tribunaux de son pays, l'armateur du *Felguera* trouva heureusement appui auprès de ceux de France. Le tribunal de commerce de Marseille ordonna l'arrêt de l'*Ardentienne*, qui ne put continuer son voyage que sous caution de 200.000 francs. Alors seulement l'armateur obtint du tribunal espagnol une sentence de culpabilité, dont il demanda l'*exequatur* au tribunal de Marseille, jusqu'à concurrence du montant de la caution (3).

Cas du *Chilian* et de l'*Augusta*.

§ 58. Un autre cas non moins intéressant, est celui des vapeurs anglais *Chilian* et *Augusta*. Le premier était amarré au quai dans un bassin du Havre, lorsqu'il fut abordé, le 12 janvier 1886, par l'*Augusta*. La haute cour de justice anglaise, devant laquelle l'affaire fut portée finalement, a statué ce qui suit :

Quand un abordage a lieu, entre deux navires anglais, dans des

---

(1) *Journal du droit international privé*, 1889, p. 473 et s.
(2) *Journal du droit international privé*, 1887, p. 750.
(3) *Journal du droit international privé*, 1888, p. 47 et s.

eaux étrangères, il y a lieu de faire application de la loi étrangère dans la détermination de la responsabilité des navires, notamment en ce qui concerne les droits et les devoirs du pilote étranger, sous la conduite duquel l'événement s'est produit.

Bien que l'emploi d'un pilote, par un navire, à l'entrée du Havre, soit obligatoire d'après la législation française, ce pilote n'hérite pas des pouvoirs du capitaine et ne prend pas la direction du bâtiment. Son rôle se borne à celui d'un pilote conseil.

C'est particulièrement au cas d'abordage, disent MM. Lyon-Caen et Renault (1), que se pose la question de savoir si le capitaine et par voie de conséquence le propriétaire du navire, demeurent responsables malgré la présence à bord d'un pilote obligatoire.

Le pilote est un simple guide qui n'enlève pas au capitaine la direction du navire, et par suite ne fait pas disparaître sa responsabilité.

Il en résulte que les propriétaires des navires sont responsables des dommages causés à un autre bâtiment par la négligence du pilote, alors même qu'en fait le capitaine aurait abandonné au pilote la conduite du navire (2).

§ 59. Citons encore le cas du navire de commerce français *Ville de Victoria*, abordé, en rade de Lisbonne, par le navire de guerre anglais *Sultan* et coulé à pic. Le gouvernement anglais offrit des indemnités aux victimes ou à leurs familles, mais en réservant le point de droit. Il alléguait la force majeure — le *Sultan* avait rompu ses chaînes d'ancre — et, soutenant qu'en tout cas la responsabilité n'incombait pas au propriétaire du navire, mais à son capitaine. Sur quoi la France proposa un arbitrage, mais l'Angleterre ne fit pas de réponse, et l'affaire est encore en suspens.

Cas de la Ville de Victoria.

Voici, d'après M. Clunet (3), les questions de droit que soulève ce cas :

Quelle est la condition juridique du navire de guerre dans les rapports internationaux ? A raison de la nature spéciale de ces navires, ils sont exemptés de la juridiction de la nation dans le port de laquelle ils se trouvent.

Quel est le tribunal compétent pour connaître de l'action à intenter ? Les tribunaux portugais sont incompétents et les tribunaux français n'auraient pu, par exemple, saisir le *Sultan* s'il avait pénétré

---

(1) *Traité de droit commercial*, VI, § 1014.
(2) *Journal du droit international privé*, 1888, p. 114 et s.
(3) *Journal du droit international privé*, 1888, p. 229.

dans un port français, et cela en sa qualité de navire de guerre. Le *Sultan* ne relève que de la juridiction anglaise.

Quelle est la loi à appliquer ? La loi anglaise admet la responsabilité des capitaines de vaisseaux de guerre pour abordages, mais point celle de l'Etat, ce qui revient à dire qu'en général il n'y a guère d'indemnité à espérer dans les cas tels que celui de la *Ville de Victoria* évaluée à 3 1/2 millions.

Y a-t-il lieu à un arbitrage international ? Non, car on ne saurait recourir à cette juridiction exceptionnelle que lorsqu'il n'y a pas de tribunaux compétents pour juger la cause. Or ce n'est pas le cas dans l'affaire de la *Ville de Victoria.*

Abordage. Affaire de la *Dur'na*. § 60. La Cour suprême des villes hanséatiques a tranché, pour ce qui concerne son ressort, les questions que soulèvent les abordages de navires étrangers dans un port étranger. En cas d'abordage de navires non allemands dans les eaux non allemandes, le juge allemand doit appliquer la législation du pays auquel ressort le navire, pour autant du moins qu'il s'agit de la responsabilité de l'armateur. Cette décision a été confirmée par le tribunal de l'Empire. Elle est du reste conforme à celle de la Cour de cassation française, du 4 novembre 1891, au sujet des vaisseaux *Apollo* et *Précurseur.*

Dans l'espèce, il s'agissait du remorqueur *Dur'na* qui aborda le vapeur *Vénus* dans le port de Reval. Le dommage a été réglé par les armateurs de la *Dur'na*, ou plutôt par leurs cessionnaires, la Société des armateurs de Hambourg. Celle-ci en réclamait le remboursement aux armateurs du *Glenmavis*, navire qui remorquait la *Dur'na* et qui avait causé l'abordage par une fausse manœuvre. Ce navire avait été frappé d'embargo, durant son séjour à Hambourg (1).

Abordage. Cas du *Sud-America* et de *La France*. § 61. En 1888 se produisit, dans le port de la Luz (Canaries), un abordage entre le vapeur italien *Sud America* et le vapeur français *La France,* en suite duquel le premier fut coulé à fond. Il y eut de ce fait des pertes considérables mais pas le moindre préjudice aux propriétés d'aucun sujet espagnol. A la suite d'une enquête la Chambre des pilotes des Canaries déclara que la responsabilité incombait à *La France*, mais son jugement fut annulé par le capitaine-général de Cadix. Celui-ci estima que les tribunaux espagnols n'avaient compétence, en matière d'abordage, que lorsque l'un des navires au moins portait le pavillon espagnol. A son tour cette sentence fut infirmée par le Conseil suprême de la guerre et de la marine, qui ordonna que la justice suivît son cours. Mais depuis il n'est intervenu

(1) *Zeitschrift für internationales Privatrecht*, II, p. 158.

aucune décision des autorités espagnoles. En revanche les tribunaux maritimes de France déclarèrent le capitaine du vapeur français non coupable, ceux d'Italie décidèrent en sens contraire.

Indépendamment de ces actions, la Société italienne *La Veloce*, propriétaire du vapeur coulé, le capitaine dudit et les compagnies d'assurances saisirent le tribunal de commerce de Marseille d'une demande en dommages-intérêts contre les armateurs de *La France* ; mais ce tribunal débouta les demandeurs de leurs conclusions et ce jugement fut confirmé par la Cour d'Aix.

De plus les demandeurs portèrent le débat devant les tribunaux italiens et espagnols. Le tribunal et la Cour de Gênes se déclarèrent successivement incompétents, mais leur décision fut infirmée par la Cour de cassation de Turin. Cette Cour admit qu'un demandeur qui a d'abord porté son action devant un tribunal étranger peut encore saisir la justice italienne en déclarant qu'il entend ainsi sauvegarder ses droits pour le cas où les juges étrangers se déclareraient incompétents. L'affaire est renvoyée devant le tribunal de Casale qui n'a pas encore statué.

En même temps les demandeurs se présentaient devant le tribunal de Las Palmas, concluant à ce que les armateurs de *La France* fussent déclarés responsables. Ce tribunal s'étant déclaré incompétent, appel fut interjeté devant l'*Audiencia* des Canaries. Celle-ci, au contraire, a prononcé, le 6 mai 1891, la compétence des tribunaux espagnols, mais les défendeurs se sont pourvus en cassation, puis ont décidé de soumettre la question à des arbitres anglais. Voici dans quels termes la question leur sera posée :

« Lorsqu'un abordage a eu lieu, dans un port espagnol, entre un navire français et un navire italien, les tribunaux espagnols sont-ils compétents pour connaître d'une demande en dommages-intérêts exclusivement formée contre le propriétaire du navire abordeur, alors que ce propriétaire n'a en Espagne ni domicile, ni résidence, qu'il n'y possède aucun bien et que, d'un autre côté, une action, tendant aux mêmes fins et intentée tant contre lui que contre le capitaine devant les tribunaux français, a été déclarée non recevable par une décision passée aujourd'hui en force de chose jugée (1) ? »

Sur ce litige MM. Francesco Lastres, M. A. Martinez et E. M. Rios, du Collège des avocats de Madrid, ont publié une consultation (2), dont voici en résumé les conclusions : Consultation de MM. Lastres, Martinez et Rios.

_____

(1) *Journal du droit international privé*, 1892, p. 496.
(2) *Abordaje de los vapores. La France y Sud-America. Dictamen*

Les tribunaux et autorités d'Espagne sont incompétents pour connaître les faits et conséquences de l'abordage du *Sud-America* ; la compétence appartient pour le tout au tribunal de Marseille. A la citation devant le tribunal de Las Palmas, la Compagnie doit opposer un déclinatoire de la juridiction espagnole et de litispendance devant un tribunal compétent. A l'appui on devra invoquer le fait du manque de base pour la réclamation civile, la juridiction de marine étant seule compétente en matière d'abordage et le capitaine de Cadix ayant annulé la décision de la Chambre des pilotes.

§ 62. Dans l'affaire du *Borbjörnsen* contre la Compagnie transatlantique et de Jousselin, la Cour d'appel de Rouen a rendu une sentence dont voici le résumé :

Abordages par temps de brume. Affaire du *Borbjörnsen*.

En cas de brume et d'impossibilité pour les navires de s'apercevoir, les articles 14 et 17 du Règlement international de 1884 demeurent inapplicables et les capitaines doivent agir en vertu des articles 13, 23 et 24. Il y a donc infraction à l'article 13, si un paquebot conserve l'allure de 16 à 17 nœuds en cas de brume intense. Il est, en conséquence, responsable des suites de l'abordage (1).

Cas du *Niobé*.

§ 63. Dans l'affaire du *Niobé* à la remorque du *Flying Serpent*, la Haute Cour anglaise, division d'Amirauté, a décidé ce qui suit : c'est le navire remorqué qui commande le remorqueur et qui est responsable du dommage causé par ce dernier, à moins que ce dommage ne résulte d'une manœuvre soudaine du remorqueur, qu'il a été impossible au remorqué d'empêcher (2).

Cette décision est conforme à la juridiction généralement adoptée en Allemagne, en Belgique et en France.

Opinion de MM. Lyon-Caen et Renault.

§ 64. « Quand un abordage se produit entre un navire remorqué » et un autre bâtiment, disent MM. Lyon-Caen et Renault (3), des » questions spéciales se posent à raison même du lien plus ou moins » étroit qui existe entre le remorqueur et le remorqué.

» Le capitaine du remorqueur prend à sa charge la conduite et la » direction du navire remorqué. Il y a entre les deux navires une sorte » d'individualité par suite de laquelle le remorqueur doit être respon- » sable envers les tiers des dommages causés par l'abordage qui s'est » produit entre le navire remorqué et un autre bâtiment, à moins que » le capitaine du remorqueur ne prouve l'existence d'un cas fortuit

emitido par D. M. A. Martinez, D. E. M. Rios y D. Fr. Lastres. Madrid, 1890.

(1) *Journal du droit international privé*, 1889, p. 455.
(2) *Journal du droit international privé*, 1889, p. 702.
(3) *Traité de droit commercial*, VI, § 1015.

» ou une faute commise par le capitaine du remorqué (Cour d'appel
» de Douai, 20 juin 1883).

« Quand il y a doute sur les causes de l'abordage, les dommages
» subis par les navires sont répartis pour la même raison entre le re-
» morqueur et l'autre bâtiment, tout au moins dans le cas où il est éta-
» bli qu'il n'y a pas faute de la part du remorqué (Cour de cassation,
» 23 avril 1873).

§ 65. Complétons les décisions citées ci-dessus, du Congrès maritime de Gênes par un résumé de la loi sur les abordages votée en
1891 par les Chambres françaises. *Loi fran-
çaise sur les abordages.*

Sont passibles d'amende et de prison les capitaines qui enfrei-
gnent les règles sur les signaux de nuit et de brume, et les règles
relatives à la route à suivre, si ces infractions entraînent un abordage. Il en est de même des hommes de l'équipage qui, par leur
négligence, amènent un abordage ou un naufrage. Après un abordage, les capitaines des deux bâtiments sont tenus de faire leur possible, pour sauver l'autre bâtiment et de ne pas s'éloigner du lieu
du sinistre, avant de s'être assuré qu'un plus long séjour est inutile.
Après un abordage, tout capitaine doit faire savoir à l'autre bâtiment
le nom de son navire, et celui des ports d'attache, de départ et de
destination. Les capitaines coupables d'avoir perdu leur navire par
impéritie seront punis du retrait temporaire ou définitif de la faculté de commander. Tout navire doit être muni des appareils réglementaires de sauvetage et des signaux prescrits. La connaissance
des délits prévus par la présente loi est attribuée aux tribunaux
maritimes commerciaux. Les consuls ont qualité pour rechercher et
constater ces délits.

§ 66. De son côté, l'Institut de droit international a voté, à Lausanne, un projet de loi uniforme pour les abordages maritimes. En
voici les dispositions principales : *Vote de
l'Institut de
Droit interna-
tional.*

Les dommages sont supportés par le navire qui a commis la faute ;
s'il y a eu faute à bord des deux navires, il n'y a pas lieu à indemnité, à moins qu'on ne prouve que la faute ait été commise plus
spécialement par l'un des navires. Dans ce cas, une indemnité
pourra être mise à la charge de l'un en faveur de l'autre.

Dans les cas de faute commune, les deux navires répondent so-
lidairement du dommage éprouvé par le chargement et les personnes.

Quand le navire est sous la conduite obligatoire d'un pilote et que
l'équipage a rempli ses obligations, le navire n'est pas responsable
du dommage causé par le pilote.

Les indemnités pour mort d'hommes ou blessures sont prélevées de préférence sur le produit du recours.

Les actions en indemnités sont prescrites dans l'année du jour de l'abordage et dans le mois de la connaissance de l'événement acquise par les intéressés. La demande en justice peut être faite par le capitaine.

Le navire abordeur peut être saisi dans tout port à moins qu'il n'ait fourni caution.

Sont compétents pour statuer sur la demande le juge du domicile du défendeur, le juge du port le plus voisin du lieu du sinistre, le juge du port de destination du navire abordeur, le juge du port où ce navire sera entré premièrement en relâche, le juge du lieu où ce navire aura été saisi (1).

Section III. — JURIDICTION D'UN ÉTAT SUR LES NAVIRES.

Saisie et vente de navires. § 67. La saisie et la vente des navires (V. *Droit international*, I, § 438) ont fait l'objet de nombreuses décisions des cours de justice. Nous nous bornerons à citer les suivantes :

Affaire de la *Blanche*. D'après la Haute Cour de justice anglaise, les créanciers ayant hypothèque sur un navire ne peuvent prendre possession de leur gage, tant que la créance n'est pas exigible, à moins que le débiteur n'ait diminué par son fait la valeur du gage. Dans l'espèce il s'agissait du vapeur *Blanche* hypothéqué à raison d'un prêt de mille francs remboursable le 5 février 1888. Le propriétaire l'ayant vendu aux affréteurs, les créanciers critiquèrent cet acte et demandèrent à être mis en possession de leur gage. Les défendeurs répondaient que le prêt n'était pas encore exigible, que les intérêts avaient été payés et que l'affrètement ne préjudiciait point aux créanciers (2).

Affaire du *Cella*. § 68. De son côté, la Cour d'appel anglaise a décidé ce qui suit : La saisie d'un navire pratiquée par ordre de la Cour d'amirauté, sur une demande formée par un créancier du navire, affecte ce navire d'une manière spéciale à la garantie du jugement à intervenir en faveur du créancier.

Il s'agissait, dans l'espèce, de réparations faites au navire *Cella*, et dont le demandeur ne pouvait obtenir le paiement. Le navire fut saisi, mais avant le jugement, la Compagnie à laquelle il apparte-

(1) *Journal du droit international privé*, vol. 20, p. 602.
(2) *Journal du droit international privé*, 1889, p. 484 suiv.

nait, fut mise en liquidation. Le navire ayant été vendu et le prix placé sous séquestre, le demandeur voulut être payé par privilège sur ce prix. La Cour lui donna gain de cause, considérant que c'était l'action réelle du demandeur qui avait provoqué la saisie et que celle-ci le mettait dans la situation d'un créancier gagiste (1).

§ 69. Si quelques publicistes admettent que les navires de commerce, se trouvant dans les ports ou les eaux d'un Etat étranger, doivent, comme les navires de guerre, être soumis à la juridiction et aux lois du pays de leur pavillon pour les crimes et délits commis à bord (V. *Droit international*, I, § 450 et s.) (2), la plupart des auteurs distinguent entre les vaisseaux de guerre et les bâtiments marchands ; ceux-ci, à la différence des premiers, sont placés, sauf conventions contraires, sous l'autorité exclusive de la puissance souveraine du territoire où ils se trouvent : les infractions accomplies à bord par un homme de l'équipage, même contre un autre homme de l'équipage, autorisent l'intervention de la juridiction locale, au moins quand la tranquillité du port a été troublée (3). Dans les derniers jours du mois de décembre 1893, il a été fait de ces principes une application intéressante. Un navire de commerce autrichien, le *Superbo*, ancré dans le port de Nantes, recevait, le 19 décembre, la visite du capitaine du port, qui venait lui intimer l'ordre de changer d'amarres pour laisser passer un navire. Le second du *Superbo*, qui le reçut, refusa d'obéir, l'injuriant grossièrement et proférant des insultes contre la France. Le Procureur de la République du tribunal de Nantes, saisi par une plainte du capitaine du port, n'a point hésité, malgré les protestations du capitaine du navire, à pénétrer avec des gendarmes sur le bâtiment autrichien pour procéder à l'arrestation du second ; et celui-ci a été le 23 condamné par le tribunal à 24 heures de prison et 200 francs d'amende (4).

§ 70. Au sujet des crimes commis à terre contre l'équipage de navires de guerre étrangers mouillés dans un port (V. *Droit international*, 1, § 478) nous citerons le cas suivant :

En 1890 un matelot du navire allemand *Loreley* s'étant grisé dans un café-chantant de Galata, fut arrêté par la police turque et conduit

[marginalia: Cas du Superbo.]

[marginalia: Crimes commis à terre. Matelot du Loreley victime d'un attentat à Constantinople.]

---

(1) *Journal du droit international privé*, 1889, p. 487-8.
(2) Rocco, *Diritto civile intern.*, t. III, p. 347.
(3) Pradier-Fodéré, *Traité de dr. intern. public europ. et amér.*, t. V, nos 2417 et suiv. Comp. Morse, dans le *Journal du dr. intern. privé*, t. XVIII (1891), p. 751 et 1038.
(4) *Revue générale de Droit international public*, 1894, n° 1, p. 64.

au poste où l'on abusa de lui. Sur la plainte qu'il porta auprès de son Consulat, et à la suite de l'intervention de l'ambassade d'Allemagne, l'affaire fut soumise au tribunal correctionnel de Galata, qui acquitta les agents prévenus d'attentat aux mœurs, quoique le matelot eût reconnu quelques-uns d'entre eux. Ces autorités diplomatiques allemandes virent dans ce jugement un déni de justice, et, sur leurs représentations énergiques, un iradé impérial annula le jugement, cassa les juges et renvoya l'affaire à un autre tribunal. Mais les décisions prises en haut lieu fléchirent devant la menace du ministre de la justice, Djevdet-Pacha, de donner sa démission ; sur quoi l'ambassadeur d'Allemagne annonça qu'il demanderait son rappel, si la Porte ne donnait pas suite à l'affaire et ne destituait pas le ministre de la justice (1). L'affaire finit par s'arranger à l'amiable.

Crimes commis à bord. Cas du *Noorland*. § 71. Pour ce qui est des crimes commis à bord d'un navire de commerce mouillé dans un port étranger (V. *Droit international*, § 462) nous citerons le cas suivant :

La Cour suprême des États-Unis a reconnu que, lorsqu'un crime ou délit a été commis à bord d'un navire étranger, dans un port des États-Unis, les tribunaux américains sont compétents pour juger l'accusé. Il s'agissait d'une rixe qui avait eu lieu à bord d'un navire de commerce belge, le *Noorland*, dans le port de Jersey City entre les deux mousses Wildenhus et Fijens. Celui-ci était mort d'un coup de couteau que lui avait porté Wildenhus. Les deux mousses étaient belges. L'arrêt de la Cour suprême fut rendu, faute d'une convention spéciale entre la Belgique et les États-Unis et nonobstant l'ordonnance belge sur la juridiction consulaire, portant que les consuls belges ont droit de juridiction sur les navires de commerce belges, si les coupables sont tous de nationalité belge. Le consul de Belgique protesta en vain contre cet arrêt.

Exterritorialité des navires de commerce. § 72. Par sentence du 21 octobre 1892, la Cour suprême de l'Empire d'Allemagne a affirmé derechef le principe, assez universellement reconnu, que le navire de commerce bénéficie, tant qu'il est en pleine mer, du principe de l'exterritorialité, et que par conséquent son équipage est soumis à la législation allemande. Il diffère du navire de guerre, en ce que son exterritorialité cesse, dès qu'il franchit la limite des eaux territoriales. Mais l'autorité du bord reste, alors même, compétente pour tout ce qui concerne le régime intérieur du navire (2).

(1) *Journal du droit international privé*, 1890, p. 453 et suiv.
(2) *Juristische wochenschrift*, 1892, p. 497.

De son côté la Cour d'appel de Bruxelles a statué, le 1er juin 1892, qu'une courte station faite dans un port belge, par un navire loin de son port d'attache, ne saurait à elle seule attribuer juridiction, en matière civile et commerciale, aux tribunaux belges sur le commandant du vaisseau ou son équipage (1).

A rapprocher de ces décisions celle du tribunal consulaire de Smyrne en date du 12 septembre 1892. Elle porte que le délit de désertion, commis à bord d'un navire italien dans un port étranger, doit être considéré comme ayant eu lieu en Italie (2).

§ 73. Les immunités des navires de guerre (V. *Droit internatio-nal*, I, § 480) ont occupé à plusieurs reprises les tribunaux. Parmi les décisions intervenues récemment, citons la suivante :

Immunités des navires de guerre.Cas du Pelayo.

Le tribunal civil de Toulon a tranché une question qui paraît neuve en jurisprudence. Il s'agissait du navire de guerre espagnol *Pelayo*, construit à Toulon et amarré dans les limites du rayon de l'octroi. Un négociant de cette ville ayant fourni à son équipage les provisions dont il avait pu avoir besoin pendant son stationnement, fut assigné en paiement des droits d'octroi sur ces approvisionnements. C'est en vain qu'il fit valoir que ces marchandises devaient être considérées comme livrées dans un pays étranger, un navire de guerre étant réputé une fraction du sol national. Le tribunal ne s'est pas rangé à cette manière de voir. Selon lui l'exterritorialité ne s'étend qu'aux personnes et non pas aux choses. Aucun règlement n'exonère en France les vaisseaux de guerre espagnols des droits d'octroi, et les fournisseurs de ces navires doivent être traités en France, comme le seraient, en Espagne, les fournisseurs d'un navire français, c'est-à-dire qu'ils ont à payer les droits d'octroi et en général les impôts indirects (3).

§ 74. La piraterie (V. *Droit international*, I, § 495) est heureusement devenue fort rare partout, sauf dans les eaux de l'extrême Orient. Nous n'avons à citer, sur ce sujet, que le cas suivant :

Cas de pi-raterie.

La Méditerranée a été le théâtre en septembre 1889 d'un cas de piraterie. Un caboteur espagnol, qui faisait la traversée de Malaga à Tanger, et avait jeté l'ancre devant les îles d'Alhucemas, fut subitement attaqué et pillé par les pirates de la côte du Riff.

Le capitaine et six matelots furent saisis et emmenés prisonniers dans l'intérieur. On retrouva le navire entièrement dépouillé de tout objet de quelque valeur.

(1) *Journal des tribunaux*, 1892, p. 789.
(2) *Journal du droit international privé*, 1893, p. 446.
(3) *Journal du droit international privé*, 1892, p. 467.

Des faits analogues s'étant déjà produits, à diverses reprises, sur la côte marocaine, le Gouvernement espagnol fit aussitôt d'énergiques et menaçantes réclamations. Il exigeait la mise en liberté immédiate des prisonniers, une forte indemnité en faveur des victimes et la punition sévère des coupables.

De plus le pavillon espagnol devait être salué en signe de satisfaction.

Ces justes exigences furent appuyées par une escadre de quatre navires de guerre qui allèrent mouiller devant Tanger.

Le gouvernement espagnol n'a pas tardé à obtenir pleine et entière satisfaction.

LIVRE VII

DROIT INTERNATIONAL PRIVÉ.

V. *Droit international*, II, § 513 et s.

§ 75. Avant d'aborder le résumé des principales décisions des tribunaux dans la sphère du droit international privé, disons quelques mots des congrès, conférences et débats de corps savants qui ont été consacrés aux questions rentrant dans cette sphère (V. *Droit international*, II, § 520).

Du 25 août 1888 au 18 février 1889 a siégé à Montévidéo un Congrès Sud-Américain de droit international privé, qui a puissamment contribué au progrès de cette science dans le nouveau monde.

A cette assemblée, convoquée sur l'initiative des Républiques Argentine et de l'Uruguay, ont pris part les plénipotentiaires diplomates ou jurisconsultes de sept sur dix des Etats de l'Amérique du Sud, à savoir : la République Argentine, l'Empire du Brésil, les Républiques de Bolivie, du Chili, du Paraguay, du Pérou et de l'Uruguay. Il a été conclu une série de traités empreints d'un remarquable esprit libéral et progressiste, et qui constituent un véritable Code de Droit international privé :

1° Un traité de droit civil international ;

2° Un traité de droit commercial international ;

3° Un traité sur la propriété littéraire et artistique ;

4° Un traité de droit pénal international ;

5° Un traité sur la procédure ;

6° Un traité concernant les marques de commerce et de fabrique ;

7° Un traité sur les brevets d'invention ;

8° Une convention sur l'exercice des professions libérales ;

9° Un protocole additionnel sur l'application des lois des Etats contractants.

Ces traités, signés *ad referendum*, exigeaient la sanction des Gouvernements pour entrer dans le domaine de la pratique. Déjà dans son discours de clôture M. Quirno Costa, Ministre des Affaires Étrangères de la République Argentine, a annoncé à ses collègues que son Gouvernement était prêt à signer toutes les conventions élaborées. Cet exemple a été imité par les autres Etats, qui, à quelques exceptions près, ont ratifié chacun des traités qui leur étaient proposées par ce Congrès.

Ces traités sont conclus pour un temps indéterminé. Les Etats signataires qui voudraient revenir sur leur décision ne pourront le faire que deux ans après avoir dénoncé la convention.

D'autre part, les nations européennes sont invitées à donner leur adhésion à l'œuvre du Congrès. C'est là pour ces dernières un avantage considérable dont elles profiteront sans doute ; elles y verront le moyen de faciliter les relations de plus en plus fréquentes de leurs nationaux avec l'Amérique espagnole, dans les domaines si divers que touchent ces traités.

Comme l'a fort bien dit M. Quirno Costa, « aucune nation ne pourra se sentir blessée par les conclusions auxquelles est arrivé le Congrès international sud-américain. Loin de là ; les nations européennes verront dans ces conclusions une nouvelle preuve que l'on a cherché à proclamer des principes capables de resserrer les bonnes relations entre les peuples avec lesquels nous échangeons nos produits, avec lesquels nous partageons nos richesses ».

Congrès de Montévidéo, 1888-1889. § 76. Voici un résumé des traités signés par le Congrès de Montévidéo :

Le premier a trait au droit civil international et règle les questions relatives aux personnes, au domicile, à l'absence, au mariage, à la puissance paternelle, à la filiation, aux biens, aux successions, à la prescription, à la juridiction, à la tutelle et à la curatelle. Il stipule entre autres que la capacité civile des personnes est régie par les lois de leur domicile. Il n'a pas pour objet du reste d'établir une loi uniforme sur les matières énumérées, mais de prévenir les conflits de lois et, s'ils se présentent, de les résoudre.

Le traité de droit commercial international comprend les actes de commerce et les commerçants, les sociétés, les assurances diverses, les collisions, les abordages et les naufrages, l'affrétement, les prêts à la grosse, les gens de mer, les avaries, les lettres de change, les faillites. Il se borne également à indiquer les lois applicables et les autorités compétentes.

Le onzième traité est consacré au droit pénal international. Il s'occupe de la juridiction, de l'asile, du régime de la procédure de l'extradition, de l'emprisonnement préventif. Le traité adopte le principe de la territorialité de la loi pénale, mais point celui de la loi du pavillon.

Le traité concernant la procédure est consacré à l'exécution des commissions rogatoires et des sentences arbitrales. D'après celui de la propriété littéraire et artistique, les contractants s'engagent à reconnaître et à protéger cette propriété, et concèdent à tout auteur, dans chacun des pays contractants, les mêmes droits que dans son pays d'origine.

Viennent enfin deux traités relatifs aux marques de fabrique et de commerce et aux brevets d'invention. Les privilèges des propriétaires de marques sont valables dans toute l'étendue de l'Union ; il en est de même de ceux des propriétaires de brevets si, dans le délai d'un an, ils font enregistrer leur brevet dans les pays où ils demandent que leur droit soit reconnu.

Les membres du Congrès sud-américain ont fait suivre ces traités d'une convention relative à l'exercice des professions libérales, d'après laquelle l'équivalence est accordée aux diplômes conférés par les États de l'Amérique du Sud, de sorte que le détenteur de ce diplôme peut exercer sa profession dans tout le continent.

Enfin un protocole additionnel stipule entre autres choses que les lois des États contractants seront appliquées indifféremment aux nationaux et aux étrangers.

§ 77. Terminons cette rapide étude sur le Congrès de Montévidéo en résumant les raisons qui d'après M. Torrès Campos doivent décider l'Espagne à donner son adhésion aux traités élaborés par cette assemblée (1).

Opinion de M. Torrès Campos sur l'adhésion de l'Espagne aux traités de Montévidéo.

Ces raisons sont au nombre de onze et peuvent s'exprimer ainsi :
Ce sont :

« 1° La similitude d'origine politique et de multiples intérêts communs.

« 2° La disproportion favorable pour nous, et qui existe entre les avantages et les devoirs de la réciprocité, étant donné le nombre de nos nationaux en Amérique et celui des hispano-américains en Espagne.

« 3° Le besoin de rendre normales les relations juridiques internationales de nos colonies, si nombreuses dans ces pays.

« 4° L'avantage évident qu'il y a à conclure des traités, — comme

(1) Espana y los tratados de Montevideo por Manuel Torres Campos (Habana, 1895).

par exemple, celui de la propriété littéraire, — où tout est profitable pour nous.

« 5° Quelques stipulations importantes, qui peuvent être considérées comme étant de droit public plutôt que de droit privé, et qu'il aurait été difficile d'obtenir dans des négociations initiées par l'Espagne.

« 6° L'utilité pratique qu'il y a à adopter, parmi tous les systèmes et les solutions de droit international privé proposés par la science moderne, un ensemble de lois internationales qui non seulement, sont basées sur des doctrines vraies et adoptées par les nations les plus avancées, mais encore ont déjà, sur d'autres systèmes et projets analogues, la prééminence historique, et ont été adoptées par l'Amérique du Sud presque tout entière.

« 7° La faculté de chaque Etat signataire, inscrite dans tous les traités, de proposer aux autres Etats les modifications que la pratique pourrait faire reconnaître utiles. Ceci ouvre la porte et donne des facilités pour beaucoup de négociations intéressantes. L'Espagne a un service diplomatique plus complet, même en Amérique, que n'importe laquelle des Républiques, et il nous serait plus loisible qu'au reste des Etats signataires de négocier et d'obtenir l'acceptation de modification.

« 8° L'utilité de voir les prescriptions internationales, bornées et incomplètes, qui régissent aujourd'hui les actes de nos compatriotes en Amérique, remplacées par neuf Codes qui leur accordent des droits individuels immenses à cause de leur qualité même d'étrangers, en amoindrissant ainsi l'intérêt que beaucoup d'entr'eux pourraient trouver à acquérir la nationalité du pays américain qu'ils habitent.

« 9° L'importance de diminuer, dans une grande partie, les motifs de conflits avec ces Républiques, et qui sont dus à l'état de confusion et d'insuffisance du Droit international privé en vigueur.

« 10° La progression croissante que notre commerce peut acquérir, non seulement à propos de livres, musique et gravure, au moyen du traité de propriété littéraire mais encore à cause de l'action bienfaisante des traités concernant le Droit commercial, les brevets d'invention et marques de fabrique.

« 11° La grande importance qu'il y a à ce que les nombreux centres d'enseignement officiel de l'Espagne délivrent des titres valables dans tous ces pays, comme si leurs territoires formaient encore une grande nation avec la nôtre ; constituant de la sorte un des liens les plus puissants qui puisse être formé entre nation et nation.

L'adhésion de l'Espagne aux traités de Montévidéo, qui n'est en désaccord avec aucun intérêt national sera, sans doute, d'une indiscutable importance. Elle régularisera la situation d'une foule d'Espagnols dispersés sur le continent américain, et qui auront ainsi une certitude d'assurer l'efficacité aux actes qu'ils accompliront; elle contribuera dans une large mesure à leur succès et sera un encouragement pour d'autres Etats qui suivront son exemple.

§ 78. En 1893 le Gouvernement néerlandais prit l'initiative de la convocation d'une Conférence de droit international privé et adressa aux puissances un mémoire dont voici la substance :

Conférence de la Haye, 1893-1894. Mémoire communiqué aux puissances par le Gouvernement Néerlandais.

Le besoin de règles précises et uniformes pour la solution des conflits de lois se fait sentir de plus en plus : tout en respectant l'autonomie des Etats, il est désirable de mettre fin à l'incertitude qui existe par rapport à la loi qui doit être appliquée, quand il s'agit d'étrangers ou de meubles et immeubles situés en pays étranger.

Ce n'est que par une entente internationale établie en forme de conventions ou de lois identiques que la solution des conflits de lois peut être obtenue d'une manière efficace.

§ 79. Il serait donc désirable qu'une Conférence se réunît et examinât ces diverses questions : comme résumé des vues développées dans le mémoire, le programme suivant pourrait être proposé à la conférence (1) :

I. État et capacité des personnes.

Principes généraux.

II. Biens. Droits réels.

III. Forme des actes.

IV. Matière des actes : obligations conventionnelles. Obligations *ex lege*.

I. Mariage : conditions de forme, conditions de fonds. Effets du mariage entre les époux. Contrat de mariage. Séparation de corps et divorce.

Droits de famille.

II. Paternité et filiation.

III. Adoption.

IV. Puissance paternelle.

V. Tutelle.

VI. Interdiction.

VII. Succession et testaments.

Le mémoire contient ensuite les textes des lois et conventions con-

_____

(1) *Archives diplomatiques*, 1894, IV-V, p. 57. V. aussi *Las conferencias de Derecho internacional privado de el Haya por Manuel Torres Campos* (Madrid, 1895).

cernant les matières visées et en vigueur dans les Pays-Bas. Treize États européens se firent représenter à la conférence dont le siège fut fixé à La Haye. Ce sont l'Allemagne, l'Autriche-Hongrie, la Belgique, le Danemark, l'Espagne, la France, l'Italie, le Luxembourg, les Pays-Bas, le Portugal, la Roumanie, la Russie et la Suisse.

Première session. Travaux de la Conférence.

§ 80. La première séance eut lieu le 12 septembre 1893 :

La Conférence fut ouverte par un discours de M. Van Trenhoven, ministre des Affaires étrangères des Pays-Bas.

Il remercia les cabinets européens d'avoir accepté l'invitation des Pays-Bas et de prêter leur concours à l'œuvre qu'ils ont entreprise.

La conférence élit ensuite comme Président M. le Conseiller d'État Asser, délégué néerlandais.

Après nomination des vice-présidents et des secrétaires, la séance est renvoyée au lendemain pour l'ouverture des travaux. A partir de ce jour jusqu'au 27 septembre la Conférence poursuivit régulièrement ses séances.

Ses travaux aboutirent à la rédaction du protocole suivant :

Protocole final.

§ 81. Les soussignés, délégués des Gouvernements de l'Allemagne, de l'Autriche-Hongrie, de la Belgique, du Danemark, de l'Espagne, de la France, de l'Italie, du Luxembourg, des Pays-Bas, du Portugal, de la Roumanie, de la Russie et de la Suisse se sont réunis à La Haye le 12 septembre 1873 sur l'invitation du Gouvernement des Pays-Bas, dans le but d'arriver à une entente sur divers points de droit international privé.

A la suite des délibérations consignées dans les procès-verbaux des séances et sous les réserves qui y sont exprimées ils sont convenus de soumettre à l'appréciation de leurs gouvernements respectifs les règles suivantes :

Dispositions concernant le mariage.

ART. 1er. — Le droit de contracter mariage est réglé par la loi nationale de chacun des futurs époux, à moins que cette loi ne s'en rapporte soit à la loi du domicile, soit à la loi du lieu de célébration. En conséquence et sauf cette réserve, pour que le mariage puisse être célébré dans un pays autre que celui des époux, ou de l'un d'eux, il faut que les futurs époux se trouvent dans les conditions prévues par leur loi nationale respective.

ART. 2. — La loi du lieu de la célébration peut interdire le mariage des étrangers, qui serait contraire à ses dispositions concernant les degrés de parenté ou d'alliance, pour lesquels il y a une prohibition absolue et la nécessité de la dissolution d'un mariage antérieur.

Art. 3. — Les étrangers doivent, pour se marier, établir que les conditions nécessaires d'après leurs lois nationales pour contracter mariage sont remplies.

Ils pourront faire cette preuve soit par un certificat des agents diplomatiques ou consulaires, ou bien des autorités compétentes de leur pays, soit par tout autre mode jugé suffisant par l'autorité locale, qui aura, sauf convention internationale contraire, toute liberté d'appréciation dans les deux cas.

Art. 4. — Sera reconnu partout comme valable, quant à la forme, le mariage célébré suivant la loi du pays où il a eu lieu.

Il est toutefois entendu que les pays dont la législation exige une célébration religieuse, pourront ne pas reconnaître comme valables les mariages contractés par leurs nationaux à l'étranger sans observer cette prescription.

Il est également entendu que les dispositions de la loi nationale en matière de publications, devront être respectées.

Une copie authentique de l'acte de mariage sera transmise aux autorités du pays auquel appartiennent les époux.

Art. 5. — Sera également reconnu partout valable, quant à la forme, le mariage célébré devant un agent diplomatique ou consulaire, conformément à sa législation, si les deux parties contractantes appartiennent à l'Etat dont relève la légation ou le consulat, et si la législation du pays où le mariage a été célébré ne s'y oppose pas.

Art. 1er. — En matière civile ou commerciale, les significations d'actes à destination de l'étranger se feront sur la demande des officiers du ministère public ou des tribunaux adressée à l'autorité compétente de l'Etat étranger.

Dispositions concernant la communication d'actes judiciaires ou extra - judiciaires.

La transmission se fera par la voie diplomatique, à moins que la communication directe ne soit admise entre les autorités des deux Etats.

Art. 2. — La signification sera faite par les soins de l'autorité requise. Elle ne pourra être refusée que si l'Etat sur le territoire duquel elle devra être faite la juge de nature à porter atteinte à sa souveraineté ou à sa sécurité.

Art. 3. — Pour faire preuve de la signification il suffira d'un récépissé daté et légalisé, ou d'une attestation de l'autorité requise, constatant le fait et la date de la signification.

Le récépissé ou l'attestation sera transcrit sur l'un des doubles de l'acte à signifier ou annexé au double qui aurait été transmis dans ce but.

Art. 4. — Les dispositions des articles qui précèdent ne s'opposent pas :

1° A la faculté d'adresser directement par la voie de la poste des actes aux intéressés qui se trouvent à l'étranger ;

2° A la faculté pour les intéressés de faire faire des significations directement par les soins des officiers ministériels ou des fonctionnaires compétents du pays de destination ;

3° A la faculté pour chaque Etat de faire faire, par les soins de ses agents diplomatiques ou consulaires, les significations destinées à ses nationaux qui se trouvent à l'étranger.

Dans chacun de ces cas, la faculté prévue n'existe que si les lois des Etats intéressés ou les conventions intervenues entre eux l'admettent.

Dispositions concernant les commissions rogatoires.

Art. 1er. — En matière civile ou commerciale l'autorité judiciaire d'un Etat pourra, conformément aux dispositions de la législation, s'adresser par commission rogatoire à l'autorité compétente d'un autre Etat pour lui demander de faire, dans son ressort, soit un acte d'instruction, soit d'autres actes judiciaires.

Art. 2. — La transmission des commissions rogatoires se fera par la voie diplomatique, à moins que la communication directe ne soit admise entre les autorités des deux Etats.

Si la commission rogatoire n'est pas rédigée dans la langue de l'autorité requise, elle devra, sauf entente contraire, être accompagnée d'une traduction, faite dans la langue convenue entre les deux Etats intéressés et certifiée conforme.

Art. 3. — L'autorité judiciaire à laquelle la commission est adressée sera obligée d'y satisfaire après s'être assurée :

1° Que le document est authentique;

2° Que l'exécution de la commission rogatoire rentre dans ses attributions.

En outre, cette exécution pourra être refusée si l'Etat, sur le territoire duquel elle devrait avoir lieu, la juge de nature à porter atteinte à sa souveraineté.

Art. 4. — En cas d'incompétence de l'autorité requise, la commission rogatoire sera transmise d'office à l'autorité judiciaire compétente du même Etat.

Art. 5. — Dans tous les cas où la commission rogatoire n'est pas exécutée par l'autorité requise, celle-ci en informera immédiatement l'autorité requérante.

Art. 6. — L'autorité judiciaire qui procède à l'exécution d'une commission rogatoire appliquera les lois de son pays en ce qui concerne les formes à suivre.

Toutefois, il sera déféré à la demande de l'autorité requérante, tendant à ce qu'il soit procédé suivant une forme spéciale, même non prévue par la législation de l'Etat requis, pourvu que la forme dont il s'agit ne soit plus prohibée par cette législation.

Par rapport aux successions, aux testaments et aux donations, la Conférence, sous la réserve expresse des dérogations que chaque Etat pourra juger nécessaire, au point de vue du droit public ou de l'intérêt social, a adopté les résolutions suivantes :

Dispositions concernant les successions.

Art. 1er. — Les successions sont soumises à la loi nationale du défunt.

Art. 2. — La capacité de disposer par testament ou par donation ainsi que la substance et les effets des testaments et des donations sont régis par la loi nationale du disposant.

Art. 3. — La forme des testaments et des donations est réglée par la loi du lieu où ils sont faits.

Néanmoins, lorsque la loi nationale du disposant exige comme condition substantielle que l'acte ait eu ou la forme authentique, ou la forme olographe ou telle autre forme déterminée par cette loi, le testament ou la donation ne pourra être fait dans une autre forme.

Sont valables, en la forme, les testaments des étrangers, s'ils ont été reçus conformément à la loi nationale du testateur, par les agents diplomatiques ou consulaires de sa nation.

Art. 4. — Les traités règlent la manière dont les autorités de l'Etat, sur le territoire duquel la succession s'est ouverte et les agents diplomatiques ou consulaires de la nation à laquelle appartenait le défunt, concourent à assurer la conservation des biens héréditaires et les droits des héritiers, ainsi que la liquidation de la succession.

Les soussignés ont également reconnu l'utilité d'une conférence ultérieure pour arrêter définitivement le texte des règles qui ont été insérées dans le présent protocole et pour aborder en même temps l'examen d'autres matières de droit international privé sur le choix desquelles les cabinets se seraient préalablement mis d'accord.

Les délégués des Pays-Bas ont annoncé, au nom de leur gouvernement, l'intention de celui-ci de provoquer cette nouvelle réunion à La Haye dans le courant de l'été prochain.

Fait à La Haye, le 27 septembre 1893, en un seul exemplaire qui restera déposé aux Archives du gouvernement des Pays-Bas et dont une copie légalisée sera remise par voie diplomatique à chaque gouvernement représenté à la Conférence.

SIGNÉ : pour l'Allemagne: VON SECKENDORFF, GROF, ARCO VALLEY.

pour l'Autriche-Hongrie : HUAN, DE KORIZMICS.

pour la Belgique : Baron D'ANETHAN, BEECKMAN, ALFRED VAN DEN BULCKE.

pour le Danemark : H. MATZEN.

pour l'Espagne : V. R. DE VILLA URRUTIA, B. OLIVIER, ESTELLER, M. TORRES CAMPOS.

pour la France : L. LEGRAND, L. RENAULT.

pour l'Italie : A. DE GERBAUX DE SONNAZ.

pour le Luxembourg : CHOMÉ.

pour les Pays-Bas : T. M. C. ASSER, BEELAERTS VAN BLOKLAND, P. R. FEITH, E. W. RAHUSEN.

pour le Portugal : Baron DE SENDAL.

pour la Roumanie (M. le délégué, tout en ayant donné son adhésion au protocole, a été empêché jusqu'ici d'y apposer sa signature).

pour la Russie : MARTENS, MANOUKINE, MALEWSKI.

pour la Suisse : F. MEILE, E. ROGUIN.

§ 82. Dans les prochaines conférences (v. § 84), les délégués auraient, en vertu du programme qui leur a été soumis, à s'occuper des points suivants : Etat et capacité des personnes, biens, droits réels, forme des actes, matière des actes (obligations conventionnelles, obligations *ex lege*), séparation de corps et divorce, paternité, filiation légitime et illégitime, adoption, puissance paternelle, tutelle et interdiction. Enfin une entente internationale à l'égard des jugements étrangers formait le complément de la solution uniforme des conflits de droit civil.

Les auteurs du Mémoire soumis à la Conférence estimaient que celle-ci ne devait pas embrasser simultanément toutes les matières discutées par le Congrès de Montévidéo. Il leur a paru préférable de se borner, pour commencer, à une entente sur les principes généraux déjà sanctionnés par plusieurs lois nationales. Ensuite il importera d'arriver à une entente sur les rapports de droit, et sur tout ce qui a trait à l'acquisition et à la perte de la nationalité.

La règle, dit le Mémoire, qui fait régir certains rapports de droit par la loi nationale des individus, n'offre qu'une solution incomplète des conflits, aussi longtemps qu'il peut exister un doute à l'égard de la nationalité même. Ce doute peut naître de la diversité des lois sur la matière. Parfois aussi, il en résulte que le même individu peut

Programme de la prochaine conférence.

être considéré comme possédant deux nationalités différentes, ou bien comme n'en possédant aucune.

§ 83. Dans la dernière séance de la Conférence, le président, M. Asser, a prononcé un discours de clôture dont nous détachons les passages suivants : Discours de M. Asser.

« Vous avez cru devoir choisir des matières spéciales à l'égard desquelles le besoin de règles uniformes s'est fait sentir. Cependant vous avez tenu aussi à formuler dans vos résolutions quelques règles d'une application générale, notamment par rapport à la forme des actes, tandis que, dans vos résolutions concernant le mariage, vous avez consacré le principe d'après lequel c'est la loi nationale qui régit la capacité des personnes.

« En formulant toutefois les règles générales concernant les actes, vous avez cru ne pas devoir les proposer aux Gouvernements pour en faire l'objet d'un acte diplomatique.

« Elles n'ont donc pas été insérées dans le protocole final, mais elles sont destinées à constater l'accord intervenu entre les Etats représentés à la Conférence, concernant les principes qu'elles expriment, et les législateurs qui dans la suite auront à statuer sur la matière, ne manqueront pas de tenir compte de nos résolutions.

« En outre ces règles serviront de base aux dispositions qui, dans les conventions internationales sur des matières spéciales, seront destinées à déterminer la forme des actes...

« L'adoption de ce principe (celui de l'unité de la succession), déjà reconnu dans les Codes civils de l'Italie et de l'Espagne, par les délégués de presque toute l'Europe continentale est en elle-même un fait de la plus haute importance.

« Cependant, comme on est généralement d'accord que ce principe ne peut être admis par les Etats sans qu'on y ait ajouté des exceptions pour les cas où son application porterait atteinte à des lois d'ordre public ou d'intérêt social, et puisque cette Conférence ne s'est pas ralliée au système du Code italien et du Code espagnol, dans lesquels ce principe a été décrété en termes généraux, il sera nécessaire d'exprimer d'une manière spéciale les exceptions qu'on jugera motivées, dans chaque pays, par des considérations d'ordre public.

« Une Conférence ultérieure aura à s'occuper de ces exceptions, tout en prenant pour point de départ vos décisions remarquables à l'égard des principes généraux.

« Enfin vous avez résolu de soumettre à l'appréciation des gouvernements deux projets de règlement concernant la procédure en matière civile et commerciale.

« L'un d'eux est relatif aux commissions rogatoires, l'autre à la communication des actes judiciaires ou extra-judiciaires.

« Ce dernier projet, très important en lui-même, exige à mon avis, pour être introduit d'une manière universelle et efficace dans le droit international positif, que le système en vigueur dans plusieurs Etats par rapport aux exploits à signifier à des étrangers soit modifié, modification du reste qui paraît désirable.

« Quant au projet sur les commissions rogatoires, il n'en est pas ainsi. La conclusion d'une convention sur cette matière entre les Etats représentés à la Conférence sur la base de votre projet pourrait se faire dans un bref délai, et constituerait un progrès incontestable, qui, à lui seul, suffirait déjà pour vous assurer la gratitude de tous ceux qui s'intéressent à la marche régulière de la procédure et à la suppression des entraves qui s'opposent encore au triomphe du droit dans les contestations civiles.

« Il résulte de ce que je viens de dire, qu'à l'égard de plusieurs points, une Conférence ultérieure est désirable pour réunir et compléter ce qui a été décidé par vous. Elle l'est en outre pour continuer votre travail par rapport à d'autres matières ».

§ 84. Conformément au désir exprimé dans son protocole final, la Conférence de La Haye a tenu sa seconde session du 25 juin au 13 juillet 1894. Les treize mêmes Etats avaient répondu à la convocation et les délégués étaient à peu d'exceptions près les mêmes que dans la session précédente (1).

Dans cette session, la Conférence avait deux choses à faire : en premier lieu, reviser les solutions adoptées l'année précédente, en matière de mariage, de successions et de procédure civile ; puis étudier les questions que les mêmes matières offraient encore à son examen, et enfin deux sujets nouveaux, la tutelle et la faillite.

Le gouvernement des Pays-Bas avait, en effet, communiqué aux Etats, conformément au vœu exprimé par la première Conférence, un avant-projet de programme comprenant les cinq chapitres suivants :

I. Effets du mariage par rapport aux personnes et aux biens des époux. Dissolution et nullité du mariage ; séparation de corps.

II. Tutelle et interdiction.

III. Assimilation des étrangers aux nationaux. — Caution *judicatum solvi*; *Pro Deo*.

(1) *Archives diplomatiques*, 1895, X-XI, p. 104 et suiv. *Journal du droit international privé*, 1895, p. 465 et suiv.

IV. Tutelle.

V. Successions.

Cinq commissions furent constituées. Elles retinrent la plupart des projets proposés à leur examen.

En ce qui concerne la révision des règles précédemment adoptées, une délibération préliminaire et générale eut lieu, afin d'éclairer les commissions chargées de ce travail. Les observations à ce sujet offrent d'autant plus d'intérêt que l'on y retrouve des notes sur l'attitude des gouvernements à l'égard des propositions du protocole final de la première Conférence.

Huit rapports et huit projets furent soumis à la Conférence qui tint onze séances plénières et fit rédiger par une commission spéciale les dispositions votées.

Le 13 juillet 1894, après les allocutions du président, du baron d'Anethan et du ministre de la Justice des Pays-Bas, le ministre des Affaires étrangères prononça le discours de clôture, se réjouissant de ce que plusieurs des règlements pouvaient dès maintenant faire l'objet de conventions internationales et déclara close la deuxième session de la Conférence de droit international privé.

L'œuvre des deux Conférences a été réunie dans le protocole final de la deuxième session, lequel contient cinq livres :

§ 85. Les soussignés, délégués des gouvernements de l'Allemagne, de l'Autriche-Hongrie, de la Belgique, du Danemark, de l'Espagne, de la France, de l'Italie, du Luxembourg, des Pays-Bas, du Portugal, de la Roumanie, de la Russie, de la Suède, de la Norvège et de la Suisse, se sont réunis à La Haye, le 25 juin 1894, sur l'invitation du gouvernement des Pays-Bas, pour continuer les délibérations commencées au mois de septembre 1893, dans le but d'arriver à une entente sur divers points de droit international privé. *Protocole final.*

A la suite des délibérations consignées dans les procès-verbaux des séances et sous les réserves qui y sont exprimées, ils sont convenus de soumettre à l'appréciation de leurs gouvernements respectifs les règles suivantes :

Art. 1er. — Le droit de contracter mariage est réglé par la loi nationale de chacun des futurs époux, sauf à tenir compte, soit de la loi du domicile, soit de la loi du lieu de célébration, si la loi nationale le permet. *Dispositions concernant le mariage. Conditions de validité du mariage.*

En conséquence, et sauf cette réserve, pour que le mariage puisse être célébré dans un pays autre que celui des époux ou de l'un d'eux, il faut que les futurs époux se trouvent dans les conditions prévues par leur loi nationale respective.

Art. 2. — La loi du lieu de célébration peut interdire le mariage des étrangers qui serait contraire à ses dispositions concernant :

1° La nécessité de la dissolution d'un mariage antérieur ;

2° Les degrés de parenté ou d'alliance pour lesquels il y a une prohibition absolue ;

3° La prohibition absolue de se marier, édictée contre les coupables de l'adultère, à raison duquel le mariage de l'un d'eux a été dissous.

Art. 3. — Les étrangers doivent, pour se marier, établir que les conditions nécessaires d'après leurs lois nationales pour contracter mariage sont remplies.

Ils pourront faire cette preuve soit par un certificat des agents diplomatiques ou consulaires ou bien des autorités compétentes de leur pays, soit par tout autre mode jugé suffisant par l'autorité locale, qui aura, sauf convention internationale contraire, toute liberté d'appréciation dans les deux cas.

Art. 4. — Sera reconnu partout comme valable, quant à la forme, le mariage célébré suivant la loi du pays où il a lieu.

Il est toutefois entendu que les pays dont la législation exige une cérémonie religieuse, pourront ne pas reconnaître comme valables les mariages contractés par leurs nationaux à l'étranger sans observer cette prescription.

Il est également entendu que les dispositions de la loi nationale, en matière de publications, devront être respectées.

Une copie authentique de l'acte de mariage sera transmise aux autorités du pays auquel appartiendront les époux.

Art. 5. — Sera également reconnu partout comme valable, quant à la forme, le mariage célébré devant un agent diplomatique ou consulaire conformément à la législation, si les deux parties contractantes appartiennent à l'Etat dont relève la légation ou le consulat, et si la législation du pays où le mariage est célébré ne s'y oppose pas.

Effets du mariage sur l'état de la femme et des enfants. Art. 1er. — Les effets du mariage sur l'état et la capacité de la femme ainsi que sur l'état des enfants qui seraient nés avant le mariage, se règlent d'après la loi du pays auquel appartenait le mari lorsque le mariage a été contracté.

Art. 2. — Les droits et les devoirs du mari envers la femme et de la femme envers le mari sont déterminés par la loi nationale du mari. Toutefois ils ne peuvent être sanctionnés que par les moyens que permet également la loi du pays où la sanction est requise.

Art. 3. — En cas de changement de nationalité du mari seul, les rapports des époux restent régis par leur loi nationale commune. Mais l'état des enfants nés depuis le changement de nationalité est régi par la loi nationale nouvelle du père.

ART. 1ᵉʳ. — Les époux ne sont admis à former une demande en divorce que si leur loi nationale et la loi du lieu où la demande est formée les y autorisent.

Divorce et séparation de corps.

ART. 2. — Le divorce ne peut être demandé que pour les causes admises à la fois par la loi nationale des époux et par la loi du lieu où l'action est intentée.

En cas de contradiction entre la loi nationale des époux et celle du pays où la demande a été formée, le divorce ne pourra être prononcé.

ART. 3. — La séparation de corps peut être demandée :

1° Si la loi nationale des époux et la loi du lieu où l'action est intentée l'admettent également ;

2° Si la loi n'admet pas le divorce et si la loi du lieu où l'action est intentée n'admet que la séparation de corps.

ART. 4. — La séparation de corps ne peut être demandée que pour les causes admises à la fois par la loi nationale des époux et par la loi du lieu où l'action est intentée. Dans le cas prévu par l'article 3, § 2, on se référera aux causes de divorce admises par la loi nationale.

ART. 5. — La demande en divorce ou en séparation de corps peut être formée :

1° Devant le tribunal compétent du lieu où les époux sont domiciliés. Si, d'après leur législation nationale, les époux n'ont pas le même domicile, le tribunal compétent est celui du domicile du défendeur.

Toutefois, est réservée l'application de la loi nationale qui, pour les mariages religieux, établirait une juridiction spéciale exclusivement compétente pour connaître des demandes en divorce ou en séparation de corps ;

2° Devant la juridiction compétente d'après la loi nationale des époux.

ART. 6. — Si les époux n'ont pas la même nationalité, leur dernière législation commune devra, pour l'application des articles précédents, être considérée comme leur loi nationale.

ART. 1ᵉʳ. — La tutelle d'un mineur est régie par sa loi nationale.

Dispositions concernant la tutelle.

ART. 2. — Si d'après la loi nationale, il n'y a pas, dans l'État auquel ressortit le mineur, une autorité compétente pour pourvoir à la tutelle, l'agent diplomatique ou consulaire de cet État, résidant dans la circonscription où la tutelle s'est ouverte de fait, exerce, si la loi nationale l'y autorise, les attributions conférées par cette loi aux autorités de l'Etat auquel ressortit le mineur.

ART. 3. — Toutefois la tutelle du mineur, résidant à l'étranger, se constitue devant les autorités compétentes du lieu et sera régie par leur loi dans les cas suivants :

a) Si, pour des raisons de fait et de droit, la tutelle ne peut être constituée conformément aux articles 1 et 2.

b) Si ceux qui sont appelés à constituer la tutelle, d'après les articles précédents, n'y ont pas pourvu.

c) Si la personne autorisée à cette fin par la loi nationale du mineur lui a nommé un tuteur résidant dans le même pays que le mineur.

ART. 4. — Dans les cas prévus par l'article 3, § *a* et *b*, les autorités nationales du mineur pourront toujours pourvoir à la constitution de la tutelle, si les empêchements qui avaient d'abord arrêté leur action ont disparu. Elles devront alors avertir préalablement les autorités étrangères qui avaient organisé la tutelle.

ART. 5. — Dans tous les cas, la tutelle s'ouvre et prend fin aux époques et pour les causes déterminées par la loi nationale du mineur.

ART. 6. — En attendant l'organisation régulière de la tutelle de l'étranger mineur, ou l'intervention des agents diplomatiques ou consulaires, les mêmes mesures pour la protection de sa personne et la conservation de ses biens seront prises par les autorités locales.

ART. 7. — L'administration tutélaire s'étend à la personne et à l'ensemble des biens du mineur quel que soit le lieu de leur situation. Cette règle reçoit exception, quant aux immeubles, si la législation du pays prescrit à cet égard un régime spécial.

ART. 8. — Le Gouvernement informé de la présence sur son territoire d'un étranger mineur à la tutelle duquel il importera de pourvoir, instruira dans le plus bref délai, le gouvernement du pays de cet étranger.

Communication d'actes judiciaires ou extrajudiciaires. Dispositions concernant la procédure civile.

ART. 1er. — En matière civile ou commerciale, les significations d'actes à destination de l'étranger se feront sur la demande des officiers du ministère public ou des tribunaux adressée à l'autorité compétente de l'Etat étranger.

La transmission se fera par la voie diplomatique, à moins que la communication directe ne soit admise entre les autorités des deux Etats.

ART. 2. — La signification sera faite par les soins de l'autorité requise. Elle ne pourra être refusée que si l'Etat, sur le territoire duquel elle devrait être faite, la juge de nature à porter atteinte à sa souveraineté ou à sa sécurité.

ART. 3. — Pour faire preuve de la signification, il suffira d'un récépissé daté et légalisé ou d'une attestation de l'autorité requise, constatant le fait et la date de la signification.

Le récépissé ou l'attestation sera transcrit sur l'un des doubles de l'acte à signifier ou annexé au double qui aurait été transmis dans ce but.

ART. 4. — Les dispositions des articles qui précèdent ne s'opposent pas :

1° A la faculté d'adresser directement par la voie de la poste des actes aux intéressés se trouvant à l'étranger ;

2° A la faculté pour les intéressés de faire des significations directement par les soins des officiers ministériels ou des fonctionnaires compétents du pays de destination ;

3° A la faculté pour chaque Etat de faire faire, par les soins de ses agents diplomatiques ou consulaires, les significations destinées à l'étranger.

Dans chacun de ces cas, la faculté prévue n'existe que si les lois des Etats intéressés ou les conventions intervenues entre eux l'admettent.

ART. 1er. — En matière civile ou commerciale, l'autorité judiciaire d'un Etat pourra, conformément aux dispositions de la législation, s'adresser par commission rogatoire à l'autorité compétente d'un autre Etat pour lui demander de faire, dans son ressort, soit un acte d'instruction, soit d'autres actes judiciaires.

Commissions rogatoires.

ART. 2. — La transmission des commissions rogatoires se fera par la voie diplomatique, à moins que la communication directe ne soit admise entre les autorités des deux Etats.

Si la commission rogatoire n'est pas rédigée dans la langue de l'autorité requise, elle devra, sauf entente contraire, être accompagnée d'une traduction, faite dans la langue convenue entre les deux Etats intéressés et certifiée conforme.

ART. 3. — L'autorité judiciaire à laquelle la commission est adressée sera obligée d'y satisfaire. Toutefois elle pourra refuser d'y donner suite :

1° Si l'authenticité du document n'est pas établie ;

2° Si l'exécution de la commission rogatoire ne rentre pas dans les attributions du pouvoir judiciaire.

En outre, cette exécution pourra être refusée si l'Etat sur le territoire duquel elle devrait avoir lieu, la juge de nature à porter atteinte à sa souveraineté ou à sa sécurité.

Art. 4. — En cas d'incompétence de l'autorité requise, la commission rogatoire sera transmise d'office à l'autorité judiciaire compétente du même Etat, suivant les règles établies par la législation de celui-ci.

Art. 5. — Dans tous les cas où la commission rogatoire n'est pas exécutée par l'autorité requise, celle-ci en informera immédiatement l'autorité requérante en indiquant, dans le cas de l'article 3, les raisons pour lesquelles l'exécution de la commission rogatoire a été refusée, et, dans le cas de l'article 4, l'autorité à laquelle la commission est transmise.

Art. 6. — L'autorité judiciaire qui procède à l'exécution d'une commission rogatoire appliquera les lois de son pays en ce qui concerne les règles à suivre.

Toutefois, il sera déféré à la demande de l'autorité requérante tendant à ce qu'il soit procédé suivant une forme spéciale, même non prévue par la législation de l'Etat requis, pourvu que la forme dont il s'agit ne soit pas prohibée par cette législation.

Cautio judicatum solvi. Art. 1er. — Aucune caution ni dépôt, sous quelque dénomination que ce soit ne peut être imposée à raison, soit de leur qualité d'étrangers, soit du défaut de domicile ou de résidence dans le pays, aux nationaux d'un des Etats contractants qui seront demandeurs ou intervenants devant les tribunaux d'un autre de ces Etats.

Art. 2. — Les condamnations aux frais et dépens du procès prononcées, dans un des Etats contractants, contre le demandeur ou l'intervenant dispensés de la caution ou du dépôt en vertu, soit de l'article 1er, soit de la loi de l'Etat où l'action est intentée, seront rendues exécutoires dans chacun des autres Etats contractants par l'autorité compétente d'après la loi du pays.

Art. 3. — L'autorité compétente se bornera à examiner :

1º Si, d'après la loi du pays où la condamnation a été prononcée, l'expédition de la décision réunit les conditions nécessaires à son authenticité ;

2º Si, d'après la même loi, la décision est passée en force de chose jugée.

Assistance judiciaire. Art. 1er. — Les ressortissants de chacun des Etats contractants seront admis dans tous les autres Etats au bénéfice de l'assistance judiciaire, comme les nationaux eux-mêmes, en se conformant à la législation de l'Etat où l'assistance judiciaire est réclamée.

Art. 2. — Dans tous les cas, le certificat ou la déclaration d'indigence doit être délivré ou reçu par les autorités de la résidence habituelle de l'étranger, ou à défaut de celle-ci, par les autorités de sa résidence actuelle.

Si le requérant ne réside pas dans le pays où la demande est formée, le certificat ou la déclaration d'indigence sera légalisé gratuitement par un agent diplomatique ou consulaire du pays où le document doit être produit.

Art. 3. — L'autorité compétente pour délivrer le certificat ou recevoir la déclaration d'indigence pourra prendre des renseignements sur la situation de fortune du requérant auprès des autorités des autres Etats contractants.

L'autorité chargée de statuer sur la demande d'assistance, conserve dans les limites de ses attributions le droit de contrôler les certificats, déclarations et renseignements qui lui sont fournis.

Art. 4. — Aucune caution ni dépôt, sous quelque dénomination que ce soit, ne peut être imposée, à raison soit de leur qualité d'étrangers, soit du défaut de domicile ou de résidence dans le pays, aux étrangers qui ont obtenu le bénéfice de l'assistance judiciaire.

Art. 5. — La condamnation aux frais et dépens du procès, prononcée dans un des Etats contractants contre l'étranger admis au bénéfice de l'assistance judiciaire et dispensé de la caution ou dépôt en vertu soit de l'article précédent, soit de la loi du pays où l'action est intentée, sera rendu exécutoire dans chacun des autres Etats contractants par l'autorité compétente, d'après la loi du pays.

Art. 6. — L'autorité compétente se bornera à examiner :

1° Si, d'après la loi du pays où la condamnation a été prononcée, l'expédition réunit les conditions nécessaires à son authenticité ;

2° Si, d'après la même loi, la décision est passée en force de chose jugée.

La contrainte par corps, soit comme moyen d'exécution, soit comme mesure simplement conservatoire ne pourra, en matière civile ou commerciale, être appliquée aux étrangers appartenant à un des Etats contractants, dans le cas où elle ne serait pas applicable aux ressortissants du pays. *Contrainte par corps.*

La Conférence, après avoir examiné l'avant-projet d'un règlement contenant des principes généraux sur la faillite dans les rapports internationaux présenté par la cinquième commission, estime que cet avant-projet, sauf à être révisé et complété, peut utilement servir de base à de nouvelles délibérations. *Dispositions concernant la faillite.*

Art. 1er. — La déclaration de faillite, prononcée dans l'un des Etats contractants par l'autorité compétente d'après la loi de cet Etat, est reconnue et produit ses effets dans l'autre État contractant, sauf l'application des dispositions contenues dans les articles suivants.

Art. 2. — Pour être reconnu et produire ses effets dans un autre État que celui où il a été prononcé, le jugement déclaratif de la faillite doit être revêtu dans l'autre État de l'*exequatur* accordé par l'autorité désignée par la loi de cet État.

Art. 3. — L'*exequatur* sera accordé si le requérant prouve :

a) que le jugement déclaratif de la faillite a été rendu par l'autorité compétente d'après la loi de l'État où il a été prononcé ;

b) que le jugement est exécutoire dans cet État ;

c) que la déclaration de faillite embrasse tous les biens du failli et n'est pas, par conséquent, limitée à une succursale ou à une branche de son entreprise.

Art. 4. — L'*exequatur* est accordé sur la requête des syndics, curateurs ou autres administrateurs de la faillite, sous quelque dénomination que ce soit, dûment nommés, conformément à la loi de l'État où la faillite a été déclarée, ou de toute autre partie intéressée, les requérants dûment entendus ou appelés, ou, quand la loi de l'État où l'*exequatur* est requis le prescrit, par commission rogatoire à adresser au tribunal compétent.

Art. 5. — Les restrictions à la capacité du failli, la nomination et les pouvoirs des administrateurs de la faillite, les formes à suivre dans la procédure de faillite, l'admission des créances, la formation du concordat et la distribution de l'actif entre les créanciers nationaux ou étrangers seront réglés par la loi du lieu où la faillite a été déclarée.

Art. 6. — Les jugements portant homologation d'un concordat ou réhabilitation du failli sont exécutoires et produiront leurs effets dans l'autre État contractant après avoir été revêtus de l'*exequatur* en conformité de l'article 2.

L'*exequatur* sera accordé si le requérant prouve qu'il s'agit :

a) d'une faillite prononcée par un jugement qui dans le même État a obtenu l'*exequatur* ;

b) d'un jugement exécutoire dans l'État où il a été rendu.

Les dispositions de l'article 4 seront applicables aux demandes d'*exequatur* faites en vertu du présent article.

Art. 7. — S'il arrivait qu'après une déclaration de faillite prononcée dans un des États contractants et revêtue de l'*exequatur* dans l'autre, le débiteur était encore une fois déclaré en faillite, avant la liquidation finale de la première faillite, les autorités de l'autre État contractant refuseront l'*exequatur* à cette seconde déclaration de faillite.

Art. 1ᵉʳ. — Les successions sont soumises à la loi nationale du défunt.

Art. 2. — La capacité de disposer par testament ou par donation à cause de mort ainsi que la substance et les effets de ces dispositions sont régis par la loi nationale du disposant.

Art. 3. — Les testaments et les donations à cause de mort sont, en ce qui concerne la forme, reconnus comme valables, s'ils satisfont aux prescriptions, soit de la loi nationale du disposant, soit de la loi du lieu où ils sont faits.

Néanmoins, lorsque la loi nationale du disposant exige comme condition substantielle que l'acte ait la forme authentique ou la forme olographe, ou telle autre forme déterminée par cette loi, la donation ou le testament ne pourra être fait dans une autre forme.

Sont valables, en la forme, les testaments des étrangers, s'ils ont été reçus, conformément à leur loi nationale, par les agents diplomatiques ou consulaires de leur nation. La même règle s'applique aux donations à cause de mort.

Art. 4. — La loi nationale du défunt ou du disposant est celle du pays auquel il appartenait au moment de son décès.

Néanmoins, la capacité du disposant est soumise aussi à la loi du pays auquel il appartient au moment où il dispose.

Art. 5. — L'incapacité de disposer au profit de certaines personnes soit d'une manière absolue, soit au delà de certaines limites, est régie par la loi nationale du défunt.

Art. 6. — La capacité des successibles, légataires ou donataires est régie par leur loi nationale.

Art. 7. — L'acceptation sous bénéfice d'inventaire et la renonciation sont, quant à la forme, régies par la loi du pays où s'est ouverte la succession.

Art. 8. — Les immeubles héréditaires et ceux légués ou donnés sont soumis à la loi du pays de leur situation, en ce qui concerne les formalités et les conditions de publicité que cette loi exige pour le transfert, la constitution ou la consolidation des droits réels, vis-à-vis des tiers.

Art. 9. — Les conventions relatives au partage sont comme telles soumises à la loi qui régit les conventions.

Les actes de partage sont, quant à la forme, soumis à la loi du lieu où ils sont faits ou passés, et ce sans préjudice des conditions ou formalités prescrites, au sujet des incapables, par la loi nationale de ces derniers.

ART. 10. — Les biens héréditaires ne sont acquis à l'Etat, sur le territoire duquel ils se trouvent, que s'il n'y a aucun ayant droit conformément à la loi nationale du défunt.

ART. 11. — Nonobstant les articles qui précèdent, les tribunaux d'un pays n'auront pas égard aux lois étrangères, dans le cas où leur application aurait pour résultat de porter atteinte, soit au droit public de ce pays, soit à ses lois concernant les substitutions ou fidéicommis, la capacité des établissements d'utilité publique, la liberté et l'égalité des personnes, la liberté des héritages, l'indignité des successibles ou légataires, l'unité du mariage, les droits des enfants illégitimes.

ART. 12. — Les autorités de l'Etat, sur le territoire duquel la succession s'est ouverte, et les agents diplomatiques ou consulaires de la nation à laquelle le défunt appartenait, concourent à assurer la conservation des biens héréditaires (1).

Fait à La Haye, le 13 juillet 1894.

(Suivent les signatures.)

Locus regit actum.

§ 86. Parmi les sentences des Cours suprêmes qui consacrent derechef le principe de *locus regit actum* (*Droit international*, II, § 519), nous citerons seulement les deux suivantes :

Cas de la princesse Roukia.

Dans son audience du 23 mai 1892, la Cour de cassation française a consacré les principes suivants : L'acte passé à l'étranger est assujetti, quant à sa forme, à ses conséquences et son mode de preuve, aux lois du pays où la convention est intervenue ; spécialement la date certaine d'un acte passé en Turquie peut être établie conformément à la loi ottomane (2).

§ 87. La Cour de cassation belge a de son côté, le 4 juin 1891 décidé que :

La violation de la loi étrangère ne peut donner ouverture à cassation, sauf si elle entraîne une contravention à la loi belge. Pour la validité, devant la loi belge, d'une saisie-arrêt pratiquée à l'étranger, n'est exigée ni l'autorisation préalable du juge étranger, ni la discussion à nouveau, par celui-ci, du titre servant de base à la saisie. La maxime *locus regit actum* a trait aux formes instrumentaires, et ne vise pas les formalités intrinsèques étrangères à l'acte lui-même (3).

---

(1) *Revue de droit international*, XXVI, p. 349.
(2) *Journal du droit international privé*, 1892, p. 1176.
(3) *Journal du droit international privé*, 1892, p. 748.

§ 88. En matière de statuts (*Droit international*, II, § 531) nous **Statut personnel.** n'avons à citer que deux décisions de la Cour de cassation de France et de la Cour d'appel de Paris.

En vertu de ces arrêts (Cass., 18 juillet 1892), les étrangers **Affaire Suissa.** ne sont pas justiciables, en France, des tribunaux français en matière de contestation intéressant leur statut personnel et soulevant des questions d'état. Il s'agissait, dans l'espèce, des époux Suissa, qui n'ont pas cessé d'être des israélites marocains et par conséquent des étrangers en France. Ceux-ci réclamaient la séparation de corps. Il n'y a donc pas lieu de prononcer sur cette demande, d'autant moins que les époux sont mariés suivant le rite juif et que la loi rabbinique n'admet pas la séparation de corps (1).

§ 89. A propos du conflit qui s'est élevé entre la Grèce et la Rou- **Opinion de M. Flaischlen.** manie au sujet de la succession Zappa (voir plus loin) M. Flaischlen, président du tribunal de Succava-Folticeni (Roumanie), a publié (2) une étude sur le statut national et le droit d'acquérir des immeubles en pays étranger, et plus spécialement en Roumanie. Toute mesure, dit-il, qui décrète simplement l'incapacité des étrangers d'acquérir des immeubles sur le sol national, est fondée, en réalité, exclusivement sur la force et est nécessairement arbitraire. « L'État ne peut donc atteindre, en droit, la capacité d'acquérir des immeubles, mais il peut imposer aux étrangers sa volonté, sans sortir du droit. Il peut interdire à ses sujets d'aliéner leurs biens fonds entre les mains d'étrangers ou de certaines catégories d'étrangers, par exemple les corporations religieuses. Dans les cas de succession l'Etat peut aussi, dans l'inaction des intérêts indigènes, invoquer son privilège de successeur irrégulier et demander son envoi en possession. Il peut enfin proclamer la nullité de tout testament par lequel un citoyen léguerait un bien-fonds à un étranger ».

§ 90. Il résulte de ceci que la loi roumaine de 1879 portant que seuls **Critique de la loi roumaine.** les Roumains peuvent acquérir des immeubles en Roumanie, manque de base juridique et offre un caractère indéniable d'iniquité. Elle est en désaccord avec les législations les plus avancées qui ne font aucune distinction, au point de vue de l'acquisition, même immobilière, entre les citoyens du pays et les étrangers. Mais ces lois posent, d'autre part, en principe que les tribunaux du pays doivent connaître de toutes actions immobilières au sujet des immeubles situés sur le territoire national, et que, l'acquisition d'immeubles par

(1) *Journal du droit international privé*, 1873, p. 177.
(2) *Revue de droit international*, XXV, p. 161.

une personne morale étrangère est soumise à l'autorisation gouvernementale.

Divorce
Castello de
Rivo.
§ 91. A propos de la demande en divorce de la dame Castello de Rivo contre son mari, la Cour d'appel de Paris a décidé qu'en général, et surtout en matière de statut personnel, les tribunaux français sont incompétents pour connaître des contestations entre étrangers, à moins que ces contestations ne leur soient soumises, du consentement exprès des deux parties.

La demanderesse avait contracté mariage à Paris avec le sieur Castello de Rivo, un Italien, et par conséquent renoncé à sa nationalité française. Elle prétendait que son mari avait perdu la nationalité italienne à la suite de son établissement en France et concluait à la compétence des tribunaux. La Cour d'appel l'a déboutée de sa demande, faute de preuve de ses allégations et faute par elle d'avoir produit un document constatant que son mari acceptait la juridiction française.

LIVRE VIII

DE LA NATIONALITÉ

Voir *Droit international*, II, § 539 et s.

§ 92. Le principe personnel, en matière de nationalité, a fini par prévaloir dans la plupart des pays de l'Europe. Cependant la loi française du 28 juin 1889 (*Droit international*, II, § 542-593), déclare français, non seulement ceux qui le sont par la filiation, mais aussi les enfants nés en France de parents inconnus ou dont la nationalité est incertaine. Elle impose aussi l'allégeance française à l'individu né en France d'un étranger qui lui-même y est né, et lui refuse la faculté de se prononcer, à sa majorité, pour la patrie dont relèvent ses parents. Enfin la loi fait une distinction parmi les enfants nés en France de parents étrangers qui eux-mêmes sont nés hors de ce pays. L'enfant a-t-il son domicile en France le jour de sa majorité, il est français sous la condition résolutoire d'une option contraire ; est-il domicilié à l'étranger, il peut acquérir la qualité de français en exprimant sa volonté à cet égard, avant l'expiration de sa 22e année. Nationalité inconnue ou incertaine.

§ 93. L'Institut de Droit international saisi dans sa session de Cambridge en 1895 de la question des conflits de nationalité a adopté les cinq principes suivants (*Droit international*, II, § 551) : Conflits de nationalité.

I. Nul ne doit être sans nationalité.

II. Nul ne peut avoir simultanément deux nationalités.

III. Chacun doit avoir le droit de changer de nationalité.

IV. La renonciation pure et simple, ne suffit pas pour faire perdre la nationalité.

V. La nationalité d'origine ne doit pas se transmettre à l'infini de génération en génération établies à l'étranger.

Enfants na-
turels.

§ 94. Au sujet des enfants naturels (*Droit international*, II,
§ 554), la Cour d'appel de Nancy a rendu, le 25 mars 1890, un
arrêt qui peut se résumer comme suit :

Si l'enfant naturel, dont la filiation est établie pendant sa minorité, par reconnaissance ou par jugement, suit la nationalité de celui
de ses parents à l'égard duquel la preuve a d'abord été faite, cette
nationalité est celle du père ou de la mère au jour de la naissance,
et non celle que l'auteur de la reconnaissance a pu acquérir depuis
et qu'il possédait à la date de la reconnaissance. Toutefois on doit
considérer comme Français le mineur dont la mère devient Française
par son mariage avec un Français (1).

Affaire Wau-
tier.

§ 95. Les changements territoriaux sont naturellement une
source fréquente de conflits en matière de nationalité (*Droit international*, II, § 580). A ce sujet nous citerons les deux cas suivants :

Statuant sur la demande de Wautier, né en France d'un père né
en Belgique, alors que ce pays était français, la Cour de cassation
française a consacré, le 8 avril 1891, les principes suivants :

Doit être considéré comme Français, en vertu de la loi de 1851,
l'individu né en France d'un père, qui était né dans les provinces
belges à l'époque où ces provinces étaient françaises.

En conséquence, le demandeur doit être inscrit sur les listes élec-
torales de Dourlers, son lieu de naissance (2).

Droit d'op-
tion des mi-
neurs.

§ 96. Dans le cas du sieur Méreu, né à Nice le 19 juillet 1842
et par conséquent encore mineur lors de l'annexion du comté de
Nice et de la Savoie à la France, le tribunal de Nice avait décidé ce
qui suit :

L'option pour la nationalité italienne, faite par les habitants de la
Savoie et de Nice après le traité du 24 mars 1860, n'est valable que
si l'optant a transporté son domicile en Italie. Mais l'option faite par
un mineur avec l'assistance de sa mère et tutrice légale, n'est pas
valable. En revanche le mineur a un droit propre d'option, qu'il doit
exercer dans l'année qui suit sa majorité.

Sur ce dernier point la Cour d'appel d'Aix a décidé au contraire
que le mineur n'a aucun droit d'option et suit la condition de son
père ou de sa mère et tutrice. Elle s'appuie sur ce que, le traité
d'annexion ne faisant pas mention des mineurs, leur état doit être
réglé conformément au droit commun, c'est-à-dire dans l'espèce,
suivant les législations sarde et française, qui ne reconnaissent pas

(1) *Journal du droit international privé*, 1891, p. 539.
(2) *Journal du droit international privé*, 1892, p. 463.

l'option des mineurs. En outre la veuve Méreu n'a pas effectivement quitté Nice et transporté son domicile en Italie (1).

§ 97. Une question très intéressante est celle de la nationalité des enfants nés à l'étranger d'un père qui a conservé sa nationalité d'origine. A ce sujet nous citerons deux cas qui ont eu un certain retentissement.

Français né à l'étranger de père français. Cas de M. Delpit.

L'écrivain A. Delpit est né à la Nouvelle-Orléans d'un père d'origine française. Croyant que, pour être Français, il avait à faire des démarches spéciales, et désirant être inscrit dans les cadres de l'armée territoriale, il adressa à ce sujet une requête au ministre de la guerre. Mais celui-ci répondit qu'en vertu de la loi du 15 juillet 1889, l'entrée dans l'armée territoriale devait être précédée de l'inscription, à la mairie compétente, sur le tableau du recensement de l'année prochaine.

§ 98. A ce propos, le *Journal du droit international privé* fait observer ce qui suit.

Opinion de M. Clunet.

L'opposition du ministre de la guerre ne nous semble pas justifiée, M. Delpit est né en terre étrangère de parents français. Or l'article 10 du Code civil, en vigueur à cette époque, porte que « tout enfant né d'un Français, en pays étranger, est Français ». Le père de M. Delpit s'est, il est vrai, fait naturaliser plus tard Américain, et M. Delpit aurait suivi cette nationalité, s'il n'avait pas quitté les Etats-Unis à sa majorité et manifesté son intention de rester Français en combattant en 1870 sous le drapeau de la France et plus tard en optant pour elle. Pour établir en France la nationalité d'un Français, il n'y a pas à tenir compte de la législation étrangère, qui, dans l'espèce, porte que les enfants de parents naturalisés aux Etats-Unis seront citoyens de ce pays, lorsqu'à l'époque de la naturalisation de leurs parents ils n'auront pas 24 ans, et s'ils résident aux Etats-Unis. Or, d'après la loi de 1889, l'indigénat français ne peut être enlevé à un enfant né de parents français, du fait de la naturalisation de ses parents pendant sa minorité. Dès lors M. Delpit n'a pas à recouvrer une qualité qui n'a cessé de lui appartenir.

§ 99. Un cas analogue est celui de M. Lafargue, élu député de Lille, et à qui on contesta sa nationalité. Mais la Chambre n'adopta pas cette manière de voir. Le bureau chargé d'examiner les titres de M. Lafargue, constata qu'il est né à Santiago de Cuba, en 1842, fils légitime du français Lafargue et petit-fils de Jean Lafargue, originaire de Bordeaux. En conséquence, vu l'article 10 du Code civil, M. La-

Cas de M. Lafargue.

(1) *Journal du droit international privé*, 1889, p. 467 et s.

fargue est Français. De plus, il a fait ses études en France et au moment de son mariage en Angleterre, il a fait en France les publications prescrites par la loi française. Le fait que la législation espagnole lui a imposé une nationalité étrangère, ne peut prévaloir contre la nationalité que lui attribue le droit français, qui seul régit la matière. C'est un principe proclamé partout que, dans chaque pays, les principes de la loi nationale sont appliqués sans tenir compte de ce qu'ils peuvent avoir de contraire aux législations étrangères (1).

Service militaire. Affaire Haberacker.

§ 100. L'incorporation de Jean Haberacker dans l'armée bavaroise a donné lieu à une correspondance très étendue entre l'Allemagne et les Etats-Unis. Voici les faits : Haberacker est né en Bavière de parents bavarois. Après la mort de son mari, la femme Haberacker émigra en Amérique, emmenant son fils encore mineur, et se remaria aux Etats-Unis. Durant un voyage qu'elle avait fait dans son pays d'origine, Jean Haberacker, qui avait atteint l'âge du service militaire, fut arrêté et enrôlé dans l'armée bavaroise. Le Gouvernement bavarois fit valoir à l'appui de sa prétention que les législations allemande et américaine, identiques sous ce rapport, ne privent pas les enfants d'un premier lit de leurs droits de citoyens dans leur pays d'origine, lorsque leur mère se remarie, ou en d'autres termes, que le second mariage avec un étranger n'entraîne pas la naturalisation des enfants du premier lit (2).

Ce point de vue nous semble correct.

Nationalité en Turquie.

§ 101. En Turquie les lois exigent l'autorisation du sultan pour les ressortissants de l'empire ottoman qui veulent acquérir une nationalité étrangère (*Droit international*, II, § 575). Mais ceci ne s'applique qu'aux personnes du sexe masculin. Point n'est besoin de cette formalité pour les femmes turques qui épousent un étranger. Jusqu'ici on continuait à les regarder comme turques, mais une décision du Conseil d'État, ratifiée par le Conseil des ministres ottoman, a supprimé cette anomalie, considérant que les gouvernements étrangers admettent la réciprocité (3).

Naturalisation.

§ 102. La naturalisation (*Droit international*, II, § 581 et s.) a fait l'objet de plusieurs actes législatifs et de nombreuses décisions des Cours de justice.

En France.

La législation française sur cette matière (*Droit international*, II, § 586) a été modifiée en 1889 par une loi sur la nationalité réglant

---

(1) *Journal du droit international privé*, 1892, p. 141.
(2) *Foreign relations of the United States*, 1891, p. 496 et suiv.
(3) *Journal du droit international*, 1888, p. 481.

aussi la naturalisation. Cette loi attribue de plein droit la qualité de Français à des individus vivant sur le territoire de la France ; elle vise surtout les indigènes de l'Algérie et des autres colonies françaises, puis certains étrangers nés en France d'un étranger, que celui-ci y soit né ou non. Les enfants de ces étrangers sont Français de plein droit, lorsqu'à leur majorité ils sont domiciliés en France. Mais ils peuvent répudier la nationalité française en fournissant la preuve qu'ils ont conservé celle de leurs parents et qu'ils ont satisfait au service militaire, dans leur pays d'origine.

La même loi facilite la naturalisation des étrangers ne rentrant pas dans ces catégories. Ils peuvent être dispensés du préliminaire de l'admission à domicile, s'ils justifient d'une résidence non interrompue pendant dix années ; le stage de l'admission est réduit à un an pour l'étranger qui a épousé une Française ; enfin les enfants des étrangers naturalisés sont naturalisés avec leurs parents, durant leur minorité et dispensés du stage, après leur majorité, s'ils forment leur demande en même temps que leurs parents.

§ 103. Au sujet de cette loi sur la nationalité française le *Foreign Office* anglais a publié des instructions qui peuvent se résumer comme suit : Instructions du Foreign Office.

Les sujets britanniques nés en France et dont le père n'est pas né dans ce pays deviennent à l'avenir citoyens français, s'ils manquent de faire, en temps voulu, une déclaration d'extranéité. Tout individu né en France d'un étranger devient Français s'il prend part aux opérations de recrutement, sans opposer son extranéité. Les personnes qui se livrent à des occupations exigeant une résidence fixe en France sont forcées désormais de demander la naturalisation française. Pour les déclarations de nationalité anglaise en vue d'échapper à la conscription, la pratique antérieure est maintenue à l'égard des Anglais nés en France d'un père né ailleurs qu'en France. Mais les Anglais nés en France d'un père qui y est né, n'échappent plus à la conscription. La nouvelle loi est applicable aux enfants nés sous l'empire de l'ancienne loi et qui étaient encore mineurs lors de la mise en vigueur de la loi de 1889. La loi nouvelle n'annule pas les déclarations faites avant sa promulgation (1). Nationalité et naturalisation au Congo.

§ 104. Le roi des Belges, en sa qualité de souverain de l'État indépendant du Congo, a promulgué un décret portant que la nationalité congolaise s'acquiert par la naissance sur le territoire de l'État, de parents congolais, par la naturalisation, la présomption de la loi et l'option. La naturalisation est personnelle ; mais la femme du na-

(1) *Journal du droit international privé*, 1892, p. 1243.

turalisé et ses enfants mineurs nés avant la naturalisation, deviennent congolais par ce fait. Est congolais l'enfant né sur le sol de l'État de parents inconnus ou sans nationalité déterminée ; de même l'enfant né au Congo peut acquérir la qualité de congolais dans l'année qui suit sa majorité. L'intention de l'acquérir est présumée, lorsque l'enfant a été domicilié au Congo durant l'année qui suit sa majorité et les trois années précédentes. Jouiront de tous les droits civils reconnus aux non-indigènes les naturalisés et les nationaux dont la naissance ou la reconnaissance et le mariage sont inscrits aux registres de l'état civil, et ceux qui auront obtenu leur immatriculation aux registres de la population civilisée (1).

Naturalisation dans le canton de Genève.
§ 105. La législation du canton de Genève (*Droit international*, II, § 610) a été quelque peu modifiée. Aujourd'hui ce canton admet qu'on puisse renoncer à la nationalité genevoise, mais il faut le faire expressément. Cette renonciation ne peut avoir lieu que si le requérant n'a plus de domicile en Suisse, jouit de sa capacité civile d'après les lois du pays dans lequel il réside, et possède une nationalité étrangère assurée pour lui, sa femme et ses enfants mineurs (2).

Au Mexique.
§ 106. La législation mexicaine (*Droit international*, II, § 636) a été modifiée comme suit :

Pour être naturalisé mexicain, il faut en manifester l'intention 6 mois d'avance : passé ce délai, si l'étranger a deux ans de résidence, il pourra demander au gouvernement fédéral un certificat de naturalisation, en offrant de faire la preuve que, d'après la loi de son pays, il jouit de la plénitude des droits civils résultant de la majorité, qu'il a résidé dans la République au moins deux ans et possède des moyens d'existence. Il renoncera par écrit à toute soumission à son ancien gouvernement et à toute autre protection que celle du Mexique. La naturalisation sera refusée aux pirates, trafiquants d'esclaves, assassins, voleurs, faux-monnayeurs, etc. Outre cette naturalisation ordinaire, il en est une autre qui s'effectue sans les formalités ci-dessus. C'est la naturalisation des individus sur un territoire mexicain. A leur majorité ils peuvent opter pour le Mexique. Enfin il y a la naturalisation de la femme qui épouse un Mexicain et de l'ex-Mexicaine, veuve d'un étranger (3).

Voici maintenant un résumé des décisions des Cours de justice intervenues en matière de nationalité, de naturalisation et d'option depuis 1888.

(1) *Journal du droit international privé*, 1893, p. 248.
(2) *Journal du droit international privé*, 1877, p. 440.
(3) *Journal du droit international privé*, 1892, p. 624.

§ 107. En 1890, un immigrant suédois au Pérou, nommé M. Gylling, avait réclamé la protection de la légation des Etats-Unis dans ce pays. Il alléguait son intention d'acquérir le droit de cité aux Etats-Unis, tout en reconnaissant n'avoir pas encore accompli toutes les formalités dans ce but. A ce sujet, dans une note du 8 mai 1890, M. Blaine, alors secrétaire des Affaires étrangères à Washington, a posé en substance les principes suivants :

Les lois de naturalisation des Etats-Unis (*Droit international*, II, § 622) sont basées sur la théorie soutenant qu'il y a quelque connexité entre la résidence dans un pays et l'acquisition du droit à la protection de ce pays. Dans ce but, elles prévoient un stage du requérant, puis la déclaration de son intention d'acquérir le droit de cité, enfin un examen de la demande. Le but de cette législation est de donner une substance à la naturalisation et de prescrire l'accomplissement d'actes prouvant la bonne foi du requérant. En conséquence, ceux qui n'ont pas encore accompli ces formalités, n'ont pas droit à la protection du gouvernement américain : c'est surtout le cas lorsqu'ils ont été s'établir à l'étranger, avant leur naturalisation (1).

§ 108. Le 25 novembre 1891, la Cour d'appel de Paris a consacré les principes suivants :

Si l'acte de naturalisation d'un Français en Angleterre ne doit produire son effet que dans le Royaume-Uni, cette naturalisation incomplète ne lui fait pas perdre sa qualité de Français (*Droit international*, II, § 595). Par suite, la succession de sa veuve, devenue Française par son mariage et décédée en France, doit être régie par la loi française. La règle de l'article 1393 du Code civil, qui déclare la communauté de biens, régime de droit commun en France, a la force d'une présomption légale, en ce qui concerne le mariage contracté en France entre deux Français ; mais il n'en est pas de même quand le mariage a été contracté hors de France, surtout quand l'une des parties n'était pas Française. Par suite doit être considéré comme soumis au droit commun anglais, c'est-à-dire au régime de la séparation de biens, le Français qui a obtenu en Angleterre une naturalisation même incomplète et y a épousé une Anglaise. Mais il est dérogé à ce principe, quand le domicile des époux n'est point en Angleterre ; dans ce cas, c'est la loi du domicile qui régit leur union (2).

§ 109. La Cour d'appel de Lyon a rendu un arrêt portant que la naturalisation étrangère, acquise au cours d'une instance, n'a point

Marginal notes:
Naturalisation aux États-Unis. Affaire Gylling.

Régime matrimonial. Effets de la naturalisation en cas d'absence de contrat. Affaire Johns.

Changement de nationalité en cours d'instance. Affaire Sourd contre Martino.

---

(1) *Foreign relations of the United States*, 1890, p. 695.
(2) *Journal du droit international privé*, 1892, p. 471.

pour effet de rendre le tribunal incompétent ; mais le défendeur peut demander qu'il lui soit fait application de la loi de sa nouvelle patrie, sur le fond du procès, en ce qui concerne les questions d'Etat.

Il s'agissait, dans l'espèce, d'une demoiselle Sourd, française, mais devenue dame Martino et par conséquent Italienne, au cours de l'instance. Le tribunal de première instance s'était prononcé dans un sens contraire à celui de la Cour d'appel de Lyon, et la Cour de Paris a également adopté une solution opposée dans son arrêt sur l'affaire Bourbon de Bari (1).

Affaire de l'ex-roi de Naples.

§ 110. La Cour de cassation française a rendu, dans l'instance de François-Marie de Bourbon, ex-roi de Naples, du comte de Caserte et du comte de Trapani, un arrêt qui peut se résumer comme suit :

Le changement dans la condition du défendeur, survenu au cours de la procédure, ne dessaisit pas le juge régulièrement saisi ; l'instance introduite par l'exploit de demande subsiste jusqu'à ce que le jugement soit rendu. C'est le cas notamment, lorsque le défendeur, Français à la date de l'exploit d'ajournement, perd cette qualité en cours d'instance. Or il résulte de l'arrêt attaqué que Henry de Bari était français et domicilié à Paris à l'époque où les consorts de Bourbon ont contesté son état civil ; si plus tard il a acquis la nationalité italienne et est devenu étranger comme les autres parties en cause, la loi n'enlève point au tribunal la connaissance d'un procès valablement introduit ; donc Henry de Bari ne saurait décliner la compétence du susdit tribunal, en invoquant son extranéité (2).

Cas du comte de Bari.

§ 111. Le 16 mars 1892, la Cour d'appel d'Orléans a rendu un jugement important dans le litige pendant entre l'ex-roi de Naples et le comte de Bari. L'ex-roi de Naples et consorts, de nationalité italienne, contestaient la validité de la reconnaissance de Richard de Bari, faite par le comte et la comtesse de Bari. Lors de la remise de l'assignation, Richard de Bari était seul Français, tandis que ses prétendus père et mère appartenaient déjà à la nationalité italienne. Mais au cours de l'instance, celui-là acquit aussi cette nationalité. Les tribunaux français étaient-ils encore compétents pour trancher un litige entre personnes toutes étrangères ? La Cour de cassation, puis la Cour de renvoi, c'est-à-dire la Cour d'Orléans, se sont prononcées pour l'affirmative. Le Code de procédure, est-il dit dans l'arrêt, ne fait pas d'exception de nationalité, mais considère uniquement le

(1) *Journal du droit international privé*, 1889, p. 456.
(2) *Journal du droit international privé*, 1891, p. 193.

domicile. En outre le juge est saisi par l'exploit introductif d'instance et il suffit qu'au moment de la remise de cet exploit l'un des défendeurs soit Français, pour que ce juge soit et demeure compétent malgré les changements survenus dans la nationalité des parties (1).

§ 112. Né à Paris, de parents français, M. Cluseret servit dans l'armée française ; puis, se trouvant en Amérique, à l'époque de la guerre de Sécession, il combattit dans les rangs de l'un des partis. Rentré en France en 1870, il prit part au mouvement de la Commune, fut contraint de fuir et ne rentra en France qu'en 1885. Trois ans après, il était élu député du Var, et on posa la question de savoir si l'élu avait conservé sa qualité de Français. M. Clunet estime que M. Cluseret est resté Français et la Chambre s'est rangée à cette opinion en validant l'élection du général (2). Pour qu'un Français, dit-il en substance, perde sa nationalité, il faut des conditions précises, volontaires, ne laissant place à aucun doute. Le doute profitera toujours à la conservation de la nationalité. Pour la perdre il aurait fallu que M. Cluseret acquît la nationalité américaine ; or il affirme ne l'avoir pas même sollicitée, et n'aurait pu l'obtenir, vu la courte durée de son séjour aux Etats-Unis. Le Code civil français prévoit un autre cas de perte de nationalité : la prise de service dans une armée étrangère, mais seulement lorsque le Français y entre pour y faire régulièrement sa carrière. Or M. Cluseret, comme le comte de Paris et le duc de Chartres, n'ont fait que combattre momentanément pour une cause qu'ils estimaient juste, et ces deux derniers sont entrés plus tard, sans opposition, dans les rangs de l'armée territoriale française. On n'a pas non plus attaqué la nationalité des Français qui ont combattu dans l'armée de Garibaldi, ou qui se sont enrôlés dans les zouaves pontificaux. Du reste la jurisprudence des Cours françaises est d'accord avec cette opinion, et, en 1844, la Chambre des députés avait validé l'élection de M. Sieyès, bien que celui-ci eût pris du service dans la marine sarde.

§ 113. Le 22 juillet 1893, les Chambres françaises ont voté une loi qui modifia sensiblement celle du 26 juin 1889. Cette loi porte ce qui suit :

1° Tout individu, né en France d'une mère née elle-même en France, est Français, à moins qu'il ne répudie la qualité de Français par une déclaration faite entre 21 et 22 ans, devant le juge de paix de son domicile, en France, ou devant les agents diplomatiques

Prise de service militaire à l'étranger. Cas du général Cluseret.

Naturalisation en France. Option.

---

(1) *Journal du droit international privé*, 1892, p. 917.
(2) *Journal du droit international privé*, 1889, p. 73 et s.

ou consulaires de France à l'étranger. Cette disposition s'applique aussi aux enfants dont le père est né hors de France. Si le père lui-même est né en France, la loi française du 26 juin 1889 prescrit que ses enfants nés en France sont Français et leur enlève toute faculté d'option ;

2° Tout individu né en France d'une mère née elle-même en France est irrévocablement Français, s'il est actuellement majeur, soit âgé de plus de 21 ans, à moins qu'il ne répudie la qualité de Français dans l'année de la promulgation de la nouvelle loi, c'est-à-dire d'ici au 22 juillet 1894. Cette disposition s'applique à toutes les personnes ayant 21 ans révolus, lors même qu'elles habiteraient hors de France.

Affaire Casana. § 114. Dans son audience du 19 décembre 1891, la Cour de cassation française a consacré les principes suivants :

L'individu né en France d'un étranger voit, durant sa minorité, sa nationalité déterminée par sa filiation ; la qualité de Français ne lui appartient pas durant cette période. Mais son père peut, durant cette minorité, faire une déclaration afin de lui faire acquérir la qualité de Français avant sa majorité. Le mineur doit encore être considéré comme Français, s'il prend part aux opérations de recrutement, sans opposer son extranéité. Sinon il ne devient Français qu'à sa majorité, si alors il est domicilié en France. Bien qu'il puisse devenir Français, il peut être expulsé. En revanche le mineur de 21 ans, né en France d'un étranger, ne peut être ni expulsé, ni poursuivi pour infraction à un arrêté d'expulsion (*Droit international*, II. § 586 et s.).

Il s'agissait, dans l'espèce, des frères Casana que la Cour de Montpellier avait considérés comme Français et ne pouvant être poursuivis pour infraction à un arrêté d'expulsion. Mais ce point de droit, étant d'une importance capitale pour l'interprétation de la nouvelle loi sur la nationalité, le Procureur général près la Cour de cassation avait voulu faire consacrer ce principe par cette Cour. D'où son pourvoi contre la décision de la Cour de Montpellier (1).

Service militaire. Conflit des lois françaises et américaines. § 115. La naturalisation de personnes n'ayant pas encore rempli leurs obligations militaires dans leur pays d'origine donne lieu souvent à des conflits assez graves. Citons les cas suivants (*Droit international*, II, § 651) :

Les Français naturalisés aux Etats-Unis sans avoir satisfait à leurs devoirs militaires dans leur pays d'origine, se voient recherchés,

---

(1) *Journal du droit international privé*, 1892, p. 690.

s'ils rentrent en France, et cela malgré leur passeport américain et les papiers établissant leur nationalité, ce qui a donné lieu à plusieurs reprises à des conflits regrettables. Les Conseils de guerre devant lesquels on les traduit, n'admettent pas ces papiers comme valables, si les personnes en cause sont demeurées inscrites sur les registres de leur commune française d'origine, et ils répliquent qu'ils ne sont pas compétents pour trancher les questions de nationalité. C'est aux tribunaux civils que l'accusé doit transmettre ses réclamations, et en attendant le Conseil ajourne sa décision. En général les tribunaux admettent les allégations des accusés ; mais si ceux-ci n'ont résidé à l'étranger que peu d'années, s'ils viennent seulement de recevoir leurs actes de naturalisation et s'il résulte des circonstances qu'ils n'ont quitté leur pays que pour échapper au service militaire, ils subissent une condamnation sévère. Punis ou non, ils sont presque toujours expulsés de France.

Les Etats-Unis ont en vain invoqué, contre cette façon de procéder, la législation française qui porte qu'un Français qui a répudié sa nationalité, n'est plus apte au service militaire. Au moins demandent-ils que les individus couverts par la prescription, c'est-à-dire naturalisés depuis plus de trois ans, soient dispensés du recours aux tribunaux pour obtenir leur libération.

§ 116. Parmi les conflits récents, soulevés par ces divergences d'interprétations des lois, citons ceux de Jacob, d'Arbios, de Fruchier et de Gendrat. Le premier, citoyen américain, né aux États-Unis, mais dont le père était Français au moment de sa naissance, étant venu en France, fut incorporé dans l'armée, en dépit des réclamations des Etats-Unis. Même après avoir terminé son service, il se vit refuser la radiation de son nom sur les rôles militaires français. Fruchier et Arbios sont nés en France et naturalisés aux Etats-Unis, Gendrat est né aux Etats-Unis d'un père français. Ces trois individus, étant rentrés en France, furent traduits devant les tribunaux de ce pays. De là réclamation de la Légation des Etats-Unis en France, alléguant que, quand le Gouvernement américain déclare qu'une personne est dûment naturalisée, aux Etats-Unis, la preuve de son extranéité doit être regardée comme concluante. Un tribunal français ne peut ni discuter ni compléter cette preuve, parce que c'est un principe reconnu que le Gouvernement qui accorde la naturalisation est seul juge des conditions auxquelles il l'accorde.

En réponse, M. Goblet, ministre des Affaires étrangères de France, a fait observer que jamais les autorités françaises n'ont mis en question les actes de naturalisation américains. Mais, c'est le droit du

Affaires Jacob, Arbios, Fruchier et Gendrat.

gouvernement du pays d'origine de décider si l'individu en cause a satisfait à la loi de ce pays, car, si le consentement est un élément indispensable du contrat qui confère la nationalité, d'autres conditions sont également nécessaires. Toutefois, ajoute M. Goblet et en réservant la question de principe, le ministre de la Guerre consent, à titre gracieux, à accorder un congé d'absence à Fruchier et à Arbios.

Quant à l'issue de la réclamation relative à Gendrat les renseignements font défaut (1).

Domicile des
optants. Iraité
de Francfort. § 117. Au sujet du domicile des optants (*Droit international*, II, § 639) la Cour de Paris a posé, le 12 mai 1891, les principes suivants :

Aux termes du traité de Francfort, la conservation de la nationalité française est soumise à une déclaration faite à l'autorité compétente et au transport du domicile en France avant le 1er octobre 1872. Le changement de domicile s'opère par le fait d'une habitation réelle dans un autre lieu, joint à l'intention d'y fixer son principal établissement. Des déclarations faites aux mairies de l'ancien et du nouveau domicile ne sauraient suppléer au fait de l'habitation réelle dans un autre lieu. Les termes du traité de Francfort ne permettent pas d'admettre que les parties contractantes aient entendu établir un principe contraire au droit public français, et qu'en parlant du transport de domicile, on ait entendu qu'une simple manifestation de volonté à cet égard serait suffisante (2).

---

(1) *Journal du droit international privé*, 1890, p. 253 et s.
(2) *Journal du droit international privé*, 1891, p. 945.

LIVRE IX

DU DOMICILE

Voir *Droit international*, II, § 655 et s.

§ 118. Complétons tout d'abord ce que nous avons dit au para- Cas du baron Seillière.
graphe 687 de la 4ᵉ édition du *Droit international* au sujet du baron
Raymond Seillière.

Le 2 juin 1889, le tribunal civil de Paris a repoussé la demande
en interdiction formée contre lui par son cousin, M. Gibert. Le
tribunal a constaté que le défendeur, ayant pu quitter la maison
de santé où on l'avait interné en France, s'était réfugié à New-York
où il avait vécu dans une liberté complète, sans que sa conduite ait
donné lieu au moindre scandale. L'enquête a établi que le baron
avait été ramené en France au moyen d'une surprise que pouvait
seule justifier la nécessité de précautions contre un aliéné dangereux, et qu'il a été derechef interné. Mais les médecins appelés en
consultation ayant déclaré cet internement non motivé, le défendeur a été remis en liberté. Il n'a pas abusé de cette liberté et par
conséquent rien ne motive l'interdiction.

§ 119. Les droits des étrangers, les conditions de leur admission Admission et expulsion des étrangers.
et de leur expulsion provisoire ou définitive ont beaucoup préoc-
cupé les publicistes ces dernières années et ont fait l'objet des décisions des Cours de justice, des pouvoirs législatifs et de l'Institut
de droit international.

§ 120. La Cour d'appel de Paris, statuant sur l'affaire Wagen- Affaire Wagenheim.
heim, a consacré, le 4 février 1892, les principes suivants :

Les tribunaux français sont compétents pour statuer sur les demandes en rectification des actes de l'état civil, alors même que
ces actes auraient été dressés à l'étranger ou dans un pays qui depuis a cessé d'être français.

9

Spécialement ils peuvent être saisis d'une demande en rectification de l'état civil d'un Alsacien-Lorrain qui a opté pour la France. Les tribunaux français ne peuvent, sans doute, prescrire une modification des registres restés en la possession des autorités allemandes ; mais ils peuvent ordonner la mention de rectification en marge du registre de l'état civil français sur lequel l'intéressé a fait transcrire, après son option, son acte de naissance(1).

Vote de l'Institut de Droit international.   § **121.** L'Institut de Droit international a dans sa session de Genève, le 9 septembre 1892, adopté les règles suivantes en ce qui concerne l'admission et l'expulsion des étrangers (*Droit international*, II, § 700) :

Dispositions préliminaires.   Art. 1er. — Sont étrangers, dans le sens du présent règlement, tous ceux qui n'ont pas un droit actuel de nationalité dans l'État, sans distinguer ni s'ils sont simplement de passage ou s'ils sont résidants ou domiciliés, ni s'ils sont des réfugiés ou s'ils sont entrés dans le pays de leur plein gré.

Art. 2. — En principe, un État ne doit pas interdire l'accès ou le séjour sur son territoire soit à ses sujets, soit à ceux qui, après avoir perdu leur nationalité dans ledit État, n'en ont point acquis une autre.

Art. 3. — Il est désirable que l'admission et l'expulsion des étrangers soient réglées par des lois.

Des conditions auxquelles est subordonnée l'admission des étrangers.   Art. 4. — Les cas de représailles ou de rétorsion ne sont pas soumis aux règles suivantes.

Toutefois, les étrangers domiciliés dans le pays avec l'autorisation du Gouvernement ne peuvent être expulsés à titre de représailles ou de rétorsion.

Art. 5. — Sont également exceptées des règles suivantes les colonies où la civilisation européenne n'est pas encore dominante.

Art. 6. — L'entrée libre des étrangers sur le territoire d'un Etat civilisé ne peut être prohibée, d'une manière générale et permanente, qu'en raison de l'intérêt public et de motifs extrêmement graves, par exemple, à raison d'une différence fondamentale de mœurs ou de civilisation, ou à raison d'une organisation ou accumulation dangereuse d'étrangers qui se présenteraient en masse.

Art. 7. — La protection du travail national n'est pas, à elle seule, un motif suffisant de non-admission.

Art. 8. — L'Etat conserve le droit de restreindre ou de prohiber temporairement l'entrée des étrangers, en temps de guerre, de troubles intérieurs ou d'épidémie.

(1) *Journal du droit international privé*, 1892, p. 426.

Art. 9. — Chaque État doit juger, par des lois ou par des règlements publiés dans un délai suffisant avant leur mise en vigueur, les règles de l'admission ou de la circulation des étrangers.

Art. 10. — L'entrée ou le séjour des étrangers ne peut être subordonné à la perception de taxes excessives.

Art. 11. — Tous changements essentiels dans les conditions d'admission ou de séjour des étrangers, y compris les modifications aux taxes qui les concernent, doivent être communiqués dans le plus bref délai aux gouvernements des États dont les ressortissants y sont intéressés.

Art. 12. — L'entrée du territoire peut être interdite à tout individu étranger en état de vagabondage ou de mendicité ou atteint d'une maladie de nature à compromettre la santé publique, ou fortement suspect d'infractions graves commises à l'étranger contre la vie ou la santé des personnes ou contre la propriété ou la foi publique, ainsi qu'aux étrangers condamnés à raison desdites infractions.

Art. 13. — Un État peut, à titre exceptionnel, n'admettre des étrangers que temporairement et sous défense pour eux de se domicilier dans le territoire, pourvu que, autant que faire se pourra, la défense soit notifiée individuellement et par écrit.

L'interdiction cesse d'avoir effet si elle n'est pas répétée périodiquement dans des délais n'excédant pas deux ans.

Art. 14. — L'expulsion ne doit jamais être prononcée, dans un intérêt privé, pour empêcher une concurrence légitime, ni pour arrêter de justes revendications ou les actions et recours régulièrement portés devant les tribunaux ou autorités compétentes.

Des conditions auxquelles est subordonnée l'expulsion des étrangers. Règles générales.

Art. 15. — Les mesures d'expulsion et d'extradition sont indépendantes l'une de l'autre ; le refus d'extradition n'implique pas la renonciation au droit d'expulsion.

Art. 16. — L'expulsé réfugié sur un territoire pour se soustraire à des poursuites au pénal ne peut être livré, par voie détournée, à l'État poursuivant, sans que les conditions posées en matière d'extradition aient été dûment observées.

Art. 17. — L'expulsion, n'étant pas une peine, doit être exécutée avec tous les ménagements possibles, en tenant compte de la situation particulière de la personne.

Art. 18. — Il peut être enjoint à un étranger d'habiter un certain lieu, ou de ne pas sortir d'un certain lieu, sous peine d'expulsion, s'il contrevient à cet ordre.

Art. 19. — Les expulsions, soit individuelles, soit extraordinaires, doivent être portées, aussitôt que possible, à la connaissance des gouvernements dont elles concernent les ressortissants.

ART. 20. — Il est rendu compte périodiquement, soit à la représentation nationale, soit par le moyen d'une publication officielle, de toutes les expulsions, y compris celles qui ont été infirmées ou révoquées.

ART. 21. — Tout individu expulsé a le droit, s'il se prétend indigène ou soutient que son expulsion est contraire, soit à une loi, soit à un traité international qui l'interdit ou l'exclut expressément, de recourir à une Haute Cour judiciaire ou administrative, jugeant en pleine indépendance du gouvernement.

Mais l'expulsion peut être exécutée provisoirement, nonobstant le recours.

ART. 22. — L'Etat peut assurer l'effet des arrêtés d'expulsion en soumettant les expulsés qui y contreviennent, à des poursuites devant les tribunaux et à des peines à l'expiration desquelles le condamné est conduit à la frontière par la force publique.

Des diverses espèces d'expulsion.

ART. 23. — L'expulsion *extraordinaire* (ou *en masse*) *définitive* s'applique à des catégories d'individus ; quand elle a été prononcée, les expulsés ne sont pas libres de revenir dans le pays après un délai déterminé d'avance.

ART. 24. — L'expulsion *extraordinaire* (ou *en masse*) *temporaire*, s'applique à des catégories d'individus à raison d'une guerre ou de troubles graves survenus sur le territoire ; elle ne produit son effet que pour la durée de la guerre ou pour un délai déterminé.

ART. 25. — L'expulsion *ordinaire* est purement individuelle.

ART. 26. — L'expulsion extraordinaire définitive exige une loi spéciale ou du moins une ordonnance spéciale du pouvoir souverain. La loi ou l'ordonnance, avant d'être mise à exécution, sera publiée d'avance dans un délai convenable.

ART. 27. — L'expulsion extraordinaire temporaire peut, à l'expiration de la guerre ou du délai fixé, être convertie en expulsion ordinaire ou en expulsion extraordinaire définitive.

Le délai fixé primitivement peut être prolongé une fois.

Des personnes qui peuvent être expulsées.

ART. 28. — Peuvent être expulsés : 1° Les étrangers qui sont entrés sur le territoire frauduleusement, en violation des règlements sur l'admission des étrangers ; mais, s'il n'y a pas d'autre motif d'expulsion, ils ne peuvent plus être expulsés après avoir séjourné six mois dans le pays ;

2° Les étrangers qui ont établi leur domicile ou leur résidence dans les limites du territoire, en violation d'une défense formelle ;

3° Les étrangers qui, au moment où ils ont franchi la frontière, étaient atteints de maladies de nature à compromettre la santé publique ;

4° Les étrangers en état de mendicité et de vagabondage, ou à la charge de l'assistance publique ;

5° Les étrangers condamnés par les tribunaux du pays pour des infractions d'une certaine gravité ;

6° Les étrangers condamnés à l'étranger ou s'y trouvant sous le coup de poursuites pour des infractions graves, qui, selon la législation du pays ou les traités d'extradition conclus par l'État avec d'autres États, pourraient donner lieu à leur extradition ;

7° Les étrangers qui se rendent coupables d'excitations à la perpétration d'infractions graves contre la sécurité publique, bien que ces excitations, comme telles, ne soient pas punissables selon la loi territoriale et que les infractions ne doivent se consommer qu'à l'étranger ;

8° Les étrangers qui, sur le territoire de l'Etat, se rendent coupables ou fortement suspects d'attaques, soit par la presse, soit autrement contre un Etat ou un souverain étranger ou contre les institutions d'un Etat étranger, pourvu que ces faits soient punissables d'après la loi de l'Etat expulsant, si commis à l'étranger par des indigènes, ils étaient dirigés contre cet Etat lui-même;

9° Les étrangers qui, pendant leur séjour sur le territoire de l'Etat, se rendent coupables d'attaques ou d'outrages publiés par la presse étrangère contre l'Etat, la nation ou le souverain ;

10° Les étrangers qui en temps de guerre ou au moment où une guerre est imminente, compromettent, par leur conduite, la sécurité de l'Etat.

Art. 29. — Il peut être interdit aux réfractaires et déserteurs étrangers de séjourner ou de circuler dans une zone limitrophe du pays d'où ils viennent, sans préjudice des dispositions plus sévères des traités internationaux.

Art. 30. — L'acte ordonnant l'expulsion est notifié à l'expulsé. Il doit être motivé en fait et en droit.

De la forme de l'expulsion.

Art. 31. — Si l'expulsé a la faculté de recourir à une Haute Cour judiciaire ou administrative, il doit être informé, par l'acte même, et de cette circonstance, et du délai à observer.

Art. 32. — L'acte mentionne de même le délai dans lequel l'étranger devra quitter le pays. Ce délai ne peut être moindre d'un jour franc. Si l'expulsé est en liberté, on ne doit pas user de contrainte envers lui pendant ce délai.

Art. 33. — L'étranger auquel il a été signifié de sortir du territoire est tenu de désigner la frontière par laquelle il entend sortir ; il reçoit une feuille de route, réglant son itinéraire et la durée de son séjour dans chaque localité. En cas de contravention il est conduit à la frontière par la force publique.

Des recours.   Art. 34. — Il est désirable que pour les expulsions ordinaires, même en dehors des cas où, de par la loi, la personne est déclarée exempte d'expulsion, on ouvre à l'expulsé un recours à une Haute Cour judiciaire ou administrative, indépendante du gouvernement.

Art. 35. — La Cour ne se prononce que sur la légalité de l'expulsion ; elle n'apprécie ni la conduite de la personne, ni les circonstances qui ont paru au gouvernement rendre l'expulsion nécessaire.

Art. 36. — Dans le cas du n° 10 de l'article 28 il n'y a pas de recours.

Art. 37. — L'expulsion peut être exécutée provisoirement, nonobstant le recours.

Art. 38. — En tant qu'une expulsion est conforme aux principes du droit des gens formulés dans le présent règlement, le gouvernement qui l'a exécutée est à l'abri de toute réclamation politique.

Art. 39. — Le gouvernement pourra toujours révoquer l'expulsion ou en suspendre temporairement les effets.

Art. 40. — Les étrangers domiciliés sur le territoire ne peuvent être expulsés qu'en vertu des dispositions des n°ˢ 7-10 de l'article 28, et, en vertu du n° 6 dudit article, que si les peines auxquelles ils sont condamnés à l'étranger ne sont pas encore accomplies complètement ou remises, ou si la condamnation prononcée par un tribunal étranger est postérieure à leur établissement dans le pays.

Art. 41. — L'expulsion d'étrangers domiciliés, résidant ou ayant un établissement de commerce, ne doit être prononcée que de manière à ne pas trahir la confiance qu'ils ont eue dans les lois de l'État. Elle doit leur laisser la liberté d'user, soit directement, si c'est possible, soit par l'entremise de tiers par eux choisis, de toutes les voies légales pour liquider leur situation et leurs intérêts, tant actifs que passifs, sur le territoire.

Expulsion des étrangers en France. Réfugiés politiques.   § 122. En vertu de la loi française du 3 décembre 1849, le ministre de l'Intérieur peut expulser tout étranger voyageant ou résidant en France, et les expulsés, qui rentreraient dans ce pays, sont passibles d'un emprisonnement de un à six mois à l'expiration duquel ils sont reconduits à la frontière.

Cette loi s'applique naturellement en première ligne aux vagabonds ; puis parfois aux réfugiés politiques.

§ 123. Pour ces catégories, elle est parfaitement claire. Il ne Opinion de
M. Féraud-
Giraud.
peut surgir de difficultés que pour les étrangères qui ont épousé
un Français. Peut-on les expulser?

M. Féraud-Giraud, conseiller à la Cour de cassation, répond négativement à cette question (1), parce que l'étrangère ayant épousé
un Français suit la condition de son mari. Réciproquement la femme
française, devenue étrangère par son mariage avec un étranger, se
trouve placée sous le régime spécial des étrangers. De même un
mineur peut être expulsé, s'il est étranger, alors même que ses parents ne seraient pas frappés par une interdiction de séjour.

Pour ce qui est des colonies et des pays de protectorat, l'expulsion peut même être prononcée contre des nationaux ; de même
les consuls français ont le droit d'expulser leurs nationaux dans
les circonscriptions consulaires hors de la chrétienté.

§ 124. Le 1ᵉʳ octobre 1888, le président des États-Unis donnait sa Les Chinois
aux États-
Unis.
sanction à une loi votée par le Congrès, et qui, sans avoir suffisam-
ment égard aux traités en vigueur entre les États-Unis et la Chine,
modifiait profondément le régime inauguré en 1882. La nouvelle
loi interdisait le retour des travailleurs chinois qui avaient momentanément quitté l'Amérique et supprimait les certificats d'i-
dentité délivrés jusqu'ici à ces travailleurs.

En conséquence de la nouvelle législation, les douanes de
San Francisco, de New-York et de la Nouvelle-Orléans se crurent
autorisées à refuser jusqu'au transit des travailleurs se rendant de
Chine à Cuba et vice-versa, en empruntant, pour ce faire, le territoire des États-Unis.

De là, protestations énergiques de M. Chang-Yen-Hoon, ministre de la Chine aux États-Unis. Dans sa note du 26 janvier 1888
entre autres, il rappelait qu'en vertu du traité de 1880, les États-
Unis ne peuvent interdire absolument l'immigration chinoise, que
les travailleurs alors déjà établis en Amérique, pourront quitter ce
pays et y revenir quand bon leur semble, et qu'ils seront placés
sous le régime de la nation la plus favorisée. « Une loi, ajoutait le
ministre, bien qu'elle ait reçu l'approbation du Congrès, est une
violation flagrante du traité, si elle infirme le droit des travailleurs
chinois de quitter les États-Unis et d'y rentrer librement ».

N'ayant pas reçu satisfaction, le ministre de Chine revint à la

_____

(1) *Journal du droit international privé*, 1890, p. 420 et s.

charge à plusieurs reprises. Dans sa note du 8 juillet 1889, il rappelle que ce sont les États-Unis qui ont désiré les traités de 1868 et de 1880, que l'attitude du Congrès n'est aucunement justifiée par une action quelconque de la Chine, que cette attitude équivaut virtuellement à la dénonciation de tous les traités existants, et à une invitation à la Chine de cesser toute relation diplomatique et commerciale, que cette attitude enfin constitue un affront fait au gouvernement chinois. Grâce à ces traités, ajoute-t-il, de nombreux Chinois se sont établis aux États-Unis, où ils ont créé des établissements et acquis des propriétés. Les exclure, c'est leur infliger des pertes considérables,

Le 15 juillet 1889 le gouvernement des États-Unis répondit qu'on allait prendre en sérieuse considération les réclamations de la Chine. Quatre jours plus tard, M. Chang-Yen-Hoon se plaignait derechef des obstacles opposés au transit des travailleurs chinois par la douane de la Nouvelle-Orléans.

A ces nouvelles réclamations le département des Finances des États-Unis, à qui le département des Affaires étrangères avait déféré l'affaire, se contenta de répondre qu'on soupçonnait le passage en transit des travailleurs chinois n'être qu'une feinte, qu'en réalité il s'agissait d'une immigration. Il proposait d'imposer aux entreprises de transport de Chinois un cautionnement de 200 dollars pour chaque travailleur, en garantie de l'obligation contractée par elles que ce transport n'aurait lieu qu'en transit. Le 6 décembre 1889, M. Blaine, secrétaire d'État, se rangeait à cette manière de voir dans une note adressée à la légation de Chine. Celle-ci enfin répondit le 16 décembre que les modifications proposées n'infirmaient point les objections présentées dans les notes antérieures, que les travailleurs ne possédant guère la somme demandée, l'exigence d'un cautionnement équivalait à une prohibition et à la violation flagrante des traités.

Les choses en sont là et il n'a toujours pas été fait droit aux réclamations de la Chine (1).

Expulsion. Cas de Mademoiselle de Sombreuil. § 125. Mlle Schneider, dite de Sombreuil, n'est pas française. A deux reprises à la suite d'une condamnation et de démêlés avec un député, elle a été expulsée du territoire français ; depuis, elle

_____

(1) *Message from the President of the United States relative to the execution of laws concerning the Chinese.* Dossiers du 51e Congrès, 1re session ; Sénat, no 41. *Message from the President of the United States in response to Senate resolution of January,* 8th, 1890, *relative to the execution of the laws concerning the chinese.* Même série de dossiers.

a subi quatre condamnations pour avoir enfreint l'arrêté d'expulsion. Lorsqu'elle eut purgé sa dernière condamnation de ce fait, elle déclara être sur le point de se marier avec un Français, d'où il résulterait que l'arrêté d'expulsion deviendrait nul et non avenu. Ne pourrait-on pas dire qu'au moment où l'arrêté d'expulsion a été pris, Mlle de Sombreuil était étrangère et qu'en conséquence l'arrêté doit avoir son effet en dépit du mariage? Suivant M. Clunet (1) ce point de vue est inadmissible. En cette matière, dit-il, il faut se placer au temps de l'exécution et non du commandement. En mettant l'arrêté à exécution après la naturalisation on l'appliquerait à un national. Or un national ne peut être expulsé que par une loi expresse, telle que celle dirigée contre les Orléans et les Bonaparte.

(1) *Journal du Droit international privé*, 1889, p. 249.

LIVRE X

Section I. — DES PERSONNES PHYSIQUES.

Sociétés
anonymes
étrangères.
Législation
française. § 126. Au sujet des sociétés anonymes, nous n'avons à citer qu'un
conflit suscité par l'application du traité de Francfort, puis les résolutions prises, sur cette matière, par l'Institut de droit international (*Droit international*, II, § 727 et s.).

D'après la loi française du 30 mai 1857, les sociétés anonymes
étrangères (*Droit international*, II, § 747) ne peuvent ester en justice
que lorsqu'elles y sont autorisées par un décret ou une loi. Or aucun décret de ce genre n'existe en faveur des sociétés allemandes
autres que celles de Prusse. Si l'article 11 du traité de Francfort a
stipulé, en faveur des sujets des deux nations, le traitement de la
nation la plus favorisée, cette disposition ne peut s'appliquer aux
sociétés anonymes. En conséquence les sociétés anonymes d'Alsace-Lorraine n'ont, du fait de leur origine, aucune personnalité
en France. Tels sont les principes de droit qu'a posés le tribunal
de commerce de la Seine, le 28 mai 1891 dans l'affaire de la Bras-
serie de l'Espérance de Schiltigheim (1). Toutefois la Cour de cassation, par arrêt du 14 mai 1895, vient de fixer la jurisprudence
en sens contraire (2).

Section II. — DES PERSONNES MORALES.

Conflit en
matière de
sociétés ano-
nymes. Vote
de l'Institut
de droit in-
ternational. § 127. Dans sa session de 1891, l'Institut de droit international
a voté, sur la proposition de M. Lyon-Caen, au sujet des conflits
en matière de sociétés par actions, des règles qui peuvent se résumer comme suit :

(1) *Journal du droit international privé*, 1881, p. 969.
(2) *Journal du droit international privé*, 1895, p. 836. V. aussi *infrà*,
p. 161.

Les sociétés par actions légalement constituées dans un pays ont le droit d'ester en justice dans les autres pays, sans autorisation générale ou spéciale. Elles ont le droit d'y faire des opérations et d'y établir des agences. Elles sont régies, même dans les autres Etats, par les lois de leur pays d'origine. Elles ont à remplir les formalités de publicité prescrites par le pays où elles établissent des succursales, mais le défaut d'accomplissement de ces formalités ne rend pas nulles les opérations de ces succursales. Les représentants et administrateurs des sociétés peuvent être déclarés responsables des opérations faites dans un pays, d'après la loi de ce pays. Les émissions sont régies par la loi du pays où elles ont lieu. Le pays d'origine d'une société est celui où elle a établi sans fraude son domicile légal.

Section III. — DU MARIAGE.

§ 128. La législation sur les mariages a été modifiée dans quelques pays, depuis la publication de la 4e édition du *Droit international*. D'autre part il est intervenu, sur cette matière, de nombreuses décisions des Cours de justice, que nous allons résumer et cette législation a fait l'objet d'un vote de l'Institut de droit international (*Droit international*, II, § 749 et s.).

Mariage en Espagne.

En Espagne (*Droit international*, II, § 773) le mariage civil n'est en principe pas admis pour les ressortissants catholiques du pays.

Mais il existe une loi sur le mariage civil applicable aux époux non catholiques et aux *malos catolicos*, c'est-à-dire aux catholiques qui, ayant adopté la forme civile, ne demandent pas la bénédiction nuptiale de l'Eglise. En outre un magistrat civil doit toujours assister au mariage religieux, dont il fait mention dans le registre de l'état civil (1).

§ 129. Dans sa session de Lausanne en 1888, l'Institut de droit international a voté un projet de règlement international des conflits de lois en matière de mariage et de divorce. En voici la substance :

Conflits en matière de mariage et de divorce. Vote de l'Institut de droit international.

La loi qui régit la forme de la célébration du mariage est celle du pays où le mariage est célébré. Sont néanmoins valables les mariages célébrés en pays non chrétiens, conformément aux capi-

(1) *Revue de droit international*, XXIII, p. 30.

tulations, et les mariages diplomatiques ou consulaires célébrés dans les formes prescrites par la loi du pays de qui relève la légation ou le consulat, si les deux parties appartiennent à ce pays. Les mariages contractés à l'étranger doivent être communiqués aux autorités du pays du mari.

Pour que le mariage puisse être célébré à l'étranger, il faut que les futurs remplissent les conditions de leur loi nationale en ce qui concerne : 1° l'âge, 2° les degrés prohibés de parenté, 3° le consentement des parents, 4° les publications. Il pourra être accordé des dispenses par les autorités locales.

Pourront être annulés, les mariages où l'un des époux n'aura pas satisfait aux conditions 1, 2 et 4, et où le futur n'aura pas satisfait à la condition 3.

Les effets du mariage sur l'état de la femme et des enfants nés avant le mariage, se règlent d'après la loi de la nationalité du mari ; il en est de même pour les droits et devoirs des époux entre eux. Le régime des biens des époux embrasse tous les biens mobiliers et immobiliers, sauf les immeubles qui sont régis par une loi spéciale. Les contrats sont régis, quant à la forme, par la loi du lieu où ils furent conclus. A défaut de contrat, la loi du domicile matrimonial régit les droits matrimoniaux des époux. Un changement de domicile est sans influence sur leur régime.

Lorsqu'un mariage, valable dans le pays de l'un des époux, aura été déclaré nul dans le pays de l'autre, le mariage doit être réputé nul.

L'admissibilité du divorce se règle d'après la loi nationale des époux. Les causes qui le motivent sont celles de la loi du lieu où l'action est intentée. Le divorce prononcé sera reconnu valable partout (1).

Affaire Ullee. § 130. La Cour d'appel anglaise a eu à trancher, à propos de mariages musulmans et de polygamie, un cas assez singulier. Sarah Beguin, anglaise, avait épousé en 1875, suivant les rites mahométans, un prince Indou nommé Ullee et il avait été stipulé que les enfants seraient élevés dans la religion du père. Sarah Beguin se croyait la seule femme du prince. En 1880 celui-ci ayant épousé une seconde Anglaise, Sarah Beguin refusa de vivre avec lui. Ullee rentra dans l'Inde avec ses enfants dont il conserva la direction jusqu'à sa mort arrivée en 1884. Dans son testament il avait institué plusieurs Anglais gardiens et tuteurs de ses enfants. Sarah Beguin at-

(1) *Revue de droit international*, XX, p. 597.

laqua cette disposition alléguant l'irrégularité de son mariage et par conséquent l'illégitimité des enfants, ce qui revenait à dire qu'elle avait droit à leur garde. La Cour, se guidant sur l'intérêt des enfants, la débouta de sa plainte (1).

§ 131. Un sujet ottoman, de race grecque et de religion orthodoxe, épouse une sujette russe à la légation russe à Bruxelles, devant un pope russe (*Droit international*, II, § 799). Il n'y a pas de contrat de mariage et les époux vont s'établir en Turquie. Cette union soulève les questions suivantes :

Mariage d'un sujet ottoman et d'une sujette russe à Bruxelles.

Ce mariage est-il valable ?

A le supposer tel, la femme est-elle devenue ottomane.

Dans la même hypothèse, à quel régime matrimonial sont soumis les biens des époux ?

Si le mariage a été célébré sans l'intervention de l'agent diplomatique russe, la première question doit se résoudre comme suit :

Les deux intéressés appartiennent à la même religion, et le mariage n'est sécularisé ni en Russie, ni en Turquie. Dans le premier de ces pays, lorsque les fiancés sont orthodoxes, le droit de les unir appartient au pope ; en Turquie, les infidèles sont autorisés à se marier devant un prêtre de leur religion. Mais faut-il considérer le mariage célébré à Bruxelles comme valable dans le pays d'origine de chacun des époux, si ceux-ci sont de la même religion ?

Evidemment non, dit M. Clunet (2) ; la fiction dexterritorialité ne s'étend point aux prêtres qui desservent la chapelle d'une légation ; elle ne saurait donc faire que le mariage n'ait pas été contracté en Belgique. Or, dans ce pays, le mariage est sécularisé et une peine menace tout prêtre qui bénit le mariage de personnes qui ne se sont pas encore adressées aux pouvoirs civils. En conséquence le mariage est nul d'après la loi belge.

Si, au contraire, l'agent diplomatique russe a coopéré à la célébration du mariage, il faut se demander quelle est la valeur des mariages diplomatiques, et spécialement, lorsque les époux appartiennent à des nationalités différentes, quel est le sort d'un mariage semblable célébré en présence du ministre accrédité auprès du gouvernement étranger par le pays d'origine de la femme. Selon M. Clunet, la meilleure solution serait, à défaut de conventions internationales, que chaque pays reconnaisse aux agents étrangers, sur son propre territoire, la même compétence que celle

(1) *Journal du droit international privé*, 1887, p. 353.
(2) *Journal du droit international privé*, 1892, p. 418.

qu'il attribue à ses propres représentants. Or la Belgique reconnaît à ses représentants le droit de célébrer des mariages entre Belges, ou entre un Belge et une étrangère, mais elle leur dénie toute compétence, lorsque l'époux est de nationalité étrangère et la femme seule de nationalité belge. En conséquence, les auteurs belges qui se sont occupés de la question, pensent que les mariages diplomatiques célébrés en Belgique sont valables, s'ils ont été contractés devant le représentant du pays du mari. Donc il faut considérer comme nul en Belgique le mariage en cause, car il a été célébré par l'agent du pays de la fiancée. En revanche, il est valable en Turquie et en Russie.

Cela admis, quelle est la nationalité de la femme. Elle a perdu sa nationalité russe, mais a-t-elle acquis la nationalité de son mari ? Sur ce point, la loi turque est muette. Quant aux biens des époux, ils doivent être régis par le droit commun auquel, en Turquie, est soumise la fortune des catholiques grecs qui se marient sans contrat.

Mariage contracté par un Français à l'étranger. Cas de Mme Sarah Bernhardt.
§ 132. En 1888, le tribunal de la Seine, statuant dans les contestations qu'a fait surgir le mariage de Mlle Sarah Bernhardt avec M. Damala, mariage conclu à l'étranger, a décidé que le mariage contracté à l'étranger entre Français, ou entre Français et étranger, conformément à la loi du pays (*Droit international*, II, § 750), n'est pas nécessairement nul par défaut de publication en France, à moins que l'omission des publications n'ait eu lieu pour faire fraude à la loi française. La transcription du mariage en France n'est pas exigée à peine de nullité (1).

Affaire Lhérie-Abazaer c. Lhérie-Dumsday.
§ 133. La Cour d'appel de Paris a déclaré nul le second mariage contracté à l'étranger par un Français séparé de corps de sa première femme en France, même s'il a obtenu préalablement le droit de bourgeoisie à l'étranger et s'il y a fait convertir la séparation de corps en divorce conformément aux lois locales. Le second mariage peut alors être déclaré putatif au regard de l'époux de bonne foi.

Dans l'espèce il s'agissait de faire déclarer nul le mariage célébré en Transylvanie, devant un pasteur de l'Eglise réformée entre Paul Lévy, dit Lhérie et Victoire Dumsday. Mais en même temps la Cour a statué que vu la bonne foi évidente de V. Dumsday, le mariage produirait ses effets civils tant à l'égard de celle-ci qu'à l'égard de ses enfants nés à Paris (2).

(1) *Journal du droit international privé*, 1889, p. 644.
(2) *Journal du droit international privé*, 1889, p. 463 et s.

§ 134. B... prêtre catholique et sujet autrichien, sortit de l'Eglise Cas d'un prê-tre catholique autrichien ay-ant contracté mariage à l'é-tranger.
catholique, acquit la nationalité allemande et se maria en 1881 à
Leipzig, après s'être converti au protestantisme avec une Autrichienne devenue également allemande. Puis il revint se fixer à X...
où B... avait antérieurement son domicile. L'évêque de Grat communiqua ce fait aux tribunaux, dénonçant B... comme ayant con-
trevenu à l'article 63 du Code civil autrichien qui interdit le mariage à toute personne ayant appartenu au clergé. Les époux et le
defensor matrimonii opposèrent l'incompétence des tribunaux autrichiens, mais cette opposition fut repoussée dans les trois instances parce qu'évidemment B... n'avait choisi un domicile passager
à l'étranger que pour éluder la loi autrichienne et qu'il n'était pas
certain que les époux eussent abdiqué la nationalité autrichienne
conformément aux règles. En conséquence les tribunaux autrichiens
sont compétents pour ouvrir une enquête sur ces points, le mariage
ayant été peut-être contracté en violation des lois autrichiennes,
et l'enquête présentant un intérêt public (1).

§ 135. Le 10 février 1891 la Cour suprême de Vienne a statué, à pro- Cas des
pos des époux Aloïs, M. et Mme M... habitant Vienne, et demandant époux M...
nullité de leur mariage contracté à Brême, que la loi hongroise qui
interdit aux chrétiens de se convertir au judaïsme ou d'épouser des
personnes de religion juive, est applicable même aux Hongrois qui
se trouvent dans un pays où ces faits sont permis (2).

SECTION IV. — DU DIVORCE.

§ 136. Nous résumons comme suit les décisions des Cours de jus- Divorce en
tice auxquelles ont donné lieu, ces dernières années, les actions Allemagne.
en divorce (*Droit international*, II, § 806 et s.), dans lesquelles
se produisait un conflit de législations.

Le 26 octobre 1891, la Cour suprême de l'Empire allemand a
sanctionné les principes suivants en matière de divorce ; la législation compétente du domicile du mari à l'époque où il a intenté l'action est sans égard au lieu où se sont passés les délits
sur lesquels repose cette action, et sans égard à la législation qui
régit les biens de la communauté. Le juge n'a à se préoccuper que

---

(1) *Journal du droit international privé*, 1888, p. 128.
(2) *Juristische Blatter*, 1891, p. 203.

de la confession des parties et du domicile de l'époux, et non point des dispositions du contrat de mariage (1).

§ 137. Par arrêt du 4 février 1891, la Cour suprême de Vienne a statué dans les termes suivants :

Les tribunaux autrichiens ne sont compétents pour trancher les instances en divorce entre étrangers que si les parties sont domiciliées en Autriche, à moins pourtant que les parties ne se soumettent volontairement à la compétence d'un tribunal autrichien. Mais encore faut-il pour cela que celui-ci soit compétent *ratione materiae*.

Dans l'espèce, il s'agissait d'un mariage célébré à Paris entre deux Suédois domiciliés à Vienne jusqu'en 1886. Depuis lors ils n'avaient pas élu de domicile légal en Autriche et au moment du procès, le mari habitait Paris, la femme, Berlin. Mais le dernier domicile commun avait été Vienne, et de plus les parties avaient accepté la juridiction autrichienne et le tribunal de Vienne était compétent *ratione materiae*. En conséquence la Cour a prononcé le divorce (2).

§ 138. Dans son audience du 9 novembre 1892, le tribunal civil de la Seine a rendu un jugement qui peut se résumer comme suit : Les tribunaux français sont compétents pour connaitre d'une demande en divorce formée par un mari qui s'est fait naturaliser français depuis son mariage, et qui précédemment appartenait à un pays où le divorce n'est pas admis. En matière civile personnelle, l'étranger peut être traduit devant les tribunaux français à la requête d'un demandeur français. D'après le Code civil italien, la femme de celui qui a perdu la qualité de citoyen, devient étrangère, à moins qu'elle ne continue à résider en Italie. Sous ce rapport, ce Code ne distingue pas entre la femme séparée de corps et celle qui ne l'est pas.

Il s'agissait du fils du comte Menabrea, qui a épousé en Angleterre une Anglaise, Mme veuve Dlayd. En 1888 le tribunal de Turin prononça la séparation de corps. Puis le comte, s'étant fait naturaliser Français, introduisit une demande en divorce. Le tribunal de la Seine n'a pas admis l'exception d'incompétence opposée par la demanderesse, et cela pour les motifs suivants :

Le défendeur, étant devenu français, jouit des prérogatives afférant à cette qualité. C'est en vain que la demanderesse prétend

---

(1) *Zeitschrift für internationales Privat und Strafrecht*, II, p. 473.
(2) *Juristische Blatter*, 1891, p. 156.

que cette naturalisation n'a eu d'autre but que de se soustraire à
la loi italienne qui n'admet pas le divorce ; d'autant plus que la
naturalisation ne la rend pas solidaire du changement de statut
personnel du défendeur. De plus la demanderesse ne justifie d'aucun domicile ni en France, ni en Italie, et dans ce pays, la femme
de celui qui a perdu l'indigénat devient étrangère, à moins qu'elle
ne réside en Italie. Enfin le Code italien ne distingue pas entre la
femme séparée de corps et celle qui ne l'est pas. Pour ces motifs,
le tribunal se déclare compétent (1).

Appel de ce jugement ayant été interjeté, la Cour d'appel de
Paris a le 12 mai 1893, sur les conclusions de M. l'avocat général
Jambois, rendu un arrêt qui peut se résumer ainsi :

Les tribunaux français sont compétents pour connaitre d'une demande en divorce formée par un mari qui s'est fait naturaliser
français depuis son mariage et qui précédemment appartenait à un
pays, l'Italie en l'espèce, dont la législation n'autorise pas le divorce.

Un décret de naturalisation a pour effet de fixer la nationalité de
l'intéressé du jour même de sa date et non du jour de son inser-
tion dans le bulletin des lois.

En matière civile purement personnelle, l'étranger défendeur
peut être traduit devant les tribunaux français, à la requête du demandeur français.

En conséquence l'appel formé pour Mme de Menabrea contre le
jugement du tribunal de la Seine fut rejeté et le jugement du 9 novembre 1892 confirmé (2).

§ 139. Mais Mme de Menabrea s'étant pourvue en cassation con- *Arrêt de la*
tre cet arrêt, la Cour suprême a cassé l'arrêt de la Cour d'appel de *Cour de cas-*
Paris en consacrant les principes suivants : *sation.*

La qualité de français n'est acquise que du jour où a été régulièrement publié le décret de naturalisation qui confère cette qualité. Les actes qui la supposent ne sauraient être valablement faits
tant que la publication n'a pas eu lieu, de même qu'ils ne sauraient
être régularisés par une publication ultérieure. Il en est ainsi notamment en ce qui concerne l'article 14 du Code civil. Spécialement, la femme étrangère peut faire déclarer irrecevable la demande en divorce formée contre elle par son conjoint avant la date

(1) *Journal du droit international privé*, 1892, p. 1155.
(2) *Journal du droit international privé*, 1893, p. 847.

de publication du décret de naturalisation qui le concerne (Cass.,
16 juillet 1894) (1).

§ 140. La Cour d'appel d'Amiens a statué comme suit dans l'action en divorce intentée par la dame Coignet, devenue Belge par
suite de son mariage avec le sieur Coignet : la juridiction française
est incompétente pour statuer entre étrangers plaidant sur une
question de statut personnel, spécialement de divorce. Le domicile de fait de l'étranger en France ne saurait être assimilé à celui
établi dans les conditions de l'article 13 du Code civil, mais les
tribunaux français sont compétents pour ordonner les mesures
provisoires préalables à une instance en divorce.

§ 141. D'après une décision de la Haute Cour de justice anglaise,
Division du Banc de la Reine, le jugement de divorce rendu à l'é-
tranger entre sujets anglais, ne peut produire effet, en Angleterre,
que si le mari avait réellement et de bonne foi transporté son domicile à l'étranger ; sinon le tribunal étranger serait incompétent.
Et fût-il compétent, la juridiction anglaise aurait toujours à rechercher si ce tribunal a eu une connaissance suffisante des faits :
sinon son jugement ne pourra produire effet en Angleterre.

Il s'agissait du divorce du sieur H. Gastrell, prononcé entre lui
et sa femme par le tribunal de Wiesbaden (2).

Mariage en-
tre Américain
et Anglaise.
Divorce Fur-
ner, femme
Thompson
c. Thompson.

§ 142. La Haute Cour de justice anglaise a décidé, dans l'affaire
Furner contre Thompson, que la non-consommation du mariage
rend celui-ci annulable, mais non radicalement nul, et que les tribunaux anglais doivent admettre la validité du divorce prononcé
pour ce motif aux Etats-Unis entre un Américain et une Anglaise,
dont le mariage a été célébré en Angleterre, mais qui sont domiciliés aux Etats-Unis.

En 1879, P. Furner, une Anglaise, demanda à la Cour suprême de
Colombie son divorce avec l'Américain P. Thompson, en invoquant
l'impuissance de celui-ci. Le mariage fut dissous, mais P. Furner,
étant retournée en Angleterre, se figura que cette décision n'aurait
pas d'effet dans ce pays et y introduisit une action en nullité de
mariage contre son mari. La décision de la Cour anglaise se base
entre autres sur ce que la demanderesse, ayant longtemps vécu
en Amérique, devait être considérée comme domiciliée dans ce
pays et ayant abandonné son domicile d'origine.

§ 143. Guillaume Fl. né à Stockholm, contracta un mariage civil
à Paris. Les deux époux étaient luthériens et de nationalité sué-

(1) *Journal du droit international privé*, 1894, p. 1023.
(2) *Journal du droit international privé*, 1891, p. 262.

doise. Le mariage civil ne fut suivi d'aucune bénédiction religieuse. Les époux rentrèrent à Stockholm, mais la désunion s'étant mise entre eux, Mme Fl. retourna à Paris, sur quoi M. Fl. fit assigner sa femme devant le tribunal de 1ʳᵉ instance de Stokholm pour avoir méchamment abandonné son mari et quitté le royaume sans esprit de retour. Il demandait en conséquence le divorce légal. Mme Fl. y consentit et le tribunal prononça le divorce. Mais quand M. Fl., conformément à la loi suédoise, s'adressa au consistoire de Stockholm, afin d'obtenir la lettre de divorce sur la présentation de la sentence intervenue, le consistoire repoussa la demande sous prétexte que le mariage avait été contracté en pays étranger devant une autorité civile.

M. Fl. se pourvut alors auprès du Roi qui prit l'avis de la Cour suprême, avant de se prononcer. Cette Cour déclara que les dispositions des lois en vigueur relatives à l'expédition des lettres de divorce ne sont pas applicables aux mariages contractés au civil seulement sans bénédiction religieuse, et que par conséquent il n'y avait pas lieu de modifier la résolution du consistoire. Le roi confirma cette décision. Il y a donc lieu d'admettre qu'à l'avenir une lettre de divorce n'est pas nécessaire en Suède pour la dissolution des mariages civils, et que le défaut de pareille lettre ne constitue pas, pour les époux divorcés, un empêchement à contracter un nouveau mariage (1).

Section V. — DU DROIT DE FAMILLE.

§ 144. Nous résumons ici les faits qui se sont produits, depuis 1888, dans la question de la recherche de la paternité, de la tutelle et de l'interdiction (*Droit international*, II, § 818 et s.)

Recherche de la paternité. Conflits de législation.

Les tribunaux badois et la Cour suprême de l'Empire allemand ont eu à s'occuper des conflits de législation résultant de la recherche de la paternité (*Droit international*, II, § 826). Cette Cour, jugeant en dernier ressort, a décidé qu'en vertu du droit badois cette recherche doit être jugée d'après la législation du pays dont le père était ressortissant lors de la naissance de l'enfant qui intente l'action. Il s'agissait, dans l'espèce, d'un enfant né en Saxe d'un père badois, qui à l'époque de la conception, était domicilié en Saxe (2).

(1) D'Olivecrona dans le *Journal du droit international privé*, 1888, p. 43.
(2) *Zeitschrift für internationales Privatrecht*, vol. 3, p. 62.

§ 145. M. E. Lehr s'est livré, à la demande de l'Institut de droit international, à une étude sur la tutelle des mineurs en droit international privé, spécialement dans le cas où ils n'ont conservé dans leur pays d'origine, aucun lien de droit attributif de compétence, (*Droit international*, II, § 833). Cette étude peut se résumer comme suit :

La tutelle est régie par la loi nationale. Lorsque le mineur n'a aucun domicile dans son pays d'origine et que par conséquent on ne peut constituer la tutelle dans ce pays, ou lorsqu'il possède des biens à l'étranger, ce sont les agents diplomatiques ou consulaires qui pourvoient à l'organisation de la tutelle à l'étranger, conformément à ladite loi. Mais si le mineur a des parents ou alliés dans son pays, la tutelle est réputée s'ouvrir au domicile du parent ou, en seconde ligne, de l'allié le plus proche.

A défaut d'agent diplomatique ou consulaire, la tutelle est organisée d'après la loi du domicile par les autorités dudit, et la tutelle s'ouvre d'après ladite loi. Elle prend fin à l'époque ou pour les causes prévues par la loi nationale. Les personnes à qui la loi nationale confie la tutelle légale, sont admises à l'exercer, même si la loi locale ne les y autorise pas.

En attendant la nomination d'un tuteur c'est l'agent diplomatique ou l'autorité locale qui exerce les fonctions.

Lorsqu'un étranger résidant dans un pays laisse des mineurs, la personne qui tient le registre des décès doit en informer les autorités tutélaires de ladite résidence. Celles-ci en avertissent le ministère des Affaires étrangères qui transmet l'avis à la mission diplomatique ou au gouvernement du pays du défunt. Si la localité où résidait le défunt, est comprise dans une circonscription consulaire de l'État dont il ressort, l'avis des autorités locales doit être adressé au consul, qui met la famille des mineurs en demeure de lui faire savoir s'il y a possibilité de faire constituer une tutelle dans le pays d'origine ou s'il faut la faire constituer par le consulat. Dans le premier cas, le consul est déchargé de tout devoir ultérieur ; dans le second, le consul procède au lieu et place des autorités tutélaires de son pays. S'il ne peut trouver de tuteur, les autorités locales avisées en désignent un.

Les actes de la tutelle des consuls ou des autorités tutélaires locales sont inscrits dans un registre spécial (1).

---

(1) *Revue de droit international*, XXI, p. 141.

§ 146. La Cour d'appel de Bruxelles a consacré, le 5 juin 1891, les principes suivants :

Lorsqu'on se trouve en présence de deux tuteurs, l'un nommé au Chili, l'autre en Belgique, mais que la tutelle établie en Belgique est contraire aux lois chiliennes, c'est-à-dire au statut personnel des mineurs de nationalité chilienne, la tutelle chilienne viole les lois belges, celles-ci respectant le statut personnel des étrangers et ne connaissant pas la pluralité des tutelles. L'autorité belge peut, il est vrai, organiser provisoirement une tutelle en faveur de mineurs étrangers, lorsqu'il y a urgence ; mais on ne saurait admettre cette faculté, lorsque ces mineurs ont déjà un représentant légal, dont l'action peut s'exercer sur le territoire belge. Ce qui touche à la validité des tutelles est d'ordre public et ne peut faire l'objet d'acquiescement ou de transaction. Il s'agissait, dans l'espèce, des mineurs Chacon, Chiliens par la nationalité de leur père, munis d'un tuteur au Chili, et résidant en Belgique, où on leur avait nommé un tuteur provisoire, en l'absence du tuteur chilien (1).

§ 147. Dans l'affaire Baudry contre Ephrussi, le tribunal civil de la Seine a décidé qu'un étranger ne saurait être tuteur ou subrogé tuteur en France, à moins d'avoir obtenu l'autorisation d'établir son domicile dans ce pays ; mais que le principe doit fléchir, lorsque la personne nommée tutrice est rattachée au mineur par les liens d'une étroite parenté. L'autorisation d'établir son domicile est du reste sans effet, quand elle est postérieure à l'ouverture de la tutelle (*Droit international*, II, § 834).

Il s'agissait, dans l'espèce, du testament par lequel P. Baudry confiait la qualité de co-tuteur à M. Ch. Ephrussi, qu'aucun lien de parenté ne rattachait aux mineurs. Celui-ci avait, il est vrai, obtenu l'autorisation de fixer son domicile en France, mais seulement après le décès de Baudry, de sorte qu'au moment où la tutelle s'est ouverte, le co-tuteur n'avait pas capacité pour remplir les fonctions à lui confiées (2).

§ 148. Le 24 mai 1892, la Cour suprême de l'Autriche a consacré le principe suivant : En matière de majorité et de mise sous tutelle d'enfants d'un émigrant, qui n'a pas acquis droit de cité en Autriche, est compétente la législation de l'État étranger en cause. Il s'agissait dans l'espèce d'un émigrant serbe établi en Autriche. Cet émigrant n'étant pas naturalisé en Autriche, avait en conséquence conservé sa nationalité, d'où il résulte que, pour la majorité

[marginal notes:] Pluralité de tutelles. Affaire des mineurs Chacon. Cour d'appel de Bruxelles.

Tutelles exercées par des étrangers. Affaire Baudry c Ephrussi

Majorité. Tutelle. Cour suprême de l'Autriche.

(1) *Journal du droit international privé*, 1892, p. 752.
(2) *Journal du droit international privé*, 1889, p. 478.

et la mise sous tutelle des enfants laissés par lui, c'est la loi serbe qui est applicable (1).

§ 149. Dans sa session de Genève en 1892 l'Institut de droit international s'est occupé de la tutelle des majeurs et a adopté les résolutions suivantes :

I. L'interdiction des majeurs est régie, dans ses conditions et dans ses effets, par leur loi nationale.

II. Sauf les cas prévus aux articles suivants, l'interdiction ne peut être prononcée que par les autorités compétentes du pays auquel la personne à interdire appartient par sa nationalité.

Les autorités du pays où elle réside peuvent toutefois ordonner toutes mesures conservatoires ou provisoires, soit quant à la personne, soit quant aux biens.

III. Sauf les dispositions d'ordre public, l'interdiction prononcée par les autorités qui sont compétentes suivant la loi nationale, produit son effet dans tout autre pays sans homologation préalable.

L'effet de l'interdiction sur le territoire étranger peut être subordonné vis-à-vis des tiers à des mesures de publicité analogues à celles que prescrit la loi locale pour l'interdiction des nationaux.

IV. Toutes les fois que les autorités du pays auquel appartient un étranger ne peuvent pas, pour une cause quelconque, statuer sur la demande d'interdiction ou se déclarent incompétentes, celles du pays où cet étranger réside, deviennent compétentes pour prononcer l'interdiction.

V. Toutes les fois que, d'après l'article 2, les autorités de la résidence sont saisies d'une demande en interdiction d'un étranger, elles doivent, avant de statuer, exiger qu'il soit justifié qu'elle a été portée à la connaissance de la légation ou du consulat intéressé et qu'un délai lui a été indiqué pour présenter contre la demande les observations ou exceptions qu'il jugerait opportunes.

VI. La légation ou le consulat, avant de répondre, prend l'avis des autorités compétentes du pays de la personne qu'il s'agit d'interdire.

VII. Lorsque les autorités étrangères sont compétentes pour statuer sur une demande d'interdiction, elles suivent, pour l'instruction de l'affaire, la même procédure que s'il s'agissait d'une personne du pays ; mais elles ne peuvent prononcer l'interdiction que pour les causes admises par la loi nationale du défendeur, et l'interdiction produit les effets que lui attribue la loi.

(1) Zeitschrift für internationales Privat und Strafrecht, II, p. 492.

Marginal note: Tutelle des majeurs. Institut de droit international.

VIII. Les dispositions qui précèdent s'appliquent à toutes les mesures restrictives de la capacité des majeurs (tutelle, curatelle, conseil judiciaire).

La protection de l'incapable est organisée par les autorités étrangères d'après le mode qui se rapproche le plus de celui qu'auraient adopté les autorités de son pays ; et la surveillance de l'incapable est confiée, autant que possible, aux personnes qu'y appelle la loi dudit incapable, encore qu'elles n'y aient pas un droit absolu d'après la loi locale.

Dans sa session de Cambridge en 1895, l'Institut de droit international s'est de nouveau préoccupé de la question de la tutelle des majeurs et après discussion, a adopté, à part quelques modifications de rédaction et une extension de l'article 7, les règles précédemment adoptées.

§ 150. Dans sa séance du 8 septembre 1891, à Hambourg, il a voté les principes suivants concernant la tutelle des mineurs étrangers.

Mineurs étrangers. Vote de l'Institut de Droit international.

I. La tutelle des mineurs est régie par leur loi nationale.

Cette loi détermine l'ouverture et la fin de la tutelle, son mode de délation, d'organisation et de contrôle, les attributions et la compétence du tuteur.

II. Lorsque le mineur n'ayant conservé dans son pays d'origine aucun domicile et n'étant plus rattaché à lui par aucun lien de droit attributif de compétence, il est impossible de constituer la tutelle dans ledit pays, l'agent diplomatique ou consulaire de sa nation dans la circonscription duquel la tutelle s'est ouverte de fait, exerce les attributions conférées par la loi nationale aux autorités tutélaires de la métropole et pourvoit à l'organisation de la tutelle conformément à ladite loi.

Toutefois si le mineur n'a plus personnellement aucun domicile attributif de compétence dans son pays, mais y possède des parents ou alliés jusqu'au quatrième degré inclusivement, la tutelle est réputée s'ouvrir au domicile du parent ou de l'allié le plus proche, le parent ayant le pas sur l'allié à égalité de degré.

Le deuxième alinéa du présent article ne s'applique pas aux pays dans lesquels la famille demeure étrangère à la constitution de la tutelle, et où la juridiction des tribunaux est formellement subordonnée au fait que le mineur se trouve personnellement domicilié dans leur ressort.

III. A défaut d'agent diplomatique ou consulaire du pays auquel ressortit le mineur ou si, vu les circonstances, cet agent est hors d'état d'organiser la tutelle conformément à la loi de son pays, la tutelle est organisée conformément à la loi du domicile par les soins des autorités tutélaires du pays.

Elle s'ouvre alors d'après les dispositions de ladite loi, nonobstant celles de la loi nationale. Elle prend fin à l'époque et pour les causes prévues par la loi naturelle.

Dans les pays où il existe une tutelle légale, les personnes à qui la loi confère la tutelle légale, sont admises à l'exercer, encore que la *lex loci* ne reconnaisse pas ce droit aux indigènes.

Dans les pays où la tutelle est conférée par l'autorité, les personnes à qui la loi nationale confère la tutelle légale seront investies de la tutelle, dans la mesure que le juge trouvera possible.

IV. La tutelle organisée conformément aux dispositions qui précèdent est réputée, dans les deux pays, régulièrement organisée, à l'exclusion de toute autre.

Toutefois, si les raisons de droit ou de fait qui ont empêché de constituer la tutelle dans le pays du mineur viennent à disparaître par la suite, et qu'il devienne possible de l'y constituer, les autorités nationales auront en tout temps le droit de le faire ou de le permettre, à condition d'en avertir préalablement les autorités étrangères qui y avaient pourvu, conformément au présent règlement. Les tuteurs qui avaient été nommés par celles-ci seront relevés de leurs fonctions conformément à la *lex loci*, la validité des actes desdits tuteurs sera approuvée conformément à la même loi.

V. En attendant l'organisation régulière de la tutelle et pour les actes d'administration urgents, les pouvoirs du tuteur sont dévolus à l'agent diplomatique ou consulaire et à son défaut aux autorités tutélaires locales.

SECTION VI. — DES SUCCESSIONS.

Traité franco-suisse. Affaire Cazanova.

§ 151. Nous n'avons à signaler, dans ce domaine, qu'un arrêt relatif au traité franco-suisse et une décision du Comité judiciaire du Conseil privé anglais (*Droit international*, II, § 841 et s.).

Aux termes du traité franco-suisse de 1869, les tribunaux suisses ont compétence pour connaître des contestations relatives au partage et à la liquidation de la succession testamentaire ou *ab intestat* d'un Suisse décédé en France ; et pour le partage et la vente des immeubles, on doit se conformer aux lois du pays de leur situation, ce qui revient à dire que les successions mobilières sont réglées par la loi du domicile d'origine et le statut personnel du défunt. En vertu de ce principe, les héritiers légitimes, ressortissants suisses, peuvent réclamer, sur les meubles laissés en France par le testateur, la réserve ou légitime que leur accorde la loi suisse, lors même que le testateur aurait institué des légataires universels qui, aux termes de la loi française, auraient droit à la totalité de la succession.

Dans l'affaire Cazanova, la Cour de Poitiers a rendu un arrêt conforme aux principes ci-dessus (1).

§ 152. Le comité judiciaire du Conseil privé anglais a décidé que les tribunaux consulaires anglais des Echelles du Levant sont compétents pour connaître de la succession d'un étranger qui s'est placé sous la protection de l'Angleterre, et que cette succession est régie par la loi du domicile du *de cujus*.

Compétence des tribunaux consulaires. Succession Messih. Opinion du Comité judiciaire du Conseil privé anglais.

A. Y. A. Messih, né à Bagdad, s'établit au Caire et durant son séjour dans cette ville il fut constamment sous la protection de l'Angleterre. En 1876 il s'était marié conformément à la loi anglaise, et en 1882 il institua sa femme légataire par testament. Deux proches parents du mari ayant attaqué le testament, le comité judiciaire rendit l'arrêt ci-dessus, se basant sur ce que, d'après la loi anglaise, le statut personnel ne dépend pas de la nationalité, mais du domicile, et que par conséquent c'est la loi du domicile du testateur qui régit les questions relatives à sa succession (2).

(1) *Journal du droit international privé*, 1890, p. 300.
(2) *Journal du droit international privé*, 1889, p. 490-1.

LIVRE XI

CONFLIT DES LOIS DE PROCÉDURE CIVILE.

Voir *Droit international*, I, § 537 et s.

SECTION I. — DU POUVOIR JUDICIAIRE.

Application des lois étrangères. § 153. Dans quelle mesure les nations sont-elles tenues d'appliquer chez elles une loi étrangère ? Quelles sont les formalités à remplir dans ce cas ? M. Féraud-Giraud discute ces deux questions dans une savante étude (1). L'auteur estime que cette application ne porte point atteinte à la souveraineté des Etats, et, du reste, elle est consacrée par le fait que toutes les nations établissent une différence entre le régime de leurs nationaux et celui des étrangers, qu'elles placent dans bien des cas, hors de la loi nationale.

Preuve des lois étrangères. § 154. Pour ce qui est de la preuve des lois étrangères, on doit admettre les certificats officiels délivrés par des consuls ou des agents diplomatiques, les déclarations du ministre de la Justice, d'avocats, de notaires ou de magistrats, les consultations signées par des jurisconsultes, la notoriété ou le témoignage unanime des auteurs, les parères en matière commerciale.

Par loi étrangère, il faut entendre non seulement les lois proprement dites, mais tous règlements officiels, les ordonnances ministérielles, les décrets, les firmans du gouvernement égyptien, enfin les coutumes et usages régulièrement constatés.

République Argentine. Loi fédérale. § 155. A citer, dans cette sphère, la nouvelle législation argentine, les décisions de l'Institut de droit international et trois sentences de Hautes Cours de justice (*Droit international*, II, § 873 et s.).

(1) *Revue de droit international*, t. XXIV, p. 233.

Le Code voté par le Congrès argentin admet l'application des lois étrangères pour régler la capacité ou l'incapacité des personnes domiciliées hors du territoire de la République, pour les actes et contrats faits hors du lieu du domicile, pour les formes et solennités des contrats accomplis à l'étranger. Mais il établit que cette application n'aura lieu qu'à la requête de la partie intéressée, sauf dans le cas où il s'agit de lois dont l'affirmation est obligatoire en vertu d'un traité international conclu par la République. Naturellement les lois étrangères ne sont pas applicables, lorsqu'elles sont en opposition avec le droit public ou criminel de l'Argentine.

§ 156. Dans sa session de Hambourg, en 1891, l'Institut de droit international a voté les résolutions suivantes au sujet de la preuve des lois étrangères : *Preuve des lois étrangères.*

I. L'Institut déclare :

1º Que, dans l'état actuel de la science du droit et des rapports internationaux, et en présence du plus grand nombre de lois élaborées dans les pays civilisés, la preuve des lois étrangères ne peut être une question de fait abandonnée à l'initiative des parties ;

2º Qu'il est nécessaire de fixer des règles générales et uniformes à substituer aux différents usages qui sont en vigueur :

II. L'Institut émet le vœu que, par accords internationaux, les Etats s'obligent à l'application des règles suivantes :

a) Quand, dans un procès civil, il y a nécessité d'appliquer une loi étrangère sur l'existence et la teneur de laquelle les parties ne sont pas d'accord, le juge, le tribunal ou la cour, sur la demande des parties ou d'office, déclarera, dans une décision préparatoire, quels sont les lois ou les points de droit nécessaires pour vider l'affaire ;

b) Le juge ou le président délivrera, dans le plus court délai possible, des lettres rogatoires qui, par l'intermédiaire du ministère de la Justice et du ministère des Affaires étrangères, seront remises au ministère de la Justice de l'État dont on veut connaître les lois ou certains points de droit ;

c) Le ministère de la Justice de ce dernier État répondra à la demande faite, en s'abstenant de tout conseil ou avis sur toute question de fait, et en se bornant à attester l'existence et la teneur des lois ;

d) Dès que les textes des lois et les certificats auront été remis au tribunal, ils seront déposés au greffe, et, sur requête de la partie la plus diligente, la procédure reprendra son cours.

Section II. — DES JUGEMENTS ÉTRANGERS.

Jugements étrangers. Affaire Albertini c. Mallet et Cie.

§ 157. Dans son audience du 18 novembre 1891 la Cour de cassation française a posé le principe suivant : « Un tribunal français ne peut, sans méconnaitre un principe d'ordre public, donner l'exequatur à un jugement étranger qui est la contradiction formelle d'une décision de la justice française ». Dans l'espèce, il s'agissait d'un jugement du tribunal de commerce de Rome dont l'exécution était demandée à la Cour d'appel de Paris. Le jugement condamnait Mallet et Cie à remettre à Albertini, en la qualité par lui prise de légataire de la veuve Crindart, certaines valeurs dont la défunte les avaient constitués dépositaires. Mais Mallet et Cie s'en étaient déjà dessaisis entre les mains d'autres légataires envoyés en possession par le tribunal de Versailles. La Cour d'appel de Paris ne pouvait donc ordonner de mettre à exécution contre Mallet et Cie un jugement en contradiction avec celui de Versailles. Donc la Cour de Paris a bien jugé en déboutant Albertini (1).

Exécution des jugements étrangers en France. Affaire Halphen c. Lowel et Jurgens.

§ 158. Sur les conclusions de M. l'avocat général Desjardins, la Cour de cassation française a proclamé dans sa séance du 9 février 1892, les principes suivants, à propos de l'affaire Halphen contre Lowel et Jurgens :

Les décisions judiciaires rendues contre un Français, au profit d'un étranger, par un tribunal étranger, sont soumises, quand l'exécution en est demandée en France, à la révision des tribunaux français, qui ont le droit et le devoir de les examiner tant dans la forme qu'au fond.

L'étranger, demandeur à fin d'*exequatur*, est obligé, par cela seul qu'il est demandeur, de faire connaître au tribunal saisi de sa demande, non seulement les conditions de fait et de droit dans lesquelles a été rendu le jugement dont il se prévaut, mais encore tous les effets légaux que doit entrainer son exécution, suivant la loi étrangère, alors qu'il n'en est point fait mention dans le dit jugement.

Il s'agissait, dans l'espèce, d'un jugement prononcé par la Haute Cour de justice anglaise contre Halphen (2).

En Belgique.

Dans le même ordre d'idées, la Cour d'appel de Bruxelles a sanctionné, le 27 novembre 1891, le principe suivant :

(1) *Journal du droit international privé*, 1892, p. 667.
(2) *Journal du droit international privé*, 1893, p. 541.

« Les tribunaux belges doivent examiner le fond des décisions des juges étrangers, à moins qu'il n'existe, entre la Belgique et le pays où la décision a été rendue, un traité conclu sur la base de la réciprocité ».

Cela revient à dire que les tribunaux belges ont toujours à examiner le fond des décisions étrangères, la Belgique ayant négligé de conclure avec d'autres pays des conventions relatives à l'exécution des jugements étrangers (1).

§ 159. Une loi votée en 1878 par le Corps législatif de la province de Buenos-Ayres, tout en admettant en principe l'exécution des jugements étrangers, impose la réciprocité et refuse tout effet aux jugements rendus dans les pays qui n'exécutent pas ceux émanant des tribunaux argentins. On peut cependant demander l'*exequatur* à la justice,

République Argentine. Législation spéciale de la province de Buenos-Ayres.

Il faut que les jugements étrangers aient été rendus à la suite de l'exercice d'une action personnelle, et non sur défaut du défendeur qui doit être domicilié dans la République Argentine ; il faut que l'obligation soit valable d'après les lois argentines et que le jugement satisfasse aux conditions exigées par la loi du pays où il a été rendu pour être réputé exécutoire, et par les lois argentines, pour présenter le caractère d'authenticité (2).

§ 160. La Cour d'appel de Nancy a rendu en 1887, en vertu de la convention entre la France et le Grand-duché de Bade et de la convention qui en étend l'effet à l'Alsace-Lorraine (*Droit international*, II, § 877), un arrêt portant en substance ce qui suit ;

Affaire Cunin.

La femme française mariée à un Français devenu allemand par suite de la cession de l'Alsace-Lorraine et qui n'a pas opté elle-même pour la France, n'a d'autre domicile légal que celui de son mari. En conséquence en cas de décès de la femme, c'est le tribunal du domicile du mari qui est compétent pour connaître du testament de la femme, et l'exequatur doit être donné aux jugements des tribunaux d'Alsace-Lorraine relatifs aux contestations qui pourraient découler de ce testament. Les tribunaux français n'ont pas à examiner le fond de la cause, mais seulement la question des frais, la taxe ne statuant sur aucun litige (3).

§ 161. D'après l'article 661 du Code de procédure civile allemand,

En Allemagne.

(1) *Journal du droit international privé*, 1893, p. 607.

(2) A. Palomeque, dans le *Journal du droit international privé*, 1879. p. 519 et s.

(3) *Journal du droit international privé*, 1889, p. 632 et s.

interprété par la Cour suprême de Bavière, il y a lieu de refuser l'exequatur aux sentences rendues dans un pays dont la législation considère comme non avenus les jugements allemands. Les sentences émanant de Conseils arbitraux régulièrement organisés sont assimilables aux jugements des tribunaux ordinaires pour ce qui est de la condition de la réciprocité exigée pour leur exécution (1).

SECTION III. — COMMISSIONS ROGATOIRES.

Exécution des commissions Rogatoires en France.

§ 162. Au sujet des commissions rogatoires (*Droit international*, II, § 889 et s.), le ministre de la Justice de France a délivré, le 19 décembre 1891, aux procureurs généraux une circulaire ayant pour but de simplifier les règles à suivre dans l'accomplissement de ces mandats judiciaires. Nous empruntons ce qui suit à ce document : Les frais causés par ces mandats tombant à la charge du Trésor français, il convient de les restreindre dans la limite du possible. Il est donc inutile d'abord de provoquer une décision par laquelle le tribunal délégué déclare accepter la commission rogatoire, formalité qui a été en général déjà supprimée à l'étranger. Si la condition doit être exécutée par le tribunal lui-même, le substitut qui en est chargé, doit se borner à prendre les mesures nécessaires pour que l'opération puisse se faire au jour déterminé. La désignation du juge sera faite par le président du tribunal. Il peut choisir un commissaire de police ou un maire. Toute convocation à des particuliers en suite d'une commission rogatoire doit se faire par la voie administrative ou par billet d'avertissement. L'intervention de l'huissier est inutile. En cas de non-comparution, il est dressé procès-verbal.

Les pièces constatant l'exécution de la commission seront transmises dans le plus bref délai au ministre de la Justice. Il ne convient pas d'y joindre le texte des réquisitions du tribunal étranger et leur traduction. Ces pièces doivent être conservées au greffe. A l'envoi au ministre sera joint un état détaillé des frais exposés Enfin le ministre insiste sur la nécessité de décliner les commissions rogatoires concernant des diligences que les intéressés peuvent accomplir d'eux-mêmes, sans l'intervention du juge. Il ne

(1) *Penffert's Archiv.*, vol. 46, n° 75.

sera fait d'exception à cette règle que quand les tribunaux étrangers demandent qu'il soit adressé certaines modifications ou significations, bien que les intéressés soient à même de prendre les
mesures propres à donner satisfaction au tribunal étranger. Il ne
s'agit en effet, sous une forme un peu différente, que de la remise
d'un acte judiciaire (1).

(1) *Journal du droit international privé*, 1862, p. 566.

LIVRE XII

CONFLIT DES LOIS COMMERCIALES, ACTES DE COMMERCE

Voir *Droit international*, II, § 538 et s.

Congrès des Sociétés par actions. § 163. Le Congrès international des sociétés par actions, tenu à Paris en 1889, a émis plusieurs vœux qui entrent dans le 'droit international. Voici le résumé de ses décisions à cet égard :

Toute société a une nationalité qui est déterminée par la loi du lieu où la société a été constituée ou aura fixé son siège. Ce siège ne peut être que dans le pays où la société a été constituée. Les questions relatives à la constitution d'une société, à son fonctionnement, à la responsabilité de ses organes doivent être résolues d'après la loi nationale de cette société. Les règles sur l'émission d'actions et d'obligations doivent s'appliquer dans un pays, quelle que soit la nationalité de la société qui fait appel au public. Une société constituée dans un pays doit pouvoir contracter, agir en justice et faire des opérations dans les autres pays. Les sociétés étrangères qui veulent établir des agences dans un pays doivent être soumises à des formalités de publicité, et leurs agents doivent être responsables comme s'ils géraient une société indigène. Les agences doivent être soumises à un régime spécial, dans le cas où les sociétés indigènes sont soumises à pareil régime.

Sociétés par actions. Institut de droit international. § 164. L'Institut de droit international dans sa session de Hambourg, en 1891 (*Droit international*, II, § 899 et s.) a adopté les règles suivantes pour résoudre les conflits de lois concernant les sociétés par actions.

I. Les sociétés par actions constituées conformément aux lois de leur pays d'origine, ont, sans qu'une autorisation générale ou spéciale leur soit nécessaire, le droit d'ester en justice dans les autres pays.

Elles ont le droit d'y faire des opérations en observant les lois et règlements d'ordre public, d'y établir des agences ou sièges quelconques d'opérations.

II. — Le fonctionnement des sociétés par actions, les pouvoirs, les obligations et la responsabilité de leurs représentants, sont régis, même dans les autres États, par les lois du pays d'origine de ces sociétés.

III. — Les sociétés par actions qui établissent des succursales ou sièges d'opérations dans un pays étranger doivent y remplir les formalités de publicité prescrites par les lois de ces pays.

Le défaut d'accomplissement de ces formalités ne rend pas nulles les opérations faites par les succursales. Mais les administrateurs et représentants des sociétés peuvent être déclarés responsables, d'après la loi du pays où la contravention a été commise, de toutes les opérations faites dans ce pays.

IV. — Les conditions légales, soit des émissions, soit des négociations d'actions ou obligations des sociétés étrangères, sont celles qu'exige la loi du pays dans lequel ces émissions ou négociations ont lieu.

V. — On doit considérer comme pays d'origine d'une société par actions le pays dans lequel a été établi sans fraude le siège social légal.

§ 165. Le 14 mai 1895 la Cour de Cassation de France a, sur les conclusions de M. l'avocat général Desjardins, rendu un arrêt pouvant se résumer ainsi (1) (*Droit international*, II, § 899 et s.).

Sociétés allemandes. Action en justice en France.

1° L'autorisation exigée des sociétés étrangères pour pouvoir ester en justice en France, peut résulter d'un traité aussi bien que d'un décret.

2° Spécialement, il résulte des dispositions de l'article 11 du traité de Francfort qui renferme la clause de la nation la plus favorisée que les sociétés allemandes peuvent ester en justice en France.

Il nous a paru intéressant de résumer ici les conclusions de M. l'avocat général Desjardins :

Le tribunal de la Seine et la Cour de Paris ont décidé que les sociétés d'Alsace-Lorraine n'étaient pas recevables à ester en justice en France.

La constitution de 1852 autorisait l'Empereur, aux termes de l'article 6, à faire les traités de paix, de commerce et d'alliance. Il pouvait donc assurément, en vertu de ce texte, régler avec un sou-

---

(1) *Journal du droit international privé*, 1895, p. 836.

verain étranger quels seraient les droits civils dont jouiraient à l'avenir et réciproquement les sujets de puissances contractantes : il existe une série de ces pactes internationaux. M. Desjardins les examine successivement.

Le décret du 24 juin 1865 déclare que le traité du 4 mars 1865, dont l'orateur vient de parler, est applicable à la Prusse.

Les sociétés commerciales du royaume de Prusse furent autorisées par voie diplomatique avant de l'être par voie administrative, le 19 décembre 1866, à exercer leurs droits et à ester en justice.

De plus l'article 11 du traité de Francfort déclare que les gouvernements français et allemand prennent pour base de leurs relations commerciales *le régime de la nation la plus favorisée.*

Il ne faut pas faire grand effort de déduction pour arriver à cette conclusion que les sociétés commerciales de l'Empire d'Allemagne pourront dès lors se prévaloir des conventions qui permettent aux sociétés des autres pays d'ester en justice en France.

On oppose que le traité en parlant des « *sujets* » auxquels il applique le traitement réciproque a seulement parlé des personnes physiques. La doctrine a démontré que la personnalité morale ne pouvait exister que sur le territoire où sont applicables les lois qui l'ont créée : pourquoi ne s'agirait-il pas aussi de *sujets* procédant comme membres ou comme représentants d'une société commerciale ? Comment soutenir en effet que les plénipotentiaires de l'Allemagne victorieuse, imposant le traité de Francfort, se soient proposé d'enlever à l'Empire le bénéfice des conventions énumérées plus haut ?

Enfin si l'on étudie le protocole de la conférence de Francfort du 4 novembre 1871, il est impossible de s'en prévaloir contre cette interprétation. En conséquence, etc.

La Cour, nous l'avons vu, a adopté la thèse de M. l'Avocat général Desjardins et rendu l'arrêt rapporté ci-dessus (*Droit international*, II, § 899 et s.).

§ 166. La loi ottomane de 1887 sur les sociétés étrangères porte en substance ce qui suit :

Sociétés anonymes étrangères en Turquie.

Les compagnies étrangères ne peuvent établir en Turquie des agences qu'avec l'autorisation du gouvernement impérial. Elles auront à désigner un fondé de pouvoir et à élire domicile en Turquie pour leurs affaires judiciaires ou autres. Les sociétés sont tenues d'informer le gouvernement de toute modification de leurs statuts.

Conflits de lois en matière de faillite.

§ 167. Dans sa session de Paris, en 1894, l'Institut de droit international s'est occupé des conflits de lois en matière de faillite et des moyens de les résoudre et a adopté le 29 mars les règles suivantes (*Droit international*, II, § 905 et s.) :

Vote de l'Institut de Droit international.

ART. 1er. — La déclaration de faillite, intervenue dans un des Etats contractants, produit ses effets, sous les conditions ci-après déterminées, sur le territoire des autres Etats contractants.

ART. 2. — L'autorité compétente pour déclarer la faillite est celle du lieu où le débiteur a le siège principal de ses affaires, ou à défaut d'un tel siège, celle du lieu de son domicile.

En ce qui concerne les sociétés commerciales, on considèrera comme leur domicile le lieu où la société a établi sans fraude son siège social légal.

Toutefois, la faillite pourra être déclarée par le tribunal dans le duquel ressort est situé une simple succursale ou résidence ; mais elle ne produira d'effets que dans le pays où elle a été prononcée.

En cas de déclaration de faillite prononcée dans un ou plusieurs pays et dans le pays du siège principal des affaires du débiteur, les tribunaux du pays des succursales ou résidences seront dessaisis au profit du tribunal du pays du siège principal.

ART. 3. — Les conditions exigées pour la déclaration de la faillite, les effets de la faillite postérieurs au jugement déclaratif, les pouvoirs des administrateurs de la faillite, la vérification et l'admission des créances, la distribution de l'actif entre les créanciers, et, en général, tout ce qui concerne l'administration, la liquidation et les solutions de la faillite, y compris le concordat entre le failli et ses créanciers et la réhabilitation du failli, seront réglés par la loi de l'Etat où la faillite a été déclarée.

La question de savoir quelle est la loi qui régit les droits de préférence et l'ordre dans lequel ils s'exercent et la question de la loi à observer quant aux formes de la réalisation des biens sont réservées.

ART. 4. — La déclaration de faillite ne peut donner lieu à des actes d'exécution proprement dits sur le territoire d'un Etat autre que celui où elle a été prononcée, sans y avoir été revêtue de l'*exequatur*, donné par l'autorité que la loi locale désignera et qui ne pourra se livrer à aucun examen du fond.

La même règle s'applique en général, à tous les jugements provoqués par la faillite.

ART. 5. — La déclaration de faillite, ainsi que les actes qui la concernent et dont la publication est prescrite par les lois de l'Etat où la faillite a été déclarée, seront rendus publics dans les autres Etats contractants.

ART. 6. — Les règles concernant la faillite sont également applicables aux liquidations judiciaires, concordats préventifs, sursis de paiement et autres institutions analogues, prévues par les lois des Etats contractants dans le but d'éviter les déclarations de faillite.

§ 168. Les législations n'étant pas encore uniformes en ce qui concerne les droits des créanciers étrangers dans les faillites. M. F. Contuzzi, professeur à Naples a proposé une Convention internationale portant, en première ligne, que, dans les territoires des parties contractantes, les étrangers sont admis à jouir des droits civils reconnus aux nationaux. Les contractants s'engageraient de plus à n'apporter aucune exception à cette règle sans le consentement des autres contractants, et à mettre leur législation d'accord avec ce principe. Il résulterait de cette convention que, dans les faillites, l'étranger serait sur le même pied que les nationaux, ainsi que le réclament du reste les exigences du commerce international (1).

§ 169. La Banque d'Alsace-Lorraine avait reçu paiement d'une somme à elle due par un Français durant la période suspecte mais plus de 6 mois avant la déclaration de faillite. La banque prétendait qu'aux termes du traité franco-badois de 1846, étendu à l'Alsace-Lorraine en 1871, le tribunal de Strasbourg était compétent pour connaitre de l'action en rapport et le tribunal de l'ouverture de la faillite, devant appliquer la loi allemande sur les liquidations judiciaires, ne pouvait procéder utilement, plus de six mois s'étant écoulés entre le jour où a eu lieu le jugement attaqué et l'ouverture de la faillite.

La Cour de Caen a rejeté ces prétentions attendu que le failli, Brunschurig était Français et domicilié à Honfleur, que le jugement déclaratif de faillite a été accepté par la Banque en cause, que la loi française sur la faillite est une loi d'ordre public et que c'est cette loi, c'est-à-dire celle du lieu de la faillite, qu'il faut appliquer dans l'espèce, et que le code allemand est sans application en la cause (2).

----

(1) *Journal du droit international privé*, 1892, p. 110 s.
(2) *Journal du droit international privé*, 1891, p. 523.

Marginal notes:
Droits des étrangers. Opinion de M. F. Contuzzi. Affaire Cutting.

Créanciers domiciliés à l'étranger. Affaire Brunschurig c. la Banque d'Alsace-Lorraine.

LIVRE XIII

DROIT PÉNAL INTERNATIONAL, CONFLIT DES LOIS CRIMINELLES.

Voir *Droit international*, II, § 926.

SECTION I. — JURIDICTION D'UN ÉTAT SUR LES CRIMES ET LES DÉLITS.

§ 170. Les conflits des lois criminelles, les crimes et délits commis à l'étranger ont fait l'objet de nombreuses décisions des cours de justice. Nous les résumons comme suit.

Un État est-il désarmé vis-à-vis des étrangers qui, à l'étranger, ont commis des délits au préjudice de ses nationaux et qui croient pouvoir sans danger se rendre sur son territoire? Le droit d'expulsion est-il suffisant en pareil cas? Telles sont les questions qu'a suscitées en 1886, l'affaire Cutting, affaire qui troubla quelques temps les relations du Mexique et des États-Unis (*Droit international*, II, § 940).

§ 171. Le 1ᵉʳ juillet 1886, M. Brigham, consul des États-Unis à Paso del Norte (Mexique), écrivait à son gouvernement que le sieur Cutting, citoyen des États-Unis, avait été arrêté dans cette ville pour avoir publié au Texas, un pamphlet contre un citoyen du Mexique. Avant son arrestation Cutting avait passé dix-huit mois à Paso del Norte où il rédigeait un journal intitulé *El Centinela*. Dans un numéro de ce journal il avait mis en doute la bonne foi du sieur Emijdio Medina, citoyen mexicain. De ce fait Cutting avait été traduit devant le tribunal local, qui l'avait contraint de signer un arrangement, en vertu duquel les parties renonçaient à toute action pénale.

Affaire Cutting. Extension de la juridiction criminelle exterritoriale dans le Code mexicain.

Sur ce, Cutting s'étant rendu à El Paso (Texas), y publia dans le *El Paso Herald*, un article où il renouvelait ses accusations et taxait Médina de couardise. En conséquence de ce fait, dès son retour à Paso del Norte, il fut arrêté de nouveau et traduit devant un tribunal qui lui refusa l'assistance d'un avocat et d'un interprète, et statuant à huis clos, le condamna à la prison.

Note de E. Bayard.

Cutting réclama la protection de son Consul, en lui prouvant qu'il était emprisonné pour délit commis au Texas, et M. Brigham en référa à son gouvernement. Le 20 juillet M. Bayard, secrétaire du département des Affaires étrangères de Washington, donnant suite à la plainte de M. Brigham, adressait à M. Jacksan, représentant des Etats-Unis au Mexique, une note où il déclare que le Mexique ne saurait s'arroger le droit de juridiction à propos d'une publication faite au Texas ;

Que nul tribunal ne saurait édicter de peine contre les citoyens d'autres pays, sinon en conformité avec les usages des nations civilisées ;

Que ces usages n'avaient pas été observés dans l'espèce, puisqu'on avait refusé au prévenu un avocat et un interprète, puis le temps de préparer sa défense et de donner caution ;

Que les Etats-Unis ne sauraient consentir à ce que le Mexique usurpât une juridiction sur les citoyens des Etats-Unis pour délits commis dans les limites de ce pays ;

En conséquence M. Bayard demandait l'élargissement de Cutting.

Réponse du Ministre du Mexique à Washington.

M. Romero, Ministre du Mexique à Washington, répondit en invoquant l'article du Code pénal, qui établit que les infractions commises par un étranger en pays étranger contre un Mexicain peuvent être punies dans la République mexicaine, à la condition que l'inculpé soit trouvé sur le sol de celle-ci ou qu'il n'ait pas été définitivement jugé dans le pays où l'infraction a été commise.

Naturellement les Etats-Unis refusèrent de reconnaitre la disposition citée, celle-ci étant évidemment contraire au droit international, et, dans un message du secrétaire d'Etat adressé au Sénat, le 2 août, le président des Etats-Unis protesta contre l'attitude prise par le Mexique dans cette affaire.

« Les Etats-Unis, dit-il entre autres, et les Etats composant cette union sont seuls compétents pour connaître des infractions à leurs lois, et concéder la juridiction du Mexique dans le cas Cutting, ainsi qu'il est relaté dans le rapport du Consul Brigham, serait substituer la juridiction et les lois du Mexique à ceux des Etats-Unis au sujet des crimes et délits perpétrés uniquement sur le territoire des États-Unis par un citoyen de ce pays ».

Entre temps, Cutting avait été condamné le 6 août 1886, en appel, par le tribunal du district de Bravos, à un an de prison et à 600 dollars d'amende, puis à des dommages-intérêts en faveur de Medina, partie civile. *Jugement du tribunal de Bravos.*

Ce tribunal, par un raisonnement plus ingénieux que fondé, présentait la question sous une autre face. Ce n'était pas pour la publication calomnieuse faite en dernier lieu sur le territoire des États-Unis que Cutting était condamné, mais pour la publication faite antérieurement à Paso del Norte, territoire mexicain. La seconde n'avait que confirmé les premières assertions du calomniateur : La sentence s'appuyait d'ailleurs sur de très nombreux considérants.

Cutting s'étant pourvu en cassation, la Cour suprême de Chihuahua réforma le jugement de la cour de Bravos, mais non point en s'appuyant sur les arguments de droit international invoqués par les États-Unis. Elle se laissa guider dans son arrêt uniquement par le fait que dans l'intervalle, le demandeur s'était désisté de sa poursuite, et approuva du reste pleinement les jugements précédents. *Jugement de la Cour suprême de Chihuahua.*

L'affaire Cutting perdait par là toute importance pratique, mais, au point de vue du droit international, elle soulève une question intéressante.

Est-il légitime qu'un État s'arroge le droit de punir un étranger à raison d'infractions à ses lois pénales commises en pays étranger ?

§ 172. M. Alberic Rolin qui admet cette juridiction exterritoriale sur les ressortissants, se refuse à la reconnaitre légitime sur des étrangers. Il trouve inutile et injuste la législation de la Belgique et de la France qui affirment ce droit d'exterritorialité aux dépens d'étrangers, quand il s'agit d'infractions contre la sûreté publique intérieure ou extérieure ou contre la foi publique (1). *Opinion de M. Albéric Rolin.*

(1) Alberic Rolin, *Revue de droit international*, 1888, p. 559.
Report on Extraterritorial crime and the Cutting case (Washington Government printing office 1887).
Correspondencia diplomatica sobre el caso de ciudadano de los Estados Unidos de America A. K. Cutting (Mexico, 1886).
Caso del Americano A. K. Cutting Nuevas notas cambiadas entre la Legacion de los Estados Unidos de America y el Ministerio de Relaciones Exteriores de la Republica Mexicana (Mexico, 1888).

Rapport de
M. Moore.

Dans un rapport adressé à M. Bayard au sujet de l'affaire Cutting, M. Moore, 3° secrétaire d'État, observe que deux États seulement, la Russie et la Grèce, s'arrogent une juridiction criminelle exterritoriale aussi étendue que le Mexique (article 183 du Code).

Cour de
Cassation de
France.
Affaire Raymond Sosnagé.

§ 173. Il cite de plus les considérants du jugement rendu en 1873 par la Cour de cassation de France à propos du cas du suisse Raymond Fosnagé : « Le droit de punir émane du droit de souverai-
» neté qui ne s'étend pas au delà des limites du territoire ; et à
» l'exception des cas prévus à l'article 7 du Code d'instruction criminelle, dont la disposition est fondée sur le droit de légitime
» défense, les tribunaux français sont sans pouvoir pour juger les
» étrangers à raison des délits commis par eux en pays étrangers ».

Crimes commis à l'étranger. Affaire Moisdon.
Cour de
Cassation de
France.

§ 174. La Cour de cassation française a statué qu'un français, volontairement rentré en France, peut y être poursuivi pour des faits commis et punissables à l'étranger, lorsque, de ces faits, il a été condamné à l'étranger, si le jugement étranger est par défaut et n'est point exécutable. Il s'agit du nommé Moisdon, condamné par contumace, à Bruxelles, pour attentats à la pudeur qualifiés crimes par la loi française. Le tribunal de Bruxelles avait, de plus, déclaré que la condamnation n'avait qu'un caractère provisoire et ne serait point, en l'état, susceptible d'exécution (1).

Vol commis
en France.
Recel hors de
pays. Affaire
Laterner.

§ 175. La Cour de Cassation française (*Droit international*, II, § 932), Chambre criminelle, a décidé, le 13 mars 1891, que les tribunaux français sont compétents pour connaître des faits de recel accomplis à l'étranger, même par un étranger, lorsque c'est en France que le vol s'est perpétré. Il s'agissait, dans l'espèce, d'un vol de coupons commis en France au préjudice du ministère des finances. Un Russe nommé Laterner avait touché à Londres une partie de ces coupons et avait été arrêté à Vienne encore porteur des autres. L'extradition avait été accordée, mais le juge d'instruction avait rendu une ordonnance de non-lieu, bien que l'auteur du vol et deux de ses complices fussent renvoyés devant les assises. Sur l'opposition du Procureur général, la Cour a admis ce recours se fondant sur ce que la complicité est assimilée au vol et que par conséquent il n'y a aucune différence à faire entre Laterner et l'auteur du vol en cause (2) (*Droit international*, II, § 946).

Attentats
anarchistes.
Essai d'en-

§ 176. Les nombreux attentats commis sur tous les points du globe par les farouches sectaires de l'anarchie (*Droit internatio-*

(1) *Journal du droit international privé*, 1893, p. 143.
(2) *Journal du droit international privé*, 1891, p. 499.

nal, II, § 926), cette soi-disant secte politique, qui n'est en réalité que le refuge des oisifs et des déclassés de toutes les nations, avaient un instant paru mettre en question l'existence de notre civilisation : tous les peuples avaient senti le besoin d'une répression énergique et l'on avait tenté d'ouvrir des pourparlers tendant à une entente internationale (1).

Cette tentative a échoué s'étant heurtée à l'opposition d'une puissance qu'on croit être l'Angleterre.

Il fallait néanmoins une action énergique : la nécessité d'opposer immédiatement une barrière aux agissements des partisans de la *propagande par le fait* se faisait cruellement sentir et il fallait donc que chaque État, à défaut d'une entente internationale, prit par des lois intérieures l'initiative d'une répression sévère.

Dans cette situation, plusieurs observations sont à faire au point de vue qui nous intéresse, si la situation doit se prolonger (2).

Tout d'abord, en présence de l'attitude de l'Angleterre (3), on peut se demander si un gouvernement peut se retrancher derrière l'insuffisance de sa législation intérieure pour échapper aux reproches de négligence qui lui sont adressés.

Posée en Angleterre à la Chambre des communes, le secrétaire d'État pour l'Intérieur, M. Asquith, répondit aux critiques suscitées par les agissements des anarchistes de Londres, que la législation anglaise ne reconnaissait pas en effet le droit d'expulsion des étrangers.

La réponse parut insuffisante, car la liberté de chaque nation ayant pour première condition le respect de la liberté des autres, il y a infraction à cette règle quand un peuple tolère sur son territoire des agissements qui sont une menace pour ses voisins. De plus la loi n'est pas immuable et le pouvoir qui l'a faite peut la changer.

La seconde observation concerne l'extradition : les anarchistes se disent criminels politiques. Doit-on pour cela les faire bénéficier de la règle de la non-extradition en matière politique. La pratique internationale a en effet accordé certaines faveurs à ceux qui pour des motifs politiques ont employé des moyens violents pour atteindre un but également politique : mais peut-on considérer que

(1) *Revue générale de droit international public*, 1894, n° 1, p. 58 et suiv.

(2) *Revue générale de droit international public*, 1894, n° 2, p. 155 et suiv.

(3) V. *le Temps* du 21 févr. 1894.

(marginal note:) tente internationale. Lois de répression.

les motifs vrais qui poussent les anarchistes soient des motifs politiques ? Cela serait-il même vrai, peuvent-ils croire arriver par les moyens dont ils usent au but vers lequel ils tendent ? Le bon sens répond à cette question ; en effet un peuple qui juge une réforme bonne et nécessaire à des moyens légaux de l'imposer à ses représentants et il est impossible de prétendre que la violence soit nécessaire pour y arriver.

France.

§ 177. La France a la première donné l'exemple avec les quatre lois votées à la suite de l'attentat commis par Vaillant à la Chambre des députés (1).

Une de ces lois est d'ordre purement financier et n'offre aucun intérêt.

Les trois autres s'occupent de la presse, des associations et des explosifs.

C'est la loi du 12 décembre 1893 qui s'occupe de la presse.

La nouvelle loi a cherché à atteindre d'une façon plus efficace cette provocation au crime qui s'accomplit par discours, cris, menaces proférées dans les lieux publics, des écrits ou imprimés distribués ou mis en vente, des placards ou affiches exposés aux regards du public (2).

Les principales réformes ont consisté :

1° A grossir la liste des infractions dont la provocation est punie et à y comprendre l'emploi criminel de toute substance explosive.

2° A aggraver les peines antérieurement portées contre la provocation.

3° A assimiler à la provocation l'apologie de certains crimes.

4° A autoriser dans certains cas la saisie de l'écrit incriminé et l'arrestation préventive de l'auteur.

La loi du 18 décembre 1893 vise les associations de malfaiteurs : elle élargit l'application des articles 265 et 266 du Code pénal français.

Cette loi assimile au fait de l'association, la simple « entente établie dans le but de préparer ou de commettre les crimes contre les personnes ou les propriétés. »

Enfin une seconde loi en date du même jour a réglé la question de fabrication et de détention des explosifs, exigeant non plus seulement une simple autorisation administrative, mais bien un motif légitime.

(1) *Revue générale de droit international public*, 1894, n° 6, p. 537.
(2) Voyez la loi du 29 juillet 1881, sur la Presse, art. 23.

On avait espéré que ces mesures suffiraient pour arrêter le flot toujours montant des attentats anarchistes : après une légère accalmie, un attentat odieux, un crime épouvantable, l'assassinat à Lyon du malheureux Président de la République française Carnot, poignardé en pleine fête par un anarchiste italien, Caserio Santo, prouva que l'on s'était abusé et qu'il fallait prendre des mesures énergiques.

Quelques jours après, le 9 juillet, le Garde des sceaux, M. Guérin, présentait un projet de loi sur les menées anarchistes, projet qui devint la loi du 28 juillet 1894.

Cette loi défère aux tribunaux correctionnels les infractions relevées par la loi du 12 décembre 1893 lorsque ces infractions ont pour but un acte de propagande anarchiste.

Ce changement de compétence (ce genre d'infractions étant dans le droit commun déféré au jury) s'explique par la nécessité d'une répression plus rapide, d'une procédure plus expéditive.

Les autres dispositions sont les suivantes :

1° Certains faits nouveaux d'apologie sont punis ;

2° La relégation est prononcée en cas de récidive ;

3° Les condamnés sont soumis à l'emprisonnement cellulaire ;

4° La reproduction des débats peut être interdite.

§ 178. La loi suisse est assez semblable dans son esprit, aux diverses lois françaises dont nous venons de nous occuper. A la fois répressive et préventive, elle vise soit les délits commis à l'aide de substances explosives, soit la fabrication, la détention, la transmission desdites substances dans une intention criminelle, soit enfin la provocation sous toutes ses formes. *Suisse.*

Elle atteint non seulement les auteurs de l'attentat, mais encore tous ceux qui y ont coopéré d'une façon quelconque, en punissant à la fois les auteurs, instigateurs et complices et ceux qui donneraient des instructions pour faciliter ou préparer l'instrument.

Les crimes d'anarchie peuvent être punis de mort dans les cantons qui ont conservé cette peine.

Enfin remarquons que cette loi punit les crimes prévus par elle, même commis à l'étranger, s'ils sont dirigés contre la Confédération helvétique ou ses ressortissants.

§ 179. Trois lois de « sûreté publique » furent votées en Italie pour enrayer le mouvement anarchiste : l'une est destinée à réprimer les attentats, la seconde les délits de presse, la troisième organise le domicile forcé. *Italie.*

Dans la première de ces lois nous trouvons d'abord un classement des faits et ensuite les peines dont ils sont susceptibles.

La fabrication, transport ou détention d'explosifs ou de matières destinées à les fabriquer sont frappés de 3 à 7 ans de réclusion.

L'explosion tentée ou accomplie dans un but de tumulte entraine pour son auteur 4 à 10 ans de prison.

Enfin pour les attentats ayant pour but la destruction d'édifices, maison habitée, usine, etc. et dans le cas où la vie est mise en péril ou perdue dans l'explosion la peine est de 8 à 24 années de réclusion.

La loi sur les délits de presse se borne à augmenter les pénalités portées par le code pénal.

Enfin la loi sur le domicile forcé est celle qui donne au système italien son originalité,

Elle assigne un domicile obligatoire aux personnes ayant encouru certaines condamnations entre autres celles pour délits anarchistes, et même les personnes qui auraient manifesté publiquement l'intention de commettre des voies de fait contre l'ordre social. Cette loi doit cesser de produire son effet au 31 décembre 1895.

Espagne.

§ 180. La loi espagnole du 10 juillet 1894 est fort complète.

Les faits y sont classés suivant leur importance. C'est d'abord de l'explosion de matières fulminantes que la loi s'occupe. Suivant les suites de l'attentat, la peine va de la chaine temporaire à la mort.

La tentative d'explosion est punie suivant les circonstances d'une peine allant du *presidio mayor* c'est-à-dire la détention dans une forteresse, à la chaine temporaire au degré moyen.

La possession, la fabrication, la vente de substances ou d'engins sont suivant les cas punies de peines variant du *presidio* correctionnel au *presidio mayor*.

L'association, la conspiration, l'excitation, la proposition, l'apologie, sont prévues et frappées par la loi espagnole.

La provocation entraine contre ses auteurs la peine même des coupables si elle est suivie d'effet.

Angleterre,
Etats-Unis,
Allemagne.

§ 181. D'autres puissances, l'Angleterre, les Etats-Unis et l'Allemagne notamment ont mis à l'étude des projets concernant ces matières, mais pour diverses causes ces projets n'ont pas encore abouti.

« De ce grand mouvement législatif se dégage une conclusion
» certaine et consolante (1). C'est combien l'existence de grands
» dangers, tels que ceux qui font courir à la civilisation le mouve-
» ment anarchiste fait apparaître entre les peuples le sentiment de
» leur étroite solidarité. L'anarchisme, quoiqu'il arrive, aura pro-

(1) *Revue générale de droit international public*, 1894, n° 6, p. 555.

» duit de l'internationalisme, non point à sa manière……, mais en
» donnant aux diverses nations une conscience plus vive et plus
» nette de l'identité de leurs intérêts, en leur montrant aussi que
» l'on ne peut sans s'exposer soi-même demeurer indifférent aux
» dangers courus par les autres, enfin en les constituant ensemble
» gardiennes d'un même trésor, la civilisation ».

§ 182. En 1890 le tribunal de l'empire allemand a établi comme
de droit ce qui suit :

La condamnation encourue à l'étranger ne saurait être invoquée
pour justifier l'application des règles sur la récidive légale.

Cet effet n'est attaché qu'aux seules condamnations prononcées
par un tribunal allemand et atteignant le coupable dans sa liberté
ou dans ses biens. Il s'agissait, dans l'espèce, d'un sujet allemand
condamné deux fois en Danemark pour vol. Rentré en Allemagne,
il fut poursuivi pour un nouveau vol ; mais les juges, contrairement aux conclusions du ministère public, refusèrent d'admettre
la circonstance aggravante de récidive. Le ministère public s'é-
tant pourvu devant le *Reichsgericht*, celui-ci a confirmé la sentence des premiers juges (1) (*Droit international*, II, § 944).

Allemagne. Crimes commis par un allemand à l'étranger. Récidive.

Section II. — EXTRADITION.

§ 183. Depuis 1888 l'extradition a fait l'objet de plusieurs lois et
traités, dont voici la substance (*Droit international*, II, § 949 et s.):

En 1892 est entrée en vigueur dans la Confédération suisse, une
loi sur l'extradition qui repose en majeure partie sur l'avant-projet élaboré par M. A. Rivier, consul général de la Confédération
suisse et membre de l'Institut de droit international. Cette loi peut
se résumer comme suit (*Droit international*, II, § 978).

Le Conseil fédéral pourra, sous la réserve de réciprocité, ou
même, par exception, sans cette réserve, livrer aux Etats étrangers,
sur leur demande, tout étranger poursuivi ou condamné qui se
trouvera sur le territoire suisse. Il est autorisé à promettre la réciprocité, et à accorder l'extradition pour une infraction non prévue
dans les traités d'extradition conclus avec l'étranger. Ces traités
doivent être conclus dans les limites de la présente loi. Aucun
Suisse ne pourra être livré à un Etat étranger.

Les faits suivants pourront donner lieu à l'extradition, s'ils cons.

Extradition en Suisse.

(1) *Entscheidungen des Reichsgerichts in Strafsachen*, XXI, n° 35.

tituent une infraction de droit commun et sont punissables en Suisse et dans l'Etat requérant.

1° Délits contre les personnes : assassinat, meurtre, homicide involontaire, infanticide et avortement, exposition d'enfants, blessures et rixes graves, mauvais traitements de la part des enfants sur leurs parents et vice versa.

2° Délits contre la liberté des personnes et les droits de famille : rapt, séquestration, enlèvement de mineurs, violation de domicile, menaces d'attentat, altération ou suppression d'état civil.

3° Délits contre les mœurs : viol, attentats à la pudeur, actes immoraux commis sur des enfants, corruption de mineurs, proxénétisme, scandale public, inceste et bigamie.

4° Délits contre la propriété : brigandage, extorsion, vol, recel, détournement et abus de confiance, dommages causés à la propriété, escroquerie, banqueroute frauduleuse.

5° Délits contre la foi publique : contrefaçon de monnaies, de papier-monnaie, d'estampille, de billets de banque, de titres ; introduction et émission de ces objets, contrefaçon de sceaux et de timbres, leur usage frauduleux, faux en écriture et leur usage, soustraction de documents, abus de blanc-seing, déplacement de bornes.

6° Délits constituant un danger public : incendie, abus de matières explosibles, destruction de chemin de fer, conduites électriques, etc., acte de nature à occasioner la perte d'un navire, propagation de maladies épidémiques, altération de sources, falsification de denrées alimentaires et leur mise en vente.

7° Délits contre l'administration de la justice : dénonciation calomnieuse, faux serment, faux témoignage, subornation de témoins.

8° Délits relatifs à l'exercice des fonctions publiques : corruption de fonctionnaires, détournements et concussions commis par des fonctionnaires, suppression de lettres et de télégrammes, violation du secret par les employés des postes et télégraphes.

Ces dispositions s'appliquent à la tentative, la participation et à la provocation.

L'extradition ne sera pas accordée pour des infractions politiques, sauf dans le cas où le fait pour lequel elle est demandée, constitue principalement un délit commun. Le tribunal fédéral apprécie, dans chaque cas, le caractère de l'infraction. Lorsque l'extradition sera accordée, le Conseil fédéral y mettra la condition que l'extradé ne sera ni poursuivi ni puni pour un crime politique, non plus que pour son motif ou son but politique.

L'extradition sera refusée, quand l'action pénale ou la peine sont prescrites, d'après la loi de l'État requérant ; elle est subordonnée à la condition que l'extradé ne sera pas poursuivi pour infractions antérieures à la demande. Elle est refusée lorsque l'infraction a été commise en Suisse. En cas de concurrence de demandes pour le même fait, la préférence est accordée à l'État sur le territoire duquel ce fait a été perpétré ; lorsqu'il y a plusieurs faits, c'est le plus grave qui prime.

Les demandes d'extradition sont adressées au Conseil fédéral par voie diplomatique, et accompagnées d'un jugement ou d'un mandat d'arrêt. C'est le Conseil fédéral qui décide s'il y a lieu d'entrer en matière, à prononcer ou à refuser l'extradition. Les objections de l'individu dont l'extradition est demandée sont jugées par le tribunal fédéral.

§ 184. En 1889 les États-Unis et la Grande-Bretagne ont conclu une convention d'extradition additionnelle à l'article 10 du traité de 1842. En vertu de cette convention les délits suivants sont passibles d'extradition. *Traité d'extradition entre les Etats-Unis et la Grande-Bretagne.*

Homicide, fausse monnaie, soustraction, vol et recel, fraude, parjure, viol et rapt, séquestration, vol de nuit avec effraction, piraterie, révolte à bord d'un navire, destruction, échouement ou perte d'un navire, agression à bord d'un navire en haute mer, traite des esclaves, participation à ces délits.

Sont exclus de l'extradition les délits politiques. Les extradés ne peuvent non plus être poursuivis pour ces délits. En cas de concurrence de demande d'extradition, c'est la première en date qui prime. La convention n'a pas d'effet rétroactif (*Droit international*, § 1004).

En 1893, la Grande-Bretagne et la République Argentine ouvrirent des négociations pour arriver à une convention d'extradition. A la fin de l'année, les plénipotentiaires des deux puissances ont signé le traité dont voici le texte.

§ 185. L'extradition sera réciproquement accordée pour les crimes ou délits suivants : *Convention d'extradition entre la République Argentine et la Grande-Bretagne.*

1° Assassinat (y compris l'assassinat avec violence, le parricide, l'infanticide ou l'empoisonnement), attentat ou conspiration ayant pour but l'assassinat.

2° Homicide.

3° L'administration de drogues ou l'emploi d'instruments dans le but de produire l'avortement.

4° Viol.

5° Rapports sexuels ou tentative ayant pour but de les avoir avec une fille de moins de seize ans, pourvu que le témoignage fourni justifie des poursuites pour ces crimes, en vertu des lois des deux hautes parties contractantes.

6° Attentat à la pudeur.

7° Enlèvement et séquestration d'un être humain. Vol d'enfants.

8° Rapt.

9° Bigamie.

10° Lésions ou blessures corporelles graves faites intentionnellement.

11° Attentat contre les personnes ayant causé une grave blessure corporelle.

12° Menaces faites par lettre ou autrement, dans le but d'obtenir de l'argent ou d'autres objets de valeur.

13° Faux serment ou tentatives faites pour l'obtenir.

14° Incendie volontaire.

15° Vol ou autres crimes ou tentatives commis avec effraction; vol avec violence, escroquerie et malversation de valeurs publiques ou particulières.

16° Fraude commise par un dépositaire, banquier, agent, commissaire, fidéicommissaire, directeur, membre ou employé public de toute compagnie, pourvu qu'elle soit considérée comme crime entrainant une peine qui ne soit pas inférieure à un an en vertu d'une loi en vigueur.

17° L'obtention d'argent, de garanties, de valeurs ou de marchandises sous de faux prétextes; le recel d'argent, de garanties, de valeurs ou autres biens, sachant qu'ils ont été dérobés ou obtenus indûment et pourvu que la valeur dont il s'agit dépasse mille piastres or ou deux cents livres sterling.

18° a. Falsification ou altération de monnaies, mise en circulation de monnaie falsifiée ou altérée.

b. Fabrication, sciemment et sans autorisation légale, de tout instrument, outil ou appareil adopté et destiné à la falsification de la monnaie nationale.

c. Falsification ou altération de signatures ou valeurs, ou mise en circulation de valeurs ainsi falsifiées et altérées.

19° Crimes tombant sous le coup des lois sur la banqueroute.

20° Tout acte commis avec une intention criminelle et ayant pour but de mettre en danger la vie d'une personne qui voyage et chemin de fer.

21° Préjudice porté à la propriété dans une intention criminelle, pourvu que l'acte puisse faire l'objet d'un procès.

22° Piraterie et autres crimes commis en mer sur les personnes ou sur les choses et qui, d'après les lois respectives des deux parties contractantes, constitueraient des délits soumis à l'extradition et entraîneraient plus d'une année de peine.

23° Traite des esclaves dans des conditions telles qu'elle constitue un attentat criminel contre les lois des deux États.

L'extradition doit être également accordée pour participation à quelqu'un des crimes et délits précités pourvu que cette participation soit passible d'une peine en vertu des lois des deux parties contractantes.

L'extradition peut être aussi accordée, selon que le jugera convenable l'État auquel sera adressée la demande, pour tout autre crime qui, en vertu des lois alors en vigueur, y donnerait lieu.

Chacune des parties contractantes se réserve le droit de refuser ou d'accorder l'extradition de ses propres sujets ou citoyens.

Un criminel en fuite ne sera pas extradé si le délit pour lequel son extradition est demandée a un caractère politique ou si ledit criminel prouvait que la demande d'extradition a été faite en réalité dans le but de le poursuivre ou de le châtier pour un délit de caractère politique.

L'échange des ratifications a eu lieu le 15 décembre 1893.

§ 186. En 1892 la Russie et le Luxembourg ont conclu un traité d'extradition, qui peut se résumer comme suit (*Droit international*, II, § 983).

Convention entre la Russie et le Luxembourg.

Sont exceptés de l'extradition les propres nationaux des deux pays. Les Russes réfugiés dans le Luxembourg et vice-versa seront extradés pour attentats contre le souverain ou sa famille, parricide, infanticide, assassinat, empoisonnement et meurtre, coups et blessures, homicide involontaire ; bigamie, enlèvement de mineurs, viol, avortement, attentats sur enfants au-dessous de 14 ans, attentats aux mœurs par corruption de mineurs ; enlèvement, supposition ou exposition d'enfants ; incendie, destruction d'édifices, de télégraphes et de téléphones, mise en péril de trains ; vol, attentats à la personne, à la propriété, à la liberté individuelle, violation de domicile ; fausse monnaie, contrefaçon de billets ou de sceaux ; faux témoignage, subornation de témoins, faux serment ; concussions, détournements, corruption de fonctionnaires ; banqueroute frauduleuse ; escroquerie et abus de confiance ; abandon de navires, prise d'un navire ; recel. Sont comprises les tentatives.

L'extradition n'a lieu que pour délits commis sur le territoire du demandeur et lorsque ces délits entraînent plus d'un an d'emprisonnement. Elle n'a pas lieu lorsque l'individu a déjà subi sa peine ou qu'il y a prescription. L'extradition sera demandée par voie diplomatique. L'extradé ne pourra être poursuivi ou puni pour délit politique antérieur à l'extradition.

§ 187. Le traité d'extradition conclu en 1891 entre la Grande-Bretagne et Monaco ne diffère guère du précédent pour les dispositions générales. L'extradition sera accordée pour les crimes et délits suivants :

Assassinat et complicité, homicide, voies de fait, faux monnayage, faux en écritures, soustraction et vol, destruction de propriété, escroquerie, recel ; banqueroute frauduleuse et abus de confiance, faux serment et subornation de témoins ; viol, commerce avec des jeunes filles au-dessous de 16 ans, attentats à la pudeur avec violence, attentats sur enfants de moins de 13 ans, avortement ; détournement de mineurs, vol et abandon d'enfants ; séquestration illégale ; vol avec effraction ou violence, incendie, attentats à la sécurité des chemins de fer ; extorsion ; piraterie, destruction de navires, attaques et révoltes à bord d'un navire en haute mer ; traite des esclaves.

La complicité est assimilable au délit, si elle est punissable par les lois des contractants (*Droit international*, II, § 986).

§ 188. En 1890 l'Allemagne a conclu avec l'État indépendant du Congo un traité d'extradition dont voici les dispositions principales : Sont passibles d'extradition les infractions suivantes :

Meurtre, avortement, exposition, substitution ou supposition d'enfant, rapt, privation de liberté, violation de domicile, menaces, formation de bandes dans le but d'attenter aux personnes ou aux propriétés, viols, attentats à la pudeur, excitation à la débauche, coups et blessures, vol, extorsion, abus de confiance, escroquerie, banqueroute frauduleuse, faux serment et faux témoignage, subornation de témoins, faux en écritures, destruction de titres, contrefaçon de timbres, fausse monnaie, contrefaçon de billets de banque, incendie, détournements et concussion, corruption de fonctionnaires, destruction d'un navire, voies de fait envers un capitaine, mise en péril d'un train, entrave des communications télégraphiques, destruction des biens d'autrui, recel.

L'obligation d'extradition ne s'étend pas, pour le Congo, à ses sujets, pour l'Allemagne aux sujets allemands et aux indigènes des territoires de protectorat allemand (*Droit international*, II, § 976).

§ 189. La convention de 1874 entre la Belgique et la France

(*Droit international*, II, § 967) a été modifiée par une déclaration du 14 novembre 1889, en vertu de laquelle l'art. 7 a la teneur suivante :

tradition franco-belge.

« L'étranger arrêté provisoirement aux termes de l'article précédent sera mis en liberté si, dans le délai de trois semaines après son arrestation, il ne reçoit pas notification de l'un des documents mentionnés dans l'art. 5 de la présente convention ».

Jusqu'alors le délai était de 15 jours.

§ 190. L'Institut de droit international, dans sa session de Genève en 1892 a adopté, à propos de l'extradition, les modifications suivantes aux règles qu'il avait déjà votées (*Droit international*, II, § 950 et s.)

Institut de droit international.

I. L'extradition ne peut être admise pour crimes ou délits purement politiques.

II. Elle ne sera pas admise non plus pour infractions mixtes ou connexes à des crimes ou délits politiques, aussi appelés délits politiques relatifs, à moins, toutefois, qu'il ne s'agisse des crimes les plus graves au point de vue de la morale et du droit commun, tels que l'assassinat, le meurtre, l'empoisonnement, les mutilations et les blessures graves, volontaires et préméditées, les tentatives des crimes de ce genre et les attentats aux propriétés, par incendie, explosion, inondation, ainsi que les vols graves, notamment ceux qui sont commis à main armée et avec violences.

III. En ce qui concerne les actes commis dans le cours d'une insurrection ou d'une guerre civile, par l'un ou l'autre des partis engagés dans la lutte et dans l'intérêt de sa cause, ils ne pourront donner lieu à extradition que s'ils constituent des actes de barbarie odieux et de vandalisme défendus suivant les lois de la guerre et seulement lorsque la guerre civile a pris fin.

IV. Ne sont point réputés délits politiques au point de vue de l'application des règles qui précèdent, les faits délictueux qui sont dirigés contre les bases de toute organisation sociale, et non pas seulement contre tel État déterminé ou contre telle forme de gouvernement.

§ 191. Les questions d'extradition ont fait l'objet de nombreuses sentences des Cours de justice. Voici un résumé des cas les plus intéressants qui se sont présentés depuis 1888.

Décisions judiciaires en matière d'extradition.

Le Tribunal de l'Empire allemand a décidé, le 3 octobre 1890, qu'aucune condamnation ne saurait être prononcée contre l'extradé en raison d'une infraction non prévue par le traité d'extradition, et que le Tribunal a qualité pour statuer sur tous les faits visés dans la demande d'extradition, sans qu'il y ait à s'attacher à la qualification que leur a donnée cette demande (1).

Il s'agissait de l'application du traité d'extradition entre l'Allemagne et les Pays-Bas.

La jurisprudence française est d'un avis différent sur le point tranché par la Cour de Leipzig. Elle admet « que l'existence entre deux Etats d'un traité d'extradition, spécifiant certains crimes, ne fait pas obstacle à ce que cette extradition soit accordée pour d'autres crimes que ceux qui y sont spécifiés » (Cour de cassation, 13 avril 1876).

§ 192. A la demande des autorités françaises, la Belgique a extradé la femme Marie Lacroix, née Farget, sous prévention de recel. Les défenseurs de ladite objectaient : 1° que la prévenue n'était pas française ; 2° que, sujette anglaise, la France devait d'abord s'adresser à l'Angleterre pour obtenir sa remise du pays de refuge. Le tribunal de Bruxelles n'a pas admis ces objections, et il a eu raison, suivant M. Clunet (2).

En effet, dit ce publiciste, Mme Lacroix, née à l'île Maurice, était devenue française par son mariage avec M. Lacroix, et le divorce intervenu depuis lors, ne lui a point enlevé le bénéfice de nationalité que le mariage lui avait apporté. Dès lors elle pouvait être réclamée pour un délit commis en territoire français, en vertu du traité franco-belge de 1874. Alors même du reste que M. Lacroix eût pu se prévaloir de la nationalité anglaise, cette circonstance ne formait pas obstacle à ce que la Belgique la remit à la France, la compétence pénale étant territoriale. La France n'aurait donc pas eu à prier l'Angleterre de consentir à l'extradition.

§ 193. Un Français Fleury Martinet, condamné à Paris pour abus de confiance et escroquerie et à Bruxelles pour abus de confiance et détournements, fut arrêté à Genève et la France demanda la première son extradition; mais quelque temps après la Belgique adressa une demande semblable qui fut accordée en vertu de l'article 7 du traité d'extradition franco-suisse de 1849. Cet article porte que, pour savoir à qui l'extradition doit être accordée, il faut tenir compte, non de la priorité des demandes, mais de la gravité du fait poursuivi et des facilités accordées pour que l'extradé puisse être livré successivement d'un pays à l'autre, pour purger successivement les diverses condamnations. Or ces condamnations

---

(1) *Juristische Wochenschrift*, 1890, p. 395.
(2) *Journal du droit international privé*, 1892, p. 412.

étaient pour la Belgique de sept ans, pour la France de trois ans ;
de plus les délits tombaient sous le coup du traité franco-belge (1).

§ 194. Statuant sur une affaire de tricherie au jeu, dans laquelle
le sieur Broc avait été condamné par défaut par le tribunal de Granville, la Cour d'appel de Caen a posé les principes suivants :

Affaire Broc.

L'arrestation à l'étranger, pour un délit commis à l'étranger, d'un
individu précédemment condamné en France ne saurait interrom-
pre la prescription au regard de la peine prononcée en France.

Il en est de même pour ce qui est de la demande d'extradition
adressée par le gouvernement français au gouvernement étranger.

Mais, en sens contraire, la détention du coupable, à raison d'un
second délit commis à l'étranger, suspend en France la prescription à l'égard de la peine qui y a été prononcée en premier lieu.

§ 195. Le général Boulanger était-il passible d'extradition ? M. Clunet discute cette question dans le *Journal du droit international
privé* (2). Jusqu'à présent, c'est-à-dire en 1889, dit-il en substance, le
général est inculpé d'attentat, peut-être de complot ayant pour but
soit de détruire soit de changer le gouvernement. Or ce crime n'est
pas prévu par le traité d'extradition anglo-français de 1876, car il
a un caractère politique ? Mais autre est la question de savoir si
le gouvernement anglais ne serait pas fondé à expulser le général, s'il venait à faire du territoire anglais le point d'appui ouvert
et manifeste de ses complots contre la République française. Il
ressort entre autres d'un article publié par le journal ministériel
Standard, que la Grande-Bretagne a modifié son opinion sur le
droit d'asile. Ce droit n'est pas illimité ; les réfugiés politiques n'en
jouiraient qu'autant qu'ils ne se livreraient pas à des actes pouvant compromettre les relations de l'Angleterre avec les pays
étrangers.

Extradition et expulsion. Cas du géné- ral Boulan- ger. Opinion de M. Clunet.

§ 196. Mais l'Angleterre a-t-elle les moyens légaux de réaliser,
le cas échéant, l'expulsion du général ? Sur ce point, un avocat
anglais M. Craies, a publié, dans la revue citée plus haut, une
étude dont voici les conclusions (3).

Opinion de M. Craies.

La prérogative de la Couronne ne lui permet pas d'expulser un
étranger. Les magistrats ne le peuvent non plus que si l'étranger
tombe sous le coup des lois sur les marins déserteurs ou sur l'extradition.

(1) *Journal du droit international privé*, 1889, p. 603.
(2) 1889, p. 239 et s.
(3) *Ibid.*, p. 357 et s.

Les fonctionnaires anglais ne peuvent faire saisir la personne ou les papiers d'un individu, anglais ou non, en dehors des cas prévus par la loi écrite (*statute law*) ; mais dans cette loi il n'y a rien qui autorise l'expulsion des étrangers. Le conseil privé pourrait peut-être lancer des mandats d'arrêt, mais il ne siège plus que dans les cas prévus par la loi écrite. Le cabinet ministériel ne possède pas sur ce point l'autorité du conseil privé. Les étrangers qui commettent des délits ou des crimes en Angleterre sont assimilés aux Anglais et ne peuvent être expulsés. Les menées contre la sécurité d'un État étranger ne tombent sous le coup de la loi que si elles dégénèrent en complot d'assassinat ou en excitation à l'assassinat.

En conséquence, le général Boulanger eût été jugé et puni comme un Anglais, s'il eût commis quelque crime ou délit, sinon il ne pouvait pas être inquiété.

Affaire Bellencontre.

§ 197. La Cour suprême de Londres a consacré, le 23 février 1891, les principes suivants :

D'après la loi anglaise et le traité anglo-français, l'extradition n'est accordée que pour les crimes et délits énumérés dans la nomenclature de la loi et du traité. Les éléments constitutifs du crime pour lequel l'extradition est demandée, doivent être appréciés d'après la loi du pays requis. En cas de demande d'extradition pour abus de confiance, le juge anglais ne doit accorder l'extradition que pour ceux de ces abus qui seraient punissables d'après la loi anglaise.

Il s'agissait, dans l'espèce, du notaire français Bellencontre, poursuivi en France pour abus de confiance et réfugié à Jersey. La Cour autorisa l'extradition, mais seulement sur quatre chefs, les autres charges relevées contre le coupable ne constituant pas des crimes d'après la loi anglaise (1).

Affaire Myers.

§ 198. Depuis l'acte d'extradition de 1870, il ne s'est présenté que deux cas où l'on ait tenté d'obtenir en Angleterre l'extradition pour motifs politiques. En 1889 un Allemand nommé Myers fut accusé, dans une demande d'extradition, d'avoir commis un abus de confiance en Allemagne. Mais en réalité il s'agissait de pouvoir poursuivre Myers pour violation des lois contre les socialistes. Aussi, en réponse à une protestation des magistrats anglais, le gouvernement impérial finit-il par retirer sa demande (2).

---

(1) *Journal du droit international privé*, 1891, p. 176.
(2) *Journal du droit international privé*, 1890, p. 52.

§ 199. L'autre cas est le premier où l'on ait fait application du traité d'extradition anglo-suisse de 1874. Un Tessinois nommé Castiadi, après avoir tué, dans le cours d'une émeute, un membre de son gouvernement, M. Rossi, d'un coup de revolver, était rentré en Angleterre où il résidait. La Suisse demanda son extradition. Celle-ci fut refusée pour les motifs suivants :

D'après le traité en cause, l'extradition ne s'applique pas aux crimes et délits politiques. Il ne suffit pas, pour l'application de cette règle, que le crime ait été commis pour des motifs politiques, ou qu'il se soit produit au cours d'une insurrection ou d'un mouvement politiques. Il faut à la fois : 1° que le crime ou délit ait eu lieu au cours d'une insurrection ou d'un mouvement politiques ; et 2° qu'il en soit un élément ou une partie intégrante (1).

§ 200. L'Italie ayant demandé à la Suisse l'extradition d'un officier de son armée, M. Livraghi, accusé d'homicide, de concussion et de calomnie, le tribunal fédéral suisse, saisi de la demande, a accordé à l'unanimité l'extradition du prévenu dans sa séance du 20 juin 1891.

Le premier point qu'il s'agissait de trancher, c'était si le traité d'extradition italo-suisse de 1868 est applicable aux délits commis à Massaouah, soit dans une colonie italienne. L'avocat de Livraghi et le professeur Kœnig répondaient négativement. A les entendre, aucun traité n'étend ses effets sur les colonies de la nation qui l'a conclu, à moins que cela ne soit expressément stipulé. Or le traité avec l'Italie est muet sur ce point. En 1868 Massaouah n'appartenait pas à l'Italie ; comment soutenir que les négociateurs aient stipulé pour ce pays ? En outre cette colonie n'est reliée à la mère-patrie que d'une manière peu étroite. Pour y être admis il faut un passeport visé pour l'étranger.

En 1868, répondait le mémoire de la légation d'Italie à Berne, les contractants n'ont pas entendu limiter l'Italie aux frontières d'alors. Les traités conclus par la Sardaigne ont étendu *ipso facto* leurs effets à toute la péninsule à mesure que le royaume d'Italie se constituait par l'annexion. Admettre le système de Livraghi, ce serait dire que le traité de 1868 n'est pas applicable aux délits commis à Rome, car cette ville n'était pas italienne alors.

M. Soldan, juge fédéral, fait observer sur ce point ce qui suit, dans son rapport au tribunal.

D'après le traité de 1868 les contractants s'obligent à livrer les

(1) *Journal du droit international privé*, 1890, p. 948 et s.

individus qui, étant poursuivis par les autorités compétentes de l'un pour l'un des crimes et délits énumérés à l'article 2, se seraient réfugiés sur le territoire de l'autre. Il n'est donc pas nécessaire que le délit ait été commis sur le sol italien ; il suffit qu'il soit justiciable des autorités italiennes. Or c'est le cas de Livraghi. La tendance actuelle est d'indiquer si un traité est ou non applicable aux colonies. Mais en 1868, il n'en était pas ainsi. La pratique italienne est du reste dans le sens de l'extradition. Ainsi en 1865, elle livra à la France un sergent français du corps d'occupation de Rome, qui avait commis un délit dans cette ville et qui s'était réfugié en Italie. D'autre part le tribunal a accordé à l'Italie l'extradition d'un individu accusé d'un délit commis sur territoire égyptien, les capitulations donnant à l'Italie un droit de juridiction en Égypte.

Livraghi invoquait ensuite que le Code pénal militaire italien n'avait pas été publié à Massaouah. Avec M. Soldan, le tribunal a estimé que Livraghi, lieutenant de carabiniers royaux, faisant partie d'un corps d'expédition italien, était soumis au Code italien, que celui-ci ait été promulgué ou non dans la colonie.

Enfin l'inculpé excipait de ce que le tribunal militaire de Massaouah ne serait pas compétent dans le sens de l'article 1 du traité italo-suisse. Ce tribunal serait exceptionnel et constitué, contrairement à la constitution italienne, par de simples arrêtés du gouverneur. Le tribunal fédéral estime que la Suisse devrait refuser l'extradition, si, par exemple, il y avait lieu de croire que le jugement sera un acte de simple vengeance politique. Mais, dans le cas particulier, rien de semblable n'est à craindre. Le tribunal militaire de Massaouah est constitué en vertu de pouvoirs réguliers et tous les délits commis par des catégories bien déterminées de justiciables lui sont soumis. Ce n'est donc pas un tribunal d'exception. Livraghi, soldat italien, est bien justiciable d'un Conseil de guerre italien.

En revanche le tribunal a admis le quatrième moyen relevant que la calomnie ne figure pas à l'article 2 du traité comme un délit autorisant l'extradition. Livraghi ne pourra donc être mis en jugement que pour homicide, péculat et concussion (1).

Enlèvement de mineurs. Affaire Emanuel.

§ 201. Le tribunal fédéral suisse a statué ce qui suit, dans sa séance du 6 mai 1892 : Il s'agissait de la demande d'extradition, par l'Allemagne, d'un saltimbanque nommé S. Emanuel, accusé

(1) *Gazette de Lausanne* du 22 juin 1891.

d'avoir enlevé à Darmstad la mineure E. Konrad et arrêté de ce fait à Bâle. L'article 1 du traité helvéto-allemand cite, parmi les cas d'extradition, l'enlèvement d'une mineure. Peu importe que la mineure ait été consentante, et que la législation bâloise porte que la notion d'enlèvement fait défaut. Il y a délit d'enlèvement d'un mineur lorsque les parents ou tuteurs n'ont pas donné leur consentement. Or c'est le cas dans l'espèce. En conséquence, il y a lieu à prononcer l'extradition. La Cour n'a pas à se préoccuper de la question de savoir s'il y a ou non enlèvement, mais uniquement de savoir si l'acte incriminé est compris dans la liste des délits susceptibles d'extradition (1).

§ 202. Dans sa séance du 14 février 1891, le tribunal fédéral suisse, statuant sur l'affaire Emerlet, a posé les principes suivants : *Affaire Emerlet.*

Le traité d'extradition de 1874 entre la Suisse et l'Allemagne ne limite pas le droit de punir du pays requérant au fait pour lequel l'extradition a été accordée. Ce traité déclare uniquement que l'extradé ne peut être poursuivi pour un crime ou délit non prévu par la convention. En conséquence, le traité prévoyant l'extradition pour l'usage de documents falsifiés, un individu extradé pour falsification de documents peut être poursuivi pour usage de ces documents.

§ 203. L'Italie réclamait de la Suisse l'extradition du nommé Guerrini, accusé d'avoir déposé des matières explosives sur la tablette d'une fenêtre. L'explosion de ces matières avait mis le feu aux rideaux de la fenêtre. L'inculpé alléguait que le cas ne rentre pas dans ceux qu'énumère la convention italo-suisse, celle-ci ne parlant que de l'incendie. Le tribunal fédéral n'a pas admis cette exception. L'incendie et l'abus des matières explosives, dit-il dans son prononcé, sont des faits identiques et ont le même objet. Le Code italien les assimile, et les législations récentes suivent cet exemple (2). *Affaire Guerrini.*

§ 204. Le 6 mars 1891, le même tribunal a consacré les principes suivants : *Affaire Pignet.*

Bien que la non-extradition des nationaux soit aujourd'hui la règle, en Suisse également, il n'existe aucune disposition légale qui l'interdise formellement. Si l'obligation d'extrader est réglée par un traité, il faut juger d'après la lettre et l'esprit du dit traité

(1) *Zeitschrift für internationales Privat-und Strafrecht*, II, p. 504,
(2) *Zeitschrift für internationales Privat-und Strafrecht*, II, p. 310.

sur ce point. Il résulte entre autres de l'article 13 du traité de 1850 entre les Etats-Unis et la Suisse que la non-extradition des nationaux n'a pas été admise dans les rapports des Etats contractants. L'article 14 n'exige point que le crime, objet de la poursuite, soit puni d'une peine aussi grande dans le pays requis que dans le pays requérant ; il suffit que l'inculpé soit poursuivi ou condamné pour une des infractions que l'article énumère, si cette infraction est punie d'une peine infamante dans ce pays.

Il s'agissait, dans l'espèce, d'un Genevois nommé Pignet, ancien caissier d'une compagnie d'assurance de New-York, poursuivi pour détournements. Pignet s'était réfugié à Genève. Son extradition fut accordée (1).

Affaire Zighi. § 205. Accusé de prévarication, le sous-lieutenant italien Zighi s'était réfugié en Bosnie. L'extradition demandée par l'Italie ayant été accordée par l'Autriche-Hongrie, l'inculpé se pourvut devant la Cour suprême de guerre et de marine, alléguant qu'aux termes de l'article 2 du traité de Berlin de 1878, la Porte a conservé la souveraineté sur la Bosnie et l'Herzégovine, l'Autriche-Hongrie n'ayant que l'administration de ces pays. En conséquence le traité d'extradition austro-italien de 1869 ne leur est pas applicable. Le pourvoi fut rejeté pour les motifs suivants : Les tribunaux sont incompétents pour statuer sur les limites dans lesquelles s'exerce le droit de souveraineté des États et sur les rapports entre divers gouvernements quant à l'attribution de ce droit sur certaines régions. La solution de ces questions incombe à l'autorité politique qui leur applique les principes du droit international. L'autorité judiciaire n'est pas non plus compétente pour interpréter les traités d'extradition ; en le faisant elle empiéterait sur les attributions du pouvoir exécutif (2).

Affaire Villela et Bevinino. § 206. En 1890 les États-Unis demandaient à l'Italie, l'extradition de Villela et Bevinino, prévenus d'assassinats commis en Amérique. Or les tribunaux italiens étaient déjà saisis de l'affaire et sur leur ordre, les prévenus avaient été écroués en Italie. Leur jugement ne dépendait plus que des renseignements demandés par l'Italie par commission rogatoire. Il y eut à ce sujet entre le baron Fava, ministre d'Italie, et le cabinet de Washington, un échange de notes qui peuvent se résumer comme suit :

L'Italie refusa l'extradition des dits, alléguant leur nationalité

(1) *Journal du droit international privé*, 1891, p. 619.
(2) *Journal du droit international privé*, 1892, p. 290.

italienne, et bien que les faits incriminés eussent eu pour théâtre les États-Unis. En réponse à ces allégations, le cabinet de Washington faisait valoir que le traité d'extradition italo-américain ne statue aucune exception en faveur des ressortissants italiens ou américains, mais permet l'extradition de tout individu. Le baron Fava répliqua qu'en vertu de la loi italienne, nul ne peut être distrait de ses juges naturels, c'est-à-dire de ceux de son pays, qu'il n'y a d'exception qu'à l'égard des personnes arrêtées dans un pays étranger pour délits causés dans ce pays ; mais que cette exception n'est plus admissible, lorsque les prévenus sont rentrés dans leur patrie, sans avoir été poursuivis par les tribunaux du théâtre du délit. En outre le Code pénal italien déclare inadmissible l'extradition d'un sujet italien. Tous les publicistes et la grande majorité des législations européennes consacrent ce principe. Il a été reconnu par les États-Unis, entre autre dans leur traité avec l'Empire d'Allemagne. Le fait qu'il n'y a pas, dans le traité italo-américain, de réserve spéciale sur ce point, n'implique pas la renonciation au principe de la non-extradition des sujets italiens par l'Italie. On ne saurait alléguer l'impunité qui en résulterait, les accusés étaient arrêtés et allaient passer en Cour d'assises.

Pour obvier à l'avenir au retour de pareils litiges, les États-Unis proposèrent à l'Italie un article additionnel à la convention de 1868, portant qu'à l'avenir l'extradition de sujets des parties contractantes ne pourra être réclamée (1).

§ 207. A propos de la demande d'extradition, par le ministre d'Italie, du sieur Rabuffetti, le tribunal fédéral de Buenos-Ayres a décidé ce qui suit : *Affaire Rabuffetti.*

Il n'y a pas lieu à l'extradition des criminels après l'expiration du délai de la prescription.

La condamnation par contumace n'est considérée que comme un acte de poursuite.

Les jugements par contumace ne revêtent pas le caractère définitif, en ce qui a trait à l'application des peines corporelles.

La demande d'extradition repoussée n'interrompt pas la prescription (2).

Il s'agissait dans l'espèce du sieur Rabuffetti, condamné en Italie à la peine de mort. Malgré les représentations de cette puissance, le tribunal ordonna la mise en liberté de Rabuffetti qui

(1) *Foreign relations of the United States*, 1890, p. 554 et s.
(2) *Revista general de Administracion*, 1888, p. 195.

avait été incarcéré. Cet ordre fut motivé par les considérants ci-dessus.

Extradition en France. Imputation de la détention préventive sur la durée des peines.

§ 208. Dans son audience du 8 février 1893, la Cour d'appel de Douai a décidé ce qui suit :

La détention subie en pays étranger, à la suite d'une demande d'extradition adressée par le gouvernement français, doit, en principe, être imputée sur la durée de la peine prononcée par les tribunaux français, sauf le droit, pour ceux-ci, de décider qu'il en serait autrement (1).

Affaire Koster.

§ 209. Dans son audience du 17 mars 1893, le tribunal fédéral suisse tranche une question importante relative à l'extradition entre la Suisse et l'Allemagne. La loi fédérale de 1892, dit-il dans son jugement, n'ayant ni pu, ni voulu déroger aux dispositions des traités d'extradition existants, les rapports entre la Suisse et l'Allemagne sur cette matière, sont toujours régis par le traité de 1874. Or ce traité interdit l'extradition pour tous actes punissables qui ont par eux-mêmes un caractère politique. Elle est donc exclue non seulement pour les délits politiques absolus, mais aussi pour les relatifs, c'est-à-dire pour les délits de droit commun en connexité avec un crime ou délit politique.

Spécialement ne sera pas extradé un individu poursuivi pour avoir poussé une autre personne à se parjurer pour le soustraire lui-même à une accusation de lèse-majesté. Il importe peu que l'acte à raison duquel on demande l'extradition, n'ait point été commis en vue de préparer la perpétration d'un délit politique absolu ou d'en assurer le succès ; il suffit que le but de l'auteur ait été d'empêcher la répression par l'État d'un délit politique déjà commis.

Il s'agissait des faits suivants : Koster avait été condamné en Allemagne pour avoir désigné en termes inconvenants les bustes des empereurs Guillaume Iᵉʳ, Frédéric III et Guillaume II. Koster s'était réfugié en Suisse. L'Allemagne demandait son extradition non point à raison de cette condamnation, mais pour avoir poussé le propriétaire de ces bustes à faire en sa faveur un faux témoignage, lors des poursuites qui aboutirent à cette condamnation (2).

Affaire Forquet de Dorne.

§ 210. Le même tribunal, statuant dans l'affaire de l'ambassade de France en Suisse contre Forquet de Dorne, a consacré, le 10 février 1893, les principes suivants, identiques, au fond, à ceux

(1) *Journal du droit international privé*, 1893, p. 538.
(2) *Journal des tribunaux*, 29 avril 1893.

qu'il a proclamés dans le cas précédent. « Le tribunal fédéral n'est
» compétent, ni pour examiner la question de culpabilité de celui
» dont l'extradition est demandée, ni pour rechercher si, à raison
» de remboursement des sommes détournées, l'action pénale se
» trouve éteinte contre lui. »

L'article 1er du traité d'extradition de 1869 entre la France et la
Suisse indique, parmi les faits pouvant donner lieu à l'extradition,
le vol, la soustraction frauduleuse et l'abus de confiance.

Ces mêmes faits sont prévus par l'article 3 de la loi fédérale sur
l'extradition, du 22 janvier 1892.

Au surplus, à supposer que cette loi soit muette à cet égard, il ne
saurait en résulter le droit, pour la Suisse, de refuser à la France
l'extradition de personnes inculpées à raison de délits de cette nature ; même depuis la promulgation de la nouvelle loi suisse, les
rapports entre la Suisse et la France sont encore réglés en matière
d'extradition, par le traité de 1861.

Un tribunal militaire ne peut être considéré comme un tribunal
d'exception, dans le sens des traités d'extradition ; on ne peut
considérer comme tels que les tribunaux extraordinaires, créés par
voie exceptionnelle, en dehors des organes ordinaires de l'administration de la justice (1).

§ 211. Durant les dernières années, les Cours anglaises ont eu
à trancher plusieurs cas intéressants d'extradition. Le premier fut
celui de l'anarchiste François, accusé de complicité du meurtre de
Véry et d'Hamonod, ainsi que des dégradations causées à Paris,
boulevard Magenta, à l'aide de substances explosives. L'inculpé
produisit un *affidavit*. Il y prétendait que les preuves formées
contre lui étaient insuffisantes pour justifier son extradition en
vertu de la loi de 1873, que le crime, s'il y en avait un, offrait un
caractère politique, et que la demande d'extradition était faite seulement parce qu'il était anarchiste.

*Extradition en Angle-
terre. Affaire François.*

Les tribunaux anglais, à qui l'affaire fut déférée, n'admirent pas
ces exceptions, et François fut extradé.

§ 212. Un cas qui a fait beaucoup de bruit, est celui du docteur
Cornélius Herz, arrêté en Angleterre, où il s'était réfugié, sur un
mandat provisoire du tribunal de Bow-Street, à la demande de
l'ambassade de France à Londres. L'accusé n'a pu être transporté
à la Cour de police de Bow-Street, vu l'état de sa santé, et il n'y
avait pas jusqu'à présent, dans les lois sur l'extradition, de dis-

*Affaire Cor-
nélius Herz.*

(1) *Semaine judiciaire* du 13 mars 1893.

position qui permit de mener l'enquête préliminaire près du lit de l'accusé. Mais une loi anglaise du 8 juillet 1895 autorise le juge de Bow-Street à se transporter au domicile de l'inculpé pour poursuivre son enquête (1). En attendant Herz est surveillé par la police anglaise. Cette affaire soulève encore une question importante. Une arrestation peut-elle être opérée en Angleterre en vertu d'un mandat provisoire, sans qu'une intervention diplomatique soit nécessaire ?

Cette question doit être résolue affirmativement. L'article 8 de la loi de 1870 autorise expressément les juges de paix anglais à lancer des mandats d'arrêt avant toute requête d'un gouvernement étranger. Ce mode de procédure s'emploie fréquemment, lorsqu'on craint que l'accusé ne s'échappe avant la production de la requête diplomatique.

Affaire Ashworth.

§ 213. Le traité d'extradition de 1889 entre les Etats-Unis et l'Angleterre, devenu exécutoire le 4 avril 1890, porte qu'il n'est pas applicable aux infractions commises avant son entrée en vigueur. En vertu de ce traité, l'Américain Ashforth, prévenu de vol et de détournements, fut arrêté à Liverpool, sur la requête des Etats-Unis, puis relâché peu après à sa demande. Voici pourquoi : Ses dépositions envoyées d'Amérique n'indiquaient point les dates où avait été reçu l'argent qu'on disait avoir été volé ; on n'établissait pas non plus l'époque à laquelle les infractions avaient été commises. Or il aurait fallu constater que les faits s'étaient produits depuis le 4 avril 1890.

Affaire Balfour.

§ 214. La tendance générale des États modernes est d'abandonner le plus possible cette idée fausse, autrefois proclamée par tous, que le souverain doit protection à quiconque s'est réfugié sur son territoire et qu'il ne peut le livrer sans compromettre sa dignité.

La raison qui pousse ainsi les États modernes à renier le droit d'asile est de restreindre le plus possible les chances d'impunité des criminels (2).

Les circonstances dans lesquelles s'est produite la demande d'extradition de Jabez Spencer Balfour adressée par le gouvernement anglais au gouvernement argentin nous donnent une nouvelle preuve de cette tendance.

D'après les documents officiels (3), Balfour était accusé d'avoir :

« 1° Étant directeur d'une société et abusant du mandat d'une

---

(1) *Journal du droit international privé*, 1895 (n° 11-12).

(2) L'extradition de Balfour demandée par l'Angleterre à la République Argentine, par M. Prudhomme (*Journal du droit international privé*, 1895, p. 289).

(3) *Journal du droit international privé*, 1895, p. 317.

» autre société, de concert avec Henry Granville, Wright et James
» William Stables, en faisant usage d'un nom supposé et de faus-
» ses négociations, obtenu, pour ses trois complices, la somme de
» 20.000 £., du 12 janvier 1886 au 18 mars suivant ;

» 2° Quitté l'Angleterre emportant au préjudice de ses créanciers
» la somme de 400 £., qu'il prit avec lui, le 16 décembre 1892, dans
» les 4 mois qui précédèrent la déclaration de sa faillite et d'avoir
» ainsi enfreint la loi sur la banqueroute en vigueur en Angle-
» gleterre.

» 3° Coopéré et concouru à faire figurer des opérations simu-
» lées, à inscrire des mentions fausses ou à omettre dans une in-
» tention frauduleuse des détails importants sur les livres et les
» comptes de différentes sociétés publiques, soit comme directeur
» des unes, soit comme employé des autres, et ce, dans le but de
» tromper, afin d'attirer des capitaux et de s'approprier des som-
» mes d'argent ».

La loi argentine détermine les conditions dans lesquelles l'extradition pourra être accordée. Les différents cas sont énumérés
dans la loi du 25 août 1885.

De plus l'article 646 du Code de procédure criminelle s'exprime
en ces termes :

« L'extradition des délinquants, qu'elle soit demandée par la
» République ou accordée par elle, à la requête d'une autre nation,
» ne peut avoir lieu que :

» 1° Dans les cas déterminés par les traités existants ;

» 2° A défaut de traités dans les cas où il y a lieu à l'extradi-
» tion suivant le principe de réciprocité ».

La demande d'extradition fut formée le 24 février 1893. A cette
date aucun traité d'extradition ne liait la République Argentine et
l'Angleterre et celle-ci ne pouvait, à raison de sa propre législation, offrir avec sa demande la réciprocité nécessaire, d'après la
loi argentine, pour que la requête puisse être accueillie, car cette
offre ne peut, aux termes de l'*Extradition Act*, résulter que des stipulations d'un traité.

L'ensemble des conventions existantes posait jusqu'alors en
principe que les traités d'extradition n'auraient pas d'effet rétroactif et qu'en conséquence l'extradition ne serait pas accordée à raison de crimes ou délits commis antérieurement à la date où ces
traités seraient devenus exécutoires.

Dans ces conditions le gouvernement argentin dut repousser la
demande.

Le gouvernement anglais n'insista pas, mais demanda que Balfour fût surveillé jusqu'à la ratification du traité d'extradition alors soumis au Congrès argentin.

Le traité fut sanctionné par le Congrès le 6 décembre 1893.

Aucune clause ne vise la rétroactivité.

Le 22 décembre de la même année le gouvernement anglais demandait de nouveau l'extradition de Balfour et provisoirement son arrestation immédiate.

La demande fut accueillie et le 31 janvier 1894, Balfour était arrêté : le 18 août, le juge fédéral de Salta ordonnait sa remise aux autorités anglaises, décision confirmée le 3 novembre suivant par la Cour suprême.

Les autorités argentines ont donc renié la doctrine antérieurement admise et appuyée sur de nombreux précédents en accordant l'extradition pour des faits commis antérieurement à la mise en vigueur du traité en vertu duquel la demande était faite.

La Cour suprême a motivé la décision dans un arrêt conçu dans des termes très élevés et dans lequel elle s'exprime avec une hauteur de vue remarquable.

Voici, à titre de document, la fin de l'arrêt :

« L'intérêt et le devoir des nations civilisées dans le monde, en
» ce qui concerne la répression des délits, sont, comme il a été dit,
» les mêmes pour toutes ; rien ne leur prescrit, rien ne leur con-
» seille de protéger les criminels ou de cacher leurs crimes, et com-
» me les règles de la justice elle-même veulent que la connais-
» sance et le châtiment des crimes appartiennent aux autorités de
» la nation sur le territoire de laquelle ils ont été commis, la remise
» réciproque des coupables s'impose à toutes les nations dans l'in-
» térêt de la défense de la société.

» C'est qu'en effet le crime suit le criminel partout où il va ; la
» dette pénale, par lui contractée, subsiste tant qu'elle n'a pas été
» légalement acquittée ; et de ce qu'il s'est réfugié sur une terre
» étrangère, il ne résulte jamais pour la nation à qui il a demandé
» asile, une obligation de l'affranchir de cette responsabilité pénale,
» ni pour lui le droit d'exiger la protection de cette nation contre
» les lois de son pays qu'il a pu violer et les maux qu'il a pu y
» causer (1) ».

Le gouvernement anglais qui se montre si respectueux des for-

---

(1) Sentence de la Cour suprême de la République Argentine du 3 novembre 1894 (*Journal du droit international privé*, 1895, p. 321).

mes légales, si observateur des principes du droit international le plus strict, quand on lui demande une extradition, n'a plus aucun scrupule quand il en réclame une. Alors, les principes, les formes légales, le droit de justice, tout cela ne compte plus, ou plutôt il trouve moyen de concilier tout cela avec ses intérêts et ses désirs. Il a beau avoir dit, soutenu, affirmé le contraire cent fois et plus, dès qu'il est en cause lui-même, il trouve admirables les arguments qu'il a toujours réfutés et condamnés et très mauvais ceux qu'il employait lui-même.

Il va sans dire que, si au lieu de la République Argentine, le gouvernement britannique avait eu en face de lui une grande puissance, les choses se seraient passées autrement. Mais l'Angleterre ne se gêne jamais quand elle a affaire à moins fort qu'elle ; au contraire, quand elle se trouve en présence d'une nation qu'elle sait ou croit être aussi puissante qu'elle, comme les Etats-Unis, par exemple, elle est d'une douceur et d'une docilité incomparables.

Ce qu'il faut constater et retenir, c'est que le gouvernement anglais, pour obtenir l'extradition de Balfour, n'a reculé devant aucune illégalité, devant aucun moyen peu recommandable et a foulé aux pieds avec une désinvolture parfaite le principe de la non-rétroactivité des lois (1).

Traduit à Londres devant le jury, Jabez Spencer Balfour fut, le 27 novembre 1895, reconnu coupable des faits dont il était accusé et condamné le 28 à quatorze ans de travaux forcés.

§ 215. En l'absence de traité, un État peut-il obtenir d'un autre l'extradition de malfaiteurs qui se sont réfugiés sur le territoire de celui-ci (2) ?

Absence de traité. Affaire Francis H. Weeks.

Sur ce point, trois opinions sont soutenues : deux extrêmes et une intermédiaire (*Droit international*, II, § 950 et s.) :

Les uns estiment que, sans traité, un État ne peut sous aucun prétexte livrer un criminel réfugié chez lui.

Les autres, se basant sur la solidarité universelle, pensent qu'un État a non seulement le droit, mais encore le devoir, dans le but commun de la répression et de l'exemplarité, d'extrader le délinquant à l'État qui le poursuit.

D'autres enfin procèdent des deux opinions et soutiennent qu'en l'absence d'un traité, un État ne peut être tenu de répondre à une demande d'extradition.

(1) *Journal des Débats* du 30 novembre 1895.
(2) *Revue générale de Droit international public*, 1894, n° 5, p. 483.

L'Institut de droit international a soutenu cette troisième opinion dans sa session d'Oxford en 1880 : « Ce ne sont pas », déclare-t-il, « les traités seuls qui font de l'extradition un acte conforme au » droit, et elle peut s'opérer même en l'absence de tout lien con-» tractuel ; la condition de réciprocité en cette matière peut être » commandée par la pratique, elle n'est pas exigée par la jus-» tice » (1) (*Droit international*, II, § 1023).

Dans le courant de 1893, Francis H. Weeks ayant commis à New-York des vols et des abus de confiance s'élevant à plusieurs millions de francs, son arrestation fut ordonnée par le Grand Jury de cette ville. Weeks s'enfuit et se réfugia sur le territoire de la République de Costa-Rica. Bien qu'aucun traité n'existât entre les deux Républiques, les Etats-Unis remirent le 2 octobre 1893 au gouvernement de Costa-Rica une note demandant l'extradition et accompagnée de documents à l'appui.

En même temps ils déclaraient que dans la même hypothèse ils seraient disposés à accueillir la demande, se basant sur ce prin-cipe « que l'extradition, en l'absence de convention spéciale, se » concède par courtoisie internationale : les traités ne servent qu'à » déterminer et à classer les faits d'extradition, celle-ci a son fon-» dement dans la justice et elle existe indépendamment de tout » traité ».

Le 20 octobre, par un décret rendu conformément à l'avis du Con-seil du Gouvernement, le président de la République de Costa-Rica accorda l'extradition de Francis H. Weeks, se basant sur les motifs suivants :

1° Il est d'un intérêt commun pour tous les États que les délits graves ne restent point impunis et que les délinquants ne puis-sent pas, en passant la frontière du pays où ils ont commis leurs infractions, échapper au châtiment qu'ils ont encouru.

2° Les tribunaux des États-Unis de l'Amérique du Nord garan-tissent pleinement aux accusés leurs droits légitimes de défense.

3° Le délit dont Francis H. Weeks est accusé est de ceux qui troublent l'ordre public, et il n'est pas puni par les États-Unis d'une peine non admise dans la République, comme la peine de mort.

(1) *Annuaire de l'Institut de Droit international*, V, p. 127. — V. aussi sur les déclarations de réciprocité qui suppléent à l'absence du traité d'ex-tradition, l'article de M. Herbaux dans *Journal du droit international privé*, 1893, n° 11-12.

4° Le délit reproché est de ceux qui donnent lieu à l'extradition d'après les traités conclus par le Costa-Rica ;

5° Le gouvernement des États-Unis a proposé de conclure avec la République un traité d'extradition, dont il a présenté les bases, et qui permettra à la République d'obtenir à l'avenir le service et l'aide qu'elle prête aujourd'hui à la justice américaine (1).

. § 216. Pour ce qui est enfin de l'extradition des déserteurs (*Droit international*, II, § 1072 et s.), nous avons à mentionner les cas suivants :

Extradition des déserteurs. Cas de Feuillette.

Un soldat du 3ᵉ régiment de génie, nommé Feuillette, ayant obtenu la permission d'aller en Algérie, ne reparut plus à son corps et fut arrêté à Bizerte (Tunisie) par les autorités françaises. Le conseil de révision de Paris a annulé, le 6 janvier 1891, le jugement du conseil de guerre qui avait déclaré cette arrestation illégale et cela pour les motifs suivants :

Les insoumis et les malfaiteurs français réfugiés en Tunisie doivent être considérés comme se trouvant sur le territoire français. Il importe peu que l'arrestation ne s'accorde pas pour désertion. Les déserteurs, arrêtés par les autorités françaises sur le territoire de la Régence, peuvent donc être déférés aux conseils de guerre siégeant en France.

§ 217. En juillet 1895, un soldat d'infanterie de marine, le nommé Richard, ordonnance du commandant Lombard, attaché à la maison militaire du Président de la République française (*Droit international*, II, § 1072), profitant d'une absence de cet officier, lui vola dans l'appartement qu'il occupait au Palais de l'Elysée, une somme de 950 francs, des bijoux et divers objets. Puis il déserta et partit pour Bruxelles. A son retour, le commandant Lombard avertit l'autorité militaire qui fit demander par le Ministre des Affaires étrangères l'extradition de Richard.

Affaire Richard.

Le Cabinet de Bruxelles, fidèle à la doctrine de la non-extradition des déserteurs, refusa net.

Le gouvernement français modifia sa demande et de nouveau réclama Richard mais simplement sous l'inculpation de vols qualifiés.

Cette fois, le gouvernement belge n'avait plus à refuser : il accorda l'extradition, mais en stipulant expressément que Richard ne serait pas poursuivi pour désertion.

___

(1) *Republica de Costa-Rica, Ministerio de relaciones exteriores, Documentos relativos à la extradiction de Francis H. Weehs (San José, 1893).*

Le 29 novembre 1895 Richard fut condamné par le 1er Conseil de guerre du Gouvernement militaire de Paris à 10 ans de réclusion et à la dégradation militaire pour vols qualifiés.

Extradition des marins déserteurs. Actes américo-argentins.

§ 218. Le Sénat argentin a, le 30 septembre 1895, rejeté le projet de loi portant approbation des modifications apportées par le Congrès des Etats-Unis aux actes additionnels au traité d'amitié, de commerce et de navigation en vigueur (1). Lesdits actes, signés à Buenos-Ayres le 23 juin 1883 et le 25 juin 1885, étaient relatifs à l'extradition des déserteurs de la marine de guerre et de commerce des deux pays. Le Sénat des Etats-Unis y avait apporté deux légères modifications.

Extradition des nationaux. Opinion de M. Levieux.

§ 219. Au sujet de la question, encore litigieuse, de l'extradition des nationaux, M. Levieux, avocat à la Cour d'appel de Bruxelles, fait observer, dans une lettre adressée à l'*Indépendance belge*, que la défense, pour la Belgique, d'extrader ses nationaux repose sur l'article 8 de la Constitution et l'article 1 de la loi du 15 mars 1874. Il ne saurait donc être dérogé au principe de la non-extradition par voie de conventions internationales.

Affaire Tremblié.

§ 220. En 1895, un nommé Raoul Tremblié, sujet français était, arrêté, à son débarquement au port de Dunkerque, à la requête du chargé d'affaires de la République Argentine en France, sous l'inculpation d'assassinat commis sur le territoire argentin (*Droit international*, II, § 1026).

En même temps le gouvernement français recevait une demande d'extradition.

Fidèle à la doctrine de la non-extradition des nationaux, le gouvernement français refusa en même temps qu'il saisissait le parquet de Dunkerque et l'invitait à ouvrir une instruction.

Voici le texte de la lettre adressée par M. Hanotaux, ministre des Affaires étrangères, à M. Martinez Campos, chargé d'affaires de la République Argentine à Paris (2).

Paris, le 4 août 1895.

« Monsieur le Chargé d'Affaires,

« Le 25 juillet, vous m'avez fait l'honneur de m'écrire pour
» demander, au nom du Gouvernement argentin, à titre de réci-
» procité, l'extradition du nommé Tremblié (Raoul), poursuivi à
» Buenos-Ayres du chef d'assassinat, et qui serait actuellement
» détenu en France.

(1) *Revue générale de droit international public*, 1895, n° 6, p. 623.

(2) *Memoria de Relaciones exteriores presentada al Honorable Congreto nacional en 1895* (Buenos-Ayres, 1895), p. 188-198.

» Je m'étais empressé de soumettre cette requête, ainsi que les
» pièces à l'appui à mon collègue, M. le Ministre de la Justice.

» Il résulte de la réponse de M. Guérin que l'inculpé étant de na-
» tionalité française, sa remise ne saurait être autorisée en vertu
» du principe, absolu chez nous en matière d'extradition et con-
» sacré d'ailleurs dans tous nos traités, que les nationaux ne peu-
» vent être livrés à un État étranger.

» Dans ces conditions, M. Guérin a transmis à l'autorité judiciaire
» de Dunkerque les pièces qui accompagnaient votre communica-
» tion et qui faciliteront l'information criminelle ouverte contre
» l'individu dont il s'agit. M. le Garde des Sceaux ajoute qu'il atta-
» cherait du prix à recevoir tous renseignements complémentaires
» que le Gouvernement de la République argentine serait en me-
» sure de nous faire parvenir dans l'intérêt de la manifestation de
» la vérité.

» Je ne manquerai pas de vous tenir informé de la suite qui aura
» été donnée à cette affaire.

» Agréez, Monsieur le Chargé d'Affaires, les assurances de ma
» considération la plus distinguée ».

Signé : G. Hanotaux.

LIVRE XIV

RÈGLEMENTS INTERNATIONAUX CONCERNANT LES INTÉRÊTS SOCIAUX ET ÉCONOMIQUES DES PEUPLES.

Voir *Droit international*, III, § 1079 et s.

SECTION I. — PROPRIÉTÉ LITTÉRAIRE ET ARTISTIQUE.

Association littéraire internationale. Conférence de Berne, 1889.

§ 221. La deuxième conférence (*Droit international*, III, §1849) de l'Association littéraire et artistique internationale, qui s'est ouverte à Berne le 5 octobre 1889 sous la présidence de M. le conseiller fédéral M. Droz, a émis un certain nombre de vœux que nous résumons comme suit :

Il est désirable de voir s'établir entre les différents pays une convention unique, fondée sur les législations identifiées, et d'après laquelle la caution *judicatum solvi* serait supprimée dans les procès résultant de la Convention de Berne, et les jugements rendus dans l'un des pays de l'Union exécutoires dans les autres. Pour l'article 7 de la Convention, la conférence propose que la faculté de reproduction d'articles de journaux ne s'étende pas à la reproduction, en original ou en traduction, des romans-feuilletons ou des articles de science et d'art. La protection doit être étendue expressément aux transformations d'un roman en pièce de théâtre ou vice-versa. L'aliénation d'une œuvre d'art ne doit pas entraîner celle du droit de reproduction. Il est à désirer que les Etats de l'Union s'entendent pour punir l'usurpation du nom d'un artiste et l'imitation de la signature ou signe distinctif. Les photographies originales publiées dans un des pays de l'Union doivent être protégées dans les autres. Les dispositions relatives aux boîtes à musique et orgues de Barbarie ne doivent pas être étendues à tous les instruments servant à reproduire mécaniquement les airs de musique. L'accomplissement des formalités prescrites par le pays d'origine dispense l'auteur de toute autre formalité dans les autres pays de l'Union. Toute contrefaçon est punissable dans le pays où elle a été commise, alors même que l'œuvre contrefaite est destinée à un pays où la propriété littéraire et artistique n'est pas protégée.

Nous détachons le passage suivant du discours d'ouverture de M. le conseiller fédéral Droz. Après avoir donné l'assurance que l'Union internationale pour la protection des droits d'auteurs examinera avec bienveillance les nouvelles propositions de l'Association, l'auteur ajoute :

« Vous me permettrez toutefois de joindre à cette assurance une recommandation, je n'ose dire un conseil : Il est dans la nature des choses que, vous plaçant en face de votre idéal, vous désiriez voir orner votre œuvre, le plus tôt possible, de toutes les qualités qui, à vos yeux, lui manquent encore. Mais je vous prie de ne pas perdre de vue que les défauts que vous relevez en elle sont considérés par d'autres comme des avantages. En voulant procéder avec impatience on risquerait de priver l'œuvre de quelques-uns de ses meilleurs soutiens. Par une disposition très sage à mon avis, la convention prévoit qu'aucun changement ne sera valable pour l'Union que moyennant l'assentiment unanime des pays qui la composent. On a voulu par là donner aux États pour lesquels la convention consacre le maximum des progrès actuellement réalisables chez eux, une garantie contre le courant trop hâtif dans lequel chercheraient à les entraîner les États plus avancés. Il faut donc que les perfectionnements à apporter à l'Union, considérée dans son ensemble, résultent de la persuasion générale. C'est votre tâche à vous et à tous les pionniers du droit d'auteur dans les divers pays de faire pénétrer dans la conscience publique, puis dans les législations nationales, les notions qui vous paraissent à la fois justes, pratiques et mûres pour chaque État.

Ce chemin est sans doute plus long qu'une révision pure et simple de la convention, mais c'est le seul qui conduit sûrement au but. Au reste, la convention elle-même permet aux pays avancés de conclure entre eux des unions restreintes dont peuvent faire partie tous ceux qui sont d'accord sur un même principe : par exemple, la durée illimitée du droit de traduction. En faisant usage de cette faculté, ils prêcheront d'exemple, leur nombre s'accroîtra et finira par embrasser la totalité des pays de l'Union, sans qu'on ait

eu besoin de toucher au pacte fondamental. Agir autrement, c'est-
à-dire vouloir imposer aux États retardataires des principes à la
hauteur desquels ils ne sont pas encore arrivés, ce serait les faire
retomber, à la joie des adversaires de l'Union, dans l'état de piraterie dont elle les a fait sortir à grandes peines, ce serait empêcher
l'accession d'autres États qui sont sur le point de venir à nous, ce
serait aller à fins contraires des intérêts que vous cherchez à sauvegarder, non point dans les pays où la législation répond déjà à
vos vues, mais précisément dans les autres ».

Congrès ar-
tistique inter-
national de
1889.
§ 222. Le Congrès artistique réuni à Paris en 1889 (*Droit international*, III, § 1094) a voté quelques résolutions qui peuvent se
résumer comme suit :

La loi ne fait qu'assurer et régler le droit de l'artiste sur son œuvre, droit qui est une propriété et qui consiste dans le droit exclusif de reproduction. Il lui appartient pendant sa vie, et à ses ayants
droit 50 ans au moins après son décès. La protection d'une œuvre
d'art ne doit être astreinte à aucune formalité.

L'atteinte au droit d'auteur est un délit de droit commun. Sont
considérées comme contrefaçon les reproductions ou imitations
d'œuvres d'art par un procédé et par l'industrie, les transcriptions
et les arrangements des œuvres musicales, sans l'autorisation de
l'auteur. La loi doit réprimer l'usurpation du nom d'un artiste,
l'imitation de sa signature ou de son signe distinctif. Il faut protéger les œuvres posthumes. Les artistes de tout pays sont assimilés aux artistes nationaux. Il est désirable que les conventions
artistiques soient indépendantes des traités de commerce et que
tous les États adoptent une législation uniforme sur la propriété
artistique.

Congrès lit-
téraire de
1889.
§ 223. Le Congrès, à propos du droit de traduction, a pris les
résolutions suivantes :

Le droit d'auteur comprend le droit de traduction avec ou sans
réserve à cet égard et sans délai pour faire cette traduction. Les
articles de journaux et de recueils périodiques ne peuvent être
reproduits sans autorisation, sauf toutefois les articles politiques à
la condition d'en indiquer la source. Le droit d'auteur s'étend aux
dépêches, aux faits divers et aux feuilletons. La reproduction d'une
œuvre littéraire dans une anthologie ou par lectures publiques est
subordonnée au consentement de l'auteur. Egalement la transformation d'un roman en pièce de théâtre et vice-versa. Le droit
de traduction doit être protégé comme celui de l'œuvre originale
et pendant le même temps.

§ 224. Ces deux associations réunies ont voté à Milan, en 1892, des résolutions que nous résumons comme suit :

Congrès de 1892.

L'aliénation d'une œuvre d'art n'entraîne pas l'aliénation du droit de reproduction. L'usurpation du nom d'un artiste, l'imitation de sa signature ou de son monogramme tombent sous le coup des lois pénales. Il est à désirer qu'on protège toutes les œuvres de dessin, y compris les affiches et les étiquettes illustrées. Il en est de même des œuvres d'architecture. Le droit de reproduction comprend celui de traduction. L'auteur doit en jouir pendant vingt ans, et cela dans tous les pays de l'Union. L'adaptation est une appropriation illicite. En ce qui concerne le droit de représentation et d'exécution, les auteurs n'ont nulle obligation en dehors de celles découlant de l'article 2 de la Convention. Les exécutions ou représentations publiques sans le consentement de l'auteur sont illicites, fussent-elles organisées sans aucun but de lucre. Dans les boîtes à musique, l'usage de cartons perforés, disques ou autres organes interchangeables, est réputé contrefaçon.

Le bureau de Berne devrait établir entre autres la généalogie des œuvres publiées dans l'Union avec mission de fournir un certificat d'origine faisant preuve en justice. Il est désirable que tous les auteurs soient admis à faire enregistrer leurs œuvres à Berne, et qu'il leur soit délivré an certificat de cet enregistrement. Dans les contestations relatives à l'application de la Convention de Berne, il est désirable que la caution *judicatum solvi* soit supprimée et que les jugements rendus dans l'un des pays de l'Union soient exécutoires dans les autres. L'architecte doit être assimilé aux autres artistes. Il est désirable que les contestations provenant de l'application de toutes conventions littéraires et artistiques soient jugées par des arbitres.

§ 225. Les États-Unis ont modifié, en date du 3 mars 1891, leur législation sur la propriété littéraire et artistique (*Droit international*, III, § 1112).

Etats-Unis. Législation littéraire et artistique.

Nous résumons les dispositions de la loi relatives aux auteurs et artistes étrangers :

Les auteurs ou leurs héritiers peuvent faire prolonger leurs droits pour un nouveau délai de 14 ans en faisant enregistrer de nouveau leurs œuvres. Pour jouir de ces droits il faut déposer auprès du bibliothécaire du Congrès à Washington deux exemplaires des livres ou reproductions artistiques ou une description des tableaux, statues, etc., en cause. La formalité du dépôt s'étend à toutes les éditions subséquentes. Les contrefaçons seront confisquées, et leurs auteurs condamnés à des dommages-intérêts. La loi n'est applicable aux ressortissants d'un pays étranger, que si ce pays accorde aux citoyens des États-Unis la protection intellectuelle sur une base substantiellement la même que celle admise à l'égard de ses propres ressortissants, ou que si ce pays étranger fait partie d'un accord international stipulant la réciprocité en matière de droits intellectuels, accord auquel les États-Unis pourront adhérer. L'existence de ces conditions sera constatée de temps en temps par des déclarations du président des États-Unis.

Pour le moment elles sont remplies pour la Belgique, la France, la Grande-Bretagne et ses possessions, la Suisse, l'Allemagne (conv. du 15 janv. 1892, le Danemark (décl. du 8 mai 1893), l'Italie (décl. du 31 oct. 1892), le Portugal (décl. du 20 juill. 1893). En conséquence le président Harrison a déclaré, par une proclamation du 1er juillet 1891, que ces pays seront admis au bénéfice de la section 13.

Les livres, journaux, etc. publiés après le 1er juillet 1891 sont donc protégés aux États-Unis, pourvu qu'ils y soient imprimés et paraissent en même temps que l'édition étrangère. Sont protégés de même les opéras, pièces de théâtre et arrangements, soit pour la publication, soit pour l'exécution à la scène. Malheureusement l'obligation d'imprimer aux États-Unis les œuvres à protéger rend les concessions de ce pays illusoires dans la majorité des cas.

Propriété littéraire. Romans-feuilletons. § 226. Le Bureau international de la propriété industrielle (*Droit international*, §§ 1138, 1149) s'est préoccupé de la question délicate du droit de reproduction en matière de roman-feuilleton. Ce roman est-il un article de journal ? Quelles sont les dispositions des lois intérieures à cet égard ? Comment la Convention de 1886 règle-t-elle ce sujet ? Telles sont les questions que le Bureau s'est posées. Voici les réponses qu'il y donne.

1° Le roman-feuilleton ne saurait être, à bon droit, assimilé à un article de journal.

2° Les diverses législations en interdisent en général la reproduction. Spécialement il semble résulter des procès-verbaux des conférences de Berne en 1884, 1885 et 1886 que le gouvernement suisse a toujours considéré le roman-feuilleton comme une œuvre indépendante, protégée par les principes généraux du droit, indépendamment de toute réserve expresse.

3° La Convention d'Union du 9 septembre 1886 protège évidemment les romans-feuilletons comme tels, et non pas comme articles de journal.

4° Le roman-feuilleton, n'étant pas un article de journal, mais bien une œuvre littéraire proprement dite, ne saurait être actuellement, dans le ressort de l'Union, et spécialement en Suisse, l'objet d'une reproduction licite, en l'absence d'une autorisation de l'auteur, quand bien même il aurait été inséré antérieurement, sans aucune réserve, dans une publication périodique quelconque.

§ 227. La Cour d'appel de Paris a décidé ce qui suit au sujet des œuvres d'un auteur étranger (*Droit international*, III, § 1096) :

Propriété artistique. Affaire Gautron c. Breithopf et Hærtet.

Ces œuvres sont considérées comme françaises, lorsqu'elles paraissent pour la première fois en France à la suite d'une cession faite, en France également, au profit d'un Français, dont l'intention manifeste était d'user du bénéfice de la loi française. Il importe peu que l'auteur prédécédé soit ou non de nationalité étrangère. Le droit privatif ne subsiste, sur les œuvres posthumes, que pendant dix ans à partir de la mort de celui qui a fait procéder à leur publication.

Il s'agissait, dans l'espèce, de l'opposition formée par les cessionnaires des œuvres de Chopin contre l'introduction en France des éditions de ce compositeur publiées par Breithopf et Hærtet. La Cour a déclaré valable cette cession jusqu'au 3 juin 1891 et par conséquent valable l'opposition à l'entrée des éditions allemandes des compositions du compositeur polonais Chopin, C'est la loi russe, statut personnel dudit, qui doit être appliquée dans la cause.

§ 228. Les contrefaçons exécutées au bénéfice de l'absence de stipulations internationales n'en sont pas moins frappées d'une réprobation unanime.

Contrefaçons exécutées au bénéfice de l'absence de stipulation internationale. Affaire Brockhaus-de Trueba.

La librairie Brockhaus, de Leipzig, ayant édité, sans payer les droits d'auteur, sept ouvrages du poète espagnol Antonio de Trueba ; celui-ci écrivit à l'éditeur une lettre fort vive où il lui reprochait d'abuser de l'absence de stipulations internationales et d'enfreindre le septième commandement du Décalogue. La *Schriftsteller-Zeitung* ayant publié le texte, puis la traduction de cette lettre, fut poursuivie pour injure par Brockaus. Le tribunal des échevins de Berlin renvoya les prévenus en s'appuyant sur l'art. 193 C. pén., qui déclare non punissables les allégations faites pour la poursuite ou la défense d'un droit ou d'un intérêt légitimes. L'intérêt légitime était ici de signaler la conduite de la maison Brockhaus, afin, dit le jugement, de hâter l'avènement des relations régulières entre l'Allemagne et l'Espagne et de prévenir le retour de faits contraires à la morale et à la justice sinon à la loi positive actuelle.

Cet incident a en effet démontré la nécessité d'une prompte ratification par les parlements de la convention de Berne, du 9 septembre 1886, par laquelle l'Allemagne et l'Espagne se sont engagées à reconnaître les droits de leurs auteurs respectifs qu'auparavant aucun traité ne protégeait (1).

Cour de Leipzig.

§ 229. Dans le même sens, la Cour impériale de Leipzig a décidé qu'on doit considérer comme contrefacteurs, ceux qui en Allemagne font, sans le consentement de l'auteur, des reproductions exclusivement destinées à un pays où la propriété de l'œuvre littéraire n'est pas reconnue (*Droit international*, III, § 1126).

Affaire Schirmer.

§ 230. L'éditeur Schirmer, de New-York, ayant chargé Rœthing de tirer deux mille exemplaires de la *Rédemption* de Gounod, appartenant à Ewer et Cie, de Londres, et Rœthing ayant exécuté et expédié intégralement ce travail pour New-York, une action en contrefaçon fut exercée contre lui et portée en appel devant la Cour impériale. Si l'on comprend, dit l'arrêt, qu'une édition se prépare impunément pour le temps où l'ouvrage sera dans le domaine public, on ne s'expliquerait pas que les reproductions pussent être opérées en vue de l'époque où le droit de l'auteur existe encore, sous le prétexte qu'on les répandra uniquement dans les contrées dont la législation, *contraire à celle de l'Allemagne*, ne reconnaît pas le droit dont il s'agit (2).

Considérations émises par la Cour de Bruxelles sur le droit de traduction.

§ 231. Un arrêt de la Cour de Bruxelles, rendu le 17 mai 1880, émet des considérations intéressantes sur la législation belge au sujet du droit de traduction et de représentation des œuvres dramatiques (*Droit international*, III, 1099).

Le directeur du théâtre flamand d'Anvers ayant fait représenter en flamand une pièce française sans s'être préalablement muni de l'autorisation de l'auteur, celui-ci l'actionna en dommages-intérêts devant le tribunal de commerce d'Anvers, puis, en appel, devant la Cour de Bruxelles. Cette Cour a motivé comme suit le droit de l'auteur à une indemnité : « L'auteur d'une œuvre littéraire a sur elle un droit exclusif, il peut seul la publier, la vendre, la distribuer. Ce droit absolu doit comprendre en soi le droit de traduction ; on objecterait en vain que la traduction ne s'adresse pas au même public, que l'œuvre originale, la connaissance des langues étrangères est assez répandue pour qu'il existe des personnes capables de lire l'ouvrage dans la langue

---

(1) *Journal du droit international privé*, 1888, p. 220.
(2) *Journal du droit international privé*, 1888, p. 217.

» primitive ou dans celle où il aura été traduit, et il s'en trouvera
» certainement parmi elles qui préféreront la traduction, parce
» que la lecture leur en sera plus facile. D'ailleurs l'auteur peut
» céder le droit de traduire son œuvre et en tirer ainsi un nouveau
» bénéfice : en autorisant les tiers à faire des traductions, on pri-
» verait les auteurs d'une partie du fruit de leur travail et on leur
» causerait un préjudice d'autant plus sérieux qu'une traduction
» mauvaise ou mal faite peut, en diminuant l'attrait qu'offre une
» œuvre, nuire à son succès...

» Au surplus, l'action a pour base une atteinte portée au droit
» de représentation que l'on ne doit pas confondre avec le droit
» de publication. Le droit de représentation a été établi en France
» et en Belgique par les décrets de l'Assemblée nationale des
» 13-19 janvier 1791 et des 19 juillet-6 août de la même année ; il
» a été maintenu par les décrets du 8 juin 1806, du 5 février 1810
» et du 15 octobre 1812 et par l'article 428 du Code pénal de 1810.
» En Belgique, l'arrêté du gouvernement provisoire du 21 octobre
» 1830 l'a sanctionné de nouveau. La convention du 1er mai l'a
» consacré spécialement dans son article 4, sans faire de distinc-
» tion entre le cas où la représentation a lieu dans la langue pri-
» mitive et celui où elle a lieu dans une langue étrangère. L'intimé
» a donc porté atteinte aux droits des appelants et leur a par là
» causé un préjudice ».

Le tribunal civil de Bruxelles a par jugement du 3 août 1880 rendu
une solution semblable à propos de l'opéra d'*Aïda* de Verdi (1).

§ 232. Sur la question de la transformation d'un drame en opéra   *Transforma-*
(*Droit international*, III, § 1241), la Cour d'appel de Milan, sta-   *tion d'un dra-*
tuant dans l'affaire de la *Cavalleria rusticana* de Mascagni, a rendu   *me en opéra.*
un arrêt que nous résumons comme suit.

L'auteur d'un drame a, sur son œuvre, les droits protégés par la
loi de 1882, alors même que le sujet a été présenté dans d'autres
compositions littéraires, quand il est parvenu à donner au drame
un cachet d'individualité et de le transformer ainsi en œuvre originale. S'approprier un drame d'autrui, pour en faire un livret d'o-
péra, en y apportant seulement des réductions et en y ajoutant
des variantes telles qu'elles laissent prévaloir, dans l'ouvrage, la
pensée de l'auteur, en sorte que l'œuvre ainsi remaniée n'est autre

(1) Voir journal *le Droit*, 14 août 1880. *Journal du droit international privé*,
1881, p. 95.

que le reflet de l'essence et de la matérialité de la production primitive, c'est commettre un fait abusif (1).

Section II. — PROPRIÉTÉ INDUSTRIELLE. — MARQUES DE FABRIQUE. — BREVETS D'INVENTION.

Législation allemande sur les brevets § 233. La législation allemande, sur les brevets (*Droit international*, II, §1150 et s.) a été modifiée sur quelques points par la loi du 7 avril 1891. Ne sont pas brevetables les inventions contraires aux bonnes mœurs ainsi que les substances alimentaires et les produits chimiques en eux-mêmes. Pour ce qui est de la nouveauté exigée, on ne pourra à l'avenir exciper de publications antérieures, que si celles-ci ne remontent pas à plus de 100 ans. Les descriptions de brevet, publiées à l'étranger, ne sont assimilées aux publications qu'après 3 mois à partir du jour où ils ont paru, lorsque le brevet a été demandé à l'étranger par la même personne que celle qui a sollicité le brevet dans le pays. Mais cette faveur ne s'étend qu'aux pays qui garantissent la réciprocité à l'Allemagne. Les étrangers peuvent obtenir des brevets en Allemagne à condition de désigner un représentant dans ce pays. Mais il pourra être exercé des représailles contre les pays qui ne décerneraient pas des brevets aux Allemands. Pendant l'examen préalable, l'office des brevets peut faire comparaître et entendre les intéressés, ainsi que des témoins, et prendre l'avis d'experts. Lorsqu'un étranger attaque un brevet, il est tenu de déposer les frais de procédure.

Congrès de la propriété industrielle, 1889. § 234. Le Congrès de la propriété industrielle, réuni à Paris en 1889, a émis des vœux que nous résumons comme suit (*Droit international*, III, § 1178) :

Les *brevets d'invention* doivent être délivrés sans examen préalable. La description des inventions peut être tenue secrète pendant six mois à dater du dépôt de la demande. Une invention n'est pas réputée nouvelle, lorsqu'elle a reçu une publicité suffisante pour pouvoir être exécutée, dans le pays ou à l'étranger, avant le dépôt. Le droit du breveté ne peut être cédé, mais il se transmet par succession ou achat. L'expropriation est applicable aux brevets. Leur durée doit être de 20 ans. Les produits chimiques et pharmaceutiques doivent être brevetables. Le droit des étrangers aux brevets ne doit pas être soumis à la question de réciprocité. L'introduction par le breveté d'objets fabriqués à l'étranger sui-

(1) *Monitore dei tribunali*, 1891, p. 514.

vant son procédé doit être licite et il n'y a pas lieu d'exiger du breveté la fabrication dans aucun des pays où il a obtenu le brevet.

Les *marques de fabrique* sont des signes distinctifs à l'aide desquels une personne distingue ses produits de ceux de ses concurrents.

Il y a des marques de fabrique et des marques de commerce. Leur appropriation ne peut avoir lieu sans un emploi effectif et public. Elles suivent le sort de l'entreprise dont elles caractérisent les produits. La création de marques régionales ou municipales est un moyen propre à assurer la sincérité de l'origine du produit. Pour les marques, la réciprocité, ne doit pas être exigée. Une marque déposée dans le pays d'origine doit être admise dans les autres pays. Il est désirable qu'on établisse un enregistrement international des marques.

Pour ce qui est du *nom commercial*, le Congrès a émis le vœu que sa protection soit assurée aux étrangers sans condition de réciprocité et que son enregistrement soit facultatif.

A l'égard des *dessins* et *modèles*, le Congrès a reconnu qu'il est impossible d'établir un critérium permettant de distinguer les dessins et modèles industriels et les œuvres artistiques.

Pour ce qui est du *lieu de provenance* le Congrès demande qu'on interdise toute indication mensongère de ce lieu, qu'il s'y joigne ou non un nom commercial fictif ou emprunté dans une intention frauduleuse.

§ 235. D'après la Cour d'appel anglaise le mot de *Reversi* et en général les mots désignant un jeu ont un caractère descriptif et ne rentrent plus dans la catégorie des mots de fantaisie pouvant être enregistrés comme marque de commerce. Le demandeur avait inventé un jeu auquel il avait donné le nom de *Reversi*, jeu qui fut imité en 1886 sous le nom d'*Annex, jeu de reverses*. En première instance le demandeur eut gain de cause, le juge Kay ayant décidé que le mot de *Reversi* était une dénomination de fantaisie pouvant être enregistrée et que le défendeur avait voulu imiter cette marque. La Cour d'appel infirma ce jugement dans le sens indiqué ci-dessus (1) (*Droit international*, III, § 1159).

Marque de fabrique. Le mot Reversi.

§ 236. En suite d'une action intentée par la Société anonyme de la distillerie de la Bénédictine, la Cour supérieure de Cincinnati a décidé ce qui suit (*Droit international*, III, § 1163) :

Marque de fabrique Bénédictine.

(1) *Journal du droit international privé*, 1889, p. 485 et s.
(2) *Journal du droit international privé*, 1889, p. 102 et s.

Celui qui fait une application nouvelle d'un mot ancien, peut s'en servir comme d'une marque, et les droits qui résultent de ce choix, subsistent alors même que ce terme a passé dans le langage courant avec cette exception. Il en est notamment ainsi à l'égard de la *Bénédictine.*

Affaire de Buffalo Bill. Protection des noms commerciaux, des pseudonymes, des œuvres littéraires et artistiques. Exhibition d'esclaves en France.

§ 237. En vertu du traité franco-américain, la loi française accorde la protection non seulement aux marques des États-Unis, mais aussi aux noms ou aux pseudonymes des écrivains et artistes. En conséquence Buffalo Bill était fondé à poursuivre les personnages qui, en France, avaient essayé de s'emparer de son nom. Pour ce qui est des brochures publiées par cet impresario et qu'on a également contrefaites, la question est plus compliquée en apparence, les États-Unis refusant en 1889 la protection aux productions littéraires françaises, mais la loi du 28 mars 1852, qui punit la contrefaçon, sur territoire français, d'écrits publiés à l'étranger, est applicable dans l'espèce, cette loi ne faisant pas dépendre la protection de la réciprocité. Il en est de même des images polychromes de Buffalo Bill du moment que ces images et les brochures du dit ont été déposées conformément à la loi, et de la composition scénique du divertissement que Buffalo Bill offre au public.

Pour ce qui est enfin des Indiens qui figurent dans les pantomimes de Buffalo Bill, ce ne sont point des esclaves, mais des employés engagés librement. Il n'y a donc pas lieu de leur appliquer la loi qui libère tout esclave ayant mis le pied en France (1) (*Droit international*, III, § 1169).

Affaire Faber.

§ 238. Autre cas. Le 14 novembre 1889 le Tribunal de l'Empire allemand a statué ainsi qu'il suit :

La loi applicable en matière de dommages-intérêts résultant de délits ou de quasi-délits est celle du lieu où l'acte nuisible a produit son effet. Le propriétaire d'un nom commercial est garanti contre tout trouble portant atteinte à l'exercice de son droit, que ce trouble résulte ou non d'un acte commis en Allemagne.

Il s'agissait, dans l'espèce, d'un conflit entre les fabriques de crayons de J. Faber à Nuremberg et de A. W. Faber à Stein près Nuremberg. Sur une plainte formée par la première de ces maisons, le tribunal de première instance lui avait reconnu le droit exclusif de revêtir des initiales Johann Faber les crayons sortis de ses ateliers. Là-dessus les A. W. Faber adressèrent à leurs correspondants des États-Unis et d'Angleterre les circulaires aux termes

(1) *Journal du droit international privé*, 1889, p. 437 et s.

desquelles il y avait lieu de regarder comme contrefaçons tous les crayons marqués Faber et fabriqués hors de chez eux. La maison J. Faber demanda aussitôt aux tribunaux compétents d'interdire aux défendeurs le renouvellement d'un pareil acte et de prononcer une amende de 1200 marcs pour toute circulaire contestant son droit. Les tribunaux de première instance et d'appel admirent ces conclusions, sur quoi l'affaire fut portée devant la Cour suprême, qui rejeta le recours. Les considérants déclarent non applicables en la matière les règles relatives aux dommages-intérêts résultant de délits et de quasi-délits. A supposer cette application possible, les conclusions de la société A. W. Faber n'en devraient pas moins être repoussées. L'acte portant atteinte à ses droits a été accompli, il est vrai, sur territoire étranger, mais il faut considérer si, dans le lieu où cet acte a produit son effet, il y a eu un préjudice matériel ou moral, et il faut appliquer la loi en vigueur dans ce lieu, soit la loi allemande.

Dans l'espèce, en outre, il s'agit non de réparer un dommage passé, mais d'empêcher un dommage à venir. En conséquence le juge n'a pas à se préoccuper des principes qui régissent les conflits de lois en matière de délits ou de quasi-délits. La maison J. Faber possède le droit d'employer les mots Johann Faber pour désigner ses produits. Ce droit est garanti par l'article 13 de la loi de 1874 qui vise les manœuvres ayant pour but d'entraver l'exercice d'un droit de propriété industrielle. Le droit d'un industriel d'apposer son nom sur ces produits n'est suffisamment garanti que si le juge peut atteindre les actes commis à l'étranger au détriment de ce droit. En refusant d'admettre ce principe, on priverait de toute protection les industries qui tirent leur principal profit de l'exportation.

L'article 13 doit par conséquent être appliqué dans le cas présent, sans qu'il y ait lieu de se préoccuper des lois américaine ou anglaise (1) (*Droit international*, III, § 1177).

SECTION III. — SERVICE DES POSTES.

§ 239. Le quatrième congrès postal (*Droit international*, III, § 1212) qui s'est réuni à Vienne en 1891, a constaté tout d'abord que toutes les colonies anglaises ont aujourd'hui adhéré à

<small>Congrès postal de 1891</small>

_____

(1) *Penffert's Archiv*, 45, n° 264.

l'union postale universelle. Il a voté ensuite une résolution concernant la répression des fraudes en matière de timbres-poste, dans les rapports internationaux. A l'avenir la contrefaçon ou l'altération de ces timbres, ainsi que des timbres-télégraphe, et la distribution de ces valeurs seront poursuivies, soit sur la plainte du pays lésé, soit d'office par l'autorité judiciaire du lieu où l'infraction a été commise. Le congrès a voté aussi la réduction des droits d'assurance sur les envois avec valeur déclarée et les boîtes renfermant des objets précieux. Enfin il a modifié les dispositions relatives aux livrets d'identité, c'est-à-dire les documents facilitant aux voyageurs leurs opérations dans les bureaux de poste des pays étrangers, et plus particulièrement le retrait des envois chargés et le paiement des mandats.

Le n⁰ 2 (*Droit international*, II, § 121) a été modifié comme suit par ce congrès.

La taxe des lettres contenant des valeurs déclarées se compose d'un droit proportionnel d'assurance, calculé par 300 francs ou fractions de 300 francs déclarées, à raison de 10 centimes pour les pays limitrophes, de 25 centimes pour les pays non limitrophes et d'un droit supplémentaire de 10 centimes quand il y a transport par mer.

Complétons ce résumé des votes du Congrès en disant que la République Argentine, appuyée par quelques autres pays, s'est vivement prononcée en faveur de la suppression de l'article de la Convention postale qui stipule des indemnités de transit territorial ou maritime pour les envois postaux. Cette indemnité, dit le délégué de ce pays, a favorisé certains États au détriment des autres, et cela en vertu du hasard de leur situation géographique.

Cette proposition n'a pas été adoptée, mais le Congrès a exprimé l'espoir que tôt ou tard on arrivera à la suppression des droits de transit (1).

Bureaux de poste étrangers en Turquie.

§ 240. Le 19 janvier 1895, les agents de la police turque à Constantinople arrêtèrent le facteur de la poste anglaise qui portait la valise postale à destination de Smyrne et la lui enlevèrent en le dépouillant de ce qu'il avait sur lui et en le maltraitant (2).

M. Cobb, directeur de la poste anglaise, ayant protesté, l'agent fut remis en liberté et la valise, encore intacte, lui fut remise.

Sur la plainte de l'ambassadeur anglais, des excuses furent faites par le gouvernement ottoman et l'incident fut clos.

(1) *Documents du Congrès postal de Vienne*, p. 383.
(2) *Revue générale de droit international public*, 1895, n⁰ 3, p. 365.

Le 3 avril, après l'arrivée du courrier d'Europe à Constantinople, cinq agents de la police secrète entraînèrent de force vers la douane le facteur français et le facteur allemand, leur enlevant au premier une et au second deux lettres chargées, sous prétexte de contrebande.

Les ambassadeurs de France et d'Allemagne réclamèrent auprès du gouvernement ottoman contre ces procédés que rien ne pouvait justifier ni expliquer.

Ces incidents ont attiré l'attention sur l'existence des bureaux de poste étrangers sur le territoire ottoman.

L'Allemagne, l'Autriche-Hongrie, la France, la Grande-Bretagne et la Russie ont en effet en Turquie des bureaux de poste qui ont la même organisation que ceux de leur pays et offrent au public la même sécurité et les mêmes facilités. Leurs timbres-poste sont ceux de leur pays portant en surcharge l'indication équivalente de leur valeur en monnaie turque.

M. Kebedgy s'est demandé s'il n'y avait pas là une atteinte à l'autonomie ottomane.

Pour examiner sérieusement la question il faut se rendre compte des conditions dans lesquelles le service postal a été établi.

L'origine de l'établissement des postes étrangères en Turquie date du traité de Kioutshouk-Kaïrnadji entre la Porte et la Russie et par lequel celle-ci obtenait le droit de faire transporter la correspondance de son ambassade à Constantinople, par des Tartares affectés au service des courriers.

L'Autriche obtint peu après le même privilège et établit un service entre Constantinople et Vienne par Philippopoli, Sofia et Belgrade.

Ce service fut primitivement réservé aux correspondances officielles, mais les étrangers prirent peu à peu l'habitude de confier à leur mission leurs correspondances : celle-ci les faisait partir avec la sienne et inversement les correspondants de ces étrangers firent passer leurs lettres par leur ministère des Affaires étrangères qui les faisait parvenir en Turquie par ses courriers officiels.

Pour les autres pays, les ambassades envoyaient leurs correspondances par des bateaux marchands, puis peu à peu s'établit un service régulier de voiliers.

Ainsi s'établit en Turquie une sorte de service postal pour chaque pays. Néanmoins, pendant longtemps encore, ce furent les consulats ou légations qui se chargèrent de la distribution des lettres et de leur expédition. Peu à peu l'augmentation du nombre des correspondances amena la création d'un service spécial et bientôt d'un bureau spécial.

En 1865, les Allemands appliquèrent une boîte pour la réception des lettres, au comptoir d'un négociant de Stamboul.

Le gouvernement ottoman protesta, mais les réclamations des ambassadeurs d'Allemagne et d'Autriche firent taire ses doléances.

Dès lors la lutte commença entre les bureaux de poste étrangers et le gouvernement ottoman qui se décida à charger un Anglais, M. Sendamorre, de l'organisation des postes ottomanes.

Mais le service était mal et irrégulièrement fait, des pertes, des disparitions de lettres se produisirent. Le public, qui avait d'abord bien accueilli la nouvelle création, revint en foule aux bureaux étrangers.

Au congrès de Berne, en 1874, réuni pour la conclusion d'une union postale internationale, le délégué de la Turquie, Manco Effendi Macridi, protesta contre l'existence dans son pays des bureaux de poste étrangers, et en demanda la suppression.

Le congrès répondit par une fin de non-recevoir, lorsque M. Stephan, délégué de l'Allemagne, eut fait remarquer que la question n'entrait pas dans les limites tracées aux délibérations de l'assemblée, par les pouvoirs de ses membres et son ordre du jour, et eut proposé de renvoyer l'affaire à des négociations spéciales, selon l'appréciation de la Porte et l'*opportunité du moment et des circonstances*. L'incident était clos.

Le gouvernement ottoman eut alors l'idée de lutter par concurrence contre les bureaux étrangers : il vendit 20 paras, moitié de la somme prévue par le traité de Berne, les enveloppes portant un timbre représentant la valeur totale de la taxe conventionnelle. Les gouvernements étrangers protestèrent contre cette violation du traité et le bureau de Berne, saisi de la question, donna tort à la Turquie. Celle-ci persistant dans son procédé, les Etats unionistes menacèrent de ne plus reconnaître le timbre turc : il fallut bien céder.

Jusqu'ici donc les efforts du gouvernement ottoman pour supprimer les bureaux de poste étrangers en Turquie ont échoué, et c'est un bonheur pour tous ceux qui ont des intérêts ou des attaches dans ce pays, où la civilisation occidentale a tant de mal à pénétrer.

Cependant, le gouvernement ottoman oppose avec une apparence de vérité que l'établissement de ces services publics sur son territoire est une atteinte portée à son autonomie, à sa souveraineté.

Il faut pourtant se souvenir que depuis un siècle il s'est formé un droit coutumier spécial pour la Turquie. N'est-elle pas en effet pour bien des points soumise à la tutelle des puissances européennnes ?

Sans doute l'existence des bureaux de poste étrangers est une atteinte à la souveraineté ottomane, mais il faut se souvenir qu'à l'époque de leur institution et de leur développement, la poste ottomane n'existait pas et que quand le gouvernement eut établi des services postaux, il fallait qu'ils fussent à même de fonctionner régulièrement et rapidement et qu'ils inspirassent confiance au public.

L'expérience a été concluante et le public n'a pas voulu en user. Les conséquences terribles pour le commerce et les relations extérieures expliquent la fermeté avec laquelle les puissances ont maintenu le *statu quo*.

« La confiance, voilà tout le secret de cette question, dit en ter
» minant M. Kebedgy. Or on n'impose pas la confiance par des
» mesures réglementaires: on doit, avant tout, avoir soin de l'ins
» pirer ».

Section IV. — TÉLÉGRAPHES.

§ 241. La convention de 1883 (*Droit international*, III, § 1230) relative aux télégraphes a été révisée à Paris en 1890, mais, les changements qu'on y a apportés ne concernant guère que les détails techniques, nous ne nous y arrêterons pas (*Droit international*, III, § 1275). Disons seulement que les administrations se sont engagées à concourir, dans les limites de leur action respective, à la sauvegarde des fils internationaux et des câbles sous-marins, que les télégrammes d'Etat ou de service peuvent être émis en langage secret dans toutes les relations, que les Etats, qui n'admettent pas les télégrammes privés en langage secret, doivent les laisser circuler en transit, que l'expéditeur d'un télégramme privé peut faire légaliser sa signature et que le bureau vérifie la sincérité de la légalisation, et que les télégrammes d'Etat doivent être revêtus du sceau de l'autorité qui les expédie.

La convention renferme aussi un article concernant la téléphonie internationale. Cette téléphonie est autorisée pour tous les Etats contractants, qui peuvent y affecter soit des fils spéciaux, soit des fils existants. L'emploi du téléphone est réglé d'après l'ordre des demandes.

Union télégraphique.

Conflit an-
glo-portugais
Ligne télé-
graphique an-
glaise du Cap
en territoire
portugais.

§ 242. En mars 1894 un conflit qui aurait pu avoir des conséquences graves se produisit en Afrique entre l'Angleterre et le Portugal (1).

Pendant la construction de la ligne télégraphique devant relier
les possessions anglaises de l'Afrique du Nord à celles du Sud, les
agents de la Compagnie du Cap, confiants dans le traité anglo-por-
tugais de 1891 par lequel, « les Hautes Parties contractantes sont
autorisées à faire passer leurs lignes télégraphiques sur leurs territoires respectifs, poussèrent leurs travaux dans le territoire portugais du Haut-Zambèze.

Devant l'attitude énergique des agents portugais, les Anglais
appelèrent à leur aide les cannonnières anglaises en station sur le
Zambèze et tirèrent quelques coups de canon sur le village de
Tété.

Heureusement l'Angleterre reconnut que ses agents avaient excédé leurs droits et l'affaire se termina.

Cet incident avait soulevé une question très intéressante : le chef
de la compagnie anglaise pouvait-il se prévaloir vis-à-vis du Portugal d'un droit appartenant au gouvernement anglais.

En fait l'Angleterre a déclaré n'avoir pas cédé son droit à la compagnie.

Ces cessions sont-elles acceptables en droit ?

Pour répondre à cette question, on pourrait invoquer l'exemple
des grandes compagnies de navigation du siècle dernier à qui l'É-
tat cédait incontestablement une partie de ses droits de souveraineté. Mais il faut bien se rendre compte aussi que les pouvoirs de
ces compagnies varient et dépendent uniquement de la charte qui
leur a concédé leurs droits et qu'il est bien difficile d'admettre
qu'un État ait le droit de céder sans le consentement de l'autre
des droits qui ne résultent, comme en l'espèce, que d'une convention entre eux.

Téléphonie
internationale

§ 243. En vertu du traité de 1883 (*Droit international*, III,
§ 1230) et de la révision mentionnée ci-dessus, la Belgique et la
France, ainsi que la France et la Grande-Bretagne ont conclu en
1891 des conventions réglant les services téléphoniques entre Paris
et Bruxelles d'une part, Paris et Londres de l'autre. Ces conventions peuvent se résumer comme suit :

La convention franco-belge porte que le téléphone Paris-Bruxel-
les sera exploité par les administrations télégraphiques des deux

_____

(1) *Revue générale de droit international public*, 1894, n° 3, p. 290.

pays qui feront exécuter à leurs frais les travaux nécessaires, chacune sur son propre territoire. Les circuits téléphoniques sont exclusivement affectés à ce service. L'unité pour les taxes et la durée
des conversations est de cinq minutes ; mais elle pourra être réduite à trois à certaines heures. Les recettes sont réparties suivant
le rapport de 3 pour la France, à 2 pour la Belgique. Les administrations n'assument aucune responsabilité à raison des correspondances privées. Cette convention abroge les stipulations antérieures de 1886 et de 1887.

La téléphonie franco-anglaise est exploitée par les administrations des postes et télégraphes des deux pays. Il est fait usage pour
ce service du câble sous-marin entre Sandgate et Saint-Margaret ;
ce câble sera prolongé dans chacun des pays par des lignes en fil
de cuivre ou de bronze, entretenues par chacune des administrations. Le circuit métallique installé de la sorte est exclusivement
réservé à la téléphonie, sauf accord spécial.

L'unité de taxe et de durée des conversations est de 3 minutes ;
les produits sont répartis entre les deux pays dans la proportion
déterminée pour le partage des taxes télégraphiques.

Les communications d'État ont la priorité.

Les administrations ne sont soumises à aucune responsabilité du
fait des conversations téléphoniques (1).

SECTION V. — CHEMINS DE FER.

§ 244. Les divers accords internationaux (*Droit international*, III, §§ 1235 et 1240), concernant les transports par voie ferrée ont été, pour ainsi dire, codifiés dans une convention signée à Berne, le 14 octobre 1890, entre l'Allemagne, l'Autriche-Hongrie, la Belgique, la France, l'Italie, le Luxembourg, les Pays-Bas, la Russie et la Suisse. Cette convention ne concerne pas les objets rentrant dans le monopole de la poste, encombrants par leur poids, ou leur volume ou dont le transport serait interdit dans l'un des pays contractants. Même réserve est faite pour les objets de valeur ou dangereux. Les anciens tarifs communs ne subsistent que s'ils ne sont pas contraires à la convention. La nécessité pour les chemins de fer d'accepter les envois directs et sans tour de faveur est subordonnée au fait, par l'expéditeur, de se conformer à la Convention,

Convention de 1890 sur les transports par chemin de fer.

(1) *Archives diplomatiques*, avril 1892, p. 5.

à la possibilité d'un transport immédiat et à l'absence des circonstances de force majeure.

L'article 6 est consacré à la forme de la lettre de voiture, document obligatoire et ne comportant pas d'équivalent. Le chemin de fer peut contrôler le poids et la nature du colis, le transport commence à l'acceptation de la marchandise.

C'est au chemin de fer à accomplir les formalités de douane ou autres en cours de route. L'expéditeur peut affranchir l'envoi ou non, sauf pour les objets susceptibles de prompte détérioration ou sans valeur. Il y a possibilité de faire des envois contre remboursement. L'expéditeur peut exercer le droit d'arrêter la marchandise ou de donner contre-ordre. Le destinataire agit en son propre nom à partir de l'arrivée de la marchandise. L'interruption du transport par force majeure ne peut changer ni le destinataire, ni le lieu de destination.

La question de la livraison et des lettres d'avis est tranchée par la loi du lieu de destination. Le chemin de fer a un droit de gage sur la marchandise pour ses frais. Le chemin de fer encaisseur paie aux autres leur quote-part. Ces créances sont insaisissables, de même que le matériel roulant, sauf dans l'Etat d'où dépend le chemin de fer propriétaire. En cas d'avarie ou de perte, on dresse un procès-verbal de constat *lege loci*. Le chemin de fer de la gare de départ est responsable de tout le parcours.

Pour l'indemnité en cas de perte ou d'avarie, on la calcule d'après le prix courant de la marchandise au lieu de la prise en charge. L'indemnité pour retard va de 1/10 à 5/10 du montant du port.

Les actions du transport s'éteignent par le paiement du port et la réception du colis. Ces actions sont du reste prescrites en un an.

C'est le juge du domicile du chemin de fer contre lequel le recours d'une compagnie contre une autre s'exerce, qui est compétent ; pour la procédure on s'en tient à la *lex fori*. La caution *judicatum solvi* n'est pas appliquée.

L'article 57 organise un office central des transports internationaux qui centralise et publie les communications de chaque Etat, sert d'arbitre, propose de nouvelles conférences des contractants et facilite les recouvrements entre administrations.

La convention peut être dénoncée de trois en trois ans.

Le siège de l'Office est à Berne. Il publie un journal en français et en allemand.

Ratifiée le 30 septembre 1892, cette Convention est entrée en vigueur le 1ᵉʳ janvier 1893 (1).

SECTION VI. — UNIFORMITÉ MONÉTAIRE.

§ 245. La convention monétaire de l'union latine signée à Paris le 23 décembre 1865 devait rester en vigueur jusqu'au 1ᵉʳ janvier 1880 ; elle a été prorogée de 6 ans à partir de cette date par la convention du 5 novembre 1878 qui y a ajouté peu de modifications (*Droit international*, III, § 1243). Convention monétaire de 1885.

Désirant maintenir l'union monétaire établie entre les quatre Etats signataires et reconnaissant la nécessité de modifier et de compléter sur certains points la convention précédente, les Gouvernements de la France, de la Grèce, de l'Italie et de la Suisse ont signé à Paris, le 6 novembre 1885, une convention nouvelle exécutoire à partir du 1ᵉʳ janvier 1886 et qui est restée en vigueur jusqu'au 1ᵉʳ janvier 1891.

Les modifications et adjonctions introduites par la convention de 1885 sont les suivantes (2) :

Pour les monnaies d'or de 100 francs, de 50 francs, de 20 francs, de 10 francs et de 5 francs, la tolérance du titre tant au dehors qu'au dedans, est réduite de 2 millièmes à 1 millième. Pour les pièces de 0 fr. 20 en argent, le poids est augmenté de 0 gr. 20 à 1 gramme. Chacun des Etats contractants s'engage, comme précédemment, à reprendre des caisses publiques des autres Etats les pièces d'argent dont le poids aurait été réduit par le frai de 1 0/0 au-dessous de la tolérance légale ; de plus, en France, les pièces d'argent de 5 francs de l'union latine seront reçues dans les caisses de la Banque de France, pour le compte du Trésor. Le monnayage des pièces d'or, à l'exception de celui des pièces de 5 francs qui demeure provisoirement suspendu, est libre pour chacun des Etats contractants. Le monnayage des pièces de 5 francs d'argent est provisoirement suspendu. Il ne pourra être repris, sauf les cas spéciaux prévus, que lorsqu'un accord unanime sera établi à cet

---

(1) Voir N. Droz, *L'Union internationale des Chemins de fer* (*Revue générale de droit international public*, 1895, n° 2, p. 169). — Ch. Lyon-Caen, *La Convention du 14 octobre 1890 sur le transport international des marchandises par chemins de fer* (*Journal du Droit international privé*, 1893, p. 465).

(2) Voir *Droit international*, III, § 1244 pour la convention de 1865.

égard. En cas de dénonciation de la convention, chacun des Etats contractants sera tenu de reprendre les pièces de 5 francs en argent qu'il aurait émises et qui se trouveraient dans la circulation, à charge de payer à chacun de ces Etats une somme égale à la valeur nominale des espèces reprises, et cela d'après un arrangement spécial.

Le gouvernement de la République française accepte la mission de centraliser tous les documents relatifs aux émissions de monnaies, circulation monétaire, contrefaçons etc., il les communiquera aux Etats contractants dans le but d'aviser de concert aux mesures à prendre (1).

Congrès monétaire de Paris, 1889.

§ 246. Le 11 septembre 1889, pendant l'Exposition universelle, un congrès de savants et de spécialistes de divers pays s'est réuni à Paris sous la présidence de M. Magnin, Gouverneur de la Banque de France, dans le but d'éclaircir par la discussion la question du bimétallisme. Les membres de ce congrès n'avaient aucun mandat officiel et leurs délibérations n'ont qu'un intérêt scientifique.

Conférence monétaire de Bruxelles.

§ 247. Quant à la conférence de Bruxelles remise sur l'initiative des Etats-Unis, en 1892, elle s'est séparée sans résultats pratiques, l'Allemagne et la Grande-Bretagne ayant refusé d'adopter le bimétallisme en vigueur, nominalement du moins, dans l'Union latine et aux Etats-Unis.

Conférence de Paris,1893.

§ 248. En 1873 une nouvelle conférence monétaire se réunit à Paris pour examiner la demande faite par le Gouvernement italien aux autres membres de l'union monétaire de consentir à la nationalisation et au rapatriement en Italie des monnaies divisionnaires de frappe italienne, en circulation sur leur territoire (*Droit international*, III, § 1244).

La conférence s'ouvrit à Paris, au ministère des Finances, le 10 octobre 1893.

Les délégués étaient: pour la Belgique : MM. Montefiore Levi, Allard, Sainctelette, et le baron Eug. Beyens ; pour la France : MM. Roy, Brédif, de Foville ; pour la Grèce : M. Criésis ; pour l'Italie : MM. le baron de Renzis et Leppa ; pour la Suisse : MM. Lardy et Cramer-Frey.

Sur la proposition du ministre de Suisse, M. Lardy, la conférence choisit comme président le premier délégué de France, M. Roy, président de Chambre à la Cour des comptes.

_____

(1) De Clercq, t. XV, pp. 869 et s. N'ayant pas été dénoncée, la convention de 1885 est encore en vigueur à l'heure qu'il est.

Du 10 octobre au 15 novembre, la conférence tint onze séances dans lesquelles elle élabora, discuta et finit par adopter l'arrangement qui suit :

Le Gouvernement italien, pour obvier à l'émigration persistante des monnaies divisionnaires italiennes, ayant demandé la révision partielle et temporaire de la convention du 6 novembre 1885 et les Gouvernements belge, français, grec et suisse ayant cru pouvoir accepter le principe de cette révision,

S. M. le Roi des Belges, le Président de la République Française, S. M. le Roi des Hellènes, S. M. le Roi d'Italie et le Conseil fédéral Suisse ont résolu de conclure à cet effet un arrangement spécial et ont nommé pour leurs plénipotentiaires, savoir :

Lesquels, etc. . . . .

Sont convenus des articles suivants :

ART. 1er. — Les Gouvernements belge, français, grec et suisse, s'engagent à retirer de la circulation les pièces italiennes de 2 fr., 1 franc, 50 centimes et 20 centimes et à les remettre au Gouvernement italien, qui, de son côté, s'engage à les reprendre et à en rembourser la valeur dans les conditions fixées par les articles suivants.

ART. 2. — Quatre mois après l'échange des ratifications du présent arrangement, les caisses publiques de la Belgique, de la France, de la Grèce et de la Suisse, par dérogation à l'article 6 de la convention du 6 novembre 1885, cesseront de recevoir les monnaies divisionnaires d'argent italiennes.

ART. 3. — Le délai fixé par l'article précédent sera augmenté d'un mois pour les monnaies divisionnaires italiennes provenant de l'Algérie et des Colonies françaises.

ART. 4. — Les monnaies divisionnaires italiennes retirées de la circulation seront mises à la disposition du Gouvernement italien par sommes d'au moins cinq cent mille francs(500.000 francs)et portées par chacun des autres Etats à un compte-courant productif d'intérêt. Cet intérêt sera de deux et demi pour cent (2 1/2 0/0) par an à partir du jour où l'avis aura été adressé au Gouvernement italien que les pièces sont immobilisées à son profit. Il sera porté à trois et demi pour cent (3 1/2 0/0) à partir du jour qui suivra l'envoi des espèces, jusqu'à la date du paiement effectif ou de l'encaissement des couvertures fournies par l'Italie.

Le paiement, dans tous les cas, ne pourra être retardé au delà de trois mois à dater de l'expédition.

Chaque remboursement comprendra moitié au moins de monnaies d'or de 10 francs et au-dessus, frappées dans les conditions de la convention du 6 novembre 1885. Le surplus sera payé en traites sur les pays créditeurs : l'échéance de ces traites n'excèdera pas le délai fixé par le paragraphe précédent.

ART. 5. — La transmission des monnaies divisionnaires et celle des couvertures s'opèrera directement entre chacun des Gouvernements de l'Union et le Gouvernement italien. Chacun des envois demandés par le Gouvernement italien pourra atteindre le chiffre de dix millions (10.000.000) de francs.

Le Gouvernement français recevra seul les demandes d'envoi faites par le Gouvernement italien, et il sera en outre, de même que le Gouvernement italien, informé par les autres gouvernements de l'importance des retraits opérés par chacun d'eux. Il sera chargé, dès qu'une demande lui aura été adressée, d'en répartir le montant entre les autres Etats, au prorata des immobilisations accusées par chacun d'eux.

Trois mois après l'expiration des délais prévus aux articles 2 et 3, le Gouvernement français fera connaitre au Gouvernement italien le montant total des monnaies divisionnaires italiennes qui auront été retirées de la circulation dans chacun des États de l'Union et dans les colonies françaises.

ART. 6. — Le Gouvernement italien s'engage à prendre livraison et à opérer le remboursement d'un minimum de quarante-cinq millions (45.000.000) de francs de ses monnaies divisionnaires pendant les quatre premiers mois qui suivront l'échange des ratifications et d'un minimum de trente-cinq millions (35.000.000) de francs pendant chacune des périodes trimestrielles qui suivront, et ce jusqu'à complet épuisement des quantités dont le montant aura été notifié aux termes de l'article précédent.

Aussitôt après le remboursement d'un envoi fait en conformité de la demande du Gouvernement italien, ce Gouvernement pourra réclamer une nouvelle livraison.

ART. 7. — Lorsque le Gouvernement italien aura repris et remboursé aux autres États la totalité des monnaies divisionnaires dont le retrait leur aura été notifié, il cessera, par dérogation à l'article 7 de la convention du 6 novembre 1885, d'être tenu de reprendre des caisses publiques des autres États les monnaies divisionnaires d'argent qu'il aura émises.

ART. 8. — Eu égard aux exigences spéciales de la circulation monétaire de la Suisse, le Gouvernement fédéral pourra, dans les quatre premiers mois qui suivront l'échange des ratifications du présent arrangement, remettre au Gouvernement italien, dans les conditions fixées par l'article 4, une somme de quinze millions (15.000.000) de francs de monnaies divisionnaires imputables sur le minimum de quarante-cinq millions de francs prévu à l'article 6.

Néanmoins le Gouvernement fédéral Suisse participera aux répartitions effectuées en exécution de l'article 5, dans la proportion des retraits qu'il aurait opérés en sus des sommes remises en vertu du paragraphe précédent.

ART. 9. — Le Gouvernement italien désignera celles de ses trésoreries sur lesquelles les expéditions de monnaies divisionnaires seront faites. Tous les frais de transport et autres résultant du présent arrangement seront à sa charge et portés au débit de son compte-courant avec chacun des autres Etats. Le règlement de ce compte aura lieu le 1er juillet et le 1er janvier.

ART. 10. — Par application des articles 4 et 7 de la convention du 6 novembre 1885, le Gouvernement italien ne pourra refuser les monnaies dont le poids aura été réduit par le frai.

ART. 11. — Les contingents auxquels les conventions intérieures ont limité pour les cinq États la frappe des monnaies divisionnaires d'argent sont expressément maintenus.

ART. 12. — Le Gouvernement italien, pour obvier à l'émigration de ses monnaies divisionnaires d'argent, ayant cru pouvoir recourir, à titre de mesure exceptionnelle et temporaire, à l'émission des *bons de caisse* d'une valeur inférieure à cinq francs, il est et demeure entendu qu'eu égard à la stipulation de l'article précédent, cette émission doit avoir pour contre-partie et pour gage l'immobilisation, dans les caisses du trésor italien, d'une somme égale en monnaies divisionnaires d'argent. Le montant des monnaies divisionnaires ainsi constituées en dépôt de garantie sera toujours égal au montant des *bons de caisse* en cours.

ART. 13. — Les prescriptions de l'article 11 de la convention du 6 novembre 1885 sont applicables aux émissions de *bons de caisse* et aux dépôts de monnaies divisionnaires destinées à servir de gages à ces émissions.

ART. 14. — Lorsque les caisses publiques de la Belgique, de la France, de la Grèce et de la Suisse, n'auront plus à accepter les monnaies divisionnaires italiennes, chacun de ces quatre États aura la faculté d'en prohiber l'importation.

ART. 15. — A partir de la promulgation du présent arrangement, le Gouvernement italien pourra prohiber la sortie de ses monnaies divisionnaires.

ART. 16. — Les articles 6 et 7 de la convention du 6 novembre 1885 restent applicables aux monnaies divisionnaires d'argent émises par la Belgique, la France, la Grèce et la Suisse.

Chacun de ces États aura le droit toutefois d'obtenir, dans les conditions du présent arrangement, le retrait et la remise de celles de ses monnaies divisionnaires d'argent qui se trouveraient en Italie.

ART. 17. — Le Gouvernement italien se réserve le droit de demander, ultérieurement, que les dispositions des articles 6 et 7 de la convention du 6 novembre 1885 redeviennent applicables aux monnaies divisionnaires italiennes ; mais il ne pourra en être ainsi que du consentement unanime des quatre autres États.

ART. 18. — Au cas où, la convention du 6 novembre 1885 ayant été dénoncée, il serait procédé à la liquidation de l'Union, l'article 15 du présent arrangement resterait seul applicable, et l'obligation imposée à chaque État par l'article 7 de la convention précitée, de reprendre pendant une année ses monnaies divisionnaires d'argent, serait mise en vigueur.

ART. 19. — Le présent arrangement sera ratifié ; les ratifications en seront échangées à Paris, le plus tôt que faire se pourra, et au plus tard, le 30 janvier 1894.

La signature de cet acte eut lieu le 15 novembre 1893 et après le discours de clôture de M. le Président Roy, la Conférence fut déclarée close (1).

SECTION VII. — DÉLITS FORESTIERS, RURAUX, DE CHASSE ET DE PÊCHE DANS LA ZONE FRONTIÈRE. — CONTRAVENTIONS AUX RÈGLEMENTS DE DOUANE.

Aucun fait remarquable ne s'est produit sur cette question depuis la 4ᵉ édition.

SECTION VIII. — MESURES SANITAIRES INTERNATIONALES.

Votes de l'Institut de droit international.

§ 249. Dans sa session de Hambourg, en 1891, l'Institut de droit international a voté un projet de convention sanitaire internationale dont voici le résumé (*Droit international*, III, § 1257 et s.) :

(1) *Archives diplomatiques*, VI, p. 303, VII, p. 67, VII-IX, p. 139.

Les personnes qui arrivent aux ports ou aux frontières d'un pays, ne peuvent être assujetties à d'autres mesures sanitaires que l'inspection médicale. Celles qui ne présenteraient pas les symptômes d'une maladie contagieuse, sont admises immédiatement à la libre pratique. Mais on pourra les obliger à laisser désinfecter leurs vêtements et à prendre un bain. Pour la désinfection des marchandises et des vaisseaux suspects, chaque pays peut adopter les mesures qu'il jugera les plus conformes aux conseils de la science, mais il publiera d'avance le règlement détaillant ces mesures. Lorsque celles-ci exigent la destruction des marchandises ou des vaisseaux, les propriétaires ont droit à une indemnité, sauf les cas de mauvaise foi. Une exception sera faite en faveur des vaisseaux qui observent une ventilation ou une désinfection permanente.

La notification internationale de l'état sanitaire de chaque pays, ainsi que l'inspection médicale européenne en Orient, seront maintenues et perfectionnées.

§ 250. Le 11 mars 1893, s'est réunie à Dresde une conférence chargée de codifier les mesures ayant pour but de prévenir et de combattre les épidémies (*Droit international*, III, § 1257). Etaient représentées l'Allemagne, l'Autriche-Hongrie, la Belgique, le Danemark, l'Espagne, la France, la Grande-Bretagne, la Grèce, l'Italie, le Luxembourg, le Monténégro, les Pays-Bas, le Portugal, la Roumanie, la Russie, la Serbie, la Suède-Norwège, la Suisse et la Turquie. Voici un résumé de la convention signée le 15 avril 1893 par les délégués de l'Allemagne, de l'Autriche-Hongrie, de la Belgique, de la France, de l'Italie, du Luxembourg, du Monténégro, des Pays-Bas, de la Russie et de la Suisse. Les délégués des neuf autres pays ont pris la convention *ad referendum*. L'adhésion à la convention leur demeure réservée.

Convention sanitaire de 1889.

Celle-ci est spécialement dirigée contre le choléra : après avoir fixé le maximum des mesures qui peuvent être prises, sans trop entraver les relations internationales, elle impose aux contractants l'obligation de se communiquer mutuellement les mesures prises en cas d'épidémie cholérique, ainsi que tous renseignements sur la marche du fléau. Les contractants sont tenus de publier sans délai les restrictions qui influent sur les relations internationales puis viennent des dispositions relatives aux circonstances qui permettent de déclarer contaminés un pays ou une localité, par suite de la formation d'un foyer cholérique. Les cas isolés ne légitiment pas la déclaration de contamination cinq jours après le dernier cas, la localité en cause passe pour indemne. Il n'est plus permis de déclarer suspectes toutes les provenances d'un pays ; la suspicion ne peut s'étendre qu'à celles de la localité ou du district contaminé.

L'importation d'articles de commerce ne peut plus être interdite.

Il n'y a plus de défense que pour le linge, la literie et les chiffons bruts, et encore ceci n'a-t-il pas trait aux bagages des voyageurs. Ces bagages sont soumis à la simple désinfection. Il est interdit de mettre les marchandises en quarantaine.

Abstraction faite des articles dont l'importation est interdite, on ne désinfectera plus à l'avenir que ceux qui sont contaminés par des déjections cholériques. La désinfection des bagages est restreinte aux vêtements des voyageurs venant de districts contaminés. Toute restriction au service de la poste aux lettres est interdite. Les colis postaux sont assimilés aux marchandises.

Les wagons contaminés sont désinfectés à la frontière. Les quarantaines embrassant un pays tout entier sont interdites et l'on ne pourra détenir que les personnes atteintes de choléra. Mais les voyageurs peuvent être assujettis à une surveillance de cinq jours après leur arrivée à destination. L'internement est illicite. Les contractants se réservent toutefois des mesures spéciales au sujet des bohémiens, des vagabonds et des émigrants.

Le système des quarantaines maritimes est abandonné. Il sera remplacé par un examen médical. La seule provenance d'un port contaminé n'est plus un obstacle aux relations entre le navire et le port de destination. Il y a trois classes de bâtiments : les contaminés, les suspects et les sains. Les premiers seuls sont soumis à des mesures sévères. On débarque et isole les malades, et soumet le reste de l'équipage à une observation de cinq jours au maximum, sans préjudice de la désinfection. Les navires suspects seront examinés par des médecins et désinfectés ; les sains ont libre pratique. Il ne peut être fait d'exception que pour les vaisseaux transportant des émigrants, mais sans préjudice du débarquement de la cargaison.

La convention porte enfin quelques dispositions sur la navigation du Bas-Danube (1).

§ 251. A mesure que les nations européennes développaient leur commerce et ses débouchés et allaient porter au loin, dans l'Extrême-Orient, le drapeau de la civilisation, les fléaux orientaux

(1) *Conférence sanitaire internationale de Dresde,* 1893 (Dresde, 1893).

firent leur apparition en Europe et les épidémies se multiplièrent. (*Droit international*, III, § 1257).

L'esprit de solidarité qui unit les peuples les porta à s'unir pour donner à la santé générale les garanties nécessaires et les États consentant à limiter, dans un but humanitaire, leurs droits de souveraineté, essayèrent d'arriver à une entente pour lutter contre l'invasion de ces fléaux terribles que leur envoie l'Orient.

L'honneur de la première initiative revient à la France qui proposa une Conférence qui se réunit à Paris en 1851 : douze puissances répondirent à son appel et cette première assemblée posa les bases d'un système sanitaire pour tous les ports de la Méditerranée. Mais la convention du 3 février 1852 ne fut signée que par la France, la Sardaigne, la Toscane, le Portugal et la Turquie. L'insuccès venait de ce que les règles posées contrariaient trop ouvertement le commerce. *(Conférence de Paris (1851).)*

Une seconde Conférence fut réunie à Paris en 1859, mais la guerre d'Italie l'empêcha d'aboutir. *(Seconde Conférence de Paris (1859).)*

D'autres Conférences eurent encore lieu à Constantinople, à Vienne en 1874, à Washington en 1881, à Rome en 1885, mais bien que chacune posât des règles qui sont les bases du système actuel, elles ne purent aboutir à une véritable entente internationale. *(Conférences de Constantinople, Vienne, Washington, Rome.)*

Ce résultat fut réalisé par les Conférences de Venise en 1892 et de Dresde en 1893. Les conventions élaborées par ces assemblées ont reçu aujourd'hui l'adhésion de presque toutes les puissances. *(Conférences de Venise et de Dresde.)*

§ 252. Cette œuvre a été complétée et mise à bien par la Conférence de Paris qui siégea du 7 février au 3 avril 1894 (1). Seize puissances avaient répondu à l'appel qui leur était adressé : l'Allemagne, l'Autriche-Hongrie, la Belgique, le Danemark, l'Espagne, les États-Unis, la France, la Grande-Bretagne, la Grèce, l'Italie, les Pays-Bas, la Perse, le Portugal, la Russie, la Suède et Norvège et la Turquie. *(Conférence de Paris (1894).)*

C'était le choléra, surtout, ce terrible fléau, qu'il fallait arrêter dans la marche qu'il suivait pour fondre sur l'Europe.

On reconnut que les longues quarantaines étaient inefficaces et qu'il fallait y substituer des moyens plus savants, plus compliqués, mais aussi bien plus efficaces, comme le débarquement et l'isolement des malades, la surveillance des navires et marchan-

____

(1) *Revue générale de droit international public*, 1894, n° 5, p. 444.

dises suspectes, l'observation médicale égale à la durée de la période normale d'incubation du choléra, etc. La Convention élaborée par la Conférence de Paris comprend quatre parties.

I. La première partie s'occupe de la police sanitaire dans les ports d'embarquement de l'Océan Indien et de l'Océanie.

Tous les passagers sont soumis à une visite médicale, faite *de jour et à terre* par un médecin délégué par l'autorité publique.

Tous les objets suspects sont désinfectés à terre.

L'embarquement des personnes atteintes d'affection cholériforme ou de diarrhée suspecte est interdit.

Si dans le port même il y a des cas de choléra, les voyageurs sont soumis, avant l'embarquement, à un isolement et à une observation de 5 jours.

II. Quant aux navires eux-mêmes, un règlement de 42 articles s'occupe de leur disposition et du régime qui doit être appliqué à leur bord.

Seuls, les navires à vapeur peuvent faire le transport de voyageurs au long cours.

L'autorité du port d'embarquement doit être prévenue trois jours au moins avant le départ et des fonctionnaires s'assurent de l'aménagement et de l'aération, des vivres, de la présence d'un appareil distillatoire pouvant donner au minimum cinq litres par jour et par tête, d'une infirmerie garnie des médicaments nécessaires et d'un médecin diplômé et commissionné.

Les navires sont de plus pourvus de moyens d'isolement des malades. En cas de décès à bord, les cadavres ensevelis dans un suaire imprégné de puissants antiseptiques sont jetés à la mer et les objets ou vêtements contaminés immédiatement désinfectés ou, s'ils sont sans valeur, brûlés ou jetés à la mer, si le navire ne se trouve ni dans un port ni dans un canal.

Les formalités que nous venons de résumer ne s'appliquent pas à tous les navires, remarquons-le bien, mais seulement à ceux qu'on appelle « les navires à pèlerins », c'est-à-dire transportant au Hedjaz ou en ramenant, des pèlerins de la Mecque, foyer principal de développement du choléra, par suite des grandes agglomérations de pèlerins appartenant à des races ne connaissant pas et incapables de pratiquer les règles de l'hygiène la plus élémentaire.

L'inobservation des prescriptions sus-énoncées, constatée par l'autorité sanitaire d'un port, sera punie par des amendes prononcées par une commission composée des Consuls des différentes puissances à Constantinople et désignée chaque année par le corps consulaire.

Si, malgré tout, le choléra éclate en route, il faut prendre des précautions pour ne pas répandre le fléau.

Les navires venant du sud doivent avant de se rendre au Hedjaz faire une station sanitaire à l'île de Camaran dans la mer Rouge.

Si le navire est *indemne*, les pèlerins seront débarqués, prendront une douche, les effets seront désinfectés, puis le navire partira pour le Hedjaz.

Si le navire est *suspect*, les mêmes mesures seront prises, puis le navire sera dirigé sur Djeddah où une visite médicale aura lieu à bord et les pèlerins ne pourront débarquer que si cette visite est favorable. Dans le cas contraire, le navire sera renvoyé à Camaran et subira le traitement des navires infectés.

Si le navire est *infecté*, les passagers sont débarqués, les malades isolés des autres passagers, le navire désinfecté ainsi que tous les vêtements et objets à usage des pèlerins. Au bout de 5 jours, le navire sera dirigé sur Camaran où il subira le régime des navires suspects.

III. La troisième partie s'occupe des pèlerins qui suivent la voie du golfe Persique en débarquant sur la côte orientale du golfe et traversent l'Arabie.

Les mêmes mesures sont prises pour ces côtes.

IV. Enfin la quatrième partie s'est occupée de la commission chargée de veiller à l'exécution des mesures qu'elle venait d'édicter.

Cette commission sera composée de trois membres du Conseil supérieur de santé à Constantinople et de trois représentants des puissances signataires.

Divers vœux enfin touchant des *desiderata* de la question ont encore été émis, mais n'ont pas encore reçu de solution.

Section IX. — AUTRES ACCORDS INTERNATIONAUX.
— POIDS ET MESURES.

§ 253. Les pays qui ont adopté le système métrique ayant demandé que la confection des étalons de mesures et des prototypes originaux ne fût plus réservée à la France seule, mais devînt le monopole collectif de tous les Etats ralliés à ce système, le Gouvernement français convoqua en 1875 une Conférence internationale qui a signé, le 20 mai suivant, un traité dont voici les dispositions principales :

Les signataires créent à Paris un bureau international des poids et mesures, scientifique et permanent. Cette institution fonctionne sous la direction d'un comité international des poids et mesures, composé de quatorze membres appartenant tous à des États différents. Il se réunit chaque année à Paris. Le bureau est chargé de comparer et de vérifier les nouveaux prototypes du mètre et du kilogramme, de conserver les prototypes internationaux, de comparer périodiquement ceux-ci avec les étalons nationaux et avec les étalons non métriques employés dans les différents pays, de comparer les règles géodésiques. Les frais du bureau sont répartis entre les contractants.

§ 254. C'est au général prussien Bœyer que nous devons la création du bureau international des poids et mesures. La Conférence provoquée par cet éminent mathématicien se réunit à Berlin en 1864. Quatorze États y étaient représentés. Après avoir discuté et voté son programme, elle décida la création à Berlin d'un bureau central, d'une commission permanente qui se réunit chaque année dans une ville désignée à l'avance. L'association qui embrasse aujourd'hui vingt-sept États s'est prononcée en faveur de la généralisation du système métrique et a déclaré qu'elle s'intéresserait à la mensuration de toute la surface du globe. Le bureau administre les archives et les collections de l'association, publie les compte-rendus ; exécute les travaux nécessaires pour arriver à l'uniformité des mesures géodésiques et astronomiques. Les frais sont répartis entre les contractants au prorata de leur population.

SECTION X. — PUBLICATION DES TARIFS DOUANIERS.

§ 255. Grâce à l'initiative de M. le baron Lambermont et du Gouvernement belge, il a été créé en 1890 une union internationale pour la publication des tarifs douaniers, dont le but est de publier à frais communs et de faire connaître, aussi promptement et aussi exactement que possible, les tarifs douaniers des divers États du globe et les modifications que ces tarifs subiront dans la suite. Ce travail s'effectue dans un bureau international, installé à Bruxelles, et qui traduit et publie les tarifs et les lois douanières. Le recueil qu'il publie a pour titre *Bulletin international des douanes*. Il paraît en allemand, en anglais, en espagnol, en français et en

italien. Il est entendu que les gouvernements ne sont pas responsables des inexactitudes de traduction commises par le bureau et
qu'en cas de contestation le texte original est seul invoqué. Les
frais sont répartis entre les contractants au prorata de leur mouvement commercial (1).

(1) G. Manier, *Les bureaux internationaux des unions universelles.*

LIVRE XV

DEVOIRS MUTUELS DES ÉTATS

Voir *Droit international*, III, § 1271.

§ 256. Le 17 août 1893, les ouvriers français et italiens, travaillant aux salines d'Aigues-Mortes, se prirent de querelle. Une véritable bataille en résulta, dans laquelle 7 Italiens furent tués et 26 blessés ; du côté des Français il y avait une vingtaine de blessés. La police locale fut impuissante à réprimer le désordre et il fallut l'arrivée de la troupe pour rétablir l'ordre.

Le Gouvernement français prescrivait aussitôt une enquête au préfet du Gard. Le 18 août l'ambassadeur d'Italie transmettait au ministre des Affaires étrangères de France les « *remontrances* » du Gouvernement italien. Le Ministre n'hésita pas à exprimer ses regrets.

Entre temps, le maire d'Aigues-Mortes ayant publié un manifeste à propos de ces événements, le Gouvernement italien demanda sa révocation.

Le Conseil des ministres français, après avoir refusé la démission que le maire avait offerte, le suspendit de ses fonctions, puis, le 26 août, accepta cette démission sur les instances réitérées du cabinet italien.

En Italie, l'impression n'avait pas été moindre qu'en France.

Dans les soirées des 19 et 20 août, le palais Farnèse, résidence de l'Ambassadeur de France à Rome, fut attaqué par la foule qui tenta de l'envahir et de l'incendier.

En même temps, à Naples et à Gênes, les bureaux du Consulat avaient été également attaqués et de nombreux commerçants français avaient vu leurs boutiques saccagées par le peuple.

A son tour, le Gouvernement français demanda la réparation du dommage causé à ses nationaux. Une entente eut lieu entre

Paris et Rome, et, en janvier 1894, la question diplomatique était définitivement close. Quant à la question des poursuites judiciaires, elle se termina le 30 décembre 1893, par l'arrêt de la Cour d'assises de la Charente, qui acquitta les 17 accusés.

Ces événements soulèvent une double question de droit international (1) : un Etat est-il responsable du fait de ses nationaux qui, sur son territoire, ont commis une offense à l'égard d'un autre État ou causé un dommage aux ressortissants de celui-ci ? et quelles sont les règles de droit des gens à appliquer à la question ?

Il est certain que les étrangers qui se fixent dans un pays ont au même titre que ses nationaux droit à la protection, mais ils ne peuvent prétendre à une protection plus étendue. S'ils subissent quelque attentat, ils doivent compter que le gouvernement du pays exercera des poursuites contre les délinquants, mais ils ne sauraient réclamer de l'Etat dont dépendent les auteurs des violences une indemnité quelconque.

En l'absence de toute faute de sa part, il n'est pas possible que ce gouvernement soit forcé d'indemniser les étrangers victimes de violences commises par ses nationaux : un Etat ne saurait être engagé par les actes de simples particuliers.

Quoi qu'il en soit, ces questions sont toujours fort délicates et grosses de conséquences, aussi pour les résoudre, est-il souhaitable de voir les Etats se placer, comme l'ont fait en l'espèce la France et l'Italie, moins sur le terrain du droit strict que sur celui de l'équité et de l'humanité.

§ 257. M. Desjardins s'est rangé à notre opinion au sujet du droit d'angarie (*Droit international*, III, § 1277). Voici comment il s'exprime à ce sujet : *Opinion de M.Desjardins.*

Même en maintenant le droit d'angarie dans ses plus étroites limites, dit-il, nous n'en admettons guère la légitimité. Comment un belligérant en vient-il à imposer aux neutres des corvées et des prestations ? Qu'il s'adresse à ses sujets, rien de mieux. Mais qu'il interrompe à son profit le commerce des gens sur lesquels il n'exerce aucune juridiction, c'est un étrange abus. La prestation n'est pas gratuite, il est vrai ; mais certains belligérants ne sont pas très solvables ; et puis on n'indemnise pas l'armateur de toutes les pertes qu'on lui cause. Que devient sa première cargaison ? Qu'advient-il de ses engagements ? Quelle source de préjudice dans leur inexécution (2).

(1) *Revue générale de droit international*, 1894, nº 2, p. 171.
(2) *Droit commercial maritime*, I, nº 31.

LIVRE XVI

DROIT DE REPRÉSENTATION.

Voir *Droit international*, III, § 1310 et s.

Section I. — DIPLOMATIE.

Aucun fait remarquable ne s'est produit sur cette question depuis la 4ᵉ édition.

Section II. — AMBASSADES.

§ 258. Complétons d'abord le paragraphe 1365 du *Droit international*, qui énumère les causes de renvoi des agents diplomatiques.

Les agents diplomatiques ne doivent pas s'immiscer dans les affaires intérieures du pays où ils résident. Cas de Lord Sackville, ministre d'Angleterre à Washington.

La première obligation d'un représentant diplomatique est de ne s'immiscer en aucune manière dans les affaires intérieures du pays dans lequel il est accrédité. Pour tout ce qui ne touche pas aux intérêts de son Gouvernement, le chef de mission gardera la plus absolue neutralité. Même dans ses rapports privés, il observera une sage réserve et évitera de donner prise aux indiscrétions et aux abus de confiance. La mésaventure survenue à Lord Sackville, ministre de Grande-Bretagne à Washington, est un exemple des graves conséquences que peut entraîner pour un ministre un manque de prudence à cet égard.

Peu de mois avant l'époque fixée pour l'élection du président des États-Unis, en pleine agitation électorale, Lord Sackville reçut d'un personnage qui lui était parfaitement inconnu, la lettre suivante :

Pomona Los Angeles, Californie, le 4 septembre 1888.

« Cher Monsieur,

« La gravité de la situation politique, ici, et les devoirs de ceux des votants qui sont de nationalité anglaise et considèrent encore l'Angleterre comme étant la mère-patrie, constituent l'excuse que j'offre pour vous demander indirectement un renseignement.

« Le message de M. Cleveland au Congrès, sur la question des pêcheries, excite justement notre alarme et nous oblige à chercher de nouvelles informations avant d'accorder nos votes comme nous avions l'intention de le faire...

« Avec le droit de voter pour le Président, en novembre, je suis incapable de comprendre à qui je dois donner mon vote. Si M. Cleveland poursuit une nouvelle politique vis-à-vis du Canada, temporairement seulement, et pour obtenir de la population la continuation de son mandat pendant quatre ans, mais avec l'intention de changer de conduite quand sa réélection sera assurée en novembre, et de favoriser à nouveau les intérêts anglais ; alors je n'aurai plus de nouveaux doutes, mais j'irai de l'avant et je voterai pour lui.

« Je ne connais personne de plus apte à me diriger que vous, Monsieur, et bien respectueusement je demande votre avis dans ce cas... Comme vous êtes à la source des renseignements sur cette question, que vous savez si la politique actuelle de M. Cleveland est seulement temporaire, et s'il doit, aussitôt qu'il se sera assuré une autre période de quatre ans à la Présidence, la suspendre pour une d'amitié et de libre échange, je m'adresse à vous d'une manière privée et confidentielle, pour avoir des informations qui seront, en retour, considérées comme secrètes et privées... Je vous en prie, Monsieur, soyez assez bon pour donner à ceci votre considération et une prompte réponse ».

« Espérant que, etc. ».

Signé : CHAS. J. MURCHISON.

Ce n'était là qu'une lettre supposée, une manœuvre électorale imaginée par le Comité républicain de New-York pour compromettre le parti et empêcher la réélection du Président Cleveland. Le ministre d'Angleterre tomba dans ce *piège de campagne*, il ne discerna pas le vrai but de la lettre, et eut le tort d'y répondre. Sa réponse, quoique conçue en termes mesurés, avait, vu la sanction implicite qu'elle donnait aux considérations développées dans la prétendue lettre de Murchison, une grande importance au point de vue des intentions de ceux qui l'avaient provoquée. La voici :

Privée. M. L. West à M. Murchison.

« Beverly, le 13 septembre 1888.

« Monsieur,

« J'ai reçu votre lettre du 4 courant et désire vous dire que j'apprécie pleinement la difficulté dans laquelle vous vous trouvez placé pour voter.

« Vous êtes probablement instruit que le parti politique qui favoriserait la mère-patrie à l'heure actuelle, perdrait toute popularité, et que le parti au pouvoir est pleinement instruit de ce fait.

« Ce parti est, je le crois, toujours désireux de maintenir les relations amicales entre la Grande-Bretagne, et toujours désireux d'apaiser tous les différends avec le Canada, qui ont été malheureusement renouvelés depuis le rejet du traité par la majorité républicaine du Sénat et le message présidentiel auquel vous faites allusion. On doit par conséquent tenir compte de la situation politique créée, en ce qui concerne l'élection présidentielle.

« Il est, malgré tout, parfaitement impossible de prédire la voie que M. Cleveland suivra dans l'affaire des représailles proposées, serait-il réélu : mais il y a tout lieu de croire que, tout en soutenant l'attitude qu'il a prise, il témoignera d'un esprit de conciliation en traitant les questions comprises dans le message.

Je joins un article du *New-York Times* du 22 août et reste sincèrement votre... »

Signé : L.-S. SACKVILLE-WEST.

Ces deux lettres ayant été publiées par les journaux de New-York et Lord Sackville s'étant, dans plusieurs *interview* avec plusieurs journalistes, exprimé dans le même sens, mais avec moins de réserve que dans sa lettre, M. Bayard, Secrétaire d'État, chargea M. Phelps, Ministre des États-Unis à Londres, de demander au Gouvernement de Sa Majesté britannique le rappel de son Ministre à Washington. Il fondait sa demande moins sur la lettre écrite par Lord Sackville à Murchison que sur les expressions employées par lui postérieurement dans deux entrevues avec un reporter, lesquelles, dans l'opinion du Gouvernement des États-Unis, attribuaient au Président et au Sénat des projets de nature à les discréditer.

Cette communication fut transmise par M. Phelps le 27 octobre ; avant d'y répondre, Lord Salisbury demanda à connaître le texte exact des paroles incriminées dont la copie n'était pas encore arrivée à Londres.

Cependant, trois jours après, le secrétaire d'État, M. Bayard, par ordre du Président, envoyait à Lord Sackville ses passeports en l'informant que, par des raisons bonnes et suffisantes, sa situation officielle n'était plus compatible avec les intérêts et préjudiciable aux bonnes relations des deux Gouvernements.

Le renvoi de Lord Sackville était à la rigueur justifié par sa conduite imprudente, et le Gouvernement des États-Unis usait d'un droit qu'on ne peut lui contester. Toutefois, dans toute cette affaire, ce sont des questions de politique intérieure beaucoup plus que de droits et de devoirs internationaux qui sont en jeu. La précipitation peu courtoise mise par le Président Cleveland à demander le rappel du ministre anglais avait avant tout un but électoral ; elle était destinée à détruire le mauvais effet produit par l'artifice peu loyal de ses adversaires politiques.

§ 259. En 1892, à la suite de la guerre civile qui amena au pouvoir le général Crespo, les représentants des puissances européennes accréditées au Vénézuéla ne parvenant pas à obtenir protection pour leurs nationaux, se concertèrent sur la rédaction d'un mémoire collectif à adresser à leurs gouvernements. Le ministre d'Italie n'ayant pu assister à la réunion, le Consul général de Belgique consentit à le mettre au courant de la délibération en la résumant dans une note personnelle et confidentielle, qu'il rédigea *sans penser à mal, en un style familier peut-être, mais sans excès.* Malheureusement le ministre d'Italie laissa traîner le papier, et cette note ayant été, par malveillance peut-être, communiquée au gouvernement vénézuélien, — on n'a jamais pu savoir comment, — celui-ci envoya ses passeports au ministre de Belgique.

Cas d'un chargé d'affaires de Belgique congédié par le Vénézuéla.

§ 260. L'histoire offre divers exemples de falsifications de lettres de créance commises par des imposteurs s'attribuant à tort la qualité d'agents diplomatiques (*Droit international*, III, § 1345).

Falsification de lettres de créance. — David Palache, ambassadeur supposé de l'empereur du Maroc, 1631.

En 1631 un juif marocain, du nom de David Palache, vint à Paris prétendant avoir reçu de l'Empereur du Maroc la mission d'exprimer à Louis XIII le désir que son souverain avait de maintenir l'union des deux puissances ainsi que ses bonnes dispositions envers les chrétiens en général et les Français en particulier.

Se qualifiant d'ambassadeur, David Palache obtint la ratification d'un traité ; il fut comblé de présents, et Louis XIII lui fournit même les frais de retour.

Trois ans plus tard, on apprit que Palache n'était qu'un imposteur, et que l'Empereur du Maroc désavouait entièrement les lettres de créance que Palache avait remises au roi (1).

(1) *Revue d'histoire diplomatique*, 1888, 2ᵉ année, nᵒ 7, p. 27.

Ambassades
des Etats-
Unis.

§ 261. Suivant l'exemple des grandes puissances européennes, les Etats-Unis ont élevé au rang d'ambassade leurs légations auprès des principaux pays de l'Europe. Ceux-ci ont répondu en conférant le titre et le rang d'ambassadeurs à leurs ministres de Washington. Les Etats-Unis ont rompu, de cette façon, avec une tradition séculaire, et proclamé, ainsi que l'a fait la République française, que le régime républicain n'exclut point la création d'ambassadeurs. Ils estiment que c'est une pure question de convenances et d'opportunité. La situation des Etats-Unis était de plus en plus incompatible avec celle faite à leurs représentants par l'absence d'un titre et d'un rang qui les mit de pair, dans les cérémonies officielles, avec les agents diplomatiques des autres grandes puissances (*Droit international*, III, §§ 1328-34).

Devoirs des
agents diplo-
matiques de
la Confédéra-
tion suisse.

§ 262. Le 19 mai 1893, le Conseil fédéral suisse a adressé à l'assemblée fédérale un message où il précise, comme suit, les devoirs et les fonctions des agents diplomatiques de la Confédération :

Les légations suisses ne sont point exclusivement chargées des affaires politiques ; et leurs chefs sont à la fois agents diplomatiques et agents consulaires. Les légations sont, plus encore que les consulats, des bureaux accessibles à quiconque a à présenter des réclamations, à demander conseil ou à réclamer des secours. Elles rendent donc les mêmes services que les consuls, tout en étant en mesure de s'acquitter de toutes missions diplomatiques auprès du pays où elles sont accréditées. Les légations suisses ne se distinguent donc des consulats que par le titre et les prérogatives qui y sont attachées en vertu du droit international.

Section III. — CONSULATS

Immunités
consulaires.
Projet soumis
à l'Institut de
droit interna-
tional.

§ 263. Nous résumons comme suit, les opinions des publicistes, les votes de corps savants et les sentences des Cours de justice relatives aux attributions, aux droits et devoirs des agents consulaires (*Droit international*, III, § 1368 et s.).

M. Engelhardt a soumis à l'Institut de droit international, dans sa session de Hambourg, un projet de règlement des immunités consulaires, qui peut se résumer comme suit (*Droit international*, III, § 1387).

Le droit international ne reconnaît le titre de consul qu'aux *consules missi*. Les *consules electi*, c'est-à-dire les consuls qui ne sont pas sujets de l'Etat mandant, ou qui exercent le commerce ou l'industrie, portent le titre d'agents commerciaux.

Les consuls jouissent des privilèges et immunités diplomatiques, notamment du bénéfice de l'exterritorialité. Leur demeure et leur chancellerie sont donc inviolables.

Les agents commerciaux jouissent des immunités que l'usage leur a attribuées jusqu'ici. S'ils sont munis d'un exequatur spécial, ils ne peuvent être poursuivis en justice, à raison des actes accomplis en leur qualité officielle. Pour les autres, ils sont soumis aux lois territoriales. Ils doivent comparaître comme témoins devant les tribunaux locaux.

Leurs archives officielles sont inviolables. Cette immunité s'étend à l'ensemble de l'immeuble affecté au service de l'agence commerciale. Mais l'agent doit s'abstenir de placer dans les locaux de son office des pièces étrangères à son service. L'office devra être séparé de son habitation et de son comptoir d'affaires personnelles.

Les agents commerciaux sont exempts de l'impôt foncier pour l'immeuble affecté à leur office, mais soumis aux autres impositions nationales et municipales. Ils sont affranchis du service dans les gardes civiques, des fonctions municipales et de celles de jurés et de juges de commerce et du conseil de famille.

Ils ont le droit de placer, sur la façade de leur office, l'écusson de la nation qui les a commissionnés. Cet écusson sera surmonté de l'inscription : Agence commerciale de... Il leur est interdit de déployer le drapeau de la nation qui les a nommés, aux jours de solennités officielles.

Ils peuvent correspondre directement avec les autorités administratives et judiciaires de leurs arrondissements.

Ils sont chargés de maintenir l'ordre à bord des navires de commerce de la nation qu'ils représentent, si la tranquillité publique est troublée par les équipages.

§ 264. En même temps M. Ed. Engelhardt consacrait à la condition juridique des consuls une étude (1) que nous résumons comme suit : *Immunités consulaires. Opinion de M. Engelhardt.*

Considérée dans son application aux *consules missi*, l'immunité personnelle des consuls répond tout d'abord à la notion d'inviolabilité, c'est-à-dire qu'elle est une qualité, un caractère qui assure à l'agent respect et liberté. Elle doit s'étendre à la demeure du consul, à sa chancellerie et à l'agent le plus élevé en grade après lui. La

(1) *Revue de droit international*, XXII, p. 336.

souveraineté des États que les consuls représentent, entraine pour eux l'immunité personnelle, dans le domaine de leur compétence. Pour les actes étrangers à leur fonction, les consuls envoyés ne devraient pas relever des tribunaux locaux en matière criminelle ; en revanche, pour la juridiction civile, ils devraient être soumis au droit commun.

Il importe qu'une interprétation conventionnelle indique exactement l'étendue de la responsabilité du consul envers les pouvoirs locaux, et dans quelle mesure ceux-ci peuvent exercer, sur son activité extérieure, leur contrôle, leur surveillance et leur droit de répression (*Droit international*, III, § 1393).

Agents commerciaux. Opinion de M. Lehr. § 265. Dans une étude consacrée aux modifications à apporter à l'organisation des corps consulaires (1), M. Lehr réclame, à l'exemple des États-Unis, la création, parallèlement au corps diplomatique et au corps consulaire existants, d'un corps d'agents commerciaux, desquels on exigerait non plus des preuves de capacité juridique et administrative, mais des preuves d'expérience et de connaissances industrielles et commerciales approfondies. Ces agents auraient à fournir tous les rapports, tableaux ou renseignements demandés aujourd'hui aux consuls. Ils pourraient même n'être pas absolument à poste fixé, et n'auraient pas du reste les attributions réservées aux consuls (*Droit international*, III, § 1369).

M. Lehr motive ce vœu par l'impossibilité où sont les consuls de carrière et les consuls marchands de fournir les innombrables renseignements industriels, commerciaux et techniques qu'on leur demande.

Institutions judiciaires en Chine et au Siam. Opinion de M. Ferguson. § 266. M. J. H. Ferguson, ministre des Pays-Bas en Chine, consacre, dans la *Revue du droit international* (2), une étude à la question, à l'ordre du jour de l'Institut de droit international, des réformes à apporter aux institutions judiciaires des pays de l'Orient, par rapport aux procès dans lesquels sont engagés des Européens ou des Américains (*Droit international*, III, § 1432). Voici le résumé de ses conclusions, qui seraient applicables à la Chine et au royaume de Siam :

Les États qui ont des traités avec la Chine, concluent de nouvelles conventions portant que la juridiction internationale s'appliquera aux litiges entre étrangers et Chinois, entre étrangers en Chine, aux cas de délits ou crimes commis par des étrangers

---

(1) *Revue de droit international*, XXII, p. 438.
(2) XXII, p. 250.

envers des Chinois, par un étranger en Chine contre un étranger dans le même pays, enfin par un étranger de complicité avec des Chinois.

La juridiction comprend une Cour d'appel internationale et huit tribunaux de première instance répartis sur les ports chinois. La Chine et chacun des contractants désignent un membre et un suppléant pour chacun de ces tribunaux. Les chefs et les employés des parquets et des greffes, ainsi que les interprètes sont des étrangers au service de la Chine.

Les tribunaux statuent sur toutes les contestations civiles et commerciales et sur les cas d'abordage, sur les contestations résultant de propriétés sises en Chine, sur les litiges avec des étrangers où sont engagés le Gouvernement chinois et les douanes impériales, sur les cas où les autorités locales ont porté atteinte aux droits d'un étranger.

Le statut personnel n'est pas de leur compétence, mais de celle des consuls.

Les tribunaux prononcent aussi dans les cas où la partie lésée par un crime ou délit se sera constituée en même temps partie civile.

Ils connaissent des offenses contre les juges de la cour et des tribunaux.

Les tribunaux statuent, mais seulement à la demande des parties, sur les contestations susceptibles de transaction ou de compromis, et sur les contestations au sujet du paiement des salaires, des engagements d'ouvriers, et sur les démêlés entre les capitaines et les équipages des navires de commerce.

Il sera rédigé un code civil, un code de commerce, un code de commerce maritime, un code de procédure civile et commerciale, un code pénal, un code d'instruction criminelle. Ces codes seront rédigés, sur le modèle de ceux d'Europe, en anglais et en chinois. La langue officielle des tribunaux est l'anglais.

§ 267. Nous disions dans la 4e édition du *Droit international*, III, § 1395 :

Immunités consulaires. Chancellerie. Situation des consuls en Angleterre.

« Les règles de droit commun qui servent de base à la législation anglaise, sont d'une inflexibilité telle que l'on a vu, il y a un certain nombre d'années, saisir et vendre les archives du Consulat général de France à Londres, comme gage de l'impôt mis à la charge du propriétaire de la maison louée pour le service de la Chancellerie. »

M. W. B. Lawrence confirme ce fait dans son étude sur la juri-

diction consulaire (1). A l'appui de son dire, il cite de Clercq et
Vallat, qui s'expriment en substance comme suit (2) : La Grande-
Bretagne qui, comme la France, attribue à ses consuls des privilèges qui ne sont pas même réservés aux ambassadeurs, entre
autres le droit d'asile, ne reconnaît cependant aux consuls étrangers qu'elle admet dans ses ports, aucune des immunités qui sont
concédées à ses agents dans les pays de la chrétienté. Elle n'établit que fort peu ou point de différence entre les consuls étrangers, sujets britanniques, et ceux qui sont citoyens de l'Etat qui les
a commissionnés. Elle exempte seulement les consuls de l'impôt
sur le revenu, à raison du chiffre de leur traitement et leur confère un droit de police fort limité sur les gens de mer déserteurs
ou autres. Quant aux chancelleries, elles sont bien considérées
comme le bureau d'une administration publique, mais elles ne
sont point pour cela inviolables, puisqu'il y a quelques années les
archives du consulat général de France à Londres furent saisies à la
requête du collecteur de taxes locatives et vendues aux enchères,
comme répondant, au profit du Trésor, pour le paiement de la taxe
que n'avait pas acquittée le propriétaire de la maison où la chancellerie avait été établie.

§ 268. M. Lawrence cite un autre cas qui s'est présenté en Angleterre, en 1857-58, et offre beaucoup d'analogie avec le précédent. Il s'agissait, cette fois, du consulat des Etats-Unis à Man-
chester. La propriété consulaire de cette ville, appartenant aux
Etats-Unis, avec pavillon, sceau, armes, registres, fut saisie par le
shérif pour une dette particulière du consul, et ne fut relâchée que
contre sécurité donnée par un citoyen privé en l'absence du consul. M. Dallas, ministre américain à Londres, reçut l'ordre de payer
le mémoire pour empêcher la vente des archives consulaires (3).

§ 269. Quant à M. Clunet, tout en reconnaissant que les consuls
ne sont pas au bénéfice de la fiction de l'exterritorialité, il dit que
les nécessités inhérentes aux relations internationales dressent,
au seuil du sanctuaire des consulats, une barrière que l'autorité
locale ne doit renverser qu'avec l'agrément de l'agent étranger.
Ainsi le veut quelque chose de plus fort que toutes les fictions,
l'impérieuse obligation d'assurer, aux rapports des nations entre

*Cas du Con-
sul des Etats-
Unis à Man-
chester.*

*Opinion de
M. Clunet.*

(1) *Revue de droit international*, XX, p. 285.
(2) *Guide des consulats*, I, p. 13. M. A. de Clercq a été directeur des consulats au ministère des Affaires étrangères à Paris.
(3) M. Lawrence a été Envoyé extraordinaire et Ministre plénipotentiaire des Etats-Unis à Londres.

elles, l'indépendance et la sécurité la plus absolue. Ce serait fait de cette indépendance s'il était permis à un commissaire de police de pénétrer dans un consulat et d'y rechercher tel ou tel document jusque parmi les dossiers consulaires. De telles pratiques aboutiraient à un véritable désordre international, de là l'inconvénient d'exposer à des indiscrétions des documents sur lesquels la puissance territoriale ne possède aucun droit d'investigation, elles provoquent, chez la puissance qui a subi la voie de fait, la tentation de représailles. L'état de paix est troublé et le prestige du représentant étranger s'en trouve diminué. Il se dégage de ces actes de force comme une humiliation qui remonte à la puissance représentée (1).

M. Clunet examine ensuite ce qu'il faut entendre par archives consulaires (1), c'est-à-dire quelle partie du domicile du consul doit être inaccessible aux autorités locales. On trouve généralement, dit-il, que le consulat tout entier ne doit pas être soustrait aux investigations de la police locale, que seule devrait être exempte la pièce portant l'inscription d'*Archives consulaires*. Et encore avec cela, le consul pourrait facilement soustraire des objets soumis à l'impôt ou des documents n'ayant rien à faire avec le consulat.

Le mal est grand, mais l'intrusion de la police est un mal plus grand encore. Nous aimons mieux, dit M. Clunet, que le fisc local perde quelques deniers que de voir les archives locales perdre leur inviolabilité. Le bureau professionnel du consul, ainsi que les pièces consacrées aux archives doivent être hors des atteintes de la force publique. Du reste, c'est une hypothèse bien hardie que de transformer les consuls en contrebandiers ou en recéleurs. Et s'ils le devenaient par accident, le gouvernement local porterait plainte et demanderait la révocation du consul.

§ 270. A propos de l'incident du Consulat de Florence (*Droit international*, III, §§ 1405 et 1406), la France prétendit que les autorités locales s'étaient indûment arrogé le droit de pousser leurs investigations jusque dans les archives de ce consulat. L'Italie, au contraire, soutenait que ses magistrats n'avaient pas pénétré dans les archives mêmes, mais seulement dans la partie de la demeure du consul qui, d'après les usages, ne participe pas aux immunités reconnues seulement aux agents diplomatiques. L'article 5 de la convention du 25 juillet 1862 est, il est vrai, formel : « Les archives consulaires seront inviolables et les autorités locales ne pourront,

Archives consulaires. Convention franco-italienne.

(1) *Journal du droit international privé*, 1888, p. 56.

sous aucun prétexte ni dans aucun cas, visiter, ni saisir les papiers qui en feront partie ».

Mais que faut-il entendre par archives consulaires ? Afin de préciser ce terme, les gouvernements français et italien ont conclu, le 7 février 1889, une convention dont voici le texte :

§ 271. Art. 1er. — Les mots *archives consulaires* s'appliquent exclusivement à l'ensemble des pièces de chancellerie et autres se rattachant exclusivement au service, ainsi qu'au local spécialement affecté au dépôt de ces pièces.

Art. 2. — Il est expressément interdit aux consuls généraux, consuls, vice-consuls et agents consulaires de placarder dans le local affecté aux archives des documents et objets qui n'auraient pas ce caractère.

Les chambres ou la chambre constituant ce local devront être parfaitement distinctes des pièces servant à l'habitation particulière du consul et ne pourront être affectées à d'autres usages.

Art. 3. — Les instructions les plus formelles seront adressées par les Gouvernements à leurs agents respectifs, en vue de leur prescrire de se conformer strictement aux dispositions énoncées à l'article précédent. Si un consul, un vice-consul ou un agent consulaire, requis par l'autorité judiciaire locale d'avoir à se dessaisir de documents qu'il détient, se refuse à les livrer, l'autorité judiciaire recourra, par l'intermédiaire du Ministre des Affaires étrangères, à l'ambassade dont cet agent dépend (1).

Signé : René Goblet,

Louis-Frédéric Menabréa.

Archives consulaires. Inviolabilité de la résidence des consuls. § 272. Il s'est produit à Jassy, en 1891, un incident qui rappelle celui du consulat français à Florence (*Droit international*, III, §§ 1401, 1406). Le consul austro-hongrois à Jassy s'étant suicidé, à la suite d'un accord intervenu dès longtemps entre l'Autriche-Hongrie et l'Allemagne, le consul de cette dernière puissance, M. de Lœper, se chargea provisoirement d'administrer le consulat austro-hongrois et de gérer la succession de son collègue défunt. Mais peu après une délégation du tribunal de Jassy, se présenta au consulat d'Autriche, afin d'y dresser l'inventaire après décès et prendre possession de l'immeuble. Cette intervention était contraire à l'usage en vertu duquel les tribunaux n'instrumentent dans les bureaux d'un consul, qu'après en avoir demandé l'autorisation. Dès lors protestation du consul allemand. Le juge roumain, dans sa

---

(1) *Journal du droit international privé*, 1889, p. 273 et s.

réplique, se laissa aller à des expressions fort peu diplomatiques, mais finit par se retirer sans avoir atteint son but (1).

§ 273. Le 19 octobre 1888 l'écusson du consulat allemand au Havre fut arraché, souillé et laissé sur la voie publique, d'où la police le rapporta au consulat ; mais le consul refusa de le recevoir et porta plainte auprès du sous-préfet du Havre qui en référa à ses supérieurs. L'affaire fut traitée à Paris entre le Ministre des Affaires étrangères et l'ambassadeur d'Allemagne, qui réglèrent sans difficulté la réparation due. Le 3 novembre l'écusson était replacé, par les soins de l'administration française en présence du consul ; le cérémonial de cette réparation publique a paru suffisant à la nation intéressée (2).

Actes hostiles contre un consulat étranger, commis par un particulier. Affaire du Havre.

§ 274. Les consuls peuvent-ils recevoir les actes dans lesquels les parties ou l'une d'elles sont étrangères ? (*Droit international*, III, § 1423). L'article 34 de la loi italienne sur les consuls et l'article 192 du règlement consulaire leur donnent ce droit, mais sans préciser le sens du mot *étranger*, sans dire s'il faut entendre par là les individus citoyens de l'Etat sur le territoire duquel réside le consul ou bien les citoyens d'Etats différents. De là, le litige Blanc contre Trafford, qui fut tranché en 1887 par la Cour de cassation de Florence. L'acte contesté était un mandat reçu au consulat italien de Genève. Le sieur Trafford, de nationalité non italienne, avait fait, à ce consulat, une procuration par laquelle il nommait l'avocat Ph. Serafini son mandataire général, avec faculté de plaider en cassation et de nommer avocats et avoués. En vertu de cette procuration, Serafini signa le contre-recours en cassation, dans le procès Blanc contre Trafford. Blanc contesta la régularité de la représentation de Trafford par Serafini, prétendant que la procuration faite au consulat italien était nulle. L'article 44 de la loi italienne, disait-il, avait été violé, le consul ne pouvant recevoir l'acte d'un étranger. Mais la prétendue nullité n'existait pas en réalité. En effet l'article 44 et l'article 192 cités plus haut disent que les consuls sont fondés à recevoir ces actes, pourvu que les lois et usages locaux ne s'y opposent pas, ou bien qu'il s'agisse d'affaires se passant ou de biens situés dans l'Etat, et que, dans ce même Etat, les actes en question doivent recevoir leur exécution. Or, c'était le cas dans l'espèce, car il s'agissait d'affaires se passant en Italie, de biens situés sur le territoire italien, et c'était en Italie que l'acte devait avoir

Attributions consulaires. Affaire Blanc c. Trafford.

(1) *Kruntzeitung* du 14 août 1891.
(2) *Journal du droit international privé*, 1889, p. 250.

son exécution. En conséquence le consul était d'autant mieux fondé à recevoir la procuration du non-Italien Trafford, qu'il n'était pas même objecté que les lois locales s'y opposassent. En conséquence la Cour a établi le principe suivant :

« Est valide le mandat reçu par un consul italien à l'étranger d'un étranger plaidant en Italie, au sujet de biens situés dans l'Etat où l'acte doit avoir son exécution » (1).

§ 275. Dans son audience du 28 décembre 1891, la Cour d'appel d'Angers a consacré le principe suivant : Les chanceliers de consulat ont à observer les règles du droit commun dans la rédaction de leurs actes. En conséquence, et en vertu de l'ordonnance de 1681, les testaments doivent être dictés aux notaires par le testateur, écrits par le notaire et lus au testateur en présence des témoins, et il doit être fait mention expresse du tout. Il s'agissait du testament de Jouault-Desgrès reçu à Rome, en 1884, par le chancelier de l'ambassade de France en Italie ; mais ce testament n'avait pas été écrit par le chancelier lui-même. C'est donc à bon droit que les premiers juges ont fait application à la cause de l'article 1001 du Code civil, qui prononce la nullité des testaments pour non-observation des formalités réclamées par la loi (2).

Les époux Gouël ayant demandé l'annulation, pour vice de forme, dudit testament, la Cour de cassation française a établi comme de droit ce qui suit (*Droit international*, III, § 1423) :

Les chanceliers de consulat qui, en vertu de l'ordonnance de 1681, ont qualité pour recevoir les testaments en présence du consul et de deux témoins, doivent se conformer aux règles prescrites par le droit commun pour la rédaction des actes notariés. Ils sont donc tenus d'observer les formalités de l'article 972 du Code civil, et de faire mention expresse de l'accomplissement de chacune d'elles ; pour contester cette mention, il faut recourir à l'inscription de faux (3).

§ 276. Le tribunal français des Conflits a pris, le 6 avril 1889, la décision suivante (*Droit international*, III, § 1423) :

Les chanceliers de consulat et de légation lorsqu'ils reçoivent le testament d'un Français en présence du consul ou de son re-

---

(1) *Annali della giurisprudenza italiana*, 1887, vol. XVI, p. 310.

(2) *Droit international*, III, § 1423 ; *Journal du droit international privé*, 1892, p. 1033.

(3) *Journal du droit international privé*, 1891, p. 975.

présentant, accomplissent un acte qui rentre exclusivement dans leurs attributions notariales et n'a aucun caractère administratif ; il ne leur impose aucune responsabilité. En revanche la délégation donnée par un chargé d'affaires à un secrétaire d'ambassade est un acte d'administration, dont l'autorité administrative peut seule apprécier les conséquences au point de vue de la responsabilité.

§ 277. La Cour suprême consulaire britannique de Constantinople a statué qu'un sujet ottoman inscrit au consulat anglais du Caire comme protégé anglais, n'acquiert pas la protection *de jure*, mais seulement *de facto*. La seule protection légale des sujets ottomans en Turquie par les consuls étrangers est celle des Kavass, des drogmans et de ceux que la Porte a reconnus comme ayant acquis une nationalité étrangère. Encore moins cette protection peut-elle avoir pour effet de faire de ce sujet ottoman un sujet britannique. Mais cette protection *de facto* donnée à un sujet ottoman chrétien, lui attribue le *status* de protégé anglais et le rend ·justiciable du tribunal consulaire britannique. C'est la loi du domicile qui règle la faculté de tester et la succession du protégé anglais en cause, et non la loi anglaise (1).

Juridiction consulaire en Orient. Sujet ottoman protégé anglais.

§ 278. Sir Travers Twiss a consacré, à la juridiction consulaire en Orient, et plus spécialement au Japon, une étude (2) où il se prononce contre la suppression de cette juridiction, suppression que le Japon réclame. Il se peut bien, dit-il en substance, que les Japonais regardent la juridiction consulaire comme superflue. Mais il leur faudra prouver, pour obtenir l'abolition des tribunaux consulaires, que leur pays possède des titres pour être admis au concert des Etats civilisés et qu'il reconnaît, dans ses relations internationales, le droit coutumier de l'Europe. Dans tous les cas la première condition de cette admission, c'est que le Japon se soumette au principe reconnu dans le protocole du traité de Londres du 13 mars 1871 et reconnaisse par conséquent qu'aucune puissance ne peut se délier des engagements d'un traité, ni en modifier les stipulations qu'à la suite de l'assentiment des parties contractantes au moyen d'une entente amicale (3).

Juridiction combinée en Orient. Opinion de sir Travers Twiss.

(1) *Droit international*, III, § 1431. *Journal du droit international privé*, 1892, p. 758.

(2) *Revue de droit international*, XXV, p. 213.

(3) Nous n'avons pas cru devoir nous arrêter ici au traité conclu entre le Japon, l'Angleterre, les Etats-Unis, etc., qui supprime au Japon la juridiction des Consuls à raison de ce que cette disposition ne doit entrer en vigueur que dans cinq ans. On trouvera le texte de ce traité signé à Londres le 16 juillet 1894, *in fine, Appendice*.

Juridiction
des étrangers
au Japon. Cas
du sieur Phi-
lippe.

§ 279. Pour la première fois, en 1891, un étranger défendeur en matière de contravention s'est trouvé justiciable des tribunaux japonais (*Droit international*, III, § 1444). Pour cela il fallait que l'étranger fût d'un pays n'ayant pas de traité avec le Japon. Or c'était un sujet grec, et la Grèce est dans ce cas, mais les Grecs sont sous la protection de la France. En Chine cette protection entraine l'exterritorialité, mais la question ne s'était pas encore présentée au Japon. Il s'agissait d'un sieur Philippe qui, arrivant du Tonkin, ouvrit à Yokohama un débit de cigarettes étrangères et entreprit la fabrication des cigarettes avec du tabac importé. Dénoncé par ses concurrents, pour défaut de licence, il fut traduit devant le tribunal de Yokohama pour n'avoir pas pris de licence. Le ministère public alléguait que Philippe ne jouissant pas de l'exterritorialité, était soumis à la loi fiscale japonaise. Philippe fut acquitté en première et seconde instance, sur ce qu'on ne l'avait pas averti d'avoir à prendre une licence, et sur ce que, appartenant à une nation n'ayant pas de traité avec le Japon, il ne pouvait valablement exercer aucun commerce dans ce pays ; qu'il n'avait donc ni le droit, ni le devoir de demander une licence.

Il résulte de ce jugement que les sujets des nations n'ayant pas traité avec le Japon, n'ont aucun droit d'établissement dans ce pays ou du moins y sont soumis aux lois japonaises (1).

Immunités
des consuls.
Cas de la fille
K...,de Franc-
fort.

§ 280. La fille K... au service du Consul général de France à Francfort lui réclamait une indemnité pour frais de médecin et une pension viagère, se basant sur ce qu'en transportant une malle, elle s'était attiré une hernie qui la rendait incapable de travail. Le défendeur excipait de sa qualité de Consul de carrière, qualité qui lui assurerait l'exterritorialité, en vertu des principes du droit des gens, et spécialement de l'article 11 du traité de Francfort. Il excipait aussi d'une lettre de l'Office des Affaires étrangères portant qu'il s'est établi en vertu de cet article, une coutume dispensant les consuls allemands et français de la juridiction indigène. Le Tribunal de Francfort a rejeté cette exception. L'article 11 du traité de Francfort, dit-il, porte uniquement que les parties contractantes régleront leurs relations commerciales d'après le principe de la nation la plus favorisée. Il n'y est point question de la juridiction des consuls.

Expulsion
d'étrangers.
Affaire Cha-
dourne.

§ 281. En décembre 1891, M. Chadourne, citoyen français, était enlevé par des agents de police bulgares et conduit à la frontière

(1) *Journal du droit international privé*, 1892, p. 632.

de la Principauté. Le gérant de l'agence et consulat général français ayant protesté contre cette expulsion qui constituerait, à l'entendre, une violation flagrante et préméditée des immunités que
les traités assurent aux étrangers résidant en Bulgarie, le Ministre
des Affaires étrangères de ce pays fit une réponse qui peut se résumer comme suit :

« Le Ministre rappelle que son gouvernement a adressé à plusieurs
reprises au représentant de la France des réclamations contre son
ressortissant M. Chadourne, correspondant de journaux étrangers,
qui a pris à tâche de répandre des nouvelles fausses et calomnieu-
ses sur la Bulgarie. C'est pourquoi le gouvernement princier s'est
vu contraint de l'expulser. Cette mesure ne constitue pas une violation des traités, ceux-ci étant muets en ce qui concerne les
étrangers qui se mêlent des affaires intérieures et suscitent des
difficultés au gouvernement. Ces traités, soit les capitulations conclues entre les puissances européennes et la Porte, ont pour but
de consacrer le libre usage des lieux saints, de soustraire les chrétiens à la législation turque qui est religieuse, d'assurer aux chrétiens le libre exercice de leur culte et de leur commerce. Les capitulations ne parlent pas des crimes et délits commis par des
étrangers contre la sécurité de l'Etat, et en conséquence, pour les
délits de presse, les étrangers ont toujours été assimilés aux indigènes. Un Etat est seul juge des mesures à prendre en vue du
maintien de l'ordre public et le gouvernement bulgare se considère comme seul compétent pour décider s'il est opportun d'expulser un étranger. Du reste le consulat de France a été averti et
c'est seulement sur son refus d'intervenir que le gouvernement a
pris l'affaire en mains ».

A ceci M. Ribot, alors ministre des Affaires étrangères de France,
a répondu que dans les pays de capitulations, aucun acte à l'égard
des étrangers ne peut être fait sans l'entremise des consuls, qui
ont seuls le droit d'expulser les étrangers. Plainte a donc été
adressée au cabinet de Sofia avec demande de rapporter le décret
d'expulsion.

La Bulgarie n'a pas obtempéré à cette demande (*Droit international*, III, § 1431).

_____

(1) *Droit international*, III, § 1390; *Zeitschrift für internationales Privatrecht*,
II, p. 171.

LIVRE XVII

PRIVILÈGE D'EXTERRITORIALITÉ

Voir *Droit international*, III, § 1451 et s.

Section I. — DES SOUVERAINS ET DES GOUVERNEMENTS, DE LEURS OBLIGATIONS ET DE LEURS DROITS.

Compétence des tribunaux à l'égard des souverains étrangers. Votes de l'Institut de droit international.

§ 282. Au sujet du privilège d'exterritorialité des souverains et des Etats, signalons d'abord les tentatives faites pour trancher les difficultés que présente l'application de ce principe (*Droit international*, §§ 1461, 1470).

Dans sa session de Hambourg, en 1891, l'Institut de droit international a discuté un projet de règlement, rédigé par M. de Bar, sur la compétence des tribunaux dans les procès contre les Etats ou souverains étrangers. Ce règlement peut se résumer comme suit :

Sont insaisissables les meubles, chevaux, voitures, wagons et navires appartenant à un souverain étranger et affectés à son usage ou à celui de sa suite. Il en est de même des meubles et immeubles appartenant à un Etat étranger et affectés à son service. Mais les créanciers hypothécaires de ces propriétés des souverains ou des Etats peuvent les faire saisir, le cas échéant.

Contre un Etat étranger sont seules recevables les actions réelles, y compris les actions possessoires se rapportant à une chose qui se trouve dans le territoire ; les actions fondées sur la qualité de l'Etat étranger comme héritier ou légataire d'un ressortissant du territoire ou d'une succession ouverte dans le territoire : les actions ayant trait à un établissement industriel ou à un chemin de fer exploités par l'Etat étranger dans le territoire ; les actions pour lesquelles l'Etat étranger a reconnu la compétence du tribunal ; les actions fondées sur des contrats conclus par l'Etat étranger dans le territoire, si l'exécution en peut être demandée selon les principes de la bonne foi ; les actions en dommages-intérêts causées par un délit commis sur le territoire.

Ne sont point recevables les actions en dommages-intérêts pour des actes de souveraineté.

En cas de doute, l'action sera réputée non recevable.

Les actions résultant d'obligations contractées avant l'avènement du souverain sont régies par les règles ordinaires de la compétence.

Les ajournements se font à la légation de l'Etat étranger ou, à son défaut, au ministère des Affaires étrangères de l'Etat étranger.

Les souverains étrangers ne peuvent être cités comme témoins.

Sur chaque action ou saisie contre un souverain ou un Etat étranger, il sera fait rapport au Ministre de la Justice afin d'arranger, s'il se peut, l'affaire à l'amiable.

§ 283. A propos de cette discussion M. A. Hartmann a soumis à l'Institut de droit international un mémoire dont voici la substance (1) : Opinion de M. Hartmann à ce sujet.

Pour les procès contre l'Etat, l'auteur du mémoire admet seulement, à l'exception des actions réelles et de celles qui ont trait à une succession, les actions pour lesquelles il y a un juge compétent à raison d'un *forum contractus et gestæ administrationis*, c'est-à-dire quand l'Etat possède à l'étranger par exemple un établissement où se concluent des contrats et se traitent des affaires de commerce. Les affaires en vue desquelles ces actions sont intentées, sont soumises à la puissance de l'Etat auquel appartient le tribunal, car elles ne sauraient être exécutées que sur ce territoire. En laissant ses tribunaux statuer sur ces affaires, l'Etat souverain du territoire en cause, ne fait qu'exercer sa puissance territoriale. L'égalité des Etats n'en souffre aucune atteinte, car il appartient à chaque Etat d'user de cette puissance, vis-à-vis des autres Etats. Tous restent donc dans la même situation.

Pour les actions contre les souverains, la question n'est pas la même. En effet on ne saurait se représenter l'Etat comme un simple particulier, tandis que rien n'empêche de se figurer comme tel la personne du souverain. Lorsqu'il agit comme chef de l'Etat il

(1) *Revue de droit international*, XXII, p. 421.

faut lui appliquer la règle ci-dessus; lorsque au contraire il agit en homme privé, on pourra intenter contre lui toute action recevable contre un particulier. Pour la procédure, le demandeur a, dans ce cas, à fournir la preuve que l'obligation en litige a été contractée par le souverain, en sa qualité de particulier. En outre on aura tous égards à la situation du défendeur. Les assignations lui seront transmises par voie diplomatique.

§ 284. Un souverain étranger peut-il être poursuivi par les tribunaux de ce pays pour des obligations qu'il y a contractées (*Droit international*, III, § 1454 et s.)? Telle est la question qui s'est posée en 1893 en Angleterre à propos de la poursuite intentée par Miss Myghell au Sultan de Johore : voyageant en Angleterre sous le nom d'Albert Baker, ce souverain avait en 1885 promis le mariage à Miss Myghell. Il ne tint pas ses engagements et celle-ci, lors de son nouveau voyage en Angleterre, en 1891, ayant appris sa véritable qualité, le poursuivit devant les tribunaux anglais pour rupture de promesse de mariage (1).

Souverain étranger. — Incognito. — Privilèges et immunités.

La question était purement internationale.

Les avis sont divisés : les uns, appuyés sur la jurisprudence française, prétendent qu'il faut faire une distinction entre les actes faits par le souverain en qualité de chef d'Etat et ceux faits comme simple particulier. D'autres soutiennent, que de par le principe de la souveraineté, les juges ne peuvent statuer sur les obligations d'un prince étranger.

L'affaire fut appelée le 4 novembre 1893, à la division du Banc de la Reine qui se déclara incompétente pour les motifs suivants : « Aucun précédent ne peut être invoqué : de plus, il serait contraire à l'indépendance d'un souverain qu'il puisse être soumis à la juridiction d'un Etat étranger ».

Le jugement d'incompétence rendu par la division du Banc de la Reine a été confirmé le 29 novembre 1893 par la Cour d'appel.

Il semble que cette décision des juges anglais prête à la critique par divers côtés ; en effet c'est une exagération que de dire que le souverain étranger voyageant *incognito* dans un pays, ne doit pas être soumis à la juridiction locale pour des actes qu'il fait comme simple particulier.

En effet, en gardant *l'incognito* il dépouille par là même, et de sa propre volonté, son caractère souverain : il n'est plus, et cela de son propre fait, qu'un simple particulier et doit au point de

---

(1) *Revue générale de droit international public*, 1894, n° 1, p. 74.

vue légal être considéré comme tel. A plus forte raison quand le souverain étranger a contracté une obligation envers un individu qui ignorait son caractère, l'équité s'oppose à ce qu'on refuse à ce dernier les moyens de faire respecter les engagements pris envers lui.

Si l'on admettait cette doctrine il faudrait en conclure que le souverain étranger voyageant *incognito* pourrait, en révélant sa qualité, se soustraire aux poursuites à lui intentées, pour dettes, par exemple et le droit d'action du créancier serait donc en définitive purement illusoire.

§ 285. L'Institut de droit international, dans sa session de Cambridge en août 1895, a été appelé à étudier la question des immunités diplomatiques et a voté le règlement suivant (*Droit international*, III, §§ 1481 et s., 1509, 1530, 1541 et s.) :

Immunités diplomatiques

Art. 1er. — Les ministres publics sont inviolables. Ils jouissent en outre de « l'exterritorialité », dans le sens et la mesure qui seront indiqués ci-après et d'un certain nombre d'immunités.

Art. 2. — Le privilège de l'inviolabilité s'étend :

Inviolabilité.

1° A toutes les classes de ministres publics qui représentent régulièrement leur souverain ou leur pays ;

2° A toutes les personnes faisant partie du personnel officiel d'une mission diplomatique ;

3° A toutes les personnes faisant partie du personnel non officiel, sous cette réserve que si elles appartiennent au pays où réside la mission, elles ne jouissent du privilège que dans l'hôtel de la mission.

Art. 3. — Il oblige le gouvernement envers qui le ministre est accrédité à s'abstenir, envers les personnes qui en jouissent, de toute offense, injure ou violence, à donner l'exemple du respect qui leur est dû et à les protéger, par des pénalités rigoureuses contre toute offense, injure ou violence de la part des habitants du pays, de telle sorte qu'elles puissent vaquer à leurs fonctions en toute liberté.

Art. 4. — Il s'applique à tout ce qui est nécessaire à l'accomplissement desdites fonctions ; notamment aux effets personnels, aux papiers, aux archives et à la correspondance.

Art. 5. — Il dure pendant tout le temps que le ministre ou fonctionnaire diplomatique passe, en sa qualité officielle, dans le pays où il a été envoyé.

Il subsiste même en temps de guerre entre les deux puissances pendant le temps nécessaire au ministre pour quitter le pays avec son personnel et ses effets.

Art. 6. — L'inviolabilité ne peut être invoquée :

1° En cas de légitime défense de la part de particuliers contre des actes commis par les personnes mêmes qui jouissent du privilège ;

2° En cas de risques courus par l'une desdites personnes volontairement ou sans nécessité ;

3° En cas d'actes répréhensibles commis par elle, et provoquant de la part de l'Etat auprès duquel le ministre est accrédité des mesures de défense ou de précaution ; mais hormis les cas d'urgence extrême, cet Etat doit se borner à signaler les faits au gouvernement dudit ministre, à demander la punition ou le rappel de l'agent coupable, et à faire, s'il y a lieu, cerner son hôtel pour empêcher des communications ou manifestations illicites.

Exterritoria-
lité. Art. 7. — Le ministre public à l'étranger, les fonctionnaires officiellement attachés à sa mission et les membres de leur famille demeurant avec eux conservent leur domicile d'origine et demeurent régis par les lois de ce domicile, en tant que c'est le domicile qui régit les lois et les juridictions.

Leur succession s'ouvre audit domicile, et les autorités locales n'ont pas le droit de s'y immiscer, à moins d'en être requises par le chef de la mission.

Art. 8. — Les actes qu'un ministre public ou son représentant fait personnellement, ou auxquels il intervient en sa qualité officielle, conformément à sa loi nationale, relativement à ses nationaux, sont valables, pourvu que ladite loi ait été observée, et nonobstant la *lex loci*, comme le seraient des actes de même nature faits ou passés dans le pays même du ministre.

Les actes auxquels intervient le ministre ou son représentant, même en sa qualité officielle, doivent être conformes à la *lex loci* :

1° S'ils intéressent une personne qui n'appartient pas au pays représenté par le ministre ou qui relève, pour une raison quelconque, de la juridiction territoriale ;

2° Si, devant sortir effet dans le pays où réside la mission, ils sont de ceux qui ne peuvent être valablement faits au dehors et en une autre forme. Sont régis par la même loi les actes conclus dans l'hôtel de la mission, mais auxquels le ministre ou un agent n'avait pas qualité pour intervenir à titre officiel.

Art. 9. — L'hôtel du ministre est exempt du logement militaire et des taxes qui le remplacent.

Nul agent de l'autorité publique, administrative ou judiciaire ne peut y pénétrer pour un acte de ses fonctions que du consentement exprès du ministre.

Art. 10. — Le ministre peut avoir dans son hôtel une chapelle de son culte, mais à condition de s'abstenir de toute manifestation extérieure dans les pays où l'exercice public de ce culte n'est pas autorisé.

Art. 11. — Le ministre public à l'étranger, les fonctionnaires officiellement attachés à sa mission et les membres de leur famille demeurant avec eux sont dispensés de payer :

A. Immunités en matière d'impôts.

1° Les impôts personnels directs et les taxes somptuaires ;

2° Les impôts généraux sur la fortune, soit sur le capital, soit sur le revenu ;

3° Les décimes de guerre ;

4° Les droits de douane quant aux objets à leur usage personnel.

Il appartient à chaque gouvernement d'indiquer les justifications auxquelles il entend subordonner ces exemptions d'impôts.

Art. 12. — Le ministre public à l'étranger, les fonctionnaires officiellement attachés à sa mission et les membres de leur famille demeurant avec eux sont exempts de toute juridiction civile ou criminelle de l'Etat auprès duquel ils sont accrédités en principe, ils ne sont justiciables, soit au civil, soit au criminel, que des tribunaux de leur propre pays. Le demandeur pourra s'adresser au tribunal de la capitale du pays du ministre, sauf le droit du ministre de faire la preuve qu'il a un autre domicile dans son pays.

Art. 13. — En ce qui concerne les crimes, les personnes dénommées en l'article précédent restent soumises à leur loi pénale nationale, comme si elles les avaient commis dans leur propre pays.

Art. 14. — L'immunité survit aux fonctions quant aux actions se rattachant à l'exercice desdites fonctions. En ce qui concerne les actions ne s'y rattachant pas, l'immunité ne peut être invoquée que pendant la durée même des fonctions.

Art. 15. — Ne peuvent se prévaloir du bénéfice de l'immunité les personnes appartenant par leur nationalité au pays auprès du Gouvernement duquel elles sont accréditées.

Art. 16. — L'immunité de juridiction ne peut être invoquée :

B. Immunité de juridiction.

1° En cas de poursuites exercées à raison d'engagements contractés par la personne exempte, non en sa qualité officielle ou privée, mais dans l'exercice d'une profession exercée par elle dans le pays concurremment avec ses fonctions diplomatiques ;

2° En matière d'actions réelles y compris les actions possessoires, se rapportant à une chose meuble ou immeuble, qui se trouve sur le territoire.

Elle subsiste, même en cas de contravention dangereuse pour l'ordre ou la sécurité publique ou de crime attentatoire à la sûreté de l'Etat ; sans préjudice du droit pour le Gouvernement territorial de prendre telles mesures conservatoires qu'il appartiendra.

ART. 17. — Les personnes jouissant de l'immunité de juridiction peuvent refuser de comparaître comme témoins devant une juridiction territoriale, à condition, si elles en sont requises par la voie diplomatique, de donner leur témoignage même, dans l'hôtel de la mission, à un magistrat du pays délégué auprès d'elle à cet effet.

Affaire Zappa. § 286. Il est généralement admis qu'un Etat étranger peut devenir propriétaire d'immeubles (*Droit international*, III, § 1475 et s.) à la condition que ces immeubles soient affectés à sa représentation diplomatique ou consulaire. Mais peut-il acquérir, par achat ou par héritage, des terres proprement dites, des domaines situés en pays étranger ? Cette question a donné lieu, entre la Roumanie et la Grèce, à une vive controverse qui s'est terminée par la rupture des relations diplomatiques entre les deux pays.

Un Grec, nommé Evanghéli Zappa, établi en Roumanie, avait légué à la Grèce, à sa mort arrivée en 1865, ses propriétés foncières, sises en Roumanie et dont la valeur était évaluée à 20 millions de francs ; mais jusqu'à sa mort, M. Constantin Zappa en avait conservé l'usufruit. Celui-ci étant décédé en 1892, le gouvernement roumain s'opposa à l'envoi en possession, invoquant l'article 7 de la Constitution qui dit que les Roumains seuls, indigènes ou naturalisés, peuvent acquérir des immeubles dans le pays. A l'acquisition à titre onéreux sont assimilés les héritages, en vertu de l'article 644 du Code civil.

Le gouvernement hellénique réclama contre ces dispositions qui, dans l'espèce, équivalent à une confiscation et demanda que la cause fût enlevée aux tribunaux roumains pour être réglée exclusivement par voie diplomatique. La Roumanie n'a pas cru pouvoir obtempérer à ce désir, d'autant moins que les héritiers naturels de Zappa ont attaqué le testament devant lesdits tribunaux.

Opinion de M. Flaischlen. § 287. M. Flaischlen, président du tribunal de Folticeni, a consacré à cette question un article (1) où il se range du côté de la Rou-

(1) *Zeitschrift für internationales Privatrecht*, t. III, p. 117.

manie et attire l'attention sur les dangers qui seraient la conséquence d'enclaves étrangères sur le sol roumain.

§ 288. Diamétralement opposées sont les conclusions auxquelles
aboutit M. le professeur F. de Martens (1). Elles peuvent se résumer comme suit :

La succession Zappa, s'étant ouverte en 1865, ne pouvait se régler
que d'après les lois existant à cette époque en Roumanie. D'autre
part le testateur, étant demeuré Grec, était soumis à la juridiction
consulaire hellénique et aux lois grecques, quant à ses droits personnels, de famille et de succession. Jusqu'en 1878 les Principautés
danubiennes ont fait partie de l'Empire Ottoman et les traités conclus par cette puissance y avaient force obligatoire. Donc les autorités helléniques étaient seules compétentes à prendre les mesures
conservatoires à l'égard de la succession Zappa, à la régler et à la
liquider d'après les lois helléniques. La proclamation de l'indépendance de la Roumanie ne pouvait avoir aucun effet sur les droits
acquis antérieurement, en vertu des capitulations qui autorisaient
l'acquisition des immeubles en Roumanie par les étrangers et tolé-
raient la juridiction consulaire même en matière immobilière. La
succession étant un patrimoine ou un ensemble de biens, de droits
et d'obligations, c'est uniquement la loi nationale du défunt qui
doit la régir, quelles que soient la nature des biens et leur situation.
Le régime des capitulations était fondé sur ce principe, et c'est sous
ce régime que la succession Zappa a été ouverte. Chaque Etat a le
droit d'admettre ou de ne pas admettre le droit de succession au
profit des personnes morales étrangères. Mais aucun Etat n'a le
droit de déclarer un héritage vacant et de le confisquer, s'il y a des
héritiers légitimes. En revanche il a le droit, notamment si l'héritier
est un gouvernement étranger, de mettre des conditions à l'envoi
en possession, ou d'obliger l'héritier à vendre les immeubles faisant partie de la succession.

§ 289. Non content de cette consultation, le Gouvernement hellénique s'est adressé à MM. A. Weiss et G. Lainé, professeurs à la
Faculté de droit de Paris. Voici un résumé des conclusions de ces
publicistes (2).

Opinion de MM. Weiss et Lainé.

M. Weiss estime que l'Etat roumain doit être mis hors de cause,
dans l'instance suivie par l'Etat grec, que celui-ci est en droit de

(1) *Mémoire sur le conflit entre la Grèce et la Roumanie concernant l'affaire
Zappa* (Athènes, 1893).
(2) A. Weiss et A. Lainé, *Consultation sur l'affaire Zappa* (Athènes,
1893).

se faire mettre en possession des immeubles qui composent la succession de Zappa en Roumanie, et que l'efficacité du legs dont il se prévaut, n'est pas subordonnée à l'autorisation du Gouvernement roumain.

Il se base entre autres sur le fait que la Roumanie a accordé plusieurs fois à la Grèce l'autorisation d'acquérir des immeubles sur son territoire.

M. Lainé n'est pas moins affirmatif dans le même sens. Il se prononce pour la Grèce, arguant entre autres du fait que, depuis 1865, époque du décès de Zappa, le Gouvernement roumain n'a cessé de reconnaître la validité du legs Zappa, en remettant aux autorités consulaires helléniques le jugement de la contestation soulevée par les héritiers naturels, et en laissant Constantin Zappa, à la fois légataire et usufruitier des immeubles et exécuteur testamentaire, se mettre en possession en vertu de la sentence du consulat hellénique. Par là il a souffert que la Grèce entrât en possession de la nue-propriété qui lui était léguée. En acceptant le legs annuel fait à l'Académie roumaine sur les revenus des immeubles, il a de plus confirmé l'assentiment donné à ce legs. Enfin, en maintenant 26 ans cet état de choses, il a laissé la Grèce acquérir une situation, qui maintenant se trouve en droit inébranlable.

D'un autre côté le legs Zappa est valable en lui-même, aucune loi ne l'ayant prohibé, ni subordonné à une autorisation formelle. La Roumanie lui a de plus prodigué les marques d'approbation, dans le temps où il lui était peut-être permis de le contester sans manquer à la justice.

Du reste peut-être la Grèce ferait-elle bien de se soumettre elle-même à la condition sous laquelle il est encore permis aux étrangers, depuis la loi de 1879, d'acquérir par succession des immeubles sis en Roumanie, à charge pour eux de s'en déférer dans un délai donné. Appliquer à la succession Zappa les dispositions d'une législation postérieure à son ouverture et plus sévère serait contraire à la raison comme au droit, et ne s'expliquerait que par le rétablissement, pour un cas particulier, d'une institution depuis longtemps abolie, le droit d'aubaine.

Questionnaire roumain.

§ 290. De son côté le Gouvernement roumain s'adressait à des publicistes éminents d'Allemagne, de Belgique et de France. Mais il ne leur soumettait point les pièces de l'affaire Zappa. Il se contentait de leur transmettre un questionnaire dont voici la substance :

Un Etat étranger peut-il posséder dans votre pays des propriétés foncières autres que les hôtels des légations ou des chapelles ?

Au cas où un particulier y laisserait sa fortune à un Etat étranger, quelles seraient les lois sur la matière ?

Quelle serait l'autorité compétente pour juger les contestations que les héritiers naturels du défunt pourraient élever contre la mise en possession d'un Etat étranger ?

Si l'Etat sur le territoire duquel est sis l'immeuble, se présente seul comme ayant droit à une succession immobilière, quelle serait l'autorité appelée à se prononcer sur cette demande ?

Une personne morale étrangère peut-elle hériter d'un immeuble sis dans votre pays ? Lui faut-il, dans l'affirmative, une autorisation spéciale du gouvernement ? Quelles seraient les conditions de cette autorisation (1) ?

Evidemment, il ne s'agissait pas, pour la Roumanie, de trancher, au moyen de ce questionnaire, une question de doctrine. Elle avait en vue l'affaire Zappa, et c'est pourquoi nous rangeons sous cette rubrique le résumé des consultations obtenues. Peut-être, si le questionnaire avait fait mention expresse du différend suscité par le legs de Zappa, ces consultations auraient-elles eu des conclusions différentes. Peut-être même, les publicistes consultés se seraient-ils récusés. C'est du moins ce qui ressort d'un passage d'une lettre de M. le professeur Renault, l'une des autorités consultées, lettre dont la Légation de Grèce à Berlin a bien voulu nous communiquer une copie. « J'ai répondu à ce questionnaire, dit M. Renault, en ne m'occupant que de droit français. Aucune pièce de l'affaire Zappa ne m'a été communiquée, et je n'ai émis aucune appréciation au sujet de cette affaire. Je n'aurais, à aucun titre, accepté de le faire ».

§ 291. Voici maintenant un résumé des réponses au questionnaire ci-dessus. La Faculté de droit de Berlin s'exprime comme suit :

Opinion de la Faculté de droit de Berlin.

Les législations allemandes sur l'acquisition de propriétés foncières par des étrangers n'ont nulle part en vue les Etats étrangers. Elles ne parlent que de corporations et autres personnes morales. C'est dire que les Etats étrangers sont soumis aux mêmes règles que les personnes morales. Ces règles varient suivant les territoires. Elles sont autres sur la rive gauche du Rhin, où règne le droit français, qu'en Prusse. Dans ce pays la matière est régie par la loi du 23 février 1870 sur les personnes morales et les corpora-

(1) *Documente diplomatice, Afacera succesionei Zappa* (Bucharest, 1892, p. 130).

tions. D'après cette loi, ces personnes ne peuvent acquérir d'immeubles qu'avec l'autorisation du roi. Pour ce qui est des lois applicables, lorsqu'un particulier laisse à un Etat étranger sa propriété foncière, c'est le dernier statut personnel du *de cujus* qui fait loi, et, pour la procédure, la loi du dernier domicile du dit. Il en est de même du droit de succession. Le tribunal compétent est celui du dernier domicile du *de cujus*. Spécialement, les Etats étrangers sont soumis, pour les legs d'immeubles, au *forum rei sitæ*, ou *forum hereditatis* ou enfin à la juridiction qu'ils auraient acceptée dans l'espèce.

Fort compliquée est la question de savoir qui est compétent à trancher les litiges provenant de successions, lorsque les héritiers naturels font défaut et que par conséquent, l'Etat dans lequel sont situés les biens du défunt, élève des prétentions à la succession. Sur ce point les législations allemandes ont des avis divers. En Prusse on part du principe de l'occupation, mais le fisc est soumis à la juridiction des tribunaux ordinaires, lorsque se présentent des héritiers naturels qui élèvent des prétentions à la succession ; mais seulement dans le cas où ces héritiers sont des particuliers. Le cas où la succession serait revendiquée par un Etat étranger, n'a pas été prévu. Les tribunaux ordinaires sont-ils compétents ? Là-dessus les manuels du droit des gens sont peu explicites. Suivant G. F. de Martens, les immeubles d'un Etat étranger sont soumis à la juridiction de l'Etat où ils se trouvent. Mais les saisies ordonnées en pareil cas sont des saisies non de droit, mais de fait, qui ont le caractère de représailles, et dont la légitimité doit se juger d'après les lois en vigueur pour la poursuite de droit de nation à nation.

La consultation de la Faculté de droit de Berlin cite ensuite l'opinion exprimée déjà par Schmelzing en 1818, puis celle de Pinheiro Ferreira, et enfin celle que nous avons émise nous-même (*Droit international*, III, § 1475). D'après Schmelzing et Calvo, dit cette consultation, on ne saurait invoquer de principe de droit pour soustraire les propriétés privées d'un souverain étranger à l'action des lois et des tribunaux du pays où ces propriétés sont situées. *Rien n'empêche d'ailleurs les intéressés de dessaisir leurs tribunaux, de s'entendre par voie d'arbitrage, ou d'attribuer compétence au tribunal d'un pays tiers.* Cette opinion est conforme aux principes du droit des gens moderne (*Droit international*, III, § 1270), mais elle va trop loin, ainsi que celles de M. F. de Martens citée plus haut, et celle de M. de Bar, d'après lesquelles les contestations résultant de droits privés de deux Etats ne peuvent être tranchées que par voie diplomatique. Si la compétence des tribunaux ordinaires était toujours fondée en pareil cas, l'action civile serait fondée aussi dans toutes les contestations résultant de traités du droit privé, traités fort nombreux aujourd'hui. Ces accords sont du domaine du droit international et soumis à ses règles. Ce qui donne à un traité le caractère d'acte politique, ce n'est point l'objet de ce traité, mais la nature des contractants.

Si, au contraire, en conséquence de la souveraineté des Etats, on venait à récuser la compétence des tribunaux ordinaires, toutes les fois que les intérêts de deux Etats sont en jeu, la voie civile serait exclue non seulement pour les prétentions résultant de traités publics, mais aussi pour celles qui sont basées sur le droit civil.

On créerait de la sorte une contradiction qui ne saurait subsister. Les Etats étrangers sont soumis au *forum rei sitæ*, au *forum hereditatis* et à toute juridiction qu'ils ont acceptée. Pourquoi cette maxime admise lorsque sont en présence un Etat et un particulier, perdrait-elle sa valeur lorsque ce particulier est remplacé par un autre Etat. Dans les deux combinaisons il y a *par ratio*.

On a allégué qu'on ne saurait obliger un État d'accepter la sentence d'un tribunal étranger. Cette allégation excluerait la compétence des tribunaux dans les cas même où sont en cause un particulier et un Etat étranger. On ne saurait non plus alléguer que nul ne peut être à la fois juge et partie. Cette thèse est acceptable dans les pays où la justice et l'administration ne sont pas séparées. Mais lorsque la justice est aux mains de tribunaux indépendants et que la procédure présente toutes garanties d'indépendance, le soupçon de partialité inconsciente ne saurait suffire pour faire décliner la sentence du juge compétent.

Admettre le contraire ce serait ouvrir les portes toutes grandes à l'arbitraire, ruiner la justice et permettre de transformer tout litige entre Etats en une question de force.

Cette consultation porte les signatures suivantes : Gneist, Dernburg, Hinschius, Brunner, Hübler, Pernice, Giercke, Eck, Kohler.

§ 292. Consulté également, M. Ch. Woeste, ancien ministre de Belgique, répond que les questions posées ne forment pas l'objet de solutions écrites dans le droit public belge. Les Etats étrangers, dit-il, sont envisagés en Belgique comme des personnes morales politiques. *Opinion de M. Woeste.*

Donc ils peuvent y acquérir des immeubles et non pas seulement des hôtels de légation. Pour les en empêcher, dans le cas où ces acquisitions deviendraient un danger, il faudrait une loi spéciale. C'est ce qu'on a fait lorsque le concessionnaire d'un chemin de fer belge a voulu céder ses droits à un étranger. Dans le cas où un particulier laisserait à un Etat étranger ses immeubles sis en Belgique, ce serait la loi et les tribunaux belges qui auraient à trancher les différends suscités par ce legs. Si l'Etat étranger déclinait cette juridiction, il se trouverait privé de tout moyen de faire valoir ses droits. Du reste, lorsqu'un immeuble est légué à une personne morale étrangère, l'autorisation de l'Etat belge est nécessaire, et il peut subordonner cette autorisation à la vente de l'immeuble dans un temps déterminé.

Opinion de M. Renault.

§ 293. M. le professeur Renault s'est exprimé en somme comme suit :

« La législation française se tait sur la possession, par un Etat étranger, d'immeubles en France, en dehors des hôtels de légation. Mais on admet en général que rien ne s'oppose à cette possession, un Etat étranger étant une personne morale dont on ne saurait révoquer l'existence en doute. Lorsqu'il s'agit d'une succession immobilière située en France, les tribunaux français sont seuls compétents. Il en est de même, lorsque l'Etat français, à défaut d'héritiers naturels, se présente comme ayant droit à une succession immobilière vacante, et qu'un Etat étranger, se basant sur le testament du défunt, réclame cette succession. Peu importe la qualité du défunt. Mais une personne morale étrangère ne saurait, pour entrer en possession d'immeubles à elle légués, se passer de l'autorisation de l'Etat français. C'est ce qu'a jugé le tribunal de Montdidier, dans un litige où il s'agissait d'un legs fait au pape (V. plus haut, L. V, § 29).

Opinion du Ministre des Affaires étrangères des Pays-Bas.

§ 294. Consulté par le ministre de Roumanie à La Haye, au sujet des Etats étrangers propriétaires d'immeubles dans les Pays-Bas, le ministre des Affaires étrangères de ce pays a répondu en substance ce qui suit :

Il n'existe pas de lois néerlandaises sur la faculté, pour un Etat étranger, de posséder des immeubles dans le pays ; elles sont muettes aussi sur les legs d'immeubles à un Etat étranger. Lorsque les héritiers *ab intestat* désirent s'opposer à l'exécution d'un testament, ils peuvent s'adresser aux tribunaux civils. Ceux-ci seraient compétents aussi, si les Pays-Bas se présentaient seuls pour revendiquer une succession immobilière vacante. Une personne morale étrangère peut hériter d'immeubles dans les Pays-

Bas, mais il lui faut dans ce but l'autorisation royale, et cela en vertu de l'article 947 du Code civil.

§ 295. Dans une longue et savante consultation sur cette même affaire, M. Pasquale Fiore émet l'opinion suivante.

Selon lui, la Grèce ne pouvait reconnaître la compétence des tribunaux ordinaires. Cependant elle était bien fondée à demander un arbitrage à propos de la conduite tenue par le Gouvernement roumain et la procédure qu'il avait suivie en déclarant vacante la succession d'Evangheli Zappa alors qu'elle était depuis 27 ans en possession des héritiers testamentaires.

De son côté le Gouvernement roumain en refusant sans aucune discussion la proposition d'arbitrage n'a pas tenu suffisamment compte des principes qui prévalent de plus en plus en droit international et qui tendent à soumettre à l'arbitrage les différends d'ordre juridique qui peuvent surgir entre Etats.

Examinant ensuite le caractère de la disposition testamentaire, l'auteur considère le legs universel fait par Evangheli Zappa comme fait à l'Etat hellénique avec l'obligation de le destiner comme un fonds à la disposition de la branche de l'administration publique instituée pour favoriser et encourager l'industrie nationale par les concours des Olympies.

Les droits acquis avant la promulgation d'une loi, c'est-à-dire les effets juridiques et civils d'une décision judiciaire antérieure ou des actes de procédure faits sous l'empire de l'ancienne loi doivent être respectés et les magistrats doivent veiller à en maintenir les effets.

L'Etat considéré en lui-même assume de plein droit, dès qu'il est constitué, la qualité de personne et acquiert *jure proprio* 1° la capacité d'exercer tous les droits publics ; 2° la capacité d'exercer tous les droits privés qui lui sont indispensables pour subsister en tant qu'Etat : en effet pour lui attribuer la capacité juridique, il n'est besoin d'aucun acte du pouvoir public suprême, car c'est la conséquence naturelle et nécessaire du droit et de la volonté du peuple qui a constitué l'Etat.

Tout Etat, sauf les limitations sanctionnées par la constitution politique ou par la loi d'un pays étranger, peut acquérir des immeubles dans ce dernier pays à la condition de rester toujours soumis à l'application des règles du droit commun territorial qui concernent la propriété immobilière acquise avec son caractère purement privé. Le droit appartenant à la Grèce de succéder à Evangheli Zappa doit être régi par la loi en vigueur le 20 juin 1865, jour de la mort du testateur. L'Etat hellénique ayant à cette date la capacité d'acquérir les immeubles de ladite succession, cette capacité n'a pu être amoindrie par l'effet des dispositions sanctionnées par le nouveau code qui n'entra en vigueur qu'en décembre 1865 puisque le législateur roumain lui-même a proclamé le respect des droits acquis sous les lois antérieures.

La capacité de la Grèce à succéder est donc incontestable, en fait comme en droit.

Toutefois, remarque l'auteur, l'Etat roumain peut imposer à la Grèce par une loi spéciale d'aliéner les immeubles tombés en héritage dans le but de prévenir les inconvénients économiques possibles.

Quant à la validité du testament, elle est incontestable : en effet, le tribunal consulaire hellénique, exerçant légalement sa propre juridiction, a proclamé valide le testament, et mis l'exécuteur testamentaire en possession de toute la fortune du défunt. De plus, le tribunal civil d'Ilfov, quoique incompétent, jugeant sur l'instance de la sœur du défunt qui demandait l'annulation du testament et des opérations du tribunal consulaire, rejeta l'instance et, par son arrêt qui a acquis l'autorité de la chose jugée, décida que le testament était valide et que les instances produites contre l'exécuteur testamentaire devaient être déboutées.

La propriété des immeubles acquise de plein droit par la Grèce à dater du jour de la mort d'Evangheli Zappa, n'a pu être modifiée par le seul fait que Constantin Zappa a possédé ces immeubles : en effet il n'a eu sur eux qu'un droit d'usufruit et n'a pu prétendre en exercer un autre.

Quant à la prétention de réputer vacante la succession Zappa, elle n'est pas acceptable et manque de fondement juridique : en effet, si on ne peut contester aux héritiers légitimes d'Evangheli Zappa de réclamer sa succession et d'attaquer le testament, cela ne peut en aucune façon justifier l'intervention de la Roumanie dans le débat, et celle-ci, tout à fait étrangère au procès, doit être mise hors de cause.

Enfin M. Fiore termine en constatant que l'arrêt du tribunal de Bucharest qui a imposé au Gouvernement hellénique de prêter la *cautio judicatum solvi* n'est pas conforme aux règles du droit judiciaire ni en harmonie avec les principes du droit des gens.

Opinion de M. A. Desjardins.

§ 296. En décembre 1893, M. A. Desjardins publia dans le *Journal du droit international privé* une étude sur le Conflit gréco-roumain, dont voici le résumé.

L'auteur examine d'abord la question de compétence, en matière successorale, des tribunaux consulaires helléniques en Roumanie avant le traité de Berlin du 13 juillet 1878 qui a proclamé l'indépendance de la Roumanie et applique ces principes à la succession d'Evangheli Zappa.

Rapprochant ensuite les situations absolument identiques de la Serbie et de la Roumanie vis-à-vis de la Porte au jour de la signature du traité, M. Desjardins estime que pas plus en Roumanie qu'en Serbie, le régime des capitulations n'avait été aboli par le traité de Berlin, et que par conséquent le Gouvernement hellénique était dès lors en droit de prétendre que les droits acquis à la Grèce restaient en vigueur, n'ayant pas été modifiés d'un commun accord.

L'auteur fait ensuite une distinction très nette entre les deux successions : selon lui « il n'y a pas une seule succession, mais » deux successions distinctes », et, dit-il, « j'irai plus loin : il n'y a » pas à proprement parler une seule affaire Zappa, mais deux affai- » res Zappa ».

Le 5 mai 1892, les deux testaments sont attaqués : 1° par les héritiers des défunts ; 2° par le ministre des Domaines roumain. La thèse change, la contestation étant maintenant entre l'Etat hellénique et le domaine public roumain, le tribunal hellénique cesse d'être compétent même sous le régime des capitulations. L'intervention du domaine peut-elle modifier après 27 ans l'attribution de compétence reconnue et réglée par l'Etat roumain lui-même ? S'il veut intervenir, il le peut, mais il lui est impossible d'investir une juridiction nouvelle pour statuer sur sa propre intervention.

Ce revirement était-il déterminé légalement. L'auteur ne le pense pas. Le règlement de 1832 interdisait aux étrangers le droit d'acquérir des immeubles mais affranchissait de cette prohibition les « commerçants domiciliés en Roumanie et qui étaient membres » d'une corporation commerciale et industrielle ». Or Evangheli s'était établi en Roumanie et s'y était lancé dans de grandes opérations commerciales et avait acquis des terres considérables sans opposition du gouvernement.

Le règlement du 10 août 1864 modifiant celui de 1832 ne pouvait avoir un effet rétroactif vis-à-vis de Constantin Zappa *légataire et non acheteur* des biens de son cousin : le Gouvernement roumain le reconnut d'ailleurs sans difficulté.

La loi du 13 octobre 1874 n'a pas modifié cet état de choses et les droits déjà acquis sont respectés.

Il s'agissait cependant d'une personne morale étrangère, d'où nouveau terrain de discussion. M. Desjardins reproduit les opinions des divers cabinets européens et de la Faculté de droit de Berlin.

Se basant alors sur ces opinions et sur celles des jurisconsultes les plus éclairés, l'auteur conclut que le ministère des Domaines ne pouvait invoquer le droit des gens, ni la législation civile roumaine pour déclarer vacante la succession d'Evangheli Zappa en raison du legs fait à l'Etat hellénique et pour s'en emparer.

Deux remarques sur ce point : 1° l'autorisation tacite a été donnée par le Gouvernement roumain qui pendant 27 ans ne s'est pas opposé à l'exécution du testament d'Evangheli ; 2° on ne s'explique pas l'intervention du fisc roumain dans l'affaire.

Quant à la seconde affaire, c'est-à-dire la succession de Constantin Zappa, celle-ci ne peut être régie par les capitulations grecques, puisque les deux Etats ont volontairement accepté le régime de la Convention du 5 août 1880 entre la Roumanie et l'Italie.

Or l'article 22 confère aux Consuls de la nation du défunt des droits exceptionnellement étendus en matière successorale.

A quel propos enlever aux représentants de l'Etat hellénique l'administration et la liquidation de cette succession ?

Parce que Constantin Zappa laisse des immeubles ? Mais précisément les parties se sont placées sous le régime d'une convention qui ne fait aucune distinction entre les successions mobilières et immobilières. La seule intervention de l'Etat roumain déplacerait-elle la compétence, pourrait-on se demander ? Mais alors que deviendra la convention et ne pourra-t-on pas toujours l'éluder ?

L'Etat roumain fait un procès, cela suffit-il pour que, le tribunal hellénique étant dessaisi, les tribunaux roumains recouvrent toute compétence ? M. Desjardins ne le pense pas et s'appuie sur la jurisprudence française et cite un arrêt de la Cour de cassation en date du 22 janvier 1849 aux termes duquel « l'indépendance réciproque
» des Etats est un des principes les plus universellement reconnus
» du droit des gens : de ce principe il résulte qu'un gouvernement
» ne peut être soumis, pour les engagements qu'il contracte, à la
» juridiction d'un Etat étranger quand il ne l'a pas acceptée ; le
» droit de juridiction qui appartient à chaque gouvernement pour
» juger les différends nés à l'occasion des actes émanés de lui est
» un droit inhérent à son autorité souveraine qu'un autre gouver-
» nement ne saurait s'attribuer, sans s'exposer à altérer leurs rap-
» ports respectifs ».

Le Gouvernement hellénique donna une preuve de sagesse, de modération et de respect pour l'indépendance des Etats, lorsque, pouvant invoquer un droit strict issu des anciens traités et de la conduite de l'Etat roumain, il proposa de réduire amiablement par voie diplomatique le différend provoqué par cet Etat ou de se soumettre à une décision arbitrale.

Le conflit est essentiellement de ceux qu'on soumet, dans la pratique actuelle des nations, à l'arbitrage et, en terminant, l'auteur rappelle les grandes questions internationales qui ont été récemment résolues de cette façon.

§ 297. Quelques mois après l'article de M. A. Desjardins, M. G. Flaischlen, premier président du Tribunal de Galatz, publia dans le *Journal du droit international privé* (1) une réponse à ce dernier dont voici la substance.

Opinion de M. G. Flaischlen.

Par une discussion historique, l'auteur essaie de prouver que la Roumanie n'a jamais été de droit un pays capitulaire ; jamais les étrangers n'ont pu y prétendre légalement à l'exterritorialité. Si le régime capitulaire s'y était installé de fait, contre le texte des traités, un tel abus ne saurait valoir comme titre.

La thèse de M. Desjardins, que la Roumanie a été de droit pays capitulaire et le serait encore vis-à-vis des Etats avec lesquels elle n'aurait pas conclu de convention, n'est pas fondée et on ne saurait en tirer argument pour attribuer à la légation de Grèce à Bucharest le droit de statuer sur les procès auxquels a donné lieu la succession Zappa, surtout alors qu'il s'agit d'immeubles dont le règlement appartient en tous cas aux juridictions locales.

La Convention entre la Roumanie et l'Italie, que la Grèce et la Roumanie ont plus tard adoptée, ne contient nulle part une renonciation au statut réel des biens fonciers.

Il faudrait une déclaration catégorique pour y déroger. Or la convention n'en contient aucune. Donc sur quoi repose la déduction de M. Desjardins que la convention a attribué aux consuls la compétence nécessaire en fait de succession en général et même de succession immobilière ?

Donc non seulement selon les principes généraux de procédure civile internationale, mais d'après le texte formel de la convention, qui de l'aveu de M. Desjardins formait la base du règlement de la succession Zappa, c'était le tribunal roumain qui devait résoudre ces contestations.

(1) 1894, p. 282.

Admettant même que la convention n'indique point où ces contestations doivent être élevées, personne s'est-il jamais avisé de
prétendre que les ministres ou consuls étrangers sont compétents
pour statuer sur des procès qui intéressent des immeubles?

Le Gouvernement roumain étant de bonne foi ne pouvait accepter l'arbitrage tant que le procès durait devant les tribunaux.

Alors seulement, si ceux-ci déclarent valables les deux testaments, le moment sera venu de prendre en considération l'idée
d'un arbitrage international.

Opinion de
M. G Streit.

§ 298. Citons enfin pour finir une longue étude de M. G. Streit
sur l'affaire Zappa.

S'appuyant sur toutes les opinions exprimées sur la question,
l'auteur arrive à cette conclusion :

« On a reproché au Gouvernement hellénique d'avoir rompu les
» relations diplomatiques avec le Gouvernement de S. M. le roi
» Charles. La Grèce a toujours été animée des sentiments les plus
» sincères envers les autres nations, surtout avec les États balca-
» niques, avec lesquels elle se sent unie par les liens d'uniformité
» de l'histoire dans ces derniers siècles, aussi n'est-ce pas sans
» un vif regret qu'elle a accueilli ce froissement dans ses relations
» avec une puissance amie. Mais après les efforts qu'elle a faits en
» l'espèce pour arriver à une entente amiable, pénétrée de la jus-
» tesse des droits qu'elle croyait fondés, conformément à l'a-
» vis des jurisconsultes les plus éminents de notre temps, prête
» même à ne pas insister sur ces droits dans toute leur rigueur et
» d'en abandonner une partie en faveur de la paix et de la tran-
» quillité, elle regrettait bien de ne pas trouver dans l'attitude du
» Gouvernement roumain le même esprit de conciliation ».

Opinion de
l'auteur.

§ 299. De cette longue et savante controverse, à laquelle ont
pris part les sommités de la science, il résulte, que rien ne s'oppose, en principe, à ce qu'un État soit propriétaire sur un territoire étranger d'immeubles autres que ceux des hôtels de légation,
à la condition, toutefois, qu'il obtienne l'autorisation de l'État sur
le territoire duquel sont situés ces immeubles. Nous ne saurions
donc que nous ranger à l'opinion du Gouvernement hellénique,
tout en reconnaissant que les nouvelles dispositions des lois roumaines constituent, dans l'espèce, un certain obstacle à l'envoi en
possession.

Il en ressort aussi un fait important, c'est que la totalité des jurisconsultes consultés sur l'affaire Zappa par le Gouvernement
hellénique, ainsi que ceux à qui la Roumanie a soumis la ques-

tion, y compris les juristes cités par la Faculté de droit de Berlin, se sont prononcés unanimement, comme nous l'avons indiqué, pour l'adoption de l'arbitrage international, comme la seule solution équitable (1).

§ 300. A propos du Congo, la jurisprudence belge a sanctionné son incompétence à juger des procès intentés contre cet Etat ou son souverain (*Droit international*, III, § 1468 et s.). *Belgique et Congo, pays distincts, malgré l'union personnelle.*

Un ressortissant belge ayant attaqué en Belgique l'Etat du Congo, se basant sur ce que certaines juridictions de ce pays siègent à Bruxelles et que par conséquent cet Etat ne serait point étranger à l'égard de la Belgique, le tribunal civil de Bruxelles s'est déclaré incompétent pour les motifs suivants :

Un Etat, poursuivi devant une juridiction étrangère, peut opposer l'incompétence de cette juridiction. Il importe peu que cet Etat, avant de produire ce moyen, ait opposé l'incompétence du tribunal, à raison du caractère gouvernemental des actes qu'on lui attribue. L'Etat indépendant du Congo peut, en Belgique, opposer l'incompétence des tribunaux (2).

§ 301. En revanche, le souverain étranger a le droit d'exiger, devant les tribunaux du pays, réparation de libelles calomnieux ou diffamatoires dont il a été l'objet (*Droit international*, III, § 1474). *Offenses envers un souverain étranger.* Voici à ce sujet deux cas qui se sont présentés en France et en Suisse :

A la mort de l'empereur Guillaume Ier on mit en vente à Paris

(1) Consultations pour le Gouvernement royal hellénique sur l'affaire Zappa, par MM. Weiss et Lainé (Athènes, 1893). Mémoire sur le conflit entre la Grèce et la Roumanie concernant l'affaire Zappa par F. de Martens (Athènes, 1893). Journal *L'indépendance Belge*, 21 mars 1893. Ministerial afacerilor straine ; Documente diplomatice : Afacerea Successione Zappa (Bucharest, 1892). Le conflit gréco-roumain par M. A. Desjardins (*Journal du droit international privé*, décembre 1893). Controversia tra la Grecia et la Romania par Pasquale Fiore (Rome, 1894). L'affaire Zappa et le conflit gréco-roumain (*Revue de droit international et de législation comparée*, t. XXVI, 1894, n° 2). Réflexions sur l'acquisition d'un immeuble par un Etat étranger par M. Georges Flaischlen (*Revue de droit international et de législation comparée*, t. XXVI, 1894, n° 1). L'affaire Zappa, conflit gréco-roumain par M. Georges Streit (Paris, 1894). Des droits en Roumanie d'un État étranger appelé par testament à recueillir la succession d'un de ses sujets : Affaire Zappa, réponse à M. A. Desjardins par M. G. Flaischlen (*Journal du droit international privé*, 1894, n° III, IV. Article de M. Missir, *ibid.*, p. 776. *Archives diplomatiques,* Grèce et Roumanie. Différend relatif à la succession Zappa, 1893, n°ˢ 10-11, p. 127.

(2) *Journal du droit international privé*, 1891, p. 1012.

deux placards injurieux, notamment une « lettre de faire-part de Frédéric-Guillaume de Prusse ». Bien que ces placards eussent été saisis, le comte de Munster, ambassadeur d'Allemagne, porta plainte auprès du Gouvernement français.

Opinion de M. Clunet.

§ 302. La question qui se pose est celle-ci : Le souverain offensé étant décédé, son successeur, Frédéric III, avait-il droit de plainte. Suivant M. Clunet (1) la question est fort douteuse, l'article 34 de la loi du 29 juillet 1881 ne donnant action contre les auteurs d'injures envers la mémoire des morts qu'à la condition que ces auteurs aient eu l'intention de porter atteinte à l'honneur ou à la considération des vivants. Or cette condition ne se présente pas dans les libelles en question. Dans ces circonstances le ministère ne trouva remède à la situation que dans la loi spéciale du 2 août 1882 ayant trait à la répression des outrages aux bonnes mœurs, et il ordonna des poursuites contre les auteurs des libelles incriminés.

Pamphlet contre l'Empereur d'Allemagne.

§ 303. Pendant le carnaval de Bâle en 1888, on répandit dans cette ville un pamphlet contre l'empereur d'Allemagne. Le Gouvernement allemand réclama des poursuites contre l'auteur de ce pamphlet, en vertu de l'art. 42 Cod. pén. fédéral. Cet article porte que les offenses contre un gouvernement ou un souverain étranger peuvent donner lieu à des poursuites sur la demande du lésé et sans condition de réciprocité en faveur de la Suisse. De son côté le Code allemand, §§ 103, 185, 196, renferme des dispositions qui peuvent passer pour équivalentes et le Gouvernement allemand donna en outre l'assurance que la réciprocité serait assurée à la Suisse le cas échéant. Dans ces circonstances le Conseil fédéral suisse ordonna les poursuites et le tribunal fédéral, admettant aussi l'existence de la réciprocité, condamna l'auteur du pamphlet à 800 fr. d'amende ou 160 jours de prison (2).

SECTION II. — AGENTS DIPLOMATIQUES.

Immunités des diplomates. Votes de l'Institut de droit international.

§ 304. Dans sa session de Hambourg en 1891, l'Institut de droit international a voté les conclusions d'un rapport de M. Lehr sur les immunités diplomatiques. Ces conclusions peuvent se résumer comme suit :

L'inviolabilité des agents diplomatiques signifie que le gouvernement auprès duquel ils sont accrédités, a le devoir de s'abstenir

(1) *Journal du droit international privé*, 1888, p. 75.
(2) *Journal du droit international privé*, 1888, p. 638 et s.

envers eux de tout acte de violence et de les protéger contre tout
outrage. Ce privilège s'étend à toutes les classes de ministres
publics, à leurs effets personnels, leurs papiers et leur correspondance. Il dure tant que le ministre séjourne en sa qualité officielle
dans le pays où il a été envoyé, et subsiste même en cas de guerre,
pendant le temps nécessaire au ministre pour quitter le pays.

L'inviolabilité ne peut être invoquée en cas de légitime défense
de celui qui y porte atteinte, en cas de risques courus volontairement par le ministre, en cas d'actes répréhensibles de sa part.
Hormis les circonstances urgentes, l'Etat auprès duquel le ministre est accrédité doit, en pareil cas, se borner à signaler les faits
au gouvernement du ministre et à demander son rappel.

L'exterritorialité embrasse la personne du ministre, son hôtel
et ses voitures. Elle comporte l'exemption d'impôts et de juridiction, ainsi que l'exercice par le ministre de son culte propre.

En vertu de son exterritorialité personnelle, le ministre conserve
son domicile d'origine, et demeure régi par les lois dudit domicile.
Les actes qu'il passe sont valables, pourvu qu'ils soient conformes à la *lex loci*, s'ils intéressent une personne qui ne soit pas
compatriote du ministre.

Nul agent de police, de finances ou de douanes ne peut pénétrer dans le domicile du ministre. L'hôtel est exempt du logement
militaire. L'enfant qui y naît d'une personne jouissant de l'exterritorialité, est réputé né à l'étranger. Mais l'hôtel ne saurait être un
asile pour les criminels qui s'y réfugient, et le gouvernement territorial peut y faire saisir toute personne sous le coup de poursuites criminelles, hormis les agents diplomatiques. Les actes conclus dans l'hôtel, fût-ce par deux étrangers, en dehors des cas où
le ministre y est légalement intervenu, sont valables s'ils sont
conformes à la loi territoriale. Les mêmes règles s'appliquent aux
voitures du ministre.

Les ministres sont exempts des impôts personnels directs, des
taxes somptuaires, des impôts sur le capital ou le revenu, des décimes de guerre, des droits de douane. En revanche, ils ont à payer
les impôts indirects de consommation, les taxes postales et télégraphiques, le parcours sur les chemins de fer, même ceux de l'E-
tat, les droits de mutation, ceux de timbre et d'enregistrement,
hormis le cas où ils ont agi pour les besoins de leur mission, l'impôt foncier, les impositions dérivant de l'exercice de certaines professions étrangères aux fonctions diplomatiques, les taxes munici-

pales pour le pavage, l'éclairage et le balayage des rues, les droits de timbre sur les quittances.

Les ministres sont exempts de toute juridiction, civile ou criminelle, de l'Etat auprès duquel ils sont accrédités. Ils ne sont justiciables que des tribunaux de leur pays. Au civil, c'est devant ces tribunaux que le ministre doit être attaqué pour des engagements contractés, même à l'étranger, à raison de l'exercice de ses fonctions ; au criminel, il ne peut être que signalé à son gouvernement avec invitation de le rappeler et de le déférer à la juridiction nationale. Mais ceci comporte les exceptions suivantes :

En cas de contravention dangereuse pour l'ordre public, à laquelle il faut mettre immédiatement un terme, le gouvernement territorial peut adresser directement une injonction au ministre. Ce gouvernement peut aussi agir directement en cas d'attentat à la sûreté de l'État. Le ministre peut être poursuivi devant les juridictions territoriales, s'il a contracté des engagements en raison d'une profession qu'il exerce dans le pays. Ses effets mobiliers et ses valeurs mobilières ne peuvent être saisis même au moment où il s'apprête à quitter le pays ; en revanche on peut saisir les immeubles personnels du ministre et les meubles qui les garnissent, hormis celui de ces immeubles qui servirait en même temps d'hôtel à la mission. Le ministre ne peut décliner la juridiction territoriale pour les suites d'un litige qu'il a lui-même provoqué ou accepté.

Le ministre peut avoir dans son hôtel une chapelle de son culte, mais à la condition de s'abstenir de toute manifestation extérieure dans les pays où l'exercice public de ce culte est interdit, et de n'y admettre que son personnel ou ses nationaux.

L'exercice des fonctions diplomatiques dispense des tutelles. Il ne suspend ni n'interrompt la prescription. Il autorise les ministres à refuser de comparaitre comme témoins devant les tribunaux du pays, mais non à refuser leur témoignage, lorsqu'ils ont été mis en demeure de le donner dans leur hôtel, à un magistrat du pays délégué à cet effet.

L'inviolabilité et l'exterritorialité ne doivent être accordées en principe qu'à celui des membres de la mission que le ministre désigne pour son représentant éventuel. Le reste du personnel jouit de l'inviolabilité seulement. Les femmes du ministre et de son remplaçant ont droit à l'exemption de juridiction. La seule immunité dont jouisse tout le personnel, en tant qu'il appartient au pays que représente la mission, c'est l'exemption d'impôts.

§ 305. Le professeur de Holtzendorff a consacré à l'incident Schnæbelé (V. plus haut, et *Droit international*, II, § 935, III, § 1500) dans la *Revue de droit international* (1) un article dont nous détachons le passage suivant :

Exterritorialité des fonctionnaires civils.

« Le Chancelier, par son explication de l'élargissement de Schnæbelé, a consacré un principe, celui du sauf-conduit déjà établi au moyen-âge, qui jusqu'à présent n'avait pas été formellement admis par les systèmes de droit international ; ce principe mérite d'être enregistré à l'avenir et les tribunaux devraient le reconnaître quand des incidents analogues reparaîtront.

Une difficulté, toujours la même, se présente néanmoins : les tribunaux doivent-ils considérer les règles du droit international comme obligatoires par elles-mêmes et doivent-ils les appliquer alors même qu'elles ne sont pas formellement inscrites dans la loi ? Il s'agit de savoir si le juge allemand est tenu de se conformer aux préceptes de droit international consacrés par l'usage, et qu'il a jusqu'à présent tant négligés, ou si le droit international en Allemagne n'aura de force légale que lorsque les règles en seront constatées sous forme d'ordres du chancelier ou de rescrits applicables à des cas isolés ».

§ 306. Voici maintenant un résumé des sentences récentes des tribunaux au sujet des immunités diplomatiques.

Affaire Juan J. Diaz.

Le 29 mars 1892 la Cour d'appel d'Amiens a consacré les principes suivants : L'exception tirée de l'immunité diplomatique ne peut être opposée par celui qui a cessé de remplir des fonctions diplomatiques en France. Il en est de même, lorsqu'il s'agit d'un différend portant sur des intérêts absolument privés et étrangers aux fonctions diplomatiques. Il s'agissait d'une action intentée au colonel Juan J. Diaz, ancien ministre de l'Uruguay en France et actuellement en Espagne, par un citoyen français nommé Léon. Assignation avait été lancée devant le tribunal d'Abbeville, domicile du demandeur, le défendeur n'ayant pas de domicile en France. La Cour a reconnu la compétence de ce tribunal ainsi que le bien-fondé de l'action elle-même, vu que Diaz n'a ni fonctions diplomatiques ni domicile en France (2).

§ 307. Sur les conclusions de M. l'avocat général Desjardins, la Cour de cassation de Paris a cassé, le 19 janvier 1891, dans l'intérêt de la loi, le jugement rendu par le tribunal de la Seine, le

Opinion de la Cour de cassation.

(1) XX, p. 247 et s.
(2) *Journal du droit international privé*, 1892, p. 1137.

27 juillet 1889, contre le comte Errembault de Dudzeele, conseiller de la légation de Belgique à Paris. La Cour s'est appuyée en ceci sur des considérants qui peuvent se résumer comme suit :

Les agents diplomatiques étrangers ne sont pas soumis à la juridiction des tribunaux français. Cette immunité doit s'étendre à toute personne faisant effectivement partie de la légation. L'incompétence des tribunaux français en cette matière ne peut fléchir que devant l'acceptation de la juridiction de ces tribunaux par lesdites personnes. Or le comte Errembault de Dudzeele n'a point accepté cette juridiction. D'où il résulte que le tribunal de la Seine était incompétent à le condamner à payer 377 fr. 05 aux époux Fauteau.

§ 308. Statuant dans l'affaire Parkinson contre Potter, la Haute Cour anglaise, Division du Banc de la Reine, a décidé qu'en Angleterre un attaché d'ambassade ou de légation a droit à toutes les immunités accordées à l'ambassadeur ou au chef de la légation et à sa suite, y compris l'exemption de poursuites devant les tribunaux.

Immunités diplomatiques. Affaire Parkinson contre Potter.

Il s'agissait, dans l'espèce, de la réclamation par Parkinson au sieur Potter d'impositions paroissiales afférant à une maison louée audit Potter, mais dont le bail avait été cédé à M. Pinto Basto, consul général, puis attaché de la légation portugaise à Londres. Ledit P. Basto avait réclamé son exemption à la suite de la nomination d'attaché (*Droit international*, III, § 1509).

Affaire Tcheng-Ki-Tong.

§ 309. Foucault réclamait au général chinois Tcheng-ki-Tong 130.000 francs pour divers ouvrages préparés par lui et publiés sous le nom du général, puis pour un versement fait à ce diplomate chinois par le Comptoir d'escompte et dont le montant devait être remis à M. Foucault. Statuant sur ce cas, le tribunal civil de la Seine a jugé comme suit :

Les agents diplomatiques étrangers ne sont pas justiciables des tribunaux français pendant la durée de leur mission, et il ne peut leur être délivré aucun exploit aux fins de les y traduire.

Sans doute ils ne peuvent plus invoquer ces immunités du moment où ils ont cessé d'être revêtus du caractère diplomatique ; mais ils peuvent encore, même alors, se prévaloir de ce que l'assignation à eux remise pendant la durée de leurs fonctions, ne les a pas atteints légalement.

En conséquence le tribunal déclare nulle l'assignation du 17 mars 1891, celle-ci ayant été délivrée alors que le général était encore agent diplomatique (*Droit international*. III, § 1508).

§ 310. A propos d'un procès de filiation naturelle et de la suc- cession de C. Saguier, ministre résident du Paraguay auprès de la République argentine, le tribunal fédéral de Buenos-Ayres a consacré les principes suivants :

Le domicile des agents diplomatiques est dans le pays qu'ils représentent. Ils continuent donc d'être soumis aux lois de leur patrie, mais ils peuvent être passibles de la juridiction locale, lorsqu'ils renoncent à leurs privilèges, avec l'autorisation de leur gouvernement. Les immunités des agents diplomatiques ne se limitent pas aux cas qui, par nature, porteraient atteinte à la liberté dont ils doivent jouir et qui troubleraient le paisible exercice de leurs fonctions (1).

§ 311. Le 9 février 1895 le cocher du consul d'Allemagne au Caire attendait son maître, quand un officier de police anglais l'invita à circuler, la rue étant trop étroite pour que les voitures stationnent en cet endroit (2).

Le cocher, qui était accompagné du Cawas du consulat en uniforme, refusa d'obéir. L'officier de police le fit alors saisir par ses agents et ensuite battre.

Le consul d'Allemagne demanda la révocation de l'officier de police, mais celui-ci ayant fait des excuses, l'affaire en resta là.

§ 312. Les courriers diplomatiques justifiant de leur identité jouissent de certains privilèges : quant à leur personne et à leurs dépêches, ils jouissent du privilège d'inviolabilité et sont exempts de toute visite de douane aux frontières (*Droit international*, III, § 1537).

En décembre 1893, ce principe a été méconnu par le vérificateur des douanes espagnoles d'Irun qui fit saisir les sacs et les dépêches du courrier de l'ambassade de France à Madrid et sur ses protestations, le fit emprisonner. Le Gouvernement français a immédiatement adressé des instructions énergiques à l'ambassadeur de France à Madrid, lui enjoignant :

1° De renouveler de la façon la plus énergique la protestation déjà adressée à M. Moret, ministre d'Etat, au sujet de la violation de l'immunité diplomatique commise par la douane d'Irun ;

2° D'exiger du gouvernement espagnol la promesse formelle que, désormais la valise et les sacs de dépêches portés par le courrier de cabinet ne seront plus soumis au contrôle de la douane ;

(1) *Revue générale de droit international public*, 1895, n° 3, p. 352.
(2) *Revista general de administration*, 1888, p. 58.

3º La destitution, ou tout au moins le remplacement de l'administrateur des douanes d'Irun.

Le Gouvernement espagnol s'empressa d'ailleurs d'accueillir ces réclamations et de donner pleine satisfaction à la France.

§ 313. La situation du personnel non officiel des missions diplomatiques (*Droit international*, III, §§ 1541, 1542) a fait l'objet de plusieurs controverses. En voici un résumé ;

L'exemption de la juridiction criminelle qui est garantie aux ambassadeurs et aux ministres, est, dans une certaine mesure, accordée aussi aux personnes de leur suite et même à leurs domestiques, à condition toutefois que le chef de mission réclame pour eux ce privilège d'exterritorialité.

Les gens de la maison d'un ambassadeur et d'un ministre peuvent bien, surpris en flagrant délit, être arrêtés par la police locale, mais celle-ci doit en avertir sur le champ le représentant étranger, et s'assurer qu'il consent à ce que la justice suive son cours régulier (1).

§ 314. Un palefrenier de la légation de Russie à Bucharest, fut arrêté, le 31 décembre 1887, à l'occasion d'un assassinat. Détenu pendant quelques heures, il fut remis en liberté aussitôt que fut reconnue sa qualité de domestique de la légation impériale. Cette arrestation n'en provoqua pas moins, de la part de M. Hitrowo, ministre de Russie, de vives réclamations au ministère des Affaires étrangères de Roumanie. Cependant M. Hitrowo ayant reçu de son gouvernement des instructions conciliantes, cet incident fut promptement clos (2).

§ 315. Différentes considérations ont déterminé le tribunal des Échevins de Berlin à ne pas accorder le même privilège d'exemption de la juridiction criminelle locale à un cocher qui, le 24 juin 1888, conduisant M. Herbette, ambassadeur de France, accompagné d'un attaché, s'était rendu coupable de résistance à la force publique.

L'ordonnance de police du jour avait prescrit que, à partir de midi, toutes les voitures se rendant au château devraient marcher au pas dès le pont qui y conduit, et que l'entrée par le portail nº 3 leur en serait interdite.

Au lieu de se conformer à cette ordonnance, ledit cocher, du nom de Frédéric Gobat, fit trotter ses chevaux sur la place du château,

---

(1) Cassation, 11 juin 1852 (Sirey, 1852, I, p. 467). Pradier-Fodéré, *Droit diplomatique* (1881), t. 2, p. 189.

(2) *Journal du droit international privé*, 1888, p. 240.

malgré les injonctions réitérées des agents de police, en les dirigeant vers le portail n° 3. « Avant qu'il ne franchit ce portail », dit le jugement, « le lieutenant de police Lezins et le sous-officier Melchior lui crièrent « halte ». Malgré cette injonction, l'accusé s'avança vers le portail, de sorte que les chevaux se trouvaient déjà sur le trottoir lorsque Melchior se précipita vers l'un d'eux et imprima aux rênes une vive saccade. Par suite un des chevaux s'abattit sur les genoux. L'accusé tira alors sur les rênes avec toute la violence possible, il fouetta ses chevaux et cria à Melchior : « Lâchez-les ou... ».

« Melchior ne put pas en entendre davantage car, à ce moment, il reçut au visage un vigoureux coup de fouet de l'accusé, et ce dernier se dressant sur son siège, continua à fouailler ses chevaux ».

Cependant le lieutenant Lezins s'approcha alors de la portière de la voiture et, après avoir constaté que l'ambassadeur de France s'y trouvait, il autorisa l'entrée de la cour du château.

Cité devant le tribunal royal des échevins de Berlin, le 18 décembre 1888, Frédéric Rogat a été condamné à 60 marks d'amende ou à 12 jours de prison, et aux frais. *Sentence du tribunal des échevins.*

La Cour a écarté l'opposition d'incompétence fondée par le défenseur sur ce que l'accusé était au service de l'ambassadeur et que le délit avait été commis sur la voiture de ce dernier et par conséquent sur territoire français. Elle a invoqué les motifs suivants : l'accusé n'était pas aux gages de M. Herbette, mais à ceux du sieur Tœuber, loueur de voitures, *et de plus en sa qualité de sujet allemand, il ne pouvait être soustrait aux tribunaux du pays en vertu du paragraphe 19 de la loi sur l'organisation judiciaire.* Enfin la fiction par laquelle le délit aurait été commis sur territoire français devait être écartée par le fait qu'il ne s'agissait pas d'une voiture de l'ambassade, mais d'une voiture appartenant au sieur Tœuber.

Assurément ce jugement était motivé en droit strict, et le cocher Gobat ne pouvait réclamer à son bénéfice le privilège attaché au personnel proprement dit de la suite de l'ambassadeur (1).

Cependant on peut dire, d'une façon générale, que le maintien des bonnes relations entre les gouvernements est intéressé à ce que cette immunité des gens de la maison des agents diplomatiques soit respectée autant que le permettent l'ordre public et *Opinion de M. Clunet.*

(1) *Droit international*, III, § 1542.

les lois locales. Comme le fait fort bien observer M. Clunet, c'est une question de tact de la part du ministre étranger, et de courtoisie de la part du gouvernement auprès duquel il est accrédité. Aussi est-il à supposer que dans un cas analogue, les agents diplomatiques ne se croiraient pas tenus, en principe, à accepter que leur cocher, fût-il aux gages directs d'un loueur, ne fût pas couvert par l'immunité, alors surtout qu'il porte la livrée et la cocarde d'un diplomate (1).

§ 316. A cet égard, le même auteur rappelle, et cite comme exemple de bons procédés mutuels, le cas qui se produisit à Rome en 1752.

Une rixe s'était élevée entre le cocher de M. d'Andrada, ministre du Portugal, et les soldats qui montaient la garde à la porte de l'Opéra. Le cocher fut maltraité et conduit au corps de garde, mais l'officier le fit aussitôt relâcher et vint s'excuser auprès du ministre de ce qui était arrivé. Néanmoins le Pape, pour donner à Sa Majesté Très Fidèle une marque d'affection, fit aussitôt arrêter l'officier et les soldats et en informa M. d'Andrada qui intercéda en leur faveur. Ils en furent quittes pour aller demander pardon au ministre offensé.

§ 317. Lors de la création des tribunaux mixtes en Égypte, il a été entendu que les immunités dont ont joui jusqu'alors, dans ce pays, les consuls étrangers et les fonctionnaires attachés à leur service, seraient maintenues, et qu'en conséquence, lesdites personnes ne seraient pas justiciables des nouveaux tribunaux et que la nouvelle législation ne serait applicable ni à leur personne, ni à leur résidence.

La Cour d'appel d'Alexandrie a décidé à ce sujet, que le drogman en activité de service, et reconnu par la Porte, jouit de l'immunité de juridiction, alors même qu'il ne touche aucun traitement. En revanche cette exemption est refusée aux drogmans honoraires.

§ 318. Les mesures exceptionnelles prises par le Gouvernement allemand en 1888 relativement aux passeports sur la frontière d'Alsace-Lorraine ont donné à cette formalité toute administrative

---

(1) Voir Heffter-Geffcken, Édition française de 1883, — *De la famille et de la suite du ministre public*, § 221, p. 512 ; M. Charles Vergé, note au *Précis du droit international des gens* de G. F. de Martens, édition de 1864, II, p. 155. *Mercure historique et politique*, 1732, t. I, p. 247. Martens, *Causes célèbres*, p. 873. *Journal du droit international privé*, 1889, p. 592. Pradier-Fodéré, *Cours de droit diplomatique*, p. 189-196.

un caractère politique qui intéresse le droit international (*Droit international*, III, § 1549).

Un arrêté du ministère d'Alsace-Lorraine, daté de Strasbourg le 22 mai 1888, dispose que : « A partir du jeudi 31 mai, tous les étrangers arrivant par la frontière française, qu'ils ne soient que de passage ou qu'ils veuillent séjourner dans le pays, devront être porteurs d'un passeport portant le visa de l'ambassade d'Allemagne à Paris. Le visa ne devra pas remonter à plus d'un an ». Les étrangers qui ne seront pas porteurs d'un passeport régulier ne pourront pas continuer leur voyage, et, si besoin en est, ils seront reconduits à la frontière.

Cet arrêté fut complété par une ordonnance du lendemain, 23 mai : l'article II établit que « toute personne de nationalité française est tenue, dans chaque localité du pays où elle fait un séjour de plus de vingt-quatre heures, de faire avertir de sa présence l'autorité municipale : dans les villes de Strasbourg, Metz, Mulhouse, la direction de la police, en joignant à cette déclaration le passeport. Sur la demande de l'autorité, cette déclaration devra être faite personnellement (1) ».

Le passeport visé par l'ambassade d'Allemagne est en général équivalent pour les nationaux français à un permis de séjour de huit semaines, mais « les personnes appartenant à l'armée ou à la marine française, les officiers de la réserve et de l'armée territoriale, et les anciens officiers français, ainsi que les élèves d'écoles françaises militairement organisées, devront, pour pouvoir faire un séjour en Alsace-Lorraine, être munis d'un passeport visé par l'ambassade d'Allemagne à Paris et, en outre, d'une permission spéciale. Cette permission ne peut leur être accordée qu'exceptionnellement par le directeur d'arrondissement ou le directeur de police, sur la production d'une pièce constatant l'urgence du cas, et pour une durée aussi courte que possible ».

§ 319. M. Clunet, qui le premier a étudié cette question au point de vue du droit international, reconnaît que « le droit de l'État, dans toute l'étendue du territoire où il exerce sa souveraineté, est absolu. En conséquence, il en permet ou en interdit l'accès suivant sa propre utilité ; en tout cas, il établit un règlement conformément à son intérêt et à ses vues particulières ».

Mais, ajoute M. Clunet, « dans les rapports particuliers de l'Alle-

Opinion de M. Clunet.

(1) *Journal de l'Alsace-Lorraine*, 28 mai 1888 ; *Dictionnaire de droit international public et privé*.

magne et de la France, la matière du traitement, de l'admission
des sujets des deux nations n'est pas libre. Ni l'un ni l'autre pays
ne peut la réglementer au gré de sa bonne humeur ou de ses dispositions du moment... Les deux nations se sont liées sur ce point
par une convention synallagmatique, le traité de paix signé à
Francfort le 10 mai 1871 ».

L'article 71 de ce traité est ainsi conçu : « Les traités de commerce avec les différents Etats de l'Allemagne ayant été annulés
par la guerre, le Gouvernement français et le Gouvernement allemand prendront pour base de leurs relations commerciales *le régime du traitement réciproque sur le pied de la nation la plus favorisée.* Sont compris dans cette règle les droits d'entrée et de
sortie, le transit, les formalités douanières, l'*admission et le traitement des sujets des deux nations,* ainsi que de leurs agents.

« Il s'ensuit, continue M. Clunet, que nulle formalité particulière,
nulle aggravation, nulle entrave, nulle gêne ne peut leur être imposée, à moins qu'elle ne le soit, en même temps et indistinctement à tous les étrangers ».

Les rescrits des 22 et 23 mai 1888 imposent au Français, dans
cette partie de l'Empire, un traitement pire qu'aux autres pays et
aux autres étrangers. Donc « le paragraphe 2 de l'article 71 du pacte
de Francfort est tacitement abrogé », et c'est là pour l'avenir un
dangereux et funeste précédent (1).

Opinion de
Holtzendorff.   § 320. A cela, M. le baron de Holtzendorff oppose, dans une lettre
adressée à M. Clunet, que, à côté du droit conventionnel franco-allemand et du traité de paix, il existe le droit fondamental incontestable
de conservation de soi-même inhérent à tout Etat souverain, droit
qui n'a pas besoin d'être reconnu par les traités. En conséquence, le
Gouvernement impérial de l'Allemagne pourra se croire fondé en
droit en recourant à des mesures exceptionnelles de défense et de
sûreté... Si le fait visible d'une agitation hostile existe sur nos frontières, la validité d'une mesure préventive ne pourrait être contestée
au point de vue du droit international et de la conservation de soi-
même. Cette mesure n'est pas en accord avec les prévisions du traité
de Francfort relativement au traitement futur dû mutuellement aux
ressortissants des deux pays, mais l'état antérieur d'hostilité non
officielle et clandestine attentatoire à une partie du territoire allemand ne l'était pas non plus (2).

---

(1) Ed. Clunet, *La question des passeports en Alsace-Lorraine,* Paris, 1888.
(2) *Revue de droit international,* 1888, t. XX, p. 517.

§ 321. Rolin-Jaequemyns, qui, grâce à son esprit indépendant et à sa nationalité, est à l'abri du reproche de partialité, reconnait qu'un Etat peut légitimement s'affranchir d'une obligation conventionnelle qui *compromettrait les conditions essentielles de son existence...*

Dans ce cas, chaque Etat est juge de sa propre cause. « Mais au moins faut-il que, dans le cas où le jugement qu'il prononce a la grave portée de casser un engagement qu'il a lui-même contracté, ce jugement soit formellement rendu et motivé ». Or le Gouvernement allemand n'a ni dénoncé la disposition du traité de Francfort qui est en contradiction avec les mesures exceptionnelles en question, ni expliqué et justifié celles-ci par une déclaration motivée. Il a simplement agi comme si le traité de Francfort n'existait pas. Ce procédé parait incorrect en la forme. Il n'est pas non plus motivé dans le fond : M. Rolin estime que la souveraineté de l'Empire allemand sur l'Alsace-Lorraine ne dépend point des mesures qui ont été prises. Il les croit au contraire sans efficacité et espère que l'Empire allemand n'y persévèrera pas (1).

§ 322. La question des passeports en Alsace-Lorraine a été posée incidemment au Reichstag allemand le 17 janvier 1889 à propos du budget des chemins de fer.

M. Petri, candidat de couleur allemande, élu député d'Alsace-Lorraine, en 1887, a exposé en termes frappants l'influence funeste qu'exerce l'obligation exagérée des passeports sur l'industrie, le commerce, le mouvement des chemins de fer, etc. (Les chemins de fer Alsaciens-Lorrains ont produit, en 1888, 400.000 marks de moins que l'année précédente). A ce préjudice matériel s'ajoute un préjudice moral non moins regrettable. Sans écarter les éléments de désordre, ces mesures tracassières pèsent surtout sur les liens de famille et d'amitié et sur les rapports d'affaires, et tendent à irriter l'opinion publique contre l'Allemagne. Elles éloignent l'Alsace-Lorraine de l'Empire plus qu'elles ne l'en rapprochent; son but n'est donc pas atteint; il doit être poursuivi par d'autres moyens.

Tout en rendant hommage aux sentiments patriotiques très connus de M. Petri, le ministre d'Etat, M. de Boetticher, se borna à affirmer, en réponse, que les mesures concernant les passeports seraient atténuées ou même supprimées dès que leur application ne paraîtrait plus nécessaire.

La discussion n'a donc conduit à aucun résultat pratique, mais

(1) Rolin-Jaequemyns, *Revue de droit international*, 1888, p. 615 et s.

elle a mis en lumière l'opinion d'Alsaciens sincèrement attachés au parti de l'Empire.

§ 323. L'ordonnance relative aux passeports a été révoquée le 21 septembre 1891, par décret du ministère d'Alsace-Lorraine.

Voici le texte de l'ordonnance ministérielle :

ART. 1er.— A partir du 1er octobre 1891, ne seront plus soumises à l'obligation du passeport, édictée par ordonnance du 22 mai 1888, que les personnes faisant partie des catégories suivantes :

1) Les militaires en activité de service : les anciens officiers de l'armée active et les élèves des écoles organisées militairement, de l'étranger ;

2) Les personnes qui ont perdu la nationalité allemande avant d'avoir satisfait complètement à la loi militaire et qui n'ont pas dépassé leur 45e année d'âge.

Le visa des passeports sera donné sans frais.

ART. 2.— Tout étranger qui séjournera plus de 24 heures en Alsace-Lorraine devra faire sa déclaration à la police locale, le lendemain de son arrivée, et dans la forme prescrite par l'ordonnance de police de juin 1883, à moins que la déclaration n'ait déjà été faite par la personne chez laquelle est descendu l'étranger.

Les personnes désignées dans l'article 1er auront, en faisant leur déclaration, à exhiber leurs passeports visés.

ART. 3.— L'ordonnance du 5 février 1891 sur les cartes d'étrangers et les dispositions réglant la présentation des militaires étrangers chez les commandants de places, n'est pas modifiée par le présent décret.

Strasbourg, 21 septembre 1891·   *Le sous-secrétaire d'Etat,*
                                                            DE KŒLLER.

Il n'est fait exception que pour les militaires en activité, les anciens officiers de l'armée active, les élèves des écoles militaires, les personnes qui ont perdu la nationalité allemande, avant d'avoir satisfait à la loi militaire et qui n'ont pas dépassé 45 ans. Les étrangers, qui séjournent en Alsace-Lorraine plus de 24 heures, doivent faire leur déclaration à la police le lendemain de leur arrivée. Si elles appartiennent aux catégories ci-dessus, elles ont à exhiber en même temps leur passeport (1).

Sous le régime de l'ordonnance du 22 mai 1888, les étrangers ne faisant qu'un court séjour en Alsace-Lorraine n'étaient pas obligés de faire eux-mêmes une déclaration à la police : la déclaration n'est imposée qu'au logeur de l'étranger.

_____

(1) *Archives diplomatiques*, 1889, n° 2, p. 227.

La nouvelle ordonnance, par contre, rend l'étranger responsable de cette déclaration, sous peine d'expulsion immédiate. Il faudra donc qu'il fasse lui-même cette déclaration ou s'assure qu'elle est faite. — Le visa est maintenu pour les personnes appartenant aux armées étrangères, pour les personnes qui ont émigré afin d'échapper au service militaire et pour les personnes qui ont perdu la nationalité allemande avant d'avoir fait leur service militaire. — Les optants ne figurent pas parmi les individus exclus des avantages de ce décret. Etant donnée la situation de l'Alsace-Lorraine, il est évident que les personnes comprises dans cette dernière catégorie seront étroitement surveillées.

L'abolition du régime des passeports à la frontière française a été un acte spontané du gouvernement impérial, le gouvernement de la République s'étant abstenu, pour des raisons d'ordre politique, de protester contre ce régime bien qu'il le considérât comme contraire à l'article 11 du traité de Francfort. Mais l'ambassadeur de France accrédité à Berlin depuis 1886, M. Herbette, dont l'esprit conciliant est hautement apprécié en Allemagne, a su contribuer, au moment opportun, par son action personnelle, à l'adoption d'une mesure qui devait sensiblement détendre les rapports des deux pays limitrophes (1).

SECTION III. — BATIMENTS DE GUERRE ET
ARMÉES ÉTRANGÈRES.

§ 324. La guerre civile du Chili en 1891 a fourni une nouvelle occasion d'affirmer le droit d'asile des légations et des navires de guerre étrangers (*Droit international*, III, § 1550). Un certain nombre de partisans du président Balmaceda s'étant réfugiés soit aux légations allemande, argentine, nord-américaine et uruguayenne de Santiago, soit à bord des navires allemands, anglais et nord-américains en rade de Valparaiso, les gouvernements ont tous déclaré qu'ils ne livreraient que ceux des réfugiés qui seraient convaincus de délits de droit commun, et ils ont transporté ces réfugiés hors du Chili. Finalement le nouveau gouvernement chilien s'est rangé à leur manière de voir (*Droit international*, III, § 1558).

Réfugiés politiques. Droit d'asile des légations et des navires de guerre.

(1) Nous profitons de l'occasion pour exprimer à M. Herbette toute notre reconnaissance pour la bienveillante et intelligente collaboration qu'il a bien voulu nous prêter, en nous communiquant tous les documents officiels et en nous fournissant de précieux renseignements sur son pays.

§ 325. Voici comment s'exprime à ce sujet le *Livre blanc* allemand relatif aux événements du Chili. Le 22 août 1891 le ministre d'Allemagne à Valparaiso écrit à son gouvernement :

Le droit d'asile des légations vient de donner lieu à une discussion entre le ministre des Etats-Unis et le gouvernement chilien. Le président a déclaré au ministre de l'Argentine, M. Uriburu, qui est doyen du corps diplomatique, qu'il voit avec déplaisir que certains représentants étrangers donnent asile à des personnages politiques de l'opposition recherchés par le gouvernement. Ce sont surtout les légations des États-Unis et de l'Uruguay. Il pourrait être contraint un beau jour de faire cerner, et fouiller ces légations.

Après avoir prévenu le président des conséquences d'une violation de l'exterritorialité, M. Uriburu a rapporté les paroles du président au ministre des États-Unis. Sur quoi celui-ci s'étant rendu auprès du ministre des Affaires étrangères et ayant répété les paroles de Balmaceda, ajouta qu'on ne pénétrerait que par violence dans sa légation et qu'il opposerait la force à la force. Le même soir, un aide de camp de la Présidence, s'étant rendu chez M. Ezan, l'a assuré que le gouvernement ne songe point à violer le domicile des ministres, surtout celui du ministre des États-Unis ».

§ 326. Pendant l'insurrection contre le maréchal Peixoto, deux vaisseaux de guerre portugais, le *Mindello* et l'*Alfonso d'Albuquerque*, stationnaient dans les eaux brésiliennes de Rio de Janeiro, accomplissant une mission reconnue par le droit international, c'est-à-dire d'accorder protection à leurs nationaux à l'occasion de la lutte survenue entre une partie de l'escadre brésilienne et le gouvernement constitué du Brésil. Le succès des insurgés semblait devenir de plus en plus certain, quand on apprit que l'amiral de Gama, sans tenter les chances de la lutte suprême, ayant abandonné ses vaisseaux et évacué les îles qu'il occupait, s'était réfugié avec ses compagnons sur les deux navires portugais.

Avant d'en venir là, l'amiral de Gama avait proposé une capitulation, ne demandant que l'amnistie pour ses partisans. Malgré le consentement des commandants étrangers présents dans les eaux de Rio à servir de médiateurs, le maréchal Peixoto avait écarté cette tentative en disant qu'il ne pouvait traiter avec des officiers révoltés.

Le maréchal, en apprenant cet événement, formula aussitôt une demande d'extradition. Le commandant portugais, sur l'avis de ses collègues étrangers, refusa de l'accorder : en effet les capitaines sont maîtres absolus à leur bord et la police locale ne peut y saisir les criminels qu'elle poursuit.

Le conflit eût peut-être eu une issue fâcheuse, sans le sang-froid et l'énergique attitude du chargé d'affaires de Portugal à Rio, M. de Paraty.

Menacé par le Gouvernement brésilien de voir la sortie des navires portugais empêchée par la force, il n'hésita pas à informer le maréchal Peixoto qu'il amènerait son pavillon et se transporterait avec le personnel de la légation et les archives, à bord des bâtiments en question, décidé qu'il était à partager le sort des hôtes que ses compatriotes avaient recueillis.

Devant cette attitude, le Gouvernement n'insista pas, et il fut convenu que les vaisseaux portugais quitteraient librement les eaux brésiliennes, à condition de retenir à bord les insurgés jusqu'à ce qu'il eût été statué sur leur sort par un accord entre les gouvernements intéressés.

Les navires portugais sortirent donc des eaux de Rio, mais la fièvre jaune ayant éclaté à bord, force fut au commandant de débarquer une partie de ses malades au Lazaret de Buenos-Ayres. Une partie des réfugiés s'échappèrent et rejoignirent leurs partisans dans le sud.

D'où nouvelles réclamations du Brésil qui aboutirent à la rupture des relations diplomatiques entre le Brésil et le Portugal.

§ 327. Dans une brochure publiée en 1894 M. J. B. Martens Ferraõ a examiné la question au point de vue du droit international. Le refuge accordé dans des cas politiques est considéré, selon le droit des gens, comme un acte d'humanité.

Ici cependant il faut faire une distinction : un individu qui émigre pour des faits politiques est libre d'abandonner le pays de refuge pour passer dans un autre.

Il n'en est pas de même des corps armés, auxquels les pays de refuge ne peuvent accorder la liberté d'action militaire ; il faut alors les interner.

Or les vaisseaux de guerre sont considérés comme partie du territoire auquel ils appartiennent : donc le réfugié sur un vaisseau de guerre est dans la même situation que le réfugié sur territoire neutre.

L'extradition est-elle applicable en l'espèce ?

Le Gouvernement brésilien a déclaré *pirates* ceux qui se rangeront du côté de l'insurrection. C'est là une déclaration d'ordre intérieur ne pouvant s'imposer aux autres pays.

Opinion de M. J.-B. de Martens Ferrão.

Les pirates sont en effet *hostes humani generis* et, une rébellion n'ayant jamais été considérée comme piraterie, on ne pourrait exiger des nations étrangères la reconnaissance d'une pareille déclaration.

Pendant la guerre séparatiste, les Etats-Unis ayant déclaré pirates les navires du sud, l'Europe tout entière refusa de reconnaître cette déclaration dans ses relations internationales.

En conclusion, pour les faits survenus dans le port de Rio, il n'y a aucun droit de réclamation, étant prouvée la loyauté des instructions données par le Gouvernement portugais.

Quant aux faits postérieurs, les uns intéressent la République argentine et ne regardent en rien le Gouvernement brésilien; les autres sont encore à apprécier et se réduisent à la fuite d'une partie des réfugiés. « C'est un fait sur lequel on n'est pas encore
» bien éclairé, et il faut attendre les explications des commandants
» portugais, qui s'empresseront de faire connaître toutes les cir-
» constances de ces faits.

» La rupture des rapports diplomatiques pour les motifs formu-
» lés dans la note du Gouvernement brésilien est un fait qui, appré-
» cié dans toutes ses circonstances, ne peut avoir en sa faveur
» l'appui de l'opinion éclairée qui se forme et se dirige par d'autres
» procédés.

» Le Brésil, le calme une fois rétabli, reconnaîtra.qu'il pouvait y
» avoir motifs à explications, mais non pas base à rupture »*.

---

* *La question entre le Portugal et le Brésil considérée au point de vue international,* par J. B. de Martens Ferraô (Rome, 1894). *Revue de droit international public,* 1894, p. 272. *La République du Brésil et le Royaume du Portugal,* par F. Badaro (Rome, 1894).

LIVRE XVIII

ACCORDS INTERNATIONAUX.

Voir *Droit international*, III, § 1567 et s.

Section I. — DROIT CONVENTIONNEL.

§ 328. Dans la catégorie des cessions (*Droit international*, III, § 1594) rentre le traité anglo-allemand concernant l'Afrique et l'île d'Héligoland. Voici un résumé de ce traité :

Traité anglo-allemand concernant l'Afrique et Héligoland.

Dans l'Afrique orientale, la sphère d'influence de l'Allemagne est limitée au Nord par une ligne allant de l'embouchure de l'Umba, longeant la base nord du Kilima-Njaro, et continuant jusqu'au Congo en suivant le premier parallèle Sud. Au Sud, la frontière est formée par une ligne partant de la frontière Nord de la province de Mozambique et suivant plus loin la rivière Kilambo jusqu'à son embouchure dans le Tanganyika. A l'Ouest, par une ligne de l'embouchure du Kilambo au premier parallèle Sud.

La sphère d'influence de la Grande-Bretagne est limitée au Sud par la frontière Nord des possessions allemandes ; au Nord, par une ligne partant de l'embouchure du Juba coïncidant avec la frontière du territoire réservé à l'Italie, et en Abyssinie jusqu'aux confins de l'Egypte. A l'Ouest, par l'Etat du Congo et par le faîte occidental du bassin du Haut-Nil.

L'Allemagne abandonne son protectorat sur Witte et sur la côte voisine, ainsi que ses prétentions sur tous les territoires du Nord du Cana et les îles de Fatta et de Manda.

Dans le Sud-Ouest de l'Afrique la sphère d'influence de l'Allemagne est délimitée au Sud par une ligne partant de l'embouchure de l'Orange et montant le long de ce fleuve jusqu'à son intersection avec le 20ᵉ degré de longitude est ; à l'Est, par une ligne commençant à ce point, et suivant le Cholée jusqu'à sa jonction avec le Zambèze.

La sphère d'influence britannique est délimitée à l'Ouest et au Nord-Ouest par la ligne ci-dessus mentionnée. La fixation de la limite du territoire de la Walfish-Bay est réservée à l'arbitrage.

Dans l'Ouest la frontière entre le Payo et la colonie britannique de Côte d'Or commence sur la côte, suit les rivières Aka, Dehava, Deine et Volta, et vient aboutir à la zone neutre au confluent de cette rivière avec le Dukka.

Chacun des contractants s'engage à n'accepter aucun droit de souveraineté ou de protectorat dans la sphère d'influence cédée à l'autre. Elles s'engagent à appliquer, dans les limites de la zone libre définie par le traité de Berlin de 1885, les dispositions des cinq premiers articles de ce traité.

L'Angleterre obtiendra que le sultan de Zanzibar cède, moyennant indemnité, ses possessions continentales à l'Allemagne. Celle-ci reconnaît le protectorat de l'Angleterre sur le reste du sultanat de Zanzibar.

La Grande-Bretagne cède à l'Allemagne l'île d'Héligoland avec ses dépendances.

Traités de commerce. Clause de la nation la plus favorisée. Opinion de M. Lehr. § 329. Les publicistes ne se sont guère occupés jusqu'ici de la stipulation, qui figure dans la plupart des traités de commerce, et d'après laquelle les contractants s'engagent à se concéder mutuellement les avantages commerciaux qu'ils viendraient à accorder séparément à d'autres pays (*Droit international*, III, §§ 1147 et 1579) C'est ce qui nous engage à résumer sur ce sujet, l'opinion de MM. les professeurs Lehr et de Martens.

De nos jours, dit M. Lehr, il est toujours grave de se lier d'avance par une clause vague et générale, dont on ne saurait mesurer la portée. Souvent la clause de la nation la plus favorisée a eu pour effet qu'une puissance a dû, dans la négociation d'un traité, se refuser à des concessions, parce que, étendues sans compensation à d'autres pays, elles eussent été désastreuses pour l'industrie nationale. Il faudrait remplacer cette clause par une disposition portant que les parties contractantes se concèdent mutuellement tous les avantages relatifs au commerce et à la navigation, accordés par elles gratuitement à n'importe quelle autre puissance. Quant aux avantages accordés moyennant échange ou compensation, ils devraient être exclus de la clause.

La clause de la nation la plus favorisée, dangereuse pour celui qui l'accorde, a, pour celui qui l'obtient, l'inconvénient de ne lui donner aucune sécurité par elle-même, la durée de l'avantage étant subordonnée aux relations du concédant avec un tiers. Toutes les fois qu'un avantage est accordé à un tiers, tout gouvernement fondé à se prévaloir de la clause, devrait faire reconnaître le fait par l'autre partie. Ainsi la mesure aurait le caractère d'une concession contractuelle, indépendante de la concession primitive (1).

§ 330. Quant à M. de Martens, il n'hésite pas à dire que c'est à tort, que l'on exigerait en toute circonstance l'apparition de la clause. Il faut distinguer le cas où quelque avantage commercial est accordé purement et simplement, et le cas où il s'agit d'un échange de bons procédés ou d'un dédommagement. Dans la première hypothèse seule, les autres Etats ont le droit de réclamer le même avantage. L'accorder dans la seconde serait contraire au principe de la réciprocité des obligations commerciales. *Opinion de M. de Martens.*

§ 331. Plusieurs Etats ont conclu entre eux des conventions en vertu desquelles ils s'engagent à se communiquer réciproquement les actes de l'état civil. Telle par exemple, la convention du 29 août 1892 entre l'Autriche-Hongrie et la France (2). Les contractants s'y engagent à se transmettre, directement et sans frais, les expéditions légalisées des actes de naissance, de mariage et de décès dressés sur leurs territoires et concernant des ressortissants du territoire de l'autre contractant. La transmission des actes de décès s'étend aux personnes mortes en France ou en Autriche-Hongrie, et nées ou domiciliées respectivement en Autriche-Hongrie ou en France. Ces expéditions sont envoyées tous les six mois. Elles ne préjugent ni les questions de nationalité, ni celles de la validité des mariages (Voir pour les conventions d'un caractère non politique *Droit international*, III, § 1597). *Convention relative aux actes de l'état civil.*

§ 332. De très nombreux concordats ont été signés pendant la période de 1881 à 1893, c'est-à-dire depuis que les fonctions de Secrétaire d'Etat au département des Affaires étrangères sont remplies par S. E. le Cardinal Rampolla (*Droit international*, III, § 1605 et s.). *Concordats.*

Voici d'ailleurs la liste, à titre de renseignement (3), des concordats signés pendant la période indiquée :

Le 2 mai 1881 avec la République de l'Equateur.

---

(1) *Revue de droit international*, XXV, p. 313.
(2) *Journal du droit international privé*, 1892, p. 1236.
(3) *Conventiones de rebus ecclesiasticis inter S. Sedem et civilem potestatem* (Rome, 1893).

Le 8 juin 1881 avec l'Autriche-Hongrie pour la Bosnie et l'Herzégovine.

Le 12/24 décembre 1882 avec la Russie.

Le 1er septembre 1884 avec la Suisse pour régler la situation religieuse des provinces du Tessin.

A la même date et avec la même puissance, pour pourvoir à l'administration régulière du diocèse de Bâle.

Le 1er septembre 1886 avec la République Française pour réunir la préfecture apostolique de Pondichéry au vicariat apostolique de Pondichéry.

Le 20 juin 1886 avec le Portugal, à propos des Indes Orientales.

Le 18 août 1886 avec le Monténégro.

Le 31 décembre 1887 avec la République de Colombie.

Enfin le 7 novembre 1893 avec la République Française à propos de l'archevêché de Carthage.

Les Chinois aux États-Unis.

§ 333. Dans le message où il motivait son veto au bill antichinois, le Président des États-Unis disait qu'une nation est fondée à répudier les obligations imposées par un traité seulement quand elles sont en conflit avec des intérêts supérieurs (*Droit international*, III, § 1660).

Cette manière de voir n'a malheureusement pas été adoptée par le cabinet actuel. Au mépris des traités, il persiste à vouloir expulser les Chinois établis qui n'auraient pas rempli certaines formalités de police plus ou moins vexatoires et à fermer les États-Unis aux immigrants du Céleste Empire. A quoi la Chine répond en menaçant d'expulser les Américains et de rompre toutes relations avec les États-Unis. Le cabinet de Washington invoque entre autres la décision suivante de la Cour suprême de Washington qui,

Affaire Chae-Chan-Ting.

statuant sur la demande de Chae-Chan-Ting, a déclaré valable la loi du 1er octobre 1888, qui ferme les États-Unis aux Chinois. Voici comment la Cour a motivé cette décision.

La loi de 1888, dit-elle, contrevient, il est vrai, aux dispositions expresses des traités d'établissement de 1868 et de 1880 entre les États-Unis et la Chine ; mais pour ce motif elle ne peut être déclarée nulle, les traités ne créant pas une obligation légale plus forte que les lois du Congrès. En vertu de la Constitution, ces lois et les traités conclus par les États-Unis constituent la législation suprême du pays, et aucune supériorité n'est reconnue aux uns à l'égard des autres. Un traité est, il est vrai, de sa nature, un contrat entre nations, et souvent il ne contient que de simples promesses qui, pour produire effet, réclament l'intervention du législateur. Mais ces lois peuvent être abrogées ou annulées. Si le traité produit ses effets par sa propre force et concerne un sujet de la compétence du Congrès, il ne peut être, à cet égard, considéré que comme l'équivalent d'un texte législatif ; et par suite, il peut être abrogé ou modifié par le Congrès.

La faculté d'exclure les étrangers faisant partie des droits de souveraineté des Etats-Unis, peut être mise en œuvre, dès que les intérêts du pays l'exigent. Donc toute permission de revenir aux Etats-Unis, accordée aux ouvriers chinois avant 1888, est révocable à toute époque, selon le bon plaisir du gouvernement, et il n'entre pas dans la compétence des tribunaux de rechercher si cette ré-vocation est licite ou non. Si la Chine a des motifs de plainte elle doit s'adresser au gouvernement, qui seul, est compétent dans l'espèce. Les droits créés par un traité sont ceux qui portent sur des droits de propriété susceptibles d'être aliénés et vendus ; ce ne sont pas des avantages personnels et intransmissibles de leur essence (1).

Section II. — NÉGOCIATIONS.

Aucun fait remarquable ne s'est produit sur cette question depuis la 4ᵉ édition du *Droit international*.

Section III. — EXÉCUTION ET INTERPRÉTATION DES TRAITÉS.

§ 334. En 1891, à la suite d'un vœu exprimé par l'Institut de droit international, le Conseil fédéral suisse s'est montré disposé à prendre l'initiative de démarches diplomatiques ayant pour but la création d'une *Union internationale pour la publication des traités* (*Droit international*, III, § 1627 et s.) (2).

Conférence diplomatique de Berne concernant la création d'une Union internationale pour la publication des traités.

L'Institut dans sa session de 1892 avait élaboré un avant-projet de convention et un règlement d'exécution.

Voici les textes de ces deux documents :

ART. 1ᵉʳ. — Il est établi par un accord de tous les gouvernements de. . . . . et de tous les gouvernements qui à l'avenir accèderont

Projet de convention de l'Institut de droit international.

(1) *Journal du droit international privé*, 1892, p. 388.
(2) *Archives diplomatiques*, 1894, X-XI, p. 27. *Revue générale de droit international public*, 1894, nᵒ 2, p. 135, 1895, nᵒ 2, p. 221.

à la présente convention, une association sous le titre de : *Union internationale pour la publication des traités entre États.*

ART. 2. — Cette union a pour but de publier, à frais communs, et de faire connaitre promptement et exactement les engagements internationaux, de quelque nature, forme ou portée qu'ils puissent être, conclus par les différents États contractants.

ART. 3. — A cette fin, il sera créé à Berne un bureau international chargé de la publication des traités et conventions entre États.

Un règlement spécial, fixant le fonctionnement de ce bureau, est annexé à la présente convention et aura la même force obligatoire.

ART. 4. — Le bureau international publiera un recueil intitulé : *Recueil international des traités.* Cette publication sera reconnue comme l'organe officiel de l'Union internationale pour la publication des traités entre États, et elle fera preuve devant tous les tribunaux des puissances contractantes.

ART. 5. — Les parties contractantes s'engagent à communiquer, aussi promptement que possible, au bureau international, pour être publiés dans le *Recueil international des traités et conventions,* les documents suivants :

1° Tous les traités, conventions, déclarations ou autres actes internationaux ayant force obligatoire pour les États signataires de la présente convention et qui seront publiés dans ces différents pays ; ne sont pas exclus de cette communication les actes internationaux conclus par les États qui n'ont point adhéré à la présente union internationale ;

2° Toutes les lois, ordonnances ou règlements intérieurs publiés par les gouvernements contractants dans leurs pays respectifs, exécutions des traités ou conventions signés en leur nom et ratifiés ;

3° Les procès-verbaux des congrès internationaux ou conférences, qui sont transmis au bureau international par les soins de la puissance sur le territoire de laquelle auront lieu ces congrès ou conférences ;

4° Les circulaires ou instructions que lesdits gouvernements adresseront à leurs agents diplomatiques ou consulaires en vue d'assurer l'exécution uniforme des engagements internationaux pris par eux, étant stipulé qu'il dépend de l'appréciation de chaque gouvernement de communiquer au bureau international telle circulaire ou instruction qu'il jugera convenable.

ART. 6. — Tous les documents mentionnés dans l'article précédent seront communiqués au bureau international dans leur texte original, et accompagnés éventuellement d'une traduction française.

Art. 7. — Tous les documents communiqués officiellement, en vertu de l'article 5, au bureau international seront publiés dans le *Recueil international des traités* d'après le texte authentique et dans la langue originale, sans la moindre modification de l'acte communiqué.

Les actes internationaux non conclus en français seront publiés avec une traduction française reconnue expressément par les parties, comme conforme au texte authentique du traité ou convention et comme ayant force obligatoire pour elles.

Toute exception à cette règle générale doit être constatée formellement et mentionnée en tête de l'acte publié.

Art. 8. — Tous les actes internationaux seront publiés par le bureau sans commentaire.

Art. 9. — Les Etats contractants ou adhérents s'engagent à communiquer au bureau international tous les actes internationaux (art. 5, 1o) dans le délai de deux mois après leur mise en vigueur ; tous les autres actes énumérés à l'article 5 (2o, 3o et 4o) dans le délai d'un mois après leur publication ou mise en vigueur.

Art. 10. — La présente convention restera en vigueur pendant 5 ans à partir de l'échange des ratifications.

Art. 11. — Sur la demande d'un gouvernement contractant ou adhérent, une nouvelle conférence internationale pourrait être convoquée après l'expiration du terme de cinq ans, afin d'introduire des améliorations ou des modifications qui seraient jugées utiles et nécessaires.

Art. 12. — Si douze mois avant l'expiration des cinq premières années, aucune demande prévue par l'article précédent n'a été faite, la présente convention restera en vigueur pendant les cinq années suivantes et, ainsi de suite, de cinq en cinq ans.

En foi de quoi.....

§ 335. Art. 1er. — Le bureau international sera organisé par les soins du gouvernement de la Confédération suisse dans les conditions déterminées par les articles suivants.

Art. 2. — Le personnel du bureau international sera nommé par le gouvernement fédéral suisse qui communiquera aux États contractants ou adhérents les mesures prises pour le fonctionnement régulier de l'institution.

Projet de règlement d'exécution de l'Institut de droit international. Organisation du bureau international.

ART. 3. — Le gouvernement fédéral suisse veillera à la marche régulière du bureau international.

Il fera les avances de fonds nécessaires pour la première installation du bureau international, surveillera les dépenses faites et établira le compte annuel.

ART. 4. — Un rapport sur les travaux et la gestion financière du bureau international sera adressé, chaque année, aux gouvernements intéressés.

ART. 5. — Le bureau international a le droit de correspondre directement avec tous les gouvernements intéressés et de demander tous les renseignements nécessaires pour assurer la publication prompte et exacte des documents qui lui sont communiqués en vertu de la convention.

Aux demandes de renseignements ou d'éclaircissements de la part du public, le bureau répondra dans les limites de sa compétence et dans la mesure des moyens dont il dispose.

Recueil international des Traités et Conventions

ART. 6. — Il sera publié, chaque année, un volume au moins du *Recueil international des traités et conventions*.

ART. 7. — Chaque volume contiendra, outre le texte des documents communiqués par les gouvernements contractants ou adhérents, une table chronologique et des matières.

ART. 8. — Chaque gouvernement recevra des exemplaires du *Recueil international des traités et conventions* dans la proportion du nombre d'unités contributives.

Budget. Répartition des frais du bureau international.

ART. 9. — Le budget du bureau international est estimé à une centaine de mille francs.

ART. 10. — Ce budget sera alimenté au moyen d'une contribution proportionnelle des Etats contractants ou adhérents et des ressources à provenir des abonnements au *Recueil* de l'Union en dehors de la cotisation des divers Etats.

ART. 11. — En vue de déterminer équitablement la part contributive des Etats contractants ou adhérents, ceux-ci sont divisés en six classes contribuant chacune dans la proportion d'un certain nombre d'unités, savoir :

1re classe . . . . 25 unités.
2e — . . . . 20 —
3e — . . . . 15 —
4e — . . . . 10 —
5e — . . . . 5 —
6e — . . . . 3 —

ART. 12. — Chacun des coefficients ci-dessus sera multiplié par le nombre d'Etats de la classe correspondante, et la somme des produits ainsi obtenus fournira le nombre d'unités par lequel la dépense totale doit être divisée.

Le quotient donne l'unité de dépense et, pour obtenir le montant de la contribution de chaque Etat dans les frais du bureau international, il suffira de multiplier cette unité par le coefficient de la classe à laquelle cet Etat appartient.

§ 336. Aussitôt après l'adoption de ces deux projets, le bureau de l'Institut en avait adressé une copie au Conseil fédéral Suisse avec la lettre ci-dessous :

A Monsieur le Président de la Confédération Suisse.

Monsieur le Président,

Par une lettre qu'il avait adressée, le 27 août 1891, à notre collègue, M. le Professeur A. Rivier, alors président de l'Institut de droit international, M. le Conseiller fédéral Welti nous a fait l'honneur de nous informer que le Conseil fédéral, reconnaissant les services que pourrait rendre une union internationale pour la publication des traités entre les divers Etats, serait disposé à prendre l'initiative de démarches diplomatiques, pour en assurer la création.

L'Institut, en sa session de Genève, vient d'adopter les avant-projets d'une convention et d'un règlement d'exécution relativement à cet objet important.

Nous nous empressons de vous présenter ci-joint le texte de ces avant-projets. L'Institut serait heureux que le Haut Conseil fédéral, donnant suite à ses bienveillantes intentions, voulût bien prendre auprès des gouvernements l'initiative dont nous entretenait la dépêche de M. Welti de 1891.

Veuillez, etc...

Le Conseil fédéral, en recevant cette lettre, donna immédiatement suite au désir qui lui était exprimé, et envoya le 4 octobre 1891 une note circulaire aux gouvernements de tous les pays civilisés, « leur transmettant les deux projets préparés par l'Institut » de droit international et appuyant auprès d'eux le désir exprimé » par ce corps ».

§ 337. L'initiative de l'Institut de droit international fut favorablement accueillie par la majorité des Etats. La Conférence fut convoquée pour le 25 septembre 1894. L'Allemagne, l'Autriche-Hongrie, la Belgique, le Congo, l'Equateur, les Etats-Unis, la France, la Grèce, l'Italie, les Pays-Bas, le Portugal, la République Argentine, la République de Liberia, la Roumanie, la Russie, la Suisse,

Travaux de la Conférence.

la Tunisie et le Vénézuéla avaient répondu à l'appel de la Confédération suisse et envoyé à Berne des délégués. De plus la Bolivie,
la Bulgarie, le Costa-Rica, la république de Haïti, le Honduras, le
Japon, le Luxembourg, la République d'Orange, le Paraguay, la
Perse, le Siam, le Transwaal déclarèrent adhérer en principe à la
création de l'Union. Le Brésil, le Danemark et le Mexique répondirent qu'ils voulaient attendre le résultat de la conférence avant de
prendre décision.

Cette presque unanimité des pays civilisés à répondre à l'appel
du Conseil fédéral suisse était de bon augure pour l'issue de la
Conférence.

Cependant dès le début même de la session on put s'apercevoir
qu'on aboutirait à un échec.

La Conférence se réunit le 25 septembre 1894. La séance fut ouverte par un discours de M. le conseiller fédéral Lachenal, qui fut
ensuite, sur la proposition de M. Camille Barrère, plénipotentiaire
français, nommé président.

Aussitôt après, la plupart des délégués déclarèrent que « leurs
» gouvernements n'étant point encore fixés sur l'adoption du prin-
» cipe même et sur l'utilité de la création d'un bureau internatio-
» nal pour la publication des traités, ils n'avaient pas les pouvoirs
» nécessaires pour se prononcer en leur nom et ne pourraient par-
» ticiper aux discussions qu'à titre purement personnel ».

La Conférence s'est donc réduite à un échange de vues entre diplomates, discussion intéressante, sans doute et qui par la suite
pourra fournir d'utiles indications sur la matière, mais qui, pour
le moment, n'aboutit qu'à un simple rapport mentionnant les avis
énoncés et dont communication a été faite aux divers gouvernements. Toutefois, comme l'a dit son président dans la séance de
clôture du 3 octobre, « la Conférence a au moins posé le problème
» d'une façon claire et précise et l'a rendu ainsi plus aisé à ré-
» soudre ».

Le programme du gouvernement suisse proposait la création
d'une Union internationale et l'établissement à Berne d'un bureau
qui en serait l'organe.

M. Raffalovitch, délégué de la Russie, proposa de s'adresser à
une société savante, comme l'Institut de droit international, qui re-
cevrait des subventions des divers gouvernements adhérents.

La majeure partie de la discussion a porté sur la façon dont le
recueil de traités devait être composé.

On s'occupa d'abord des actes dont le recueil serait composé.

Le projet du Conseil fédéral ne prévoyait la publication que des traités conclus par les Etats adhérents. On objecta, avec beaucoup de raison que cette publication, pour être réellement utile, devait être universelle ; de plus, avec le projet suisse, une grave question se posait : un traité est conclu entre deux Etats dont un seul est adhérent à l'Union, pourra-t-il publier le traité sans l'assentiment de son co-contractant ? Il semble qu'un gouvernement unioniste ne saurait publier l'acte sans l'aveu tacite ou formel du non unioniste.

Certains actes, destinés à une publicité très restreinte, ne devraient pas être publiés ; le faire, serait en effet méconnaître sur ce point les droits de souveraineté des Etats contractants.

Quant à la question de savoir si le recueil devrait publier les traités anciens, la Conférence a paru incliner vers la négative.

Le premier point résolu, il fallait s'occuper de la façon de se procurer les textes des traités : l'Institut de droit international et le Conseil fédéral suisse, dans leurs projets, obligeaient les Etats adhérents à adresser leurs documents à l'office central.

L'application de ce principe était bien difficile : en effet était-il admissible qu'une Association internationale pût mettre un État en demeure de lui adresser dans un délai donné les documents dont elle avait besoin ?

En quelle langue les actes seraient-ils publiés ? Evidemment ils devaient l'être dans la langue où ils avaient été écrits, mais était-ce bien par là même répondre au but que se proposait la Conférence ? En effet certaines langues sont peu connues et la nécessité d'une traduction semblait s'imposer. La Conférence fut d'avis de choisir la langue française comme la plus usuelle et la plus répandue dans la majorité des actes internationaux.

Mais alors, nouvelle difficulté, qui fera la traduction? Ces questions ont donné lieu à des discussions très importantes qui ont abouti à cette décision que le bureau préparerait la traduction que les Etats pourront contrôler et qui n'aura à leur égard aucun caractère d'authenticité.

Tels ont été les résultats de la Conférence de Berne : il est permis d'espérer que ses travaux serviront de base à une substitution dont l'utilité serait grande au point de vue du développement et du progrès du droit des gens.

LIVRE XIX

DIFFÉRENDS ENTRE ÉTATS ET DES MOYENS DE LES RÉGLER.

Voir *Droit international*, III, § 1670 et s.

Section I. — NÉGOCIATIONS DIRECTES, CONGRÈS ET CONFÉRENCES.

Congrès ju-
diciaire de
Madrid, 1892.

§ 338. A l'occasion du 4ᵉ centenaire de la découverte de l'Amérique, l'Académie royale de législation de Madrid invitée à s'associer aux réjouissances projetées par le gouvernement espagnol eut l'idée de convoquer à Madrid un congrès juridïque international, mais limité à l'Espagne, le Portugal et les républiques ibéro-américaines. Ce congrès a présenté une importance capitale à raison des sujets traités et du nombre considérable de juristes distingués qui y ont pris part (1).

Cent quarante-trois membres ont pris part aux travaux du congrès.

La séance préparatoire eut lieu le 24 octobre 1892 et M. Canovas del Castillo, président du Conseil des ministres d'Espagne, fut élu président.

La séance de clôture eut lieu le 15 novembre.

Quatre sujets avaient été choisis par les organisateurs :

1º L'arbitrage ;

2º L'efficacité des obligations civiles ;

3º La propriété littéraire, artistique et industrielle ;

(1) *Congreso juridico ibero-americano reunida en Madrid el anno* 1892 (Madrid, 1893).

4° Les abordages et les secours en haute mer.

Le Congrès décida d'en ajouter deux autres :

5° Le mariage et le divorce ;

6° La naturalisation.

Voici les conclusions adoptées :

1° L'arbitrage convient, dans l'état actuel de la société internationale, pour aplanir les conflits entre nations.

Arbitrage.

2° Son acceptation par l'Amérique latine, l'Espagne et le Portugal serait des plus opportunes à l'époque actuelle.

3° A cet effet, les Etats représentés au Congrès doivent concerter des traités d'arbitrage, en prenant pour base celui qui a été conclu entre l'Espagne et l'Équateur le 24 mai 1888, jusqu'à ce que de nouveaux et désirables progrès du droit international public rendent possible la création d'un tribunal permanent destiné à prévenir ou à liquider les questions pouvant se poser entre lesdits Etats.

4° Doivent être soumis au principe de l'arbitrage tous les conflits internationaux sans exception.

5° Toute sanction matérielle étant de nature à enge ndrer de graves difficultés, il n'y a pas d'autres moyens de rendre efficace le jugement arbitral que ceux qui naîtraient d'une organisation juridique des Etats ibéro-américains. Mais comme la noble aspiration d'arriver à des organisations internationales, même entre des peuples ayant autant de points de contact, se heurterait encore à de sérieux obstacles, il importe que cet idéal, auquel tout le monde aspire, fasse l'objet de nouveaux travaux de doctrine et soit inscrit à l'ordre du jour de tous les congrès futurs, afin qu'on ne le perde pas de vue et que, tout au moins, le principe de l'arbitrage soit accepté dès maintenant de plus en plus généralement.

1° Il doit être entendu qu'il ne s'agit ici que des obligations civiles nées de contrats ou de quasi-contrats.

Efficacité des obligations civiles.

2° Quel que soit le critérium de leur efficacité, il ne sera point admis qu'elles seront jugées exclusivement d'après la législation d'un seul pays.

3° La qualité d'étranger des individus appartenant aux Etats représentés au Congrès n'aura pas pour effet de les placer au point de vue de leurs droits civils dans une autre situation que les régnicoles ; et le principe de la réciprocité n'entrera pas en ligne de compte pour déterminer ces droits.

4° La capacité civile de contracter sera réglée, pour chaque personne, par sa loi nationale.

5º La validité extrinsèque des contrats cause de l'obligation s'appréciera d'après la loi du lieu où ils auront été conclus ; néanmoins, les contrats pourront aussi être faits conformément à la loi nationale des parties ou de l'une d'elles, ou à la loi de la situation des immeubles qu'ils concernent, pourvu qu'ils ne soient pas contraires à l'ordre public, et que, s'il y a lieu, la forme en soit complétée conformément à la loi du lieu où l'on poursuit l'exécution ; mais la légalisation d'un acte passé à l'étranger devra toujours avoir lieu en la forme requise pour certifier la passation de l'acte.

6º La perfection des contrats et le fait d'où découle un quasi-contrat doivent être régis respectivement par la loi du lieu où le contrat a été conclu ou bien où le fait s'est produit.

7º La nature essentielle de la relation contractuelle et son caractère licite ou illicite selon les lois des pays du conflit doivent être régis par la loi du lieu où l'obligation a pris naissance s'ils ne sont pas contraires à celle du pays où l'obligation doit s'accomplir.

8º Les faits ultérieurs qui se rattachent à l'acte originaire pour en augmenter les effets, doivent être régis par la loi du lieu où le contrat a été passé.

9º L'exécution des contrats et leurs résultats, soit incidents (cas fortuit et force majeure), soit accidentels (demeure, faute, dol) doivent être régis : la première, par la loi du lieu où s'exécute le contrat ; il en est de même pour les résultats accidentels du contrat ; les résultats incidents doivent être régis par la loi du lieu de passation du contrat.

10º Le Congrès considère comme pouvant contribuer à rendre efficaces les obligations civiles contractées dans l'un des pays représentés dans son sein : d'une part, la valeur spéciale que, dans chaque pays, la procédure accorde au titre à raison de sa forme, en vue des poursuites du créancier ; de l'autre, les garanties qui assurent d'avance l'efficacité des jugements à obtenir en vue de l'exécution de l'obligation ; ces deux moyens pourraient être, par exemple, le caractère exécutif du titre, s'il réunit certaines conditions déterminées, un critérium certain d'une plus grande latitude pour autoriser des saisies préventives, la garantie (*aseguramento*) de biens litigieux, les cautions, etc. ; et l'on veillerait à ce que ces réformes dans la procédure de chaque pays eussent lieu en vertu de traités ou autres moyens analogues.

11º Les jugements rendus par les tribunaux étrangers en matière civile doivent être exécutés sans tenir compte de la réciprocité, moyennant les seules conditions suivantes :

a) Compétence du tribunal requérant et du tribunal requis ; *b*) authenticité du jugement ; *c*) que l'obligation soit licite dans le pays où le jugement doit être exécuté ; *d*) que le jugement n'ait pas été rendu par défaut, à moins que la citation n'ait été faite à la personne du défendeur ; *e*) qu'il ne soit contraire ni au droit public interne du pays de l'exécution ni aux principes de droit international acceptés par l'Espagne, le Portugal et les Républiques ibéro-américaines ; *f*) que, s'il s'agit d'une sentence arbitrale, l'exécution en soit demandée par le juge ordinaire compétent.

12° Les réquisitoires à fin de preuve seront faits directement par le juge requis, et ceux qui ont pour objet des actes d'exécution ou des saisies seront soumis à la marche et aux recours établis dans la loi du lieu de l'exécution.

Est exécutoire le jugement qui oblige à constituer une hypothèque, si elle doit être constituée dans le pays de l'exécution et conformément à ses lois.

13° Les jugements rendus en matière criminelle s'exécutent de même, pour la partie relative aux responsabilités civiles découlant des délits, mais non en ce qui a trait à la pénalité.

14° Pour l'application de pénalités à des personnes qui en ont encouru se trouvant sur territoire étranger, l'extradition doit être obtenue au moyen de traités ; et les délits qui y donneront lieu seront, à l'exception des délits politiques, ceux qui entraînent une peine corporelle de plus d'une année, pourvu qu'ils soient prévus par le Code pénal du pays requis, et que, d'après le même Code, ils ne soient pas prescrits ; le pays requérant devant toujours garantir la vie de l'accusé et s'engager à ne lui appliquer que la peine immédiatement inférieure à la peine capitale, dans le cas où le pays où il a été arrêté n'admet pas la peine de mort.

1° Le droit de propriété des auteurs sur leurs œuvres littéraires et artistiques doit être reconnu par les législations de l'Espagne, du Portugal et des Etats ibéro-américains.

Propriété littéraire et artistique.

2° Le droit de l'auteur sur ses œuvres, durera quatre-vingts ans, cette période étant admise comme une transaction entre la perpétuité, et la limitation à des périodes plus courtes.

3° Tant que les législations ne seront pas uniformes, chaque pays reconnaîtra dans ses lois propres ou internes, le même droit en faveur des étrangers qu'en faveur des nationaux.

4° Le droit de propriété de l'auteur doit comprendre la faculté de disposer de l'œuvre, de la publier, de l'aliéner, de la traduire ou d'en autoriser la traduction et de la reproduire sous n'importe quelle forme.

5° Les articles périodiques peuvent être reproduits, à charge d'en citer la source, pourvu que la reproduction n'en ait pas été formellement interdite ; les discours prononcés ou lus dans les assemblées ou réunions publiques peuvent être publiés sans autorisation.

6° Chaque auteur obtiendra la constitution et déclaration du titre pour la propriété littéraire et artistique, conformément à sa loi nationale ; et son droit doit être reconnu, sans autres formalités, dans les autres pays où il désire le rendre efficace.

7° Les responsabilités qu'encourent ceux qui portent atteinte au droit de propriété littéraire ou artistique, se discuteront devant les tribunaux et s'apprécieront d'après les lois du pays où la fraude aura été commise.

8° Pour rendre efficaces les conclusions qui précèdent, il sera formé une association composée des délégués étrangers ayant participé au présent congrès, et le conseil de direction de l'Académie royale de jurisprudence de Madrid, avec mission d'agir auprès des divers gouvernements représentés, en vue d'obtenir, avant une année, la convocation d'une conférence diplomatique chargée de prendre des décisions officielles sur les conclusions acceptées dans le présent congrès.

Propriété industrielle. 1° Toute personne qui désire obtenir un brevet d'invention ou s'assurer l'usage d'une marque de fabrique devra remplir les formalités exigées par la loi du pays dans lequel elle entend exercer son droit.

2° Le nombre d'années pendant lequel vaudra le privilège de l'inventeur, sera celui que fixent les lois du pays dans lequel il entend le faire valoir.

3° Personne ne peut se prévaloir d'un brevet ou de ses droits sur une marque industrielle, qu'à partir du moment où ils ont été inscrits sur les registres à ce destinés dans le pays où l'on entend le faire.

4° Les responsabilités encourues par ceux qui usurpent le droit de propriété industrielle ou une marque de fabrique, sont appréciées par les tribunaux, et d'après les lois du pays où la fraude a été commise .

5° La législation sur les marques de fabrique doit être séparée de celle sur le dépôt de dessins et modèles de fabrication, de telle sorte que les lois relatives à ces derniers objets n'entravent pas la liberté de l'industrie et de la fabrication dans chaque pays ;

6° Il sera opportun d'instituer des jurés industriels, chargés de résoudre les questions civiles et criminelles se rattachant aux droits de propriété industrielle.

1° Le Congrès accepte les principes et doctrines des congrès de droit commercial tenus en 1885 et 1888 à Anvers et à Bruxelles, du traité commercial international adopté dans le congrès sud-américain de Montevideo, et du congrès de Lisbonne de la même année ; et manifeste le désir que les Etats représentés dans son sein adoptent en matière d'abordages et de secours en haute mer une législation uniforme, moyennant un ou plusieurs traités. *Abordages.*

2° Le congrès juge opportun de déclarer urgente la nécessité de faire tomber sous le coup de la loi pénale le refus de secours en haute mer dans les cas où l'on aurait pu les donner.

1° La capacité des futurs époux doit être déterminée d'après la loi personnelle de chacun d'eux ; *Règles du mariage et du divorce dans le Droit international privé.*

2° Les lois personnelles des époux et la loi du lieu où doit se célébrer le mariage peuvent exiger une publication préalable en la forme prévue par la loi du lieu où elle devra se faire ;

3° Toute formalité proprement dite, relative à la célébration même du mariage, sera régie par la loi du lieu de la célébration ;

4° Nonobstant la règle précédente, les mariages célébrés devant un agent diplomatique ou consulaire compétent pour y procéder, seront régis, quant à la forme, par la loi du pays que cet agent représente.

5° Quand la séparation ou le divorce est admis par les Etats représentés au congrès, les causes en sont déterminées par les lois personnelles des conjoints, sauf le cas prévu dans la règle suivante.

Dans tous les cas, qu'il s'agisse de la célébration du mariage ou de séparation, ou de divorce, la loi étrangère, bien que reconnue d'ordinaire comme applicable, ne peut être appliquée si elle se heurte à une prohibition des lois territoriales.

Le congrès n'a pas eu le temps de s'occuper de la 6e question inscrite à son ordre du jour : la *Naturalisation*. Il en a renvoyé l'examen à un congrès ultérieur.

§ 339. L'*Association littéraire et artistique internationale* a tenu, à Barcelone, en 1893, un congrès auquel elle avait convoqué tous ses membres et où ont été débattus les points suivants : *Congrès de Barcelone, 1893.*

Une grosse et grave question fut examinée, celle du droit de propriété industrielle, au point de vue de la durée de ce droit. Adoptant les principes de la Convention de Berne, l'*Association artistique et littéraire* se prononça pour la perpétuité de ce droit, mais, par une transaction avec le possible, elle se contenta d'un délai d'un siècle depuis la publication de l'ouvrage.

Pour ce qui a trait aux traductions, l'Association, déclarant que la traduction n'étant qu'une des formes de la reproduction, elle doit suivre le sort même du droit de propriété sur l'œuvre originale, a émis le vœu que le privilège du traducteur soit porté au moins de 10 à 20 ans.

Quant aux œuvres artistiques d'architecture, le congrès reconnaît l'existence de la propriété de leur auteur et émet le vœu que l'enregistrement soit applicable à ces œuvres et qu'il s'effectue par le dépôt des plans au bureau compétent.

Enfin le congrès émit de nombreux vœux, relatifs à la forme des dépôts, aux publications à faire par le bureau international aux sociétés intermédiaires entre les auteurs et les éditeurs, etc, et l'on renvoya au prochain congrès le projet de loi sur les contrats d'édition qui fit l'objet d'une des plus vives discussions de la session.

Congrès de la paix (Anvers, 1894). § 340. L'arbitrage a fourni au Congrès universel de la paix réuni à Anvers du 29 août au 1er septembre 1894 son principal sujet d'études (*Droit international*, III, § 1713 et s.).

L'Allemagne, l'Autriche-Hongrie, la Belgique, les Etats scandinaves, les Etats-Unis, la France, la Grande-Bretagne, l'Italie, le Portugal, la Roumanie et la Suisse étaient représentés.

Le congrès a pris les résolutions suivantes :

Il a considéré que l'arbitrage était actuellement le moyen le plus pratique et le plus juridique d'organiser la paix entre les nations européennes ; il importait de voir se réaliser la conclusion entre ces nations, pour une période déterminée, d'un traité d'arbitrage permanent, à sanctions pacifiques définies, et a recommandé comme modèle le projet rédigé par Charles Lemonnier, qui a servi de base au traité d'arbitrage permanent, négocié entre la Suisse et les Etats-Unis (1) (*Droit international*, III, § 1788).

Le congrès a procédé à l'examen du code de l'arbitrage proposé par le bureau international de la paix siégeant à Berne et organisé à la suite du congrès de 1892.

Il a ensuite confirmé la création votée à Chicago en 1893 d'un

(1) *Revue générale de droit international public*, 1894, n° 5, p. 456.

comité permanent « en vue de la réalisation pratique de l'idée
» d'une Cour permanente d'arbitrage par des démarches à faire en
» temps opportun auprès des gouvernements ».

Enfin le congrès « afin de mieux généraliser et répandre les
» principes de l'arbitrage dans la jeunesse universitaire, a reconnu
» qu'il serait utile d'instituer dans les universités des divers pays
» des cours libres d'étude et d'application pratique d'arbitrage,
» considérés comme institution et règle permanente de droit public
» dans les rapports entre les États civilisés ».

Les délibérations du congrès ont encore porté sur la question du
désarmement, la protection des étrangers, la situation des pays de
protectorat, etc.

Il a terminé ses travaux en examinant la situation des Etats Bal-
kaniques, la question de la guerre sino-japonaise et, à cet égard, a
décidé de communiquer aux divers gouvernements européens le
vœu suivant :

« L'Europe toute entière, au nom de l'humanité et de la civilisation, devrait faire tous ses efforts pour mettre un terme à la guerre
entre la Chine et le Japon, en décidant les belligérants à soumettre
à l'arbitrage la question de la Corée ; en présence de l'état de
guerre qui existe actuellement entre la Chine et le Japon, et des
opérations financières qu'il nécessite, le congrès proteste contre
l'emploi des capitaux européens et américains dans l'intérêt de
l'une ou de l'autre des deux nations qui se combattent pour leurs
opérations guerrières (voir la question sino-japonaise).

§ 341. Les 4, 5 et 6 septembre 1894 se réunit à La Haye la conférence interparlementaire pour l'arbitrage et la paix (1) (*Droit International*, III, § 1713 et s.).

Conférence
interparle-
mentaire pour
l'arbitrage
et la paix (La
Haye, 1894).

Les Etats représentés étaient l'Allemagne, l'Autriche-Hongrie, la
Belgique, le Danemark, la France, la Grande-Bretagne, l'Italie, la
Norwège, les Pays-Bas, le Portugal, la Roumanie, la Suède et la
Suisse.

Après le vote des statuts, la conférence a adopté une proposition
relative à l'organisation d'une Cour internationale d'arbitrage, et a
nommé une commission où sont représentés les principaux pays
d'Europe, l'Angleterre, l'Allemagne, la France, la Belgique, la
Suisse, l'Italie, l'Espagne, le Portugal, les Pays-Bas, et qui aura à
élaborer un projet d'organisation de cette Cour internationale. La
commission aura à définir la compétence que l'on se propose d'at-

(1) *Revue générale de droit international public*, 1894, n° 5, p. 497.

tribuer à la Cour, à déterminer les questions qui pourront lui être soumises, à arrêter les conditions de recrutement et de fonctionnement de ses membres.

Sur la proposition de M. Trarieux, la conférence a énoncé un vœu invitant les gouvernements à s'entendre entre eux à l'effet de réunir un congrès international qui aurait pour but d'étudier les moyens de terminer par une solution arbitrale les litiges internationaux. Tous les membres de la conférence se sont engagés à agir dans leurs parlements et auprès de leurs gouvernements respectifs afin d'obtenir que ceux-ci envoient des délégués à ce congrès diplomatique.

Divers autres vœux relatifs aux procédés d'arbitrage, au désarmement, à la protection de la propriété privée sur mer en temps de guerre, à la neutralité, etc., ont encore été émis par la conférence qui s'est séparée le 6 septembre.

§ 342. Le 14 août 1895, la conférence interparlementaire de la paix s'est réunie à Bruxelles au palais du Sénat.

Session de Bruxelles, 1895.

Le bureau définitif de la conférence est ainsi constitué :

Président : M. Descamps-David (Belgique) ; vice-présidents : MM. le docteur Hirsch (Allemagne), et Gobat (Suisse). Membres : MM. le baron Pirquet (Autriche), Bajer (Danemark), le sénateur Labiche (France), Stanhope (Grande-Bretagne), le poète Maurice Jokaï (Hongrie), Pandolfi (Italie), Rahasen (Pays-Bas), Urecchia (Roumanie), Borg (Suède), le marquis de Marcoartu (Espagne), le sénateur Dupont et l'ancien représentant Houzeau de Lehaie (Belgique).

Dès que le bureau eût été constitué on aborda la question capitale de la session : Organisation de la Cour arbitrale destinée à régler les différends internationaux. Déjà le principe en avait été admis dans la précédente session, et la commission permanente de la conférence avait été chargée d'en étudier et d'en préparer le mécanisme. Les résultats de cette étude ont été exposés dans un remarquable rapport de M. Houzeau de Lehaie.

M. Parumbaru, député roumain, propose de ne discuter que le principe de l'institution d'une Cour internationale, sans entrer dans les détails de son organisation.

M. le chevalier Descamps fait observer que le principe a été discuté et admis l'an dernier, sur le rapport présenté par M. Stanhope, député anglais, dont le travail a servi de base aux travaux de la commission qui a élaboré le projet en discussion.

L'assemblée se range unanimement à l'avis de son président.

M. Snape, député anglais, approuve dans ses grandes lignes le

projet développé par M. Houzeau, qui le séduit surtout par sa sim-
plicité. Il voudrait seulement que la Cour ne fût pas exclusivement
composée de juristes.

L'orateur britannique exprime la conviction que le fonctionnement du rouage projeté aura pour effet de décharger les
citoyens européens du fardeau écrasant des dépenses militaires.

M. Marcoartu, sénateur espagnol, craint qu'en adoptant sans
examen plus approfondi le projet de la commission, dont le texte
n'a été distribué que l'avant-veille, la Conférence ne fasse une œuvre insuffisamment mûrie, et, par suite, critiquable. Il regrette que
le projet ne précise pas les différends qui devront être soumis à
l'arbitrage.

— Tous les différends que les puissances voudront soumettre à
la Cour, réplique M. Houzeau.

— Alors, riposte M. Marcoartu, il n'y aura jamais d'arbitrage.

M. Houzeau de Lehaie répond brièvement. La question, fait-il
remarquer, a déjà été discutée au cours de deux précédentes conférences. Les auteurs du projet sorti des délibérations de la commission se sont inspirés des vues émises au cours des débats de
1893 et 1894. Si leur œuvre n'est pas parfaite et s'il est probable
qu'elle sera améliorée dans l'avenir, il n'en est pas moins vrai
qu'elle est mûrie.

Le lendemain, on discuta les articles du projet et des résolutions
proposées par la commission spéciale portant la constitution d'une
Cour internationale permanente pour connaître des différends entre
nations, qui seront soumis à ses décisions.

M. Frédéric Passy, répondant aux objections formulées, a fait
observer que les bases essentielles du projet furent posées par la
conférence de La Haye ; que ce projet ne peut être, quant à présent,
qu'un appel adressé aux gouvernements à l'effet d'arriver par la
constitution d'une Cour internationale à une conférence diplomatique.

M. Passy ne doute pas que le vote du projet, si imparfait que
quelques-uns puissent le trouver, ne soit le point de départ de
progrès nouveaux.

Finalement, tous les articles du projet, qui sont au nombre de
quatorze, ont été adoptés à l'unanimité.

Le congrès s'est ensuite occupé du siège de la Cour internationale, des indemnités à accorder aux membres de cette Cour, de

son règlement organique, du mode d'exécution de ses décisions, etc.

Iles Samoa.
Conférence de
Berlin. § 343. Le 14 juin 1889 a été signée à Berlin, entre les plénipotentiaires de l'Allemagne, des Etats-Unis et de la Grande-Bretagne, une convention relative au régime des îles Samoa. En voici un résumé :

L'indépendance des îles Samoa est garantie, ainsi que leur neutralité. Les ressortissants des Etats contractants y jouissent de l'égalité de droits. Il sera institué à Samoa une Cour suprême de justice, dont le président sera nommé par les puissances signataires. Son traitement est à la charge des îles Samoa. La Cour tranchera les différends que pourrait susciter l'élection du Roi des îles et des autres autorités, les différends entre Samoa et les puissances signataires, les actions civiles concernant la propriété foncière, les procès civils entre indigènes et étrangers ou entre étrangers ; elle sera saisie des délits et offenses commis par les indigènes contre les étrangers, ou par les étrangers non soumis à la juridiction consulaire. La procédure est celle de l'Angleterre, les pénalités à appliquer sont, au gré de la Cour, celles que prévoient les codes des puissances signataires. La Convention ne porte aucune atteinte à la juridiction consulaire concernant les différends entre les patrons de navires et leurs équipages.

La vente de propriétés situées dans les îles Samoa aux étrangers est interdite ; mais elles peuvent être affermées. L'importation d'armes et de munitions est interdite, sauf les armes personnelles des voyageurs et les armes de chasse. Il en est de même des boissons alcooliques.

Conférence
de Bruxelles,
1889-1898. § 344. La Conférence qui a siégé à Bruxelles en 1889 et 1890 est le corollaire de l'article 9 de l'Acte général du Congo, adopté par la Conférence de Berlin (*Droit international*, III, § 1679). Cet article a la teneur suivante :

Conformément aux principes du droit des gens, « tels qu'ils sont reconnus par les puissances signataires, la traite des esclaves étant interdite, et les opérations qui, sur terre ou sur mer, fournissent des esclaves à la traite, devant être également considérées comme interdites, les puissances qui exercent ou exerceront des droits de souveraineté ou une influence dans les territoires formant le bassin conventionnel du Congo, déclarent que ces territoires ne peuvent servir ni de marché, ni de voie de transit pour la traite des esclaves, de quelque race que ce soit. Chacune de ces puissances s'engage à employer tous les moyens en son pouvoir pour mettre fin à ce commerce et pour punir ceux qui s'en occupent ».

C'est le 26 février 1885, que quatorze Puissances consacraient cet engagement. Mais pour le remplir, une situation nouvelle devait se produire sur le théâtre même de la traite. Il fallait le partage politique de l'Afrique sur les bases du traité de Berlin ; il fallait aussi l'intervention de la papauté, qui, par son encyclique du 5 mai 1888, se prononça avec énergie contre le trafic de l'homme. En même temps des négociations étaient ouvertes dans le même sens entre les cabinets de Berlin et de Londres, négociations motivées par l'insurrection arabe sur la côte orientale de l'Afrique, et l'on avait reconnu qu'une action décisive contre la traite s'imposait, même sur le terrain politique. Le discours prononcé en 1888, à l'ouverture du Reichstag, par l'Empereur d'Allemagne fut une expression solennelle de cette pensée à laquelle se rallièrent les parlements allemand et britannique. Dès le 17 septembre 1888 le premier ministre de la Grande-Bretagne avait résolu de provoquer une intervention collective des Puissances et c'est à la Belgique qu'il déférait l'honneur d'en prendre l'initiative.

En conséquence s'est ouverte à Bruxelles, le 18 novembre 1889, une Conférence à laquelle prirent part les Puissances signataires de l'acte de la Conférence de Berlin et la Perse.

La Belgique soumit à la Conférence deux documents. Le premier est un recueil d'informations relatives à l'état actuel de la traite des nègres sur terre et sur mer, dans les pays d'origine et dans ceux de destination. Ces informations émanent toutes de missionnaires, d'agents diplomatiques et consulaires, d'officiers de marine et de voyageurs. Elles embrassent la période de 1840 à 1890, mais la plupart remontent aux dix dernières années, de sorte qu'elles résument bien la situation actuelle. Une introduction donne la statistique de la traite, tandis qu'une carte spéciale représente les routes qu'elle parcourt et les centres qui l'alimentent.

Le second document est d'abord un exposé des relations de droit public entre les Puissances en matière de répression de la traite. Les relations embrassent 26 États d'Europe et d'Amérique et sont consignées dans un vaste ensemble de traités. Puis il s'étend sur les relations entre la traite et le droit de visite.

Ce droit était devenu inutile sur la côte occidentale de l'Afrique, à la suite de la cessation du commerce des esclaves. Restait la côte orientale où le contrôle des puissances territoriales avait rendu possibles des distinctions nouvelles et l'application de mesures destinées à supprimer la traite maritime sur cette côte. Dans ces circonstances, il paraissait possible d'étendre les mesures prises pour le blocus anglo-allemand, et d'arriver ainsi à la suppression de la traite, par un effort commun des puissances civilisées, de la France avant tout. Ce furent les plénipotentiaires anglais qui prirent l'initiative des propositions à soumettre à la Conférence. Ces propositions déterminaient les limites de la zone suspecte s'étendant de l'isthme de Suez au nord jusqu'au 2e degré de latitude sud, y compris Madagascar et les iles environnantes, les côtes de la mer Rouge, de l'Arabie et du golfe Persique. Elles réglaient le contrôle des navires naviguant dans cette zone, établissaient des tribunaux mixtes, réglaient la punition des coupables, la libération des esclaves et l'enregistrement des embarcations indigènes, dans le but d'empêcher l'usage abusif du pavillon des puissances suspectes. La proposition principale était celle relative au contrôle des navires. Elle donnait aux puissances signataires le droit et le pouvoir de saisir tout bâtiment suspect.

En somme les propositions anglaises étaient calquées sur les stipulations de la convention de 1882 sur les pêcheries de la mer du Nord, convention à laquelle a adhéré la France. Néanmoins cette puissance présenta un contre-projet qui acceptait la délimitation anglaise et le tribunal international, mais rejetait le droit réciproque de contrôle et de détention des navires à voiles.

En revanche le projet français prescrivait des mesures tendant à empêcher les indigènes d'obtenir l'autorisation de porter le pavillon français, et à faciliter la vérification des listes d'équipage. M. F. de Martens parvint, avec beaucoup d'habileté, à fondre les deux projets en un seul, qui devint la base des dispositions de l'Acte général sur le droit de visite.

Ces dispositions sont comprises dans les articles 20 à 25 et 42 à 61 du 3e chapitre de l'Acte général. Elles déterminent tout d'abord la zone où peut s'exercer le droit de rechercher les esclaves. Cette zone comprend tout l'Océan Indien jusqu'à la ligne du méridien de Tangalane et son point de rencontre avec le 26e degré de latitude sud en englobant l'île de Madagascar. Sont seuls soumis à la visite les navires de moins de 500 tonneaux. Les commandants des navires de guerre des puissances signataires peuvent vérifier les papiers de bord des vaisseaux suspects, mais seulement de ceux qui naviguent sous le pavillon de ces puissances. Si le navire arrêté est convaincu de traite ou d'usurpation de pavillon, il sera conduit dans le port de la zone le plus rapproché dans lequel se trouve une autorité compétente de la puissance dont le pavillon a été arboré.

Cette autorité procède à une enquête. Si celle-ci établit un fait de traite, les esclaves seront mis en liberté, le vaisseau séquestré et l'équipage déféré aux tribunaux. S'il y a usurpation de pavillon, le navire arrêté reste à la disposition du capteur. Dans le cas d'arrestation illégale, le bâtiment indûment arrêté aura droit à une indemnité. Si l'officier capteur n'accepte pas les conclusions de l'enquête, la cause sera déférée au tribunal de la nation dont le bâtiment capturé aurait arboré les couleurs ; mais si le différend porte sur le chiffre de l'indemnité, la cause sera soumise à une Cour arbitrale.

En cas de condamnation, le navire séquestré est déclaré de bonne prise au profit du capteur.

Les autres articles du 3e chapitre comprennent les dispositions générales, soit les questions de principe, puis les dispositions concernant l'usage des pavillons et la surveillance des croiseurs.

Jusqu'au mois de mai 1890, époque où fut introduite la proposition relative aux droits d'entrée dans le bassin du Congo, les délibérations eurent lieu dans le sein des commissions, et la Conférence ne se réunit que pour entendre les rapports de ses commissions ; en revanche la question des droits d'entrée fut discutée en séance plénière, et les décisions intervenues consignées dans un acte distinct.

« L'Acte général, dit M. Banning(1), compte cent articles répartis en sept chapitres. Pour les discuter et les établir, la Conférence a décidé de suivre la marche même de la traite et d'y opposer ainsi, dans chacune des phases qu'elle parcourt, des moyens appropriés de répression. Prenant son point de départ au foyer même du mal, aux lieux d'origine de la traite et des chasses, elle suit pas à pas le négrier et ses captifs, les accompagne sur les routes qui mènent à la côte, passe sur mer pour y régler minutieusement la surveillance et l'action des croisières, aborde enfin les pays de destination où se consomme la marchandise humaine, frappant à chaque étape les coupables, affranchissant et protégeant les victimes. Puis, arrivée au terme de cette carrière d'opprobre et de douleur, elle a cherché des sanctions, des moyens d'exécution divers, et en a déterminé de trois espèces : la création d'institutions permanentes

---

(1) La Conférence de Bruxelles, son origine et ses actes. Communication faite à l'Académie de Belgique (Bruxelles, 1890).

de secours, d'information ou de contrôle dans les pays d'esclavage
et de traite ainsi qu'en Europe, la réglementation du trafic des
spiritueux, la création de ressources financières en vue de faciliter
l'accomplissement des décisions prises ».

A l'Acte général ont adhéré d'emblée toutes les puissances représentées à la Conférence, sauf les Pays-Bas. Mais ceux-ci ont
donné depuis leur adhésion. En revanche les États-Unis, n'ayant
pas encore ratifié l'Acte de Berlin, ne pouvaient participer à sa révision. D'autre part, l'État du Congo est lié, vis-à-vis du cabinet de
Washington, par la déclaration de 1884 qui lui garantit l'entière
liberté du commerce. C'est pourquoi la proposition relative aux
droits d'entrée a été distraite de l'Acte général. Mais cette disjonc-
tion n'ayant pas été admise par toutes les puissances, et celles-ci
considérant l'un des actes comme le moyen d'exécution de l'autre, l'œuvre de la Conférence de Bruxelles n'a encore qu'un caractère provisoire *. Des négociations ultérieures étaient donc indispensables Elles se sont ouvertes à Bruxelles, au commencement
de 1891, et ont abouti à deux tarifs, l'un pour la zone orientale,
l'autre pour la zone occidentale du bassin conventionnel du Congo.

La zone orientale comprend des possessions allemandes, anglaises et italiennes. Dans ces possessions, pour autant qu'elles sont
comprises dans l'article 4 de l'Acte général de Berlin, l'Allemagne,
la Grande-Bretagne et l'Italie pourront prélever un droit de 5 0/0
sur les marchandises importées par terre ou par eau. Lorsque

---

* Voir outre le travail cité plus haut de M. Banning, les publications
suivantes : *Actes de la Conférence de Bruxelles*, 1889-1890. *La Conférence de
Bruxelles et la question de l'établissement de droits d'entrée dans le bassin
conventionnel du Congo.* Extrait des protocoles. *La traite des esclaves en
Afrique.* — Actes internationaux et documents relatifs à la législation
des pays d'Orient, recueillis pour la Conférence de Bruxelles. — *La traite
des esclaves en Afrique.* Renseignements et documents recueillis pour la
Conférence de Bruxelles. — *La Conférence de Bruxelles et les Pays-Bas par
un ami de la vérité* (Anvers, 1890). Puis une excellente étude de M. A.
Desjardins : *La France, l'esclavage africain et le droit de visite*, qui a paru
dans la *Revue des Deux-Mondes* du 15 octobre 1891 et à part, revue et
augmentée chez Père, à Beauvais.

On consultera enfin, avec fruit, sur la question de la traite maritime, l'excellent mémoire soumis par M. Engelhardt à la 6e commission
de l'Institut de droit international. L'auteur fait sienne l'idée d'attribuer
successivement à chaque puissance la surveillance des négriers, et de
constituer un tribunal mixte des prises formé des consuls locaux. Il invoque en faveur de cette idée le précédent de la commission mixte des
bouches du Danube.

les conventions qui s'y opposent, seront expirées, les droits sur les armes et munitions pourront être portés à 10 p. 0/0. Quant aux boissons alcooliques, leur régime douanier est réglé dans le chapitre 6 de l'Acte de Bruxelles. Entrent en franchise : les machines et les instruments agricoles, les matériaux pour la construction et l'entretien des routes, tramways, chemins de fer et en général des moyens de transport.

Ces stipulations entrent en vigueur en même temps que l'Acte de Bruxelles du 2 juillet 1890 et sont valables pour cinq années, à moins que l'une ou l'autre des trois puissances nommées n'en demande la révision six mois avant l'expiration de chaque période quinquennale.

Pour la zone occidentale, les gouvernements de l'Etat du Congo, de la France et du Portugal sont convenus des points suivants :

A l'importation toutes les marchandises sont sujettes à un droit de 6 p. 0/0 *ad valorem*, les armes, les munitions, la poudre et le sel à un droit de 10 p. 0/0.

Les vaisseaux et embarcations, les moteurs à vapeur, les appareils mécaniques servant à l'industrie ou à l'agriculture, les instruments industriels et agricoles sont francs de droit durant quatre années à partir de la mise en vigueur du tarif ; passé ce terme ils paient 3 0/0.

Pendant la construction des lignes, et jusqu'au jour de l'ouverture de l'exploitation, les locomotives et wagons entrent en franchise ; passé ce terme ils paient 3 p. 0/0.

Les instruments scientifiques et de précision, les objets servant au culte, les vêtements et bagages à l'usage personnel des voyageurs et des personnes qui se fixent dans le bassin occidental du Congo, sont exempts de droits.

Le présent tarif peut être soumis à une révision d'année en année, si l'une des puissances contractantes le demande six mois au moins, avant l'expiration de chaque année. Mais il ne pourra être fait usage de ce droit que dix-huit mois après la mise en vigueur du tarif.

Si l'entente ne peut s'établir au sujet de la révision du tarif, les puissances en cause ont le droit de fixer librement le tarif dans les limites prévues par la déclaration du 2 juillet 1890 (1).

L'Acte de Bruxelles ayant été ratifié également, en janvier 1892, par les puissances qui, comme la France et les Pays-Bas, avaient

(1) *Reichsanzeiger* du 2 mars 1891.

d'abord refusé leur signature, rien ne s'oppose plus à ce qu'il entre en vigueur.

Afin de faciliter la police de l'Océan Indien, les contractants ont créé à Zanzibar un bureau international maritime, avec faculté d'établir au besoin des bureaux auxiliaires dans d'autres parties de la zone. Chaque État y est représenté par un délégué. Le bureau centralise les documents de nature à faciliter la répression de la traite, et dans ce but les contractants lui font parvenir tous les renseignements qui leur parviennent. Il communique aux autorités les plus proches de la puissance dont un navire aura arboré le pavillon les documents relatifs à cette arrestation (1).

§ 345. Le 15 mars 1890 s'est ouverte à Berlin, sur l'initiative de l'Allemagne et de la Suisse, une Conférence qui avait en résumé le programme suivant :

Conférence Internationale pour la protection des travailleurs. Berlin, 1890.

1° *Travail dans les mines.* — Faut-il l'interdire aux enfants et aux femmes, faut-il restreindre la journée de travail, pourrait-on soumettre le travail dans les houillères à un règlement international ?

2° *Travail du dimanche.* — Faut-il l'interdire dans la règle, quelles seraient les exceptions, comment statuerait-on sur ces exceptions, par entente internationale, par les lois ou par voie administrative ?

3° *Travail des enfants.* — Faut-il exclure les enfants des établissements industriels ? Quelle serait la limite d'âge, quelles restrictions faut-il admettre, pour la durée du travail, en faveur des enfants ?

4° *Travail des jeunes ouvriers.* — Le travail doit-il être restreint, à partir de quel âge et dans quelle mesure ? Créerait-on des exceptions ?

5° *Travail des femmes.* — Faut-il l'interdire de jour ou de nuit, faut-il le soumettre à certaines restrictions et auxquelles ? Créerait-on des exceptions ?

Mise à exécution des dispositions adoptées par la Conférence. Faut-il prendre des mesures à ce sujet ? La Conférence se réunira-t-elle périodiquement ? Quel serait alors son ordre du jour ?

Etaient représentés : l'Allemagne, l'Autriche-Hongrie, la Belgique, le Danemark, l'Espagne, la France, la Grande-Bretagne, l'Italie, le Luxembourg, les Pays-Bas, le Portugal, la Suède et Norwège, la Suisse. Le pape Léon XIII exprime par lettre ses vœux pour la réus-

(1) G. Moynier, *Les bureaux internationaux*, p. 109.

site de la Conférence et sa satisfaction de ce que l'Allemagne a invité le prince-évêque de Breslau à y prendre part.

Après de longs et laborieux débats auxquels prirent part la presque totalité des délégués et entre autres, le prince-évêque de Breslau, et M. Jules Simon, la Conférence a consigné, le 29 mai 1890, le résultat de ses délibérations dans le protocole final suivant, dont les articles ont été votés pour la plupart à l'unanimité.

§ 346. Voici le texte du protocole final :

Il est désirable :

1° a) Que la limite inférieure de l'âge auquel les enfants peuvent être admis aux travaux souterrains dans les mines, soit progressivement élevée, à mesure que l'expérience en aura prouvé la possibilité, à 14 ans révolus. *Règlement du travail dans les mines.*

Toutefois, pour les pays méridionaux, cette limite serait celle de 12 ans.

b) Que le travail sous terre soit défendu aux personnes du sexe féminin.

2° Que, dans les cas où l'art des mines ne suffirait pas pour éloigner tous les dangers d'insalubrité provenant des conditions naturelles ou accidentelles de l'exploitation de certaines mines ou de certains chantiers de mine, la durée du travail soit restreinte.

Le soin est laissé à chaque pays d'assurer ce résultat par voie législative, ou par accord entre les exploitants et les ouvriers, ou autrement selon les principes et la pratique de chaque nation.

3° a) Que la sécurité de l'ouvrier et la salubrité des travaux soient assurées par tous les moyens dont dispose la science et placées sous la surveillance de l'Etat ;

b) Que les ingénieurs chargés de diriger l'exploitation soient exclusivement des hommes d'une expérience et d'une compétence technique dûment constatées ;

c) Que les relations entre les ouvriers mineurs et les ingénieurs de l'exploitation soient les plus directes possible pour avoir un caractère de confiance et de respect mutuels ;

d) Que les institutions de prévoyance et de secours, organisées conformément aux mœurs de chaque pays et destinées à garantir l'ouvrier mineur et sa famille contre les effets de la maladie, des accidents, de l'invalidité prématurée, de la vieillesse et de la mort, institutions qui sont propres à améliorer le sort du mineur et à l'attacher à sa profession, soient de plus en plus développées ;

e) Que, dans le but d'assurer la continuité de la production du charbon, on s'efforce de prévenir les grèves. L'expérience tend à prouver que le meilleur moyen préventif consiste à ce que les patrons et les mineurs s'engagent volontairement, dans tous les cas ou leurs différends ne pourraient pas être résolus par une entente directe, à recourir à la solution par l'arbitrage.

Règlement du travail du dimanche.

1° Il est désirable, sauf les exceptions et les délais nécessaires dans chaque pays :

a) Qu'un jour de repos par semaine soit assuré aux personnes protégées;

b) Qu'un jour de repos soit assuré à tous les ouvriers de l'industrie ;

c) Que ce jour de repos soit fixé au dimanche pour les personnes protégées ;

d) Que ce jour de repos soit fixé au dimanche pour tous les ouvriers de l'industrie.

2• Des exceptions sont admissibles :

a) A l'égard des exploitations qui exigent la continuité de la production pour des raisons techniques ou qui fournissent au public des objets de première nécessité, dont la fabrication doit être quotidienne ;

b) A l'égard des exploitations qui, par leur nature, ne peuvent fonctionner que dans des saisons déterminées ou qui dépendent de l'action irrégulière des forces naturelles.

Il est désirable que, même dans les établissements de cette catégorie, chaque ouvrier ait un dimanche libre sur deux.

3° Dans le but de déterminer les exceptions à des points de vue similaires, il est désirable que leur réglementation soit établie par suite d'une entente entre les différents gouvernements.

Règlement du travail des enfants.

Il est désirable :

1° Que les enfants des deux sexes n'ayant pas atteint un certain âge soient exclus du travail dans les établissements industriels ;

2° Que cette limite d'âge soit fixé, à douze ans, sauf pour les pays méridionaux où cette limite serait de dix ans ;

3° Que ces limites d'âge soient les mêmes pour tout établissement industriel et qu'il ne soit admis sous ce rapport aucune différence ;

4° Que les enfants aient préalablement satisfait aux prescriptions concernant l'instruction primaire ;

5° Que les enfants au-dessous de quatorze ans révolus ne travaillent ni la nuit ni le dimanche ;

6° Que le travail effectif ne dépasse pas six heures par jour et soit interrompu par un repos d'une demi-heure au moins ;

7° Que les enfants soient exclus des occupations insalubres ou dangereuses, ou n'y soient admis que sous certaines conditions protectrices.

Il est désirable :

1° Que les jeunes ouvriers des deux sexes de 14 à 16 ans, ne travaillent ni la nuit, ni le dimanche ;

2° Que leur travail effectif ne dépasse pas dix heures par jour et soit interrompu par des repos d'une durée totale d'une heure et demie au moins ;

3° Que des exceptions soient admises pour certaines industries ;

4° Que des restrictions soient prévues pour les occupations particulièrement insalubres ou dangereuses ;

5° Qu'une protection soit assurée aux jeunes gens de 16 à 18 ans en ce qui concerne :

a) Une journée maxima de travail ;

b) Le travail de nuit ;

c) Le travail du dimanche ;

d) Leur emploi dans des occupations particulièrement insalubres ou dangereuses.

Il est désirable :

1° *a*) Que les filles et les femmes de 16 à 21 ans ne travaillent pas la nuit ;

b) Que les filles et les femmes de plus de 21 ans ne travaillent pas la nuit ;

2° Que leur travail effectif ne dépasse pas 11 heures par jour et qu'il soit interrompu par des repos d'une durée totale d'une heure et demie au moins ;

3° Que des exceptions soient admises pour certaines industries ;

4° Que des restrictions soient prévues pour les occupations particulièrement insalubres ou dangereuses ;

5° Que les femmes accouchées ne soient admises au travail que quatre semaines après leur accouchement.

1° Pour le cas où les Gouvernements donneraient suite aux travaux de la Conférence, les dispositions suivantes se recommandent :

a) L'exécution des mesures prises dans chaque Etat sera surveillée par un nombre suffisant de fonctionnaires spécialement qualifiés, nommés par le gouvernement du pays et indépendants des patrons, aussi bien que des ouvriers.

b) Les rapports annuels de ces fonctionnaires, publiés par les

Règlement du travail des jeunes ouvriers.

Règlement du travail des femmes.

Mise à exécution des dispositions adoptées par la Conférence.

gouvernements des divers pays, seront communiqués par chacun d'eux aux autres gouvernements.

c) Chacun de ces Etats procédera périodiquement et autant que possible dans une forme semblable, à des relevés statistiques, quant aux questions visées dans les délibérations de la Conférence.

d) Les Etats participants échangeront entre eux ces relevés statistiques, ainsi que le texte des prescriptions émises par voie législative ou administrative et se rapportant aux questions visées dans les délibérations de la Conférence.

2° Il est désirable que les délibérations des Etats participants se renouvellent, afin que ceux-ci se communiquent réciproquement les observations que les suites données aux délibérations de la présente Conférence auront suggérées, et afin d'examiner l'opportunité de les modifier ou de les compléter.

Les soussignés soumettront ces vœux à leurs gouvernements respectifs, sous les réserves et avec les observations faites dans les séances du 27 et du 28 mars et reproduites dans les procès-verbaux de ces séances.

Les réserves mentionnées au dernier alinéa du protocole final ont été formulées par la Belgique, la France, la Grande-Bretagne, les Pays-Bas et la Norwège. Ces réserves ont trait à la distinction entre les mineurs et les adultes, à la durée du travail des femmes, à l'interruption qu'il faudrait leur accorder, au travail des enfants dans les mines et au recrutement des apprentis mineurs.

A la fin d'une étude consacrée à la Conférence dont nous venons de résumer les travaux (1), M. G. Rolin-Jaequemyns pense qu'il faut se contenter de ce qu'a élaboré cette Conférence et souhaiter, pour le bien de l'Europe, que les choses n'aillent pas plus loin. « L'objet du droit international, dit-il, est de garantir et non d'asservir la vie intérieure des Etats indépendants qui font partie de la grande communauté des nations. Chaque Etat a envers lui-même le dessein de ne pas compromettre son indépendance par des engagements qui autoriseraient l'intervention d'un pouvoir étranger dans les affaires de sa vie constitutionnelle, administrative et sociale. Or, ce qu'on appelle la législation ouvrière rentre essentiellement dans cet ordre d'affaires ».

Conférence internationale américaine.

§ 347. La Conférence internationale américaine (V. plus haut le congrès de Montévidéo) qui a siégé à Washington en 1890

_____

(1) *Revue de droit international*, XXII, p. 2.

et dont le but était la constitution d'une union plus étroite entre
les États américains, s'est occupée en première ligne de la question
des arbitrages. Elle a recommandé un plan d'arbitrage pour la solution des différends entre les nations américaines, plaidé en faveur
d'une pareille entente entre les États européens et déclaré que les
nations américaines ne reconnaissaient pas le droit de conquête.

Pour ce qui est de l'arbitrage entre les nations américaines, la
Conférence a décidé en première ligne, que la solution par arbitres
des différends qui pourraient surgir, serait obligatoire pour toutes
controverses diplomatiques et consulaires, pour les délimitations
de frontières et de territoires, pour les indemnités, les droits de
navigation, la validité et l'interprétation des traités et en général
dans tous les cas qui se présenteraient. Sont exceptées cependant
les questions qui compromettraient l'indépendance d'une des nations en cause ; en pareil cas l'arbitrage serait facultatif pour ladite
nation, obligatoire pour la partie adverse.

Le choix des arbitres ne serait pas limité aux États américains.
Les fonctions arbitrales pourraient être exercées par des Cours de
justice, des corps scientifiques, des fonctionnaires ou de simples
particuliers, citoyens ou non de l'État qui les choisit.

La Cour d'arbitrage se composerait d'une ou plusieurs personnes. Dans le dernier cas, s'il y a divergence, les intéressés peuvent nommer un tiers-arbitre. S'il y a plusieurs arbitres, les décisions sont prises à la majorité des voix. Ces décisions sont sans
appel.

La convention d'arbitrage est conclue pour vingt ans, à partir
de l'échange des ratifications, et demeurera en vigueur, tant qu'elle
ne sera pas dénoncée. Mais la dénonciation d'une des nations ne
l'infirme pas pour les autres.

La Conférence exprime l'espoir que les puissances européennes
consentiront de même à soumettre à des arbitres leurs différends
avec l'Amérique.

Pour ce qui est enfin du droit de conquête, les États représentés
à la Conférence ne l'admettent pas durant la vigueur de la convention ; il en est de même des cessions de territoires obtenus par
menace de guerre ou en présence de la force armée.

La Conférence s'est occupée ensuite des traités de réciprocité à
conclure entre les États américains. Elle a vivement recommandé
la conclusion de conventions commerciales sur la base la plus
large. En revanche, elle juge le projet d'une union douanière américaine encore impraticable.

Projet de voie ferrée reliant l'Amérique du Nord et l'Amérique du Sud.

Afin de faciliter les relations politiques et commerciales entre les Etats de l'Amérique, la Conférence a exprimé le vœu qu'il soit procédé le plus tôt possible à l'étude d'une voie ferrée reliant les Etats-Unis aux deux capitales les plus méridionales de l'Amérique du Sud, soit à Buenos-Ayres et Valparaiso. Cette œuvre est considérable, mais rien ne s'y oppose dans la pratique. Du reste il y a déjà au Mexique et dans l'Amérique du Sud, de nombreuses lignes qui peuvent être regardées comme des tronçons de la grande voie intercontinentale. Cette voie serait déclarée en tout temps neutre et les matériaux de construction importés en franchise. Les recettes du chemin de fer seraient exemptes de toute taxe. Voici un résumé des votes de la Conférence à ce sujet.

Un chemin de fer reliant toutes les nations représentées à la Conférence ou la majorité d'entre elles, contribuerait beaucoup au développement des relations entre ces nations. Le meilleur moyen d'en faciliter l'exécution est d'instituer une commission d'ingénieurs chargée de trouver les tracés possibles et de faire le devis des frais de ces différents tracés. Chaque nation déléguerait trois ingénieurs. La ligne devrait relier les principales villes du voisinage soit directement, soit au moyen d'embranchements. Les voies existantes seraient utilisées autant que possible. La construction et l'exploitation seraient à la charge des concessionnaires. Il pourrait être alloué à ceux-ci des subsides sous forme de garantie d'intérêts ou de terrains à proximité de la ligne.

Vœux relatifs aux communications postales et télégraphiques. — Services de paquebots.

Passant à l'ordre du jour, la Conférence a exprimé plusieurs vœux relativement à l'extension des communications postales et télégraphiques entre les deux continents américains. En premier lieu il s'agirait de subventionner un certain nombre de lignes de vapeurs entre les ports de l'Atlantique et du Pacifique. La compagnie de l'Atlantique établirait un service bi-mensuel accéléré entre les Etats-Unis d'une part, Rio-Janeiro, Montevideo et Buenos-Ayres de l'autre. Les paquebots transporteraient des voyageurs, des marchandises et la poste. Leur vitesse minimum serait de 16 nœuds et leur capacité d'au moins 5000 tonnes. Une ligne auxiliaire desservirait tous les 15 jours les ports des Etats-Unis et du Brésil. Les frais de subvention seraient répartis de la façon suivante : Etats-Unis, 60 p. 0/0, Argentine, 17 1/2 p. 0/0, Brésil, 17 1/2 p. 0/0 et Uruguay, 5 p. 0/0.

Pour le Pacifique, la Conférence propose de subventionner une ligne de paquebots de 1re classe allant de San Francisco à Valparaiso et desservant les ports intermédiaires. Les voyages seraient mensuels.Capacité des navires, au moins 4000 tonnes, vitesse minimum 15 nœuds. Aménagements pour les voyageurs et les marchandises. Les subventions seraient réparties entre les pays intéressés des trois Amériques au prorata de leur population.

La Conférence propose aussi la pose des câbles télégraphiques entre les ports du Pacifique, avec San Francisco et Valparaiso comme points terminus. Ces câbles pourraient être subventionnés dans la proportion indiquée ci-dessus par les paquebots.

Pour ce qui concerne les communications entre l'Amérique et d'autres continents, la Conférence a émis les vœux suivants :

La ligne entre San Francisco et la Chine serait mise en état de soutenir avantageusement la concurrence avec la ligne anglaise de Vancouver aux ports chinois.

Il serait établi un service bi-hebdomadaire entre San Francisco et l'Australie, faisant escale à Honolulu, à Samoa et à la Nouvelle-Zélande ; puis un service postal indépendant avec Hawaï.

Il serait désirable de développer les relations avec le Canada en payant une somme pour le transport de la poste des Etats-Unis aux ports de Colombie ; d'encourager les services de paquebots entre San Francisco et Panama, ainsi que ceux du Mexique, afin de leur permettre de soutenir la concurrence des lignes étrangères subventionnées.

La Conférence s'est préoccupée aussi du régime sanitaire. A ce sujet, elle a voté la résolution suivante : Considérant qu'il est désirable d'élaborer des règlements sanitaires uniformes pour les Etats, et que la majorité des ports de l'Atlantique, dans l'Amérique du Sud, sont soumis au règlement élaboré par la convention sanitaire internationale de Rio-de-Janeiro de 1877. *Régime sanitaire.*

La Conférence propose aux nations représentées à la Conférence l'adoption des règles de la convention sanitaire internationale de Rio-de-Janeiro, de 1877, ou les règles de la convention sanitaire de Lima, de 1888.

Suivant le vœu exprimé par la Conférence il serait créé à Washington, pour représenter l'Union américaine, un « bureau commercial des républiques américaines » dont l'organe serait une publication intitulée *Bulletin du bureau commercial des républiques américaines*. Ce bulletin serait publié en anglais, en espagnol et en portugais. Il donnerait les tarifs de douanes des Etats de l'Union, et leurs modifications, les règlements concernant l'entrée et la déclaration des navires, l'importation et l'exportation des ports de l'Union, les circulaires aux administrations des douanes et la clas- *Création à Washington d'un Bureau de l'Union Américaine.*

sification des marchandises ; les traités de commerce et de poste
entre les républiques américaines, la statistique de leur commerce
et en général toutes informations intéressant le commerce et la
navigation. Les frais seraient répartis entre les Etats de l'Union au
prorata de leur population.

Pour ce qui concerne l'unification des monnaies, la Conférence
a voté une union monétaire, en vertu de laquelle il serait frappé
une monnaie uniforme ayant cours dans tous les Etats représentés à la Conférence. Une commission spéciale aurait à fixer le chiffre d'émission de cette monnaie, qui serait d'argent, et son rapport
avec l'or.

Propriété artistique, lit-téraire et in-dustrielle. A l'égard de la propriété artistique, littéraire et industrielle, la
Conférence s'est rangée aux décisions du congrès sud-américain de
Montévidéo. Ces décisions sont en résumé les suivantes :

Les auteurs ou inventeurs jouissent dans toute l'Union des droits
que leur confère leur pays d'origine. La propriété littéraire et artistique comprend le droit de reproduire une œuvre sous toutes formes et de la traduire. La protection ne peut dépasser, pour la durée,
celle du pays d'origine. Est libre la reproduction des articles de
journaux, pourvu que la source en soit indiquée.

La propriété commerciale (marques de fabrique) comprend le
droit de jouir d'une marque et de la céder. Quant aux brevets enfin, leurs détenteurs jouissent des droits que leur confère leur
pays d'origine, dans toute l'Union, à la condition de les faire enregistrer dans les autres pays, dans le délai d'un an. Le droit des
inventeurs comprend celui de céder le brevet. Ne sont pas brevetables les inventions déjà rendues publiques dans les Etats de l'U-
nion ou ailleurs, et celles qui sont contraires aux bonnes mœurs
ou aux lois.

Système métrique. La Conférence a voté une résolution tendant à l'adoption générale du système métrique, et une autre résolution ayant pour but,
autant que possible, l'uniformité des droits à percevoir dans les
ports américains. Ces droits seraient basés sur la capacité totale des
navires. Seraient exemptés les bâtiments au-dessous de 25 tonneaux,
les navires de guerre, les vaisseaux contraints par force majeure
de se réfugier dans un port, les yachts de plaisance.

Législation. Pour ce qui est de la codification du droit des gens, du droit commercial et du droit civil, les légalisations, la navigation des rivières et l'exécution des jugements, la Conférence recommande
l'adoption pure et simple des votes de la Conférence qui a siégé à
Montévidéo en 1888 et 1889, votes qui ont été ratifiés par la Bolivie,

le Brésil, le Chili, le Paraguay, le Pérou, l'Uruguay et la République Argentine.

Pour ce qui est des lois civiles, les votes de Montévidéo portent
en substance que la capacité légale est régie par la loi du domicile,
que cette capacité n'est pas altérée par le changement de domicile,
que ce sont les lois de la résidence qui déterminent celles de la
constitution du domicile. Ces votes concernent aussi l'absence, le
mariage, la puissance paternelle, la filiation, les tutelles, la propriété, les actes légaux, les successions, la juridiction.

Les votes concernant le droit commercial comportent des dispositions uniformes sur les actes de commerce, les associations, les
assurances, les naufrages, le fret, les avaries, les lettres de change,
les faillites. La Conférence internationale américaine a joint à ces
votes des vœux portant qu'en vertu des principes de la « loi américaine internationale » les étrangers jouiraient de tous les droits
des nationaux, et que les cours d'eau séparant deux ou plusieurs
pays seraient en tout temps ouverts aux navires de guerre et de commerce des riverains.

Ces vœux ne sont pas du reste l'expression de l'unanimité des
membres de la Conférence. Une minorité a fait objection au terme
de loi américaine internationale? Il ne saurait y avoir pareille loi,
dit-elle, pas plus qu'il n'y a de loi internationale anglaise ou allemande. Le droit international est la loi commune du monde civilisé et date d'une époque bien antérieure à la colonisation de
l'Amérique. Nous l'acceptons comme une des conditions de notre
reconnaissance, et nous n'avons pas le droit de le modifier sans
l'assentiment des nations qui l'ont créé.

La Conférence internationale a de plus voté les résolutions sui-   Extradition.
vantes concernant l'extradition :

1° Proposition aux gouvernements de l'Amérique latine d'étudier le traité de loi pénale internationale voté à Montévidéo, en
1888, par le Congrès sud-américain, afin que, dans le délai d'un
an après la clôture de la Conférence, ils déclarent s'ils adhèrent à
ce traité. Si leur adhésion est incomplète, quelles seraient les
restrictions et modifications qu'ils accepteraient ;

2° Proposition aux dits gouvernements qui n'ont pas encore de
traité d'extradition avec les Etats-Unis, d'en conclure.

Enfin la Conférence a voté des dispositions de nature à faciliter
les relations entre les banques américaines et spécialement la
création d'une banque internationale américaine avec agences
dans les pays représentés à la Conférence.

Zollverein
américain.

§ 348. Nous avons vu que la Conférence a repoussé comme impraticable le projet de *Zollverein* américain, mis en avant par les Etats-Unis. M. le Dr Roque Saenz Pena, délégué de la République Argentine et membre de la commission spéciale de l'Union douanière, a motivé son vote négatif dans un discours que nous résumons comme suit (1).

Le vote de la République Argentine contre la ligue, a-t-il dit, n'est point dicté par un sentiment de défense exagérée. Mais nous connaissons trop peu l'Amérique du Nord, et, dès le début, nos douanes, nos fleuves ont été ouverts au commerce du monde, nos industries ont été absolument libres. Le commerce international est notre allié, comme l'immigrant. Il s'inspire de l'intérêt et finit là où commence le désintéressement ; il est troublé par l'influence des affections ; les conventions que nous pourrions signer sous l'empire de cette influence, seraient bientôt désautorisées par les courants que forment la production et les échanges. Ceux-ci obéissent aux décrets de la nature ; quand l'Etat a voulu les violenter, il n'a pas réussi.Si des réformes doivent se produire dans les échanges, elles naîtront de la sélection des consommations imposées par le progrès et la civilisation.

L'Amérique du Sud est avant tout productrice de matières premières. Il est donc logique, forcé et inévitable qu'elle recherche les marchés manufacturiers et particulièrement ceux qui reçoivent librement des produits. Ces considérations démontrent qu'un pacte continental serait inutile à la majorité des pays hispano-américains. Assurer le libre échange entre marchés qui n'échangent rien, serait une œuvre stérile. Cela ressort de la statistique de notre commerce. L'Amérique latine importe pour une valeur de 560 millions de dollars ; or dans ce chiffre les Etats-Unis n'entrent que pour 52 millions, pas même 10 p. 0/0 ; le reste est fourni par l'Europe. En revanche les Etats-Unis nous achètent pour 120 millions de dollars.

Dans ces circonstances, le *Zollverein* américain est inacceptable. Les unions douanières ne sont possibles qu'entre Etats homogènes comme ceux qui constituèrent le *Zollverein* allemand ; et encore celui-ci ne s'établit-il que graduellement. Et l'on veut constituer une union douanière entre 18 nationalités différentes ! Ce serait une aventure dangereuse dont les résultats échappent à la prévoyance humaine, d'autant que la consommation des peuples américains varie beaucoup. Pour la plupart de ces Etats les bénéfices

---

(1) *Le Zollverein américain.* Discours du Dr Roque Saenz Pena.

seraient problématiques. Ils n'existeraient dans le *Zollverein* qu'au prix du revenu des autres Etats.

Le *Zollverein* comporte une notable renonciation de souveraineté qui ne serait pas compensée par des avantages visibles. Une diète internationale se substituerait aux congrès nationaux pour fixer les droits de douane, et il faudrait dans ce but réserver toutes les constitutions.

Dans l'ordre international, les complications ne seraient pas moins graves. Le *Zollverein* serait la guerre d'un continent contre un autre, 18 souverainetés coalisées contre l'Europe qui nous envoie ses bras, après nous avoir envoyé ses sciences et ses arts.

Les Etats de l'Amérique centrale et méridionale n'ayant que peu de relations commerciales avec le nord, les droits qu'imposerait le *Zollverein* frapperaient la majeure partie de nos importations et élèveraient les prix de la plupart de nos objets de consommation courante.

L'orateur termine par les paroles suivantes :

« Le XIXᵉ siècle nous a mis en possession de nos droits politiques, renfermant ceux qu'a proclamés notre sœur aînée après des luttes dignes de sa souveraineté. Que le siècle de l'Amérique, ainsi qu'on a déjà appelé le XXᵉ siècle, contemple nos échanges libres avec tous les peuples de la terre et le noble duel du travail libre où, on l'a dit avec raison, Dieu mesure le terrain, égalise les armes et distribue la lumière ».

Section II. — MÉDIATION.

§ 349. Le Pape a plusieurs fois, au cours de ces dernières années, été prié par les Etats ne pouvant arriver à s'entendre à l'amiable, de s'entremettre comme médiateur.

Médiation du Pape entre l'Angleterre et le Portugal à propos de l'Afrique orientale.

Le Portugal, en se soumettant à l'ultimatum que lui avait intimé l'Angleterre, réserva la question de droit. Il n'entendait pas que par cet acte, l'Angleterre pût considérer les territoires qu'il évacuait comme placés entièrement sous le protectorat britannique et dans la sphère de l'influence anglaise.

Le gouvernement portugais, s'il y était forcé, en appellerait formellement aux puissances signataires du traité de Berlin, en réclamant l'exécution de l'article 12 de ce traité.

Mais avant de venir à ces extrémités il chercha la médiation des puissances amies pour aplanir cette question. « Entre les puissances amies (dit le ministre des Affaires étrangères de Portugal au nonce, d'après le rapport de celui-ci en date du 6 mars 1890), nous attachons le plus grand prix à l'autorité souveraine dont dispose le Saint-Père.

Pour cette raison j'ai depuis trois jours télégraphié à M. Martens Ferrao, notre ambassadeur, afin qu'il implore, en ce sens, les bons offices de Sa Sainteté auprès du gouvernement anglais ; d'autant plus qu'un envoyé britannique se trouve maintenant auprès du Saint-Siège.

Et maintenant, je prie le nonce de vouloir bien, lui aussi, envoyer un télégramme à l'Eminent Cardinal Secrétaire d'Etat pour lui recommander cette demande. Nous espérons beaucoup s'il l'accueille favorablement ». En effet le secrétaire d'Etat cardinal Rampolla del Findaro, au nom de Sa Sainteté, s'intéressa à cette affaire. Le nonce en donna connaissance, le 20 mars 1890, au ministre des Affaires étrangères, qui, le même jour, l'en remercia en ces termes au nom de son souverain. « Sa Majesté le Roi remercie le Saint-Père de sa paternelle sollicitude envers la nation portugaise ».

Le 28 mai 1891, on signa entre le Portugal et l'Angleterre une convention qui fut assez satisfaisante pour le Portugal.

§ 350. En date du 30 décembre 1890, le baron Whetnall, envoyé extraordinaire et ministre plénipotentiaire de la Belgique près le Saint-Siège, communiquait au cardinal Rampolla del Findaro, qu'il était chargé par le roi-souverain du Congo de solliciter de la bienveillance du souverain Pontife que Sa Sainteté voulût bien servir de médiateur dans un différend soulevé entre l'Etat indépendant du Congo et le Portugal relativement à la frontière le long de la rivière Cuango.

Médiation du Pape entre le Portugal et l'Etat indépendant du Congo, relativement au territoire de Muatayanva.

Il priait Son Eminence de vouloir bien soumettre au Saint-Père ce désir à la réalisation duquel son Auguste Souverain attachait le plus haut prix.

Le nonce en Portugal, qui est présentement le cardinal Vincent Vannutelli, le 2 janvier 1891, informait le Cardinal Secrétaire d'Etat de S. S. qu'une convention avait été signée, le 31 décembre 1890, entre M. du Bocage, ministre des Affaires étrangères en Portugal et M. de Grelle-Rogier, représentant de l'Etat indépendant du Congo. Les trois articles de la convention étaient :

1° Que les deux Etats chercheraient, par des négociations directes, à se mettre d'accord relativement à la question du territoire du Muatayanva (Lunda) ;

2° Que, dans le cas où les plénipotentiaires respectifs ne pourraient en venir directement à un accord, le gouvernement de l'Etat indépendant du Congo, et le gouvernement de S. M. Très Fidèle s'engageaient à recourir à la médiation de S. S. le Souverain Pontife Léon XIII ;

3° Que le gouvernement de l'Etat indépendant du Congo et le gouvernement de S. M. Très Fidèle s'engageaient, au surplus, à soumettre la question à l'arbitrage d'une puissance amie, choisie de commun accord, dans le cas où l'entente, sur le point dont il s'agissait, ne parviendrait pas à s'établir par voie de médiation.

Le ministre des Affaires étrangères déclara, d'après le même rapport du nonce en date du 2 janvier 1891, que cette puissance amie ne serait certainement autre que le Saint-Père.

Mais le différend fut aplani par des négociations directes et la convention qui y mettait fin fut signée le 25 mai.

Le baron Whetnall, en portant cela à la connaissance de S. E. le Cardinal Secrétaire d'Etat par une note en date du 24 juillet 1891, disait :

« Je suis chargé par le Roi, mon Auguste Souverain, de porter officiellement à la connaissance du Souverain Pontife la conclusion de la convention du 25 mai et de l'informer que sa haute intervention n'a aujourd'hui plus d'objet.

Sa Majesté désire en outre, qu'en faisant cette communication, j'exprime à Sa Sainteté les remerciements du gouvernement de l'Etat du Congo pour son acceptation de médiateur éventuel et que je lui dise combien il a été sensible à cette marque de haute bienveillance pour laquelle il lui reste excessivement reconnaissant ».

§ 351. Dans l' « *Exposicion preliminar al libro amarillo de los Estados Unidos de Venezuela* (1895) », on parle d'une autre intéressante médiation. La question des limites de la colonie anglaise de la Guyane préoccupait vivement le gouvernement de Vénézuéla. Or, le sénat et la chambre des représentants des Etats-Unis du Nord, comme amis impartiaux des deux parties, étant réunis en congrès, prirent la résolution « de recommander aux deux parties intéressées l'indication déjà faite par le président Cleveland, dans son message de décembre 1894, c'est-à-dire que la Grande-Bretagne et la république de Vénézuéla voulussent bien soumettre à un arbitrage amical la question de leurs frontières

Médiation du Pape entre le Vénézuéla et l'Angleterre à propos de la détermination des frontières de la Guyane anglaise.

dans la Guayana ». Le gouvernement de Vénézuéla donnant suite à cette recommandation s'efforça d'obtenir la médiation officieuse de quelque puissance.

Dans ce but le gouvernement s'adressa au Saint Siège à l'intelligente influence duquel (dit l'exposé) la diplomatie contemporaine doit des bienfaits si remarquables.

Le Saint Père accepta.

L'idée du ministère, en confiant cette affaire au représentant du Souverain Pontife, fut d'obtenir par l'intervention du Saint-Siège que le gouvernement anglais ordonnât l'évacuation du territoire qui s'étend jusqu'à Barima. Et il espérait que par les bons offices du représentant du Saint-Siège les hommes d'Etat d'Angleterre verraient l'opportunité de soumettre à des principes plus larges les négociations sur les limites de la colonie Guyanaise de Sa Majesté britannique (1).

Section III. — ARBITRAGE INTERNATIONAL. — OBJET ET FORME DU JUGEMENT ARBITRAL.

Motion Gladstone.

§ 352. Dans la sphère de l'arbitrage, il nous faut signaler, outre les votes, résumés plus haut, de la Conférence internationale américaine, les motions de MM. Cremer et Gladstone.

L'arbitrage devant le Parlement anglais.

La Chambre des Communes anglaise s'est préoccupée de la question de l'arbitrage. Le 16 juin 1893, M. Cremer y a développé la proposition suivante :

« La Chambre a appris avec satisfaction que le congrès des Etats-Unis a autorisé le président de la République à conclure des traités d'arbitrage. La Chambre espère que le gouvernement de la Reine engagera à la première occasion convenable des négociations pour conclure avec les Etats-Unis un traité stipulant l'arbitrage pour tous les conflits qui pourront exister entre les deux pays, et que la diplomatie serait impuissante à régler ».

Le lendemain, 17 juin 1893, M. Gladstone fit voter la proposition suivante, par la Chambre des Communes anglaises :

« La Chambre a vu avec satisfaction que le congrès des Etats-Unis a autorisé le président à inviter, de temps en temps et dans l'occasion, d'autres gouvernements à soumettre les questions en

---

(1) Voir plus loin la question du Conflit anglo-vénézuélien à propos de la délimitation des frontières de la Guyane.

litige à une Cour d'arbitres. La Chambre sympathise avec ce but et
espère que le gouvernement anglais s'empressera de collaborer
avec celui des États-Unis sur cette base. Les déclarations formelles
en faveur de l'arbitrage contribuent à la paix. L'Angleterre a essayé aussi d'arriver à la création d'un conseil central des grandes
puissances, où les intérêts des différentes puissances pourraient
se neutraliser. L'Angleterre doit tout mettre en œuvre pour faire
adopter les arbitrages, mais le vrai moyen d'arriver à la paix, c'est
une expression juste, modérée et raisonnable des prétentions anglaises ».

§ 353. Le Sénat espagnol est saisi d'un projet de loi autorisant de- *Projet de loi espagnol.*
rechef le gouvernement à négocier des traités d'arbitrage. Déjà
en 1890, cette assemblée avait voté un projet de loi semblable,
dont les autorités, semble-t-il, n'ont tenu aucun compte. C'est
pourquoi le Sénat revient à la charge. Dans l'exposé des motifs,
les auteurs invoquent entre autres le fait que les conférences in-
terparlementaires de Paris, Londres, Rome et Berne, puis la conférence panaméricaine et divers congrès américains ont sollicité
une application plus étendue de l'arbitrage. L'article 1er confirme
l'autorisation déjà donnée de négocier des traités d'arbitrage, pour
résoudre pacifiquement tous les différends internationaux qui ne
touchent ni à l'indépendance, ni au régime administratif des États.
L'article 2 stipule que seront seules ratifiées les conventions internationales renfermant une clause d'arbitrage pour les questions
qui pourraient surgir de l'interprétation ou de l'application du
traité. L'article 3 enfin institue une commission qui étudiera le
meilleur mode d'établir l'arbitrage (*Droit international*, III,
§ 1791 et s.).

§ 354. En 1892, l'Académie des Sciences morales et politiques de *Rapport de M. A. Desjar-dins sur l'ar-bitrage.*
France avait mis au concours le sujet suivant : « L'arbitrage inter-
» national, son passé, son présent, son avenir ». M. Arthur Desjardins fut chargé de faire un rapport sur les différents travaux
proposés à l'Académie. Dans la première partie de la question,
l'éminent rapporteur a fait une étude rapide mais des plus *intéressantes* sur la tendance actuelle de tous les peuples à l'arbitrage,
étude qu'il nous a paru *utile* de résumer ici.

M. Desjardins débute par un rapide examen des guerres qui ont
ensanglanté ce siècle et de l'état actuel des esprits dans les nations
civilisées.

« Un gouvernement sage ne proposera jamais une guerre dont
» les conséquences seraient incalculables. Malheur au gouverne-

» ment qui se risquerait le premier à jeter une étincelle sur le ba-
» ril de poudre de la situation européenne ! ».

Cette parole, c'est M. de Moltke lui-même qui l'a prononcée, en plein Reichstag, le 14 mai 1890.

Combien coûterait une guerre actuellement? plus d'un milliard en trois mois, sans compter les pertes immenses qu'elle infligerait à l'industrie, au commerce, à l'agriculture.

De 1853 à 1866 les guerres ont coûté aux puissances belligérantes près de 48 milliards. La guerre seule de 1870 a coûté à la France plus de 30 milliards. Voilà les résultats du siècle ! Mais nous sommes les premiers à reléguer au second plan les intérêts pécuniaires. Jamais de tels massacres d'hommes n'auront déshonoré l'espèce humaine ; jamais de tels fleuves de sang n'auront coulé. Imagine-t-on le torpilleur envoyant aux abimes, dans l'espace d'une seconde, tout l'équipage d'un vaisseau de guerre ? les nouvelles armes de tir imprimant une telle force de pénétration aux balles que trois ou quatre hommes peuvent être successivement transpercés par un seul projectile ? de nouveaux canons mettant au service des belligérants une puissance de destruction qui confond l'imagination même des hommes de guerre ?

On s'est tellement préparé pour la guerre, on l'a faite si terrible, si sanglante, si monstrueuse qu'on a fini par la rendre, je ne dis pas impossible, mais plus difficile à commencer que dans aucune autre période de l'histoire. C'est pourquoi la parole est aux hommes de paix. On les raillait autrefois ; on a commencé par leur accorder une attention distraite : on finit par les écouter.

Le temps manque pour exposer les vicissitudes de cet admirable mouvement qui, depuis plus de 50 ans, pousse le monde à la solution pacifique des conflits internationaux.

Suit un rapide examen des opinions exprimées sur la matière par les principaux internationalistes. En juillet 1873, le parlement anglais donna le branle : il votait, après un débat mémorable, la motion de sir Henry Richard, tendant à supplier la Reine de vouloir bien charger son principal Secrétaire aux Affaires étrangères de s'aboucher avec les autres puissances en vue de perfectionner le droit des gens et d'établir un système permanent d'arbitrage international. Quatre mois plus tard, Mancini, sans doute inspiré par cet exemple, demandait à la Chambre des Députés italienne qu'elle proposât au gouvernement royal d'introduire dans les traités « une clause portant que les difficultés relatives à l'exécution » des pactes internationaux seraient déférées à des arbitres et de

» persévérer dans une initiative déjà prise, en vue de rendre uni-
» formes, dans l'intérêt des peuples respectifs, les règles du droit
» international privé » ; la Chambre, malgré quelques réserves de
M. Visconti-Venosta, ministre des Affaires étrangères, adoptait le
projet entier. Le 21 mars 1874, la seconde Chambre suédoise envoyait, sur la proposition de M. Jonas Jonassen, une adresse au
Roi, pour le prier instamment « d'appuyer toutes les démarches
» tendant à l'établissement d'un tribunal permanent en vue d'arran-
» ger les différends internationaux ». Le 17 juin 1874, le Congrès
des Etats-Unis, sur une motion de Bordman Smith, de New-York,
recommandait de constituer des juridictions arbitrales et d'insérer,
dès qu'il serait possible, dans les traités à conclure avec les gouvernements étrangers, une clause d'après laquelle aucune partie
ne prendrait les armes contre l'autre, jusqu'à ce que des efforts
eussent été faits pour écarter tous les motifs de réclamation au
moyen d'un arbitrage impartial : du même coup, les deux Chambres
autorisaient le président de la république à ouvrir des négociations
pour l'établissement d'un régime international sérieux. Aux Pays-
Bas, le 27 novembre 1874, la seconde Chambre des Etats Généraux
exprimait, par 35 voix contre 30, le vœu que le gouvernement né-
gociât avec les puissances étrangères en vue d'obtenir que l'arbitrage devint le moyen reçu pour le règlement de tous les différends
internationaux entre nations civilisées, relatifs à des matières susceptibles d'arbitrage et s'efforçât, en attendant, de stipuler dans
tous les pactes à conclure que tous les différends susceptibles de
recevoir une pareille solution seraient soumis à l'arbitrage. Le
30 juin 1875, la Chambre des Représentants de Belgique était saisie
par MM. Couvreur et Thonissen d'une proposition qui recommandait au gouvernement du Roi non seulement la pratique de l'arbitrage mais encore l'étude des règles qu'il conviendrait d'adopter
pour en organiser la procédure. Le 27 mai 1888, le Folkething danois accueillit une pétition par laquelle six mille citoyens demandaient l'institution d'un arbitrage permanent entre les Etats scandinaves : le 30 octobre 1890, la même Assemblée adoptait, par
58 voix contre 10, une proposition de M. Fredrik Bajer, qui conviait
le gouvernement royal à faire entrer dans la pratique la notion de
l'arbitrage permanent, non seulement entre ces trois Etats, mais
par des négociations plus larges, ouvertes avec les autres nations.
Dès le 6 mars 1890, le Storthing norvégien avait voté, sur l'initiative de M. Ulman, une résolution du même genre et, le 16 juin, le
Sénat espagnol, à la demande de M. Marcoartu, avait accepté le

principe de l'arbitrage permanent avec toutes ses conséquences, sauf les réserves légitimes qu'implique l'indépendance des États. Enfin, dans les derniers mois de la même année, les deux Chambres italiennes autorisaient décidément, en complétant l'œuvre de 1873, sur l'initiative de MM. Mazzoleni et Alfieri di Sostegno, leur gouvernement à négocier des traités d'arbitrage avec toutes les puissances. Voilà pour les parlements et, si je n'ai pas reculé devant une énumération peut-être insipide, c'est qu'on ne peut pas traiter ces assemblées comme un groupe de figurants, passant et repassant sous des costumes divers devant les mêmes spectateurs : leles accomplissent un mandat et peuvent être regardées comme l'image fidèle du pays qui les nomme. Ce que les élus réclament, les électeurs le veulent probablement et, si les nations veulent l'arbitrage, elles doivent être, elles seront bientôt obéies.

Le président des États-Unis, dans un message du 4 décembre 1882, avait annoncé que l'ère de paix lui semblait proche et s'était déclaré prêt pour sa part à négocier avec les peuples qui voudraient, de concert avec lui, préparer l'évolution par la généralisation de l'arbitrage. La publication de ce document, à peu près inaperçu dans le reste de l'Europe, amena la Confédération helvétique à entrer en pourparlers avec la grande république américaine. Le projet de traité, voté par le Conseil fédéral suisse, le 24 juillet 1883, par lequel les deux États contractants s'engagent à soumettre à un tribunal arbitral toutes les difficultés nées ou à naître entre eux pendant un espace de trente années, bien que divers événements en aient retardé la conclusion définitive, est un fait capital dans l'histoire du droit des gens. La première pierre d'un nouvel édifice venait d'être posée. Quelques mois après le vote du Conseil fédéral, le 24 décembre 1884, les républiques du Salvador et du Vénézuéla s'obligeaient solennellement à « soumettre tou-
» tes les questions d'une nature grave, pouvant produire la guerre
» et sur lesquelles elles ne pourraient s'entendre, à la décision
» sans appel d'un ou de plusieurs arbitres, nommés d'un commun
» accord ». L'idée parut féconde et se développa, même en deçà de l'Atlantique ; on ne saurait oublier que, dès le 12 mai 1888, aux termes du traité de commerce et de navigation, signé par M. Goblet, ministre des Affaires étrangères de France et par la république de l'Équateur, « dans le cas où un différend de nature à troubler
» les bons rapports entre les deux pays viendrait à s'élever et ne
» pourrait être réglé à l'amiable, les parties contractantes soumet-
» tront leur litige à une puissance amie, dont l'arbitrage sera ac-

» cepté d'un commun accord. » Mais le mouvement se dessina
particulièrement en Amérique. Au début de l'année 1889, les républiques de Costa-Rica, de Guatemala, de Nicaragua, du Salvador,
du Honduras s'engageaient à faire trancher leurs différends par
l'arbitrage d'un des États qui suivent : les États-Unis, la République Argentine, le Chili, le Mexique, la Suisse ou l'une des grandes
puissances européennes.

Il était aisé de prévoir que l'exemple serait contagieux et que la
ligue engloberait bientôt les quatre cinquièmes de l'Amérique.

En effet, sous l'impulsion des États-Unis, les plénipotentiaires
de 17 puissances se réunissaient à Washington et l'accord s'établissait entre les représentants de plus de cent millions d'hommes le
18 avril 1890 sur le principe de l'arbitrage permanent.

Nos descendants verront-ils la constitution d'un tribunal international universel ?

L'heure de la transformation n'a pas encore sonné, mais il serait
téméraire aujourd'hui d'affirmer qu'elle ne sonnera pas !

Au commencement du siècle, la conception d'un arbitrage permanent en vue de régler les différends à naître pendant une certaine
période entre plusieurs peuples était à peu près exclusivement
théorique : deux peuples étaient sur le point d'en venir aux mains. Il
se pouvait qu'un prince équitable ou libéral, un ministre habile ou
généreux réfléchît avant d'entrer en campagne et se demandât s'il
ne valait pas mieux chercher d'abord une solution pacifique. Heureux les peuples que pouvaient conduire de tels hommes ! Que si
le hasard de la naissance ou la redoutable imprévoyance des corps
électoraux en avaient autrement décidé, le canon tonnait, les
armées s'entrechoquaient, les peuples s'entr'égorgeaient et c'est
seulement après la tuerie générale qu'on arrivait à s'entendre
pour la signature d'un pacte, dicté non plus par le droit, mais par
la force !

Arrive la conclusion du traité de Washington : Quel changement !
La solution du conflit international n'est plus, en principe, subordonnée aux caprices d'un gouvernement, aux résolutions arbitraires et variables d'une Chambre ignorante ou passionnée : elle est
écrite d'avance. Pour recourir à la force, il faut déjà sortir du droit.
On arrive à n'excepter de l'arbitrage que ce qui touche à l'autonomie nationale proprement dite, sur laquelle aucune transaction
n'est possible. Il n'y a pas de décision judiciaire qui puisse réduire
un peuple en esclavage. La souveraineté des États ne s'aliène d'au-

cune manière et ce serait la pire des monstruosités que de masquer sous les apparences de la justice l'immolation du droit. Hors de là compétence universelle, et cette large théorie de l'arbitrage nous parait être dès aujourd'hui la plus logique ; par là même elle se classera bientôt, tout nous mène à l'espérer, au rang de ces « rapports nécessaires qui dérivent de la nature des choses ».

Le rapport se termine par l'examen des mémoires proposés par les concurrents.

§ 355. Quelques mots maintenant sur un certain nombre d'arbitrages, qui prouvent que ce mode de régler les litiges internationaux est accepté de plus en plus et qu'en somme il mène au but, toutes les fois que l'honneur national n'est pas en jeu.

Les 29 et 30 septembre 1854 deux navires américains, le *Benjamin-Franklin* et la *Catherina-Augusta* entraient dans le port de St-Thomas, munis de papiers de bord en règle qui indiquaient comme armateur M. J. Olcott, tandis que MM. C. Butterfield et Cie en étaient les véritables propriétaires.

On craignait alors que la Russie ne délivrât des lettres de marque à des navires américains ; d'autre part il se préparait au Mexique et au Vénézuéla des mouvements insurrectionnels. Dans ces circonstances la plus grande vigilance s'imposait au Danemark, en sa qualité de neutre, au sujet du centre maritime de St-Thomas. On racontait que les navires susnommés étaient destinés à une expédition contre le Vénézuéla êt qu'ils comptaient s'armer sur territoire neutre. En conséquence et sur les réclamations du Vénézuéla, l'avocat du gouvernement des Etats-Unis fit mettre l'embargo sur le *Benjamin-Franklin* et ce navire ne fut relâché, quelques jours après, que moyennant un cautionnement de 20.000 dollars. En outre la cargaison de la *Catherina-Augusta*, composée de munitions de guerre, était débarquée et transportée en partie dans les magasins du gouvernement. Mais le 21 décembre, le *Benjamin-Franklin*, ayant été arrêté par le *Mail Packet* anglais, sortit du port, après le coucher du soleil, sans la passe de nuit prescrite. Là-dessus, coups de canon tirés par la batterie du port, dont un avaria légèrement le navire, qui rentra au port et repartit le lendemain pour Barbados. Le dommage fut évalué à 150.800 dollars.

Dans une note du 23 décembre, M. Helm demanda réparation de l'insulte faite au pavillon américain. Mais il ne fut donné suite à cette affaire que six ans plus tard, par une note dans laquelle les Etats-Unis demandaient au Danemark une indemnité non plus seulement pour le coup de canon, mais pour la détention soi-disant illégale des deux navires. Le Danemark ayant repoussé cette demande, les Etats-Unis revinrent à la charge en 1866, puis, sur le refus réitéré du Danemark, en 1869. Dans cette dernière réclamation, l'Amérique proposait un arbitrage. L'affaire reparut encore deux fois, malgré les fins de non-recevoir du Danemark, et finalement, celui-ci consentit en 1886 à soumettre la cause à un arbitre. Sir Edm. Monson, ministre de la Grande-Bretagne auprès du gouvernement hellénique, fut agréé comme tel par les deux parties, et rendit la sentence arbitrale suivante :

Les autorités de St-Thomas avaient des motifs légitimes de suspecter les navires en cause, et par conséquent le droit de sauvegarder la neutralité de ce port. Les mesures prises étaient raisonnables et on ne saurait les considérer comme abusives. Les autorités danoises se sont contentées de demander une caution garantissant que les navires en cause se contenteraient de se radouber, et que la cargaison consistant en munitions de guerre, et qu'il fallait décharger pour opérer le radoub, ne serait pas réexportée sans justification de la légitimité de sa destination. Les mesures préventives du gouverneur ont donc été raisonnables. Elles n'ont pas été prolongées au delà du temps nécessaire. La réclamation des Etats-Unis n'est donc pas fondée. En conséquence le Danemark n'est tenu à aucune indemnité de ce fait.

Défaut de fondement de la réclamation des Etats-Unis

Pour ce qui est du coup de canon, l'arbitre pense que le fait de l'affrètement du *Benjamin-Franklin* par la *Royal Mail Steam Ship Co* n'implique pas la collation des privilèges concédés par le Danemark aux paquebots réguliers de la compagnie, privilèges en vertu desquels ils peuvent quitter St-Thomas de nuit, sans les formalités imposées aux autres navires. Le capitaine du *Benjamin-Franklin* ayant négligé ces formalités, c'est à lui à supporter les conséquences de cet oubli et point au Danemark. Celui-ci n'est donc tenu à aucune indemnité (1).

§ 356. Entre les Républiques Argentine et du Brésil existait une contestation sur la question de la frontière des missions.

Ce différend séculaire, qui n'a jamais pu être réglé à l'amiable entre les rois d'Espagne et de Portugal, puis entre leurs colonies respectives émancipées, portait sur une étendue de territoire de 30.670 kilomètres carrés située au nord du territoire argentin des

Conflit entre la République Argentine et le Brésil. Question des Missions. Arbitrage du président Cleveland.

(1) *Mémoire présenté par le gouvernement danois à Sir Edm. Monson, au sujet de la réclamation de M. Butterfield et Cie* (Copenhague, 1889).—*Voldgifts mandens Kjendelse i den Butterfieldshe sag* (arbitrage de Sir Monson), *Revue de droit international*, XXII, p. 360.

Missions, entre les rivières San Antonio et Pepiri-Guazu à l'ouest, les rivières Chopim et Chapeco à l'est, l'Iguazu au nord et l'Uruguay au sud.

Le territoire — contesté par suite d'un désaccord sur la position et la dénomination de ces rivières — avait surtout une importance stratégique en ce sens qu'il s'enfonce comme un coin dans le territoire brésilien, et tournant l'Etat de Rio-Grande do Sul tendait à l'isoler par terre du reste du Brésil. Aussi avait-il été jusqu'ici une cause de discorde et de perpétuelle alarme pour les deux pays.

Ils résolurent de résoudre enfin la question par un arbitrage et s'adressèrent au président des Etats-Unis, M. Cleveland, et signèrent, le 7 septembre 1889, une convention en ce sens.

La défense des intérêts de la République Argentine fut présentée par le docteur Zeballos et celle du Brésil par le baron Rio Branco, tous deux envoyés à Washington pour cette mission spéciale.

Le président Cleveland a rendu le 5 février 1895 la sentence arbitrale suivante :

Sentence arbitrale du président Cleveland. § 357. La Convention conclue le 7 septembre 1889 entre la République Argentine et le Brésil pour arranger les différends soulevés par les deux nations à propos d'une question de frontières a adopté, entre autres, les dispositions suivantes :

Art. 1er. — La discussion du droit, que chacune des Hautes Parties contractantes pense avoir sur le territoire en litige, sera close dans le délai de quatre-vingt-dix jours à partir de la conclusion de la reconnaissance du territoire où se trouvent les sources des fleuves Chapéco ou Pepiri-Guazu, et Jangada ou San-Antonio-Guazu.

Il est entendu que la dite reconnaissance sera faite à partir du moment où les commissions nommées en vertu du traité du 28 septembre 1885, présenteront à leurs gouvernements les rapports et les plans dont il est fait mention à l'article 4 du traité.

Art. 2. — Le délai de l'article précédent une fois expiré sans solution amicale, la question sera soumise à l'arbitrage du président des Etats-Unis d'Amérique, auquel s'adresseront, dans les soixante jours suivants, les Hautes Parties contractantes, en lui demandant d'accepter cette mission.

Art. 5. — La frontière sera délimitée par les fleuves que le Brésil ou la République Argentine ont désignés, et l'arbitre sera invité à se prononcer pour l'une des deux parties, comme il le jugera juste, après avoir pris connaissance des arguments et des documents qu'elles produiront.

ART. 6. — La sentence arbitrale sera rendue dans le délai de douze mois à partir de la date où les mémoires seront présentés, ou de celle de la présentation du dernier, dans le cas où les deux ne seraient pas présentés en même temps par les deux parties. Ce jugement sera définitif et obligatoire, aucune raison ne pouvant être invoquée pour entraver son accomplissement.

Les Hautes Parties contractantes n'ayant pu arriver à une solution amicale de la question, dans le délai stipulé, la tâche d'examiner le cas et de prononcer la sentence conformément aux termes de la convention, me fut acquise, à moi, Grover Cleveland, Président des États-Unis d'Amérique.

Chacune des parties m'a soumis, dans le délai et sous la forme spécifiés à l'article 4 de la convention d'arbitrage, un mémoire en défense de son droit, ainsi que les preuves, documents et titres sur lesquels sont basées ses prétentions.

La question qui a été soumise à mon jugement selon les termes de la convention précitée, consiste à déterminer, entre les deux systèmes de limites fluviales proposés, lequel des deux est celui qui constitue la frontière entre le Brésil et la République Argentine, dans cette partie du territoire limitrophe aux mêmes fleuves qui s'étend entre le Rio Uruguay et le Rio Yguazu. Chacun de ces deux systèmes est constitué par deux rivières qui prennent leur source à peu de distance l'une de l'autre, mais qui coulent en sens contraire pour aller se jeter respectivement, le premier dans l'Uruguay et le second dans l'Yguazu.

Les deux fleuves qui, suivant la prétention du Brésil, constituent la frontière contestée, forment ce qu'on peut appeler le système occidental, sont tributaires respectivement, l'un de l'Uruguay et l'autre de l'Yguazu, et tous deux ont été désignés, reconnus et déclarés comme fleuves frontières en 1759 et 1760, par la Commission mixte qui fut nommée en vertu du traité du 13 janvier 1750 entre l'Espagne et le Portugal, dans le but de déterminer une ligne de démarcation entre les possessions espagnoles et portugaises de l'Amérique du Sud. L'affluent de l'Uruguay est désigné dans le rapport de ladite commission sous le nom de Pepiri (parfois orthographié Pepiry). Dans quelques documents de date plus récente, il est appelé aussi Pepiri-Guazu. Le fleuve opposé qui afflue dans l'Yguazu, fut nommé San Antonio par ladite commission mixte, et ce dernier nom lui est resté.

Les deux fleuves qui, selon la prétention de la République Argentine, constituent la frontière, et dont le système peut porter le

nom d'Oriental, se trouvent plus vers l'Est, et sont appelés par la
dite République, Pepiri-Guazu, celui qui afflue dans l'Uruguay,
et San-Antonio-Guazu, celui qui se jette dans l'Yguazu.

Ces deux fleuves sont désignés par le Brésil respectivement avec
les noms, le premier de Chapéco, et le second de Jangada.

En conséquence, j'ai, Grover Cleveland, Président des Etats-Unis
d'Amérique, en vertu des fonctions d'arbitre qui m'ont été conférées, après avoir dûment examiné et considéré les mémoires, documents et preuves qui m'ont été présentés par les parties respectives, et en conformité des dispositions de la convention, prononcé
la sentence suivante :

Que la ligne frontière entre la République Argentine et les Etats-
Unis du Brésil, dans la partie qui a été soumise à ma décision, est
constituée et devra être marquée et établie par les fleuves Pepiri
(appelé aussi Pepiri-Guazu) et San-Antonio, c'est-à-dire ceux que
le Brésil a désignés dans son mémoire et dans ses documents comme
constituant la frontière, et desquels il est fait mention plus haut
comme formant le système occidental.

Afin de faciliter l'identification des deux fleuves, on peut ajouter
qu'ils sont les mêmes qui furent reconnus, et désignés comme
frontières sous les noms de Pepiri et San-Antonio, respectivement,
dans les années 1759 et 1760, par les commissaires espagnols et
portugais, nommés à cette fin en vertu du traité de délimitation du
13 janvier 1750 entre l'Espagne et le Portugal, comme il résulte du
rapport officiel rédigé par ceux-ci. L'embouchure de l'affluent de
l'Uruguay, le Pepiri (qu'on appelle aussi Pepiri-Guazu) qui, conjointement avec le San-Antonio, sont reconnus ici pour former la
frontière en question, fut relevée et déclarée, par lesdits délégués,
dans les actes de 1759, se trouver à la distance d'une lieue et un
tiers de lieue, en amont, du Salto Grande de l'Uruguay, et de deux
tiers de lieue, également en amont, d'une petite rivière que les
délégués désignèrent sous le nom d'Ytayoa. D'après la carte et le
rapport faits à la suite des reconnaissances effectuées en 1887 par
la commission mixte brésilienne-argentine, en vertu du traité du
28 septembre 1883 entre la République Argentine et le Brésil, la
distance entre le Salto Grande de l'Uruguay et l'embouchure du Pepiri (appelé aussi Pepiri-Guazu) fut mesurée exactement et il en
résulte que cette distance est de quatre milles et demie, suivant
la ligne du fleuve. L'embouchure de l'affluent de l'Yguazu, le San
Antonio, fut relevée par lesdits délégués de 1759 et 1760, comme
étant située à 16 lieues en amont du Salto Grande de l'Yguazu, et

à 23 lieues de l'embouchure de ce dernier. Les mêmes délégués déclarent aussi que ledit affluent est le second en importance des fleuves qui jettent leurs eaux sur la rive sud de l'Yguazu, de son Salto Grande en amont. Le premier est le San Francisco, qui est situé à 17 lieues un quart environ dudit Salto Grande, toujours en amont.

Dans le rapport sur la délimitation de 1788, fait en vertu du traité du 1ᵉʳ octobre 1777, entre l'Espagne et le Portugal, et dressé par des ingénieurs des deux nations, il résulte que la situation du San Antonio, par rapport à l'embouchure de l'Yguazu et au Salto Grande, coïncide entièrement avec celle qui a été exposée.

En foi de quoi je dis et signe ce qui précède, et j'y appose le sceau des États-Unis.

Fait en triple exemplaire, en la ville de Washington, le 5 février 1895, et 109 de l'indépendance des États-Unis.

Signé : GROVER CLEVELAND.

Par le Président,

Le Secrétaire d'État,

W. L. GRESHAM.

§ 358. A la suite de la sentence arbitrale du Président Cleveland, le ministre de la République Argentine à Washington adressa à son gouvernement une note que nous résumons ici et expliquant pourquoi, à son sens, l'arbitre s'était prononcé contre la République Argentine.

Note du Mi-
nistre de la
République
Argentine à
Washington.

Le ministre argentin résume d'abord les arguments du Brésil :

« Ce sont les Paulistes qui découvrirent et le Portugal qui posséda d'abord le territoire soumis à l'arbitrage.

» Cet argument répète la déclaration connue du *contre-memorandum* qui fut présenté au gouvernement argentin par le baron d'Alençat, au nom de son gouvernement en 1884, et qui est conçu comme suit : « *A Hespanha nunca pussuin un palmo de terra entre os rios en litigio* » (1). La réfutation de cet argument dans le mémoire argentin semble concluante, car les documents présentés à l'arbitre ne laissent aucun doute sur ce point.

Le Brésil ayant succédé au Portugal dans cette possession, fonda la ville de Palmas en 1841, sur le territoire litigieux, sans que le gouvernement argentin fît ni réclamation, ni protestation et prît aucune mesure jusqu'en 1881. Le recensement de 1890, établi sans

---

(1) L'Espagne ne posséda jamais la moindre parcelle de terre entre les rivières en litige.

protestation du gouvernement argentin, avait reconnu au territoire
en litige 5.793 habitants, lesquels, à l'exception de 30, étaient tous
brésiliens. Parmi ces 30, il ne se trouvait aucun argentin. L'argument se termine ainsi :

« Il existait dans la ville de Palmas, la paroisse de Bon-Vista et
autres centres de population moins importante, sans compter
beaucoup d'établissements provisoires.

« Les habitants étaient et sont encore en majeure partie brésiliens. Depuis 1838, ils ont occupé constamment la campagne de
Palmas.

« Le gouvernement argentin ne pouvait ignorer l'établissement
des Brésiliens dans ces régions, car il avait une légation à Rio-de-
Janeiro, et le fait fut officiellement publié en 1841. S'il croyait
avoir droit au territoire situé à l'est du Pepiri-Guazu et San Antonio
il eût dû protesté contre son occupation administrative, comme il
avait protesté contre l'occupation des Iles Malouines par l'Angleterre.

« Contre cet argument, la République Argentine a présenté la protestation du ministre des Affaires étrangères, M. Rufino de Elizalde,
du 13 février 1863, et la note de celui-ci aux ministres de la Guerre
et de la Marine, les engageant à prendre les mesures nécessaires
pour le cas où il serait nécessaire de défendre le territoire des
Missions ; mais le mémoire du Brésil soutient que jamais il
n'exista aucune protestation de la part de la République Argentine. Il n'y a pourtant pas de doute que la protestation de M. le
ministre Elizalde ait été reçue par le gouvernement impérial.

« Elle fut officiellement publiée dans le *Journal officiel de la République*, et néanmoins le Brésil continue à la nier. Connaissant
cependant cet argument brésilien, d'une importance capitale, j'ai
télégraphié au ministère et confirmé la dépêche en note du 30 juillet 1894, priant de chercher l'accusé de réception du reçu de la
protestation qui fut donnée par le marquis d'Abrantès, ministre
des Affaires étrangères du Brésil, et le résultat fut négatif. Le ministère me disait, dans la note n° 47, du 2 mai 1894, signée par
M. le D^r don Eduardo Costa : « D'autre part, je fais savoir à Votre Excellence qu'on a envoyé un télégramme chiffré à la légation de la
République à Rio-de-Janeiro, pour qu'elle prenne copie de tous les
documents existant dans ses archives et relatifs à la protestation
formulée par le ministre des Affaires étrangères, Dr Elizalde,
en 1863, contre les empiétements des Brésiliens à l'occident du

Pequiri-Guazu des Argentins, et pour qu'il les remette à Votre Excellence dans le plus bref délai, dûment légalisés.

« Sur cette question on a, en outre, décidé de pratiquer de nouvelles recherches dans les archives du ministère. Je n'ai reçu aucune nouvelle de la légation de Rio-de-Janeiro à ce sujet, ce qui paraît démontrer qu'il n'existe rien dans ses archives. Une note de M. le ministre Dr Elizalde, adressée à son collègue des Relations extérieures du Brésil, datée du 1er août 1863, exige la réponse du gouvernement brésilien, insiste sur sa protestation et demande à maintenir le *statu quo*. Mais cette note a disparu des archives argentines, ainsi qu'en fait foi la communication suivante qui me fut adressée par M. le ministre D^r don Eduardo Costa, dans la note du 31 octobre :

« Me référant à la note confidentielle de Votre Excellence, en date du 31 juillet dernier, reçue avec celle du 14 septembre écoulé, je confirme ce que j'ai manifesté à Votre Excellence dans mon rapport, n° 64, du 14 juin, à propos des recherches minutieuses faites pour satisfaire les réclamations de Votre Excellence concernant certains documents, et répète que les communications du marquis d'Abrantès, ministre des Relations extérieures du Brésil, en réponse à la protestation du ministre des Affaires étrangères Dr Elizalde, formulée au nom du gouvernement argentin, ne se trouvent pas dans les archives de mon département ».

« En outre, la protestation de M. le Dr Elizalde, de 1863, ne s'adressait pas spécialement à la fondation de Palmas réalisée en 1841, mais à certaines incursions faites dans la première année à l'ouest du susdit établissement brésilien. Cet ordre demandait au Brésil de ne point modifier les possessions existantes.

« Donc, il n'a pas été possible de prouver devant l'arbitre que le gouvernement du Brésil eût reçu la protestation argentine, malgré la présentation du livre officiel où elle est enregistrée.

Le territoire litigieux était resté sous la juridiction de Corrientes jusque l'année 1881, dans laquelle sur l'initiative patriotique de M. le ministre D^r don Bernardo de Yrigoyen, sous la présidence du général M. Julio A. Roca, ce territoire fut déclaré national et érigé en gouvernement jusqu'aux limites orientales du territoire contesté, c'est-à-dire, les rivières Chapéco et Jangada, ou Pequiri-Guazu et San-Antonio-Guazu des Argentins. Je prévoyais, en conséquence, qu'on pourrait trouver des documents utiles dans la province de Corrientes sur les actes de possession et de juridiction dans le territoire contesté, et j'ai expédié au ministère la note n° 21, demandant d'envoyer sans retard à Corrientes et au territoire des Missions un délégué à l'effet d'étudier certains points indiqués dans ladite note. Le ministère me télégraphia en recevant la demande, qu'on avait envoyé un délégué à cet effet. Ce fut le capitaine de frégate Juan A. Martinez, fort compétent et connaissant bien le terrain, qui fut envoyé. Cet officier disait dans son rapport au ministère : « Avant d'examiner la valeur de ces documents, je dois faire connaître à Votre Excellence qu'il n'existe pas d'archives à Paggi, pas plus qu'à San Pedro ; ces villes, qui sont à peine une réunion de mauvaises maisonnettes, doivent leur origine à l'exploitation, parfois clandestine, des herbages ; leur fondation n'émane pas d'actes officiels du gouvernement mais simplement de l'initiative privée. D'après les informations que j'ai pu obtenir, et d'après ce que j'ai observé moi-même en 1888, quand je me suis rendu sur le territoire litigieux, il n'existe pas d'archives. Ces villes se trouvent, d'ailleurs, en territoire argentin ; leur population, pour la plus grande partie, fut formée par des Brésiliens, presque tous émigrés, conservant leur idiome, leurs traditions de famille, etc., avec les régions brésiliennes voisines.

« A Corpus et San-Javier, selon les informations de MM. les gouverneurs de Corrientes et des Missions, et autres personnes avec lesquelles je me suis entretenu, il n'y a pas ou presque pas de population, elles ne conservent rien des anciennes missions jésuitiques ; aucune de ces villes n'a jamais exercé de juridiction sur le territoire en litige, ou du moins le fait n'est pas constaté d'une manière officielle dans les actes du gouvernement.

« M. le gouverneur de la province de Corrientes ordonna au Greffier en chef du gouvernement et à l'archiviste de l'administration, de me prêter leur concours et lui-même me fournit les renseignements principaux pour m'aider dans mes recherches. Avec lesdits employés, nous révisâmes une partie des archives, spécialement ce qui concernait les départements de San-Javier et Corpus, sans y trouver quoi que ce fût d'important ; l'archiviste du gouvernement, M. Alsina, qui depuis longtemps occupe ce poste, ignorait aussi l'existence de ces actes de juridiction.

« Je reçus du gouvernement de Missions les deux titres de concessions de terres dont je joins à cette note la copie légalisée ; ce sont les seuls qu'on a retrouvés parmi dix ou douze que j'avais indiqués comme devant se trouver dans les archives de ce gouvernement.

« Les documents dont le secrétaire du gouvernement fait mention, et qui proviennent du directeur du cadastre sont ceux que je transcris plus loin.

« Il ne peut exister dans les documents relatifs aux concessions de terres remises au gouvernement des Missions par celui de Corrientes, aucun renseignement concernant le territoire en litige, car à cette époque le département de Corrientes avait pour limites les limites mêmes de la République Argentine, le Pepiri-Guazu et le San-Antonio, marquées par le Brésil............

« En résumé, M. le ministre, je n'ai trouvé aucune preuve de la juridiction de San-Javier et Corpus sur le territoire contesté, n'ayant rien trouvé, non plus, à la fabrique de Krassero, et au contraire, les renseignements verbaux indiquent que cette juridiction s'exerça légitimement en territoire argentin. J'ai des informations presque suffisantes pour affirmer absolument que ni à San Pedro, Paggi, Corpus, San-Javier, il n'existe des documents qui indiquent l'exercice d'une juridiction à l'est de la limite à laquelle prétendent les Brésiliens. En ce qui concerne les titres de propriété, contrats, ventes, etc., je n'ai trouvé d'autres que ceux que je vous expédie ci-joints ».

« Il ne fut pas possible, alors, malgré les efforts actifs déployés par le ministère d'établir cette argumentation décisive du Brésil.

« Le Brésil fonde en outre sa défense sur « la possession spéciale du territoire qui lui est indispensable pour sa sécurité et sa défense, et pour la conservation de ses communications terrestres entre Rio-Grande du Sud et d'autres Etats de l'union brésilienne ».

« Ceci n'est pas un argument, mais bien un appel à l'équité de l'arbitre. J'ai répondu en rappelant que si le territoire rentrait dans le Brésil en forme de coin, ce n'était pas par suite des empiétements argentins, mais bien parce que l'Empire avait avancé ses frontières sur l'Uruguay et le Paraguay, des deux côtés de la zone contestée.

« Les instructions données aux commissaires du traité de 1750, concernaient les rivières réclamées par le Portugal et le Brésil, et non pas les rivières défendues ou soutenues par l'Espagne et par la République Argentine.

« Le mémoire brésilien apporte au débat des documents inconnus du gouvernement argentin, avant 1893, dont quelques-uns furent trouvés la même année. Ces documents sont ceux-ci :

1° Instruction du gouvernement du Portugal et son ambassade à Madrid, datée du 8 janvier 1749, dans laquelle on lui recommande de préciser la frontière par une rivière qui courra autant que possible dans la *direction du Nord*. Le Pepiri, invoqué par le Portugal, se trouve dans ce cas. Le Pequiry-Guazu d'Espagne court au Nord-Est.

2° Instructions du 27 juillet 1758, signées par les délégués nommés pour la délimitation des frontières des deux royaumes, Andrada et Valdelirios, pour la démarcation du Pepiri dans le traité de 1750. Elles ne sont pas bien concluantes par elles-mêmes en faveur du Brésil, mais les documents suivants leur donnent de la force en les précisant.

3° Le marquis de Valdelirios, plénipotentiaire d'Espagne, chargé de diriger, la délimitation des frontières du Sud-Amérique, entre les couronnes de l'Espagne et du Portugal, s'était adressé le 20 février 1760 au ministre dés Relations extérieures d'Espagne, don Ricardo Wall, acceptant et approuvant élogieusement les résultats de la délimitation faite en 1759, en exécution des instructions du paragraphe précédent (2°). Il dit en effet :

« Quoique cette délimitation ait présenté toutes les difficultés
» qu'offre la navigation dans des rivières aussi importantes que l'U-
» ruguay, le Paraguay et l'Yguazu, que les grands récifs, chutes
» d'eau et rapides rendent dangereuses, il fut possible, grâce à l'ac-
» tivité et au zèle de M. Francisco d'Arguedas, de l'effectuer presque
» complètement : il ne restait à explorer qu'un espace de cinq
» lieues du Rio Pepiri, dont les sources se trouvent en relation avec
» la rivière San-Antonio, dont le cours fut exploré, comme celui
» du Pepiri, à l'exception de cette petite portion.

« Tout ce travail fut réalisé sans aucune opposition de la part
» du délégué du Portugal, lequel, se soumettant aux exigences et
» aux désirs du délégué du roi, permit de faire les investigations
» les plus minutieuses, sans essayer d'éviter le travail en se retran-
» chant derrière les clauses de nos instructions qui lui permet-
» taient de choisir. Le travail s'acheva ainsi heureusement ».

4° La carte géographique finale, signée par les géographes espagnols et portugais désigne la rivière Sud réclamée comme frontières par le Brésil sous le nom de Pepiri-Guazu.

5° Instructions du vice-roi Vertiz, discutées *in extenso* et éclaircies à l'aide de documents nouveaux dans le mémoire argentin. Elles furent publiées dans la *Collection des Traités* de M. Carlos Calvo ; elles décrivent les rivières frontières avec clarté, en désignant celles que le Portugal invoquait. Il s'appuyait sur la délimitation de 1759, favorable au Portugal.

6° Instructions d'Aranjuez, du 6 juin 1778, signées par le minis-

tre des Affaires étrangères d'Espagne M. José Jalvez. Ce document
a été publié avec un autre qui fut découvert dans les archives de
Buenos-Ayres, par l'honorable directeur de cet établissement
M. Carlos Guido y Spano, à la veille de mon départ pour les États-
Unis, où je reçus de ses mains une copie de cet acte daté d'Aranjuez, le 7 avril 1782. M. Carlos Aldao, secrétaire de la mission spéciale, le trouva aussi dans les archives de l'Espagne. Il favorise
la cause argentine au point de vue diplomatique et juridique,
puisqu'il explique les instructions antérieures ; mais il ne décrit
pas clairement les caractères des rivières.

« Une carte géographique de M. Félix d'Azara, chef de la commission espagnole de délimitation et homme d'une grande autorité
sur les questions intéressant l'Amérique du Sud, carte sur laquelle
le dessin fait en couleur et la légende disent que les véritables limites sont celles que réclamait le Portugal, ajoutant que celui-ci
possédait en 1777, à l'époque du traité, le territoire à l'est desdites
rivières.

« C'est là un des arguments efficaces qu'a présenté le Brésil, car
ladite carte explique les instructions plus ou moins vagues et confirme le travail de ceux qui fixent la délimitation en 1750.

« D'autre part, Azara a été, comme on pourra voir dans la suite,
l'autorité citée de préférence par les Argentins dans les débats pour
la défense de leurs droits. La carte géographique est postérieure
au traité de 1777, puisqu'elle est datée du 30 août 1778. Elle se
trouve au ministère d'État de Madrid. M. le docteur Carlos Aldao la
vit en 1893, et m'informa qu'elle était absolument contraire à tout
ce qu'on avait attribué auparavant à Azara, et par conséquent, aux
prétentions argentines.

« Cette carte, d'une exécution minutieuse, porte la légende suivante :

« Manuscrit daté de l'Assomption du Paraguay le 30 août 1778,
» dédié à M. José Nicolas de Azara par Félix de Azara. Explication :

« La couleur jaune représente l'Évêché et l'intendance du Para-
» guay ; la couleur bleue représente l'Évêché et l'Intendance de
» Buenos-Ayres.

« La couleur rouge représente ce que l'on considère comme ap-
» partenant au Portugal, selon le dernier traité de paix » (*Archives
du ministère d'État de Madrid*).

« On connaissait aussi une autre carte géographique générale
d'Azara, dont l'original est entre les mains de M. le général Mitre
(si mes souvenirs ne me trompent pas), dont on a fait des reproduc-

tions en *fac simile,* et qui est favorable au droit argentin et postérieure à celle qui est à Madrid, car elle porte la date de 1796. L'exemplaire du ministère des Relations extérieures fut présenté à l'arbitre. La première carte avait trouvé, sans doute, plus de crédit, puisqu'elle se trouve déposée dans le ministère d'État de Madrid, et certifiée conforme par le gouvernement espagnol.

« Le gouvernement argentin n'a pas seulement gardé le silence pendant 70 ans, sans protester contre les cartes géographiques officielles du Brésil, mais il a permis ou aidé la publication d'autres cartes géographiques qui dessinaient la limite de ces rivières.

« L'argument a été contesté déjà dans le mémoire de 1892 du ministère des Affaires étrangères de la République Argentine.

« Le Brésil a récolté le fruit de la tradition diplomatique de son ministère, conservé avec persévérance et intelligence, pendant plus de quarante ans, à travers tous les changements d'hommes, et même de forme de gouvernement.

« Il a maintenu, dans les archives de l'Espagne et du Portugal, des investigateurs éminents, tels que le célèbre historien vicomte de Porto Seguro, des avocats zélés comme Freitas, et des ingénieurs savants, tels que Rebouças et autres. Le mémoire présenté à l'arbitre révèle des investigations patientes et méthodiques, investigations d'ensemble et de détail, de sorte que tout est complet et clair. Ces cartes géographiques comparées, coordonnées et réduites à différents méridiens, révèlent des recherches et un labeur scientifique bien dirigés.

« La République Argentine avait un matériel défectueux, manquant de documents et des cartes géographiques les plus importantes, se voyant forcée de les demander au Portugal et à l'Espagne ; avec la dernière urgence, alors que en 1892 et 1893, déjà le délai de l'arbitrage était écoulé. »

Opinion de M. Virasoro sur la sentence arbitrale.

§ 359. A la note officielle qui précède, nous croyons bon d'ajouter l'opinion de M. Virasoro, gouverneur actuel de la province de Corrientes, homme d'une compétence indiscutable et qui a pris part aux explorations du territoire des Missions :

Nous commençons, dit-il, par déclarer que depuis l'exploration faite par la commission mixte argentine-brésilienne du territoire litigieux des Missions, nous avons cru que l'arbitrage sur la question, dans cette région, était plus dangereux en ce qui concerne une solution contraire aux droits argentins qu'une solution contraire aux droits brésiliens.

Les instructions pour l'élaboration du traité de 1777, qui furent données aux personnes chargées de la délimitation et dans lesquelles étaient indiqués les fleuves qui devaient constituer la frontière hispano-portugaise, donnèrent lieu à cette croyance.

La commission argentine consultée à propos du traité Zeballos-Bocaynba, l'avait résolu, d'accord avec cette même croyance, dans un rapport réservé qui doit se trouver dans le ministère des relations extérieures. Nous ne sommes pas surpris que la sentence soit favorable au Brésil ; mais ce qui nous a profondément étonné c'est le fait sur lequel a été basée la sentence rendue par M. Cleveland ; et cela nous a d'autant plus surpris que cette délimitation de 1759-1760 ne doit pas avoir de force exécutoire, parce qu'il est bien et parfaitement prouvé qu'elle manque de vérité.

C'est la deuxième fois qu'en recourant de bonne foi à l'arbitrage, nous nous voyons condamnés par des sentences dans lesquelles on a négligé de rendre convaincants et persuasifs les textes que nous invoquions.

Notre différend avec le Paraguay fut résolu par le président Hayes, en 1878, dans un jugement laconique, sans énonciation de raison ; le texte, dans sa partie fondamentale et dispositive, était le suivant :

« Moi, Rutherford B. Hayes, président des États-Unis d'Amérique, je fais savoir : qu'ayant considéré attentivement les dits rapports et documents, je décide que la dite République du Paraguay a un titre juste et légal sur le territoire mentionné compris entre les rivières Pilconrayo et Verde et la ville occidentale située dans ce pays.

« Et, en conséquence, je déclare comme propriété de la dite République du Paraguay le territoire situé entre le Rio Verde et le bras principal du Pilconrayo comprenant la ville occidentale.

« En foi de quoi, je signe et j'appose le sceau des Etats-Unis.

« Fait en triple expédition dans la ville de Washington, le 12 novembre 1878, A. D. et le 103 de l'Indépendance des Etats-Unis d'Amérique (L. S.) R. B. Hayes. — Par le président, W. M. Ewarts, secrétaire d'Etat. »

Examinons le jugement du président Cleveland (voir plus haut le texte de la sentence arbitrale) :

La première de ces sentences déclara légal et juste le titre du Paraguay contre ce que la République Argentine considérait comme équitable, sans donner aucune raison justificative. On avait résolu la question, et cette affirmation n'avait d'autre base que la volonté souveraine de l'arbitre.

La deuxième, fondée sur des faits notoirement erronés, comme le démontre la délimitatton de frontières faite en 1759-1760, donne la préférence aux droits invoqués par le Brésil, et adjuge à ce pays le territoire contesté.

Ces deux cas, eu égard à la forme défectueuse des sentences, doivent, à notre avis, inviter le gouvernement et le peuple argentin à méditer sur l'efficacité de l'arbitrage, que ceux-ci, s'appuyant sur un critérium élevé, ont proclamé comme le seul moyen juste et digne de résoudre les difficultés internationales.

Les questions de cette nature, fort délicates d'elles-mêmes, le sont encore davantage quand le différend a pour base l'intégrité territoriale.

Quand deux peuples également jaloux de leurs droits portent devant un arbitre leur différend en le soumettant à son jugement avec un engagement préalable de respecter sa décision, ils ont et ils conservent, au moins le droit de s'attendre à ce que cette sentence ne se bornera pas à imposer et à obliger, mais bien à prouver et à convaincre.

Or, nous croyons que les arbitrages internationaux perdront leur prestige moral s'ils reposent sur des précédents répétés qui démontrent que le haut tribunal élu entend qu'on ne doit pas se préoccuper de justifier sa sentence, du moment qu'elle doit être irrévocablement obligatoire.

La sentence de M. Hayes, en 1878, ne peut être plus laconique. Mais, telle qu'elle est, elle nous parait préférable à celle de M. Cleveland.

Ce dernier, quoique sans exposer expressément le fondement de son jugement, cite cependant certains faits et antécédents qui semblent avoir dicté sa résolution.

La première partie est l'énonciation des faits établissant des précédents ; et la deuxième, énonçant aussi des faits, est consacrée à l'établissement de l'identité des rivières qu'il déclare frontières.

Nous avons alors considéré les premiers comme la base du jugement, et ce sont eux que nous allons soumettre à un examen pour prouver l'erreur qu'ils renferment.

L'arbitre dit que les deux rivières désignées par le Brésil dans cette question de limites, constituent ce que nous pourrons dénommer le système occidental : ils sont tous deux tributaires de l'Yguazu et de l'Uruguay, qui furent marquées, reconnues et désignées comme rivières limitrophes en 1759-1760 par la commission nommée d'après le traité du 13 janvier 1750, conclu entre l'Espagne et le Portugal...

Quelles furent les rivières marquées, reconnues et déclarées limitrophes par la commission mixte de démarcation en 1759-1760 ?

Il y a deux procès-verbaux qui les indiquent. Le premier du 8 mars 1759, dressé à l'embouchure même de la rivière Pepiri, et qui se rapporte évidemment à ladite rivière déclarée maintenant comme limite par l'arbitre.

Le deuxième est du 3 janvier 1760 : y sont déclarées rivières limitrophes le San-Antonio (désigné actuellement par l'arbitre) et une autre rivière que les délégués avaient découverte sur le versant opposé à celui de la source du San-Antonio, avec sa source proche de celle de cette rivière, et qu'ils déclarèrent être le Pepiri, à tel point que la déclaration de rivière limitrophe par rapport au San-Antonio fut la conséquence de la dénomination de Pepiri donnée à celle qu'ils trouvèrent à sa proximité.

Maintenant il y a lieu de se demander si la rivière Pepiri, désignée dans l'acte du 3 janvier 1760, est la même que celle désignée dans le procès-verbal du 8 mars 1759 ?

Les documents présentés à l'arbitre démontrent évidemment que non.

Le mémoire argentin est à ce sujet clair dans son exposé, et concluant dans ses preuves.

La carte même de la commission mixte argentino-brésilienne le démontre aussi.

Les commissaires de 1759-1760 marquent, reconnaissent et déclarent comme frontière la rivière Pepiri, deux rivières différentes ; en effet, celle qui est marquée, reconnue et déclarée à sa source, c'est-à-dire à l'intérieur du pays, n'est point la même que celle marquée, reconnue et déclarée comme telle à l'endroit où elle se jette dans l'Uruguay.

L'antécédent cité par l'arbitre manque absolument de fondement, car les faits qui le constituent ne sont pas conciliables avec la conclusion déduite.

Les commissaires de limitation en 1859-1860, avaient procédé d'une manière soigneuse, en hommes de science et de devoir, mais ils ne parcoururent pas toute la frontière à démarquer. Ils la suivirent en partie aux deux extrémités, en laissant le centre sans être exploré ni parcouru : il resta donc une solution de continuité qui fut le voile cachant l'erreur grossière dans laquelle ils étaient tombés.

Le Pepiri, déclaré maintenant comme frontière, fut reconnu dès son embouchure en amont, jusqu'à l'endroit qui est marqué sur le croquis par une croix ; et à ce Pepiri se rapporte l'acte du 8 mars 1759.

C'est à cet endroit que les délégués arrêtèrent l'exploration, et passèrent à l'Yguazu, en le remontant jusqu'au San-Antonio. Ils suivirent ce fleuve jusqu'à sa source, à une courte distance vers le sud (500 pas). Là, ils trouvèrent la source d'une autre rivière qui coule dans la même direction, et supposèrent que c'était la même rivière Pepiri. Après l'avoir suivie pendant 4 lieues de son cours, et quoiqu'ils n'arrivèrent pas au signal laissé par eux, quand ils remontèrent par l'embouchure, fatigués par les aspérités du terrain, gênés par les insectes et craignant les Indiens, ils résolurent de déclarer que cette rivière était Pepiri, et par conséquent, ils la reconnurent comme limite, et comme une conséquence aussi de cette base fausse, ils reconnurent le San-Antonio comme frontière.

Mais le Pepiri de 1760 n'est point le Pepiri de 1759, et pour que l'erreur soit plus grossière, celui-là n'est même pas affluent de l'Uruguay, mais bien du Panama. Comment donc l'arbitre a pu se convaincre que les reconnaissances faites dans ces deux années pouvaient concourir à donner l'authenticité à un seul et unique Pepiri ?

Une autre affirmation contenue dans les premiers paragraphes de la partie de la sentence que nous reproduisons, a également appelé notre attention. Voici pourquoi :

En partant des deux systèmes de rivières invoquées respectivement de part et d'autre comme frontière, chacun est constitué par deux rivières ayant leurs sources très proches et faisant leur parcours en directions opposées, l'une étant tributaire de l'Yguazu et l'autre de l'Uruguay.

L'article cinquième du traité de 1850, auquel l'arbitre fait aussi allusion, dit textuellement: « la frontière montera depuis la source de l'Ibicui par les eaux de l'Uruguay jusqu'à rencontrer la rivière Pepiri ou Pequiri qui se jette dans l'Uruguay par sa rive occidentale, continuera en amont du Pepiri jusqu'à sa source principale, et de là suivra, en remontant, le terrain jusqu'à la source principale de la rivière la plus proche qui se jette dans le Grande de Curitiva, appelé aussi Yguazu. Par les eaux de ladite rivière plus proche de la source du Pepiri, et après pour celle de l'Yguazu, la ligne continuera... etc. ».

Laissant de côté l'insuffisance de l'antécédent déjà signalé, est-il vrai que les sources du San-Antonio et du Pepiri, déclarées frontières par l'arbitre, soient proches ? Pourrait-on affirmer la même chose en ce qui concerne la source principale du Pepiri ? Existe-t-il des sources d'une rivière qui touche presque à celle-ci, tandis que sa source est éloignée du San-Antonio de 19 kilomètres ?

Le versant opposé à celui qui donne naissance au Pepiri, ne se trouve même pas dans le bassin partiel du San-Antonio, mais bien dans le bassin de l'autre affluent de l'Yguazu qui se trouve plus à l'est.

Si nous admettons la condition de proximité des sources qu'établit le traité, le manque de concordance ressort encore bien plus entre les faits énoncés plus haut et la conclusion de la sentence.

Ces réflexions et considérations n'ont pas pour objet de diminuer l'importance que doit avoir la sentence pour les Argentins et les Brésiliens.

Son efficacité est hors de question ; et nous considérons la solution de la question séculaire sur les Missions, quoiqu'elle nous soit adverse, comme un gage de paix entre deux peuples frères, dont les intérêts communs demandent et réclament de la bonne harmonie et amitié durables entre eux, et par conséquent, nous l'acceptons avec toute la sympathie possible dans ce cas.

Notre but a été de mettre en relief des défectuosités de la sentence, pour affirmer décidément que par le chemin parcouru jusqu'à maintenant, on ne peut arriver à établir sur un piédestal solide le prestige de l'arbitrage international.

§ 360. Depuis longtemps la France et les Pays-Bas étaient en désaccord au sujet de leurs frontières dans la Guyane française et le Surinam.

Arbitrage de l'Empereur de Russie entre la France et les Pays-Bas, au sujet des frontières de la Guyane Française et du Surinam.

La France avait d'abord proposé le partage des territoires litigieux, et à la suite du refus des Pays-Bas, le 29 novembre 1888, les deux pays signèrent la convention suivante :

Le Président de la République Française et Sa Majesté le roi des Pays-Bas, voulant mettre fin à l'amiable au différend qui existe touchant les limites de leurs colonies respectives de la Guyane française et du Surinam en amont du confluent des rivières de l'Awa et du Tapanahoni qui forment ensemble le Maroni, ont nommé pour leurs plénipotentiaires :

Le Président de la République Française, M. René Goblet, député, ministre des Affaires étrangères, etc. ;

Sa Majesté le roi des Pays-Bas, M. de Jonkheer Alphonse Lambert Eugène de Stuers, son Envoyé Extraordinaire et ministre plénipotentiaire près le gouvernement de la République Française.

. Lesquels, dûment autorisés à cet effet, sont convenus des articles suivants :

ART. 1er. — Le gouvernement de la République Française et le gouvernement de Sa Majesté le roi des Pays-Bas conviennent de remettre à un arbitrage le soin de procéder à la délimitation susmentionnée.

Les deux gouvernements se mettront d'accord sur le choix de l'arbitre auquel ils communiqueront tous les documents et toutes les données dont ils disposent.

ART. 2. — Les deux gouvernements s'engagent à accepter, comme jugement suprême et sans appel, la décision que prendra l'arbitre et à s'y soumettre sans aucune réserve.

ART. 3. — La présente convention aura son effet dès que les Chambres françaises et les Etats généraux des Pays-Bas l'auront approuvée et dès que les ratifications en auront été échangées dans le plus bref délai possible.

En foi de quoi les soussignés ont dressé la présente convention et y ont apposé leurs cachets.

Fait en double exemplaire, à Paris, le 29 novembre 1888.

Signé : GOBLET.
STUERS.

L'arbitrage avait été offert à l'Empereur de Russie, qui hésita tout d'abord à l'accepter, en présence de la persistance du cabinet de La Haye à limiter le choix comme frontière à l'une ou l'autre des rivières, et finalement le refusa.

De nouveaux pourparlers s'engagèrent entre la France et les Pays-Bas et le 28 avril 1890 était signée la convention suivante :

Le Gouvernement de la République Française et le Gouvernement des Pays-Bas ont été informés que l'illustre souverain, invité conformément aux termes de la convention du 29 novembre 1888 à régler, comme arbitre, le différend concernant la délimitation de la Guyane française et des colonies de Surinam, a cru, avant tout examen du litige, devoir décliner cette mission ;

Considérant qu'il y a lieu d'espérer qu'il serait disposé à l'accepter si des pouvoirs plus étendus lui étaient dévolus, de manière à ne pas l'astreindre à désigner exclusivement comme limite une des deux rivières mentionnées dans la susdite convention, le Gouvernement de la République Française et le Gouvernement des Pays-Bas, désireux d'assurer promptement l'arrangement final du litige, se sont entendus par la présente déclaration pour accorder à l'arbitre désigné, avec l'assentiment des parlements respectifs, pour autant que nécessaire, le pouvoir subsidiaire d'adopter et de fixer éventuellement comme solution intermédiaire, une autre limite sur l'étendue du territoire contesté, pour le cas où il ne parviendrait pas, après examen du différend, à fixer comme frontière une des deux rivières mentionnées dans la convention précitée.

En foi de quoi les soussignés, Alexandre Ribot, député, ministre des Affaires étrangères de la République Française et le Chevalier de Stuers, envoyé extraordinaire et ministre plénipotentiaire de S. M. le roi des Pays-Bas près le gouvernement de la République Française, ont dressé la présente déclaration et y ont apposé leurs cachets.

Fait à Paris, le 28 avril 1890.

Signé : A. RIBOT.

A. DE STUERS.

Au mois de septembre 1890, Alexandre III acceptait définitivement l'arbitrage à compétence étendue.

Le tsar a rendu les 13/25 mai 1891 une sentence aux termes de laquelle « l'Awa doit être considérée comme fleuve limitrophe de- » vant servir de frontière entre les deux possessions » (1).

Voici le texte officiel de la sentence :

Nous, Alexandre III, etc. . . . . Sentence du Tsar Alexandre III.
. . . .

Considérant que la convention du 28 août 1817, qui a fixé les conditions de la restitution de la Guyane française à la France par le Portugal, n'a jamais été reconnue par les Pays-Bas ;

Qu'en outre, cette convention ne saurait servir de base pour résoudre la question en litige, vu que le Portugal, qui avait pris possession, en vertu du traité d'Utrecht de 1713, d'une partie de la Guyane française, ne pouvait restituer à la France en 1815 que le territoire qui lui avait été cédé : or les limites de ce territoire ne se trouvent nullement définies par le traité d'Utrecht de 1713 ;

Considérant d'autre part ;

Que le Gouvernement hollandais, ainsi que le démontrent des

(1) A. Merignhac, *Traité théorique et pratique de l'arbitrage international* (Paris, 1895), p. 104 et s.

faits non contestés par le Gouvernement français, entretenait, dès la fin du siècle dernier, des postes militaires sur l'Awa ;

Que les autorités françaises de la Guyane ont maintes fois reconnu les nègres établis sur le territoire contesté comme dépendant médiatement et immédiatement de la domination hollandaise, et que ces autorités n'entraient en relation avec les tribus indigènes habitant ce territoire que par l'entremise du représentant des autorités hollandaises ;

Qu'il est admis sans conteste par les deux pays intéressés que le fleuve Maroni, à partir de sa source, doit servir de limite entre leurs deux colonies respectives ;

Que la commission mixte de 1861 a recueilli des données en faveur de la reconnaissance de l'Awa, comme cours supérieur du Maroni ;

Par ces motifs :

Nous déclarons que l'Awa doit être considéré comme fleuve limite devant servir de frontière entre les deux possessions.

En vertu de cette décision arbitrale, le territoire en amont du confluent des rivières Awa et Tapanahoni doit appartenir désormais à la Hollande, sans préjudice, toutefois, des droits acquis, *bona fide*, par les ressortissants français, dans les limites du territoire qui avait été en litige.

Fait à Gatchina, le 13/25 mai 1891.

Signé : ALEXANDRE.

Contresigné : GIERS.

Convention d'arbitrage du 7 août 1893, entre le Chili et les Etats-Unis.

§ 361. Les Etats-Unis d'Amérique et le Chili, désireux de terminer à l'amiable certains différends provenant de réclamations faites par des citoyens des deux pays contre des actes commis par les autorités civiles ou militaires de ceux-ci, décidèrent de signer entre eux une convention à cette fin.

Les négociations entamées ont abouti à la signature de la convention de Santiago dont voici le texte officiel (1).

Texte de la Convention.

ART. 1er. — Toutes les réclamations faites par des corporations, des compagnies ou des individus privés, citoyens des Etats-Unis, contre le gouvernement du Chili, dérivant d'actes commis par les autorités civiles ou militaires du Chili contre les personnes ou la propriété de citoyens des Etats-Unis qui ne sont pas au service des ennemis du Chili et ne leur ont pas prêté volontairement aide

_____

(1) *Comision de Reclamaciones entre Chili y los Estados Unidos : Actos de la Comission* (Washington, 1894).

et assistance, et, d'autre part, toutes les réclamations de corporations, compagnies ou individus privés, citoyens du Chili, contre le
gouvernement des Etats-Unis, dérivant d'actes commis par les autorités civiles ou militaires des Etats-Unis contre les personnes ou
la propriété de citoyens du Chili, qui ne sont pas au service des
ennemis des Etats-Unis et ne leur ont pas prêté volontairement
aide et assistance, seront soumises à trois commissaires, dont un
sera nommé par le Président des Etats-Unis d'Amérique, l'autre
par le Président de la République du Chili et le troisième choisi,
d'un commun accord entre le Président des Etats-Unis et le Président du Chili ; au cas où le Président des Etats-Unis et le Président
du Chili ne se mettraient pas d'accord dans les trois mois suivant
l'échange des ratifications de cette convention, au sujet de la nomination du troisième commissaire, la nomination de ce troisième
commissaire sera faite par le Président de la Confédération Suisse.

ART. 2. — La dite commission ainsi formée aura la faculté et
l'obligation d'examiner et de décider toutes les réclamations de
la nature plus haut indiquée qui lui seront présentées par les citoyens de l'un ou l'autre pays.

ART. 3. — En cas de mort, d'absence prolongée ou d'incapacité
de servir de l'un des dits commissaires, ou dans l'éventualité où
un commissaire refuserait ou cesserait de remplir cette fonction,
le Président des Etats-Unis ou le Président du Chili ou le Président
de la Confédération Suisse, selon le cas, procéderait sans retard à
son remplacement, en nommant un autre commissaire dans les
trois mois comptés à partir du moment où la vacance s'est produite.

ART. 4. — Les commissaires nommés dans la forme ci-dessus
établie se réuniront dans la ville de Washington, dans le plus bref
délai possible, et dans les six mois suivant l'échange des ratifications de cette convention, et comme premier acte de cette réunion
ils formuleront et souscriront une déclaration solennelle par laquelle ils s'engageront à examiner impartialement et soigneusement, selon leur meilleur jugement et d'accord avec le droit public,
la justice et l'équité, sans crainte, sans faveur ni affection, toutes
les réclamations comprises dans l'énumération et le véritable sens
des articles 1 et 2 qui leur seront présentées de la part des gouvernements des Etats-Unis et du Chili respectivement ; et cette déclaration sera portée dans l'acte ; il est entendu cependant que le
jugement uniforme de deux commissaires suffira pour prendre
toute résolution interlocutoire à laquelle il y aura lieu dans l'exercice de leurs fonctions et pour toute sentence définitive.

ART. 5. — Les commissaires procéderont sans retard, une fois
la commission organisée, à l'examen et au classement des réclamations spécifiées dans les articles précédents et donneront avis à
leurs gouvernements respectifs du jour de leur organisation et de
la date où ils se trouveront prêts à commencer les travaux de la
commission. Ils examineront et décideront des réclamations indiquées, dans l'ordre et la forme qu'ils jugeront convenables, mais
seulement en présence des preuves ou informations qui leur seront
fournies par, ou de la part des gouvernements respectifs. Ils seront
obligés de recevoir et de prendre en considération tout document
ou exposé écrit qui leur sera présenté par, ou de la part des gouvernements respectifs, à l'appui ou en réponse à quelque réclamation,
et d'entendre, si cela est jugé nécessaire dans toutes ou chacune
des réclamations séparément, une personne pour chaque partie, que
chaque gouvernement a la faculté de nommer comme son avocat,
pour présenter et soutenir les réclamations de ses ressortissants.
Chacun des gouvernements fournira, sur la demande des commissaires ou de deux d'entre eux, les papiers qu'il posséderait et qui
seraient d'importance, pour la juste appréciation de quelqu'une des
réclamations présentées à la commission.

ART. 6. — Les résolutions unanimes des commissaires ou de l'un
d'entre eux seront concluantes et définitives. Ces décisions seront
prononcées dans chaque cas sur chaque réclamation en particulier
par écrit, en établissant, dans le cas où il serait prononcé une sentence comportant un payement, le montant ou la valeur équivalente
de la somme en monnaie d'or des Etats-Unis et dans le cas où cette
sentence accorderait des intérêts, on devra fixer le taux de ceux-ci
et la période durant laquelle ils devront être comptés, période qui
ne devra pas dépasser la date de la clôture de la commission. Ladite sentence sera signée par les commissaires qui y auront pris
part.

ART. 7. — Les Hautes Parties contractantes s'engagent à considérer la décision des commissaires ou de deux d'entre eux comme
absolument définitive et concluante pour chaque réclamation résolue par eux et à donner son plein effet à chaque sentence sans
objections évasives ou dilatoires d'aucune sorte.

ART. 8. — Chaque réclamation sera présentée aux commissaires
dans la période de deux mois comptés à partir du jour de leur première séance, après avoir communiqué le fait aux gouvernements
respectifs comme le prescrit l'article 5 de cette convention. Cependant, s'il était allégué en faveur du retard des raisons satisfaisantes

pour les commissaires ou d'eux d'entre eux, le délai pour présenter la réclamation pourra être étendu par eux à une autre période
maxima de deux mois.

Les commissaires seront obligés d'examiner et de résoudre chaque réclamation dans les six mois comptés à partir du jour de leur
première séance de travail, comme il a été dit plus haut ; laquelle
période ne sera prorogée que dans le seul cas où les travaux de
la commission seraient interrompus par la mort, l'incapacité, la
retraite ou la cessation de fonctions de l'un des commissaires et,
dans ce cas, la période de six mois ici prescrite sera considérée
comme ne comprenant pas le temps que cette interruption pourra
durer.

Les dits commissaires ont la faculté de décider dans chaque cas
si une réclamation a été ou non dûment faite, exposée, présentée
et soutenue devant eux, que ce soit en tout ou partie, d'accord avec
le véritable esprit et le sens de cette convention.

ART. 9. — Toutes les sommes d'argent que les commissaires or-
donneront de payer dans la forme qui précède, seront remises par
un gouvernement à l'autre, selon le cas, de manière que le gouvernement puisse recevoir ce payement dans sa capitale, dans les
six mois suivant la date de la sentence définitive, sans intérêts et
sans autre déduction que celle spécifiée à l'article 10.

ART. 10. — Les commissaires tiendront un registre détaillé et
des actes corrects ou des notes de toute leur procédure, avec les
dates respectives, et les gouvernements des États-Unis et du Chili
peuvent chacun nommer et employer un secrétaire versé dans la
langue des deux pays. Ils peuvent en outre nommer tous autres
employés nécessaires pour les aider dans l'expédition des affaires
qui leur seront soumises.

Chaque gouvernement paiera son propre commissaire, secrétaire, agent ou avocat et la rémunération sera autant que possible la même pour les employés de l'une ou l'autre partie.

Toutes les autres dépenses, y compris la rémunération du troisième commissaire, laquelle sera égale ou équivalente à celle des
autres commissaires, seront payées par moitié par les deux gouvernements.

Toutes les dépenses de la commission, y compris les débours
imprévus seront payées au moyen d'une déduction au prorata du
montant des sommes accordées par la sentence de la commission,
pourvu que cette déduction ne dépasse pas la proportion de 5
p. 0/0 des sommes accordées. Si la valeur totale des dépenses

dépasse cette somme, l'excédent de dépenses sera payé conjointement et par moitié par les deux gouvernements.

ART. 11.— Les Hautes Parties contractantes conviennent de considérer le résultat des travaux de la commission établie par cette convention comme un règlement complet parfait et définitif de toutes et chacune des réclamations contre l'un et l'autre gouvernement, dans les limites des prescriptions et de la véritable intelligence des articles 1 et 2, et que chaque réclamation, qu'elle ait été ou non portée à la connaissance de la commission, formulée, soumise et soutenue devant elle, sera, dès la clôture des travaux de la commission, considérée et tenue pour définitivement terminée et acquittée.

ART. 12. — La présente convention sera ratifiée par le Président des États-Unis, avec le conseil et l'accord du Sénat et par le Président de la république du Chili, avec le consentement et l'approbation du congrès de cette république, et les ratifications seront échangées à Washington dans le plus bref délai possible dans les six mois comptés à partir de cette date.

En foi de quoi les plénipotentiaires respectifs ont signé la présente convention, en langues anglaise et espagnole, en double original, et y ont apposé leurs sceaux.

Fait à Santiago, le 17 août 1892.

PATRICK EGAN.
ISIDORO ERRAZURIZ.

Travaux de la Commission. § 362. Aux termes de la convention dont le texte précède, la république du Chili désigna pour son commissaire, M. Domingo Gana, les États-Unis, M. John Goode et la Confédération suisse, M. Alfred de Claparède. Les trois commissaires se réunirent à Washington le 25 juillet 1893, et, après vérification de leurs pouvoirs, procédèrent à l'organisation de la commission et à son installation. Ils choisirent pour président M. Alfred de Claparède, examinèrent les pouvoirs des agents et secrétaires désignés par les deux pays et reconnurent comme agents et secrétaires pour les États-Unis, MM. George H. Shield et Arthur W. Fergusson et pour le Chili, MM. José Francisco Vergara Donoso et Marcial Martinez de Ferrari, respectivement agents et secrétaires.

Après avoir chargé les agents de formuler un règlement, la commission s'ajourna au 15 août. Dans la seconde séance le projet de règlement préparé fut discuté et adopté à l'unanimité dans la forme suivante et nous le résumons ainsi qu'il suit :

Les réclamations seront portées sur un registre à cet effet, classées et numérotées par ordre de présentation. Le réclamant devra
présenter avant le 9 décembre 1893, délai prorogeable au gré de
la commission, un mémoire clair et concis exposant toutes les
bases de sa réclamation, indiquant avec tous les éclaircissements
utiles le nom et la résidence du réclamant, sa nationalité, le montant de sa réclamation, le lieu et la date des actes qui la motivent,
la nature, la quantité et la valeur de la propriété détruite ou en-
dommagée, la monnaie dans laquelle on calcule le préjudice, en
un mot tous les faits et circonstances se rapportant au cas, ainsi
que le nom, le grade ou la fonction des personnes qui ont exécuté
les actes qui motivent la réclamation, en spécifiant séparément les
réclamations d'intérêts.

Règlement
sur la façon
de procéder de
la Commis-
sion.

Si la réclamation résulte d'actes commis en pleine mer la réclamation doit porter le nom des navires qui les ont commis, et indiquer les officiers qui les commandaient et les gouvernements au
service desquels ils étaient.

S'il y a eu transfert de la réclamation, celle-ci doit contenir
toutes explications à ce sujet.

La réclamation devra être accompagnée du document ou acte
établissant la possession de la propriété pour laquelle on réclame
des dommages. A défaut de ce document, dont l'absence devra être
justifiée, le réclamant devra fournir le nom des parties qui y figurent et en reproduire la substance.

Si la réclamation est faite au nom d'une société anonyme, on
doit indiquer la nationalité et le siège social de cette société et si
celle-ci n'est pas anonyme, on fournira les noms de tous les intéressés à l'époque de la réclamation et des faits qui la motivent.

Le réclamant doit faire savoir s'il a déjà reçu quelque indemnité,
dans quelles circonstances et quelles conditions.

Le mémoire devra établir clairement la somme due au réclamant
et les intérêts qu'il demande. Ce mémoire devra être ratifié par
serment ou affirmation solennelle du réclamant ou de son représentant légal devant l'autorité compétente.

Les mémoires pourront être modifiés avant d'être soumis à la
commission, pourvu que la modification ne soit pas essentielle.
Les secrétaires pourront, pour leur gouvernement, réfuter les allégations des mémoires et attaquer la validité des réclamations, le
réclamant devant alors établir à leur appui les preuves légales
suffisantes qu'il devra requérir du fonctionnaire compétent.

Dans le délai de dix jours après le dépôt du mémoire, l'agent du

gouvernement contre lequel la réclamation est dirigée, pourra opposer quelque exception ou demande préalable en formulant les
arguments à l'appui ; l'agent de l'autre gouvernement aura dix jours
pour présenter sa réponse, et la commission décidera dans le plus
bref délai possible.

Si le gouvernement contre lequel est dirigée la réclamation élève
une contestation spéciale sur le fond de la réclamation, il devra le
faire dans le délai de dix jours. S'il n'a pas été opposé d'exception
ou de demande préalable, il aura un délai de trente jours.

Le réclamant aura un délai de trois mois après avoir formulé la
contestation générale ou spéciale pour compléter ses preuves et le
gouvernement, objet de la réclamation, aura ensuite trois mois
pour présenter les siennes ; la commission fixera ensuite le délai
dans lequel devront être présentés les arguments et plaidoyers une
fois les preuves présentées. Aucune preuve ou information ne sera
reçue qui ne soit fournie par, ou de la part des gouvernements respectifs.

Le règlement ajoutait encore d'autres dispositions accessoires
de forme et de procédure.

Ce document ayant été approuvé, la date du 19 octobre fut fixée
pour le commencement des travaux, et avis fut donné dans la presse
que les réclamants pouvaient présenter leurs réclamations, mémoires et documents, dans le délai de deux mois à partir de la date
de la première séance de travail, aux agents de leur gouvernement.

La commission tint quarante-cinq séances jusqu'au 9 avril 1894.
A cette date où expiraient les six mois assignés par la convention
entre le Chili et les États-Unis aux travaux de la commission des
réclamations, l'agent des États-Unis soumit à l'approbation de la
commission une résolution aux termes de laquelle : considérant,
que la durée de six mois fixée à la commission pour examiner et
résoudre les réclamations étant expirée ; que quelques réclamations de citoyens des deux pays restaient encore pendantes, faute
d'avoir pu compléter les preuves légales et les soumettre à
temps à la commission ; qu'il est évident que les deux parties
ont fait leur possible pour soumettre à la décision de la commission tous ces cas, mais que le délai limité que fixe le traité
et l'espace de temps requis pour faire venir les preuves légales du
Chili et du Pérou ont empêché un résultat satisfaisant des travaux
de la commission à l'égard des cas en question, la commission
décide que tous les cas présentés qui n'ont pu être définitivement

résolus par elle, soient rendus aux deux gouvernements respectifs pour qu'ils en disposent comme ils le jugeront convenable.

La commission décida que cette résolution serait insérée parmi les actes approuvés dans cette séance et qu'une copie conforme en serait adressée aux deux gouvernements. Puis l'agent des États-Unis présenta un projet de sentence définitive et une liste des cas examinés et résolus par la commission. La sentence générale fut approuvée et dûment signée par les commissaires dans la forme suivante :

§ 363. I. Nous, commissaires soussignés, nommés conformé- *Sentence définitive.* ment et en vertu de l'article 1 de la convention intervenue entre la république du Chili et les États-Unis d'Amérique et signée à Santiago le 7 août 1892, signons ce jour cette sentence définitive relativement aux cas que nous avons pu examiner dans le délai fixé par la convention et qui nous ont été présentés conformément aux termes de la susdite convention.

Nous décidons que le gouvernement de la république du Chili doit payer au gouvernement des États-Unis, dans les six mois à partir de la date de cette sentence définitive, la somme de 240,564 piastres, 35 centavos, sans intérêts, suivant les dispositions de l'article 9 de la convention précitée et comme règlement complet, parfait et définitif de toutes et chacune des réclamations entamées par des corporations, compagnies ou particuliers, citoyens des États-Unis contre le gouvernement de la république du Chili, dérivées d'actes commis par les autorités militaires ou civiles du Chili qui ont été résolues par cette commission ; le montant susdit résultant des différentes sommes et intérêts pour lesquelles il a été rendu des sentences par écrit et signées par tous les commissaires ou par ceux qui sont tombés d'accord au sujet de ces différentes sentences qui sont enregistrées dans les archives de la commission, auxquelles nous nous en remettons pour leur meilleure intelligence.

II. Toutes les réclamations intentées par des citoyens du Chili contre les États-Unis et par des citoyens des États-Unis contre la république du Chili qui ont été présentées à la commission, excepté celles qui ont été décidées en faveur de ou contre les réclamants, comme il résulte des différentes sentences enregistrées dans les archives de la commission, seront remises sans considération aucune sur le fond de ces réclamations aussi bien que sans décision de la commission, aux gouvernements respectifs du Chili et des États-Unis pour que ceux-ci en disposent comme ils le juge-

ront convenable, en prenant en considération que le délai fixé par
la convention en vertu de laquelle a fonctionné cette commission
a été trop limité pour que cette commission ait pu voir, considérer
et résoudre le cas dont s'agit.

III. Nous nous en référons aux différentes sentences prononcées
et signées, ainsi qu'il a été dit, comme parties de cette sentence
définitive, dans les cas qu'il nous a été possible de considérer, et
aussi à une liste et à un exposé de ces cas qui y sont joints, dans
lesquels sont exprimés le numéro de chaque cas, l'époque dont il
date, la somme réclamée, les décisions du tribunal dans chaque
cas et, quand il a été rendu une sentence en faveur du réclamant,
la somme qui doit être payée.

Signé à Washington, D. C., le 9 avril 1894.

Le Président,
ALFRED DE CLAPARÈDE.

Le Commissaire du Chili,
DOMINGO GANA.

Le Commissaire des Etats-Unis,
JOHN GOODE.

En clôturant les travaux de la commission, le président a exprimé
son regret que dix-huit réclamations soient restées sans solution,
bien qu'ayant été présentées en temps opportun et quoique quelques-unes aient été l'objet de sentences interlocutoires. Mais il a
manifesté l'espoir que les gouvernements intéressés fourniraient
plus tard d'un commun accord aux réclamants dont les cas n'ont
pas été résolus, une occasion d'obtenir une sentence en harmonie
avec les pacifiques et généreuses intentions qui inspirèrent la convention de Santiago et les travaux de la commission qui ont contribué à resserrer les bonnes relations que les deux gouvernements
sont désireux de maintenir.

§ 364. Parmi les cas les plus saillants qu'a jugés la commission
sont à signaler :

Affaire Eu-
gène Didier.

Celui de M. Eugène Didier et autres contre la république du
Chili. La commission s'est déclarée incompétente, la réclamation
étant basée sur des contrats qui datent de 1816 et qui sont, par conséquent, antérieurs à la reconnaissance de ce pays par les Etats-Unis
comme Etat indépendant capable d'acquérir des droits et de contracter des obligations internationales. Le commissaire américain
a soutenu contre cette décision l'opinion que la république du
Chili était responsable, les contrats ayant été faits avec le général

Carrera agissant au nom du gouvernement républicain qui existait déjà de fait sinon de droit à ce moment.

§ 365. La réclamation Carlos G. Wilson contre le Chili a été repoussée ; le réclamant est originaire de Suède, a résidé ensuite aux Etats-Unis et s'est finalement établi à Iquique, n'ayant pas la qualité de citoyen américain en 1891 au moment où il a subi le préjudice qui motivait sa réclamation. M. Wilson avait simplement déclaré en 1869, alors qu'il se trouvait aux Etats-Unis, son intention de devenir citoyen américain ; cela ne constitue pas la citoyenneté légalement acquise et cette déclaration a été d'ailleurs annulée par le fait qu'il a abandonné ensuite les Etats-Unis pour se transporter au Chili.

Affaire Wilson.

§ 366. Le cas de la North and South American Construction Company contre le Chili n'a pas été définitivement résolu. Toutefois, dans une sentence interlocutoire, la commission a repoussé l'exception préalable opposée par l'agent du Chili sur un point important de jurisprudence.

Affaire de la North and South American Construction Company.

Cette compagnie a consenti dans un contrat avec le gouvernement chilien à être considérée comme chilienne et à ne pas invoquer, pour les effets dudit contrat, l'intervention ou la protection des Etats-Unis. L'agent du Chili considère que la compagnie s'est par ce fait soumise à la juridiction absolue du Chili, mais la majorité de la commission considérant qu'un tribunal arbitral compétent pour juger les contestations survenues entre le gouvernement chilien et la compagnie ayant été dissous, sans avoir résolu le cas, par décret de ce gouvernement, en date du 11 septembre 1891, la compagnie avait de ce fait récupéré le droit de demander la protection des Etats-Unis, attendu qu'elle n'avait point perdu sa qualité de citoyen américain. L'exception opposée par l'agent du Chili a donc été repoussée et le gouvernement chilien a été invité à répondre sur le fond de la réclamation.

§ 367. Le cas de M. Frederick H. Lovett contre le Chili, au sujet du bâtiment américain *Florida* frété par le gouvernement du Chili en 1851, pour transporter des prisonniers à la colonie pénale de Punta Arenas, a été résolu contre le réclamant. Ce bâtiment, qui portait une certaine quantité d'or, fut capturé par les prisonniers de la colonie, qui avaient massacré le gouverneur et la garnison ; son propriétaire et plusieurs autres hommes furent fusillés. Finalement les marins américains ayant pu se rendre maîtres des révoltés les livrèrent à Valparaiso aux autorités chiliennes.

Affaire Lovett.

La commission considère que les galériens révoltés de Punta

Arenas avaient cessé d'être sous la juridiction du gouvernement chilien qui n'est donc pas responsable des actes qu'ils ont commis.

§ 368. La réclamation de M. Ricardo Trumbull contre les Etats-Unis a été également repoussée. M. Trumbull, membre du congrès chilien, avait été envoyé aux Etats-Unis pour acheter des armements pour la révolution contre le président Balmaceda. Il fut arrêté pour violation des lois de la neutralité, puis acquitté par les tribunaux américains. Il réclamait une indemnité pour cette arrestation. Mais la commission considérant que M. Trumbull n'a pas été maltraité, qu'il a été arrêté et jugé régulièrement et conformément aux statuts américains, et que son procès et sa détention n'ont pas été inutilement prolongés, l'a débouté de sa demande.

§ 369. La Compania sud-americana de Vapores présentait une réclamation contre les États-Unis pour la capture de l'*Itata*. Ce bâtiment chargé d'armes achetées aux États-Unis pour les agents de la révolution du Congrès en 1891 fut poursuivi et pris dans les eaux chiliennes par les navires de guerre américains pour avoir violé les lois de neutralité des États-Unis. La commission a décidé que les États-Unis, en capturant un bâtiment étranger, dans des eaux étrangères, c'est-à-dire hors de leur juridiction, pour une violation de leurs lois intérieures ont commis un acte qui les rend responsables des préjudices causés par cette capture.

§ 370. Les réclamations de MM. Ellet Hodgskin et John Landreau contre le Chili ont été repoussées. Elles s'élevaient ensemble à l'énorme somme de 8.333.000 dollars et se fondaient sur d'anciens engagements primitivement pris par le Pérou, en 1865, envers M. Théodore Landreau, auquel fut promise une part d'un tiers du montant des gisements de guano qu'il déclarait avoir découverts dans le pays. Plus tard le Pérou revint sur ses engagements, puis, à la suite de la guerre du Pacifique, les régions renfermant les dépôts de guano passèrent avec ceux-ci en la possession du Chili. M. Landreau, d'accord avec le Pérou et avec les créanciers du Pérou qui jouissaient d'une hypothèque sur les guanos, est convenu en 1893 avec lesdits créanciers de soumettre à l'arbitrage de la Cour fédérale suisse la répartition du montant de la vente de ces guanos entre les divers ayants droit.

La commission jugea que MM. Landreau et Hodgskin n'ont aucun droit réel sur ces guanos, mais que s'ils croyaient l'avoir, ils pouvaient soumettre le cas à l'arbitrage de la Cour fédérale suisse chargée de résoudre les réclamations des créanciers péruviens.

Affaire Ricardo Trumbull.

Affaire de la Compania Sud-Americana de Vapores.

Affaire Ellet Hodgskin et Landreau.

§ 371. La commission a accordé une indemnité de 5.086 dollars au réclamant M. Shirgley en se basant sur ce fait qu'une propriété neutre ayant souffert des préjudices provenant d'actes de fonctionnaires ou d'officiers ou de soldats autorisés ou non empêchés par les dits fonctionnaires ou officiers qui auraient pu le faire, a droit à une indemnité. Les actes de pillage ou de maraudage, pratiqués par les soldats, hors des rangs ou du contrôle immédiat des chefs n'affectent pas la responsabilité des gouvernements et tombent, comme délits de droit commun, sous le coup des lois pénales ordinaires.

Affaire Shirgley.

§ 372. Dans le cas de MM. Grace qui réclamaient des indemnités au Chili pour la détention d'un navire et la capture d'un chargement de charbon en 1879 et 1880, pendant la guerre du Chili et du Pérou, la commission s'est déclarée incompétente, attendu que lesdits MM. Grace ont manifestement prêté aide et secours volontaires aux ennemis du Chili, circonstance qui, aux termes de la convention entre le Chili et les États-Unis, soustrait ce cas à la juridiction de la commission.

Affaire Grace.

§ 373. Les réclamations de The Central and South American Telegraph Company contre le Chili, fondées sur divers chefs, ont été résolues favorablement pour le réclamant, sauf en ce qui concernait les pertes résultant de l'interruption des câbles par le gouvernement révolutionnaire chilien en 1891. Sur ce point la commission a considéré que le parti du congrès avait le caractère d'un gouvernement de fait, ayant le droit d'exercer sa juridiction dans le territoire en sa possession, conformément au décret du 28 février 1887, qui accorde au gouvernement le droit de suspendre le service du câble au cas où la sécurité de l'État serait menacée.

Affaire de la Central and South American Telegraph Company.

§ 374. Dans le mois de mai 1895 le Président de la République d'Haïti, M. le général Hippolyte, et le Président de la République Dominicaine, M. Ulise Heurteaux, désirant mettre fin à un différend existant entre ces deux Républiques au sujet de l'interprétation d'une des clauses d'un traité qu'elles avaient conclu le 9 novembre 1874, se décidèrent à soumettre cette question à un arbitrage.

Arbitrage déféré au Pape par les Républiques d'Haïti et de St-Domingue à propos de la mutation de frontières.

Ils portèrent leur choix sur le Souverain Pontife Léon XIII, comme arbitre, et par des lettres autographes le prièrent d'accepter l'arbitrage que d'un commun accord ils lui déféraient en se remettant à la solution que l'impartialité de Sa Sainteté leur aurait indiquée.

Sa Sainteté répondit qu'ayant bien à cœur la paix entre les peuples et la composition des différends par des accords amicaux plutôt que par des moyens violents, elle acceptait très volontiers la demande de Messieurs les Présidents, et leur signifia qu'elle acceptait l'arbitrage qu'on venait de lui offrir.

Conflit Italo-Helvétique. Proposition d'arbitrage. § 375. Un décret du roi d'Italie, en date du 8 novembre 1893, défendit aux importateurs de payer les droits de douane à la frontière autrement qu'en espèces métalliques ou en certificats nominatifs, délivrés par des banques d'émission contre versement en billets du montant des droits (*Droit international*, III, § 1713 et s.) (1).

En voici d'ailleurs le texte :

ART. 1ᵉʳ. — A partir du jour qui suivra celui de la publication du présent décret, les droits d'entrée seront payés en valeur métallique, conformément aux dispositions de l'article 47 de la loi du 7 avril 1881.

ART. 2. — Les instituts d'émission devront délivrer des certificats nominatifs qui serviront au paiement des droits d'entrée.

Ces certificats seront délivrés à toute réquisition contre le versement en billets de l'Etat ou des banques, du montant du certificat augmenté du prix du change réduit de 25 centimes par 100 francs. Le prix du change à payer aux instituts d'émission correspondra à la moyenne des prix faits pour les chèques délivrés sur l'étranger dans les bourses de Rome, Gênes, Turin, Milan, Florence, Naples et Palerme, deux jours avant celui où les certificats seront délivrés.

ART. 3. — Les douanes accepteront ces certificats en paiement des droits d'entrée comme monnaie métallique.

ART. 4. — Un décret ministériel réglera les rapports entre le trésor de l'État et les instituts d'émission, tels qu'ils résulteront des dispositions de l'article 2 du présent décret (2).

L'Autriche et la Suisse furent vivement émues de cette mesure : le cabinet de Vienne pourtant ne donna pas suite à l'affaire, mais le gouvernement helvétique décida d'intervenir immédiatement pour défendre les intérêts commerciaux de ses sujets.

Le 25 novembre, une note de protestation énergique était envoyée à Rome, réclamant l'abrogation du traité du 8 novembre comme contraire au traité de commerce italo-suisse du 19 avril 1892 qui permettait d'acquitter à la frontière les droits d'importation en papier-monnaie et demandant en tout cas que, conformément à l'article 14 de ce traité, la question fût soumise à un tribunal arbitral.

(1) *Revue générale de droit international public*, 1894, n° 3, p. 279.
(2) *Archives diplomatiques*, 1094, VII, p. 59.

« Les Hautes Parties contractantes », déclare cet article, « con-
» viennent de résoudre, le cas échéant, par voie d'arbitrage les
» questions concernant l'interprétation et l'application du présent
» traité qui ne pourraient pas être réglées à la satisfaction com-
» mune par la voie directe d'une négociation diplomatique ».

L'Italie refusa d'abroger le décret, protestant qu'il ne changeait
rien aux rapports commerciaux des deux pays, mais restant muette
sur la proposition d'arbitrage.

Sur les instances du cabinet de Berne, elle se prononça enfin,
le 7 février 1894, pour refuser formellement la proposition de la
Suisse, et le 21 du même mois, le roi Humbert rendait un nouveau décret confirmant celui de novembre.

La situation devenait critique ; deux partis seuls restaient à la
Suisse :

Dénoncer le traité de commerce ou élever les tarifs douaniers
pour les marchandises italiennes dans une proportion égale à la
différence du change.

C'étaient deux mesures extrêmes, dont il était impossible de
prévoir les conséquences.

Le Conseil fédéral résolut donc de tenter encore un effort.

Le 6 mars, une nouvelle note fut adressée au cabinet italien réclamant de nouveau un arbitrage et exposant les motifs militants
en faveur de cette solution.

Le 11 mai seulement, l'Italie se décida à répondre en affirmant
le bien fondé du décret de novembre 1893 et exprimant l'espoir de
voir la Suisse renoncer à sa demande d'arbitrage. Le 28 mars, un
nouveau décret du roi Humbert avait confirmé les deux premiers.

Le mécontentement du gouvernement suisse fut très vif, mais
plutôt que d'amener de nouvelles complications, il se décida à céder, tout en continuant à protester contre la situation faite à ses
nationaux.

Cet événement a soulevé plusieurs questions de droit international.

Et tout d'abord, étant donné les termes mêmes de l'article 14 du
traité italo-suisse, qui dira si le litige, dont une des parties demande l'examen par un tribunal arbitral, se rattache à l'interprétation ou à l'application du traité ?

Deux réponses sont possibles :

a) Le différend ne doit être soumis au tribunal arbitral que si
les parties sont d'accord pour le considérer comme rentrant dans
les cas pour lesquels ce tribunal a été institué.

C'est à cette opinion que s'est ralliée l'Italie.

b) Il suffit qu'une des parties soutienne que le cas relève de la juridiction arbitrale pour que celle-ci devienne obligatoire, sauf à l'adversaire à opposer l'incompétence. Admettre sans critique la thèse du gouvernement italien serait s'exposer à des abus. En effet pour peu que le défendeur redoute l'issue de l'arbitrage, il lui suffirait de répondre à la demande de son adversaire par un refus.

De plus, l'arbitrage tendant de plus en plus à devenir le moyen de dénouer les conflits entre Etats, ne doit-on pas se prononcer pour tout ce qui peut en favoriser le développement?

Enfin, comme en droit civil, ne peut-on prétendre que le juge de l'action est aussi le juge de l'exception * ?

Une autre question se pose : la modification apportée par l'Italie au paiement des droits de douane modifie-t-elle le traité de commerce du 19 avril 1892 ou du moins se rattache-t-elle à son application.

Tout Etat a, sans contredit, le droit d'imposer sur son territoire les règles qu'il juge à propos, à condition que ces règles ne modifient pas les engagements pris antérieurement avec d'autres Etats.

Or le traité de commerce détermine les droits de douane à percevoir à la frontière : un des contractants ne peut par une loi intérieure modifier ces droits.

En l'espèce, la Suisse prétend que l'Italie viole le traité et ne l'applique pas en imposant à la frontière une obligation dont le traité ne parle pas.

La question, il est facile de le constater, ne peut avoir de solution diplomatique, aucun des deux pays ne pouvant au nom de sa dignité même renoncer à ses prétentions après les avoir si solennellement affirmées.

C'est donc, à notre avis, un devoir de recourir à l'arbitrage et il est malheureux de voir l'Italie en se dérobant ainsi créer un précédent qu'il est regrettable de constater **.

Affaire Hancox.

§ 376. Le Vénézuéla ayant déclaré ouverte, en 1869, la navigation de l'Orénoque, il se forma aux États-Unis une compagnie pour exploiter cette navigation. Les équipages des quatre vapeurs qu'elle expédia dans l'Orénoque étaient originaires des États-Unis,

---

* Pradier-Fodéré, *Droit international public*, VI, p. 421, n° 2622. F. de Martens, *Volkerrecht*, II, p. 468. Fiore, II, p. 479, § 1768.

** J. Berney, *L'arbitrage international dans le différend entre la Suisse et l'Italie* (*Revue de droit international*, 1894, n° 2, p. 204). *Archives diplomatiques*, 1894, VII, p. 40 et s.

et ceux-ci battaient pavillon américain. Mais le Vénézuéla étant alors en révolution, ces bateaux ne tardèrent pas à être réquisitionnés, tantôt par la révolution, tantôt par le gouvernement. En conséquence le président de la compagnie, M. Hancox, réclama en 1872 au Vénézuéla une indemnité de 334,800 dollars outre les intérêts. Bien qu'elle fut soutenue par les États-Unis, la réclamation Hancox ne fût pas admise par le Vénézuéla. Sur quoi, en 1890, au moment même où M. Blaine venait de signer un traité d'arbitrage avec les délégués latino-américains, réuni à Washington, le Congrès des États-Unis approuva une résolution autorisant le président à user des moyens les plus énergiques contre le Vénézuéla. En réponse à cette démonstration, celui-ci proposa le recours à l'arbitrage, tout en soutenant que la voie régulière eût été de saisir de la contestation les tribunaux vénézuéliens.

Les États-Unis firent, le 20 mai 1890, une réponse assez hautaine, réclamant un règlement immédiat, en admettant toutefois que le montant de l'indemnité fût fixé par des arbitres. Mais ils ne persistèrent pas dans cette attitude, et le 24 juin, les parties signaient, chacune de son côté, un décret désignant des arbitres chargés de trancher l'ensemble du litige. Celui-ci est fort compliqué en ce sens que les faits sur lesquels se base la réclamation, ont été commis en partie par des insurgés, sur lesquels le gouvernement n'avait pas d'autorité. Voici en substance le compromis arrêté le 12 juillet 1890 entre les plénipotentiaires.

Les parties conviennent de soumettre à un arbitrage la question de savoir si le Vénézuéla est tenu à une indemnité, et à combien s'élèvera celle-ci. Les trois arbitres, un du Vénézuéla, un des États-Unis, et le troisième, nommé en cas de désaccord sur le choix, par le ministre de Belgique ou celui de Suède à Washington, se réuniront dans cette ville ; ils y statueront sur la production de la correspondance échangée entre les deux pays et des preuves légales que les parties pourraient fournir. Les Congrès des deux pays auront à ratifier le traité (1).

La solution de ce conflit n'est pas encore intervenue à l'heure où nous écrivons ces lignes.

§ 377. Dans le différend qui avait surgi entre l'Allemagne et l'Angleterre au sujet de l'île de Lamu, le baron Lambermont, constitué arbitre par les parties, a rendu une sentence qui peut se résumer comme suit :

Ile de Lamu. Sentence du baron Lambermont.

_____

(1) *Revue de droit international*, XXIII, p. 76.

Il n'est pas prouvé que le sultan de Zanzibar a contracté, en 1887, l'engagement d'affermer les douanes et l'administration de l'île de Lamu à la compagnie allemande de Witu. En conséquence, cette compagnie ne peut fonder aucun droit de préférence ou de priorité sur les déclarations du sultan au cours de l'entretien qui eut lieu alors. Les faits postérieurs à cet entretien n'ont pas changé sa portée.

L'arbitre est d'avis que le sultan est resté maître de disposer de l'exercice de ses droits souverains dans les limites tracées par la lettre de son prédécesseur à sir G. Kirche et au consul général anglais. Il est d'avis que la compagnie anglaise de l'Afrique orientale ne produit aucun engagement pris envers elle par l'un des sultans de Zanzibar et créant en sa faveur un droit exclusif sur les douanes et l'administration de Lamu. En conséquence, l'accord projeté entre le sultan Sand Khalifa et le représentant de la Compagnie anglaise peut être signé sans donner prise à une opposition (1).

Différends entre la Porte et la Compagnie des chemins de fer orientaux. Sentence arbitrale de M. de Gneist, sus-arbitre. § 378. Les différends survenus entre la Porte et la compagnie des chemins de fer orientaux ont pour origine la convention de 1869 qui a trait à la construction du réseau ferré de la Turquie d'Europe, puis la convention intervenue entre cette Compagnie et celle des chemins de fer sud-autrichiens pour l'exploitation du réseau ottoman, dont la construction devait être achevée dans le délai de sept années. La convention de 1869 garantit aux concessionnaires pendant 99 ans une rente annuelle de 14.000 francs par kilomètre à la charge du gouvernement impérial, et une rente de 8.000 francs à la charge de la compagnie d'exploitation. Durant la période de construction la garantie était à la charge du concessionnaire et l'État n'avait qu'à fournir les terrains moyennant 10.000 francs par kilomètre. En outre il fut convenu que la rente de 8.000 francs serait rapportée par la Porte jusqu'à l'achèvement du réseau, et dans ce but il devait être constitué un fonds d'environ 66 millions de francs. De plus la compagnie d'exploitation était autorisée à prélever 12.000 francs par kilomètre sur les recettes brutes, durant la période transitoire. L'excédent des recettes revenait pour les 4/5 à l'État et pour 1/5 à la Compagnie. Mais ces conventions ne furent pas ratifiées par la Porte. Sur quoi le baron de Hirsch et ses associés parvinrent à constituer une nouvelle compagnie, dite Compagnie générale pour l'exploitation du chemin de

_____

(1) *Revue de droit international*, XXI, p. 354, XXII, p. 349.

fer de la Turquie d'Europe, qui, plus heureuse, conclut avec la Porte deux conventions stipulant que le fonds de garantie de 64 millions continuerait d'exister et serait transféré à la nouvelle compagnie. Le placement de ce fonds devait se faire par l'entremise de la Société générale et de la Banque anglo-autrichienne. Les autres stipulations étaient semblables à celles de la convention primitive.

Plus tard il fut convenu que, pour trouver le capital nécessaire à la construction, la Porte émettrait un emprunt à primes.

Mais, en 1872, la concession de 1869 fut annulée. La Porte prit en mains la construction du réseau et la Société impériale, compagnie créée en vue de cette construction, fut réduite au rôle d'un entrepreneur de travaux. En outre, on réduisit l'étendue du réseau et la durée de la concession. L'État paie seul les 22.000 francs par kilomètre ; en revanche la société d'exploitation lui paie après l'ouverture 8.000 francs par kilomètre.

Ces nombreuses conventions ont fait surgir plusieurs différends que M. le professeur de Gneist a été chargé de trancher comme arbitre.

Le premier différend est celui qui concerne le fonds de garantie de 66 millions. L'arbitre a décidé que ce fonds doit être envisagé comme un dépôt demeurant toujours disponible et ne devant par conséquent pas être placé en vue d'en tirer de gros intérêts, ce qui impliquerait un *alea*. Il a décidé aussi que la Compagnie d'exploitation est responsable des intérêts du fonds de garantie et que c'est bien à elle que s'adressait la mise en demeure de restituer ce fonds. Il a enfin décidé que la Compagnie a été responsable, dès le début, de tout le fonds de garantie vis-à-vis du gouvernement.

L'arbitre a décidé ensuite qu'il n'y a lieu ni à l'annulation, ni à la résiliation de la convention d'exploitation de 1872, non plus qu'à celle de 1885 concernant la jouissance des lignes. Il y a donc lieu de débouter la Porte de ses réclamations à cet égard.

Pour ce qui est des indemnités réclamées à la Porte en suite des dommages qu'ont éprouvés les chemins de fer ottomans par le fait de la guerre de 1877-78, l'arbitre a décidé que le gouvernement impérial est tenu de payer à la Compagnie la somme de deux millions de francs, plus les intérêts à partir du 23 avril 1888. En revanche, pour la reddition des comptes de 1887, le surarbitre s'est rallié à l'opinion des arbitres ottomans, à savoir que c'est à la Compagnie de supporter la différence entre la part de recettes revenant à la Porte, durant l'exercice de 1887, et le minimum de 1.500 francs par kilomètre, garanti par les conventions.

24

Pêcheries de la mer de Behring. Arbitrage.

§ 379. Nous avons exposé (V. plus haut, et aussi *Droit internacional*, I, §§ 360-363) l'état de la question des pêcheries de la mer de Behring. Il nous reste à dire un mot du tribunal d'arbitrage qui est chargé de régler ce litige. Ce tribunal s'est réuni à Paris le 23 mars 1893. Il se compose des juges suivants : pour les États-Unis, MM. John M. Harlan, juge à la Cour suprême et John F. Morgan, sénateur; pour la Grande-Bretagne, lord Hannen et sir J. Thompson, ministre de la Justice du Canada ; pour l'Italie, M. E. Visconti-Venosta, ancien ministre des Affaires étrangères et sénateur ; pour la Suède et Norwège, M. Gregers Gram ; pour la France, M. le baron de Courcel, sénateur et ambassadeur et M. Imbert, ministre plénipotentiaire, ce dernier faisant fonction de secrétaire. Ils sont assistés par les conseils suivants : pour la Grande-Bretagne, MM. Ch. H. Tupper, Ch. Russel, R. Webster, Ch. Robinson, H. Box, R. P. Maxwell et Ashley Fraude ; pour les États-Unis, MM. John W. Foster, E. G. Nelps, J. C. Carter, H. W. Blodgett, Fr. Coudert, W. Williams et R. Lausing.

Tribunal d'arbitrage.

§ 380. M. Develle, ministre des Affaires étrangères de France, a souhaité la bienvenue aux arbitres. Puis le tribunal s'est constitué sous la présidence de M. le baron de Courcel. Dans son allocution d'ouverture, le président a insisté particulièrement sur les bienfaits de l'arbitrage comme moyen de régler les différends internationaux, et rappelé le verdict de Genève touchant l'affaire de l'*Alabama*.

Le tribunal a, pour base de ses délibérations, les traité et convention signés à Washington les 29 février et 18 avril 1892. Voici un résumé de ces documents :

L'article 1er du traité porte que les gouvernements des États-Unis et de la Grande-Bretagne ont décidé de soumettre le différend suscité par la pêche des phoques dans la mer de Behring à un tribunal de sept arbitres dont quatre à la nomination des contractants et trois à la nomination de la France, de l'Italie et de la Suède et Norwège, si ces puissances consentent à assumer cette charge. Les délégués se réuniront à Paris. Il leur sera soumis tous les documents relatifs à la cause et il auront le droit d'ordonner toutes enquêtes supplémentaires. Les cinq points suivants formeront la base de leurs délibérations :

1° Quelle est la juridiction exercée dans la mer de Behring, et quels sont les droits relatifs à la pêche des phoques dans cette mer que la Russie a affermés et exercés avant la cession de l'Alaska aux États-Unis ?

2° En quelle mesure la Grande-Bretagne a-t-elle reconnu cette juridiction pour ce qui concerne la pêche des phoques ?

3° L'étendue d'eau nommée « mer de Behring » était-elle comprise dans le terme d'Océan Pacifique du traité de 1825 entre la Grande-Bretagne et la Russie ? Quels sont les droits, s'il en est, maintenus et exercés par la Russie après ce traité ?

4° Les droits de la Russie concernant la juridiction et la pêche des phoques dans la mer de Behring ont-ils passé aux Etats-Unis en vertu du traité du 30 mars 1867 entre les Etats-Unis et la Russie, pour ce qui concerne du moins l'est de cette étendue d'eau?

5° Les Etats-Unis ont-ils des droits de protection ou de propriété sur les phoques fréquentant les iles des Etats-Unis dans la mer de Behring, lorsque ces phoques se rencontrent en dehors de la limite ordinaire de trois milles marins et quels sont ces droits ?

S'ils admettent les prétentions des Etats-Unis, les arbitres auront à élaborer des règlements sauvegardant les droits de la Grande-Bretagne. Les autres puissances pourront adhérer à ces règlements.

Quant à la convention du 18 avril 1892, elle porte entre autres que la Grande-Bretagne interdira l'abattage des phoques, durant l'arbitrage, dans la partie de la mer de Behring située à l'est de la ligne stipulée à l'article 1er du traité de 1867. De leur côté, les Etats-Unis prohiberont cet abattage dans la même mer et ses côtes ou iles. Les navires qui enfreindraient cette défense, seront saisis par les agents des contractants. Dans le cas où l'arbitrage affirmerait les droits des pêcheurs anglais dans les limites réclamées par les Etats-Unis, ceux-ci dédommageront l'Angleterre des pertes qui ont résulté de la suspension de ce droit durant l'arbitrage. Mais si les droits de la Grande-Bretagne ne sont pas reconnus, celle-ci indemnisera les Etats-Unis de ce qu'ils ont consenti à limiter l'abattage à 7,500 phoques par saison *.

---

* *Treaty series*, n° 8, 1892. *Treaty and convention between Great Britain and the United States of America relating to Behring Sea* (Londres, 1892). — *Réception officielle à Paris du tribunal d'arbitrage pour les pêcheries de la mer de Behring* (Paris, 1893). — *Mémoire et contre-mémoire des Etats-Unis devant le tribunal d'arbitrage* (Paris, 1893). — *Plaidoyer des Etats-Unis devant le tribunal d'arbitrage* (Paris, 1893). — *Report of the proceedings of the Tribunal of arbitration convened at Paris*, 1893. — *Report of the Behring Sea Commission and Report of British Commissioners of* 21 *janv.* 1892. — *Argument of H. M. Government. — Case and Counter case presented on the part of the Government of Her Britannic Majesty to the Tribunal of arbitra-*

§ 381. Il nous semble intéressant de faire connaître ici au lecteur, par un résumé très bref, les grandes lignes du mémoire présenté par le gouvernement anglais au tribunal d'arbitrage.

Avant 1886, les navires anglais aussi bien que ceux des autres nations avaient navigué et pêché librement dans la mer de Behring.

En 1886, la Goëlette « *Thornton* » d'abord puis bientôt après la « *Carolena* » et la « *Onward* » occupées à la pêche, furent capturées et leurs capitaines traduits et condamnés par le tribunal du district pour contravention à la section 1956 des statuts revisés des Etats-Unis.

La Grande-Bretagne protesta et des négociations entamées aboutirent à la convention et au traité signés à Washington le 29 février 1892.

La mer de Behring est une mer ouverte où toutes les nations du monde ont le droit de pêche ; en 1821 la Russie tenta d'exclure de cette mer les autres nations. Les Etats-Unis et la Grande-Bretagne protestèrent et la Russie retira purement et simplement ses prétentions et reconnut par des traités de 1824 et 1825 le droit de pêche aux sujets de ces pays dans les eaux non territoriales.

Jusqu'en 1867, les navires de plusieurs nations sont venus en nombre toujours croissant pêcher dans les eaux de Behring. En 1867, en achetant l'Alaska, les Etats-Unis savaient que les droits acquis devaient subsister : jusqu'en 1886, tout en exerçant un droit de surveillance très légitime, ils n'ont fait aucune tentative pour entraver les droits des autres nations à la navigation et à la pêche dans les eaux de Behring.

Le plan du mémoire est l'exposé des questions que nous avons exposées *in extenso* un peu plus haut : il est donc inutile de les reproduire ici.

Ce chapitre est une série de notes historiques, arrangées par ordre chronologique et tendant à faire voir que les navires des différentes nations ont dès les premiers temps navigué dans les eaux sur lesquelles s'étendirent les prétentions Russes avancées par l'Ukase de 1821, c'est-à-dire la mer de Behring et d'autres parties de l'Océan Pacifique. Il serait oiseux de reproduire ici, même dans un résumé très succinct, tous les faits relevés par le gouvernement anglais.

tion. — *Appendix to the Case and Counter case of Her Majesty's Government.* — M. Paisant, *La question de Behring.* Revue d'histoire diplomatique, 1893.

De cette longue énumération il résulte que depuis l'époque la plus reculée jusqu'en 1821 rien ne fait présumer que la Russie aurait réclamé ou exercé des droits exclusifs, vis-à-vis des autres nations, dans les eaux non territoriales de l'Océan Pacifique du Nord.

Que pendant cette période les côtes de l'Asie et de l'Amérique appartenant à la Russie ont été fréquentées, au vu et su des autorités russes, par des navires de toutes nations, y compris ceux naviguant sous le pavillon de la Grande-Bretagne, des Etats-Unis, de l'Espagne et de la France.

Enfin que les seuls droits dont la Russie ait prétendu traiter sont des droits territoriaux ordinaires et des privilèges accordés aux membres de la Compagnie russe-américaine en qualité de Russes, à l'exclusion de tous les autres sujets russes.

Le second titre du mémoire analyse l'Ukase de 1821, ses conséquences et son application jusqu'aux traités de 1824 et 1825.

Chapitre II. Titre B.

La Compagnie privilégiée russe-américaine s'était bien débar-rassée de ses rivaux russes, mais les navires marchands anglais et américains lui faisaient une concurrence acharnée en important des marchandises à des prix inférieurs et en exportant directement les fourrures aux ports chinois.

L'Empereur Alexandre, devant les plaintes de ses sujets, promulgua en 1821, un Ukase réservant exclusivement aux sujets russes la pêche, le commerce et toute autre industrie depuis le détroit de Behring jusqu'au 51° de latitude Nord ; depuis les îles Aléoutes jusqu'à la côte orientale de la Sibérie ; depuis le détroit de Behring jusqu'au cap Sud de l'île d'Urup.

Non seulement il était défendu aux navires étrangers d'aborder dans ces possessions russes, mais encore d'en approcher à une distance de 100 milles.

Immédiatement les gouvernements américain et britannique réclamèrent contre cette violation du droit des gens, et le 18 janvier 1822, Lord Londonderry écrivit au comte de Lieven, ambassadeur de Russie à Londres, une lettre de protestation très nette et très énergique.

Protestation de la Grande-Bretagne.

Divers échanges de notes eurent lieu entre les deux cabinets russe et anglais, et, le 19 novembre 1823, M. Canning, secrétaire d'Etat, faisait savoir à la Société des armateurs de Londres que, sur ses instances, la Cour impériale de Russie avait consenti à suspendre l'exécution de l'Ukase de 1821 jusqu'à complet achèvement des négociations engagées à ce sujet, négociations qui d'ailleurs aboutirent à la convention entre la Russie et la Grande-Bretagne, signée le 28 février 1825, et dont nous parlerons plus loin.

Le 25 février 1822 M. Adams, secrétaire d'Etat des Etats-Unis, adressait à M. de Poletica, ministre de Russie à Washington, une lettre de protestation contre les prétentions russes exprimées par l'Ukase de 1821. Dans sa réponse, le ministre russe essaie de justifier les prétentions de son gouvernement et termine en faisant remarquer que « les possessions russes s'étendant sur la côte nord-
» ouest de l'Amérique depuis le détroit de Behring jusqu'au 51°
» de latitude nord et du côté opposé de l'Asie et sur les îles adja-
» centes depuis le même détroit jusqu'au 45°, l'espace de mer dont
» ces possessions forment les limites réunit toutes les conditions
» des *mers fermées*, et le gouvernement russe pourrait se croire
» autorisé à exercer sur cette mer des droits de souveraineté et
» par conséquent en interdire l'approche aux étrangers..... »

C'était une nouvelle prétention, que de déclarer possession russe, toute cette partie du Pacifique: heureusement, comprenant sans doute ce qu'il y avait là d'exagéré, le cabinet russe ne l'éleva pas.

Enfin les négociations aboutirent à la convention du 17 avril 1824 qui met fin à toute prétention ultérieure de la Russie de restreindre la navigation et la pêche des citoyens américains dans la mer de Behring.

Toute liberté d'aborder, de pêcher, de faire le commerce avec les indigènes est laissée aux Américains sauf pour l'importation des liqueurs spiritueuses, des armes et des munitions que les deux gouvernements s'engagent à ne pas vendre ni laisser vendre par leurs sujets respectifs.

De plus interdiction était faite aux citoyens des Etats-Unis de former aucun établissement sur la côte nord-ouest de l'Amérique et îles adjacentes au nord du 54°40° de latitude septentrionale.

La convention était signée pour dix ans.

Les dispositions concernant le droit de pêche et d'abordage sont les mêmes que dans le traité de 1824 avec les Etats-Unis.

La ligne de démarcation entre les possessions russes et britanniques est ensuite établie.

Les mêmes dispositions se retrouvaient concernant la création d'établissements, le commerce des spiritueux et des armes, etc.

Enfin la convention prévoyait les contestations possibles qui devaient être réglées à l'amiable, « d'après les principes d'une parfaite justice », après rapport par les autorités civiles et militaires à leur gouvernement respectif.

[Margin notes:]
Protestation des Etats-Unis.

Convention entre la Russie et les Etats-Unis.

Convention entre la Grande-Bretagne et la Russie.

La durée de la convention était également de 10 ans.

De ce qui précède, il résulte donc clairement que l'Ukase de 1821, première et seule tentative de la Russie pour s'arroger la souveraineté et limiter les droits des autres nations sur les eaux non-territoriales de l'Océan Pacifique et de la mer de Behring, a rencontré de la part de la Grande-Bretagne et des Etats-Unis une protestation immédiate et formelle qui a eu pour résultat l'abandon pur et simple de ses prétentions par le gouvernement russe.

Le mémoire examine ensuite si l'espace de mer connu aujourd'hui sous le nom de mer de Behring est compris dans l'expression « Océan Pacifique » telle qu'elle est employée dans le traité de 1825 entre la Russie et la Grande-Bretagne.

Par une argumentation très savante et très documentée, où les expressions « Océan Pacifique » et « Côte nord-ouest » employées dans le traité sont examinées d'abord au point de vue du sens qu'on est convenu de leur donner dans les traités et dans la correspondance, puis du sens courant et enfin de leur emploi géographique, le titre se termine par cette conclusion que le traité de 1825 s'appliquait à toutes les eaux non-territoriales y compris la mer de Behring.

L'usage des eaux en question, de 1821 à 1867, fait l'objet du présent titre : très documentée, ayant nécessité de très nombreuses recherches, cette partie du mémoire énumère avec preuves à l'appui tous les navires qui d'année en année ont visité les côtes dont nous nous occupons.

Le chapitre se termine par une statistique annuelle du nombre des baleiniers des Etats-Unis s'étant, de 1841 à 1867, livrés à la pêche dans le Pacifique du Nord et arrive à cette conclusion :

Que de 1821 à 1867, les droits de navigation et de pêche furent exercés librement par les navires des Etats-Unis, de la Grande-Bretagne et d'autres nations et reconnus par la Russie ;

Que les eaux de la mer de Behring étaient considérées par la Russie comme sujettes aux dispositions des traités de 1824 et 1825.

La quatrième question soumise au tribunal arbitral et que nous avons reproduite plus haut donne lieu à trois questions différentes que nous examinerons successivement :

1° Quels sont les droits transférés aux Etats-Unis par le traité du 30 mars 1867 ?

2° Quelle a été la conduite tenue par les Etats-Unis et la Russie de 1867 à 1886 ?

3° Quelles sont les prétentions des Etats-Unis depuis 1886 ?

[Notes marginales :]

Chap. III. Titre C.

Chap. IV. Titre D. L'usage, entre 1821 et 1867, des eaux connues aujourd'hui sous le nom de mer de Behring.

Chap. V. Titre E.

Aucun article du traité de cession de l'Alaska aux États-Unis par la Russie, traité que le mémoire reproduit *in extenso* (1), ne parle d'un droit de souveraineté exceptionnel ou spécial, ni sur les eaux de la mer de Behring ni sur celles d'une autre partie de l'Océan Pacifique du Nord. De plus la dernière clause de l'article 1er prouve clairement que la Russie n'a pu avoir l'idée de céder une partie de la haute mer, puisque la limite occidentale est tracée, non de manière à comprendre une partie de la haute mer, mais bien « de » manière à enclaver, dans ledit territoire cédé, toutes les îles » Aléoutes situées à l'est de ce méridien » (139° de longitude ouest).

Une autre preuve peut se puiser dans les travaux du Congrès qui aboutit à la cession de l'Alaska : en effet dans tous les débats, aucun de ses membres n'eut l'idée de faire allusion à l'existence d'un droit exclusif de juridiction sur les eaux ou les pêcheries à une distance de plus de 3 milles en mer.

La conclusion est la suivante : les droits de la Russie « à la juridiction et aux pêcheries des phoques dans la mer de Behring », n'étaient autres que ceux qu'elle possédait conformément au droit international et à sa souveraineté sur les côtes et îles de ladite mer.

Dans le traité il n'a donc pu être question du transfert d'aucun autre droit de souveraineté que celui que possédait la Russie sur les eaux territoriales du territoire cédé, conformément au droit international et à l'usage des nations.

Chap. VI.
Titre F.

D'ailleurs cette conclusion paraît suffisamment justifiée par le chapitre suivant.

En effet, une longue énumération de faits et toute une série de documents officiels établissent d'une manière absolue que, de 1867 à 1886, l'action des États-Unis et de la Russie, signataires du traité de 1867, ne comporte qu'une interprétation, c'est que les droits que ces puissances possédaient respectivement dans les eaux de Behring n'étaient autres que ceux qui dérivent naturellement de la possession des côtes de cette mer et des îles qu'elle comprend.

Enfin pendant cette période, quoique la mer de Behring fût fréquentée par des pêcheurs de phoques, les autorités des États-Unis se sont bornées à exercer le droit de juridiction sur la terre et les eaux comprises dans les eaux territoriales.

Chap. VII.
Titre G.

Les prétentions des États-Unis se révélèrent pour la première

(1) *Archives diplomatiques*, 1895, V.

fois en 1886 : le gouvernement de Washington donna aux commandants des côtes de douane des instructions pour empêcher tout navire de pêcher des phoques dans la mer de Behring.

Aussitôt, trois navires anglais furent saisis, faisant pourtant la pêche hors des limites des eaux territoriales.

La Grande-Bretagne protesta, mais les prises n'en continuèrent pas moins, et le 21 mars 1889, le président Harrison lançait une proclamation défendant « d'entrer dans la mer de Behring qui se « trouve sous la souveraineté des Etats-Unis pour violer la section « 1956 des statuts revisés », c'est-à-dire pour pêcher le phoque.

En 1888, pourtant, le secrétaire d'Etat, dans une dépêche au ministre des Etats-Unis à Londres, parle de régler la question de l'abattage des phoques par une convention internationale.

Examinant ensuite les différentes affaires de saisie de navires pêcheurs, le mémoire conclut que la raison pour laquelle les navires saisis ont été condamnés était que la mer de Behring était une mer fermée et que comme telle elle avait été cédée en partie aux Etats-Unis ;

Que ce raisonnement fut ensuite abandonné, mais que les Etats-Unis ont plus tard avancé la prétention qu'ils avaient un droit de juridiction exclusive dans un rayon de 100 milles des côtes de leur territoire ;

Qu'enfin les Etats-Unis ont réclamé, en outre, un droit de propriété et de protection sur les phoques à fourrure des eaux non territoriales.

Les Etats-Unis ont-ils un droit, et dans le cas affirmatif, quel droit, soit de protection, soit de propriété aux phoques à fourrure qui fréquentent les îles de la mer de Behring, dans le cas où ces phoques seraient rencontrés en dehors du rayon de 3 milles de la côte, c'est-à-dire des eaux territoriales ? *Chap. VIII.*

La réponse est simple : nul ne peut nier que les phoques à fourrure sont des animaux, *feræ naturæ*, et que les jurisconsultes ont toujours considéré ces animaux comme *res nullius* jusqu'au moment où l'homme s'en empare. Pourquoi donc un droit de propriété existerait-il dans la mer de Behring plutôt qu'ailleurs ?

Les Etats-Unis n'indiquant aucune raison plausible en avançant leur prétention sans précédent au droit de propriété et de protection sur des animaux, le mémoire se borne à constater qu'il ne peut y avoir aucune propriété sur des animaux *feræ naturæ* quand ils se trouvent dans la haute mer.

Après l'exposé de quelques principes de droit relatifs à la haute *Chap. IX.— Conclusion générale.*

mer, au droit de naviguer, etc. (principes formulés par le « Chan-
cellor », Kent, Wheaton, Dana, Phillimore) la Grande-Bretagne
déclare soutenir :

1° Qu'avant 1821, les navires de la Grande-Bretagne, Etats-Unis
et autres nations ont toujours navigué librement dans les eaux
territoriales de Behring et autres parties du Pacifique du Nord et
ont exercé librement leurs droits naturels de pêche et de commerce
sans remontrance de la Russie ;

2° Qu'en 1821, la Russie avança la prétention d'exercer une surveillance sur les eaux non territoriales de la mer de Behring, mais
que les Etats-Unis et la Grande-Bretagne protestèrent aussitôt, et
que la Russie abandonna sa prétention ;

3° Que la mer de Behring est comprise dans l'expression « Océan
Pacifique » contenue dans le traité de 1825 ;

4° Que pendant plus de 40 ans, la Russie n'a fait aucune tentative pour faire valoir ses prétentions à la souveraineté sur les
eaux non territoriales de cette mer ;

5° Que l'acquisition de l'Alaska par les Etats-Unis ne pouvait
leur transférer que ceux que possédait la Russie, droits qui s'attachaient à la possession des territoires bordés par la mer de
Behring ; que de plus le gouvernement des Etats-Unis savait parfaitement que les eaux non territoriales de la dite mer étaient
ouvertes aux navires de toutes nations qui voulaient y exercer
leurs droits communs de navigation et de pêche.

Enfin après un examen des diverses opinions données sur l'é-
tendue du droit de juridiction, et parmi lesquelles nous relevons
les noms d'Ortolan, de Fish, de Vattel, de Bluntschli, de Klüber,
de Sir Travers Twiss, de Wheaton, etc., le mémoire du gouvernement anglais se termine par ces mots :

« Le gouvernement de la Grande-Bretagne soutient que les
» questions soulevées dans cet arbitrage ont une importance beau-
» coup plus grande que la simple conservation d'une industrie
» particulière : il s'agit du droit que possèdent toutes les nations
» du monde de naviguer, de pêcher sur la haute mer, et d'exercer
» sans entraves les droits communs du genre humain ; il s'agit de
» déterminer si une nation peut, par une proclamation, limiter et
» entraver des droits qui sont l'héritage commun de tous les hom-
» mes. C'est pour la défense de ces droits, et dans l'intérêt de toutes,
» les nations civilisées que les arguments qu'on vient d'exposer
» sont respectueusement soumis à la considération du tribunal (1)».

(1) *Archives diplomatiques*, 1895, III, IV, V.

§ 382. Voici d'autre part le résumé du mémoire présenté par les Etats-Unis.

Ce document, très long et très savant, débute par une esquisse géographique de la mer de Behring d'abord puis des îles Pribiloff, puis s'occupe de la découverte des côtes et des îles de la mer de Behring : c'est ainsi qu'il établit que dès 1648, un navire russe alla de l'Océan Arctique au Kamtschatka par le détroit de Behring ; — puis, parlant des explorations du navigateur Behring, il nous apprend que c'est en 1741 que ce dernier découvrit les trésors de fourrures des îles du Commandant. — Tous les navigateurs, dès lors, ont reconnu des traces d'occupation russe. Donc, par la raison que les Russes furent les premiers à les découvrir, à les occuper et à s'y maintenir, il est incontestable que les côtes et les îles de la mer de Behring, l'archipel des Aléoutiennes et l'Alaska devinrent, probablement vers 1800, des portions du territoire de l'Empire russe.

Si l'on reconnaissait universellement les droits de la Russie sur le territoire situé au nord et à l'ouest de l'Alaska et sur cette presqu'île elle-même, ses prétentions sur la côte nord-ouest du continent américain c'est-à-dire sur celle qui s'étend du Prince William Sound à l'embouchure du fleuve Colombie étaient sérieusement contestées.

Or, dès 1741, le capitaine russe Tcherckof visitait une partie de cette côte. En 1784 un marchand russe, Schelikof, établissait un comptoir, puis une factorerie.

Enfin la plus importante mesure prise par la Russie pour établir son autorité sur les îles et rivages adjacents de la côte nord-ouest du continent fut la fondation de la Nouvelle-Arkhangel au commencement du siècle, qui devint bientôt une forteresse et le siège du gouvernement des possessions russes. Dès 1810, la Russie en était arrivée à faire reconnaître aux Etats-Unis sa protection sur la côte jusqu'au fleuve Colombie.

D'un autre côté la Grande-Bretagne émet de bonne heure des prétentions sur cette côte. L'Espagne de son côté fit de même, mais avec celle-ci la situation fut réglée en 1739 et 1740.

Il ressort de cet historique que, alors que les prétentions de la Russie sur le territoire comprenant les îles Aléoutiennes, la presqu'île d'Alaska ainsi que les côtes et îles de la mer de Behring ne donnèrent jamais lieu à contestation, les côtes et îles adjacentes du continent américain du 60° degré de latitude jusqu'à la Californie, furent l'occasion de différends sérieux entre la Russie, la Grande-Bretagne, l'Espagne et les Etats-Unis.

Bientôt se fonda la Compagnie de l'Amérique Russe qui fut le résultat de nombreuses associations commerciales qui se mirent dès 1741 à exploiter le commerce des fourrures dans les iles Aléoutiennes et la mer de Behring : de nombreuses rivalités éclatèrent et en 1799 un ukase créait la Compagnie de l'Amérique Russe et lui octroyait sa première charte qui lui donnait pour 20 ans des privilèges spéciaux et exclusifs sur les côtes de l'Amérique situées entre 55° de latitude nord et le détroit de Behring ainsi que sur les îles Aléoutiennes, les Kouriles et les iles de la mer de Behring.

A partir de 1802, les officiers de la marine impériale furent constamment au service de la compagnie.

La compagnie dirigeait seule le gouvernement et le commerce des territoires placés sous son contrôle.

Le 4 septembre 1821, fut publié le célèbre ukase, et, 9 jours après, la charte de la compagnie était renouvelée avec quelques avantages supplémentaires pour une nouvelle période de vingt années.

Les dispositifs de cet acte ont été indiqués plus haut dans le résumé du mémoire du gouvernement britannique ; nous n'y reviendrons pas ici.

La question de savoir si l'espace connu sous le nom de la mer de Behring est compris dans l'expression « Océan Pacifique » telle qu'elle est employée dans le texte du traité conclu en 1825 entre la Grande-Bretagne et la Russie.

La controverse qui suivit la promulgation de l'ukase de 1821 eut pour résultat la conclusion des traités entre les Etats-Unis et la Russie en 1824, entre la Grande-Bretagne et la Russie en 1825. Ils mettront fin : 1° à la question maritime ; 2° au différend concernant la côte nord-ouest.

Le gouvernement des États-Unis se base sur les cartes et les récits de l'époque pour montrer que la mer de Behring ne faisait pas partie du « Grand Océan ».

Les clauses spéciales des traités accordaient pour 10 ans, nous l'avons vu plus haut, la liberté du commerce et de la pêche : elles ne laissent donc aucun doute sur l'identité de cette côte.

Les Etats-Unis, ni la Grande-Bretagne ne purent d'ailleurs à l'expiration des 10 ans obtenir le renouvellement de la clause susdite.

Le 20 mars 1867, était signé le traité de l'Alaska : ce traité fut l'affirmation par deux grandes puissances des prétentions antérieures de la Russie à la souveraineté de la mer de Behring et la proclamation de la cession d'une partie de celle-ci aux Etats-Unis. Cette proclamation n'a jamais soulevé de réclamation.

Quels sont les droits qui ont été transférés aux Etats-Unis par suite du traité du 3 mars 1867 ?

La lecture du traité de cession amène à conclure (art. 5) que tous les droits de la Russie concernant la juridiction et la chasse du phoque dans la mer de Behring passèrent intégralement aux Etats-Unis par le traité du 20 mars 1867. Cette conclusion a été acceptée par la Grande-Bretagne sans discussion (dépêche de Lord Salisbury à M. Blaine, du 21 février 1891) (1).

De ces actes et de la législation adoptée par le congrès depuis 1867 il résulte :

1° Qu'à l'époque de l'achat de l'Alaska les Etats-Unis n'ignoraient ni l'étendue ni les effets de la juridiction russe dans la mer de Behring et qu'ils se rendaient compte de l'augmentation de valeur apportée par cette juridiction au troupeau de phoques des îles Pribiloff ;

2° Que, depuis l'achat, il a conservé et continué d'exercer cette juridiction en vue de protéger le troupeau.

De plus le gouvernement des Etats-Unis possède un droit de protection et de propriété à l'égard des phoques fréquentant les îles Pribiloff, lorsque ces animaux se trouvent en dehors de la limite ordinaire de trois milles de la côte, et base ce droit sur les principes fondamentaux du droit commun, sur l'usage des nations, sur les lois de l'histoire naturelle et les intérêts de l'humanité.

Afin de présenter cette prétention au droit de protection et de propriété et de passer en revue les intérêts divers mis en jeu par l'industrie à laquelle donne lieu le phoque à fourrure, les rédacteurs du mémoire font ici une longue étude sur les mœurs de cet animal, étude qu'il nous paraît inutile de reproduire, car elle n'a qu'un rapport bien éloigné avec la question de droit dont nous nous occupons ici.

Le mémoire s'occupe ensuite de l'administration des Rookeries, c'est-à-dire le lieu où les phoques viennent habiter pendant la saison, sous la gestion russe et la gestion américaine.

Sous la gestion russe, en 1799, les massacres en bloc cessèrent et on limita le chiffre des animaux à abattre, mais aucune limite d'âge ne fut fixée, toutefois les mâles seuls purent être abattus. A ce moment, grâce aux mesures de protection, le troupeau s'accroissait encore, mais peu à peu les massacres augmentèrent, par suite de la concurrence entre les diverses compagnies, et cette année plus de 24.000 phoques furent tués aux îles Pribiloff.

L'année suivante le gouvernement américain s'émut et prit des mesures énergiques.

Au printemps 1859, le docteur H. H. Mc Intyre, avec un garde-côte sous le commandement du capitaine John Henriques, aborda aux îles, et prit sur le champ des précautions pour mettre le trou-

(1) *Archives diplomatiques*, 1895, I, p. 294.

peau de phoques, surtout les animaux reproducteurs, à l'abri de toute molestation. On dut détruire tous les chiens des îles, et les fonctionnaires du gouvernement se firent remettre toutes les armes à feu en la possession des indigènes, afin d'éviter que les uns ou les autres pussent effrayer les habitants des *rookeries*. Une fois ces précautions prises, le gouvernement des Etats-Unis examina la meilleure méthode pour réglementer l'industrie du phoque.

En juillet et août 1870, la compagnie Commerciale de l'Alaska fut déclarée concessionnaire. La méthode ainsi adoptée pour la gérance des *rookeries*, interdisant l'usage des armes à feu ou autres moyens tendant à chasser les phoques des îles, et s'opposant d'une façon formelle à la destruction du phoque dans l'eau, permit aux concessionnaires de capturer cent mille phoques mâles, âgés de plus d'un an, pendant les mois de juin, juillet, septembre et octobre de chaque année. En échange des peaux qu'ils obtenaient ainsi, les concessionnaires s'engageaient à verser annuellement à la Trésorerie des Etats-Unis la somme de cinquante-cinq mille dollars comme loyer des dites îles, une taxe ou impôt de deux dollars sur chaque peau de phoque à fourrure prise et embarquée par eux, plus une somme de soixante-deux *cents* et demi sur chaque peau de phoque à fourrure prise ; en outre, ils consentaient à fournir annuellement, à titre gratuit, vingt-cinq mille saumons secs, soixante mille stères de bois de chauffage, et une quantité suffisante de sel et de viande de conserve aux habitants des îles Saint-Paul et Saint-Georges, et enfin à fonder et à entretenir à leurs frais, pendant au moins huit mois de l'année, une école dans chaque île, et à ne vendre aucun produit de distillerie ni aucune liqueur spiritueuse dans lesdites îles. Ces clauses étaient plus avantageuses au gouvernement des Etats-Unis et aux habitants des îles Pribiloff, que les conditions de la concession stipulées dans l'acte du 1er juillet 1870, et infiniment plus que celles de la concession des îles du Commandant et de Robben, consentie par le Gouvernement russe à la même Compagnie, en 1871.

Le 24 mars 1874, le Congrès vota un acte amendant l'acte du 1er juillet 1870, aux termes duquel le secrétaire de la Trésorerie fut autorisé à désigner les mois pendant lesquels il serait permis de prendre des phoques dans les îles, et fixant, en outre, le nombre de ces animaux ; cet amendement confia ainsi aux fonctionnaires du gouvernement le contrôle immédiat de l'abattage du phoque, en leur conférant le pouvoir de modifier et de réduire la quotité des animaux à tuer toutes les fois qu'ils le jugeraient nécessaire pour la conservation du phoque dans les îles. Il est donc de toute évidence que les Etats-Unis ont pris toutes les précautions possibles pour limiter le nombre des animaux à abattre, de façon à éviter la dépopulation du troupeau de phoques.

Le mémoire parle ensuite de la condition des indigènes aux îles Pribiloff, puis se livre à une nouvelle étude sur les habitudes du phoque en relatant les opinions d'un certain nombre de chasseurs et d'indigènes.

La cause de la diminution du troupeau de phoques doit être attribuée à deux causes principales : 1º lorsque la flotte de chasse se composait d'un petit nombre de navires, portant des chasseurs indiens et ne dépassant pas la côte du Pacifique, aucune diminution n'eut lieu parmi les phoques ; mais l'augmentation du troupeau cessa aussitôt que les navires de la flotte devinrent plus nombreux ; 2º lorsque les navires furent montés par des blancs, se servant d'armes à feu, et étendant leurs opérations jusque dans la mer de Behring, la diminution du troupeau de phoques s'accentua rapidement, devenant de plus en plus sensible au fur et à mesure que le nombre des navires augmentait.

La chasse du phoque en pleine mer, seule cause de l'énorme diminution observée dans le troupeau de phoques d'Alaska pendant toutes les dernières années, et qui menace d'exterminer complètement ces animaux dans un avenir rapproché, était pratiquée en canots par les naturels des côtes du Pacifique, bien des années avant qu'on se servit des goëlettes de chasse. Les prises étaient de peu d'importance, variant de trois à huit mille peaux annuellement, et les pertes résultant de la non-capture des phoques tués étaient, sinon nulles, du moins peu considérables, ainsi qu'on pourra s'en rendre compte, lorsqu'il sera question de la méthode et des engins employés pour cette chasse par les Indiens.

Même après que des navires furent affectés à ce genre d'industrie, ce qui, suivant M. Morris Moss, vice-président de la Société des chasseurs de phoques de Victoria, dans la Colombie britannique, eut lieu vers 1872, la flotte ne comptait que peu de navires, à peine une demi-douzaine. Les Indiens seuls étaient employés à la chasse, et les phoques étaient tués à coups de lance. Lorsqu'on se servit des goëlettes pour transporter les canots dans l'Océan, la chasse fut pratiquée, non plus dans la zone d'une vingtaine de milles le long des côtes, hors de laquelle les canots ne pouvaient guère s'aventurer, mais dans les eaux fréquentées par le troupeau migrateur, comprises entre le fleuve Colombia et l'île de Kadiak. En 1883, la goëlette *San Diego* pénétra dans la mer de Behring et revint à Victoria avec plus de deux mille peaux. Ce succès donna de l'essor à ce commerce, et de nouveaux navires furent engagés dans cette spéculation.

Vers 1885, on inaugura une nouvelle méthode de chasse qui a été la cause principale qui a rendu la chasse pélagique des phoques si destructive et entraîné la perte de tant de ces animaux : l'usage des armes à feu. Les blancs devinrent désormais les véritables chasseurs, et là où, précédemment, le nombre des chasseurs expérimentés, disponibles, ne se composait nécessairement que de quelques centaines d'indigènes, l'espoir de voir leurs fatigues largement récompensées engagea beaucoup de blancs à entrer au service des personnes qui se livraient par métier à l'extermination du phoque. A partir de cette époque, le nombre des navires employés à cette industrie augmenta rapidement, jusqu'à ce qu'enfin il en soit arrivé aujourd'hui à menacer le phoque à fourrure des mers boréales d'une extermination complète.

Les dépositions d'un grand nombre de navigateurs établissent ensuite d'une façon indéniable que quantité de femelles sont ainsi tuées en pleine mer et provoquent ainsi une dépopulation rapide du troupeau.

Le massacre irraisonné des phoques dans les eaux de l'Océan Pacifique et de la mer de Behring ne saurait manquer d'avoir un résultat semblable à celui qui a été observé dans l'hémisphère austral, où, à l'exception de quelques rares endroits, le phoque à fourrure a disparu, du moins au point de vue commercial.

La Grande-Bretagne a alors, mais trop tard, pris des mesures protectrices afin de permettre à cette race de se régénérer, mais instruite par l'exemple elle n'a pas borné sa protection gouvernementale aux phoques à fourrure ; elle l'a étendue à toutes les variétés de phoques, partout où ces derniers fréquentent les eaux territoriales britanniques. Le phoque commun (*hair-seal*), d'une valeur commerciale bien inférieure à celle du phoque à fourrure et à l'existence duquel la terre n'est pas nécessaire, puisque ses petits peuvent naître, et, de fait, naissent habituellement et sont élevés sur la glace, se trouve dans certaines eaux du nord de l'Atlantique ; en dépit de l'infériorité de sa valeur marchande, ce phoque est placé sous la protection spéciale des lois britanniques. Les lois canadiennes, sans stipuler aucune limite maritime, interdisent à toute personne de déranger ou de porter un dommage quelconque à toute pêcherie sédentaire de phoques, pendant le temps où la chasse de cet animal est ouverte, ou de molester ou d'effrayer les troupes de phoques à leur entrée dans la *fishery*. Elle s'oppose également à l'usage des explosifs pour la chasse du phoque.

Suit un rapide examen de la législation des pays intéressés à la pêche du phoque.

Le résumé ci-dessus de la législation des différentes nations montre qu'elles ont jugé nécessaire d'adopter des règlements sévères, non seulement dans les eaux qui baignent les côtes de leur territoire, mais aussi dans des eaux qui en sont fort éloignées, afin de mettre le phoque à fourrure et le phoque commun à l'abri d'une complète extermination. Mais il sera intéressant et utile, dans l'intérêt de cet arbitrage, de pousser plus loin l'examen des législations nationales et de rechercher jusqu'à quel point les gouvernements ont étendu leur protection aux autres espèces animales qui habitent les mers baignant leur territoire, et dans quelle mesure ils ont exercé les droits de juridiction extra-territoriale pour la conservation des intérêts nationaux.

Le mémoire continue par une étude sur l'industrie de la peau de phoque et sur le préjudice causé au commerce en cas de destruction du troupeau.

Les Etats-Unis, s'appuyant sur les preuves fournies et développées ci-dessus, prétendent que les points de fait qui suivent ont été pleinement établis :

1º Le phoque d'Alaska, engendré, né et élevé aux îles Pribiloff, c'est-à-dire sur le territoire des Etats-Unis, est essentiellement un animal terrestre, qui ne va dans l'eau que pour y chercher sa nourriture et pour éviter la rigueur de l'hiver, et ne peut se reproduire ou vivre que dans un pays déterminé, dans un lieu d'une nature particulière et exceptionnelle, jouissant d'un climat spécial, et dans un milieu approprié, un séjour de plusieurs mois sur terre étant nécessaire pour sa reproduction. Le phoque d'Alaska est un animal domestique par ses habitudes, et il se laisse facilement mener par l'homme quand il est à terre. C'est un animal de grande valeur pour les Etats-Unis et pour l'humanité ; il est la source principale d'où le monde tire son approvisionnement de peaux de phoques à fourrure et la base d'un commerce et d'une industrie très importants pour les Etats-Unis et la Grande-Bretagne. La seule demeure du troupeau de phoques d'Alaska est située sur les îles Pribiloff ; il ne fréquente aucun pays ; son itinéraire, quand il quitte ces îles lors de ses migrations, est constant et limité principalement aux eaux baignant les côtes des Etats-Unis. Il ne se mêle à aucun autre troupeau, et, s'il était chassé de ces iles, il périrait probablement ; en tout temps, lorsqu'il est dans l'eau, l'identité de chaque individu peut être établie avec certitude, et en tout temps, soit pendant ses courtes absences de ces iles pour chercher de la nourriture, soit pendant sa migration hivernale, qui est de plus longue durée, il est mû par un sentiment déterminé ou instinct, qui le pousse à y retourner.

2º Grâce à la sage législation et à la judicieuse administration des États-Unis, ce troupeau de phoques s'est accru en nombre et en valeur, et, s'il existe actuellement, cette circonstance est due uniquement aux soins et à la protection dont l'ont entouré les États-Unis et la Russie, cette dernière propriétaire primitive de ces iles. Mais la capture des phoques dans l'eau, qui est nécessairement faite sans discernement ni mesure, et qui est cause que le plus souvent des femelles sont prises en état de gestation ou quand elles allaitent, a tellement réduit le chiffre de la natalité, que maintenant ce troupeau diminue rapidement en nombre. Cette diminution a commencé avec le développement de la chasse pélagique, et l'extermination de ce troupeau se produira certainement dans un avenir prochain, comme elle s'est produite pour d'autres troupeaux, s'il n'est pas mis fin à un pareil massacre.

3º La chasse pélagique est un mode de capture illégitime, abusif et meurtrier, barbare et inhumain, à cause de la destruction excessive des femelles pleines et nourrices et des petits impuissants à se sustenter et condamnés ainsi à périr. Elle amènera la ruine totale du troupeau de phoques, des industries et du commerce auxquels il donne lieu et le seul moyen de les conserver au monde et aux gouvernements auxquels ils appartiennent est d'interdire la chasse pélagique dans les eaux fréquentées par le troupeau.

4º Avant le traité de 1825, entre la Grande-Bretagne et la Russie, et même depuis 1799, jusqu'à la cession aux États-Unis en 1867, la Russie interdisait l'abattage des phoques dans toutes les eaux de la mer de Behring et y exerçait la surveillance nécessaire pour rendre cette défense efficace.

5º La mer de Behring n'était pas comprise dans les mots « Océan Pacifique » dont on s'est servi dans le traité de 1825, et celui-ci reconnaissait la légitimité de la surveillance exercée par la Russie dans la mer de Behring pour protéger les phoques.

6º Tous les droits de la Russie relativement à la protection du troupeau d'Alaska ont été cédés dans leur intégrité aux États-Unis par le traité de 1867, et, depuis cette cession, les États-Unis ont réglé par des lois, dont l'exécution est étroitement surveillée par le gouvernement, l'abattage des phoques aux îles Pribiloff, ont interdit cet abattage dans toutes les eaux de la mer de Behring, dans les limites de la cession, et, jusqu'à présent, ont insisté sur leur droit de faire observer cette défense ; mais, mûs par la crainte de troubler la paix existant entre eux et la Grande-Bretagne, par suite de l'opposition de celle-ci, ils ont cessé, dans une certaine mesure, de la faire observer.

7° La Grande-Bretagne a acquiescé à l'exercice de ce droit par la Russie dans la mer de Behring et à l'exercice continu du même droit par les États-Unis jusqu'en 1886.

8° Ce droit, la nécessité de cette défense et le devoir de la faire observer, n'ont jamais été contestés avant que des aventuriers isolés ne se fussent mis, vers 1885, à se livrer aux massacres contre lesquels s'élèvent les États-Unis.

9° Le placement des capitaux engagés par ces aventuriers dans la chasse pélagique constitue une spéculation, généralement peu lucrative et tout à fait insignifiante par ses résultats, si on la compare à l'industrie de la peau de phoque de la Grande-Bretagne, de la France et des États-Unis, laquelle repose sur ce troupeau. Les profits, s'il y en a, résultant de la chasse pélagique, sont hors de toute proportion avec la destruction qu'elle cause.

D'après les propositions qui précèdent, si elles sont jugées établies, les questions importantes à trancher par ce haut tribunal semblent être les suivantes :

1° Des individus qui ne sont pas sujets des États-Unis ont-ils un droit, à l'encontre de ce Gouvernement, droit auquel celui-ci doive se soumettre, de se livrer à la dévastation dont il se plaint, qu'il interdit à ses propres citoyens et qui doit avoir pour conséquence la destruction rapide de toute la propriété, de toute l'industrie et de tous les intérêts attachés à la conservation de ce troupeau de phoques ?

2° Si un pareil droit peut exister, ce que les États-Unis contestent en toute assurance, les États-Unis et la Grande-Bretagne ne doivent-ils pas, en toute justice, en bonne politique, pour l'intérêt commun de l'humanité, et au nom de la protection que toutes les nations civilisées accordent aux animaux sauvages, sans défense et présentant de la valeur, conclure un arrangement équitable au moyen de règlements communs ou d'une convention, auxquels il conviendra de solliciter l'adhésion des autres gouvernements, afin d'empêcher l'extermination de ce troupeau de phoques et de le conserver pour eux-mêmes et pour le profit du monde ?

Sur la première des questions ainsi posées, le Gouvernement des États-Unis prétend que :

1° En raison des faits et de l'état de choses prouvés par les témoignages, il a un tel droit de propriété sur le troupeau de phoques d'Alaska, en tant que produit naturel de son sol, devenu d'une grande valeur pour ses citoyens et une source importante de bénéfices, grâce surtout à la protection dont il l'a entouré et aux sacrifices qu'il a faits pour lui, qu'il est autorisé à préserver ce troupeau de la destruction dont il est menacé, en recourant à toute contrainte raisonnable pouvant être nécessaire.

2° Abstraction faite du droit distinct de propriété sur ce troupeau, le Gouvernement des États-Unis a, pour lui-même et ses nationaux, un intérêt, une industrie et un commerce résultant de l'utilisation légitime et raisonnable du croît du troupeau de phoques sur son territoire, et il a qualité, d'après tous les principes applicables à ce sujet, pour protéger cette source de richesse contre toute destruction aveugle par des particuliers qui n'ont l'espoir d'en retirer que des bénéfices modiques et éventuels. Aucune partie de la haute mer n'est ou ne doit être ouverte aux particuliers pour leur permettre de se livrer à la destruction d'intérêts nationaux d'une semblable nature et d'une semblable importance.

3° Les États-Unis possédant, comme ils le possèdent seuls, le pouvoir de préserver et de soigner cet intérêt considérable ont, au sens le plus juste, l'administration de ce troupeau pour le profit de l'humanité et doivent pouvoir remplir ce devoir sans obstacle.

Relativement à la deuxième question ci-dessus posée, les États-Unis prétendent que l'extermination de ce troupeau de phoques ne peut être empêchée que par l'interdiction effective de la chasse pélagique dans toutes les eaux qu'il fréquente.

Le Gouvernement des États-Unis remet la discussion à l'appui des propositions ci-dessus à une période ultérieure à cette contestation.

Quant à la juridiction conférée par le traité, il estime qu'il est de la compétence de ce haut tribunal de sanctionner par sa décision tout acte du pouvoir exécutif relatif à la matière contestée que l'une ou l'autre nation serait reconnue, par le tribunal, avoir adopté avec juste raison, suivant les circonstances ; ou d'édicter pour les Hautes Parties contractantes tout arrangement ou tous règlements y relatifs que l'équité, la bonne justice, l'humanité et une politique éclairée semblent exiger en la matière.

Comme conclusion, les États-Unis sollicitent le jugement de ce haut tribunal à l'effet de reconnaître que :

1° Antérieurement et jusqu'à la concession d'Alaska aux États-Unis, la Russie revendiquait et exerçait le droit exclusif de chasser le phoque dans les eaux de la mer de Behring ; elle revendiquait et exerçait aussi dans toute cette mer le droit d'empêcher, en recourant à une force raisonnable, quand il était nécessaire, tout empiétement sur ce droit exclusif.

La Grande-Bretagne, n'ayant à aucune époque résisté ou fait d'objections à ces affirmations de droit exclusif, ou à cet exercice de pouvoir, doit être considérée comme les ayant reconnus ou acceptés.

L'étendue d'eau appelée maintenant mer de Behring n'était pas comprise dans les mots « Océan Pacifique » employés dans le traité de 1825 entre la Grande-Bretagne et la Russie et, après ce traité, jusqu'à la cession aux États-Unis, la Russie a continué d'affirmer les mêmes droits exclusifs, et d'exercer la même autorité et le même pouvoir exclusifs, comme on l'a dit ci-dessus.

Tous les droits de la Russie relatifs à la chasse du phoque dans la mer de Behring à l'est de la limite maritime fixée par le traité du 20 mars 1867 entre cette nation et les États-Unis, et tout le pouvoir et toute l'autorité que possédait et revendiquait la Russie pour protéger les dits droits, ont été transmis dans leur intégrité aux États-Unis d'après le susdit traité.

Les États-Unis ont la propriété du troupeau de phoques d'Alaska et un droit sur celui-ci de nature à justifier l'emploi par cette nation, sur les hautes mers, des moyens raisonnablement nécessaires pour empêcher la destruction de ce troupeau et pour en garantir la possession et le profit aux États-Unis. Tous les actes faits et toutes les mesures prises par les États-Unis pour protéger cette propriété et cet intérêt étaient justifiés et demeurent tels. Une indemnité sera, conformément à l'article V de la convention du 18 avril 1892, accordée aux États-Unis par la Grande-Bretagne, en paiement par celle-ci de la somme totale ci-dessus établie représentant les pertes subies par les États-Unis, ou toute autre somme que ce haut tribunal trouvera juste ; ou bien :

2° Si l'on estimait que les États-Unis n'ont pas la pleine propriété revendiquée par eux, que le tribunal déclare et décide que c'est un devoir international pour la Grande-Bretagne de concourir avec les États-Unis à l'adoption et à la mise en vigueur, à l'égard des citoyens des deux nations, des règlements élaborés et édictés par ce haut tribunal, pour interdire et empêcher effectivement la capture, en n'importe quel point de la haute mer, des phoques appartenant audit troupeau.

Contre-mémoire présenté au Tribunal d'arbitrage de la part du Gouvernement de Sa Majesté Britannique.

§ 383. Il sera peut-être utile d'offrir quelques observations préliminaires sur le plan général et sur l'arrangement du contre-mémoire suivant.

Pour faciliter les citations, et pour éviter les longueurs, il a été décidé de suivre l'arrangement adopté dans le mémoire du gouvernement britannique. En examinant le mémoire présenté par le gouvernement des États-Unis, on a observé que l'arrangement des arguments contenus dans la première partie de ce mémoire, c'est-à-dire dans la partie qui traite de questions historiques et juridictionnelles, s'accordait d'une manière générale avec les divisions des chapitres du mémoire britannique. On a donc placé au commencement de chaque chapitre de ce contre-mémoire le titre du chapitre correspondant du mémoire britannique. Mais puisqu'il arrive souvent que des arguments se référant à un point donné se rencontrent dans plusieurs endroits différents du mémoire des États-Unis, on a placé en tête de chaque chapitre les arguments employés par les États-Unis, et indiqué les pages du mémoire des États-Unis où se trouvent les passages cités. Chaque chapitre est, en outre, précédé d'un court précis des arguments opposés par le gouvernement de Sa Majesté Britannique à ceux des États-Unis.

On a évité autant que possible de répéter les arguments avancés dans le mémoire britannique ; il y a cependant des cas où il aurait été impossible de répondre au raisonnement du mémoire des États-Unis, sans récapituler certains arguments déjà avancés par la Grande-Bretagne.

Les chapitres I à V traitent, sous les différents titres auxquels on vient de faire allusion, des quatre premiers points soumis à MM. les arbitres en vertu de l'article VI du traité du 29 février 1892.

La cinquième question posée dans l'article VI du traité, est la suivante : « Les États-Unis ont-ils aucun droit et, dans le cas affirmatif, quel droit, soit de protection, soit de propriété, aux phoques à fourrure qui fréquentent les îles de la mer de Behring appartenant aux États-Unis, dans le cas où ces phoques seraient rencontrés en dehors du rayon ordinaire de trois milles ? » Le mémoire des États-Unis traite cette question de sorte qu'il a été nécessaire,

en rédigeant ce contre-mémoire, de procéder d'une façon différente de celle suivie pour les quatre premières questions. En effet,
il est déclaré, à la page 85 du mémoire des États-Unis, qu'indépendamment de la juridiction établie et exercée par la Russie
avant la cession de l'Alaska et jusqu'au moment de cette cession,
le gouvernement des États-Unis a un « droit de protection et de
propriété à l'égard des phoques à fourrure fréquentant les îles
Pribiloff quand ces animaux se trouvent en dehors de la limite ordinaire de 3 milles », et ce gouvernement base ce droit « sur les
principes établis du droit commun et du droit civil, sur l'usage des
nations, sur les lois de l'histoire naturelle, et sur les intérêts communs de l'humanité ».

Le mémoire des États-Unis ne contient aucun argument fondé
sur la première des dites bases, c'est-à-dire sur les principes du
droit commun et du droit civil. Or, dans ce contre-mémoire, on
se propose de démontrer, au nom de ces principes mêmes, que la
prétention des États-Unis est sans précédent, et on répondra
ensuite aux arguments fondés sur le prétendu usage des nations.
C'est au chapitre VI que cette partie du mémoire des États-Unis sera
examinée.

A l'avis du gouvernement de Sa Majesté, les lois de l'histoire
naturelle et les intérêts communs de l'humanité ne sauraient d'aucune manière entrer dans la question de savoir si les États-Unis
ont le droit de protection et de propriété qu'ils s'arrogent et de la
jouissance duquel ils cherchent à exclure les autres nations. Mais,
puisque le gouvernement de Sa Majesté soutient que les faits cités
à l'appui des arguments fondés sur l'histoire naturelle des phoques
et sur les intérêts communs de l'humanité sont tout à fait, ou, du
moins en grande partie, inexacts, on s'occupera de ces sujets dans
les différentes sections du chapitre VII.

Rien n'indique que les prétentions de la Russie sur la côte
orientale de la mer de Behring aient été reconnues comme bien
fondées par une nation quelconque avant 1821. Avant les explorations faites par Cook en 1778 et 1779, les contours de cette
côte étaient inconnus aux géographes, et il n'y a rien qui fasse
croire que la Russie ait prétendu posséder un « droit de domaine »
sur cette côte avant l'Oukase de 1779, instrument qui, apparemment, base ce droit sur la « découverte par des navigateurs russes
dans les temps reculés ». La traduction de cet Oukase donnée
dans les mémoires britannique et américain, et qui a été tirée de
l'histoire de l'Alaska par Bancroft, parle d'un « droit de posses-

L'usage des eaux de la mer de Behring et des autres eaux de l'O-céan Pacifique du Nord avant 1821.

sion » de la Russie ; mais ces mots ne se trouvent pas dans le texte russe, dont une traduction correcte est donnée dans le présent contre-mémoire.

Il n'est pas démontré que le droit qu'on affirme à l'allégation, avoir été « reconnu de tous », ait été reconnu par qui que ce fût pendant la période en question. La seule colonie russe située au nord des îles Aléoutiennes était celle de Nouchagak, qui comptait cinq habitants russes, et qui fut fondée en 1818. L'existence d'un droit basé sur la découverte était fort douteuse. Il n'existait aucun droit fondé sur l'occupation ou sur la colonisation.

Pour ce qui regarde la question du droit de la Russie, et de la reconnaissance de ce droit par d'autres nations, les preuves fournies pour cette période ne contiennent rien qui indique une distinction entre les côtes situées au nord du 60° de latitude nord et celles au sud de ce parallèle.

Il est évident que, si des établissements avaient existé sur la côte orientale de la mer de Behring, la Commission en aurait fait mention.

De fait, avant 1821, les Russes n'avaient établi, sur toute l'étendue de la côte nord-ouest de l'Amérique, depuis le détroit de Behring jusqu'à la péninsule d'Alaska, aucun titre fondé sur l'occupation, et tout titre basé sur la découverte était incertain et contestable.

Si une autre puissance avait pris possession d'une partie de la côte qui n'était pas effectivement occupée par la Russie, celle-ci n'aurait pas pu faire valoir des prétentions au territoire en question ; et si d'autres nations avaient étendu leurs opérations commerciales au nord de la péninsule d'Alaska, ainsi qu'elles les ont étendues jusqu'aux limites de cette péninsule, la Russie n'aurait pas eu le droit de protester. Dans l'opinion des autres nations, il n'y aurait eu aucun avantage à disputer à la Russie les droits territoriaux ; et du point de vue pratique, la côte, aussi loin vers le sud que la baie de Behring, était alors considérée aussi inutile qu'un banc de glace flottant.

Il n'y a donc aucun fondement à la prétention que « par suite de la découverte, de l'occupation et de la colonisation permanente, les côtes et les îles de la mer de Behring, la chaîne Aléoutienne et la péninsule d'Alaska sont devenues, probablement dès 1800, partie incontestée du territoire de l'empire russe ».

Aucune distinction n'a été faite, ni par les autres nations, ni par la Russie elle-même, entre le droit de la Russie à la côte américaine au nord du 60° de latitude nord, et son droit à la côte au sud de ce parallèle. Jusqu'en 1821, le gouvernement russe n'a fait aucune distinction entre les différentes parties de la côte nord-ouest depuis le 55° jusqu'au détroit de Behring.

Ce fait ressort clairement de l'Oukase de 1799. Voici la traduction correcte du texte russe donné par Golovnin et par Tikhménief :

« Nous, Paul I, par la grâce de Dieu, Empereur et Autocrate de toutes les Russies, à la Compagnie Russe-Américaine placée sous notre haute protection :

« Le profit et les avantages qui reviennent à notre Empire des industries et du commerce dans lesquels sont engagés nos fidèles sujets dans la mer du nord-ouest et dans les régions de l'Amérique contiguës à cette mer, ayant attiré notre attention et considération, nous prenons sous notre protection immédiate la Compagnie organisée dans le but d'exploiter ces industries et ce commerce. Nous ordonnons qu'elle porte le nom de Compagnie Russe-Américaine sous notre haute protection, et nous voulons que nos autorités militaires viennent à l'aide de la Compagnie, de toute manière possible, avec nos forces de terre et de mer, quand celle-ci en fera la demande ; nous avons approuvé un règlement pour la conduite de la Compagnie et pour faciliter ses opérations, et nous lui concédons par cette charte, donnée sous notre main impériale, les privilèges suivants pour une période de vingt ans à dater d'aujourd'hui :

« 1. Vu la découverte faite, dans les temps passés, par des navigateurs russes, de la côte de la partie nord-est (1) de l'Amérique, depuis le 55° de latitude nord, et de la chaîne d'îles qui s'étend depuis le Kamtschatka vers le nord jusqu'à l'Amérique, et, vers le sud, jusqu'au Japon ; et, vu le droit de domaine que possède la Russie sur cette côte et sur ces îles, nous permettons à la Compagnie d'exploiter toutes les industries et d'occuper tous les établissements qui se trouvent, à l'heure qu'il est, sur la côte nord-est de l'Amérique, depuis le 55° ci-dessus mentionné jusqu'au détroit de

_____

(1) Cette erreur qui se trouve dans le texte de l'Oukase de 1799, semble avoir eu son origine dans l'accord conclu en 1778 entre Chéukoff et Gohkoff. Golovnin la constate dans cet accord, et il ajoute la note suivante : « Le nord-est et le nord de l'Amérique ». Cette erreur est due à la stupidité et à l'ignorance de la géographie d'un notaire d'Irkoutsk qui a dressé l'accord ; il aurait dû dire : « les côtes nord-ouest de l'Amérique » (Macerialui, 1re partie, p. 55).

Behring et au delà de ce détroit, ainsi que sur les îles Aléoutes, Kuriles, et autres situées dans l'Océan du nord-est.

« 2. Il sera permis à la Compagnie de faire de nouvelles découvertes, non seulement au nord du 55° de latitude nord, mais aussi au sud de ce méridien, et d'occuper au nom de la Russie les régions qu'elle pourrait découvrir, en suivant les règles existantes à ce sujet, pourvu que ces régions n'aient pas été occupées par d'autres puissances ni ne fassent partie de leur territoire.

« 3. Dans le territoire ci-dessus désigné, la Compagnie aura droit à tout ce qu'elle a trouvé, et à tout ce qu'elle trouvera plus tard, dans la terre et sur sa surface, et personne ne lui disputera ce droit.

« 3. Dès aujourd'hui, nous permettons à la Compagnie d'établir des colonies et de construire des fortifications quand et partout où il sera nécessaire, et d'envoyer dans cette région des navires avec marchandises et industriels, sans que personne n'ait le droit de s'y opposer.

« 5. La Compagnie pourra communiquer par mer avec toutes les nations voisines, et pourra faire le commerce avec elles, avec la permission, toutefois, de leurs gouvernements respectifs, et avec notre haute sanction, afin que les opérations de la Compagnie ne soient entravées d'aucune manière.

« 6. La Compagnie pourra prendre à son service, pour la navigation, pour l'exploitation des industries, et pour ses établissements, des personnes, de toutes les classes, qui sont libres, et d'une bonne réputation, et qui n'abuseront pas de la liberté dont elles jouiront ; en considération de la grande distance qui sépare ces parages de la Russie, nos autorités donneront aux colons de l'État et aux autres personnes libres qui voudront s'y rendre, des passeports valables pour une période de sept années. La Compagnie ne prendra à son service aucun paysan mortaillable, sans avoir obtenu le consentement de son seigneur, et elle paiera tous les droits qui sont dus au gouvernement pour tous ceux qu'elle prendra à son service.

« 7. Quoiqu'il soit défendu par nos décrets de couper du bois dans aucune des forêts de l'État sans la permission préalable du collège de l'Amirauté, néanmoins, en considération de la grande distance qui sépare ce département du territoire d'Okhotsk, nous permettons à la Compagnie de couper le bois qui lui sera nécessaire pour radouber ses navires, et, le cas échéant, pour en construire de nouveaux, sans faire aucun paiement.

« 8. Il sera permis à la Compagnie d'obtenir chaque année, pour
la chasse, pour les signaux, et pour les cas imprévus qui pourraient
se présenter sur le continent de l'Amérique et dans les îles, de 40
à 50 pouds de poudre de l'arsenal du gouvernement à Irkoutsk, et
200 pouds de plomb de l'établissement de Mertchinsk. La Compagnie paiera les prix du jour, en argent comptant.

« 9. Dans le cas où un des associés de la Compagnie deviendrait
le débiteur de l'État ou d'un particulier, et où les moyens qu'il
possède, indépendamment de sa part du capital de la Compagnie,
ne suffiraient pas pour liquider sa dette, ce capital devra être transféré à son créancier. Or, selon les règles de la Compagnie, le capital ne pourra pas être retiré, et le créancier, qui aurait pris la
place de l'autre, devra donc se contenter de ce qu'il recevra au
partage des bénéfices de la Compagnie ; à la fin de la période des
privilèges de la Compagnie, le capital lui sera payé.

« 10. En accordant à la Compagnie, pour une période de vingt
ans, dans toute l'étendue des terres et des îles ci-dessous mentionnées, « le droit exclusif d'acquérir des propriétés, d'exploiter
» les industries, de faire le commerce, d'occuper les établisse-
» ments et d'en fonder de nouveaux, et profiter par les découver-
» tes de nouvelles contrées » nous déclarons ne pas concéder
ces avantages et ces privilèges à ceux qui désirent entreprendre
des voyages dans ces parages de leur propre initiative, ni à ceux
qui sont engagés dans les industries et dans le commerce de ces
parages, qui y ont leurs navires et leurs marchandises, qui en certains cas possèdent des actions de la Compagnie, mais qui refuse-
raient de s'associer à la Compagnie ; toutefois, ces derniers, s'ils
ne veulent pas s'associer à la Compagnie sous les conditions prescrites par le règlement, pourront continuer à exploiter les industries et à jouir des avantages qui se rattachent à cette exploitation,
dans les mêmes conditions qu'auparavant, « mais seulement jus-
» qu'à l'arrivée en Russie de leurs navires », après quoi la Compagnie seule jouira de ces privilèges sous peine de perdre tous les
privilèges qui viennent de lui être accordés.

« 11. Tous les tribunaux reconnaîtront l'autorité de la direction
en chef de la Compagnie Russe-Américaine placée sous notre haute
protection, dans la conduite des affaires de la Compagnie, et tout
mandat émanant d'un tribunal dans une affaire qui concerne la
Compagnie, sera signifié à la direction de la Compagnie, et non pas
à un des associés.

« En conclusion, nous ordonnons à nos autorités militaires et civiles et à nos tribunaux de ne mettre aucune entrave aux opérations de la Compagnie Russe-Américaine placée sous notre haute protection, et de la protéger en cas de nécessité contre toute espèce de torts et de pertes, et de donner aide et assistance à la direction de la Compagnie ».

Il convient de faire observer que l'Oukase ne fait mention ni de ' chasse, ni de terrains de chasse. Les parties des articles 1 et 10, qui contiennent des expressions d'après la traduction donnée par Bancroft, ont trait, en effet, aux industries, au commerce et aux établissements. La version des articles 1 et 2, fournie par Bancroft, diffère d'une manière importante de celle que nous venons de donner. La version de Bancroft parle de la « possession » par la Russie, au lieu du simple « droit de domaine », basé apparemment sur la « découverte » ; elle ne fait pas mention de la côte « au delà » du détroit de Behring ; et, en dernier lieu, elle ne fait pas ressortir clairement la circonstance, maintenant démontrée, que le gouvernement russe reconnaissait l'existence des territoires sur la côte, au nord du 55° de latitude nord, aussi bien qu'au sud de ce parallèle, lesquels ne faisaient pas encore partie du domaine russe, et qui pouvaient même être occupés par d'autres puissances. L'article 10, d'après la traduction ci-dessus, permet aux industriels d'exercer leurs industries comme auparavant mais seulement « jusqu'à l'arrivée en Russie de leurs navires ». Ces mots, omis par Bancroft, prouvent que la concurrence russe était seule visée.

Il importe de noter que cet Oukase était également applicable aux établissements russes, sans exception, sur toute l'étendue de la côte mentionnée, et sans distinction de latitude ; et puisque cet acte ne fait aucune distinction entre les parties nord et les parties sud de la côte, les faits indiqués au chapitre I du mémoire britannique s'appliquent également à la question de l'existence et de l'étendue de la juridiction russe, de quelque partie de la côte qu'il s'agisse ; ces mêmes faits suffisent à démontrer qu'il était permis aux étrangers de faire le commerce sans être molestés ou entravés.

Les États-Unis citent trois lettres (du 10 avril 1820, du 23 avril 1820 et du 31 mars 1821) comme « prouvant que la Russie a prétendu exercer, et a effectivement exercé, une surveillance complète sur la mer de Behring avant 1821 ».

Il ressort de ces lettres, que Riccord, surintendant du Kamtschatka, avait fait un accord avec un nommé Pigott, de nationalité anglaise, pour une période de dix ans à partir de 1819, « concernant la pêche de la baleine et l'extraction de l'huile de baleine et des autres animaux marins, sur les côtes du Kamtschatka et sur celles de toute la Sibérie Orientale, dans les havres et baies et entre les îles ».

Ce contrat a été désapprouvé par le gouvernement russe, lequel, ayant accordé à une compagnie russe le privilège exclusif du commerce de ces régions, ne voulait naturellement pas que ce privilège fût cédé, en partie, à des étrangers. La Compagnie Russe-Américaine a donc été invitée à entreprendre la pêche de la baleine, et à armer un navire à cette fin, parce que « l'industrie de la pêche de la baleine pourrait être utile comme moyen de pourvoir aux besoins des habitants de Kamtschatka et d'Okhotsk, dans le cas où les autres pêcheries ne suffiraient pas à leur maintien. »

Le gouvernement russe ordonna, en outre, de défendre à tout étranger de s'associer à une corporation marchande, ou de s'établir à Kamtschatka ou à Okhotsk, et de ne permettre à aucun navire étranger « de faire le commerce dans ces endroits sous aucun prétexte, ni d'entrer dans les ports de la Sibérie Orientale, excepté en cas de relâche forcée... De plus, on informera l'Anglais Davis à Okhotsk, et l'agent de Dobello à Kamtschatka.... que le gouvernement leur refuse la permission de rester dans ces endroits, ou d'y bâtir des maisons, ou d'y posséder des immeubles, les autorités locales les aideront à vendre leurs biens et à quitter le pays. »

Nous avons cité ces instructions, parce qu'elles démontrent clairement que, dans le cas dont il s'agit, le gouvernement russe n'a exercé d'autre juridiction que la juridiction territoriale ordinaire, qui appartient à toute nation comme propriétaire du sol, et que ce gouvernement n'a fait aucune tentative pour empêcher les navires étrangers de naviguer sur l'Océan.

Il est impossible de soutenir que les propositions formulées à la page 38 du mémoire britannique, quant à l'usage des eaux de la mer de Behring jusqu'à 1821, et appuyées par les preuves citées dans ce mémoire, n'ont pas été réfutées par les faits et les arguments présentés dans le mémoire des États-Unis ; il ressort, au contraire, du nouvel examen qui vient d'être fait de ce sujet, que la Russie n'a, jusqu'en 1821, ni réclamé, ni exercé des droits exclusifs vis-à-vis des autres nations, dans les eaux territoriales du Pacifique du Nord, y compris l'étendue d'eau aujourd'hui connue sous le nom de la mer de Behring.

Nous avons déjà fait observer que la présence d'étrangers dans les possessions russes était la principale cause et la justification de la promulgation de l'Oukase, et par suite, sans doute, des plain- L'Oukase de 1821, et les circonstances qui s'y rattachent, jusqu'à

tes faites à ce sujet, l'Oukase défendit aux étrangers de s'approcher à une distance de moins de 100 milles de toute la côte nord-
ouest de l'Amérique, depuis le détroit de Behring jusqu'au 51° de
latitude nord.

Les termes de l'Oukase ne fournissent aucun indice de la prétendue distinction entre les côtes et les eaux de la mer de Behring,
et des autres mers. Cet Oukase, comme celui de 1799, revendique
un droit à toute la côte spécifiée et considère toute la côte comme
étant sujette à la même juridiction.

Voici les termes de l'Oukase :

« L'exercice du commerce, de la chasse de la baleine et de la
pêche, et de toute autre industrie, sur toutes les îles, et dans les
ports et golfes, de la côte nord-ouest de l'Amérique depuis le détroit de Behring jusqu'au 51° de latitude nord, et depuis les îles
Aléoutes jusqu'à la côte orientale de la Sibérie, de même que le
long des îles Kuriles, depuis le détroit de Behring jusqu'au cap
sud de l'île d'Urup, c'est-à-dire jusqu'au 45° 50', de latitude nord,
est réservé exclusivement aux sujets russes ».

Dans la lettre, datée du 31 octobre 1821, et adressée au marquis
de Londonderry par le baron de Nicolay, par laquelle cet Oukase
a été communiqué officiellement au gouvernement britannique, la
mer située entre les côtes ci-dessus définies est désignée comme
« cette partie de l'Océan Pacifique que bordent nos possessions en
Amérique et en Asie ».

Le baron de Nicolay dit en terminant :

« Les officiers commandant les bâtiments de guerre russes destinés à veiller dans l'Océan Pacifique au maintien des dispositions
susmentionnées, ont reçu l'ordre de les mettre en vigueur à l'é-
gard des navires étrangers sortis d'un port d'Europe après le
1er mars 1822, ou des États-Unis après le 1er juillet. A partir de ces
dates, aucun navire ne pourra également prétexter ignorance du
nouveau règlement. »

Il est difficile de comprendre pourquoi il est dit, dans le mémoire des États-Unis, que la mer de Behring n'est mentionnée, ni
dans les protestations, ni dans les négociations, ni dans les traités.
L'absence de toute allusion à la mer de Behring sous un nom distinctif pendant le cours des négociations terminées en 1824 et 1825
fournit une preuve convaincante à l'appui du raisonnement du
gouvernement de Sa Majesté. La cause de ce silence saute aux
yeux. Il s'agissait, dans cette controverse, de l'étendue entière visée par l'Oukase, et la partie de l'Océan Pacifique située au nord

des îles Aléoutiennes ne se distinguait pas de la partie située au sud de ces îles. Si on entendait faire cette distinction, on l'aurait mentionnée plus d'une fois ; et si les eaux de la mer de Behring devaient recevoir un traitement exceptionnel, on n'aurait pas manqué de formuler une clause spéciale à cette fin.

L'Oukase du 4 septembre 1821, qui a donné lieu à ces protestations, négociations et traités, réclamait le droit exclusif de l'exercice du commerce, de la chasse de la baleine, et de la pêche dans toutes les îles, et dans les ports et golfes, de toute la côte du nord-ouest de l'Amérique depuis le détroit de Behring jusqu'au 51° de latitude nord, et des îles Aléoutiennes.

Le 12 juillet 1824, M. G. Canning remit à Sir C. Bagot, Ambassadeur de Sa Majesté à Saint-Petersbourg, un projet de convention qu'il était autorisé à signer.

Ce projet contenait les dispositions suivantes :

« Sa Majesté le Roi du Royaume-Uni de la Grande-Bretagne et d'Irlande, et Sa Majesté l'Empereur de toutes les Russies, désirant resserrer les liens d'amitié et de bonne intelligence qui les unissent, moyennant un accord qui règlerait, sur le principe d'une convenance réciproque, différents points relatifs au commerce, à la navigation et aux pêcheries de leurs sujets sur l'Océan Pacifique, ainsi que les limites de leurs possessions et établissements sur la côte nord-ouest de l'Amérique ; leurs dites Majestés ont nommé des plénipotentiaires pour conclure une convention à cet effet, savoir :

« Sa Majesté le Roi du Royaume-Uni de la Grande-Bretagne et de l'Irlande, etc., etc., etc. ;

« Et Sa Majesté l'Empereur de toutes les Russies, etc., etc., etc.;

« Lesquels, après s'être réciproquement communiqué leurs pleins pouvoirs respectifs, trouvés en bonne et due forme, sont convenus des articles suivants :

« ART. 1ᵉʳ. — Il est convenu entre les Hautes Parties contractantes que leurs sujets respectifs navigueront librement dans toute l'étendue de l'Océan Pacifique, y compris la mer, au dedans du détroit de Behring, et ne seront point troublés ni molestés en exerçant leur commerce et leurs pêcheries, dans toutes les parties du dit Océan, tant au nord qu'au sud.

« Bien entendu, que la dite liberté de pêcherie ne sera exercée par les sujets de l'une des deux puissances qu'à la distance de 2 lieues marines des possessions respectives de l'autre.

« ART. 2. — La ligne séparative entre les possessions des deux

Hautes Parties contractantes sur le continent et les îles de l'Amérique du nord-ouest, sera tracée de la manière suivante :

« En commençant des deux points de l'île dite du prince de Galles, qui en forment l'extrémité méridionale, lesquels points sont situés sous le parallèle de 54°40', et entre le 131ᵉ et le 133ᵉ degré de longitude ouest (méridien de Greenwich), la ligne de la frontière, entre les possessions britannique et russe remontera, au nord, par la passe dite le Portland Channel jusqu'à ce qu'elle touche à la côte de la terre ferme située au 56ᵉ degré de latitude nord. De ce point, elle suivra cette côte, parallèlement à ses sinuosités, et sous ou dans la base vers la mer, des montagnes qui la bordent, jusqu'au 139ᵉ degré de longitude ouest du dit méridien. Et de là, la susdite ligne méridionale 139ᵉ degré de longitude ouest, en sa prolongation jusqu'à la Mer Glaciale, formera la limite des possessions britanniques et russes, sur ledit continent de l'Amérique du nord-ouest.

« Art. 3. — Il est convenu néanmoins, par rapport aux stipulations de l'article précédent :

« *a*) Que la susdite lisière de côte sur le continent de l'Amérique, formant la limite des possessions russes, ne doit, en aucun cas, s'étendre en largeur depuis la mer vers l'intérieur, au delà de la distance de trois lieues marines, à quelque distance que soient les susdites montagnes.

« *b*) Que les sujets britanniques navigueront et commerceront librement à perpétuité sur ladite lisière de côte et sur celle des îles qui l'avoisinent.

« *c*) Que la navigation et le commerce des fleuves du continent traversant cette lisière, seront libres aux sujets britanniques, tant à ceux habitant ou fréquentant l'intérieur de ce continent, qu'à ceux qui aborderont ces parages du côté de l'Océan Pacifique.

« Art. 4. — Le port de Sitka, ou Novo Archangelsk sera et restera à jamais ouvert au commerce des sujets de Sa Majesté Britannique.

« Art. 5. — Par rapport aux autres parties des côtes du continent de l'Amérique du nord-ouest, et des îles qui l'avoisinent, appartenant à l'une et à l'autre des deux Hautes Parties contractantes, il est convenu que, pendant l'espace de dix ans à compter du 15 avril 1824, leurs vaisseaux respectifs, et ceux de leurs sujets, pourront réciproquement fréquenter, sans entrave, les golfes, havres et criques desdites côtes, dans des endroits non déjà occupés, afin d'y faire la pêche et le commerce avec les naturels du pays.

« Il est bien entendu :

« 1. Que partout où il se trouve un établissement de l'une des Hautes Parties contractantes, les sujets de l'autre ne pourront y aborder, sans la permission du commandant ou autre préposé de cet endroit, à moins qu'ils n'y soient forcés par tempêtes ou quelque autre accident.

« 2. Que la dite liberté de commerce ne comprendra point celui des liqueurs spiritueuses, ni des armes à feu, des armes blanches, de la poudre à canon, ou d'autres espèces de munitions de guerre. Tous lesquels articles les deux puissances s'engagent réciproquement de ne point laisser vendre ni transférer, en manière quelconque, aux indigènes de ces pays ».

Ce premier projet de convention accordait donc aux sujets des deux puissances, en vertu de l'article 1er, le droit de naviguer « librement dans toute l'étendue de l'Océan Pacifique, y compris la mer au dedans du détroit dit de Behring ».

Il fut suggéré par le comte de Liéven, dans le mémoire qu'il communiqua à M. G. Canning, au mois de juillet 1824, que le gouvernement impérial pourrait hésiter à accepter cette stipulation ;

« Sans en modifier l'énoncé actuel pour ne point exposer les côtes de ses possessions asiatiques dans la Mer Glaciale aux inconvénients qui pourraient naître de la visite des bâtiments étrangers ».

Il est évident que cette objection se rapportait entièrement au détroit de Behring et aux possessions asiatiques de la Russie situées au delà de ce détroit, et non pas à la mer de Behring.

Le 24 juillet 1824, M. Canning écrit, à propos de l'objection faite par le comte de Liéven :

« Il n'est point irrationnel de supposer que la puissance qui a pensé faire une mer fermée de l'Océan Pacifique soit disposée à revêtir du même caractère le détroit situé entre deux côtes dont elle est devenue le propriétaire reconnu ; mais la clôture du détroit de Behring, ou la faculté de le fermer dans l'avenir, amènerait un état de choses que l'Angleterre ne pourrait tolérer. Nous ne pourrions pas, non plus, nous laisser exclure, soit directement, soit indirectement, d'une mer où la science et le génie de nos marins ont été engagés et sont toujours engagés, dans des entreprises

26

auxquelles non seulement la Grande-Bretagne mais le monde civilisé est intéressé ».

Comment croire que M. Canning aurait concédé à la Russie le droit d'exclure les navires des eaux non territoriales de la mer de Behring, au moment même où il s'opposait à la fermeture du détroit de Behring et de la Mer Glaciale ?

Au mois d'août 1824, les plénipotentiaires russes remirent à Sir C. Bagot un contre-projet, qui contenait les articles suivants :

« ART. 5. — Les Hautes Puissances contractantes stipulent en outre que leurs sujets respectifs navigueront librement sur toute l'étendue de l'Océan Pacifique, tant au nord qu'au sud, sans entrave quelconque, et qu'ils jouiront du droit de pêche en haute mer, mais que ce droit ne pourra jamais être exercé qu'à la distance de 2 lieues marines des côtes ou possessions, soit russes, soit britanniques.

« ART. 6. — Sa Majesté l'Empereur de toutes les Russies, voulant même donner une preuve particulière de ses égards pour les intérêts des sujets de Sa Majesté Britannique et rendre plus utile le succès des entreprises, qui auraient pour résultat de découvrir un passage au nord du continent américain, consent à ce que la liberté de navigation mentionnée en l'article précédent s'étende, sous les mêmes conditions, au détroit de Behring et à la mer située au nord de ce détroit ».

Les négociations furent cependant interrompues, par suite d'un manque total d'accord sur certains points, comme le rapporte Sir C. Bagot.

Un des points sur lesquels les plénipotentiaires russes refusaient de céder, était la stipulation formulée à l'article 5 du projet britannique, en tant qu'elle permettrait aux sujets britanniques de visiter, pendant une certaine période, les golfes, havres et criques dans des endroits non encore occupés de la côte nord-ouest de l'Amérique, depuis 60° de latitude nord jusqu'au détroit de Behring. Ils déclaraient que cette côte appartenait absolument et incontestablement à Sa Majesté Impériale ainsi que la faculté de concéder à quelque puissance que ce fût, pour une période quelconque, le droit en question.

La stipulation concernant la liberté de navigation sur la haute mer, stipulation qui a été, plus tard, incorporée à l'article 1er du traité, n'était cependant pas un des points sur lesquels il y avait manque d'accord ; et rien n'indique que les plénipotentiaires russes se soient opposés aux propositions du gouvernement britannique, pour le motif que la Russie possédait des droits exceptionnels sur les eaux non territoriales de la mer de Behring.

L'article 6 du contre-projet russe montre que la Russie ne prétendait pas exclure les navires étrangers des eaux situées au sud de la Mer Glaciale et du détroit de Behring. Cet article porte que, comme concession, la Russie n'insiste pas pour le droit d'exclusion à l'égard de la Mer Glaciale et du détroit de Behring ; mais l'article ne mentionne pas la mer de Behring.

A l'interruption des négociations, Sir C. Bagot rappela aux plénipotentiaires russes que les prétentions de la Russie à une juridiction maritime dans le Pacifique, prétentions qu'il avait espéré voir abandonner de la manière la plus simple et la moins désagréable, c'est-à-dire, en la cachant sous un rajustement général des questions en litige, n'avaient, par suite de l'interruption des négociations, pas encore été retirées. Il ajouta que son gouvernement serait probablement d'avis que cette question demanderait néanmoins d'être réglée.

Par rapport à l'article 6 du contre-projet, Sir C. Bagot écrit comme suit :

« Je fis entendre clairement aux plénipotentiaires russes que, dans mon opinion, il était peu probable que le Gouvernement de Sa Majesté, ou celui d'une autre puissance maritime quelconque, consentît à accepter la liberté de navigation dans le détroit de Behring comme une concession de la part de la Russie ».

Le mémoire des États-Unis attache une grande importance à ce qu'après la conclusion du traité avec les États-Unis, et avant celle du traité avec la Grande-Bretagne, la Russie aurait cherché à donner au premier des deux traités une interprétation différente de celle que la Grande-Bretagne y attache aujourd'hui. Cette interprétation se trouve dans le rapport, daté du 21 juillet 1824, d'une commission spéciale, composée de fonctionnaires russes, et chargée de considérer certaines questions soulevées par la Compagnie russe-américaine relativement au traité.

Ce document a été reproduit pour la première fois dans le mémoire des États-Unis. Il n'est dans aucun sens un document international et les questions posées par la Compagnie russe-américaine, auxquelles il répond, ne sont pas indiquées.

La traduction citée dans le mémoire des États-Unis renferme des inexactitudes d'une grande importance. Voici le texte de cette traduction. Les mots placés entre crochets sont intercalés :

« 7. Que, puisque la souveraineté de la Russie sur les côtes de la

Sibérie « et de l'Amérique » ainsi que sur les îles Aléoutiennes et les mers « intermédiaires » a été reconnue depuis longtemps par toutes les puissances, il n'est pas possible que les articles de la convention précitée se rapportent à ces côtes, îles « et mers », cette convention n'ayant trait qu'au territoire contesté sur la côte nord-ouest de l'Amérique et dans les îles adjacentes ; et que la Russie, pleinement convaincue de son droit incontesté, a fondé, il y a longtemps, des établissements permanents sur la côte de la Sibérie et dans la chaîne des îles Aléoutiennes ; par conséquent, les sujets américains ne pourraient pas, en vertu de l'article 2 de la convention du 5 avril, aborder sur la côte ou faire la chasse ou la pêche sans la permission de nos commandants ou gouverneurs. Ces côtes de la Sibérie et des îles Aléoutiennes ne sont pas baignées par l'Océan du Sud ou Pacifique, mentionné dans l'article 1er de la convention, mais par la Mer Glaciale et les mers de Kamtschatka et d'Okhotsk, mers qui, selon toutes les cartes authentiques et toutes les géographies, ne font pas partie de l'Océan du Sud ou Pacifique ».

On peut conclure de ce rapport que les deux points suivants avaient été soulevés par la Compagnie :

a) On croyait que l'article 1er de la convention permettrait aux citoyens des États-Unis de visiter des endroits qui n'avaient pas encore été occupés sur la côte de la Sibérie et des îles Aléoutiennes, pour y trafiquer avec les indigènes.

b) La Compagnie désirait limiter à la côte située au sud du détroit de Cross le droit de pêcher et de faire le commerce, concédé aux États-Unis pour une période de dix ans en vertu de l'article 4.

Il ressort de ces citations relatives au rapport de la commission et de la tentative faite, à la suite de ce rapport, pour entamer des négociations que :

1º La Compagnie russe-américaine ne s'inquiétait que pour le commerce et la pêche de la côte, et ne faisait aucun cas de la mer de Behring.

2º Le baron de Tuyll n'a pas réclamé pour la Russie une juridiction sur la mer de Behring ; car il dit, dans la minute de note, que la Russie se contenterait, au nord du 59°30', d'une limite de deux lieues marines.

3º Ce n'est qu'après la conclusion de la convention, et dans l'intention expresse de rendre agréables aux directeurs de la Compagnie russe-américaine les stipulations de l'article 1er, qu'a été suggérée cette interprétation des mots « Océan Pacifique ou Mer

du Sud », sur laquelle le gouvernement des États-Unis fonde aujourd'hui sa prétention.

4° M. Adams a rejeté la proposition du baron de Tuyll et l'interprétation que la Russie cherchait à donner au traité, et finalement
la convention a été ratifiée dans sa forme originale, sans explication
ni modification.

5° Dans toutes les protestations et négociations qui ont précédé
les traités de 1824 et 1825, la mer de Behring était comprise dans
l'expression « Océan Pacifique », et toute la côte occidentale de
l'Amérique, depuis le détroit de Behring jusqu'au 51° de latitude
nord, dans les mots « côte nord-ouest ».

6° Le traité de 1825 avec la Grande-Bretagne ne fait aucune distinction entre la mer de Behring et le reste de l'Océan Pacifique,
quoique l'attention du gouvernement russe ait forcément été appelée sur ce point par les représentations faites par la Compagnie
russe-américaine (par suite de la conclusion du traité avec les
États-Unis dans l'intention de faire excepter certaines parties des
côtes de la mer de Behring.

Il est donc évident que c'était à la revendication de la juridiction
maritime par la Russie que les gouvernements de la Grande-Bretagne et des États-Unis attachaient le plus d'importance. C'est surtout cette prétention qui a donné lieu à leurs protestations vigou-
reuses et formelles; et ils ont demandé, et ont obtenu, que la
Russie y renonçât non pas d'une manière partielle, mais totalement et formellement.

Les faits rapportés dans ce chapitre donnent force majeure aux
conclusions qui avaient été établies à la page 61 du mémoire britannique, et les nouvelles preuves démontrent clairement que l'Oukase de 1821 a rencontré, de la part de la Grande-Bretagne et des
États-Unis, une protestation immédiate et formelle. Pour faire apprécier à leur juste valeur les conclusions en question, il faut rappeler que cet Oukase constituait l'unique tentative faite par la
Russie pour s'arroger des droits de souveraineté dans les eaux non
territoriales de l'Océan Pacifique du Nord, y compris la mer de
Behring, et pour limiter, dans ces mêmes eaux, les droits des
autres nations. Par suite de ces protestations, la Russie abandonna
purement et simplement les droits qu'elle avait réclamés à la surveillance et au domaine exclusifs.

Il suffit d'examiner une collection complète de cartes terrestres
et marines pour se convaincre que « l'Océan Pacifique » comprend
la mer de Behring. Ce gouvernement n'a pas pu trouver une seule

La question
de savoir si
l'espace connu
sous le nom
de « Mer de

Behring » est compris dans l'expression « Océan Pacifique », telle qu'elle est employée dans le texte du traité conclu en 1825 entre la Grande-Bretagne et la Russie.

carte qui tende à la conclusion contraire, eu égard à la grandeur des lettres et aux positions relatives des noms. Dans les concessions de la Compagnie russe-américaine, on parle des îles Kuriles, qui sont en dehors de la mer de Behring, mais dans l'Océan Pacifique, comme étant situées dans l'Océan du nord-est, soit la mer du Nord-Est, ce qui prouve que cette dernière est identique avec l'Océan Pacifique.

A part la preuve fournie par les cartes, et par les négociations antérieures, que l'expression « Océan Pacifique » employée dans les traités, comprend la mer de Behring, ce fait est encore prouvé par les traités mêmes. Les deux traités ouvrent au sujet des parties contractantes, pour un terme de dix années, les ports de la côte nord-ouest. Cette côte n'est définie par aucune clause explicative et il est prouvé par la correspondance préliminaire et par l'article 3 du traité de 1825 qu'elle s'étendait jusqu'au détroit de Behring. L'ouverture des ports implique le droit d'en approcher et ne s'accorde guère avec la supposition que la mer de Behring était fermée.

Il a été démontré dans le dernier chapitre que, dans tout le cours des négociations qui ont abouti aux traités de 1824 à 1825, il était question de toute l'étendue de mer à laquelle se reportait l'Oukase de 1821, y compris la mer de Behring ; et nous venons de démontrer que l'expression « Océan Pacifique », employée par les géographes, comprend la mer de Behring. Il convient maintenant d'examiner les traités mêmes.

Le traité entre les États-Unis et la Russie a été conclu le premier. Dans l'article 1er, il est stipulé que dans aucune partie de l'Océan Pacifique les citoyens ou sujets respectifs des deux puissances ne seront gênés soit dans la navigation, soit dans l'exploitation de la pêche, soit dans la faculté d'aborder aux côtes sur des points qui ne seraient pas déjà occupés, afin d'y faire le commerce avec les indigènes. Aux termes de l'article 2, il est convenu que les citoyens des États-Unis n'aborderont, sans la permission des autorités, à aucun point où il se trouve un établissement russe et que les sujets russes ne pourront aborder sans permission à aucun établissement des États-Unis sur la côte nord-ouest. Il est stipulé, par l'article 3, que les citoyens des États-Unis ne pourront fonder aucun établissement sur la côte nord-ouest de l'Amérique au nord du 54° 40' et que les sujets russes n'en pourront fonder aucun au sud de ce parallèle. L'article 4 porte que, pendant un terme de dix années, les vaisseaux des deux puissances pourront fréquenter réciproquement les mers intérieures, les golfes, havres et criques sur la côte mentionnée dans l'article précédent, afin d'y faire la pêche et le commerce avec les naturels du pays.

En vertu de l'article 4, les citoyens des États-Unis peuvent, pendant dix années, fréquenter les mers intérieures, etc., de cette partie de la côte nord-ouest qui est assignée à la Russie. Cette liberté implique que les mers extérieures, qui conduisent aux mers intérieures, ne sont pas fermées. Si la côte nord-ouest comprend la côte de la mer de Behring, ni cette mer elle-même, ni une zone de 100 milles autour des côtes de cette mer n'étaient donc fermées. L'hypothèse que cette mer était fermée implique la nécessité d'interpréter l'expression « côte nord-ouest » dans un sens restreint, nécessité dont le gouvernement des États-Unis et ses conseillers se sont parfaitement rendu compte.

Le mémoire britannique démontre, en citant de nombreux extraits de la correspondance qui a précédé les traités, que l'expression « côte nord-ouest », telle qu'on l'a employée dans le cours de ces négociations, ne comprenait rien moins que toute la côte de l'Amérique du Nord, depuis le détroit de Behring jusqu'au 51° de latitude nord.

Le mémoire des États-Unis ne dit pas sur quelles bases il fonde la définition de l'expression « côte nord-ouest » qui figure dans l'allégation. Si les négociateurs du traité de 1824 avaient voulu limiter cette expression très générale à la côte située entre le Prince William Sound et le fleuve Columbia, on s'attendrait à trouver dans le traité une clause explicative. Il suffira peut-être de dire que cette définition s'est produite à la suite de trois autres mises en avant par les États-Unis dans la correspondance aboutissant à la conclusion du traité d'arbitrage, définitions qui, toutes, ont été réfutées par le gouvernement de Sa Majesté.

Selon la troisième définition la « côte nord-ouest », mentionnée dans les deux traités, serait identique avec la « lisière » dont parle le traité de 1825. Cependant, l'expression n'avait pas cette signification dans le traité de 1824, puisqu'on n'y fait pas mention d'une « lisière », et qu'il n'était pas question, entre les deux parties, d'une « lisière ». De même, dans le traité de 1825, il est impossible que la « côte nord-ouest » ait été identique avec la « lisière », puisqu'il était expressément stipulé que le droit de fréquenter les ports serait un droit réciproque, dont les deux puissances jouiraient également, tandis que la « lisière » appartiendrait exclusivement à la Russie. En outre, l'article 2 du traité avec les États-

Unis défend aux sujets russes d'aborder aux Établissements des États-Unis sur la « côte nord-ouest » sans permission préalable, et l'article 2 du traité avec la Grande-Bretagne contient la même stipulation par rapport aux établissements britanniques.

L'interprétation que le Gouvernement de Sa Majesté donne à l'expression « côte nord-ouest » est confirmée par l'emploi qu'on en fait dans les lettres patentes préparées par le Gouvernement russe conformément aux stipulations du traité du 20 décembre concernant la Traite. Dans ce cas, il est évident que la côte est de la mer de Behring est comprise dans l'expression « côte nord-ouest ». Cette interprétation est encore confirmée par l'usage qu'on fait de l'expression « côte nord-ouest » dans les traités de commerce entre la Grande-Bretagne et la Russie du 11 janvier 1843 et du 12 janvier 1859.

Les faits et les arguments avancés au cours de ce chapitre prouvent que :

a) Les traités de 1824 et 1825 ont déclaré et reconnu que les sujets de la Grande-Bretagne et des États-Unis avaient le droit de naviguer et de pêcher dans toutes les parties des eaux non territoriales visées par l'Oukase ;

b) L'étendue d'eau connue maintenant sous le nom de Mer de Behring, était comprise dans l'expression « Océan Pacifique », telle qu'elle est employée dans le traité de 1825 entre la Grande-Bretagne et la Russie, et,

c) Les interprétations données à l'expression « côte nord-ouest » ou « côte nord-ouest de l'Amérique » dans le mémoire des États-Unis sont sans fondement.

L'usage de 1821 à 1827, des eaux connues aujourd'hui sous le nom de Mer de Behring. Les allégations du gouvernement des États-Unis équivalent à la déclaration que la juridiction de la Russie sur la mer de Behring a toujours été exercée dans l'intention spéciale de protéger l'industrie des phoques à fourrure ; et que l'objet visé par le gouvernement russe dans la prétendue exclusion de la mer de Behring de la portée des traités de 1824 et 1825, était la protection de l'industrie des fourrures.

L'allégation que la Russie a effectivement exercé une juridiction sur la mer de Behring et que cette juridiction a eu pour objet de protéger l'industrie des fourrures, ont déjà été examinées dans le mémoire britannique. Il est nécessaire ici de renvoyer aux documents cités dans le chapitre II du mémoire britannique, où il est démontré que l'objet de l'Oukase de 1821 était d'empêcher le trafic illicite, et les empiétements sur le commerce de la Compagnie russe-américaine ; il est également nécessaire de renvoyer aux faits présentés en détail dans le chapitre IV du mémoire britannique, faits qui prouvent qu'avant et après la date des traités de 1824 et 1825, les navires étrangers n'ont pas cessé de fréquenter la mer de Behring pour y faire des explorations, le commerce et la pêche.

Les instructions envoyées, en 1846, par le ministère des Affaires étrangères russe suffisent, à elles seules, pour réfuter l'argument avancé par les États-Unis sur ce point. Non seulement la limite de 100 milles, qu'on avait cherché à établir par l'Oukase, n'a pas été appliquée ; mais, comme il appert des instructions, on n'a pas même songé à interdire l'approche des navires étrangers, ou de les gêner d'aucune manière au delà de la limite reconnue de 3 milles des côtes.

Le mémoire des États-Unis affirme, en outre, « que la raison pour laquelle on a, en 1821, choisi la limite de 100 milles » était que cette limite aurait « assuré à la Compagnie russe-américaine le privilège exclusif du profit très lucratif » que faisait cette Compagnie. Il est prétendu que, les îles Pribiloff étant situées à une distance de moins de 200 milles italiens au nord de la chaine Aléoutienne, l'Oukase a une étendue d'eau suffisamment grande de la moitié orientale de la mer de Behring, pour permettre à la Russie de protéger la pêcherie des phoques à fourrure.

Il est vrai que, dans la conversation avec le gouverneur général de la Sibérie, citée à la page 40 du mémoire des États-Unis, il est fait allusion au « trafic très lucratif », que faisait la Compagnie russe-américaine ; mais il faut rappeler que le commerce des peaux de phoque à fourrure n'était pas la seule, ni même la principale branche de ce trafic. A cette époque, les chasseurs et les commerçants recherchaient surtout la loutre marine, et il en avait été ainsi depuis les premiers temps. La peau de cet animal commandait sur les marchés un prix beaucoup plus élevé que celle d'aucun autre. Ce commerce s'occupait aussi des peaux de renard, de martre, de castor, d'ours, et d'autres animaux à fourrure. On obtenait une grande quantité de peaux de phoques à fourrure, mais elles ne commandaient qu'un prix assez médiocre.

La Russie n'a pas fait preuve de modération en ne mettant pas fin à la chasse de la baleine. En 1846, le ministre des Affaires étrangères russe écrivit : « Nous n'avons pas le droit d'exclure les navires étrangers de cette partie du grand océan qui sépare la côte orientale de la Sibérie de la côte nord-ouest de l'Amérique ».

Par les traités, la Russie a en effet abandonné sa prétention, existant sur papier, à l'exercice d'une surveillance exclusive sur le commerce de la mer de Behring. Semblablement aux privilèges concédés à la Compagnie russe-américaine par la concession de 1799, ceux qui ont été accordés à cette Compagnie par les concessions subséquentes n'étaient exclusifs que par rapport aux autres sujets russes. La seule concession qui ait la prétention d'exclure les étrangers est celle de 1821.

Ce n'est pas le phoque à fourrure qui était la principale source de richesses pour cette Compagnie. Cet animal valait autrefois moins que la loutre.

Rien n'indique que les navires étrangers aient été exclus de la mer de Behring, ou de la chasse des phoques dans cette mer, les seules preuves avancées à l'appui de l'allégation que la Russie aurait donné l'ordre de les exclure, consistent en passages intercalés, par un traducteur, dans des documents contemporains et, depuis, retirés par le gouvernement des États-Unis.

Les arguments avancés au cours de ce chapitre prouvent le bien fondé des conclusions établies à la page 96 du mémoire britannique. Les preuves supplémentaires qui viennent d'être présentées montrent clairement qu'avec le développement du commerce constaté à partir de l'année 1821, des navires appartenant à d'autres nations que la Russie ont librement navigué, fait le commerce et pêché dans les eaux de la mer de Behring, et qu'aucune tentative n'a été faite, pendant toute cette période, pour réserver l'usage de ces eaux aux navires battant pavillon russe.

Quels sont les droits qui ont été transférés aux États-Unis par suite du traité du 3 mars 1867 ?

Il convient de faire observer que ni le traité de 1867, ni aucun document publié, ou communiqué aux nations étrangères, et se rapportant à ce traité, n'est déclaratif d'une prétention à la possession de la mer de Behring. Par rapport à ce point, l'attention est appelée sur les observations dans le chapitre V du mémoire britannique.

Les extraits des débats du Congrès et les négociations qui ont précédé la conclusion du traité, prouvent clairement que ni les conseillers du Gouvernement des États-Unis, ni aucun de ses agents, ne prévoyait l'acquisition d'un domaine exclusif sur la mer de Behring.

Aux pages 75 et 76 du mémoire des États-Unis, il est question du rapport d'une Commission du Congrès, et de nombreuses citations en sont données. Mais ce rapport ne date pas de l'époque du traité ou de la cession de l'Alaska ; c'est le rapport d'une Commission constituée en 1889, c'est-à-dire après que la présente difficulté se fut élevée.

M. H.-W. Elliot, dans son rapport officiel sur les îles des phoques de l'Alaska, écrit comme suit sur ce point :

« Ignorance étrange de leur valeur en 1867 ! Puisque ce rendement (celui de l'industrie des phoques à fourrure) est le seul que le Gouvernement a obtenu de l'Alaska depuis la cession, et qu'il n'est d'abord entré d'aucune façon dans les calculs de ceux mêmes qui appuyaient le plus chaleureusement la proposition d'acheter l'Amérique russe, ce rendement est en lui-même intéressant et fait grand honneur aux personnes que cela concerne. C'est au Sénateur Sumner que ceux en faveur de l'achat de ce territoire en 1867, ont assigné la tâche de présenter les principaux arguments à l'appui de la proposition. Tout ce qui avait été écrit dans des langues étrangères a été soigneusement traduit pour en extraire tous les passages faisant allusion à la valeur de l'Alaska. Voilà pourquoi le discours de Sumner à ce sujet est si intéressant. C'est le résumé de tout ce que les champions ardents de l'achat avaient pu recueillir de documents ayant la moindre prétention à l'authenticité et contenant même la plus petite allusion à l'existence de ressources naturelles de quelque valeur dans l'Alaska ; or, en résumant toutes ces données il ne fait pas mention des îles des phoques, ni de ces bêtes elles-mêmes ; on reconnaîtra, donc, que l'ignorance dans les États-Unis et à l'étranger au sujet des îles Pribiloff a dû être extraordinaire ».

M. Elliot a depuis répété, dans des réclamations faites à la Commission dont le rapport est cité à la page 75 du mémoire des États-Unis, l'opinion qu'il avait exprimée dans le rapport cité plus haut. Voici ses propres paroles :

« Si les Russes n'ont fait aucun effort pour retenir ces îles, lors de la cession de l'Alaska, c'est simplement parce qu'à cette époque ils n'attachaient pas de valeur à l'industrie des phoques. Cette industrie était alors sans importance, les peaux ne rapportant à Londres que de 3 à 4 dollars la pièce.

» Ils ne réussirent pas à se créer un marché favorable, comme l'ont fait les concessionnaires sous notre régime ».

Le Gouvernement de Sa Majesté soutient que les prétentions des États-Unis sont basées sur deux allégations absolument dénuées de fondement.

La première est que la Russie a, jusqu'en 1867, effectivement exclu de la mer de Behring les navires des autres nations ;

La seconde, que le traité de 1867 définit certains droits spéciaux relatifs aux eaux non territoriales de la mer de Behring, et prétend céder ces droits.

Quant à la première de ces allégations, les faits exposés dans les chapitres précédents démontrent qu'à aucune période antérieure à l'année 1867, la Russie n'a exclu de la mer de Behring les navires des nations étrangères.

Quant à la seconde, l'examen des dispositions du traité, imprimé aux pages 97-100 du mémoire britannique, fera voir que la Russie ne prétendait céder que des territoires alors reconnus comme faisant partie de l'empire russe, et qu'il n'était question de la cession d'aucun droit en dehors des droits territoriaux ordinaires.

Les États-Unis ont-ils un droit et, dans le cas affirmatif, quel droit, soit de protection, soit de propriété, sur les phoques à fourrures qui fréquentent les îles de la Mer de Behring appartenant aux États-Unis, dans le cas où ces phoques seraient rencontrés en dehors du rayon ordinaire de 3 milles ?

Le droit de protection est tout à fait distinct du droit de propriété, et quand le droit de protection a pour conséquence l'adoption des « mesures nécessaires » et l'emploi de « toute contrainte raisonnable qui pourrait être nécessaire », ce droit implique nécessairement la juridiction sur les eaux auxquelles il s'étend. La juridiction peut exister sans la propriété, et la propriété sans la juridiction. Ainsi, toute nation a, dans ses eaux territoriales, une juridiction qui lui donne le droit d'empêcher les étrangers de pêcher dans ces eaux ; cependant, d'après les lois de la Grande-Bretagne et d'après celles des États-Unis, le poisson qui nage librement dans les eaux territoriales n'est la propriété de personne.

Les propositions suivantes montrent clairement que le droit de protection implique une juridiction sur les eaux où ce droit est exercé :

1º Dans la mer libre, toutes les nations sont égales et indépendantes l'une de l'autre ;

2º En temps de paix, aucune puissance n'a le droit d'employer la force envers un navire d'une nation étrangère, excepté en cas de piraterie ;

3º La pêche n'est pas piraterie.

La dernière de ces propositions est trop élémentaire pour avoir besoin d'être appuyée par des arguments. Les deux premières sont élucidées, si toutefois cela est nécessaire, par le jugement rendu par Lord Stowell dans le cas du navire « Le Louis ». Dans ce jugement, déjà cité sous un autre rapport à la page 166 du mémoire britannique, Lord Stowell a déclaré qu'on n'avait pas le droit de condamner un navire français comme pirate pour avoir été employé dans la traite des nègres et pour avoir résisté de force à la visite des croiseurs anglais.

Le gouvernement de Sa Majesté déclare respectueusement que la question de savoir si les États-Unis ont une juridiction en dehors de la mer de Behring — ou plutôt en dehors de cette partie de la mer de Behring dans laquelle les États-Unis ont la prétention d'exercer une juridiction exclusive — n'a pas été soumise à ce haut tribunal en vertu des stipulations du traité de 1892.

Sous la réserve de la protestation qui vient d'être faite, on procédera maintenant à l'examen des bases sur lesquelles les États-Unis fondent leur prétention à un droit de protection.

Elles sont au nombre de quatre, savoir : les principes établis du droit commun et du droit civil, l'usage des nations, les lois de la nature et les intérêts communs de l'humanité.

Il n'est pas clair quelle signification il faut attacher ici aux termes « droit commun et droit civil ». L'expression « droit commun » est employée comme technique, bien comprise des légistes anglais et américains ; mais le « droit commun » n'est pas applicable à la question, à moins qu'il ne soit possible d'en déduire des principes généraux. « Droit civil » est une expression employée quelquefois pour désigner le « droit romain », et quelquefois par opposition au « droit criminel ». Ici, elle a probablement cette dernière signification. Cependant, le « droit civil est tout à fait inapplicable à la question en discussion, soit qu'on donne à cette expression la première ou la seconde des deux significations mentionnées. Les droits des nations doivent être déterminés d'après les principes du droit international. « L'usage des nations » n'est important qu'en tant qu'il fournit des preuves de l'application de ce droit ; c'est donc toujours d'après les prescriptions du droit international que la prétention des États-Unis doit être jugée.

Les lois de la nature sont étrangères à la question de juridiction. Ces lois seraient moins étrangères à la question du droit de propriété, si on avançait sérieusement la prétention que les phoques ne sont pas *feræ naturæ* ; mais il est peu probable que cet argument soit mis en avant. La prétention extraordinaire de considérer les phoques en quelque sorte comme des animaux domestiques, sera examinée plus tard. Il ne saurait être question ici « d'intérêts communs de l'humanité » autres que ceux reconnus par le droit international.

Or, quels principes du droit international sont applicables à la présente question ? Le passage qui vient d'être examiné (allégation 2), et dans lequel l'expression « limite ordinaire de 3 milles » est employée deux fois, laisse entrevoir ces principes. Il n'est pas

nécessaire de citer des autorités pour prouver que la zone de
3 milles est maintenant généralement acceptée par les États-Unis
et les autres nations, comme limite de la juridiction territoriale
pour la plupart des fins.

Le gouvernement de Sa Majesté Britannique affirme que les citations faites et les arguments avancés prouvent que le seul droit
que les États-Unis puissent exercer pour protéger les phoques est
celui qui dérive de la juridiction territoriale, droit qui leur donne
la faculté d'interdire aux sujets des autres nations de pêcher dans
les eaux territoriales.

Il convient ensuite d'examiner si les États-Unis ont un droit de
propriété relativement aux phoques à fourrure qui fréquentent les
iles Pribiloff.

Il suffira de citer les autorités suivantes, anglaises et américaines, pour démontrer que des animaux tels que les phoques sont
feræ naturæ, et que, comme tels, ils sont *res nullius*.

« Personne ne peut avoir un droit de propriété absolue relativement à des choses qui sont *feræ naturæ*, comme, par exemple, les
bêtes fauves, les lapins ; ni relativement aux faucons, colombes,
hérons, faisans, perdrix, et autres oiseaux libres et non apprivoisés ; ni relativement aux poissons qui nagent librement dans
l'eau.

« Cependant, un homme peut avoir un droit de propriété provisoire ou possessoire relativement à ces animaux ; comme, par
exemple, dans le cas où les bêtes fauves, etc., sont apprivoisées,
dans le cas où les faucons, etc., sont réclamés (ou apprivoisés).
De même, dans le cas où les faisans, perdrix, ou autres oiseaux sont
apprivoisés ; de même, où il s'agit de colombes dans un colom-
bier, de jeunes hérons, etc., dans leurs nids, de poissons dans une
citerne, etc.

« Dans le cas où ces animaux sont apprivoisés ou enfermés,
il peut être question de crime ; mais, si les bêtes fauves, oiseaux,
etc., apprivoisés ou réclamés regagnent leur liberté naturelle,
et n'ont pas le désir de revenir, le droit de propriété se perd.
Les autres animaux qui ne sont ni apprivoisés ni domestiqués,
ne sont pas sujets à un droit de propriété, ou bien ils appartiennent à l'autre catégorie, celle de la propriété provisoire, limitée ou
spéciale ; cette propriété n'a pas de permanence, et peut exister à
un moment, et ne pas exister à un autre ».

« Un droit de propriété provisoire peut exister relativement à des
animaux *feræ naturæ, per industriam hominis* ; c'est-à-dire qu'un

homme peut les ramener de leur état sauvage et les apprivoiser, en se servant, comme moyen, de l'art, de l'industrie, et de l'éducation, ou bien en les retenant dans son pouvoir immédiat, de façon à les empêcher de fuir et de jouir de leur liberté naturelle ».

« Dans le cas de toutes les créatures ramenées de leur état sauvage, le droit de propriété n'est pas absolu, mais peut être perdu ; c'est un droit qui peut être annulé, si elles retournent à leur état primitif, et si on les trouve en liberté ».

« Un droit de propriété provisoire peut aussi exister relativement à des animaux *feræ naturæ, ratione impotentiæ*, par suite de leur propre impuissance. Ainsi, si des faucons, hérons ou autres oiseaux nichent dans mes arbres, ou si des lapins ou autres animaux ont leurs terriers sur ma terre, et y font leurs petits, j'ai un droit de propriété temporaire relativement à ces petits oiseaux ou à ces petits lapins, jusqu'au moment où ils sont en état de s'envoler ou de s'échapper ; quand ce moment arrive mon droit de propriété cesse ».

« Les animaux *feræ naturæ* ramenés de leur état sauvage par l'art et la puissance de l'homme, sont aussi sujets à un droit de propriété temporaire ; mais aussitôt qu'on les abandonne, ou qu'ils s'échappent, et qu'ils retournent à leur liberté naturelle et à leur état sauvage primitif, sans avoir le *animus revertendi*, ils cessent d'être sujets à un droit de propriété. Pendant la durée de ce droit de propriété temporaire, il est protégé par la loi de même que tout autre droit de propriété, et les violations en sont punies de la même manière.

« La difficulté qu'on a à arriver à une décision relativement à l'application de la loi en certains cas, provient du manque d'une règle fixe d'après laquelle il serait possible de déterminer si un animal est *feræ vel domitæ naturæ*.

« Dans le cas où un animal appartient à la catégorie des animaux apprivoisés, tels que les chevaux, les moutons et les bestiaux, il est évident qu'il est sujet au droit de propriété absolu ; mais s'il faut le classer parmi les animaux qui, naturellement sauvages, doivent leur docilité temporaire à la discipline de l'homme, tels que les bêtes fauves, les poissons et divers oiseaux, il n'est sujet qu'au droit de propriété temporaire, qui cesse aussitôt que l'animal sort de son état de dépendance et de la possession de l'homme ».

Avant de conclure cette partie du chapitre, il est nécessaire de faire quelques observations sur l'allégation qui renferme deux assertions de fait assez hardies et d'un caractère assez général, savoir : qu'il est possible d'établir avec certitude l'identité de chaque phoque ; et que, pendant toute la durée de la migration d'hiver, le phoque a toujours une intention fixe, ou instinct, qui le porte à revenir aux îles. Même si on admettait que ces assertions fussent vraies, les conditions dont dépend, d'après les autorités citées plus haut, l'acquisition d'un droit de propriété relativement aux animaux de nature sauvage, ne seraient pas toujours remplies ; car il faudrait démontrer, non seulement que le phoque était venu des îles Pribiloff, mais aussi qu'il y avait été apprivoisé ou ramené d'un état sauvage ; et il faudrait prouver que le phoque avait l'intention de retourner, non pas simplement aux îles, car tout phoque sauvage pourrait y retourner de son propre mouvement, mais à la garde et aux soins de son maître.

Le gouvernement de Sa Majesté soutient qu'il est établi par les citations et les arguments qui précèdent, que ni les Etats-Unis ni les citoyens des Etats-Unis ne peuvent avoir un droit de propriété relativement aux phoques à fourrure, à moins que ces animaux ne soient effectivement entrés dans leur possession par voie de capture ; et que le droit de propriété ainsi acquis n'a de validité qu'aussi longtemps qu'on retient ces animaux sous son contrôle.

A l'appui de la prétention des États-Unis à un droit de protection relativement aux phoques à fourrures en dehors de la limite ordinaire de 3 milles, le mémoire des États-Unis allègue que d'autres nations ont fait des lois pour protéger des industries semblables, en dehors des limites ordinaires des eaux territoriales.

Iles Falkland.

Le mémoire des États-Unis cite une ordonnance de 1881, aux termes de laquelle la chasse du phoque est formellement prohibée pendant une période déterminée de l'année « sur tout le territoire de cette colonie et de ses dépendances ».

Afin de démontrer que l'application de cette ordonnance s'étend aux eaux non territoriales, le mémoire cite le témoignage du capitaine Budington, navigateur et chasseur de phoques, qui aurait déclaré « sous serment » que l'ordonnance est appliquée au delà de la limite de 3 milles.

Il suffit, cependant, d'examiner la déclaration du capitaine Budington, pour voir qu'il ne s'agit que de la manière dont il comprenait lui-même les dispositions de l'ordonnance. Il ne cite, d'ailleurs, aucun cas où on aurait appliqué cette loi à des étrangers en dehors de la limite ordinaire de la juridiction.

Cette ordonnance contient la disposition suivante au sujet de la saison de la prohibition.

« Il est défendu de tuer ou de prendre, ou de chercher à tuer ou
» à prendre, des phoques, dans aucune partie du territoire de
» cette colonie ou de ses dépendances ».

L'application de l'ordonnance est expressément limitée au territoire de la colonie ; du reste, depuis que les iles Falkland sont devenues une possession de la Grande-Bretagne, on n'a jamais, à aucune époque, soit avant, soit après la publication de l'ordonnance en question, cherché à entraver la chasse des phoques en dehors de la limite ordinaire des eaux territoriales. Ce fait est noté dans le rapport des commissaires britanniques.

Le mémoire des États-Unis cite ensuite les lois de la Nouvelle-Zélande. Nouvelle-Zélande.

Une loi impériale et trois lois de la colonie de la Nouvelle-Zélande sont citées. Les limites de la juridiction de la colonie sont définies par l'acte impérial de 1863.

La section 2 de cet acte définit la colonie de la Nouvelle-Zélande comme comprenant « tous les territoires, iles et contrées situées entre le 162° de longitude est et 173° de longitude ouest, et entre 33° et 53° de latitude sud ».

Or, d'après le mémoire des États-Unis, cet acte définirait les « frontières comme coïncidant avec les parallèles de 38° et de 53° de latitude sud, de 162° de longitude est et de 73° de longitude ouest ».

Les observations du mémoire sur la législation subséquente de la colonie sont basées sur la supposition que ces mots expriment la vraie signification de l'acte.

Cet acte est donné en entier dans l'appendice du mémoire des États-Unis ; les conclusions tirées de la législation de la Nouvelle-Zélande dépendent entièrement de l'interprétation erronée de l'acte.

Les expressions telles que « pour tout ou partie du territoire de la colonie ; eaux ou lieux spécifiés (dans les règlements) sous la juridiction du gouvernement de la colonie », citées des actes de la Nouvelle-Zélande, sont toutes limitées par la définition du territoire de la colonie donnée dans l'acte de 1863 ci-dessus cité.

L'allusion faite dans le mémoire des États-Unis à l'acte de 1884 mérite une attention toute spéciale. La section 5 de cet acte donne plein pouvoir au gouverneur d'instituer, de modifier et d'abroger en conseil des règlements qui n'auront force et effet que dans les eaux ou dans les lieux spécifiés dans l'acte.

27

Le mémoire des Etats-Unis dit à propos de cet acte :

« Le pouvoir exécutif possède donc une autorité presque illimi-tée pour établir des saisons de prohibition, pour instituer des rè-glements concernant l'achat ou la vente du poisson, y compris le phoque, et pour établir une sanction pénale pour toute infraction à la loi et aux ordonnances. La définition du terme « eaux » dans l'acte indique qu'il s'applique à tout le territoire de la colonie, dont l'extrémité sud-est est située à plus de 700 milles de la côte de la Nouvelle-Zélande, bien que quelques îles de peu d'importance se trouvent dispersées çà et là dans cette étendue de mer ».

Ces observations sont illustrées par une carte coloriée, sur la-quelle sont tracées des limites imaginaires, prétendues être celles définies par l'acte de 1863.

La définition du terme « eaux » dans cet acte suffit à elle seule pour démontrer l'erreur du raisonnement qui en dépend.

« Le terme « eaux », selon la définition, est appliqué à toutes les eaux salées, douces et saumâtres situées dans la colonie et près des côtes et dans les baies de celle-ci ; les eaux artificielles sont comprises sous cette désignation, mais elle n'est pas appliquée aux eaux qui sont situées dans la propriété de personnes privées ».

Si l'expression « eaux situées dans la colonie » comprenait l'Océan jusqu'à une distance de 700 milles des côtes, il n'était pas néces-saire, et il aurait même été absurde, de faire mention des « eaux près des côtes et dans les baies » de la colonie.

Cap de Bonne - Espé-rance.

Le mémoire des États-Unis affirme que « dans la colonie du Cap de Bonne-Espérance, la chasse aux phoques dans les rookeries, ainsi que dans les eaux qui les baignent, est soumise à des règle-ments sévères ».

Les seules preuves à l'appui de ces allégations sont les déclara-tions suivantes :

W. C. B. Stamp dit :

« Je n'ai aucune connaissance personnelle des faits, mais j'ai entendu dire qu'on a établi un règlement dans la colonie du Cap de Bonne-Espérance ».

G. Comer fait la déclaration suivante :

» Les rookeries, m'a-t-on dit, sont dans la possession ou sous l'administration d'une compagnie qui a le droit exclusif d'y pren-dre des phoques. Nous n'avons pas osé nous approcher de ces roo-keries parce que la chasse des phoques était défendue, et qu'il ne nous aurait pas été permis d'en prendre dans les eaux adjacentes ».

L'avertissement du gouvernement, qu'on trouvera dans l'appen-

dice du rapport des commissaires britanniques, explique le caractère des règlements en vigueur dans cette colonie. Cet avertissement défend de « molester les phoques dans ladite ile (dans la
baie de Mossel), et d'y aborder ».

L'agent du gouvernement a fait la déclaration suivante :

« On peut dire qu'on ne tue jamais les phoques dans les eaux
qui baignent ces côtes... La méthode de tuer les phoques est la
même dans toutes les îles de la colonie ; des bateaux abordent sur
la côte, et on abat les animaux avec des massues ».

La législation du Cap de Bonne-Espérance se borne, en effet, à
protéger les phoques dans les iles.

Le mémoire des États-Unis passe ensuite aux autres variétés
de phoques. Il affirme que les phoques à poil de l'Atlantique du
Nord : « ont été entourés des barrières tutélaires des lois et règlements
» britanniques..... Les lois canadiennes, sans stipuler aucune li-
» mite maritime, interdisent à toute personne de déranger ou de
» porter un dommage quelconque à toute pêcherie sédentaire de
» phoques, pendant le temps où la chasse de cet animal est ou-
» verte, ou de molester ou d'effrayer les troupes de phoques à leur
» entrée dans la fishery ». *Canada.*

La seule loi canadienne qui soit mentionnée est l'acte de 1886
concernant les pêcheries. Cette loi est applicable aux sujets canadiens sur la haute mer, et à toutes les personnes qui se trouvent
dans les limites des eaux territoriales du Canada, mais elle n'est
pas applicable aux étrangers en dehors de ces limites.

Les lois de Terre-Neuve citées dans le mémoire des États-Unis
sont des règlements de caractère purement intérieur, et il n'y est
pas question d'une juridiction maritime au delà des 3 milles ordinaires. *Terre-Neuve.*

Il n'est pas nécessaire de discuter le règlement international en
vigueur dans la pêcherie de haute mer connue sous le nom de
« pêcherie de phoques de Jean-Mayen », puisqu'il est admis que
ce règlement est basé sur une convention entre les nations intéressées dans cette pêcherie. Le rapport des commissaires britanniques fournit des renseignements détaillés sur le caractère et l'o-
rigine de ce règlement. *Pêcherie de phoques de Jean-Mayen.*

Les lois russes citées à la page 228 du mémoire des États-Unis
sont des règlements intérieurs, qui ne s'appliquent pas aux étrangers au delà des limites ordinaires des eaux territoriales. Aux termes de l'article 21 du code russe de 1869, concernant les prises,
les eaux territoriales de la Russie s'étendent à une distance de *Russie : Mer Blanche et Mer Caspienne.*

3 milles des côtes. Quant à la mer Caspienne, les nations ne la considèrent pas comme mer ouverte.

Uruguay.   L'application des lois de l'Uruguay qui règle la prise des phoques dans les îles Lobos est limitée à la juridiction territoriale ordinaire, et ces lois ne sont guère appliquées à la chasse pélagique du phoque en dehors de cette limite. On prend les phoques dans les îles, et l'État « ne permet à aucun navire des îles et dé-
» fend tous travaux qui pourraient effrayer les phoques ».

Chili.   Le mémoire des États-Unis dit :

« Dans l'espoir de repeupler leurs rookeries presque désertes,
» les gouvernements chilien et argentin ont aussi, récemment,
» étendu leur protection aux phoques à fourrure fréquentant leurs
» côtes ».

Il paraît cependant que le dommage est presque entièrement dû aux chasseurs qui abordent dans les rookeries, M. Comer dit :

« J'ai la conviction que, si on avait appliqué un règlement sévère, qui aurait limité l'abattage aux jeunes wigs, et interdit de molester les phoques reproducteurs, toutes ces rookeries seraient aujourd'hui pleines de phoques ».

C'est apparemment à l'ordonnance chilienne du 17 août 1892, que le mémoire des États-Unis fait allusion. Les extraits suivants, tirés de cette ordonnance, suffisent pour démontrer que le gouvernement chilien, loin de prétendre exercer une juridiction au delà des limites ordinaires de 3 milles, a soin de définir avec précision les limites de l'application de l'ordonnance :

Ordonnance pour régler la chasse en mer ou sur terre des phoques ou loups de mer, loutres et « chungungos », sur les côtes, dans les îles et dans les eaux territoriales du Chili.   « Art. 1er. — Il n'est permis qu'aux Chiliens et aux étrangers domiciliés dans le Chili de faire la chasse, sur terre ou en mer, de phoques ou loups de mer, loutres et « chungungos » sur les côtes, dans les îles, et dans les eaux territoriales de la République, selon les dispositions de l'article 611 du Code civil.

« Les navires chiliens qui, d'après les lois concernant la marine marchande, doivent être considérés comme tels, peuvent seuls exercer la chasse ci-dessus mentionnée ; et il est absolument interdit aux navires étrangers d'exploiter cette industrie.

« Art. 2. — Dans le but de faciliter l'application de cette ordonnance, les côtes, îles et eaux territoriales du Chili seront divisées en un nombre de zones égal à celui des gouvernements maritimes de la République.

« L'étendue de chaque zone sera égale à celle du gouvernement maritime correspondant ».

Le 20 août 1892, le Président de la République, agissant en vertu des pouvoirs qui lui avaient été conférés par cette ordonnance, décréta que la pêche de phoques « cessât pendant une année dans les régions faisant partie des gouvernements maritimes de Chiloe et de Magellanes et sur les côtes des îles de Juan Fernandez ».

Le Code civil du Chili contient les dispositions générales suivantes sur les pêcheries :

« Art. 585. — Les choses qui, d'après leur nature, sont la propriété de tous, comme étant les produits de la haute mer, ne sont sujettes à aucun droit de domaine, et aucune personne, nation ou corporation n'y a de droit exclusif. Les questions qui surgissent entre les citoyens d'une même nation relativement à l'usage ou à la jouissance de ces choses, doivent être décidées d'après les lois de cette nation ; celles qui s'élèvent entre différentes nations, d'après les prescriptions du droit des gens.

« Art. 593. — La mer adjacente, jusqu'à une distance d'une lieue marine de la laisse de basse mer, forme la mer territoriale, et fait partie du domaine national ; pour la sauvegarde de l'État et pour l'application des règlements fiscaux, la police peut, cependant, exercer une surveillance jusqu'à une distance de 4 lieues marines de la laisse de basse mer.

« Art. 611. — La pêche marine est libre ; mais les citoyens du Chili et les étrangers qui y sont domiciliés jouissent seuls du droit de pêche dans les mers territoriales ».

Le mémoire des États-Unis parle ensuite de la République Argentine. Cette république aurait « récemment étendu sa protection aux phoques à fourrure fréquentant ses côtes ». Il n'est pas dit, cependant, que les lois soient appliquées aux étrangers en dehors de la juridiction territoriale ; et les lois elles-mêmes ne sont imprimées ni dans le mémoire ni dans l'appendice. *République Argentine.*

Il est aussi dit que « le gouvernement japonais a pris des mesures pour repeupler et pour protéger les colonies de phoques à fourrure existant dans les îles Kuriles ». Cette assertion est appuyée par un extrait du règlement de 1885, qu'on trouve dans l'appendice du mémoire des États-Unis. Il ne s'agit, cependant, dans cet extrait, que des îles faisant partie du territoire japonais. C'est la seule loi qui soit donnée ou mentionnée ; et il n'est nulle part dit dans ce mémoire qu'il y ait une loi japonaise sur les pêcheries de phoques qui soit appliquée dans la juridiction territoriale. De plus, à en juger de la circonstance suivante, le règlement de 1885 n'est apparemment plus en vigueur ; car en réponse à la *Japon.*

circulaire priant divers gouvernements de communiquer « copies de tous les documents ou rapports imprimés concernant les pêcheries de phoques à fourrure, ou contenant des règlements établis pour ces pêcheries, le gouvernement japonais a eu la bonté de fournir, le 14 décembre 1891, un mémoire officiel détaillé ; ce mémoire traite des « différents règlements actuellement en vigueur », mais ne fait pas mention du règlement de 1885. Le mémoire ajoute qu'il n'y a aucun moyen de réprimer les « braconniers étrangers en dehors de la limite territoriale fixée par le droit des gens ».

Russie : Iles du Commandeur et île Robbein. Le règlement russe de 1881 est imprimé à la page 124 du mémoire britannique. Aux pages 121-126 du même mémoire, la question de l'étendue de la juridiction revendiquée par la Russie est examinée en détail, et il est démontré que l'application de ce règlement est limitée aux « eaux territoriales de la Russie ».

Irlande. En Irlande, le gouvernement britannique n'a jamais cherché à obliger les étrangers en dehors de la limite territoriale par aucun ordre émis en vertu de la loi de 1868 sur les pêches maritimes ; et quoique les États-Unis prétendent que cette loi autorise l'exercice d'une juridiction sur les étrangers en dehors de cette limite, il n'existe aucun ordre à cet effet, et il serait contraire à l'usage du Gouvernement britannique d'émettre un ordre semblable, sauf en vertu de conventions conclues avec les puissances étrangères au sujet desquelles ces ordres s'appliqueraient.

Ecosse. Les observations qui précèdent sont également applicables à la loi écossaise de 1869 sur la pêche du hareng, et à tous les actes du Parlement britannique qui autorisent l'émission d'ordres concernant les pêcheries dans les eaux non territoriales, sans expressément limiter l'application de ces ordres aux sujets britanniques.

Ceylan. Le mémoire des États-Unis cite la législation sur les pêcheries de perles de l'île de Ceylan comme exemple de l'exercice de la juridiction extra-territoriale sur les hautes mers. Or, cette colonie ne prétend pas que la souveraineté territoriale de l'île lui donne une étendue exceptionnelle d'eau formant partie de la haute mer ; mais elle réclame les produits de certaines terres submergées, qui, depuis un temps immémorial, ont été traitées par les différents gouvernements qui se sont succédé dans l'île, comme leur propriété et comme sujettes à leur juridiction.

Australie. Le mémoire des États-Unis admet que les actes concernant les pêcheries de perles de l'Australie s'appliquent explicitement aux sujets britanniques.

France. Quant à la France, le mémoire des États-Unis dit que le décret du 10 mai 1862 « alla jusqu'à disposer d'une façon explicite que, dans certaines circonstances, la pêche pourrait être prohibée sur des étendues de mer situées au delà de 3 milles des côtes ».

Ce décret, dont l'article 2 est seul cité à l'appendice du mémoire des États-Unis, est donné en entier à l'appendice du présent contre-mémoire. L'article 1er contient le paragraphe suivant :

« Les pêcheurs sont tenus d'observer, dans les mers situées entre les côtes de France et celles du Royaume-Uni de la Grande-Bretagne et d'Irlande, les prescriptions de la convention du 2 août 1839, et du règlement international du 23 juin 1843 ».

Cette disposition prouve que le décret ne s'appliquait qu'aux sujets français, puisque le gouvernement ne pouvait obliger que ses propres sujets, même en vertu de la convention de 1839.

L'article 2 porte ce qui suit :

« Sur la demande des prud'hommes des pêcheurs, de leurs délégués et, à défaut, des syndics des gens de mer, certaines pêches peuvent être temporairement interdites sur une étendue de mer au delà de 3 milles du littoral, si cette mesure est commandée par l'intérêt de la conservation des fonds ou de la pêche de poissons de passage ».

« L'arrêté d'interdiction est pris par le préfet maritime ».

Le mémoire des États-Unis ne prétend pas qu'on ait, en vertu de ce décret, émis aucun ordre obligeant les étrangers, et le gouvernement de Sa Majesté affirme que l'article 2 du décret n'était pas destiné à autoriser l'émission d'ordres applicables aux étrangers, en dehors des limites territoriales.

En effet, on ne saurait soutenir la proposition que le décret s'appliquait aux étrangers aussi bien qu'aux sujets français, à moins de supposer que, dans ce décret, le gouvernement français faisait valoir le droit d'interdire la pêche à toutes les autres nations, sans limitation des espèces de poissons et sans obligation de déterminer si les poissons en question fréquentaient régulièrement les eaux voisines des côtes françaises, ou si la France avait, relativement à ces poissons, « un intérêt, une industrie ou un commerce ». Il faudrait, de plus, supposer que la France prétendait au droit d'étendre la prohibition même aux « poissons de passage » dans lesquels elle ne pouvait avoir aucun intérêt spécial ou distinct de celui des autres nations ; et, enfin, qu'elle réclamait le droit d'appliquer la prohibition dans toutes les parties de la haute mer.

En supposant que le décret ne s'appliquait qu'aux sujets français, il n'y a rien d'étonnant dans l'absence de limitations ; mais s'il s'appliquait également aux étrangers, il va plus loin même que les prétentions avancées par les États-Unis dans la présente controverse. Si toutes les nations faisaient de semblables lois, les unes relativement à un poisson et les autres relativement à un autre, et si elles appliquaient ces lois au moyen de « mesures nécessaires » et en exerçant une « contrainte raisonnable », les dangers de la mer seraient considérablement augmentés.

C'est la loi du 1er mars 1888, qui définit actuellement les limites entre lesquelles la législation française s'applique aux pêcheurs étrangers.

L'article premier de cette loi dit :

« La pêche est interdite aux bateaux étrangers dans les eaux territoriales de la France et de l'Algérie, en deçà d'une limite qui est fixée à 3 milles marins au large de la laisse de basse mer ».

Le mémoire des États-Unis continue comme suit :

« De nombreuses lois ont également été votées en France pour protéger et réglementer les pêcheries de corail d'Algérie, et s'appliquent également aux nationaux et aux étrangers ; or, les bancs de corail qui sont l'objet de cette réglementation s'étendent, sur certains points, à une distance de 7 milles en mer ».

Cette assertion n'est appuyée par aucun témoignage, et nuls détails ne sont donnés.

Italie.

Le mémoire des États-Unis dit qu'il y a, dans le voisinage des côtes de Sicile et de Sardaigne, des bancs de corail, dont le plus proche est situé à une distance de 3 milles du rivage. Il continue :

« Un décret royal interdit actuellement toute pêche de corail sur ces bancs, pendant une période déterminée ».

La première des lois contenues à l'appendice, celle du 4 mars 1877, porte (article 1er) :

« La présente loi réglemente les pêcheries dans les eaux du domaine public, et dans la mer territoriale. . . . .

« Les dispositions du code concernant la marine marchande, et des autres lois sur la police maritime et la navigation, restent en vigueur en ce qui concerne la manière de procéder relativement aux étrangers, et en ce qui regarde les concessions dans le domaine public et la mer territoriale ».

Les dispositions du code concernant la marine marchande, et les autres dispositions auxquelles la loi fait allusion ne sont pas citées dans le mémoire des États-Unis, qui, d'ailleurs, ne dit pas

que les étrangers aient jamais été effectivement exclus des pêcheries en question. Il ne cherche même pas à démontrer que le décret en question avait en vue les étrangers aussi bien que les sujets italiens.

En ce qui concerne la Norwège, le mémoire des États-Unis affir- *Norwège.*
me que le principe énoncé à l'allégation 3 est reconnu par une
loi pour la protection de la baleine « dans le Fjord de Varanger,
bras de mer d'environ 32 milles marins de large ». Les lois nor-
wégiennes contenues dans l'appendice ne contiennent cependant
rien, qui puisse indiquer qu'elles s'appliquent aux étrangers. Si
toutefois, il était démontré qu'elles s'appliquent à ceux-ci, il pourrait être question de déterminer, en tant qu'il s'agit du Fjord de
Varanger, si ce fjord ne fait pas partie des « eaux intérieures »
de la Norwège.

La loi de Panama, que le mémoire des États-Unis mentionne en- *Panama.*
suite, ne s'applique qu'aux pêcheries de perles, et le mémoire ne
prétend pas qu'elle ait une application plus étendue. Cependant
il ne dit pas quel est le titre du Panama à ces pêcheries, ni quelle
est la distance qui les sépare d'une côte ou d'une île, ni si elles
sont situées dans des eaux intérieures. D'ailleurs, rien n'indique
que la loi en question s'applique aux étrangers.

L'assertion faite par le mémoire des Etats-Unis relativement à
l'étendue de mer à laquelle cette loi s'applique n'est appuyée d'aucune preuve ; et on observera que la carte des pêcheries de perles
du Panama, contenue dans l'appendice, ne dérive pas du gouvernement du Panama, mais a été « dressée au bureau du *United
States and Goodetic Survey* ». Il n'est pas dit sur quelles données
la carte est basée ; et comme elle fait mention d'un décret de 1890,
et ne porte pas de date, il est à présumer qu'elle a été dressée
pour être soumise au tribunal d'arbitrage.

Les allégations faites relativement à ces pêcheries de perles ne *Mexique.*
sont appuyées d'aucune preuve. Les règlements mexicains ne paraissent s'appliquer qu'aux « eaux de la république » ; et ces eaux
mêmes sont ouvertes aux étrangers qui y voudraient exploiter
cette pêche, à la condition de se conformer à certaines règles concernant l'enregistrement et le paiement de droit de tonnage et de
phare.

Il convient de noter que le mémoire des États-Unis, tout en citant la législation mexicaine comme exemple de l'exercice de la
juridiction en dehors de là limite de 3 milles, ne présente pas,
parmi les règlements de 1874, contenus dans l'appendice du mé-

moire, les règlements concernant les limites des districts des pêcheries.

Le traité du 27 novembre 1888, entre le Mexique et la Grande-Bretagne, renferme une stipulation qui prouve que cette dernière puissance ne reconnaît pas au Mexique le droit d'exercer en dehors de la limite ordinaire une juridiction relativement à la pêche. Le dernier paragraphe de l'article 4 de ce traité est conçu dans les termes suivants :

Les deux parties contractantes sont convenues de fixer la limite des eaux territoriales sur leurs côtes respectives à une distance de trois lieues marines au large de la laisse de la basse mer. Cependant, cette stipulation n'aura pas d'effet excepté par rapport à l'application des règlements de la douane, et des mesures destinées à empêcher la contrebande, et « ne pourra être appliquée aux autres questions de la juridiction civile et criminelle ou de la loi maritime internationale ».

En considérant la question de la portée et de l'effet de la législation des autres nations, il est important de tenir constamment en vue ce principe généralement accepté du droit des gens, que les lois faites par une nation ne s'appliquent qu'à ses propres sujets et aux sujets des autres États et à leur propriété, lorsque ces derniers se trouvent dans la juridiction territoriale de cette nation.

On peut affirmer qu'aucune nation n'a défendu ce principe avec plus de persistance que ne l'ont fait les États-Unis et la Grande-Bretagne, et cette affirmation pourrait être justifiée par de nombreuses citations. Il suffit de citer les autorités suivantes.

Voici les opinions de deux jurisconsultes célèbres des États-Unis.

M. Seedgwick écrit :

« Comme proposition générale, on peut poser le principe qu'aucune nation n'est tenue de respecter les lois d'une autre nation, excepté en ce qui concerne les personnes et la propriété qui se trouvent dans les limites du territoire de cette autre nation. Ce principe général est accepté par notre loi, et admis par les plus grandes autorités en droit civil. « Constat, igitur », dit Rodenburg, (*De Stat.*, ch. 3, s. 1, p. 7) « extra territorium legem dicere licere nemini, idque si fecerit quis, impune ei non pareri, quippe ibi cessat statutorum fundamentum, robur et juridictio ». « Nullum statutum », dit P. Voet (*De Stat.*, s. 4, ch. 2, n. 7, p. 124. Id. 130, 138 ; éd. 1661) « sive in rem sive in personam, si de ratione juris civilis sermo instituatur, sese extendit ultra statuentis territorium ». De même, Boullenois dit : « À la rigueur, les lois que fait un souverain ne sauraient avoir de force ni d'autorité en dehors des limites de son domaine » (M. Boullenois, *Princ. Gén.*, 6, p. 4). »

Le juge Story parle du même principe comme étant un des « préceptes ou axiomes sur lesquels tout raisonnement à ce sujet doit nécessairement être basé, et qu'il faut admettre, soit expressément soit tacitement, si on veut déterminer les principes qui doivent gouverner la conduite des nations et l'administration de la justice. »

M. Story cite ensuite les passages de Rodenburg, Voet et Boullenois, déjà cités par M. Seedgwick.

La loi anglaise n'est pas moins formelle sur ce point. Sir P. B. Maxwell écrit comme suit, dans un ouvrage qui fait autorité pour l'interprétation des statuts :

« Il est aussi un principe général ; que la législature ne prétend pas excéder les limites de sa juridiction.

« Dans le principe, la législation de tout pays ne s'applique qu'à son territoire. La règle générale est que « extra territorium jus dicenti impune non paretur; leges extra territorium non obligant. » Les lois d'une nation s'appliquent à tous ses sujets et à tout ce qui se trouve dans son territoire, y compris non seulement ses ports et ses eaux, qui, en Angleterre, font partie du comté adjacent, mais aussi ses navires, armés et non armés, et les navires de ses sujets se trouvant sur les hautes mers ou dans les eaux étrangères sujettes à la marée, et les navires des sujets étrangers se trouvant dans ses ports. Elles s'appliquent aussi à tous les étrangers se trouvant dans le territoire de l'État en question, en tout ce qui concerne la loi criminelle, la police et les autres matières, exception faite de quelques questions de statut et de capacité personnelles, qu'il est convenu entre les nations de régler d'après les lois de la patrie des personnes intéressées ou d'après la « lex loci actûs ou contractûs ».

« La juridiction légitime de l'État n'est cependant pas entièrement comprise dans les limites qui viennent d'être indiquées. L'État a le droit d'appliquer ses lois à ses sujets, naturels ou naturalisés, dans toutes les parties du monde, sous les rapports de la capacité du statut personnel, il est même entendu qu'il les leur applique toujours. Toutefois, si on excepte les cas spéciaux qui viennent d'être mentionnés, on a le droit de présumer que les actes du Parlement ne visent pas les sujets britanniques se trouvant en dehors des limites territoriales du Royaume-Uni, à moins qu'il ne soit expressément ou tacitement dit que les actes s'appliquent aux personnes en question, ou à moins que le langage, le sujet, ou l'histoire des actes n'indiquent qu'ils doivent avoir cette application. Il faut donc généralement sous-entendre dans les actes du Parlement, des mots à l'effet ci-dessus indiqué... »

Présomption contre une violation du Droit des Gens. « De même, c'est un principe généralement accepté de droit public, que, sauf par rapport aux pirates *jure gentium* et, peut-être, aux peuples nomades et aux sauvages n'ayant pas d'organisation politique, aucune nation ne possède de juridiction relativement aux crimes commis par des étrangers en dehors de son territoire, y compris, bien entendu, ses navires et ses eaux ; et il faut interpréter le langage des statuts criminels de manière à ne pas violer ce principe..... Ainsi il a été décidé plus d'une fois en Amérique, qu'un acte du Congrès arrêtant que toute personne coupable de vol commis sur « un navire se trouvant dans les hautes mers encourrait les peines de la piraterie, ne s'appliquait qu'aux vols commis sur des navires étrangers, même dans le cas où le voleur serait un citoyen des États-Unis ».

On peut ajouter à ces citations l'extrait suivant du jugement rendu par le Dr Lushington dans l'affaire du « Zollverein » :

« En cherchant à donner un sens particulier à un statut quelconque, il ne faut pas perdre de vue quelle est l'étendue du pouvoir de la législature britannique, car je dois présumer que la législature n'avait pas l'intention d'excéder ce pouvoir, à moins que les mots du statut n'aient clairement et sans aucun doute le sens contraire. Les lois de la Grande-Bretagne s'appliquent aux sujets britanniques n'importe où ils se trouvent ; elles ne s'appliquent aux étrangers que lorsqu'ils se trouvent dans la juridiction de la Grande-Bretagne ».

Le gouvernement de Sa Majesté Britannique soutient qu'il ressort de l'examen qui vient d'être fait des lois coloniales et étrangères, que l'usage international n'établit nullement et ne sanctionne dans aucun cas, le principe posé par les États-Unis, mais qu'au contraire, l'usage des nations confirme les propositions suivantes du mémoire britannique (p. 160) :

« Le droit qui appartient aux sujets de tous les États de naviguer et de pêcher dans les eaux non territoriales de la mer aujourd'hui connue sous le nom de mer de Behring existe intact et sans restrictions ; il ne saurait être limité ni entravé sans le consentement préalable des nations intéressées ».

« Aucun règlement pour la protection et la conservation des pho-

ques à fourrure dans les eaux non territoriales de la mer de Behring, qui pourrait toucher aux intérêts des sujets britanniques, ne
peut être établi sans le consentement de la Grande-Bretagne ».

Le Gouvernement britannique soutient qu'en ce qui concerne les
cinq questions soulevées dans l'article VI du traité d'arbitrage, et
les faits visés par ces questions, les arguments et les appréciations
exposés dans les chapitres qui précèdent prouvent les positions
suivantes : Récapitula-
tion de l'argu-
mentation.

1. *L'usage des eaux de la mer de Behring et des eaux de l'Océan
Pacifique du Nord, avant* 1821. — Les propositions formulées à la
page 38 du mémoire britannique, quant à l'usage des eaux de la
mer de Behring avant 1821, et appuyées par les preuves citées dans
ce mémoire, n'ont pas été réfutées par les faits et les arguments
présentés dans le mémoire des États-Unis ; il ressort, au contraire,
du nouvel examen qui vient d'être fait de ce sujet, que la Russie
n'a, jusqu'en 1821, ni réclamé, ni exercé, des droits exclusifs vis-
à-vis des autres nations, dans les eaux non territoriales du Pacifique du Nord, y compris l'étendue d'eau aujourd'hui connue sous
le nom de Mer de Behring.

2. *L'Oukase de* 1821, *et les circonstances qui s'y rattachent, jusqu'à
l'intervention des traités de* 1824 *et de* 1825. — Les faits rapportés
donnent force majeure aux conclusions formulées à la page 61 du
mémoire britannique, et les nouvelles preuves démontrent clairement que l'Oukase de 1821 a rencontré, de la part de la Grande-
Bretagne et des États-Unis, une protestation immédiate et formelle.
Pour faire apprécier à leur juste valeur les conclusions en question,
il faut rappeler que cet Oukase constituait l'unique tentative faite
par la Russie pour s'arroger des droits de souveraineté dans les
eaux non territoriales de l'Océan Pacifique du Nord, y compris la
mer de Behring, et pour restreindre, dans ces mêmes eaux, les
droits des autres nations. Par suite de ces protestations, la Russie
abandonna purement et simplement les droits qu'elle avait réclamés à la surveillance et à la souveraineté exclusives.

3. *La question de savoir si l'espace de mer aujourd'hui connu
sous le nom de Mer de Behring est compris dans l'expression
« Océan Pacifique », telle qu'elle est employée dans le texte du traité
conclu en* 1825 *entre la Grande-Bretagne et la Russie.* — a) Les
traités de 1824 et 1825 ont déclaré et reconnu que les sujets de la
Grande-Bretagne et des États-Unis avaient le droit de naviguer et
de pêcher dans toutes les parties des eaux non territoriales visées
par l'Oukase.

b) L'étendue d'eau connue maintenant sous le nom de Mer de Behring, était comprise dans l'expression « Océan Pacifique », telle qu'elle est employée dans le traité de 1825 entre la Grande-Bretagne et la Russie.

c) Les interprétations données à l'expression « côte nord-ouest », ou « côte nord-ouest de l'Amérique », dans le mémoire des États-Unis sont sans fondement.

4. *L'usage des eaux connues aujourd'hui sous le nom de Mer de Behring, entre* 1821 *et* 1867. — Les arguments avancés prouvent le bien-fondé des conclusions formulées à la page 96 du mémoire britannique. Les preuves supplémentaires présentées montrent clairement qu'avec le développement du commerce constaté à partir de l'année 1821, des navires appartenant à d'autres nations que la Russie ont librement navigué, fait le commerce et pêché dans les eaux de la mer de Behring, et qu'aucune tentative n'a été faite pendant toute cette période, pour réserver l'usage de ces eaux aux navires battant pavillon russe.

5. *Quels sont les droits qui ont été transférés aux États-Unis par suite du traité du* 30 *mars* 1867 ? — Les prétentions des États-Unis sont basées sur deux allégations absolument dénuées de fondement.

La première est que la Russie a, jusqu'en 1867, effectivement exclu de la mer de Behring les navires des autres nations ;

La seconde, que le traité de 1867 définit certains droits spéciaux relatifs aux eaux non territoriales de la mer de Behring et prétend céder ces droits.

Quant à la première de ces allégations, les faits exposés dans les chapitres I-IV démontrent qu'à aucune période antérieure à l'année 1867, la Russie n'a exclu de la mer de Behring les navires des nations étrangères.

Quant à la seconde, l'examen des dispositions du traité, imprimé aux pages 97-100 du mémoire britannique, fera voir que la Russie ne prétendait céder que des territoires alors reconnus comme faisant partie de l'empire russe, et qu'il n'était question de la cession d'aucun droit en dehors des droits territoriaux ordinaires.

6. *Les États-Unis ont-ils un droit et, dans le cas affirmatif, quel droit, soit de protection, soit de propriété, aux phoques à fourrure qui fréquentent les îles de la mer de Behring appartenant aux États-Unis, dans le cas où ces phoques seraient rencontrés en dehors du rayon ordinaire de* 3 *milles* ? — *a*) Les citations faites et les arguments avancés prouvent que le seul droit que les États-Unis puissent exercer pour protéger les phoques est celui qui dérive de la

juridiction territoriale, droit qui leur donne la faculté d'interdire aux sujets des autres nations de pêcher dans les eaux territoriales.

b) Ni les États-Unis ni les citoyens des États-Unis ne peuvent avoir un droit de propriété relativement aux phoques à fourrure, à moins que ces animaux ne soient effectivement entrés dans leur possession par voie de capture. Le droit de propriété ainsi acquis n'a de validité qu'aussi longtemps qu'on retient ces animaux sous son contrôle.

c) Il ressort de l'examen des lois coloniales et étrangères, que l'usage international n'établit nullement et ne sanctionne dans aucun cas le principe posé par les États-Unis, mais qu'au contraire, l'usage des nations confirme les propositions suivantes du mémoire britannique (p. 160) :

« Le droit qui appartient aux sujets de tous les États de naviguer et de pêcher dans les eaux non-territoriales de la mer aujourd'hui connue sous le nom de mer de Behring existe intact et sans restrictions ; il ne saurait être limité ni entravé sans le consentement préalable des nations intéressées.

«Aucun règlement pour la protection et la conservation des phoques à fourrure dans les eaux non territoriales de la mer de Behring, qui pourrait toucher aux intérêts des sujets britanniques, ne peut être établi sans le consentement de la Grande-Bretagne ».

I. *Affirmations des États-Unis au sujet de la question 5 posée de l'article VI du traité d'arbitrage.* — Rien ne justifie l'application au phoque à fourrure de la désignation d'animal terrestre, puisqu'il est admis qu'il tire sa pâture exclusivement de la mer et qu'il passe au moins deux tiers de sa vie dans l'océan.

II. — La prétention que le phoque serait un animal aux habitudes domestiques n'est pas basée sur un raisonnement bien fondé.

III. — Il n'est pas correct que les phoques à fourrure fréquentant les îles Pribiloff et du Commandeur se divisent en deux « troupeaux » tout à fait distincts et séparés l'un de l'autre.

Il a été prouvé, au contraire, par les faits basés sur un nombre considérable de témoignages, qu'il y a échange entre les phoques à fourrure qui mettent bas dans les îles des deux côtés de la mer de Behring.

IV. — On n'est pas justifié à regarder les îles Pribiloff comme la seule demeure ou habitation des phoques à fourrure qui les fréquentent pendant la saison de reproduction. De plus, attendu que les phoques fréquentent d'autres côtes et d'autres eaux pendant une grande partie de l'année, et qu'ils tirent leur subsistance en-

tièrement de la haute mer, le gouvernement britannique croit
devoir insister qu'on ne saurait prétendre les pouvoir regarder
comme une « propriété » ou comme un « produit naturel du sol »,
en se basant sur le fait que, pendant une période assez courte de
l'année, ces animaux fréquentent les plages et les eaux territoriales
des îles Pribiloff, pour mettre bas.

Conclusion. Les propositions qui précèdent, et qui sont complémentaires à
celles exposées dans le chapitre X du mémoire britannique (pp.170-
172) prouvent, d'après l'opinion du gouvernement de Sa Majesté
britannique, que les cinq questions soulevées dans l'article VI du
traité d'arbitrage doivent être résolues en faveur de la Grande-
Bretagne ; que les États-Unis n'ont aucunement réussi à établir un
droit exclusif, soit de protection, soit de propriété, aux phoques à
fourrure qui fréquentent les îles de la mer de Behring appartenant
aux États-Unis, dans le cas où ces phoques seraient rencontrés en
dehors du rayon ordinaire de 3 milles ; que les sujets de la Grande-
Bretagne, aussi bien que ceux de toutes les autres puissances, ont
le droit de naviguer et de pêcher dans les eaux non territoriales
de la mer de Behring ; et que, pour limiter ce droit, il faut le consentement et le concours de la Grande-Bretagne.

Apprécia-tions générales concernant la question d'un règle-ment. Il est admis qu'il y a eu décroissement du nombre des phoques
aux îles Pribiloff et dans leur voisinage, dû au nombre excessif
d'animaux tués, mais il est soutenu que la date alléguée par les
États-Unis comme commencement de ce décroissement n'est pas
exacte, et que le chiffre de la diminution est exagéré.

Date et éten-due du dé-croissement des phoques. A une date aussi reculée que 1879, le décroissement aux îles
avait déjà pris une importance telle qu'on dut avoir recours à des
mesures nouvelles, afin d'obtenir le nombre normal de 100.000
peaux. Le progrès de la diminution s'est fait encore plus sentir en
1883.

Le décroissement avait commencé longtemps avant que la pêche
de haute mer eût pris un développement sérieux, et avant qu'aucun pêcheur de phoque de haute mer n'eût pénétré dans la mer de
Behring, ni ne s'en fût même approché.

Une analyse de l'argumentation employée par les États-Unis suffirait pour faire échouer toute tentative d'établir un rapport direct
entre la date du commencement de la diminution, et celle du développement de la pêche de haute mer.

Il n'existe pas de statistique exacte au moyen de laquelle on
puisse fixer le chiffre du décroissement aux îles Pribiloff. Les preu
ves sur lesquelles s'appuient les États-Unis pour démontrer l'im-

portance très considérable de ce décroissement ne sont ni correctes ni très concluantes.

Il n'y a pas eu décroissement du nombre des phoques en pleine mer, correspondant à la diminution constatée aux îles Pribiloff. Au contraire, le nombre des phoques rencontrés en mer a augmenté pendant ces dernières années, sinon positivement, du moins proportionnellement ; conséquence, probablement, du trouble inséparable de la méthode d'abattage suivie dans les îles.

Il n'y a aucune analogie entre la chasse pélagique du Pacifique du Nord et les méthodes employées dans l'hémisphère austral.

Arguments employés dans le mémoire des États-Unis contre la chasse pélagique. — Répliques.

Les méthodes d'abattage employées dans les îles Pribiloff ressemblent à celles qui ont causé l'épuisement dans l'hémisphère austral.

Le nombre des phoques tirés qui se perdent en coulant avant qu'on puisse s'en emparer, est très petit.

Le nombre de phoques mortellement blessés, mais qui s'échappent, est aussi très petit. En substituant le fusil à chevrotines à la carabine rayée, ce qui rend nécessaire de s'approcher de plus près du phoque, les pertes dues à cette cause et autres ont considérablement diminué.

La proportion de femelles qui, selon la prétention avancée dans le mémoire des États-Unis, seraient prises en mer, a été beaucoup exagérée. Les chiffres présentés dans ce mémoire sont basés principalement sur l'examen des peaux apprêtées. Mais il est généralement impossible de distinguer le sexe des animaux dont viennent ces peaux.

La prise d'animaux femelles ayant une valeur commerciale n'est pas, en soi, répréhensible. La proportion plus considérable de phoques femelles rencontrés en mer dans les dernières années, est le résultat direct de l'abattage excessif de mâles dans les îles.

La prise de femelles pleines ou nourricières, ainsi que d'autres sources de pertes inséparables de la chasse pélagique, ont été beaucoup exagérées dans le mémoire des États-Unis. Mais la destruction des femelles de cette catégorie pourrait et devrait être évitée autant que possible au moyen de dispositions convenables, qui devraient faire partie de tout règlement commun qu'on voudra appliquer à l'ensemble des pêcheries de phoques.

La prétention que de petits phoques sont morts de faim dans les îles, à cause de la destruction des mères par les chasseurs pélagiques, est dénuée de fondement. Cette prétention est basée sur une mortalité remarquable de petits phoques dans l'île de Saint-Paul en **1891.** La mort de petits dans les îles pendant la saison de reproduction est un phénomène qu'on a observé depuis longtemps et qu'on a, jusqu'ici, toujours expliqué par d'autres raisons assez vraisemblables.

Les conditions sous lesquelles la mortalité de jeunes phoques s'est fait remarquer en **1891,** prouvent qu'elle n'a pu être due à la destruction des mères par les chasseurs pélagiques. Cette conclusion est pleinement confirmée par le retour de la même mortalité en **1892,** c'est-à-dire à une époque où on ne tuait pas de phoques dans la mer de Behring.

L'hypothèse développée dans le mémoire des États-Unis quant à la cause de la mort des petits phoques est basée sur la supposition que les femelles s'éloignent à une grande distance des îles, à la recherche de nourriture, pendant la période de l'allaitement, supposition dont l'inexactitude est prouvée dans ce contre-mémoire, et confirmée par les meilleures autorités au sujet des phoques à fourrure.

Examen des faits allégués par les États-Unis par rapport à la question 5 posée à l'article VI.
Le phoque à fourrure est un animal marin, et pélagique par ses habitudes.

L'allégation que le phoque à fourrure est un animal terrestre manque absolument de fondement ; le phoque à fourrure est un animal non seulement marin, mais pélagique par ses habitudes (1).

Les témoins cités dans le mémoire des États-Unis suffisent à prouver que le phoque à fourrure est un animal marin, et aucun naturaliste n'est de l'opinion contraire.

Le mémoire des États-Unis a beaucoup exagéré la durée de la période annuelle pendant laquelle les phoques à fourrure (ou au moins un grand nombre de ces animaux) restent dans les îles Pribiloff ou dans leur voisinage pour la reproduction. On est arrivé à cette estimation exagérée en remplaçant les dates moyennes par des dates extrêmes et exceptionnelles, et en combinant en une seule les différentes périodes pendant lesquelles les phoques de différents âges et sexes fréquentent les îles et leur voisinage.

Il ressort des données fournies dans le mémoire des États-Unis même, à l'égard de l'arrivée et du départ des différentes catégories de phoques, que la durée de la période pendant laquelle ces différentes classes fréquentent respectivement la région des îles doit être de trois mois à cinq mois et demi. Des individus (parmi lesquels on ne trouve pas de mâles adultes) passent, cependant, dans les eaux adjacentes une grande partie du temps de leur séjour

(1) Ces discussions d'histoire naturelle n'ayant qu'un intérêt médiocre dans cet ouvrage, nous passons rapidement sur cette partie du contre-mémoire.

dans la région des îles, et il est probable que beaucoup de jeunes
mâles et de femelles vierges ne quittent jamais l'eau. Selon le Professeur J.-A. Allen, les *Otaridæ* en général passent, en moyenne, le
tiers de l'année sur la terre.

Dans les documents et les actes officiels, on emploie le terme
« pêcherie » en parlant de l'industrie de la prise des phoques à
fourrure.

Les phoques à fourrure trouvent la pâture exclusivement dans
la mer. Ils n'en obtiennent que peu ou point du tout, dans les environs des îles Pribiloff.

Il est vrai que le phoque à fourrure, quand il est à terre, peut, *Le phoque à fourrure n'est point un animal domestique.*
dans une certaine mesure, être soumis à l'empire de l'homme,
mais c'est là un effet de son impuissance sur cet élément. Ce contrôle diffère radicalement de la domestication.

Les phoques sont, aujourd'hui, devenus timides, et fuient l'homme, même s'ils se trouvent en bandes considérables sur les plages. A l'époque où on a commencé à pénétrer dans les stations de
reproduction, les animaux étaient probablement sans peur, par
suite de leur ignorance.

Toutes les idées qui se rattachent à l'expression « domestique »
font défaut dans le cas des phoques à fourrure. L'homme ne leur
donne pas la nourriture. Sa sollicitude est d'un caractère tout à
fait négatif ; elle se borne, en effet, à éviter toute mesure tendant
à chasser les animaux entièrement des îles. Son départ de ces îles,
loin de causer du mal aux phoques, leur serait plutôt avantageux.

Pendant la plus grande partie de l'année, les personnes habitant
les îles Pribiloff n'exercent aucune surveillance sur les phoques.
Ce n'est que tout récemment qu'on connaît leur habitation d'hiver.

On ne saurait donner aucune preuve scientifique à l'appui de la
prétention que le phoque ne serait pas un animal sauvage, ni citer, à cet effet, des témoignages dignes de foi de quelque source
que ce soit.

Le mot « troupeau », si jamais il est applicable aux phoques, *Mélange des phoques à fourrure des différentes parties du Pacifique du Nord.*
ne l'est que quand les animaux sont dans les îles, et ne l'est même
alors qu'à chacune des « rookeries » à part, ou à des bandes de
phoques traqués ensemble. Cette expression est tout à fait incor-
recte et décevante si on l'applique à une partie indéterminée des
phoques à fourrure du Pacifique du Nord, comme cela est fait dans
le mémoire des États-Unis, où on parle du « troupeau de phoques
d'Alaska ».

L'histoire naturelle n'a, jusqu'à présent, fait aucune distinction entre les phoques à fourrure fréquentant les deux côtés du Pacifique du Nord. C'est dans le mémoire des États-Unis que l'on a, pour la première fois, tâché d'établir cette distinction ; elle n'est, du reste, soutenue par aucun naturaliste.

Cette prétendue distinction est basée sur la classification des peaux faite par les marchands de fourrure. Mais cette classification et les différences de prix qui en résultent ne sauraient nullement prouver une différence d'espèce dans le cas des phoques à fourrure ou d'autres animaux.

Les traits caractéristiques qui servent à la classification des peaux dans le commerce des fourrures, tout importants qu'ils soient pour l'industrie, sont peu marqués et difficiles à déterminer. Les témoignages recueillis dans le mémoire des États-Unis à ce sujet se contredisent. En ce qui concerne spécialement les peaux provenant des îles Pribiloff et du Commandeur, les marchands expérimentés reconnaissent une grande proportion de peaux qu'ils devraient classer, selon leur qualité, parmi les produits de l'un des groupes d'îles, mais qui, en réalité, proviennent de l'autre groupe.

Le mélange des phoques à fourrure fréquentant les deux côtés du Pacifique du Nord est en lui-même probable. Il a dû avoir lieu autrefois, et il n'y a pas de raison pour qu'il ait cessé.

Il est admis par bien des officiers de l'administration qui ont séjourné dans les îles Pribiloff, pendant les dernières vingt années, que ce mélange est probable, ou même qu'il a actuellement lieu. Il n'a jamais été mis en doute, avant l'apparition du mémoire des États-Unis. L'expérience prouve qu'il y a échange de phoques entre les îles de Saint-Paul et de Saint-Georges.

Les témoignages cités dans le mémoire des États-Unis, suffisent en eux-mêmes pour prouver que, pendant l'été, il y a échange de phoques des deux côtés du Pacifique, près des îles Aléoutiennes.

Les témoignages complémentaires ici présentés prouvent qu'il y a un échange général entre les phoques du Pacifique du Nord, au nord aussi bien qu'au sud des îles Aléoutiennes.

La prétention qu'il serait possible d'établir l'identité d'un phoque quelconque quand il se trouve en mer, n'est basée sur aucune preuve à l'appui.

Rapport du phoque à fourrure avec les îles Pribiloff. Habitations d'été et d'hiver Il paraît ressortir du mémoire des États-Unis que l'expression « phoque à fourrure d'Alaska » est employée pour désigner tous les phoques à fourrure trouvés dans la partie orientale du Pacifique du Nord. Tout en admettant que la plus grande partie de ces

phoques sont, aujourd'hui, mis bas aux îles Pribiloff, on fera voir
qu'autrefois les phoques atterrissaient sur différents points de la
côte de l'Amérique du Nord et autre part, pour la parturition, et
qu'ils le font encore aujourd'hui, en nombre réduit. L'échange
entre les phoques des deux côtés du Pacifique du Nord prouve, en
outre, que ce ne sont pas tous les phoques trouvés dans la partie
orientale de cet océan qui ont pu être mis bas aux îles Pribiloff.

Les localités exactes où l'accouplement des phoques peut avoir
lieu, ne semblerait pas avoir d'importance par rapport à la réclamation du droit de propriété aux phoques ; mais il est certain que
cette fonction s'accomplit souvent en mer.

C'est à cause de la situation isolée des îles Pribiloff, de leur état
inhabité, et, partant, de l'absence de dérangements, plutôt que par
suite des conditions particulières de climat ou de l'aspect physique
de ce groupe, qu'il est devenu l'endroit principal d'atterrissement
du phoque à fourrure pendant la saison de reproduction. A peu
près les mêmes conditions de climat et d'aspect physique se retrou-
vent en beaucoup d'endroits dans le Pacifique du Nord.

Qu'on dise que les phoques à fourrure pourraient rester dans le
voisinage des îles Pribiloff pendant toute l'année si l'hiver était
moins rigoureux — c'est là un fait sans intérêt spécial ; il est admis
que, dans l'état actuel des choses, il est impossible qu'ils restent.

L'expression « demeure » (home), ou « seule demeure » (sole
home), est inadmissible dans le sens dans lequel elle est employée
dans le mémoire des États-Unis pour désigner les îles Pribiloff
dans leur rapport avec les phoques à fourrure trouvés dans la partie orientale du Pacifique, quand même on admettrait que tous ces
animaux fussent mis bas dans ces îles. On ne peut pas parler d'un
animal migratoire comme « ayant sa demeure » (be at home) seulement dans la zone qu'il fréquente pendant la saison de reproduction. La demeure d'une espèce quelconque est l'aire qu'elle fréquente habituellement. Les animaux peuvent avoir des habitations
d'été et d'hiver, comme cela a été exposé par le Dr Merriam et par
d'autres naturalistes.

La principale « demeure d'hiver » des phoques à fourrure de la
partie orientale du Pacifique du Nord, est cette partie de l'océan
qui baigne la côte de la Colombie britannique. C'est dans ces eaux
que les phoques à fourrure mangent des quantités énormes de poissons de table qui, autrement, pourraient servir de nourriture aux
habitants. Les phoques pénètrent dans les eaux intérieures le long
de la côte, à la poursuite des poissons de table.

. . . .

A la suite de ces observations vient une très longue étude sur l'administration des îles Pribiloff par la Russie et les États-Unis : nous avons pensé inutile d'allonger indéfiniment cette question en résumant cette partie du mémoire et nous nous contenterons de donner la traduction de la très brève conclusion par laquelle se termine le contre-mémoire anglais :

Conclusion.

Il résulte des faits détaillés dans les chapitres précédents que si des règlements sur la chasse pélagique des phoques doivent intervenir en vue de la protection et de la conservation des phoques à fourrure de la mer de Behring, il est nécessaire à leur efficacité, que concurremment avec ces règlements, on établisse des restrictions sur la capture des phoques dans les îles Pribiloff elles-mêmes.

Ces règlements devront recevoir l'assentiment de toutes les nations dont les sujets fréquentent ou sont susceptibles de fréquenter dans l'avenir les eaux de Behring pour la chasse du phoque, et ne devront pas entraver d'une façon injuste l'exploitation par toutes les nations de la chasse du phoque en pleine mer, qui est par elle-même un moyen parfaitement légitime de tirer profit d'un produit de la nature.

Contre-mémoire présenté par le Gouvernement des Etats-Unis.

§ 384. Les deux gouvernements n'ont pas vu la question sous le même point de vue : le gouvernement britannique s'est attaché à démontrer que les États-Unis ne pouvaient exercer une juridiction sur les eaux de la mer de Behring et ceux-ci au contraire ont montré que leur but est simplement la conservation et la protection des troupeaux de phoques, ce que ce document s'efforce d'établir par toute une série de faits trop longs à énumérer.

Le mémoire s'explique ensuite sur les traductions inexactes de certains documents russes : les États-Unis ont été trompés par un fonctionnaire déloyal, mais ils étaient de bonne foi et ont averti l'agent de Sa Majesté britannique dès qu'ils ont eu connaissance de ce fait.

C'est l'oukase de 1799 qui affirme les intentions de la Russie sur cette région : elle a voulu lui appliquer un régime colonial rigoureux. L'oukase était dirigé contre les étrangers : il interdisait de commercer non seulement à ceux-ci, mais encore aux sujets russes ne dépendant pas de la Compagnie.

Le mémoire britannique s'efforce de démontrer que la Russie ne réservait aucun droit exclusif à l'égard des étrangers, les eaux dont il s'agit ayant toujours été fréquentées librement par les navires de toutes les nations : le mémoire britannique établit ici une confusion entre la région de la mer de Behring et l'Océan Pacifique, distinction que les États-Unis ont toujours faite.

L'oukase de 1821, qui était une nouvelle déclaration du régime colonial sus-mentionné, interdisait aux navires étrangers d'approcher à moins de cent milles des côtes de la mer de Behring et d'une vaste portion de la côte nord-ouest de l'Amérique.

La situation dans la mer de Behring et sur la côte nord-ouest jusqu'aux traités de 1824 et 1825.

Le mémoire britannique s'est trompé quant à la nature de la surveillance que les États-Unis prétendent avoir été exercée par la Russie dans ces limites : elle n'a pas prétendu posséder le territoire compris dans la zone de cent milles ; elle a voulu seulement, pour le bien de ses citoyens, défendre sur terre ses intérêts par l'adoption de toutes les mesures nécessaires sur terre et sur mer, même de celles présentant un caractère inusité.

Quant à l'indemnité payée par la Russie, à propos de la saisie de la « *Pearl* », elle le fut uniquement dans l'intention « de cimenter les relations amicales auxquelles la convention du 5/17 avril vient de donner une nouvelle force ».

Période postérieure aux traités.

Le régime colonial rigoureux inauguré par la Russie dans l'oukase de 1799 fut continué après la conclusion des traités de 1824 et 1825.

En vain en 1835, les États-Unis firent-ils des efforts désespérés pour obtenir le renouvellement de leurs privilèges.

Après 1840, il est exact en effet que de nombreux baleiniers visitèrent les eaux de Behring, mais il paraît que l'industrie baleinière n'était pas productive pour les Russes et qu'il n'y avait pas de raison de la protéger (1).

Si la Russie a pu tolérer la pêche de la baleine ou toute autre pêche dans ses eaux, il ne s'ensuit pas qu'elle ait abandonné son droit évident de protéger ses troupeaux de phoques au cours de leurs déplacements pour aller dans les pays d'élevage et en revenir.

Les baleiniers eux-mêmes furent étroitement surveillés dans la mer de Behring : il suffit pour en avoir la preuve de se reporter aux archives de la Compagnie de l'Amérique Russe, dans lesquelles figurent de nombreuses lettres donnant des instructions aux agents de la Compagnie pour la surveillance des eaux de Behring.

En résumé, bien qu'aucun de ces documents ne fixe à quelle distance des rivages de Behring, la Russie cherchait à protéger ses colonies contre les étrangers, les termes hardis et énergiques dans

(1) *Bancroft's Alaska*, p. 583.

lesquels la surveillance des mers coloniales est ordonnée, indiquent clairement que la Russie défendait ses intérêts coloniaux par tous les moyens.

Le mémoire cite toute une série de lettres de MM. Bayard et Blaine, ministres des États-Unis, qui réclament énergiquement au nom de leur gouvernement le droit que celui-ci prétend posséder.

Enfin cette partie se termine par un examen du cas de la *Harriet*, saisie dans les îles Falkland sous l'inculpation d'y avoir pris des phoques (1).

Le mémoire contient alors une longue et savante étude sur les mœurs du phoque à fourrure, et la façon dont est pratiquée la chasse pélagique du phoque ; ces questions n'ayant rien à voir dans l'étude purement juridique que nous faisons ici, nous nous contentons de mentionner cette partie du document.

Le droit de propriété et de protection sur le troupeau de phoques d'Alaska. Projets de règlements.

Continuant à répondre aux objections des commissaires britanniques, les auteurs du mémoire s'élevant avec énergie contre les accusations de fraudes dans l'administration des îles, ils exposent la façon dont est contrôlé le nombre des peaux expédiées, et démontrent l'impossibilité de la fraude.

Le mémoire anglais contient plusieurs projets de réglementation de la capture des phoques à fourrure.

La première règle suggérée aux commissaires britanniques a trait au perfectionnement des méthodes employées pour la capture des phoques dans les îles de reproduction et ces perfectionnements consisteraient :

a) interdire l'usage de la carabine dans la chasse pélagique ;

b) adoption d'un système de permis (*licences*) pour les chasseurs blancs ;

c) augmentation du droit de patente prélevé sur les « navires marchant à l'aide de machines ».

La seconde règle porte sur la restriction du chiffre des phoques qu'on pourra capturer : le rapport anglais propose de limiter le nombre des phoques à prendre. On peut remarquer que les restrictions proposées à cet égard pour les îles se rapportent à un nombre et à une catégorie fixe de phoques, tandis que celles qui visent la chasse pélagique ne considèrent que le temps et les lieux, et ne contiennent aucune disposition concernant le nombre ou l'espèce des phoques pris. L'injustice de cette proposition est évidente.

---

(1) Voir *Contre-mémoire des États-Unis*, p. 38 et s. et *Appendice du Contre-mémoire*, p. 184-191.

Après avoir ainsi généralisé les méthodes de restriction, les commissaires anglais en présentent de spéciales « sur terre et sur
mer », qu'ils croient devoir apporter le degré requis de protection,
étant données les conditions d'existence particulières dans lesquelles le phoque leur paraît se trouver à présent :

a) Limitation à un maximum fixe de 50.000, le nombre de phoques à prendre aux îles Pribiloff.

b) Création autour des îles Pribiloff d'une zone de 20.000, en deçà
de laquelle la chasse pélagique serait interdite.

c) Institution d'une saison pendant laquelle la chasse serait fermée, cette saison devant s'étendre du 15 septembre au 1er mai de
chaque année.

La recommandation des commissaires d'une série de règlements
tels que ceux qui viennent d'être examinés indique clairement la
prévention et l'esprit de parti que l'on peut d'ailleurs remarquer
dans presque tous les paragraphes de leur rapport.

Les règlements alternatifs proposés, tels que l'interdiction complète de tuer les phoques dans les îles de reproduction et les périodes de repos avec toutes les obligations gouvernementales nécessaires imposées par de tels règlements, ne sont pas considérés
par les États-Unis comme des questions nécessitant l'attention
dans ce contre-mémoire. Elles sont évidemment inadmissibles.

En ce qui concerne les dommages-intérêts réclamés par la
Grande-Bretagne, les États-Unis admettent qu'une partie des navires mentionnés a été saisie par leurs croiseurs, mais ces saisies
ont été opérées dans les eaux comprises dans le traité de cession
conclu le 30 mars 1867 entre la Russie et les États-Unis. De plus
ils prétendent que tous, au moment de leur saisie, se livraient à la
capture des phoques à fourrure dans les eaux de la mer de Behring, au mépris des lois des États-Unis, et que ces saisies ont été
opérées en vertu desdites lois.

Convention
anglo-russe
concernant la
mer de Beh-
ring.

En outre les navires saisis appartenaient pour la plupart à des
citoyens des États-Unis, les noms sous lesquels les réclamations
sont présentées n'étant que des noms de complaisance, ou bien ce
sont les noms des propriétaires, mais dans ce cas, les navires étant
hypothéqués pour leur valeur à des citoyens américains, ceux-ci
en étaient en réalité les légitimes propriétaires.

Pour les quelques navires anglais qui ont été saisis, aucune
indemnité ne peut être accordée pour profits en perspective, portés
dans l'état de réclamations sous les désignations de « perte de prise
évaluée », « prise probable », « perte de profits », etc.

Enfin on a fortement exagéré la valeur des navires saisis et les comptes présentés à l'appui.

Le gouvernement des États-Unis, en terminant son exposé des questions controversées, par cette réplique au mémoire imprimé de la Grande-Bretagne. persiste dans l'attitude qu'il a prise dans son mémoire imprimé, en confirme à nouveau toutes les propositions et conclusions, et se déclare prêt à les faire valoir, par des arguments fondés, devant le Tribunal d'arbitrage.

Convention provisoire anglo-russe. § 385. En attendant la sentence du tribunal arbitral, la Grande-Bretagne et la Russie avaient signé une convention provisoire dont voici la substance.

Le gouvernement britannique s'engage à interdire et à empêcher la capture des phoques, par des ressortissants, jusqu'au 31 décembre 1893, dans une zone de dix milles marins de la côte russe de la mer de Behring et de l'Océan Pacifique nord, et de trente milles de l'île Kowandorsky ainsi que de l'île des Phoques. Les vaisseaux anglais, qui abattraient des phoques dans cette zone, peuvent être saisis par la Russie et seront remis aux vaisseaux de guerre anglais ou aux autorités anglaises les plus proches. La Grande-Bretagne s'engage à les punir. La Russie s'engage à restreindre à 30,000, pour l'année 1893, le nombre des animaux qui pourront être abattus sur les côtes des îles nommées.

Sentence arbitrale du 15 août 1893. § 386. Enfin, le 15 août 1893, le tribunal arbitral rendait la sentence suivante :

1º Jusqu'à ce jour, la Russie n'a jamais cédé aux États-Unis d'Amérique avec l'Alaska, le privilège exclusif de la pêche des phoques dans la mer de Behring au delà des limites ordinaires de la zone territoriale ;

2º La Grande-Bretagne n'a ni reconnu, ni concédé, vis-à-vis de la Russie, le droit de juridiction exclusive sur les pêcheries de la mer de Behring ;

3º La mer de Behring est comprise dans l'expression de *Grand Océan*, stipulée dans le traité de 1825 entre la Grande-Bretagne et la Russie. En vertu de ce traité, la Russie n'a jamais exercé ni possédé le droit exclusif de juridiction dans la mer de Behring, et le droit exclusif de la pêche des phoques en dehors des limites ordinaires de la zone territoriale ;

4º Tous les droits de la Russie dans la partie de la mer de Behring à l'est de la frontière maritime fixée par le traité de mars 1867 entre les États-Unis et la Russie ont passé aux États-Unis ;

5º Les États-Unis n'ont aucun droit de protection ou de propriété

sur les phoques qui habitent les iles de la mer de Behring appartenant aux États-Unis, si ces phoques se trouvent en dehors de la
zone ordinaire de trois milles marins.

Le tribunal arbitral a annexé à cette sentence un règlement relatif à la protection et à la conservation des phoques de la mer de
Behring en dehors des limites juridictionnelles des gouvernements en cause.

L'Angleterre l'emporte donc sur toute la ligne. La mer de Behring est déclarée faire partie de l'Océan Pacifique et par conséquent mer ouverte. D'où il résulte que le droit de pêche ne dépasse
pas la zone de trois milles marins. Les États-Unis auront en outre
à indemniser l'Angleterre pour les chaloupes de pêche capturées,
dont le nombre s'élève à trente.

§ 387. Dans la séance de clôture du tribunal d'arbitrage, M. le
baron de Courcel, président, a prononcé un discours dont nous
détachons le passage suivant :

Discours de M. de Courcel, président du Tribunal arbitral.

« Nous nous sommes efforcés de maintenir intacts les principes
fondamentaux de cet auguste droit des gens qui s'étend, comme la
voûte des cieux, au-dessus de toutes les nations, et qui emprunte
les lois de la nature elle-même pour protéger les uns à l'égard des
autres les peuples de la terre, en leur inculquant les prescriptions
d'un bon vouloir mutuel...

« Jusqu'ici les nations étaient d'accord pour laisser en dehors
de toute législation particulière le vaste domaine des mers...
Notre œuvre est un premier essai de partage des produits jusqu'ici indivis de l'Océan, une réglementation appliquée à des
biens qui échappaient à toute autre loi que celle du premier occupant. Si cet essai réussit, sans doute, il sera suivi d'imitations
nombreuses, jusqu'à ce que la planète entière, sur les eaux comme sur les continents, soit devenue l'objet d'une jalouse répartition. Alors, peut-être, la conception de la propriété changera parmi
les hommes (1) »*.

(1) M. le baron Alphonse de Courcel est né le 30 juillet 1835. Entré en
1859 au ministère des Affaires étrangères il a eu une carrière des plus
rapides et des plus brillantes tant dans l'administration centrale qu'à
l'étranger. Collaborateur de M. Villefort, il a pris une part des plus acti-
ves aux travaux du contentieux du ministère. Sous-directeur puis directeur des affaires politiques, il est intervenu dans de nombreuses questions internationales. Ambassadeur de France à Berlin de 1881 à 1886,
M. de Courcel y a laissé le souvenir d'un diplomate accompli, soucieux
du maintien de la paix. Patriote ardent, il a toujours agi avec prudence
en même temps qu'avec fermeté. Délégué de la France à la conférence de

Règlement de la question des indemnités.

§ 388. L'Angleterre avait introduit dans le débat, devant le tribunal arbitral de Paris, la question des dommages-intérêts à elle dus par les États-Unis pour la confiscation des chaloupes de pêche capturées. Les arbitres, tout en se prononçant sur le fond même de la question et en reconnaissant le bien fondé des prétentions anglaises, n'avaient pas tranché la question : ils avaient laissé aux deux gouvernements le soin de s'entendre amiablement sur le taux de cette indemnité.

Les cabinets de Londres et de Washington, cependant, après de longues discussions, n'ont pu tomber d'accord, l'un et l'autre se refusant à abandonner leurs prétentions respectives.

Ils ont en conséquence résolu de soumettre cette question à un nouveau tribunal arbitral qui fixera d'une façon définitive le chiffre de l'indemnité due par les États-Unis.

Ce fait est curieux et intéressant pour l'avenir de l'arbitrage : la première sentence arbitrale est muette sur un point que les deux parties ne peuvent résoudre à leur commune satisfaction.

Pas un instant il ne leur vient à l'idée d'infirmer le jugement qui a tranché le fond du débat ; ils se contentent de porter la question devant un nouveau tribunal arbitral, pour lui demander en quelque sorte une sentence interprétative de la première. Puisse l'exemple être suivi, et le principe de l'arbitrage être universellement respecté comme les deux grands peuples intéressés dans la question en ont donné l'exemple à tous les gouvernements !

Opinion de M. le duc de Broglie sur l'arbitrage.

§ 389. A propos de l'arbitrage de Behring, M. le duc de Broglie, président de la Société d'histoire diplomatique, a prononcé à l'Assemblée générale de 1893 un discours dont nous détachons ce qui

Berlin, il fut à l'unanimité nommé président de la commission africaine.

Elu sénateur en 1893, il fut nommé par les représentants de la Grande-Bretagne et des Etats-Unis, président du tribunal d'arbitrage des Pêcheries de Behring.

Enfin l'année dernière le ministre des Affaires étrangères a rendu hommage aux mérites de l'éminent diplomate en l'élevant au poste d'ambassadeur de France à Londres.

* Voir encore : Tribunal arbitral des pêcheries de Behring : Sentence, déclarations et protocoles des séances (Paris, 1894).— Behring sea Tribunal of arbitration : Opinion of Senator Morgan (Washington, 1893).— Opinion of Mr. Justice Harlan (Washington, 1893).—Du droit de propriété revendiqué par les États-Unis d'Amérique sur les phoques à fourrure de Behring par M. Ed. Engelhardt (*Revue de Droit international*, XXVI, p. 386).—Une nouvelle mission donnée aux arbitres dans les litiges internationaux à propos de l'arbitrage de Behring, par M. L. Renault (*Revue générale de droit international public*, 1894, n° 1, p. 44).

suit. Après avoir exprimé le regret de ce que, dans une séance précédente, il avait cru devoir traiter de rêve d'esprit généreux l'idée d'une juridiction internationale terminant tous les différends des États par une sentence pacifique, l'orateur a ajouté :

« Devant ce qui se passe aujourd'hui au ministère des Affaires étrangères, je reconnais que le rêve semble près d'être réalisé, et que le problème insoluble pourrait avoir trouvé sa solution.

Que voyons-nous en effet ? Une véritable Cour de justice siégeant avec tout l'appareil que relève l'éclat de la plus haute magistrature ; devant elle d'éloquents avocats qui plaident, appelant à leur aide toutes les lumières de l'expérience et de la science ; un public nombreux et attentif qui s'apprête à écouter la sentence avec une pleine confiance qu'aucune résistance n'en viendra entraver l'exécution ! Et quelles sont les parties intéressées dans ce débat solennel ? Deux des plus grands gouvernements du monde, l'Angleterre et les États-Unis, d'accord, pour terminer un différend sérieux qui les partage, à répudier l'emploi de la force et à tout attendre de la reconnaissance de leur droit. Et les juges qui sont-ils ? Des hommes éminents venus des divers pays d'Europe, et ayant rempli chacun dans leur patrie des postes élevés. Enfin celui qui préside et qui prononcera l'arrêt devant lequel vont s'incliner la souveraine de trois cent millions de sujets et l'élu de soixante millions de citoyens, c'est un ancien ambassadeur, mêlé lui-même autrefois aux négociations les plus délicates, et qui semble par là reconnaître que l'heure est venue de substituer aux procédés lents et douteux, toujours imparfaits, de la diplomatie, l'action d'une justice rigoureuse s'imposant aux souverains comme aux peuples.

Je reconnais volontiers mon erreur. Je voudrais seulement qu'elle fût encore plus complète, et que nous fussions à la veille de voir luire l'heureux jour où le droit seul serait appelé à se faire entendre, et où la force n'aurait rien à dire ni à voir dans les relations internationales. Malheureusement, je crains que cette conclusion ne fût un peu précipitée. Mon éminent confrère, M. le baron de Courcel, serait le premier, je crois, à nous avertir — s'il nous voyait prêts à nous abandonner à cette espérance — qu'un pas très sérieux est bien fait dans une voie qu'on ne saurait trop louer, mais que le but idéal est loin d'être atteint, et qu'il reste encore bien douteux de savoir quand il pourra l'être. Il ne manquerait pas de vous faire observer que, si la sentence dont il sera l'interprète est assurée d'une facile exécution, c'est en raison de la confiance si bien méritée que les hauts justiciables ont placée dans les juges qu'ils ont choisis eux-mêmes, en s'engageant par là à se conformer à leur décision ; ce qui ne ressemble encore que d'assez loin aux formes impératives de la justice proprement dite...

Dans le cas présent, nous avons tous lieu d'espérer que les pêcheries de Behring ne seront point appelées à jouer dans l'histoire le même rôle que ces arpents de neige du Canada dont la possession contestée au siècle dernier fut, suivant Voltaire, la cause déterminante de la guerre de sept ans, et, par là, du renversement complet de l'équilibre européen ».

§ 390. Enfin, nous reproduisons textuellement deux paragraphes de la conclusion d'une étude, que M. Thomas Barclay vient de publier, dans la *Revue de Droit international* (XXV, p. 417), sur le même sujet, contenant certaines appréciations qui ont une très haute signification rétrospective, par rapport à la politique suivie par les grandes puissances maritimes de l'Europe dans des cas analogues :

« Ainsi se termine, dit-il, une cause célèbre du droit des gens, qui prendra place parmi les cas les plus fameux d'arbitrage international. C'est la septième fois, dans le cours de ce siècle, que les gouvernements de la Grande-Bretagne et des États-Unis d'Amérique ont soumis à un arbitrage des différends qui s'étaient produits entre eux. Ce serait un signe des temps rassurant pour l'humanité, si ce cas n'était pas en réalité, à son origine, semblable à certains litiges récents où de grands États ont montré de regrettables dispositions à violer le droit des gens et les convenances sociales qu'il est de l'intérêt de la paix et du bon droit de respecter et de maintenir comme un point d'honneur national.

C'est également un signe des temps de nature à nous encourager, que la Grande-Bretagne n'ait pas mis en avant des questions de dignité nationale, quand des navires portant son pavillon furent saisis en haute mer, et qu'elle ait examiné avec calme les difficultés qui amenèrent une mesure dont le peu de convenance doit être attribué plutôt aux mœurs brutales d'un État démocratique, que considéré comme un acte de flibusterie. Que la Grande-Bretagne ait elle-même proposé des mesures pour la protection des phoques, dans l'intérêt général, et en opposition avec son intérêt particulier, c'est là encore un fait dont l'importance pourra être signalée par les historiens de l'avenir comme un présage du temps prochain où, pour les États comme pour les individus, le mobile exclusif de l'intérêt unilatéral cessera d'être considéré comme l'unique principe dirigeant de leurs relations réciproques ? »

SECTION IV. — AVENIR DE L'ARBITRAGE. —
TRIBUNAL INTERNATIONAL.

SECTION V. — SOLUTIONS VIOLENTES. — RÉTORSION. —
REPRÉSAILLES. — EMBARGO.

SECTION VI. — BLOCUS PACIFIQUE.

Aucun fait nouveau ne s'est produit dans cet ordre d'idées depuis
la quatrième édition.

———————

SECONDE PARTIE

ÉTAT DE GUERRE

———

INTRODUCTION

Voir *Droit international*, IV, § 1860 et s.

———

LIVRE PREMIER

DU BUT ET DES CAUSES JUSTIFICATIVES DE LA GUERRE

Voir *Droit international*, IV, § 1863 et s.

———

§ 391. Après une étude purement doctrinale de la question de la guerre, nous examinerons rapidement les derniers conflits internationaux terminés par une solution sanglante et rentrant par conséquent dans la question qui nous occupe actuellement (*Droit international*, IV, § 1863 et s.).

Essai sur les caractères généraux des lois de la guerre.

M. Gustave Moynier vient de publier une intéressante étude sur les caractères généraux des lois de la guerre, étude qu'il nous a paru utile de résumer ici.

Le plus ancien accord entre peuples en ce qui concerne les lois de la guerre, dit M. Moynier, ne remonte pas à 40 ans et voici quelle en fut l'occasion.

La France et l'Angleterre ayant, en 1854, déclaré conjointement la guerre à la Russie, sentirent la nécessité d'adopter envers leur ennemi une ligne de conduite identique pour leurs deux marines. Animées, d'autre part, du désir de se montrer magnanimes, elles firent savoir, le 30 mars 1854, qu'elles s'abstiendraient de délivrer des lettres de marque à des corsaires, et que toute liberté serait laissée au commerce neutre, sauf bien entendu pour la contrebande de guerre. Chacun des auteurs de ce manifeste faisait, en

Aperçu des lois actuelles de la guerre.

29

cela, une concession, et se relâchait de sévérités dont il était coutumier. La France renonçait à saisir, sur des navires ennemis, les
marchandises qui appartiendraient à des neutres; et la Grande-Bretagne à s'approprier les biens de ses ennemis, quand elle les trouverait à bord de bâtiments neutres. Cette entente ne se fit pas sans
de laborieuses négociations et n'intervint que pour un temps : il fut
nettement dit qu'elle prendrait fin avec la guerre et même avant,
s'il plaisait à l'un des États signataires de la rompre. Néanmoins, deux ans plus tard, alors que la paix venait d'être signée à
Paris, les puissances contractantes, satisfaites apparemment des
résultats obtenus, souscrivirent, le 16 avril 1856, l'engagement de
se comporter toujours de même à l'avenir.

Une première et solennelle décision fut donc prise à cet égard
en 1856. Elle consista à permettre aux belligérants de ne pas in-
terrompre toutes leurs relations commerciales avec les neutres,
en prohibant la capture, soit de la marchandise ennemie qui cir-
culerait sous pavillon neutre, soit de la marchandise neutre qui
se trouverait à bord d'un navire ennemi, la contrebande de guerre
étant exceptée dans l'un et l'autre cas. Les neutres trouvent leur
compte, naturellement, à être placés sous ce nouveau régime, qui
les met partiellement à l'abri des perquisitions et des vexations,
accompagnées parfois de spoliation et de voies de fait, auxquelles
la coutume antérieure les exposait, mais c'est avant tout au point
de vue des belligérants que le Congrès de Paris s'est placé : il a
voulu dégager leur trafic d'entraves surannées, en condamnant des
actes qui le paralysaient complètement.

Une dernière clause de la déclaration de Paris concerne les blocus. Ceux-ci, y est-il dit, « pour être obligatoires, devront être effectifs, c'est-à-dire maintenus par une force suffisante pour empêcher l'accès du territoire de l'ennemi ». Cette disposition pare à
un abus assez fréquent, consistant à prohiber d'un trait de plume,
pour tout navigateur, l'entrée de certains ports ou même l'atter-
rissage sur toute une ligne de côtes, quoique celui qui en interdit
l'abord ne soit pas en mesure d'en barrer le chemin par la force.
Aux yeux de qui les notifie, ces blocus sur papier constituent en
état de contravention les téméraires qui n'en tiennent pas compte,
et attirent à ceux-ci des représailles. Ils causent ainsi au négoce
un préjudice considérable qui n'est nullement justifié. Une loi pénale, en effet, ne peut régir des lieux où ne s'exerce pas l'autorité
du souverain qui la promulgue. Or, le délit de violation de blocus
fictif a lieu dans la mer territoriale de l'ennemi, c'est-à dire dans

une zone où celui-ci règne seul, tant qu'elle n'est pas occupée par un envahisseur.

C'est à la guerre de Lombardie, qui succéda en 1859 à celle de Crimée, que la convention de Genève doit son origine. Les plaintes auxquelles donna lieu, après cette campagne, la disproportion qu'on y avait douloureusement remarquée, entre les moyens de secours mis par les gouvernements à la portée de leurs soldats et les exigences de sauvetage de ces malheureux, aboutirent à l'institution de la Croix-Rouge, dont le but est de suppléer aux lacunes du service sanitaire des armées. Or, au moment où l'on voulut doter la charité de ce nouvel organe, la logique intervint et réclama l'abrogation préalable de coutumes qui y faisaient obstacle. On sollicita, pour les volontaires dévoués et courageux qui, par pur amour de leur prochain, consentiraient à affronter les dangers des champs de bataille, la garantie qu'on les laisserait accomplir leur tâche dans une sécurité relative, qu'on ne les confondrait pas avec les combattants et qu'on s'abstiendrait de commettre intentionnellement des violences envers eux. Puis on comprit bien vite que si l'on octroyait cette immunité à des auxiliaires bénévoles, il n'y avait pas de motif pour n'en pas faire bénéficier également le personnel, tout aussi bienfaisant, qu'ils ne feraient que seconder. Il parut même rationnel de commencer par protéger les médecins et les infirmiers officiels, afin d'accroître autant que possible l'utilité de leur présence, avant de chercher à attirer à leur suite les membres d'une société privée, dont on pourrait peut-être se passer.

Telles furent les idées dont se pénétrèrent les rédacteurs de la convention de Genève. On voit que leur intention différait de celle des diplomates de 1856.

Le troisième et dernier acte authentique, dont se compose la série actuellement existante des lois de la guerre proprement dites, est la déclaration signée à Saint-Pétersbourg le 4/16 novembre 1868. De même que la convention de Genève, elle intéresse les blessés.

Les projectiles explosibles non seulement frappent mortellement les hommes qu'ils atteignent, mais leur occasionnent en outre de très vives souffrances, et ils venaient d'être inventés, quand le tzar prit la résolution généreuse de ne les tolérer qu'à titre exceptionnel dans l'armement de ses troupes. Il y vit un excès de cruauté et, conséquemment, un moyen répréhensible de mettre des hommes hors de combat. Supposant, d'autre part, que les divers gouvernements européens partageraient cette opinion et s'associeraient volontiers à lui pour proscrire l'emploi des nouvelles balles, il convoquadans sa capitale une « commission internationale », afin d'arrêter les termes d'un engagement général qui ne tarda pas à être pris. L'interdiction des projectiles explosibles fut décrétée, mais uniquement pour les armes portatives. On ne voulut pas aller jusqu'à en priver l'artillerie à laquelle elles pouvaient rendre d'utiles services pour la destruction des barrières purement matérielles.

Genèse des lois de la guerre.

§ 392. Lorsque la guerre a sévi entre des sociétés organisées, elle est toujours née d'un différend, et le belligérant qui a pris l'offensive n'a jamais manqué de s'ériger en justicier dans sa propre cause. Se posant en victime, il fallait bien, selon lui, qu'il contraignît le coupable, vrai ou prétendu, à recevoir le châtiment de sa faute et à la réparer. Mais que d'hypocrisie, le plus souvent, dans cette allégation ! Que de fois les vrais mobiles de ceux qui se donnaient ainsi pour des champions du droit méconnu n'ont-ils pas été la cupidité, l'ambition, le fanatisme ou la haine ! Parfois même on jugeait superflu de dissimuler de tels sentiments, car on a pu, presque jusqu'à nos jours, les laisser voir sans encourir nécessairement le blâme des honnêtes gens. Il paraissait tout simple autrefois qu'une nation, qu'un souverain, assouvit de la sorte ses rancunes ou satisfît ses appétits, en se couvrant du masque transparent de la justice outragée.

C'est à cet appoint passionnel qu'il faut attribuer le caractère atroce et impitoyable qu'a eu la guerre dès la plus haute antiquité. Si l'on était resté sincèrement sur le terrain des revendications avouables, on n'aurait pas souscrit à la fiction, unanimement admise, en vertu de laquelle il suffisait à deux peuples d'en venir aux mains, pour qu'aussitôt tous les rapports juridiques qui existaient entre eux, soit en vertu de traités, soit par un sentiment naturel d'équité, fussent rompus. Étrange façon, en effet, pour un État qui, en en attaquant un autre, eût voulu passer réellement pour un redresseur d'iniquités, que de commencer par méconnaitre l'autorité du droit en vigueur !

Un temps vint pourtant où, imbus d'une plus saine philosophie et soutenus par l'esprit public, des juristes déclarèrent qu'il ne fallait plus voir dans la guerre qu'un instrument, défectueux à la vérité, redoutable sans doute, mais parfois indispensable pour suppléer à l'absence de juges dans les litiges internationaux. Ce jour après s'être fait attendre s'est enfin levé. On a déjà pu en saluer l'aurore, et c'est à la lumière que les lois de la guerre sont écloses. Mais comment en est-on arrivé là ? Comment cette prétendue chimère a-t-elle pu se réaliser ? Voici me semble-t-il l'explication à en donner.

Une réaction a commencé à s'opérer dans les esprits contre la guerre après 1815, au souvenir encore ému des hécatombes dont elle venait d'être la cause pendant la période révolutionnaire et napoléonienne. L'Europe était rassasiée de massacres, et ne tarda pas à le prouver par la formation des sociétés dites « de la paix », qui, visant droit au but, intentèrent à la guerre un procès en règle, l'accusant d'être impie, immorale, absurde, ruineuse, que sais-je encore !

Elles devançaient leur époque, aussi voyant leurs efforts vains, elles ajoutèrent à leur programme un article important : le recours à l'arbitrage.

On a eu tort dès le début d'affecter une confiance trop grande dans le remède et de le représenter comme une panacée universelle.

Il exige une condition préalable, qui faisait et fait encore défaut dans le plus grand nombre des cas : pour que les arbitres s'acquittent de leur mandat, il faut qu'il existe des conventions régulière_ment conclues et faisant loi entre les parties, sur lesquelles ils puissent étayer leurs jugements (1). Hors de là pas d'arbitrages possibles, mais de simples médiations seulement, sans autorité pour désarmer à coup sûr les prétentions contraires et conjurer le péril qu'on désire éviter. Lors donc que cette nécessité fut entrevue, on se mit à l'œuvre pour multiplier les traités de toute nature, afin que l'insuffisance de la législation fût de moins en moins opposable aux apôtres de l'arbitrage. C'était, en même temps, une excellente mesure préventive pour empêcher les contestations de naître.

La campagne humanitaire, dont les phases se sont presque régulièrement déroulées dans l'ordre rationnel que je viens d'exposer, a donc été couronnée d'un succès partiel, et cela plus promptement qu'on n'eût osé l'espérer. Dans l'espace de moins d'un demi-siècle, ce qui semblait tellement impossible que personne n'y songeait sérieusement, a commencé à se réaliser. Les apologistes de la guerre, dont le nombre est aujourd'hui bien réduit, sont seuls à n'en pas vouloir, et leurs arguments me semblent de nature à ne pouvoir gagner que des esprits frondeurs ou paradoxaux.

§ 393. A quoi se résoudra le législateur quand, inventoriant les

Tâche du
législateur.

(1) Baru, *Science de la paix,* p. 146.

moyens de nuire, avec l'intention d'éliminer ceux dont on pourrait se passer, et désireux en même temps de répondre au sentiment juridique de ses contemporains, il se heurtera — ce qui est inévitable — à des prétentions contradictoires ? Il lui faudrait un critérium propre à le guider dans ses appréciations. Mais où trouver ce préservatif contre des décisions arbitraires ? En est-il un assez sûr, assez infaillible, assez précis pour inspirer une entière confiance et dissiper toute incertitude dans le discernement des excès à supprimer ? La complexité inhérente aux actions humaines ne permet pas de répondre affirmativement. Dans un triage de ce genre, ce n'est qu'à une clairvoyance relative que l'on peut prétendre.

En somme pour faire de bonnes lois de la guerre, ce n'est pas d'après les caractères externes ou internes des actions sur lesquelles elles portent qu'on doit se régler. Des experts seuls sont aptes à dire quelle est la mesure à garder. Il n'y a que des militaires capables d'apprécier sainement les facilités qui leur sont indispensables pour vaincre ; mais, comme ils pourraient être enclins à se faire la part trop belle, il conviendra de leur adjoindre des savants, en qualité d'oracles de la conscience juridique du monde civilisé, afin que les revendications de ceux-ci contrebalancent au besoin ce que celles des premiers auraient d'exagéré. Il est certain que les juristes ne feront jamais opposition à l'abandon généreux, par les militaires, de quelque coutume sanguinaire ou oppressive, mais le désaccord pourrait se produire en sens inverse, entre les demandes des juristes et les intérêts professionnels de leurs collaborateurs. Si, après un débat contradictoire, ces derniers persistaient dans leurs prétentions, leur avis devrait l'emporter, car il serait fâcheux de promulguer des lois contre lesquelles auraient protesté ceux-là mêmes que le soin de les appliquer concernerait.

§ 394. Quelle est la nature des obligations spécifiées dans les lois de la guerre ? Ne lient-elles leurs signataires que sous condition de réciprocité, ou bien existent-elles pour tout État qui y a souscrit, quel que soit l'ennemi auquel il a affaire !

Deux de ces lois seulement sont explicites à cet égard : ce sont les déclarations de Saint-Pétersbourg et de Paris, où il est dit qu'elles ne sont obligatoires que pour les parties contractantes ou accédantes, en cas de guerre entre elles. Il semblerait, d'après cela, que les diplomates réunis à Genève, d'une part, et ceux qui ont tenu conseil à Paris et à Saint-Pétersbourg, d'autre part, n'aient pas été d'accord sur la faculté ou sur la convenance d'introduire, dans les traités relatifs aux lois de la guerre, une clause de réci-

Nature des obligations créées par les lois de la guerre.

procité ; à moins qu'il n'y ait une distinction à établir sous ce rapport d'après la nature des faits visés dans chaque cas particulier.

Les lois dont nous nous occupons ici ont invariablement pour objet l'atténuation des maux de la guerre, au moyen de la suppression des rigueurs qui ne constituent pas des moyens de contrainte efficaces ; mais les actions qu'elles prohibent ne dénotent pas toutes le même degré de dépravation chez ceux qui les commettent. Il en est contre lesquelles le cœur se révolte, parce que, selon l'expression consacrée, elles portent atteinte aux « principes humanitaires », c'est-à-dire à un droit primordial, qu'on a appelé avec raison « le droit commun de l'humanité », ou, plus simplement, le « droit humain (1) ». Par ce dernier adjectif, on donne à entendre qu'il s'agit de prérogatives dont tous les hommes indistinctement peuvent se prévaloir en tant qu'hommes, et dont le contraire est tout ce qui mérite la qualification d'inhumain. Ce dogme, contre lequel nulle nation civilisée n'oserait s'inscrire en faux, bien qu'il ne soit pas toujours mis en pratique, repose sur un axiome, en vertu duquel l'homme, hormis le cas de force majeure, est personnellement inviolable, soit dans son corps, soit dans son âme. Or, qui dit axiome dit une vérité dont la source se perd dans les régions, inaccessibles à notre entendement où notre âme s'est formée.

§ 395. Ne pouvait-on pas craindre, lorsqu'on a promulgué des lois de la guerre, qu'elles fussent sans influence sur la conduite des belligérants, du moment qu'aucune autorité internationale n'aurait qualité pour réprimer les velléités d'insubordination qui se manifesteraient ? Le défaut de sanction pénale, inhérent à toutes les conventions diplomatiques, n'est-il pas regrettable à un degré exceptionnel, pour celles d'entre elles qui visent à dompter des passions incompressibles en apparence ?

Efficacité des lois de la guerre.

Les lois de la guerre agiront sur les masses, parce qu'un langage ferme, sorti d'une bouche autorisée, leur impose toujours en quelque mesure.

Considérons encore ceci : les puissances qui, d'un commun accord, ont classé parmi les actes délictueux des faits non réprouvés jusqu'alors, se sont obligées moralement à introduire dans leurs codes nationaux des pénalités applicables aux auteurs de ces méfaits, et à leur faire subir, le cas échéant, le châtiment qu'ils mériteraient.

Un traité est, pour tout État qui y a souscrit, une loi aussi obli-

(1) *Revue générale de droit international public*, 1893, n° 1, p. 13.

gatoire que celles qui émanent de son propre pouvoir législatif, et il ne doit rien négliger de ce qui est nécessaire pour en assurer l'exécution. Il y a donc des raisons de penser que, même sous le régime actuel, les lois de la guerre ne sont pas dépourvues de toute sanction propre à en assurer l'efficacité.

Voilà des conséquences des lois de la guerre qui certes ont bien leur prix. Sous l'économie du droit coutumier, les reproches qu'on adresse aux belligérants manquent d'une base solide et ne portent pas toujours ; mais la critique devient une arme puissante, quand elle peut confronter les actes incriminés avec des promesses catégoriques, librement échangées entre puissances souveraines.

Les lois de la Guerre et la Morale. § 396. Le droit, de quelque espèce qu'il soit, occupe un domaine distinct, quoique voisin de celui de la morale. Une morale est un ensemble de vérités scientifiques, déduites d'un critérium jugé infaillible par celui qui la professe pour discerner le bien et le mal, ou, si l'on préfère, une série de conclusions pratiques découlant de ces vérités. Le droit, lui, ne vient qu'après !

On ne saurait affirmer qu'avant notre époque il y ait eu de sérieux essais pour employer des conventions diplomatiques comme engins d'épuration morale. Il n'y a pas longtemps que, dans les recueils spéciaux qui leur sont consacrés, à côté de traités de paix ou d'alliance, de commerce ou d'extradition, à côté d'arrangements postaux, monétaires ou autres, qui harmonisent plus ou moins heureusement les rouages sociaux, on rencontre quelques accords hétérogènes, qui sont comme une échappée du droit des gens hors de la mêlée des appétits. Ils procèdent de mobiles plus nobles ; un souffle plus généreux les a inspirés. Ils ne procurent aucun avantage direct aux États qu'ils obligent. C'est uniquement pour obéir à un devoir de conscience que des souverains y ont apposé leur sceau, et ils n'ont pas cru remplir par là une vaine formalité ; ils ont juré solennellement en quelque manière de s'unir, pour porter le flambeau de la justice et de la pitié, dans des repaires d'où la barbarie pourchassée narguait encore les éclaireurs de la civilisation. Ces ligues ont eu le caractère de protestations contre l'écrasement des faibles, des petits, des malheureux, sous l'inspiration de l'amour fraternel généralisé. Le droit des gens est devenu ainsi une force mise au service de la morale cosmopolite, mais ce n'est pas à dire qu'il se soit identifié avec elle.

L'opinion publique, en accueillant favorablement cette inféodation qui a été au XIXe siècle une véritable nouveauté, montra qu'elle était bien décidée à rompre avec des errements dont le caractère vicieux avait été méconnu pendant une longue série de siècles. Elle a fait amende honorable en se résignant, non pas seulement à les blâmer, mais à les proscrire.

§ 397. Le titre même de ce chapitre indique d'une façon suffisante combien peu d'intérêt il peut présenter ici, aussi nous bornerons-nous à le mentionner.

Les lois de la guerre et la philosophie de l'histoire.

§ 398. C'est le dernier chapitre de l'étude et après nous y avoir fait voir la façon dont furent accueillies par l'opinion publique les diverses déclarations ou conventions dont nous nous sommes occupés, M. Moynier termine en ces termes :

Les lois de la guerre et l'opinion publique.

« Telle est la situation que le XIXᵉ siècle sur son déclin va
» léguer au XXᵉ, si tant est qu'il ne la modifie pas pendant les
» quelques années qui lui restent à vivre. Elle figurera certaine-
» ment à l'actif de sa succession, et comptera parmi ses meilleurs
» titres à la gratitude de nos descendants, car elle est pleine de
» promesses, qui tendent à l'allègement d'une des charges les
» plus écrasantes de l'humanité ».

§ 399. La guerre civile qui a désolé le Chili, a suscité trois cas dont nous allons rendre compte aussi brièvement que possible, en renvoyant du reste nos lecteurs au *Droit international* (IV, § 1883).

Cas des navires chiliens construits en Europe. Conflit qui en est résulté.

En 1889, le président Balmaceda avait commandé en France, avec l'assentiment des Chambres, deux cuirassés, le *Presidente Errazuriz* et le *Presidente Pinto*. Survint en 1891, au moment où ces navires allaient être livrés, l'insurrection chilienne. Le président, dépourvu de marine à la suite de l'adhésion de la flotte au parti congressiste, tenta d'y suppléer en envoyant en France une commission chargée de ramener les deux cuirassés. Mais les congressistes avaient suivi cet exemple, et leur commission, en face de l'attitude du président, assigna la Société des forges et chantiers de la Méditerranée, détentrice des navires, devant le tribunal de la Seine, pour en obtenir la mise sous séquestre.

Le tribunal autorisa cette séquestration, par jugement du 30 mai 1891, contre lequel la Société interjeta appel. En appel, la situation se complique par l'intervention du ministre du Chili à Paris. La Cour, dans son audience du 9 juillet 1891, annula l'ordonnance de séquestre, tout en affirmant le droit du gouvernement français d'arrêter les navires dans les ports, et déclara non fondée l'intervention de la commission congressiste, celle-ci n'ayant pas fait la preuve que son mandant se fût substitué à celui qui avait commandé les navires, soit au président Balmaceda (1).

(1) *Journal du droit international privé*, 1891, p. 868 et s.

Le séquestre levé, les deux navires en cause prirent la mer, n'ayant à leur bord que des personnes étrangères à la France, le gouvernement français s'étant opposé à tout recrutement sur son territoire. Le *Presidente Errazuriz* chercha en vain à compléter son équipage en Angleterre, en Espagne et en Portugal, sur quoi il partit pour sa destination, quoique peu en mesure de tenir la mer. Quant au *Presidente Pinto*, c'est en vain aussi que, tant que dura la guerre civile, il chercha à compléter son armement en Danemark et en Allemagne. Finalement il se réfugia au Havre où la fin de la guerre civile vint trancher les difficultés soulevées par sa présence.

§ 400. La guerre du Chili a eu encore pour conséquence d'autres conflits qui ont dû être tranchés par les tribunaux d'Europe. Outre celui que nous venons d'exposer il faut signaler entre autres la demande adressée à la *Chancery division* de Londres par les représentants du parti congressiste, d'interdire à MM. Rothschild et fils et Baring frères de se dessaisir de toute somme déposée entre leurs mains, au crédit du Chili, sauf pour le service de la dette extérieure. Cette requête fut repoussée sur ce que les demandeurs n'avaient pas prouvé leur qualité pour représenter la République.

Un incident tout semblable s'est produit à Paris. Les agents congressistes voulurent faire défense aux banquiers Munroe et Cie de se départir des fonds déposés chez eux par la légation du Chili. Leur requête fut également repoussée.

Cas du Baltimore. § 401. Un conflit diplomatique s'est élevé avec les États-Unis. Le commandant du croiseur *Baltimore*, stationné devant Valparaiso pour protéger les citoyens des États-Unis, avait donné, le 16 octobre 1891, permission de terre à une partie de son équipage. Ces hommes furent attaqués par une troupe de Chiliens, et dix-huit d'entre eux blessés plus ou moins dans la bagarre. Cette agression eut pour prétexte, au dire des Chiliens, le fait que les États-Unis ne dissimulaient pas leur sympathie pour Balmaceda. Le gouvernement chilien n'ayant pas excusé les excès de la populace de Valparaiso, il y eut entre le Chili et les États-Unis un échange de notes et demande de dommages-intérêts de la part de ce dernier pays. Mais les États-Unis n'obtinrent satisfaction qu'après la chute de Balmaceda et l'installation du nouveau régime *. Le Chili a

---

* *Message of the President of the United Stades respecting the relations with Chili* (Washington, 1892).— *Exposition of the illegal acts of ex-president Balmaceda, by Pedro Moult, confidentiel agent of the Constitutional Govern-*

retiré la circulaire du 11 décembre 1891 adressée aux agents du Chili à l'étranger et renoncé à demander le rappel de M. Egan, ministre des États-Unis.

§ 402. Au mois de novembre 1893, un conflit grave s'éleva au Maroc, entre les Espagnols, souverains de Melilla et les Kabyles du Riff à la suite d'agressions de ces derniers (1). *Conflit Hispano - Marocain.*

Diverses questions internationales en sont résultées que nous allons examiner rapidement.

Dès les premiers jours du conflit, le général Macias, qui commandait l'armée d'Afrique, a, en vue d'une décision du gouvernement espagnol, refusé d'autoriser les attachés militaires et les correspondants de journaux étrangers à suivre les opérations ; il a, par suite, prescrit au représentant d'un journal anglais ainsi qu'aux dessinateurs et correspondants du journal français le *Monde illustré* d'avoir à quitter la ville de Melilla, où étaient concentrées toutes les troupes espagnoles.

Incontestablement, le général Macias n'avait pas excédé les pouvoirs d'un belligérant ; les mouvements de troupes devant rester secrets, la présence de journalistes ou d'attachés militaires ne pouvait qu'offrir de graves dangers d'indiscrétions. Sans doute, on pourra objecter que l'usage est admis que le commandant en chef d'une expédition peut autoriser ces personnes à suivre ses opérations en exigeant d'eux leur parole de ne rien révéler qu'avec son autorisation et en visant lui-même les articles et correspondances, mais on ne peut nier non plus que, lorsque le belligérant est sur son propre territoire, comme c'était le cas des Espagnols à Melilla, la défense faite à des étrangers de suivre les opérations ou de demeurer dans leur rayon n'est que l'exercice du droit de souveraineté. Quant au belligérant qui occupe le territoire de l'ennemi, il n'acquiert pas en vérité sur ce territoire tous les pouvoirs de l'État souverain ; on ne saurait cependant lui dénier le droit d'y exercer son autorité dans les limites de la nécessité militaire si toutefois il ne viole ni les règles de la morale ni celles de l'humanité.

D'ailleurs les Espagnols pouvaient invoquer un précédent ; pendant la guerre entre la Serbie et la Bulgarie en 1885, les généraux serbes interdirent aux journalistes de suivre leurs opérations.

ment (Washington, 1891).— *Cuestiones recientes con la Legacion i el Gobierno de los Estados Unidos de Norte-America par M. A. Malta* (Santiago, 1892).

(1) *Revue générale de droit international public*, 1894, n° 1, p. 60.

Contrebande de guerre.

§ 403. Un État en guerre avec un autre peut-il s'opposer à ce que des armes et des munitions soient fournies à son adversaire ?

Incontestablement il peut se plaindre de ce qu'un gouvernement neutre fournisse des articles de guerre à l'ennemi, mais il ne peut rendre cet État responsable de la contrebande que font des particuliers, ses sujets : seuls, ces particuliers se rendent coupables d'un acte d'hostilité envers un des belligérants, mais ne peuvent à aucun point de vue engager la responsabilité de leur gouvernement (*Droit international*, V, § 2771 et s.).

Lois et usages de la guerre.

§ 404. Le général Martinez Campos, qui remplaça au mois de décembre le général Macias dans le commandement de l'armée espagnole d'Afrique, prit dès son arrivée des mesures extrêmement rigoureuses pour se garder de la contrebande, des indiscrétions, etc.

Dans une proclamation publiée à Melilla, le général en chef a déclaré qu'il ferait passer en Conseil de guerre et infliger la peine de mort à ceux qui ne lui livreront pas les armes et les munitions qu'ils détiennent ; à ceux qui empêcheront les espions d'arriver au quartier général ; à ceux qui mutileront, maltraiteront ou insulteront les otages, les prisonniers ou les parlementaires de l'ennemi ; à ceux qui, n'étant pas militaires, franchiront la première ligne sans permission ; à ceux, enfin, sans distinction de nationalité, qui communiqueront, pour être publiées, des nouvelles sur les opérations militaires et la situation des troupes, sur la quantité et la qualité de l'armement, des munitions et des ressources militaires ; seront encore soumis à la même juridiction et à la même peine tous ceux qui propageront des bruits ou feront des appréciations de nature à décourager les soldats ou à ébranler la confiance dans leurs chefs.

Cette proclamation a été jugée très sévèrement par certains.

Il est incontestable que frapper indistinctement de la peine de mort des actes dont l'importance est si différente est exagéré et absolument contraire aux règles du droit des gens et de l'humanité.

Au bout de quelque temps, cependant, des négociations furent ouvertes, que la duplicité et le mauvais vouloir des conseillers du Sultan firent traîner en longueur, jusqu'au 4 mars 1894, date à laquelle fut signé le traité de Merakesh entre le sultan du Maroc et le général Martinez Campos (1). (Voir plus loin traité de Merakesh, 4ᵉ partie, livre 1).

(1) *Revue générale de droit international public*, 1894, nº 2, p. 168.

§ 405. La Corée a appartenu au Japon il y a trois siècles. Depuis Causes de la guerre Sino-Japonaise. lors, elle a été soumise à la suzeraineté de la Chine (1). Les intérêts chinois et japonais s'y heurtant en proportions équivalentes ou à peu près, le 18 avril 1885, les deux puissances signèrent un arrangement établissant une sorte de domination commune sur la péninsule coréenne, et destinée à permettre à son souverain d'y maintenir l'ordre et d'y faire respecter sa juridiction, le cas échéant.

D'après les informations parvenues en Europe, le roi de Corée aurait fait appel à son suzerain, l'Empereur de Chine, lui demandant de l'aider à réprimer les dissensions qui agitaient le pays. Les troupes chinoises rétablirent facilement l'ordre, mais le Japon, que la Chine aurait dû, aux termes du traité de 1885, prévenir de son intervention, répondit immédiatement à cette violation du traité de 1885 par l'envoi en Corée d'un corps de troupes qui s'assura de la capitale et de la personne du Roi. De plus, il prit aussitôt des mesures pour opérer dans l'administration et la législation du pays des réformes radicales.

La Chine fit sommation au gouvernement japonais d'avoir à retirer ses troupes.

Cette sommation étant demeurée sans effet, les hostilités s'ouvrirent.

§ 406. Dans les premiers jours d'août 1894, un transport appartenant à l'*Indo-China Merchant's Steam Navigation Company* et Ouverture des hostilités. affrété pour le transport de troupes chinoises en Corée, le *Kowshing*, fut coulé par un croiseur japonais, le *Naniwa*.

Sommé par le croiseur japonais de le suivre dans un port japonais où les troupes chinoises auraient été retenues prisonnières, le *Kowshing*, qui battait pavillon anglais et était commandé par des officiers de cette nationalité, en fut empêché par les officiers chinois.

Le *Naniwa* le torpilla et le coula avec la plupart des Chinois qui le montaient et quelques marins anglais.

Cette question de pavillon, et par conséquent d'attaque d'un navire neutre par les croiseurs japonais fut sur le point d'amener des complications qu'il ne nous appartient pas de discuter ici.

La seule question qui doive nous préoccuper ici est de savoir si la Chine était en guerre avec le Japon au moment où le fait s'est produit.

M. Westlake pense que le fait seul de l'envoi de renforts en Corée

---

(1) *Revue générale de droit international public*, 1894, nᵒ 5, p. 459 et s.

était de la part de la Chine un acte essentiellement hostile, connu pour tel par ceux qui avaient entrepris de l'accomplir et que dès lors il ne peut y avoir de doute à cet égard.

La situation créée par l'ouverture des hostilités fut bientôt officiellement régularisée. L'empereur de Chine rendit un édit acceptant la provocation du Japon, rejetant sur lui la responsabilité des hostilités et proclamant ses droits traditionnels de suzeraineté sur la Corée. De son côté le Mikado avait, dans une circulaire en date du 3 août, adressée aux représentants des puissances, exposé les griefs qui l'obligeaient à prendre les armes.

Il n'est pour nous d'aucun intérêt de rapporter ici les diverses péripéties de la lutte : seuls en effet les faits touchant des questions internationales nous intéressent.

La guerre sino-japonaise a fait naitre dans les rapports des belligérants et des neutres, une question fort délicate relativement à l'application de la déclaration de 1856 qui a, entre autres points, rendu inviolable la propriété ennemie sous pavillon neutre.

Or, le Japon a accédé à cette déclaration, tandis que la Chine a gardé sa pleine et entière liberté.

L'opinion générale sur cette situation est que le Japon est lié envers les puissances neutres tandis que la Chine ne l'est pas : le résultat est que cette dernière pourra donc saisir la propriété ennemie sous pavillon neutre ; qu'elle pourra armer des corsaires, alors que le Japon ne pourra faire aucun de ces actes.

Mais le Japon, s'il est engagé vis-à-vis des puissances signataires de la déclaration de 1856, ne peut l'être vis-à-vis de la Chine qui n'y a pas participé.

En effet, aux termes mêmes de la déclaration, ses dispositions ne doivent avoir d'effet qu'*entre* les parties signataires.

Les hostilités continuèrent, marquées par les succès ininterrompus de l'armée et de la flotte japonaises :

L'Europe ne pouvait rester indifférente à cette situation.

On ne voyait pas en effet sans inquiétude le facile succès des armées japonaises et l'on se préoccupait de l'issue possible de cette lutte qui pouvait briser l'équilibre politique des peuples. Aussi peut-on facilement s'expliquer les diverses tentatives de pacification faites par des puissances occidentales.

(Voir plus loin, 4e partie, Fin de la guerre, livre II, le traité de Shimonoseki et les négociations qui le précédèrent.)

Conflit entre la France et l'ile de Madagascar.

§ 407. L'ile de Madagascar est habitée par des peuplades essentiellement distinctes dont la plus importante est celle des Hovas qui sont peu à peu arrivés à établir leur domination sur l'île tout entière et à faire reconnaître leur influence par divers États européens. En effet, l'Angleterre en 1817, l'Allemagne, l'Italie et les États-Unis traitèrent avec les Hovas de puissance à puissance. Le 12 septembre 1862 et le 8 août 1868, la France agit de même et enfin, le 17 décembre 1885, signait avec la reine de Madagascar un traité destiné à mettre fin aux luttes continuelles depuis 1883 entre Français et indigènes.

Par ce traité, la reine de Madagascar reconnaissait la protection de la France sur la grande île africaine (1). Les relations des deux pays étaient définies en termes nets et précis et si les deux parties tenaient leurs engagements, aucune difficulté ne pouvait s'élever entre elles. Malheureusement, l'entente ne dura pas longtemps, par suite de la duplicité des Hovas.

Pour justifier sa mauvaise foi, la Cour d'Emyrne se basait sur l'incident suivant : la ratification hova n'a été envoyée qu'après l'envoi par les plénipotentiaires français, MM. Miot et Patrimonio, d'une lettre interprétative datée du 9 janvier 1886, qui restreignait sur certains points les conséquences du traité. La République française a refusé de ratifier cette lettre interprétative.

Du même coup, prétend le gouvernement hova, la France a supprimé la ratification de la reine qui n'était intervenue qu'après ladite lettre.

Ce raisonnement pourrait être très fort et justifier la conduite des Hovas s'ils n'avaient, par leurs actes subséquents, implicitement reconnu le traité : en effet, on a vu à maintes reprises le gouvernement hova invoquer l'article 12 dudit traité qui interdisait au Résident général de s'immiscer dans l'administration intérieure de l'île.

De plus, depuis la signature du traité, il n'a jamais protesté contre la présence, en vertu de l'article 3 dudit traité, du résident français et de son escorte militaire à Tananarive. Enfin il a payé intégralement l'indemnité de dix millions de francs stipulée à l'article 8.

Dès lors, certaines clauses ayant été reconnues valables, par là même les autres le sont aussi, et la force exécutoire du traité francohova de 1885 est hors de doute.

Enfin s'il en fallait encore d'autres preuves, il suffirait d'examiner la conduite des cabinets étrangers qui ont déclaré expressément leur volonté d'accepter toutes les suites du protectorat qu'ils

(1) *Revue générale de droit international public*, 1895, n° 1, p. 140 et s.

reconnaissaient à la France sur l'île de Madagascar (Conférence internationale de Bruxelles en mai 1890. — Arrangement du 5 août 1890 avec l'Angleterre et du 17 novembre 1890 avec l'Allemagne).

Origine du conflit.

§ 408. Voici à titre de documents la correspondance échangée entre l'Allemagne et la France et qui a abouti le 17 novembre 1890 à la reconnaissance par l'Allemagne du protectorat français sur Madagascar.

La France et l'Angleterre avaient garanti conjointement, par une déclaration en date du 10 mars 1862, l'indépendance du sultan de Zanzibar. En 1886, l'Allemagne a fait connaître à la France et à l'Angleterre qu'elle adhérait à cette déclaration ; peu de temps auparavant, l'Angleterre, l'Allemagne et la France avaient, d'un commun accord, adopté, pour la détermination des frontières des États continentaux du sultan, une délimitation conforme aux intérêts de la Compagnie allemande de l'Afrique orientale.

Le traité anglo-allemand du 1er juillet 1890, a prévu l'établissement du protectorat de l'Angleterre sur les îles de Zanzibar et de Pemba, ainsi que l'annexion par l'Allemagne d'une partie du littoral appartenant au sultan, moyennant le payement d'une indemnité en argent. En même temps que les gouvernements de Londres et de Paris entraient en pourparlers pour relever l'Angleterre de l'obligation qu'elle avait contractée le 10 mars 1862, — ce qui a été fait par l'accord du 5 août 1890, — l'ambassadeur de France à Berlin remettait à l'office impérial des Affaires étrangères, le 18 juillet, la note suivante :

« Dans son numéro du 10 de ce mois, le *Reichsanzeiger* a publié le texte définitif d'un arrangement conclu entre l'Allemagne et l'Angleterre et dont l'article 11 tend à la reconnaissance de la cession éventuelle à l'Empire allemand par le sultan de Zanzibar de l'île Mafia et de territoires de terre ferme dépendant du sultanat de Zanzibar.

« Le gouvernement de la République française croit devoir faire toutes réserves quant à la réalisation de ce projet avant que, d'un commun accord, l'Allemagne ne soit déliée vis-à-vis de lui de l'engagement qu'elle a pris, par son adhésion du 27 novembre 1886, à la déclaration anglo-française du 10 mars 1862, de respecter l'indépendance du sultan de Zanzibar.

« L'ambassadeur de France soussigné est, d'ailleurs, autorisé à entrer en échange de vues avec la Chancellerie impériale pour le règlement de cette question.

« Il profite de l'occasion pour, etc... »

Signé : HERBETTE.

18 juillet 1890.

Le gouvernement de la République considérait, en effet, que, par son adhésion à la déclaration de 1862, l'Allemagne avait assumé les mêmes obligations que les premiers contractants. Les trois puissances étaient tenues, chacune à l'égard des deux autres, non seulement de ne pas porter directement atteinte à l'indépendance du sultan, mais encore de respecter l'intégrité de ses États. En consentant au démembrement du sultanat, en laissant le gouvernement britannique détruire l'indépendance de Zanzibar, et en se réservant, comme compensation, le reste des possessions du sultan, l'Allemagne portait atteinte autant que l'Angleterre à l'obligation de garantie contractée en commun par ces deux puissances d'accord avec la France.

Le gouvernement allemand n'admit pas que la question fût posée sur ce terrain ; d'après lui, c'était l'Angleterre seule qui violait l'indépendance du sultan et qui devait seule une compensation à ses co-contractants. Quant à l'annexion du continent, c'était seulement le résultat d'un acte de cession librement consenti par le sultan.

La Chancellerie proposa, d'ailleurs, d'écarter l'examen du point de droit et se montra prête, en échange de la reconnaissance de la souveraineté de l'Empire sur la côte orientale d'Afrique, à faire des concessions sur le terrain pratique des intérêts respectifs. Les deux gouvernements songèrent à rattacher à cette négociation le règlement des questions coloniales litigieuses, afin de se donner une preuve mutuelle de bon vouloir ; il fut question de profiter de cette occasion pour déterminer les sphères d'influence respectives dans la région de Cameroun et de Togo. Il fut reconnu, au cours des pourparlers qui eurent lieu pendant les mois de juillet et d'août 1890, que ces questions, qui ne préoccupaient pas encore l'opinion, n'étaient pas mûres pour une solution immédiate ; on les écarta donc de la discussion (1), chacun des deux gouvernements conservant, dans les contrées litigieuses, sa liberté d'action.

Deux points seulement étaient dès lors acquis, c'est que, d'une part, l'Allemagne était disposée à reconnaître le protectorat du gouvernement de la République, avec toutes ses conséquences,

(1) Sur l'initiative de l'Allemagne, elles ont fait, à la fin de l'année 1893, l'objet d'une conférence spéciale à Berlin, entre des délégués coloniaux des deux pays.

sur Madagascar, où la France a depuis longtemps des droits confirmés par le traité de 1885 et par l'état de choses qui en est résulté.

D'autre part, la France ne ferait pas d'objection à l'annexion à l'Allemagne de la côte de l'Afrique orientale où elle a moins d'intérêts que les deux autres signataires de l'acte de garantie.

M. Herbette et le baron de Marschall ont en conséquence échangé le 17 novembre les lettres suivantes qui régularisent une situation de fait et consolident l'influence de chacune des deux puissances dans la région où ses intérêts sont prédominants.

Berlin, le 17 novembre 1890.

A Son Excellence M. le baron de Marschall, Secrétaire d'État aux Affaires Étrangères.

Monsieur le Baron,

Au cours des entretiens que nous avons eus ensemble, au mois d'août dernier, sur les rapports réciproques de l'Allemagne et de la France à la côte orientale d'Afrique, Votre Excellence m'a déclaré que le Gouvernement impérial était disposé à reconnaître le protectorat de la France à Madagascar avec toutes ses conséquences.

De mon côté, j'ai été en mesure de vous donner, lors de notre entrevue du 6 de ce mois, l'assurance que, dans ces conditions, le gouvernement de la République Française n'élèverait pas d'objection contre l'acquisition par l'Allemagne de la partie continentale des États du sultan de Zanzibar ainsi que de l'île de Mafia.

Il a, d'ailleurs, été entendu que les ressortissants allemands à Madagascar et les ressortissants français dans les territoires cédés à l'Allemagne par le sultan de Zanzibar, bénéficieraient, sous tous les rapports, du traitement de la nation la plus favorisée.

Dans le but de consacrer définitivement le complet accord des deux gouvernements sur les points ci-dessus spécifiés, j'ai l'honneur d'adresser à Votre Excellence la présente communication et je vous prie de m'en faire parvenir un accusé de réception confirmatif.

Veuillez agréer, etc...

Signé : HERBETTE.

Le soussigné a l'honneur d'accuser réception à Son Excellence l'Ambassadeur Extraordinaire et Plénipotentiaire de la République Française, M. Jules Herbette, de la lettre que celui-ci lui a adressée à la date de ce jour et de lui faire connaître que le Gouvernement impérial adhère aux déclarations qui y sont contenues. Il en résulte que le Gouvernement de la République Française n'oppose aucune objection à l'acquisition par l'Allemagne des possessions continentales du sultan de Zanzibar et de l'île de Mafia, et que l'Allemagne, de son côté, reconnaît le protectorat de la France sur Madagascar avec toutes ses conséquences. Il est, de plus, expressément convenu que les ressortissants allemands à Madagascar et les ressortissants français dans les territoires sus-désignés que le sultan de Zanzibar cède à l'Allemagne, jouiront sous tous les rapports du traitement de la nation la plus favorisée.

Le soussigné profite, etc...

Signé : MARSCHALL.

Berlin, le 17 novembre 1890.

§ 409. Les Hovas cherchèrent à éluder ou à restreindre, par tous les moyens possibles, le droit de souveraineté de la France. Les relations extérieures étant présidées par le Résident général français, c'est incontestablement à lui que devaient s'adresser les consuls étrangers pour obtenir leur *exequatur* et le gouvernement hova refusa de l'admettre et, au mépris de la foi jurée, ne délivra jamais les *exequatur* demandés par le Résident. {Reconnaissance par l'Allemagne du protectorat français sur Madagascar.}

Enfin les Français habitant l'île étaient en proie à toutes sortes de vexations : en dépit du traité, on ne leur consentait aucun bail et quand ils voyageaient dans l'intérieur, ils étaient en butte à la malveillance et à l'hostilité sourde des gouverneurs hovas.

Ces violations répétées du traité de 1885 finirent par lasser le gouvernement de la République, qui, en 1893, fit déclarer à la Reine que désormais « il tiendrait la Cour d'Emyrne responsable des at-
» tentats qui viendraient à se produire et que, dans le cas où par
» mauvaise volonté ou par impuissance, elle ne s'acquitterait pas
» du devoir qui lui incombe, il se trouverait dans l'obligation d'a-
» viser aux mesures à prendre pour garantir la sécurité de ses na-
» tionaux et celle des autres résidents étrangers ».

Le 22 janvier 1894, à la suite d'une interpellation de M. Louis Brunet, la Chambre des députés vota à l'unanimité l'ordre du jour suivant :

« La Chambre est résolue à soutenir le Gouvernement dans ce
» qu'il entreprendrait pour maintenir la situation et les droits de la
» France à Madagascar, protéger ses nationaux et faire respecter
» son drapeau ».

En portant ce vote à la connaissance de M. Larrouy, Résident général à Tananarive, le Président du conseil lui confirmait ses précédentes instructions et lui annonçait que le gouvernement avait décidé de renforcer les garnisons de Diégo-Suarez et de la Réunion et d'accroître l'effectif de la division navale de l'Océan Indien.

Les représentations du Résident français restèrent sans effet. Au Palais d'Argent (1), cette ferme attitude n'avait rien changé à la façon d'agir. Le nouveau consul des États-Unis ne put obtenir son *exequatur* demandé par le Résident général ; les attaques contre les Français se multipliaient et le gouvernement hova introduisait clandestinement de grandes quantités d'armes et munitions de toutes sortes.

Dans un échange continuel de dépêches avec son gouvernement, M. Larrouy montrait la situation de plus en plus critique, et le 28 août, il envoyait au ministre des Affaires étrangères le télégramme suivant :

Tananarive, 28 août 1894.

La sécurité de nos nationaux est si précaire que je n'hésite pas à considérer leur vie comme menacée, et la prudence nous commande de ne pas attendre qu'il y ait mort d'homme pour prendre les dispositions que la situation comporte.

J'estime que nous sommes arrivés à la limite extrême des délais pour procéder à l'évacuation.

Retarder plus longtemps cette opération rendrait impossible notre retour à la côte dans des conditions de sécurité suffisantes.

Je tiens à profiter de la fin de la bonne saison, en vue de faire partir d'abord les femmes et les invalides, ensuite les colons. Je quitterai Tananarive le dernier, avec le personnel et l'escorte.

Signé : LARROUY.

Cette dépêche parvint à Paris le 2 septembre. Le Gouvernement français, en présence d'une situation aussi grave, devait prendre une résolution rapide et énergique.

Mission de M. Le Myre de Vilers.
§ 410. Cependant, ne voulant point encore recourir à la force, il rappela M. Larrouy et envoya en mission à Tananarive M. Le Myre de Vilers, ancien résident auprès du gouvernement hova.

Le 14 septembre, M. Larrouy convoquait les Français habitant Tananarive et faisait partir pour la côte les femmes, les vieillards et les enfants. Le 13 octobre, M. Le Myre de Vilers arrivait à

_____

(1) On désigne sous ce nom la résidence de la Reine et de la Cour à Tananarive.

Tananarive et par précaution, le 20, les hommes les moins valides, les Pères et les religieuses de la mission descendaient à Tamatave.

Le 17 octobre, M. Le Myre de Vilers avait soumis au premier ministre Rainalaïarivony un projet d'arrangement en cinq articles, destiné à garantir l'observation du traité de 1885.

En voici le texte :

§ 411. Art. 1er. — Le gouvernement de S. M. la Reine de Madagascar s'interdit d'entretenir aucune relation avec les gouvernements étrangers et leurs agents, sans passer par l'intermédiaire du Résident général de la République française.

Art. 2. — Toute concession faite par le gouvernement de la Reine, directement ou indirectement, à des Français ou à des étrangers, devra être enregistrée, pour approbation, à la résidence générale, sous peine de nullité.

Art. 3. — Le gouvernement de la République française aura le droit d'entretenir à Madagascar les forces qu'il jugera nécessaires pour assurer la sécurité de ses ressortissants et des résidents étrangers.

Art. 4. — Le gouvernement français pourra entreprendre les travaux d'utilité publique tels que ports, routes, chemins de fer, télégraphes, canaux, etc., ayant pour objet le développement de la prospérité du pays, et percevoir les taxes qui en seront la conséquence, lorsque le gouvernement de la Reine ne se chargera pas lui-même de l'exécution desdits travaux.

Art. 5. — En cas de difficulté d'interprétation, le texte français fait foi.

Projet de traité présenté par M. Le Myre de Vilers.

Rainalaïarivony ne répondit pas de suite aux propositions qui lui étaient faites. La conférence fut fixée le 20 octobre à 10 heures.

M. Le Myre de Vilers attendit vainement qu'on vint le chercher et écrivit aussitôt au ministre que « Son Excellence ayant négligé » de le recevoir, ainsi qu'il avait été convenu, sans même le faire » prévenir par un secrétaire, il ne saurait accepter de pareils » procédés et que, se conformant aux instructions de son gouvernement, il était obligé de le mettre en demeure d'approuver et » de faire ratifier par la Reine, dans un délai qui expirerait le » 26 octobre à six heures du soir, le projet de traité qu'il lui avait » remis le 17 : faute d'obtenir cette satisfaction, il se verrait dans » la nécessité d'amener le pavillon de la Résidence et de quitter » la capitale ».

C'était un ultimatum. En même temps les Français étaient avisés de quitter Tananarive et de se rendre à la côte.

Ultimatum
du gouverne-
ment français.
Réponse de
Rainalaïari-
vony.

§ 412. Rainalaïarivony fit connaître le 22 octobre, que son gouvernement refusait de signer le traité, dans une longue note, dans laquelle il se plaignait des abus des Français dans l'île.

Le 24, le premier ministre fit tenir à M. Le Myre de Vilers un contre-projet qui constituait la négation la plus absolue du traité de 1885. Voici les principales dispositions de ce contre-projet :

Le Résident général, au lieu de continuer à présider à la politique extérieure du gouvernement hova, sera reconnu par ce gouvernement comme représentant des gouvernements étrangers, s'il en est chargé par lesdits gouvernements et s'il montre son titre de nomination au gouvernement malgache.

La Reine de Madagascar prend sous sa sauvegarde la personne et les biens des Français résidant dans l'île. Par contre, le gouvernement de la République s'engage à ne point empêcher l'introduction par la Reine des armes et des munitions qui lui sont nécessaires pour mener à bonne fin cette obligation.

Le gouvernement de la République s'engage à donner des ordres aux officiers commandant les navires de la station navale de ne point débarquer de troupes à Madagascar pour y faire des exercices militaires et, si parfois lesdits officiers contreviennent à ces ordres, le gouvernement de la République en fera la répression.

Enfin, le gouvernement malgache et le gouvernement français s'engagent à nommer leurs délégués respectifs pour la délimitation de la baie de Diégo-Suarez, conformément au traité. L'époque de la délimitation sera fixée pour trois mois après la signature du présent traité.

Il n'y avait plus à hésiter : le plénipotentiaire français ne pouvait répondre à de telles propositions.

Le 25 octobre, il écrivit à Rainalaïarivony « personnellement et » à titre d'ami, ne pouvant plus le faire en qualité de plénipoten- » tiaire de la République », pour l'exhorter à réfléchir en lui faisant voir « qu'il tenait dans ses mains la paix et la guerre ».

Rainalaïarivony répondit en déplorant les actes des Français dans le royaume et en priant son correspondant de les signaler au gouvernement français.

Tous les efforts de la diplomatie avaient été inutiles, la Cour d'Emyrne ne voulait pas la solution pacifique du conflit. Le 27 octobre, M. Le Myre de Vilers amena son pavillon et ayant apposé les scellés sur la porte de la résidence, prit la route de Tamatave avec son escorte.

Discours de
M. Hanotaux.

§ 413. Le 14 novembre, M. Hanotaux, ministre des Affaires étrangères, monta à la tribune de la Chambre des députés pour faire connaître la situation aux représentants du pays :

« L'heure est venue », dit-il, « d'exposer à la Chambre et devant
» le pays les raisons qui ont déterminé le gouvernement à confier
» à M. Le Myre de Vilers, dans les premiers jours de septembre,
» la mission qui vient de prendre fin, d'indiquer le caractère de
» cette mission et les décisions que la situation comporte ».

L'orateur fait ensuite l'histoire de l'occupation française à Madagascar depuis le traité de 1885.

« Que voulions-nous, en somme? » continue-t-il. « Être désor-
» mais à l'abri de toute tentative extérieure dangereuse à Mada-
» gascar, occuper la baie de Diégo-Suarez, qui nous a été recon-
» nue, vivre en bonne harmonie avec le gouvernement hova, enfin
» développer le commerce de l'île, à la faveur des clauses du traité
» qui nous attribuait en principe, sur les colons venus du dehors,
» le droit de protection.

» S'inspirant de ces vues, la politique du gouvernement de la Répu-
» blique à Madagascar a offert, depuis neuf ans, l'exemple de la
» prudence, de la modération, certains ont dit, de la longanimité.

. . . .

» Il est certain que ces neuf années n'ont été, pour ne pas dire
» autre chose, qu'un long piétinement sur place ; que durant cette
» période toute la politique hova a consisté à éluder les disposi-
» tions du traité de 1885, à décliner nos bons offices toujours of-
» ferts en vain, à replier enfin vers la barbarie et vers tous les
» abus dont nous aurions voulu le purger, un gouvernement dont
» la faiblesse fuyante ne se soutenait que grâce à notre inexplica-
» ble, à notre inaltérable patience..... »

Le ministre parle ensuite des attentats commis contre les colons et même les agents français et donne lecture d'une série de dépêches de M. Larrouy.

S'occupant de la mission de M. Le Myre de Vilers, il continue en ces termes :

« En ce qui concerne les pourparlers qu'il devait engager avec
» le gouvernement hova, ses instructions étaient dictées par la
» nécessité impérieuse de mettre fin à une situation devenue obs-
» cure indéfiniment prolongée. Puisque le gouvernement hova,
» obéissant à je ne sais quels desseins occultes, avait poussé les
» choses à un point tel qu'une crise était ouverte, il fallait que
» cette crise eût du moins pour effet de guérir le mal dont on
» souffrait depuis trop longtemps. M. Le Myre de Vilers devait

» donc réclamer du gouvernement hova la pleine et entière exé-
» cution du traité de 1885, l'établissement complet et de bonne
» foi du régime que ce traité avait fondé, le régime du protectorat.
» C'était en première ligne l'application de l'article 1ᵉʳ avec toutes
» ses conséquences, en ce qui concerne les relations extérieures
» de la cour d'Emyrne.

   » Il devait ensuite stipuler le renforcement de l'escorte du rési-
» dent général, de façon qu'elle représentât une force sérieuse,
» capable d'appuyer effectivement son autorité et réclamer aussi
» la présence sur différents points de l'île des troupes nécessaires
» pour garantir l'ordre et la sécurité.....

   » Enfin, pour couper court aux abus des concessions qui aliè-
» nent une partie de la souveraineté du pays, ces actes devaient
» être soumis à l'approbation de la résidence générale.

   » Telles étaient, messieurs, les réclamations que M. Le Myre de
» Vilers avait le mandat d'adresser au gouvernement hova. C'était
» le minimum des garanties qui paraissaient nécessaires pour le
» bon fonctionnement du régime qui en droit, du moins, existait,
» et nous était reconnu depuis plusieurs années.

. . . .

   » Messieurs, disons franchement les choses : il n'y a véritable-
» ment de protectorat que quand le protecteur est en mesure de
» faire valoir sa volonté, au moins dans le champ où elle se limite
» naturellement.

   » Or j'ai prouvé tout à l'heure à la Chambre qu'à Madagascar
» rien de tel n'existait.

   » Tant que le gouvernement hova pourra échapper à notre in-
» fluence, tant que renfermé dans ses montagnes il se croira à l'a-
» bri d'une intervention directe de notre part, il nous refusera, dans
» la pratique, ce que les traités mêmes nous reconnaissent.

   » Les faits ont surabondamment prouvé que la présence effec-
» tive d'une force sérieuse à Tananarive est indispensable.

   » .....C'est cette force que nous vous demandons de conduire à
» Tananarive, en l'accompagnant d'effectifs suffisants pour que,
» sur la route, elle soit à l'abri de toute surprise, et qu'elle puisse,
» au besoin, briser les résistances qui lui seraient opposées.

. . . .

   » Le Gouvernement, messieurs, se propose de déposer sans re-
» tard sur le bureau de la Chambre un projet de crédits lui assu-
» rant les ressources nécessaires pour obtenir le résultat qui vient
» d'être indiqué.....

» J'ajoute que la demande des crédits dont il s'agit repose sur
» une étude attentive, sur un relevé minutieux des obstacles en
» présence desquels nous allons nous trouver, et que le gouver-
» nement réclame d'un coup à la Chambre et au pays tous les sa-
» crifices qui lui ont paru nécessaires pour mener à bien l'œuvre
» une fois entreprise: 15.000 hommes et 65.000.000 de francs parais-
» sent indispensables..... »

Après avoir parlé de l'évacuation de l'île par les colons ramenés
à Tananarive par M. Le Myre de Vilers, le ministre termine ainsi :

« Aujourd'hui, messieurs, nos nationaux sont, nous l'espérons,
» à l'abri de tout péril.

» Le Gouvernement demande à la Chambre, si elle approuve sa
» conduite, de le dire nettement.

» Ce qui importe, en effet, à l'heure présente, c'est de faire appa-
» raître aux yeux de tous l'union des pouvoirs publics devant une
» nécessité qui ne souffre plus ni hésitation ni atermoiement.

» Messieurs, le gouvernement ne s'est pas dérobé à ses res-
» ponsabilités : il est prêt à vous soumettre immédiatement les
» mesures que la situation actuelle commande.

» Il vous appartient de vous prononcer avec une claire et virile
» conscience de nos intérêts, de notre dignité et de notre droit ».

A la suite du rapport de la commission chargée d'examiner le
projet de crédits, la Chambre après un grand débat qui dura quatre jours, vota le 26 novembre 1894, par 372 voix contre 135, les 15.000
hommes et les 65 millions demandés par le Gouvernement.

Le 6 décembre, le Sénat, par 267 voix contre 3, consacrait ce
vote.

Tout était donc fini pour les solutions pacifiques : l'expédition
française à Madagascar était décidée !

§ 414. Le corps expéditionnaire fut dirigé sur Majunga, et la
côte orientale de l'île.   *Opérations militaires.*

Les hostilités s'ouvrirent au printemps 1895. A travers des difficultés naturelles innombrables et sous un climat meurtrier, les
Français chassèrent partout devant eux les Hovas, qu'ils finirent
par acculer à leur capitale. Le 30 septembre, l'avant-garde du
corps expéditionnaire arrivait devant Tananarive, et occupait les
hauteurs commandant la place.

Sous la menace d'un bombardement, la Reine fit arborer le drapeau blanc au Palais d'Argent, et le lendemain, 1er octobre, elle signait avec le général Duchesne, commandant en chef des forces
françaises, le traité de Tananarive par lequel elle reconnaissait le

protectorat français (Voir plus loin, IVe partie, Fin de la guerre, livre I, le traité de Tananarive).

§ 415. Vers la fin de 1895, un conflit, qui depuis longtemps était menaçant, éclata entre l'Angleterre et la République sud-africaine du Transwaal.

Le Transwaal est une fédération de trois petits États que fondèrent, de 1848 à 1852, les *Boërs* ou descendants des habitants hollandais primitifs du Cap. Ce fut un grand *trekk* ou une émigration en masse, dans les lourds chariots traînés par des bœufs, quelque chose comme ces déplacements de toute une population barbare, au temps de la destruction de l'empire romain, allant, avec toutes ses richesses, chercher une patrie nouvelle.

Déjà une fois, l'Angleterre, maîtresse de la Colonie du Cap, voulut mettre la main sur l'indépendance du Transwaal, mais les *burghers* se défendirent courageusement et, à Majouba Hill, anéantirent un corps anglais commandé par le général Colley, et devant cet échec, le cabinet anglais se décida, malgré sa répugnance, à reconnaître leur indépendance.

A l'époque où nous parlons, le danger est plus grave et menace dans son existence même la jeune république. C'est à l'intérieur que se produit une pénétration de l'élément étranger et par là même un changement de tendances auquel les indigènes essayent en vain de résister. Attirés par les mines d'or, on a vu affluer à Johannesburg, à Pretoria, à Bloemfontein, au Rand, cette population bizarre des chercheurs d'or recrutés sous tous les climats et dans toutes les catégories sociales. Après une phase de désorganisation comme celles par lesquelles passèrent les camps de mineurs de Californie et d'Australie, et dont Bret Harte et Rolfe Boldrewood nous ont donné d'inimitables peintures, la masse des immigrants a pris conscience de ses griefs et de ses droits.

Les *Uitlanders* ou étrangers sont actuellement trois fois aussi nombreux que les *Burghers*. Or, ceux-ci s'étaient fait une constitution qui ne concède aux étrangers ni les droits politiques, ni les droits civils, ni même les avantages d'une administration stable et organisée.

Ce sont les quelques milliers de fermiers ou paysans *boërs* qui gouvernent le pays.

Les émigrants, trois fois plus nombreux que les indigènes et payant 90 0/0 des impôts, n'ont rien à voir dans l'administration du pays.

Certes, il se conçoit parfaitement que les *Burghers* du Transwaal

refusent de conférer le droit de cité, l'électorat et l'éligibilité à des
étrangers qui affichent, comme la plupart des Anglais, l'insolente
prétention de devenir citoyens, c'est-à-dire, de par leur nombre
maîtres de la République sud-africaine, sans cesser d'être sujets de
la reine Victoria. Ce serait une annexion indirecte à l'empire britannique contre laquelle se révoltent à bon droit tous leurs ins-
tincts.

Mais pourquoi opposer le même refus aux *Afrikanders*, aux
étrangers de naissance sud-africaine, *Boërs* pour la plupart, qui
veulent établir leur domicile au Transwaal et qui, bien loin de son-
ger à une allégeance partagée, ne demandent qu'à être naturalisés ? Pourquoi répondre par une fin de non-recevoir aux légitimes
requêtes des *Uitlanders* relatives à l'amélioration de la justice, des
écoles, à la réforme des lois civiles, du système des impôts ?

Cette attitude, cela est compréhensible, faisait prévoir dans un
avenir plus ou moins prochain un appel à la force qui pouvait provoquer un conflit sanglant.

Déjà, sur certains points, le Vosksraad, assemblée des représentants, avait grâce aux efforts du président Krüger cédé sur certains
points concernant les droits civils à accorder aux *Uitlanders*, mais
ces derniers ne se déclaraient pas satisfaits et réclamaient avec
énergie les droits politiques que les *Boërs* leur refusaient, ne voulant pas voir leur indépendance menacée par l'invasion parmi eux
de l'élément anglais.

Vers le mois de décembre 1895, à la suite d'une nouvelle agitation des *Uitlanders*, le conflit éclata. Le 28 décembre 1895, les principaux habitants de Johannesburg, qui est le centre du mouvement, adressaient un pressant appel de les protéger au docteur
Jameson, administrateur de la Compagnie britannique du Sud-
africain dans le Machonaland. Cet appel était écouté. M. Jameson
franchissait le 29 la frontière transwaalienne près de Mafeking
(capitale du Betchuanaland) avec 700 hommes, 6 canons Maxim, etc.,
et marchait droit dans la direction de Johannesburg.

Aussitôt le président Krüger lançait un appel aux armes, adressé
à ses *Burghers* et à tous les habitants du Transwaal prêts à combattre contre les envahisseurs du territoire national : les Allemands,
entre autres, au nombre de 300, et les Américains feront, disait-
on, cause commune avec les *Boërs*.

Pendant ce temps, le gouvernement colonial anglais et ses représentants à Capetown ne restaient pas inactifs. M. Joseph Chamberlain, en sa qualité de secrétaire d'État pour les colonies bri-

tanniques, aussitôt qu'on apprit la nouvelle en Europe, publiait
après avoir conféré longtemps avec lord Salisbury et passé neuf
heures de suite à travailler dans sa résidence officielle, un avis par
lequel il répudie toute complicité dans la violation de territoire
commise par un agent de la compagnie à charte. Voici le texte de
cet important document :

« M. Chamberlain, ayant appris lundi soir que le docteur Jameson
avait passé sur le territoire de la République sud-africaine à la tête
d'une force armée, s'est aussitôt rendu à Londres et a depuis lors
fait tous ses efforts, de concert avec sir Hercules Robinson (Haut-
Commissaire de la Reine pour l'Afrique australe et gouverneur du
Cap), pour empêcher de se produire les conséquences de cette
action extraordinaire. Il se tient en communication amicale avec
le président de la République sud-africaine et aussi avec le consul
général de cet État.

« Sir Hercules Robinson a publiquement répudié par une proclamation l'acte du docteur Jameson et il a reçu pour instruction
d'inviter par l'intermédiaire des journaux de Pretoria et de Johannesburg tous les sujets de la Reine au Transwaal à obéir à la loi et
aux autorités constituées au lieu de prêter aide ou appui au docteur Jameson.

« Des messagers ont été envoyés à la suite de cet agent de la
compagnie à charte pour lui porter, ainsi qu'à tous les officiers
l'accompagnant, l'ordre de revenir sur ses pas. En même temps
l'agent de la Reine au Transwaal marche au-devant de lui pour lui
intimer, au nom de la Reine, un ordre identique. »

On espérait que, par ces moyens, une collision pourrait être
évitée. Mais les difficultés de la situation se trouvaient de beaucoup aggravées par le fait que le docteur Jameson avait coupé les
fils du télégraphe au fur et à mesure de sa marche en avant.

L'appel du président Krüger fut entendu : les *Boërs* se levèrent
en masse et infligèrent au docteur Jameson une sanglante défaite.

Voici, d'après les documents officiels communiqués par M. Joseph Chamberlain, ministre des Colonies, ce qu'on sait sur cette
bataille.

Les 700 hommes de troupes que commandait Jameson et qui
avaient passé, le 29 décembre, la frontière de la République boër
pour répondre à un appel de certains *Uitlanders* habitant Johannesburg, furent rejoints à quelques kilomètres de la rivière des
Elans par les messagers que leur avait dépêchés le Haut Commissaire de l'Afrique australe, sir Hercules Robinson, pour leur inti-

mer l'ordre de retourner sur leurs pas. Jameson reçut donc les dépêches par lesquelles le représentant de la Reine le sommait d'abandonner son projet. Il n'en tint aucun compte et continua sa marche vers l'est.

Le 1er janvier, à quatre heures, Jameson rencontra près de Krugersdorp (petite ville située à environ 35 kilomètres de Johannesburg et où se trouve un monument élevé à la mémoire des *Boërs* morts pour leurs pays) un corps de troupes transwaaliennes. Il fut cerné et, toute communication par chemin de fer avec Johannesburg étant interrompue, il ne reçut aucun renfort de ce centre de l'agitation *Uitlander*. Après un combat sur lequel les détails manquent encore, mais qui assura aux *Boërs* une victoire complète (ils avaient déjà fait 43 Anglais prisonniers, dont 3 officiers, et tué beaucoup de monde), Jameson et ses forces se rendirent.

Après avoir reçu ces nouvelles, M. Joseph Chamberlain adressa la dépêche suivante à sir Henry Loch :

« Je regrette que la désobéissance de Jameson ait eu pour effet cette déplorable effusion de sang. Faites de votre mieux pour obtenir que les prisonniers soient traités généreusement et les blessés soignés. Télégraphiez leurs noms et des nouvelles des malades.

« Ce lamentable événement rend votre présence dans la République transwaalienne plus désirable que jamais. Je présume que vous vous êtes mis en route. »

L'émotion fut très vive en Europe, et tous les cabinets ayant des intérêts en Afrique s'inquiétèrent des suites qu'allait avoir ce conflit, quand un fait considérable se produisit : ce fut un télégramme adressé par l'empereur d'Allemagne, Guillaume II, à M. Krüger, président du Transwaal, et dont voici le texte :

« Je vous félicite sincèrement, parce que, avec votre peuple, sans recourir à l'aide des puissances amies, et en n'employant que vos propres forces contre les bandes armées qui avaient fait irruption sur votre territoire en perturbateurs de la paix, vous avez réussi à rétablir la situation pacifique et à protéger votre pays contre les attaques provenant du dehors.

GUILLAUME. »

L'émotion produite en Angleterre par la publication de ce document fut immense. La presse anglaise s'en donna à cœur joie et lança ses foudres contre l'empereur d'Allemagne. Mais en même temps, on apprenait que l'Autriche déclarait être d'accord avec l'Allemagne pour n'admettre aucune suzeraineté de l'Angleterre sur le Transwaal, et reconnaître à cette république, le droit d'invoquer le secours militaire de tout État européen contre les flibustiers. Enfin des négociations étaient entamées entre St-Pétersbourg, Paris et Berlin sur les mesures à prendre en présence de la situation actuelle et surtout de l'éventualité de la dénonciation du traité anglo-transwaalien de 1884.

Entre temps, les *Boërs* s'étaient occupés de leurs prisonniers.

Le docteur Jameson et ses lieutenants furent traduits devant une cour martiale, reconnus coupables de flibusterie, d'agression et d'attentat à la sûreté de l'État et condamnés à la peine de mort.

Mais le président Krüger ne laissa pas exécuter la sentence, il signa la grâce des condamnés et fit annoncer officiellement qu'ils seraient remis ainsi que leurs compagnons faits prisonniers avec eux aux autorités anglaises auxquelles la république sud-africaine laissait le soin de les punir comme ils le méritaient.

L'Angleterre cependant, bien qu'elle se défende d'avoir eu connaissance des projets de Jameson, envoie des vaisseaux de guerre dans l'Afrique australe, imitée d'ailleurs en cela par l'Allemagne.

Que résultera-t-il de tout cela ? Nul ne peut encore se prononcer. Au moment où nous écrivons ces lignes, les choses en sont là, et la solution du conflit ne semble pas devoir intervenir avant un certain laps de temps.

En terminant, ajoutons quelques mots sur l'attitude des diverses nations en présence de l'agression aussi inattendue qu'inexplicable dont a été victime la République sud-africaine du Transwaal :

C'est une expédition de flibustiers, c'est un acte de piraterie sur terre, c'est un brigandage international au premier chef. Laisser, par prétérition, s'établir un tel précédent, serait consacrer la plus grave atteinte qui ait été portée au droit des gens depuis que l'Europe moderne a flétri et abandonné le système des lettres de marque.

Les guerres en commandite, les invasions à responsabilité limitée ne sauraient être tolérées, pas plus en Afrique qu'autre part.

Il faut insister sur l'unanimité d'opinion avec laquelle a été condamnée l'inqualifiable incursion du docteur Jameson au Transwaal (1). Il n'y a eu ni hésitation ni retard. Partout à la fois, et dès le premier moment de la nouvelle, on a vu le jugement jaillir, comme un éclair vengeur, de la conscience universelle. On peut

(1) *Le Temps*, 11 janvier 1896.

dire qu'avant même d'être arrêté par les carabines des *Boërs* ce chef de flibustiers était exécuté moralement par la sentence des peuples civilisés. Nous ne pensons pas, malgré l'étrange attitude d'une partie de la presse anglaise, qu'en Angleterre même l'opinion des gens désintéressés et honnêtes, c'est-à-dire de l'immense majorité de la nation, ait éprouvé un autre sentiment que celui dont a témoigné le monde entier. Le gouvernement de la Reine n'a pas hésité une seule minute à se dégager de cette louche équipée et, dès lors, se trouve avoir conquis, par cette loyale et nette attitude de la première heure, la liberté de ses mouvements et le droit d'être raisonnable dans la suite des négociations, sans qu'on puisse l'accuser de manquer d'énergie ou de patriotisme en écoutant les conseils de la justice internationale. Comment pourrait-il épouser, après l'échec, la querelle d'un homme dont il a, par avance, dénoncé l'entreprise comme criminelle !

Donc l'Angleterre elle-même confirme, par l'attitude de son gouvernement, sinon par celle de ses journaux, l'unanimité morale dont nous parlions en commençant. Et cette manifestation de la justice internationale, comme d'une puissance effective entrée déjà et s'exerçant avec autorité dans les conflits politiques, est un grand fait dont il importe de prendre acte. Le Transwaal a beau être l'un des plus petits États du monde ; il s'est trouvé, par le fait même de son bon droit, comme entouré, par les sympathies universelles des peuples, d'une protection plus efficace que celle de ses baïonnettes et de ses canons. Il y a, dans la justice d'une cause ainsi proclamée et reconnue, une sorte de majesté devant laquelle la force elle-même est obligée de s'incliner et peut le faire sans déshonneur aucun, et même sans mortification d'amour propre. Dans le respect de la justice peuvent se rapprocher et se réconcilier les vainqueurs et les vaincus, et l'Angleterre se trouve ainsi gardée contre elle-même et contre un faux chauvinisme. L'unanimité d'opinion et la force morale que crée cette unanimité n'est donc pas au bénéfice d'une seule partie ; elle les enveloppe et les protège toutes deux à la fois, les contraignant en quelque manière de rester dans les limites de ce qui est raisonnable et juste.

Voilà déjà le grand et véritable arbitrage entre les peuples qui se lève à l'horizon de notre civilisation. La justice a été d'abord un principe enfermé dans quelques consciences individuelles qui en ont témoigné, qui ont combattu et souffert pour elle. Puis elle est entrée dans la vie intérieure des peuples pour régler toujours

mieux les rapports des citoyens entre eux. Elle a pris alors la forme de l'égalité de tous devant la loi et a fait régner la paix là où
éclataient naguère les luttes civiles et les combats fratricides. Enfin, l'idée de justice passe par dessus les frontières ; elle commence à devenir une réalité humaine ; elle s'affirme dans la conscience universelle ; elle parvient, en vertu de sa seule dignité, à
s'imposer aux peuples et aux rois comme aux honnêtes gens de
tous les pays. N'y a-t-il pas lieu de se féliciter qu'une criminelle
équipée nous donne l'occasion et le droit de constater ce progrès
des mœurs politiques et des relations internationales ? N'y a-t-il
pas là, pour tous les vaincus et les opprimés, une raison de croire
en l'avenir et d'espérer ? Ce grand mot de justice n'aurait-il d'application que dans les questions africaines ? Perdrait-il son prestige ou sa vertu dans les litiges qui tiennent l'Europe dans un état
constant d'insécurité ? Personne ne voudra le croire. La justice a
cela d'absolu tout au moins qu'elle n'est bornée ni par des mers ni
par des montagnes. Tous ceux qui souffrent de quelque injuste
tyrannie ont le même droit d'y faire appel et d'en attendre quelque réparation.

LIVRE II

DE LA DÉCLARATION DE GUERRE ET SES EFFETS IMMÉDIATS.

Voir *Droit international*, IV, § 1899 et s.

SECTION I. — ULTIMATUM. — DÉCLARATION DE GUERRE ET MESURES QUI L'ACCOMPAGNENT.

§ 416. Les premières relations de la France avec le Siam datent de Louis XIV : c'était la cour de Siam qui les avait provoquées, effrayée des progrès des Hollandais sur le Mékong et espérant que la France pourrait lui être utile (1). Les progrès anglais dans la presqu'île de Malacca lui inspirèrent de nouveau l'idée de contre-balancer par l'influence française le développement de celle de la Grande-Bretagne et, le 15 août 1856, M. de Montigny, au nom du gouvernement français, signait avec la cour de Bangkok un traité de commerce et d'établissement, aux termes duquel les *vaisseaux de guerre français devaient simplement avertir l'autorité siamoise pour remonter jusqu'à Bangkok* (art. 15). *[marginal note: Différend Franco-Siamois de 1893. Traité de 1856]*

Le 11 août 1863, le roi de Cambodge, Norodom, plaça ses États sous le protectorat de la France pour se garantir des agressions annamites. *[marginal note: Protectorat français au Cambodge, 1863.]*

A la suite de ce traité, le Siam avait été évincé de certains territoires qu'il avait occupés, à tort ou à raison, la question nous importe peu, et par compensation le gouvernement français lui avait reconnu, en 1867, la possession des provinces cambodgiennes de Battambang et de Siem-Reap. Ce traité du 15 juillet 1867 n'avait pu résoudre d'un seul coup toutes les difficultés issues de luttes continuelles des divers États de la péninsule. Au point de vue des

(1) *Revue générale de droit international public*, 1894, n° 3, p. 234 et s.

frontières, le traité déclare tout simplement que « les frontières
» des provinces siamoises du Cambodge seront déterminées par
» une commission ».

Cette commission ne fonctionna jamais.

Progrès de l'Angleterre sur le Haut-Mékong.

§ 417. Entre temps les progrès de l'Angleterre en Birmanie, et
par conséquent dans le Mékong, la forçaient à s'entendre avec ses
voisins : elle se trouvait en effet dans cette région en présence de
trois États qui pouvaient contrarier ses projets : la Chine, le Siam
et la France.

Au gouvernement siamois surtout, la Grande-Bretagne devait
demander des concessions très grandes : une première tentative de
délimitation faite en 1870 n'ayant donné aucun résultat, les agents
britanniques surent représenter à Bangkok qu'il serait puéril de
disputer quelques milles carrés de territoire à l'Ouest, alors qu'à
l'Est il était si facile d'en conquérir des milliers : seule la France
pourrait protester quand les Siamois qui, petit à petit, sans bruit
étaient arrivés à la rive droite du Mékong, franchiraient le fleuve.
En ce cas, la monarchie siamoise ne trouverait-elle pas à Londres,
un appui ferme et énergique ? La convention toutefois n'était pas
encore signée, quand éclata le conflit avec la France.

Peu de temps après, le Siam aux abois consentait à signer avec
l'Angleterre l'arrangement de frontières en suspens : des territoires considérables, riverains du haut fleuve, devenaient britanniques. Aussitôt les relations du cabinet de St-James avec le Siam se
refroidirent.

Ceci dit, pour éclairer la question et la faire voir sous son véritable jour, nous arrivons au conflit franco-siamois lui-même.

Incursions siamoises sur la rive gauche du Mékong.

C'est à partir de 1883, que les vues du Siam sur les provinces de la rive gauche du Mékong se précisèrent. L'occupation
de Luang-Prabang fut le prélude d'une série d'incursions en territoire annamite, incursions qui dégénérèrent parfois en véritables
expéditions, par suite de la résistance des populations.

Toutefois tout s'exécutait en silence, et la France ne se doutait
de rien.

L'infiltration siamoise dans les provinces annamites se poursuivit lentement, mais suivant une méthode bien entendue et les
Siamois rendus plus hardis par l'indifférence apparente de la
France, donnaient libre cours à leur haine contre les Français qu'ils
atteignaient facilement, les possessions françaises d'Indo-Chine
étant coupées en cinq tronçons par les annexions siamoises.

Attitude de la France.

§ 418. Cependant, l'opinion publique en France s'émut de la situation faite à ses nationaux et aux indigènes soumis à son protectorat et révélée par les récits de voyageurs et de missionnaires.

M. Develle, ministre des Affaires étrangères, envoya des instructions à M. Pavie, ministre de France à Bangkok : à ses représentations, on répondit par des procédés dilatoires, offrant de discuter les droits historiques des deux pays, de créer une zone neutre, de recourir à un arbitrage, etc. Le gouvernement français, fort de ses droits, de l'appui moral des Chambres et de l'opinion publique, n'hésita plus.

Le 14 mars 1893, M. Pavie fit connaître au prince Devawongse, frère du roi de Siam et ministre des Affaires étrangères, que les postes siamois devaient évacuer la rive gauche du Mékong sur laquelle s'étendait le protectorat français ; de plus il demandait des indemnités pour les Français maltraités. Une canonnière française, le *Lutin*, vint jeter l'ancre devant Bangkok, pour appuyer au besoin par la force ces revendications.

La réponse du prince fut peu satisfaisante. Il réclama que le différend fût porté devant un tribunal arbitral : il cherchait à gagner du temps.

Le gouvernement français résolut alors d'obtenir par un autre moyen le retrait des postes siamois, et les fit refouler par la force sur la rive droite du Mékong.

Bien que la marche des troupes françaises eût été pacifique et que les troupes siamoises se fussent retirées la plupart du temps sans combat, des retours offensifs avaient eu lieu : un officier français, le capitaine Thoreux, avait été fait prisonnier, des postes massacrés et un agent français, l'inspecteur Grosgurin, assassiné.

Des représailles immédiates eussent légitimement pu suivre un pareil attentat, mais le gouvernement français, ne voulant pas recourir à la force, alors qu'il représentait le droit, demanda seulement la punition des coupables.

On répondit par des promesses assez vagues.

M. Le Myre de Vilers fut alors chargé de faire un appel suprême aux sentiments de conciliation de la cour de Bangkok. Le 8 juillet, il s'embarqua à Marseille, ayant pour instructions d'exiger la reconnaissance des revendications territoriales de la France sur la rive gauche du Mékong, des réparations pour les incidents dont nous avons parlé plus haut, et enfin une indemnité pécuniaire.

S'il n'obtenait pas satisfaction complète, il devait dans un délai fixé se retirer avec les agents et les navires français, puis aviser l'amiral Humann, commandant l'escadre française en Cochinchine,

Mission Le Myre de Vilers.

qui procéderait immédiatement à l'établissement du blocus des côtes de Siam.

En même temps on apprenait la cession par le Siam à l'Angleterre de l'État de Xieng-Tong : c'était évidemment dans sa pensée le prix d'un secours efficace.

Le Siam poursuivait ses armements : les milices étaient convoquées, les forts de Packnam (1) mis en état de défense, des torpilles immergées dans le fleuve, les troupes siamoises se massaient sur la rive droite, et dès les premiers jours de juillet, attaquaient trois postes importants.

Attitude énergique du gouvernement français. M. Develle télégraphiait immédiatement l'ordre à l'amiral Humann d'envoyer deux de ses bâtiments rejoindre le *Lutin* devant la capitale. L'*Inconstant* et la *Comète*, partis le 10 juillet de Saïgon, arrivèrent le 13 à Packnam, pilotés par le *Jean-Baptiste Say*. Accueillis à coups de canons et par une fusillade qui tuait trois matelots et coulait le *Jean-Baptiste Say*, les navires français trouvèrent seuls la passe, répondirent au feu des forts, évitèrent les torpilles, et au milieu de la nuit, vinrent audacieusement jeter l'ancre devant le palais du roi, dans le port même de Bangkok.

M. Pavie demanda immédiatement des explications qui de nouveau furent peu satisfaisantes.

M. Develle exposa nettement, le 18 juillet, la situation à la Chambre des députés : un ordre du jour de confiance voté à l'unanimité montra que la Chambre était disposée à affronter l'éventualité d'une rupture avec le Siam.

Ultimatum du 20 juillet 1893. § 419. Le 20 juillet, l'ultimatum suivant fut porté par M. Pavie au prince Dewawongse :

« Le Gouvernement français exige :

» 1° La reconnaissance formelle par le roi de Siam des droits de l'Empire d'Annam et du royaume du Cambodge sur la rive gauche du Mékong et sur ses iles ;

» 2° L'évacuation des postes siamois établis sur la rive gauche du Mékong dans un délai qui ne pourra excéder un mois ;

» 3° Les satisfactions que comportent les incidents du Tong-Xieng-Kham, de Kham-Mon et les agressions dont nos navires ont été l'objet dans la rivière du Ménam ;

» 4° Le châtiment des coupables et les réparations pécuniaires dues aux familles des victimes ;

(1) Packnam est situé à l'entrée de la barre qui conduit au port de Bangkok.

» 5° Une indemnité de deux millions de francs pour les divers
» dommages causés à nos nationaux.

» 6° Le dépôt immédiat d'une somme de trois millions en pias-
» tres pour garantir les réparations pécuniaires et les indemnités,
» ou à défaut, la remise à titre de gage, de la perception des fermes
» et revenus des provinces de Battambang et de Siem-Reap.

» Le gouvernement siamois devra faire connaître, dans un délai
» de 48 heures, s'il accepte ces conditions ; dans ce cas, l'accord
» sera constaté par un échange de lettres entre le prince Dewa-
» wongse et le ministre de France.

« A défaut de réponse ou en cas de refus, à l'expiration dudit
» délai, le ministre de France quittera Bangkok, et se retirera à bord
» du *Forfait*.

» Le blocus sera immédiatement déclaré sur les côtes du Siam.

» Si, dans le trajet de Bangkok à la barre, un acte hostile se pro-
» duit contre nos canonnières, le gouvernement siamois est avisé
» qu'il s'expose à des représailles immédiates. »

Deux heures avant l'expiration du délai, alors que tout le monde s'attendait à un refus ou à un silence équivalent, le prince Dewawongse fit connaître sa réponse ; il était disposé à accorder à la France toutes les réparations accessoires, telles que la punition de certains officiers et le versement de 3 millions. Quant au point essentiel, la question des frontières, il reconnaissait les droits de l'Annam, mais jusqu'au 18e degré seulement : au nord de cette ligne le pays resterait contesté. De plus l'usage des îles serait commun. *Réponse du Siam. Acceptation partielle de l'ultimatum.*

Le 26 juillet, M. Pavie, jugeant qu'il n'y avait plus rien à tenter par la voie diplomatique, amenait son pavillon et quittait Bangkok avec les navires français, laissant au consul général de Hollande la protection des intérêts français, et rejoignait à Kohi-Chang l'amiral Humann qui établissait aussitôt le blocus des côtes de Siam laissant aux navires neutres un délai de trois jours pour sortir des eaux siamoises. *Rupture des négociations.*

Cette attitude énergique eut un résultat immédiat : le gouvernement siamois se décida à céder, et le 29 juillet, le prince Vadhana, ministre de Siam à Paris, informa M. Develle que le roi « acceptait sans réserve les réclamations du gouvernement de la » République ». *Acceptation sans réserves de l'ultimatum français.*

A la suite de cette acceptation, le conseil des ministres chargea M. Develle d'aviser la cour de Bangkok que le gouvernement français consentait à prendre acte de son acceptation tardive de toutes les conditions de l'ultimatum du 20 juillet.

§ 420. En conséquence, le ministre des Affaires étrangères adressa, le 30 juillet, au chevalier Keun de Hoogerwoerd, consul général de Hollande, à Bangkok, la dépêche suivante en le priant de la transmettre au prince Dewawongse :

« Le retard apporté par le gouvernement siamois, à accepter
» l'ultimatum, qui lui a été remis par le ministre résident de France,
» à Bangkok, le 20 juillet, autorisait le gouvernement de la Répu-
» blique française à en aggraver les conditions.

» Désireux de donner une nouvelle preuve des sentiments de
» modération qui l'ont constamment inspiré, le gouvernement
» français se contentera, comme garantie indispensable de l'exé-
» cution pratique des clauses de l'ultimatum, d'occuper la rivière
» et le port de Chantaboun jusqu'à complète et pacifique évacua-
» tion des postes établis par les Siamois sur la rive gauche du
» Mékong.

» D'autre part, en vue de garantir les bonnes relations heureu-
» sement rétablies entre la France et le Siam, et de prévenir tout
» conflit dans la région du Grand Lac et du Mékong, le gouverne-
» ment siamois s'engagera à n'entretenir désormais aucune force
» militaire à Battambang et à Siem-Reap, ainsi que dans les locali-
» tés situées dans un rayon de 25 kilomètres sur la rive droite du
» Mékong, à partir des frontières du Cambodge.

» Il y maintiendra seulement le personnel de police nécessaire
» pour assurer l'ordre. En outre il s'abstiendra d'entretenir ou de
» faire circuler des navires et embarcations armés dans les eaux
» du Grand Lac et celles du Mékong.

» Le gouvernement français se réserve d'établir des consulats à
» M' Van et à Khorat.

» L'acceptation par le Siam de ces garanties permettra au gou-
» vernement français de lever immédiatement le blocus ».

Signé : JULES DEVELLE.

Le prince Vadhana accepta le 1er août ces nouvelles conditions. Le 5 août, l'accord intervenu fut ratifié à Bangkok. Le blocus fut levé ; M. Pavie reprit son poste à Bangkok ; le général Duchemin occupa Chantaboun et l'indemnité de 3 millions fut payée.

M. Le Myre de Vilers arrivé à Bangkok le 16 août n'eut plus qu'à négocier sur ces bases le traité définitif qui fut signé le 3 octobre suivant et n'est que la reproduction de l'ultimatum du 20 et de la note du 30 juillet.

En faisant ainsi respecter ses droits, la France n'a pas cherché à s'étendre. Son établissement sur la rive gauche du Mékong est une délivrance pour les malheureux indigènes opprimés par les Siamois.

Le traité a remis les choses en ordre et la France, en servant la cause de la justice, a servi en même temps celle de l'humanité et de la civilisation (1) !

§ 421. Au commencement de 1895, un conflit qui aurait pu avoir des conséquences déplorables se produisit entre l'Angleterre et le Nicaragua.

Le gouvernement nicaraguéen ayant appris que M. Hatch, vice-consul anglais à Bluefields, était impliqué dans un complot tendant à pousser les Indiens et les Jamaïcains, du territoire des Mosquitos, à la révolte contre les autorités du Nicaragua le fit arrêter. Le gouvernement anglais s'émut de cette arrestation et sur le refus du cabinet de Managua de remettre M. Hatch en liberté, envoya un ultimatum réclamant la liberté de son agent et une indemnité de 375.000 francs. Le gouvernement nicaraguéen refusa et proposa de soumettre la question à un arbitrage international.

Sur ces entrefaites on parla d'une proposition du Nicaragua de terminer le différend en cédant à l'Angleterre les îles Corn pour en faire un dépôt de charbon.

§ 422. Aussitôt le gouvernement des États-Unis fit savoir qu'il ne permettrait l'acquisition par l'Angleterre ni des îles Corn ni d'aucun autre territoire du Nicaragua, même avec l'assentiment de celui-ci.

Il insista même pour que l'Angleterre renonçât à son projet d'appuyer par la force son ultimatum et de débarquer des troupes sur le territoire nicaraguéen.

Le gouvernement anglais refusa par la lettre ci-dessous du comte de Kimberley les propositions du Nicaragua :

« Au ministre des Affaires étrangères du Nicaragua.

» J'ai l'honneur de recevoir votre télégramme du 11 février. Ma note a été remise à M. Barrios le 26 du même mois, avec prière qu'il vous en transmette copie par la malle du 2 mars. Le gouvernement de la Reine ne saurait être tenu responsable du retard qui s'est produit.

» Votre contre-proposition a été examinée, et je regrette qu'elle

Conflit entre l'Angleterre et le Nicaragua.

Intervention des États-Unis. Réponse de l'Angleterre.

Ultimatum anglais.

(1) Voir l'Appendice, Convention signée le 15 janvier 1896 entre la France et l'Angleterre.

ne puisse être acceptée. Le gouvernement de la Reine ne peut admettre qu'il y ait le moindre doute quant aux droits des sujets britanniques à des dommages-intérêts et je dois réitérer les demandes contenues dans ma précédente note ».

En même temps une escadre anglaise composée du *Royal-Arthur*, du *Satellite* et du *Wild-Swan* venait s'embosser devant Corinto, le port principal du Nicaragua.

La plus grande agitation régna aussitôt dans le pays et les autres républiques centre-américaines protestèrent vivement contre cet abus de force de l'Angleterre.

L'amiral Stephenson, commandant des forces anglaises, signifia de nouveau l'ultimatum au président Zelaya, ajoutant que si, dans un délai de 24 heures, satisfaction n'y était pas donnée, il avait ordre de débarquer ses troupes et d'occuper Corinto.

Le gouvernement nicaraguéen, en réponse à la communication de l'amiral anglais, renouvela sa proposition d'arbitrage et répondit que la justice de sa cause empêchait le Nicaragua de donner satisfaction à un ultimatum contraire aux principes du droit des gens. Le gouvernement protestait solennellement contre l'occupation militaire du port de Corinto, contre tous actes de juridiction que l'amiral ou ses subordonnés exerceraient sur le territoire nicaraguéen, et enfin contre tous les moyens violents employés pour forcer le Nicaragua à céder à l'ultimatum, comme étant contraires à la souveraineté de la république et hautement offensants pour sa dignité et son indépendance.

A l'expiration du délai, l'amiral Stephenson débarqua ses troupes et occupa Corinto que les autorités du pays avaient d'ailleurs déjà quitté.

Protestation du Président Zelaya.   § 423. En réponse, le gouvernement retira l'*exequatur* au consul anglais à Managua et lui remit ses passeports. C'était donc la rupture complète des relations diplomatiques entre les deux pays. En même temps le président Zelaya publiait la proclamation suivante :

« Le Nicaragua proteste à la face de toutes les nations contre l'at-
» tentat dont il est victime de la part de la Grande-Bretagne qui oc-
» cupe Corinto en violation du droit international et de tous princi-
» pes d'équité et de justice afin de s'emparer par la force d'une
» somme qui ne lui est pas due.

» Le Nicaragua, dans son impuissance à résister à ses agres-
» seurs, compte sur la sympathie de tous et est prêt à soumettre
» l'affaire à un arbitrage sans tirer argument de sa faiblesse ».

Enfin, ayant conscience de son impuissance et ne voulant pas entamer avec l'Angleterre une lutte dans laquelle il succomberait fatalement, le gouvernement du Nicaragua se décida à céder et adressa à l'amiral Stephenson une lettre par laquelle il accepte l'ultimatum britannique. Il payera, à Londres, dans la quinzaine, l'indemnité réclamée par l'Angleterre et contre laquelle il se réserve de protester. Les autres points en litige seront soumis à un arbitrage. Les troupes anglaises quittèrent immédiatement Corinto à la suite de cet accord.

Sans vouloir porter un jugement sur ces événements, trop récents encore pour que nous puissions les apprécier au point de vue de leurs conséquences, remarquons cependant que l'Angleterre, en face d'une petite république impuissante, a abusé de sa grande puissance maritime en appuyant par la force un ultimatum dans lequel elle se renfermait étroitement sans vouloir écouter les propositions d'arbitrage de son adversaire.

§ 424. Une antique controverse engagée entre le Vénézuéla et l'Angleterre au sujet de l'extension et des limites de la Guyane britannique a repris avec une nouvelle ardeur à la suite d'une voie de fait exercée sur un fonctionnaire anglais, dans le territoire contesté, par des agents vénézuéliens. Dès le principe, le gouvernement de Washington a recommandé au cabinet de Saint-James, en vue de la disproportion des forces entre les deux parties, de s'en remettre à un arbitrage. Lord Salisbury s'y est formellement refusé, ou plutôt il n'a consenti qu'à condition de rendre dérisoire cette procédure, en excluant d'avance de la compétence de l'arbitre les trois quarts de l'objet du litige, en vertu de l'assertion que tout le territoire en deçà de la ligne tracée par le fonctionnaire de Sa Majesté britannique, sir Robert Schomburgk, en 1830, ne saurait être contesté.

Conflit anglo-vénézuélien à propos de la délimitation des frontières de la Guyane anglaise.

La ligne de frontière réclamée par le Vénézuéla part de Danburton et descend à Cartaba, d'où elle suit le fleuve Essequibo. L'Angleterre réclame une ligne partant de l'ouest de Serina Point et qui, en s'infléchissant légèrement, passe par le mont Rocalma. Cette ligne coupe la rivière Yuruan et traverse le mont Sinotaka entre lesquels se trouvent de riches mines d'or. C'est uniquement à la présence de ces mines d'or qu'il faut attribuer l'entêtement de l'Angleterre. Tout le litige, au fond, est là. La ligne revendiquée par le Vénézuéla lui donnerait tout le territoire minier. La ligne revendiquée par les Anglais, tout en coupant le terrain aurifère en deux parties, leur attribuerait en outre un vaste territoire avoisinant. C'est cette ligne que dans les documents diplomatiques on désigne sous le nom de ligne de Schomburgk.

Le territoire en litige entre les deux puissances a une étendue de 35 milles carrés.

Ajoutons que le Brésil dispute à l'Angleterre, dans le sud de la Guyane, un territoire d'une étendue à peu près égale.

Convenons qu'il serait monstrueux de voir pour des questions d'intérêt aussi minces en regard des intérêts généraux, la moitié du monde menacée dans ses relations commerciales, industrielles et politiques par le mauvais vouloir d'une seule puissance.

Intervention des États-Unis. § 425. Au mois de juillet 1895, dans une dépêche communiquée par M. Bayard, ambassadeur des États-Unis à Londres, M. Olney, secrétaire d'État, s'était élevé contre cette prétention et avait déclaré qu'en présence d'une réponse équivalant à un refus, il ne restait aux États-Unis, de par ce principe fondamental de leur politique étrangère qui s'appelle la doctrine de Monroë, qu'à protester énergiquement et à se réserver de prendre les mesures nécessaires. Lord Salisbury n'a répondu que plusieurs mois après à cette communication presque comminatoire. Il a divisé sa défense en deux parties distinctes.

Dans une première dépêche en date du 26 novembre, il réfute l'historique du litige présenté par M. Olney, expose à sa façon le litige avec le Vénézuéla et justifie son refus de soumettre à un arbitrage quelconque « des demandes fondées sur les prétentions extravagantes des Espagnols au siècle dernier et impliquant le transfert d'un grand nombre de sujets britanniques qui ont joui pendant des années du gouvernement régulier d'une colonie britannique à une nation différente de race et de langage et dont le système politique est soumis à de fréquentes perturbations, alors que ses institutions n'offrent trop souvent qu'une protection insuffisante à la vie et à la propriété ».

Dans une seconde dépêche, le premier ministre anglais aborde la discussion de la doctrine de Monroë. Il affirme les trois points suivants : qu'une tierce nation, non affectée par une controverse, n'a pas le droit d'imposer à l'une ou à l'autre des deux parties un mode de procédure particulier ; que le gouvernement des États-Unis n'a pas le droit d'établir comme une proposition universelle que ses intérêts sont nécessairement liés à ceux d'un certain nombre d'États indépendants, pour la conduite desquels il n'accepte aucune responsabilité, simplement parce qu'ils se trouvent dans l'hémisphère occidental ; enfin que, contrairement à l'assertion de

M. Olney que l'union d'un État européen et d'un État américain est contre nature et funeste, l'union de la Grande-Bretagne et de ses territoires de l'hémisphère occidental est naturelle et opportune.

On le voit : c'était la négation théorique absolue de la doctrine de Monroë et le refus pratique de toute immixtion des États-Unis dans les affaires vénézuéliennes.

§ 426. La situation en était là, lorsque le 17 décembre 1895, à la suite du conseil de cabinet tenu à Washington, le président Cleveland envoya au Congrès un message sur le conflit anglo-vénézuélien.

Message du Président Cleveland.

Il demande au Congrès les moyens de former une commission d'enquête. Suivant les résultats de son étude, il esquissera une solution du conflit anglo-vénézuélien qu'il sommera les parties d'accepter.

En d'autres termes, l'Angleterre se refuse à l'arbitrage : les États-Unis prétendent lui imposer leur jugement sans appel. Il est impossible qu'un État autonome, encore bien plus qu'une grande puissance, se soumette à une pareille humiliation. Le président Cleveland, que l'on avait accusé d'avoir restreint et rapetissé la doctrine de Monroë, l'étend cette fois outre mesure. Jamais Monroë n'avait songé à cela en formulant une théorie qui n'est du reste pas un principe du droit des gens, mais qui traduit, comme le faisait finement observer M. Goldwin Smith, un état fixe et permanent de l'opinion américaine.

Il s'agissait, pour le président de 1823, d'empêcher l'intervention de la Sainte-Alliance contre les colonies espagnoles insurgées et l'extension du domaine colonial européen dans le nouveau monde. Aujourd'hui, M. Cleveland semble s'arroger une autorité suprême et en dernier ressort sur tout un hémisphère.

Cette prétention serait aussi funeste aux protégés des États-Unis qu'à l'Europe. L'Angleterre ne saurait, sans trahir sa dignité et les intérêts solidaires des puissances coloniales, se courber devant cette sommation. En même temps il est impossible de se dissimuler que son refus d'arbitrage lui a beaucoup nui dans l'opinion générale. Elle passe pour nourrir des appétits territoriaux sans bornes. C'est ce qui arrête les sympathies en cette occasion.

Autant il est inadmissible qu'elle accepte l'arrogante prétention du message, autant il est à souhaiter qu'elle découvre une solution pacifique et équitable de la difficulté. La France de Napoléon III a dû abandonner le Mexique devant une version à peine moins insolente de la doctrine de Monroë — et l'Angleterre applaudit.

Le ton en est grave, presque menaçant. La péroraison où le président, tout en déplorant un conflit autre que la concurrence pacifique dans les arts de la civilisation entre les deux grands peuples anglo-saxons, déclare hautement préférer ce malheur à une lâche soumission, à l'injustice et à l'atteinte portée au respect de soi-même et à l'honneur d'une grande nation, est propre à émouvoir les cœurs les plus calmes et à faire baisser les fonds les plus sûrs (1).

« Je ne me dissimule en rien, dit le président Cleveland, la
» pleine responsabilité que j'encours en faisant ces recommanda-
» tions et je me rends parfaitement compte des conséquences qui
» peuvent en découler.

» Tout en reconnaissant que c'est une chose pénible que d'en-
» visager deux grandes nations de langue anglaise dans une posi-
» tion réciproque, autre que celle de la concurrence amicale dans
» la marche vers le progrès et vers la paix, j'estime qu'il n'y a pas
» de calamité comparable à celle qui résulte d'une soumission pas-
» sive aux torts, à l'injustice, ni comparable à la perte de l'hon-
» neur national ».

Nous voilà donc en présence d'une menace de conflit sur la gravité duquel il n'est pas besoin d'insister. Il faut souhaiter que de part et d'autre les conseils de la sagesse et de la prudence finiront par l'emporter et que l'on trouvera un arrangement satisfaisant pour les deux parties. Le plus fâcheux, c'est que l'Angleterre, en refusant de soumettre son litige avec le Vénézuéla à un arbitrage, comme le proposaient les États-Unis, ait rendu une solution pacifique plus délicate et plus difficile.

On ne peut s'empêcher d'exprimer quelques regrets en voyant un grand peuple qui devrait marcher à la tête de la civilisation, refuser ainsi systématiquement d'accepter les solutions pacifiques des conflits qu'il peut avoir avec d'autres nations, surtout lorsque celles-ci sont faibles et dans l'impossibilité de prendre la même attitude ; les exemples sont nombreux et pour n'en citer que quelques-uns, rappelons l'affaire des Malouines avec la République Argentine (2), la question de la Trinidad avec le Brésil (3), le conflit

---

(1) *Le Temps* du 18 décembre 1895.
(2) *Droit international*, I, § 287.
(3) Voir ci-dessus, § 31.

anglo-nicaraguéen (1), etc. etc. Puisse cette énergique attitude des États-Unis donner à réfléchir au cabinet de St-James et le faire abandonner sa politique pour adopter celle qui doit maintenant être la solution de toutes les difficultés entre peuples : l'arbitrage international !

SECTION II. — DU CARACTÈRE ENNEMI.

Aucun fait nouveau ne s'est produit depuis la quatrième édition.

SECTION III. — DU COMMERCE AVEC L'ENNEMI ET DES LICENCES.

§ 427. Bynkershoek soutient que la guerre met légalement un terme à toutes relations entre les ressortissants des nations belligérantes, mais que la nécessité ne permet pas la stricte observation de cette règle (*Droit international*, IV, § 1954 et s.). *Opinion de M. A. Desjardins.*

M. A. Desjardins ne saurait se ranger à cette opinion. La solution que propose Bynkershoek, lui paraît heurter les principes du droit des gens naturel. La guerre, dit-il, se fait d'État à État, et non d'homme à homme. Pourquoi donc appauvrir les individus, parce que les États en viennent aux mains. Cela ne se comprendrait que si le commerce impartial des belligérants troublait les opérations de guerre. Pourquoi ajouter une cause de ruine à toutes celles que la guerre traîne à sa suite ? Plusieurs publicistes, il est vrai, pensent que la gêne causée par la suspension des relations commerciales doit accélérer le dénouement des guerres. Mauvais raisonnement. Il faudrait, à ce compte, s'attacher à rendre les guerres de plus en plus désastreuses pour les abréger. C'est ce que le droit ne saurait admettre.

M. Desjardins n'est pas non plus de l'avis de Wheaton qui invoque, à l'appui de cette vieille thèse, l'incapacité d'ester en jugement, qui frapperait les citoyens de l'État ennemi. Il pense que cette solution repose sur une fausse idée du droit de la guerre. Un changement dans les relations des États, dit-il, ne change pas la capacité des individus (2).

(1) Voir ci-dessus, § 421.
(2) *Droit commercial maritime*, I, n° 16.

LIVRE III

ALLIANCES, SECOURS ET SUBSIDES.

Aucun fait remarquable ne s'est produit dans cet ordre de questions depuis la quatrième édition.

LIVRE IV

DES ENNEMIS ET DES MOYENS LICITES ET ILLICITES D'ATTAQUE ET DE DÉFENSE.

Section I. — CONSIDÉRATIONS GÉNÉRALES SUR LES ENNEMIS.

Aucun fait nouveau ne s'est produit depuis la quatrième édition.

Section II. — MOYENS LICITES ET ILLICITES D'ATTAQUE ET DE DÉFENSE.

§ 428. A propos des décrets du président Balmaceda, concernant le bombardement de villes ouvertes (*Droit international*, IV, § 2068), et le blocus non effectif de plusieurs ports chiliens, la *Gazette générale de l'Allemagne du Nord* a publié un article qui reflète l'opinion du Chancelier de l'empire sur cette matière. En voici la traduction : Bombardement des villes ouvertes. Blocus.

Dans la *Gazette du Weser*, M. Geffcken discute le décret du président Balmaceda, ordonnant le blocus des ports chiliens au nord de Caldera. M. Geffcken se trompe d'abord en avançant que la France a interdit l'appareillage des vaisseaux achetés à Toulon par le gouvernement chilien. Au cours de ses déductions, M. Geffcken arrive à la conclusion que le gouvernement allemand et le commandant de son escadre ont les tâches suivantes :

1º Empêcher, de concert avec l'Angleterre, le bombardement des villes ouvertes ;

2º Faire comprendre au président qu'il n'a pas le droit de prononcer un blocus, car il n'a pas les *forces* nécessaires pour l'imposer ;

3° Protester contre la prétention du président de rendre les maisons allemandes de sa sphère de pouvoir responsables des envois de salpêtre des ports du Nord.

On ne saurait accéder à la première demande de M. Geffcken du moins dans l'étendue qu'il réclame. Des publicistes éminents ont bien déclaré incompatibles avec le droit des gens les actes de violence de ce genre ; mais cela ne confère pas encore aux gouvernements étrangers le droit de s'immiscer dans une guerre civile. Du reste M. Geffcken concède lui-même que le droit de bombarder une ville ne dépend pas de savoir si elle est fortifiée, mais de savoir si elle est défendue militairement. Or c'est le cas de plusieurs des villes en question ; du reste il existe, à Iquique par exemple, des fortifications, du moins en partie. Pour nos agents diplomatiques et consulaires au Chili, et pour l'escadre qui se rend dans ce pays, le seul point de vue correct, c'est de défendre autant que possible les multiples intérêts allemands dans ce pays, si ces intérêts exigent une intervention (une *vermittelnde Dasuri Ronkunft*) les organes compétents y consentiront sans aucun doute volontiers, et ils mettront tout en œuvre pour empêcher la destruction des propriétés allemandes, pour protéger la vie des ressortissants de l'Empire établis au Chili.

Les deux autres *desiderata* de M. Geffcken nous semblent mieux fondés. On ne saurait dénier au gouvernement chilien le droit de fermer un ou plusieurs de ses ports, droit que lui confère l'article 18 du traité de commerce du 1er février 1862 entre le Zollverein et le Chili ; en revanche, il faut lui contester le droit d'user de contrainte envers les navires et les affréteurs d'États neutres, qui ne respectent pas cette défense, tant que cette fermeture des ports n'est pas effectuée. Si nous sommes bien informés, le gouvernement impérial partage ce point de vue, et le fait valoir avec énergie à Santiago.

D'autres grandes puissances européennes s'étant, dit-on, ralliées à ces démarches, il y avait lieu d'attendre que le président Balmaceda, dans sa sagesse, révoque un décret qui est en contradiction avec les principes du droit des gens, et dont la mise à exécution l'eût mis sûrement en conflit avec les gouvernements de plusieurs pays jusqu'ici amis du Chili.

Cas du Postdam. § 429. Rappelons à ce propos qu'en 1873, pendant la guerre civile qui désolait l'Espagne, la présence, devant Alicante, du cuirassé allemand, *Friedrich Karl*, a empêché le bombardement de cette ville par les insurgés.

Arrivé à Valparaiso le 3 janvier 1891, le bâtiment hambourgeois *Potsdam* dut renoncer à débarquer sa cargaison, à la suite des troubles qui avaient éclaté au Chili, et se vit même exposé au feu dirigé contre le cuirassé chilien *Blanco-Encalada*. Le 17 janvier la flotte ayant prévenu qu'elle allait ouvrir le bombardement, le capitaine du *Potsdam* se décida à se réfugier dans le port de Falca-Nuano et réclama dans ce but l'aide du remorqueur *Adèle*. Mais arrivé à un mille des Rocas del Buey, celui-ci jeta l'amarre, en dépit des protestations du *Potsdam*, ce qui eut pour conséquence la perte de ce navire. Il échoua sur les récifs de la baie.

Les armateurs du *Potsdam* réclamèrent des dommages-intérêts, par l'entremise de la chancellerie impériale allemande, en fondant leur réclamation sur la sentence du tribunal maritime de Hambourg. Cette sentence porte que ce sont les troubles du Chili qui ont contraint le *Potsdam* à quitter le port de Valparaiso et que le naufrage a eu pour cause unique les agissements du remorqueur *Adèle* (1).

§ 430. Pour ce qui est de l'espionnage (*Droit international*, IV, § 2111 et s.), signalons tout d'abord un cas qui a fait beaucoup de bruit, l'affaire dite de la mélinite. *Espionnage. Affaire Turpin et Triponé.*

Jugeant en dernier ressort dans l'affaire Turpin et Triponé, la Cour de cassation française a posé des principes qui peuvent se résumer comme suit : Pour que la publication du plan soit punissable, il n'est pas nécessaire que cette publication soit complète et exacte. Pour l'application de la loi sur l'espionnage, il faut que les documents publiés soient des documents secrets, intéressant la défense du territoire ou la sûreté extérieure de l'État. Constituent des documents secrets toutes pièces relatives à un détonateur pour une poudre nouvelle. Non seulement l'imitation descriptive d'un document secret, mais encore la divulgation d'un renseignement tiré de ce document constituent une infraction à la loi de 1886 sur l'espionnage (2).

§ 431. Vers la fin de 1893 deux Français, M. Degouy et Delguey-Malavas, étaient arrêtés en Allemagne sous l'inculpation de haute trahison et de révélation de secrets militaires par dessins et photographies de forteresses de la côte de la mer du Nord, de l'île d'Héligoland, des embouchures de la Jahde et de l'Ems et du port de Kiehl. *Procès de Leipzig.*

(1) *National Zeitung*, n° 232 du 15 avril 1891.
(2) *Journal du droit international privé*, 1892, p. 948.

Ils furent traduits devant le tribunal de Leipzig.

Tous deux étaient officiers de marine, attachés à l'État-major général de la Marine française.

A l'audience, tous deux protestèrent énergiquement n'avoir été envoyés par personne, mais être venus de leur propre mouvement, pour se faire une idée exacte des travaux de fortification des côtes de la mer du Nord.

Après trois jours d'audience, le tribunal reconnut les accusés coupables et les condamna à 6 ans et 4 ans de forteresse (1).

Quelques mois après, à la suite de l'assassinat du Président Carnot, l'Empereur Guillaume II, voulant manifester sa sympathie pour la France dans ce deuil national, signa la grâce des deux officiers français.

Affaire Dreyfus.

§ 432. En 1894, une nouvelle éclata tout à coup en France comme un coup de foudre : un capitaine d'État-major attaché au ministère de la guerre venait d'être arrêté, sous l'inculpation de haute trahison. Le capitaine Dreyfus était accusé d'avoir livré à l'Allemagne un certain nombre de documents intéressant la défense nationale, et dont ses fonctions au ministère lui permettaient de prendre connaissance.

L'émotion fut vive, on le comprend, dans tout le pays et même à l'étranger : c'était en effet un fait si rare et si odieux que de voir un homme chargé de contribuer à la défense de sa patrie, un homme que ses chefs avaient jugé digne de leur confiance et à qui ils avaient confié les secrets de la défense du sol natal, trahir ses devoirs et livrer, dans un but de cupidité, à une puissance étrangère, des secrets pouvant causer la perte et la ruine de son pays !

Rapidement menée, l'instruction confirma les premiers soupçons et bientôt un ordre de mise en jugement du Gouverneur militaire de Paris, renvoyait Dreyfus devant le premier Conseil de guerre du Gouvernement militaire de Paris.

Le Conseil s'assembla à la fin de décembre, sous la présidence du colonel Maurel. M. le commandant Brisset, commissaire du gouvernement, occupait le siège du ministère public, M⸳ Demange, du barreau de Paris, se présentait pour Dreyfus.

Le Conseil, dès le début de l'affaire, déclara que les débats sou-

(1) V. l'article de M. Trigaut-Geneste, *Le procès d'espionnage de Leipzic et la loi allemande du 3 juillet 1893 sur la divulgation des secrets militaires* dans le *Journal du droit international privé*, 1894, pp. 265 et 489.

levant des questions intéressant la sûreté de l'Etat, auraient lieu à huis clos.

Après plusieurs audiences le Conseil reconnut à l'unanimité Dreyfus coupable d'avoir, en 1894, « procuré à une puissance » étrangère *un certain nombre de documents secrets* intéressant la » défense nationale, et d'avoir ainsi pratiqué des machinations ou » entretenu des intelligences avec cette puissance ou ses agents, » pour l'engager à commettre des hostilités ou à entreprendre la » guerre contre la France, ou pour lui en procurer les moyens ».

A l'unanimité, Dreyfus fut condamné à la déportation perpétuelle dans une enceinte fortifiée et à la dégradation militaire.

LIVRE V

DROITS ET DEVOIRS DE LA GUERRE PAR RAPPORT A LA PERSONNE DE L'ENNEMI.

Voir *Droit international*, IV, § 2133 et s.

SECTION I. — PERSONNES DE GUERRE, OTAGES ET BLESSÉS.

Aéronautes. Opinion de M. Wilhelm.

§ 433. Tout en se rangeant à l'opinion de M. Geffcken, d'après laquelle les aéronautes ne doivent pas être considérés comme espions (*Droit international*, IV, § 2141), M. Wilhelm (1) estime que le principe de l'assimilation des aéronautes aux messagers une fois admise, il convient de les placer dans les mêmes conditions, c'est-à-dire de leur donner un uniforme qui marque nettement leur caractère militaire, et des titres réguliers, ainsi qu'un pavillon. Alors, si les ballons viennent à tomber dans les rangs ennemis, nul ne pourra contester à leurs équipages la qualité de belligérants.

Quant à l'hypothèse de l'avenir, la guerre sérieuse, il est inutile de s'en occuper. En revanche, il serait possible à des aérostats de se livrer, en temps de paix, à des observations qui seraient taxées d'espionnage. La photographie en ballon peut nous donner des vues panoramiques des places fortes, et l'on ne saurait admettre que des aéronautes, officiels ou non, puissent s'y livrer librement. Le mieux semble être de faire suivre un ballon suspect, et de s'assurer à la descente que son rôle est purement scientifique.

Convention de Genève.

§ 434. Dans une conférence, M. G. Moynier, président du comité

(1) *Journal du droit international privé*, 1891, p. 449.

international de la Croix-Rouge, a indiqué les réformes qui s'imposeront tôt ou tard, afin de prévenir, autant que possible, les abus que nous avons signalés (*Droit international*, IV, § 2162).

Il faudra étendre la convention de Genève à la marine ; il faudra adopter une clause par laquelle les États contractants s'engagent à punir ceux de leurs ressortissants qui l'enfreindraient ou emploieraient abusivement le signe de la Croix-Rouge. Peut-être faudra-t-il remplacer la Croix-Rouge par un autre signe, la Porte ayant déclaré ne pouvoir l'accepter et l'ayant remplacé par un croissant rouge : d'où un conflit qui réclame encore une solution. Il importerait aussi de régler la situation des volontaires de la Croix-Rouge, et de mentionner expressément ce signe dans la convention internationale. Peut-être aussi finira-t-on par consentir à assimiler aux médecins et infirmiers officiels, les ambulanciers civils, organes de sections de la Croix-Rouge reconnues par le gouvernement dans leur pays d'origine, de sorte que ces aides volontaires aient le droit de porter le brassard international (1).

§ 435. Le 12 août 1895, dans sa session de Cambridge, l'Institut de droit international a voté un projet de résolutions sur la sanction pénale à donner à la convention de Genève et dont voici le texte (*Droit international*, IV, § 2104) :

Votes de l'Institut de droit international.

Les gouvernements de..... voulant se donner mutuellement un témoignage du ferme désir d'assurer l'observation de la convention de Genève du 22 août 1864 par les personnes et dans les territoires soumis à leur autorité, sont convenus de ce qui suit :

Art. 1er. — Chacune des parties contractantes s'engage à élaborer une loi pénale visant toutes les infractions possibles à la convention de Genève.

Art. 2. — Dans le délai de trois années, ces lois devront être promulguées et notifiées au Conseil fédéral suisse qui les communiquera par la voie diplomatique aux puissances signataires de la convention de Genève.

Les changements que l'un ou l'autre des États contractants ferait subir ultérieurement à sa loi pénale seraient aussi notifiés au Conseil fédéral suisse.

Art. 3. — L'Etat belligérant qui se plaindrait d'une violation à la convention de Genève par des ressortissants de l'autre État belligérant a le droit de demander, par l'entremise d'un État neutre,

(1) *Conférence sur la convention de Genève*, par Gustave Moynier (Genève, 1891).

qu'une enquête ait lieu. L'État mis en cause est obligé de faire cette enquête par ses autorités, d'en communiquer le résultat à l'État neutre qui a servi d'intermédiaire et de provoquer, s'il y a lieu, la punition des coupables conformément aux lois pénales.

Art. 4. — Les États signataires de la convention de Genève qui n'auront pas souscrit d'emblée au présent acte, pourront le faire en tout temps, par une notification adressée à tous les signataires antérieurs, dans la forme reçue pour les accessions à la convention elle-même.

Section II. — EFFETS DE L'OCCUPATION MILITAIRE SUR LA PERSONNE DE L'ENNEMI.

Aucun fait remarquable ne s'est produit dans cet ordre d'idées depuis la quatrième édition.

LIVRE VI

DROITS ET DEVOIRS DE LA GUERRE PAR RAPPORT A LA PROPRIÉTÉ ENNEMIE

Voir *Droit international*, IV, § 2199 et s.

Section I. — DE LA PROPRIÉTÉ ENNEMIE SUR TERRE.

§ 436. Le 7 août 1891, le conseil d'État français a rendu une déci- Droits des occupants. Prise de possession d'une caisse publique étrangère. sion portant que la prise de possession, par une armée française, de deniers existants dans une caisse publique étrangère ne saurait donner ouverture, contre la France, à une action des créanciers de cette caisse. Il s'agissait d'un litige dont l'origine remonte à plus de deux siècles, et qui, grâce aux intérêts composés, portait sur une somme de 640 millions de francs. En 1676, un sieur Thiéry François mourait à Venise, laissant à ses parents une somme de près de 10 millions déposée à la banque nationale de Venise. Les prétendus parents n'ayant pu établir leurs droits, la somme demeura déposée à Venise jusqu'au jour où le général Bonaparte s'en empara, en vertu des lois de la guerre, disait-il.

Les prétendus héritiers de Thiéry ayant réclamé auprès du conseil d'État, celui-ci se déclara incompétent, ainsi que l'avaient fait auparavant les tribunaux, alléguant, outre le défaut de justification de la part des héritiers, que la confiscation par le général Bonaparte, du dépôt de Venise, ne saurait donner recours contre la France (1) (*Droit international*, IV, § 2206).

Section II. — DE LA PROPRIÉTÉ ENNEMIE SUR MER.

Aucun fait remarquable ne s'est produit dans cet ordre d'idées depuis la quatrième édition.

(1) *Journal du droit international privé*, 1892, p. 949.

Section III. — ADOPTION GRADUELLE DU PRINCIPE DE L'IN-VIOLABILITÉ DE LA PROPRIÉTÉ PRIVÉE SUR MER.

Propriété privée sur mer en temps de guerre.

§ 437. Nous avons résumé (*Droit international*, VI, § 2504) le vote du Parlement allemand tendant à faire déclarer inviolable la propriété privée sur mer, comme elle l'est sur terre.

Dans sa séance du 4 mars 1892, le Reichstag est revenu à la charge, sur la proposition d'un groupe de députés appartenant à tous les partis. Ces députés priaient le chancelier de l'empire de profiter de la bonne entente actuelle avec les puissances étrangères pour entamer des négociations ayant pour but d'élever, au moyen de conventions d'État à État, la liberté de la propriété privée sur mer au rang de principe reconnu du droit international.

La déclaration du chancelier de l'Empire, M. le comte de Caprivi, peut se résumer en ces termes :

Je ne demanderais pas mieux que de prendre l'affaire en mains, si je pouvais espérer quelque succès. Mais des négociations engagées aujourd'hui auraient un résultat moins favorable encore que la déclaration de 1856, déclaration que l'Empire accepte et reconnaît. Si la situation est moins favorable encore qu'en 1856, cela provient de la nature du commerce maritime et des modifications dans les moyens de guerre maritime. Les batailles navales ne décideront plus du sort d'un pays, mais bien les conséquences de ces batailles. Le vainqueur ne peut contraindre son adversaire à faire la paix qu'en opérant une descente dans le pays ou en détruisant son commerce maritime. Cette destruction s'impose d'autant plus, que l'adversaire peut moins se passer de ce commerce pour son alimentation et pour les matières premières dont son industrie a besoin. La destruction de la propriété ennemie peut donc devenir l'*ultima ratio*, la seule ressource.

La première chose qu'on fait, lorsque la guerre éclate, c'est d'essayer de bloquer le pays ennemi : saisir alors un vaisseau qui cherche à forcer le blocus pour porter des marchandises à l'ennemi, c'est absolument comme si, pendant le siège de Paris, quelqu'un avait essayé de faire entrer dans la ville un train chargé de vivres. Nous aurions saisi ce train, bien qu'il fût propriété privée et que celle-ci soit exempte de capture sur terre.

Ce qui est vrai des marchandises ennemies, l'est plus encore des vaisseaux marchands ennemis. Aujourd'hui les paquebots, c'est-à-dire les navires les plus rapides sont tous construits de façon à pouvoir être armés en guerre et à servir au transport des troupes. Donc la marine militaire a la tendance de se servir de la marine marchande, et aucun des belligérants ne saurait laisser libres ces navires marchands jusqu'à ce qu'ils hissent le pavillon du commerce, puisqu'il peut les transformer pour la plupart en engins de guerre. La première chose sera de détruire ces navires. Il est donc peu probable qu'à l'avenir la propriété privée sur mer soit plus respectée qu'aujourd'hui, et j'en conclus qu'il serait inutile d'entamer des négociations dans le sens indiqué avec les autres gouvernements.

LIVRE VII

RAPPORTS ENTRE BELLIGÉRANTS, SUSPENSION DES HOSTILITÉS, SAUF-CONDUITS, CAPITULATIONS.

Voir *Droit international*, IV, § 2411.

LIVRE VIII

DE LA CONQUÊTE.

Voir *Droit international*, IV, § 2453.

Aucun fait remarquable ne s'est produit dans ces ordres de questions depuis la quatrième édition.

TROISIÈME PARTIE

ÉTAT DE NEUTRALITÉ

———

LIVRE PREMIER

DÉFINITION ET APERÇU HISTORIQUE DE LA NEUTRALITÉ.

Voir *Droit international*, IV, § 2491 et s.

———

LIVRE II

PRINCIPES GÉNÉRAUX DE LA NEUTRALITÉ ET DEVOIRS DES NEUTRES.

Voir *Droit international*, IV, § 2592 et s.

§ 438. Nous avons traité, avec tous les développements qu'elle comporte, la question du commerce des neutres avec les belligérants (*Droit international*, IV, § 2685 et s.), mais nous n'avions et ne pouvions avoir en vue alors que les cas de conflits à main armée. Depuis lors, à la suite de circonstances sur lesquelles ce n'est pas le lieu de s'étendre, on a vu surgir une nouvelle catégorie de guerres, celles que les puissances européennes et américaines se font à coups de tarifs douaniers. Durant ces conflits, qui se terminent d'ordinaire par une convention commerciale, il arrive fréquemment que les belligérants cherchent à éluder les droits protecteurs ou prohibitifs que la partie adverse a mis sur leurs provenances, en

[marginal note:] Devoirs des neutres en cas de guerre commerciale.

introduisant, sur le territoire d'un État neutre, c'est-à-dire d'un pays avec lequel ils ont un traité de commerce, des marchandises à destination de leur adversaire. Ces marchandises bénéficient alors frauduleusement des avantages accordés, moyennant compensation sur d'autres articles à l'État neutre, ce qui retarde d'autant la solution du conflit douanier. Les belligérants ont coutume, en pareille situation, de chercher à sauvegarder leurs intérêts en imposant aux importateurs la production de certificats d'origine. Mais il est des cas nombreux où ces certificats n'ont et ne peuvent avoir qu'une valeur très relative, sur la nature des marchandises sur lesquelles ils portent. Alors ces certificats ne sauraient être remplacés, tant bien que mal, que par une surveillance active aux frontières, surveillance qui dépend du bon vouloir de l'État neutre et sur laquelle on ne saurait donc toujours compter.

L'exemple le plus frappant de cette contrebande de guerre d'un nouveau genre, c'est celui qu'a fourni en 1893, le conflit douanier russo-allemand. La Russie ayant majoré, vis-à-vis de l'Allemagne, ses tarifs douaniers déjà fort élevés, ce pays a usé de représailles en portant à 7 marcs 50 par cent kilogrammes les droits d'entrée sur les céréales russes. Ces droits sont le double de ceux du traité de commerce austro-allemand. Dès lors, vu la situation géographique des pays en cause, la tentative, par la Russie, d'introduire ses blés en Autriche-Hongrie, et de les réexporter en Allemagne, à la faveur du tarif conventionnel, tentative que les chemins de fer russes ont favorisée en transportant ces céréales, à fort bas prix, jusqu'à la frontière autrichienne, on conçoit qu'il soit très difficile de reconnaître plus tard la provenance des blés qui franchissent les frontières austro-allemandes, surtout lorsque les importateurs ont pris la précaution de les mélanger à des blés de Hongrie.

Opinion de M. Reuling.

Cette situation a conduit un publiciste allemand, M. Reuling, à examiner la question des devoirs des neutres en pareille occurrence. Dans une guerre de douanes, dit-il en substance, il est souvent difficile de constater les violations de la neutralité. Elles ne sont point aussi ostensibles que, par exemple, la fourniture de matériel de guerre aux belligérants par un État neutre ou par des particuliers ressortissants de cet État. En pareil cas, les belligérants sont assurément fondés à saisir même la propriété privée. Pareil droit de défense doit prévaloir aussi dans les cas de violation de la neutralité par les neutres durant une guerre de tarifs douaniers. Le pays lésé est fondé en principe, vis-à-vis du pays qui viole cette neutralité, à toutes mesures de nature à détourner ou du moins à diminuer le danger, à empêcher que l'État neutre ne paralyse les moyens de défense de l'un des belligérants, et ne compromette peut-être de la sorte les résultats de la politique commerciale dudit belligérant. Les traités de commerce et de douanes eux-mêmes ne sauraient entraver, en pareille circonstance, l'action du belligérant. Il est fondé alors à suspendre ces traités, la prise à partie du consignataire étant non seulement une violation de la neutralité, mais aussi une violation de la convention douanière (1).

On ne saurait méconnaître la portée des arguments invoqués par M. Reuling. Mais il faudrait distinguer entre la participation active ou passive du neutre, et les cas, tels que celui du transit de céréales russes par l'Autriche-Hongrie, où le neutre, avec la meilleure volonté du monde, ne saurait prévenir toute fraude. Dans ces cas surtout, la dénonciation des conventions douanières serait une mesure qui, ce nous semble, ne peut se justifier.

(1) *Correspondent des Randes der Landarithe*, août 1893.

LIVRE III

DROIT DES NEUTRES.

Voir *Droit international*, IV, § 2643 et s.

Opinion de M.
A. Desjardins. § 439. Voici comment M. Desjardins s'exprime au sujet du commerce des neutres (*Droit international*, IV, §§ 2643 et 2689).

« Le commerce maritime des neutres, dit-il, n'est limité que par le devoir issu de la neutralité. Ils ne peuvent s'adonner à un commerce hostile ou partial, qui constituerait une participation indirecte à la guerre, mais restent à l'abri de toute atteinte, quand ils transportent les huiles ou les savons d'un belligérant. Ce transport peut enrichir un belligérant; qu'importe? Le neutre ne cherche par là qu'à s'enrichir lui-même, aujourd'hui comme hier, ne se préoccupant des hostilités que pour n'y pas concourir : de quel droit l'en empêcher... Le neutre n'ayant pas rompu sa neutralité, son navire reste inviolable, comme le territoire même qu'il prolonge, et la juridiction du belligérant ne saurait s'y exercer » (*Droit commercial maritime*, I, n° 25).

Voici comment s'exprime le même auteur à l'égard de la propriété neutre (*Droit international*, IV, § 2698) :

« La propriété neutre, dit-il, est en effet à l'abri de toute capture. Elle ne devient saisissable que si le neutre viole les lois de la guerre, par exemple lorsqu'il transporte des articles de contrebande ou tente de forcer un blocus. Or, si le trafic n'est pas libre entre belligérants, il est libre entre belligérants et neutres. Il ne reste donc plus qu'à déterminer si ceux-ci, en mettant leurs marchandises sur le navire d'un belligérant, méconnaissent un des devoirs que la neutralité leur impose. Quel devoir méconnaissent-ils? Le neutre ne peut-il pas être propriétaire en pays ennemi? S'il peut confier sa propriété mobilière au territoire, il peut la confier au navire du belligérant. Enfin, il importe peu que ce navire soit saisissable, parce qu'il serait raisonnable de regarder la marchandise neutre comme l'accessoire du bâtiment ennemi » (*Droit commercial maritime*, I, n° 26).

LIVRE IV

DE LA CONTREBANDE DE GUERRE.

Voir *Droit international*, V, § 2708 et s.

§ 440. Au sujet du transport, sur des navires neutres, de militaires au service d'un belligérant, transport qui est assimilé à la contrebande de guerre (*Droit international*, V, § 2796), nous n'aurons à signaler que le cas suivant :

Arrestation illégale et assassinat à bord d'un navire de commerce étranger. Cas du général Barrundia.

Le 28 août 1890, le vapeur américain *Acapulco*, en relâche à San José (Guatemala), fut envahi par les autorités de ce pays, sous prétexte d'arrêter le général Barrundia qui se trouvait à bord et que le gouvernement de Guatemala soupçonnait, non sans motifs, avoir l'intention de faire cause commune avec la république de San Salvador, alors en guerre avec le Guatemala, afin d'usurper la présidence de ce dernier pays. Le général Barrundia, ayant opposé de la résistance à son arrestation et tiré le premier sur les agents guatémaliens, fut tué dans la bagarre.

Les autorités guatémaliennes arguaient, en faveur de l'invasion de l'*Acapulco* par leurs agents, de l'autorisation qui leur en avait été donnée par M. Mizner, ministre des États-Unis auprès de la république de Guatémala. Mais M. Blaine, secrétaire d'État des États-Unis, ne se rangea point à leur opinion. Par note du 18 novembre 1890, il révoquait M. Mizner de ses fonctions et motivait cette mesure de la façon suivante. Il est avéré, disait-il, que le général Barrundia machinait un soulèvement contre le gouvernement guatémalien : il n'ignorait pas que l'*Acapulco* ferait relâche au port de San José, c'est-à-dire sur le territoire du Guatémala. Mais ceci ne regarde point les États-Unis. Si le traité d'extradition de 1870 entre ce pays et le Guatémala avait encore subsisté, ce dernier État aurait pu demander l'extradition du général, et cette demande eût été examinée ; mais le traité est expiré, et d'ailleurs il ne concédait pas l'extradition pour crimes politiques. On ne saurait alléguer non plus que le général rentrât dans la rubrique de la contrebande de guerre, car il faudrait prouver pour cela, ce qui n'a pas été fait, que le dit général était au service de l'ennemi du Guatémala, soit la république de San Salvador. Enfin les vaisseaux d'une nation sur la haute mer sont généralement considérés comme faisant partie de son territoire, et ce caractère n'est pas infirmé par l'entrée de ces vaisseaux dans les ports d'une autre nation, bien que cette entrée les soumette, en grande partie, à une autre juridiction. C'est ce qui a été reconnu entre autres dans les cas de la *Créole* et de Wildenhus (assassinat à bord d'un navire belge dans le port de Jersey City). De plus les navires ont toujours été regardés comme lieu d'asile pour les réfugiés politiques ; c'est surtout le cas pour les contrées de l'Amérique espagnole, dont les communications ne se font guère que par eau, et il est d'intérêt général que ces communications ne soient pas interrompues dans les événements politiques. Pour ces motifs, M. Blaine regrette que M. Mizner ait prêté la main à une arrestation arbitraire et violente, à bord d'un navire américain. Il lui enjoint en conséquence de quitter son poste par la première occasion et de remettre les affaires de la légation au secrétaire Kimberly, nommé chargé d'affaires *ad interim* (1).

Correspondance de M. Blaine.

§ 441. Voici, pour plus ample information, quelques passages des dépêches de M. Mizner, ministre des États-Unis, à M. Blaine.

Le 29 août 1890, le ministre télégraphie à son chef que le général Barrundia a résisté à son arrestation. Il ajoute qu'il s'est porté garant de la vie du général et que, de concert avec le consul général des États-Unis, il a avisé le capitaine de l'*Acapulco* que, la loi nationale étant encore en vigueur, il permettrait l'arrestation du général Barrundia sous l'accusation d'être un ennemi.

Le 31 décembre 1890, M. Mizner transmet à M. Blaine une dépêche dont nous détachons le passage suivant :

« Barrundia était citoyen du Guatémala et insurgé contre les lois de ce pays. Etant de plus accusé de délits communs, il s'est soumis volontairement à la juridiction du Guatémala à bord du vapeur marchand *Acapulco*.

Les autorités cherchaient à l'arrêter. Le capitaine du navire me demanda des instructions. Voici celles que je lui donnai :

(1) *The Barrundia case.* Message du président des États-Unis à la Chambre des représentants ; n° 51, décembre 1890.

« Si votre navire est à une lieue au plus du territoire du Guaté-mala et que vous ayez à bord le général Barrundia, votre devoir est, conformément au droit international, de le livrer aux autorités du Guatémala, à leur réquisition ».

S'il y a une différence entre les deux cas (1), elle est en faveur du droit du Guatémala d'opérer l'arrestation, l'inculpé s'étant rendu coupable de délits politiques et de délits de droit commun, et c'est ce qui m'a porté à donner le conseil que le capitaine de l'*Acapulco* m'avait sérieusement demandé, tandis que, dans le cas Gower, le capitaine du *Honduras* avait gardé le silence.

Les détails des cas Gower et Barrundia ont été transmis aux capitaines et consuls locaux respectifs, un ministre, résidant à des centaines de milles, ne pouvant s'occuper personnellement de pareilles arrestations.

Dans le premier message annuel du président au Congrès, il est dit que « la diplomatie doit être franche et exempte d'intrigues ». Ce qui veut dire qu'autrefois il en était autrement. « Si, et l'on ne saurait le contester, le Guatémala a le droit indubitable d'arrêter Barrundia, eût-ce été agir franchement de mettre des obstacles à l'exercice de ce droit ? D'autre part, n'eût-ce pas été une intrigue que d'aider le capitaine de l'*Acapulco* à éluder les éléments du droit des gens, qui affirme le droit d'arrêter toutes catégories de coupables sur les navires marchands étrangers séjournant dans nos ports ?

« Le 4 juillet dernier, le capitaine Pitts permit aux autorités de Salvador d'arrêter le sénor Delgado, ministre des Affaires étran-gères de la République, et l'enleva contre son gré du vapeur *Aca-pulco*, ainsi que je vous l'ai prouvé. Il semble que le même privi-lège doit être étendu au Guatémala (2). »

§ 442. M. A. P. Morse, de Washington, a consacré à l'affaire Barrundia une brochure, dont les conclusions sont les suivantes :

Opinion de M. A. P. Morse.

1° Faute de conventions spéciales, la loi du pavillon prime, pour les navires marchands, celle du port ;

2° Il est des circonstances où la loi du pavillon et celle du port peuvent exercer concurremment une juridiction ;

3° Il est des cas où la loi du port exclut celle du pavillon ;

4° Les traités et l'usage, ainsi que les convenances et conces-

_____

(1) Le présent cas est celui de M. Gower, accusé d'attentat aux lois du **Nicaragua**.

(2) *Papers relative to foreign relations of the United States*, 1891, p. 82 et 145.

sions mutuelles, doivent régler l'étendue et le caractère de la juridiction exercée en vertu des lois du pavillon et du port.

Le chiffre 1° comprend les actes commis en haute mer, sauf peut-être la piraterie ; le chiffre 2° les délits de peu d'importance commis dans un port par les passagers ou les équipages, le chiffre 3° enfin les assassinats et autres crimes perpétrés dans un port, et de nature à menacer l'ordre public dans ledit port (1).

Avant-projet de règlement international. § 443. M. Kleen fait suivre cet exposé de l'état de la législation sur la contrebande de guerre d'un avant-projet de règlement international de cette matière. Voici les points les plus saillants de cet important travail.

Sont réputés contrebande de guerre, les munitions de guerre proprement dites, y compris les matières qui entrent dans la composition de ces munitions. Un objet qui n'est pas contrebande de sa nature ne prend pas ce caractère par le fait qu'il peut être utile à un belligérant. La destination n'a d'importance que si l'objet en cause est expédié à un belligérant. L'intention seule n'est pas punissable.

Les neutres ont à s'abstenir de fournir de la contrebande aux belligérants, et à surveiller les envois de leurs ressortissants à destination des belligérants. Les législations sur ce point doivent être identiques. Ces devoirs incombent au neutre par rapport aux commerces passif et actif.

Sont réputés faits de contrebande, le fait par un navire national, neutre ou ennemi, de porter des articles de contrebande à un ennemi, et le fait de vente directe de ces articles à l'ennemi, ou de vente indirecte à des fournisseurs. La preuve de la destination résultera, pour les transports maritimes, des papiers du bord, ou de documents jugés valables par le tribunal.

Les États s'entendront sur les articles à ranger dans la contrebande de guerre, ainsi que sur les changements à introduire dans la liste de ces articles.

Sont contrebande de guerre : les armes de tout genre, les munitions, les objets d'équipement, les navires de guerre ou de transports militaires, les parties constitutives de ces articles, pourvu qu'elles soient prêtes à être montées sans remaniement ultérieur et qu'elles ne puissent avoir une destination pacifique, les machines faites pour fabriquer les objets ci-dessus.

---

(1) *Is there a law of the flag as distinct from the law of the port in respect to merchant vessels in foreign ports ?* (Albany, 1890).

Sont abolies les contrebandes relative et accidentelle.

Il est interdit de proclamer contrebande de guerre la monnaie, les métaux, les vivres, les céréales, les étoffes, les vêtements, les navires de commerce, le matériel maritime, soit les éléments constitutifs des navires, les matières premières pour la fabrication des armes et munitions de guerre, les machines autres que les armes et machines de guerre proprement dites, la houille et les chevaux.

Ne saurait dispenser de ces dispositions le fait qu'un traité a été conclu, dans ce but, entre le neutre et l'un des belligérants, que les transports ont eu lieu, d'une façon habituelle, en temps de paix, et que la même assistance est prêtée aux deux belligérants.

Les délits de contrebande sont punis par les législations nationales, puis par l'exercice du droit de prise et de saisie. Ces peines ne peuvent être prononcées que par un tribunal régulièrement constitué. La peine ne peut s'étendre au navire et aux objets non de contrebande.

Le transport d'agents, de militaires ou de dépêches pour le compte et à destination de l'ennemi n'est pas contrebande, non plus que le fait de fournir des militaires à un belligérant. Ce dernier fait est un délit *sui generis*. Il est licite d'apporter à un belligérant des correspondances privées ou des dépêches diplomatiques. Mais le transport de personnes ou de dépêches pour le compte de belligérants est illégal. Toutefois ceci ne s'applique aux agents diplomatiques et aux courriers que dans le cas où le transport aurait lieu exclusivement sur le territoire de l'ennemi, ou entre ses possessions, ou entre deux alliés ennemis et en dehors du trafic régulier. Aucun agent diplomatique du courrier des belligérants ne peut être détenu ou arrêté à bord de navires naviguant entre des ports neutres ou un port neutre et le port d'un belligérant. Il est interdit d'inquiéter le navire du fait de ce transport.

Le transport de militaires est interdit sur le territoire des belligérants, entre leurs ports, possessions, armées ou flottes, entre ports ou territoires neutres, entre ports ou territoires d'un neutre et d'un belligérant, d'un point neutre à l'armée ou à la flotte d'un belligérant, si le transport se fait pour le compte de l'ennemi. Est licite en revanche, dans ces cas, le transport de particuliers, sujets des belligérants ou autres.

Est interdit le transport des dépêches d'un ennemi par des nationaux, des neutres ou des ennemis. Mais il est libre entre des places neutres ou à destination de neutre. Les paquebots ou voitures neutres ne peuvent être inquiétés pour transport de dépêches.

Est interdit le transport « d'objets nécessaires », même non de contrebande, pour le compte d'un ennemi, en vue de pourvoir à ses besoins sur le théâtre des hostilités. Interdit aussi aux nationaux et aux neutres de piloter les navires de guerre ou de transport ennemis, sauf les cas de détresse ou de relâche forcée.

Il est du devoir des États d'empêcher et de punir les actes de transports interdits dont leurs ressortissants se rendent coupables. Si l'État lui-même commet pareil acte ou s'en rend complice, le belligérant peut exiger une réparation et s'emparer des transports interdits. Les peines consistent en amendes, prison ou autres pénalités. Le navire coupable est condamné. Les mesures de coercition ne sont pas exclues par le fait que le transporteur a été contraint par violence ou par ruse. Mais un transport illégal n'est pas punissable, lorsque le départ a eu lieu avant la déclaration de guerre (1).

§ 444. Voici, d'après M. Kleen (2), l'état de la question de la contrebande de guerre dans les principaux pays de l'Europe et aux États-Unis :

Législation comparée. Contrebande de guerre.

Allemagne. L'Allemagne observe une attitude expectante en attendant plus d'entente internationale. En somme elle continue les traditions de la Prusse, toujours favorable à la liberté des neutres et fidèle à la neutralité armée. Elle limite les prohibitions au strict nécessaire, sauf pourtant, depuis 1870, en ce qui concerne le manille. Sont considérées comme contrebande les armes et les munitions ; le soufre et le salpêtre ne figurent plus dans la liste depuis le règlement des prises de 1804.

Angleterre. En Angleterre la réclamation contre la contrebande a malheureusement toujours été, non une affaire de droit, mais une affaire politique. Cette politique est caractérisée par deux principes : le premier est d'augmenter ou de restreindre les prohibitions d'après son intérêt isolé ; le second de ne jamais signer avec les autres nations d'accord fixant une règle claire et précise, valable en tout temps. L'Angleterre fait dépendre ses prohibitions de la destination de la marchandise dans chaque cas spécial. Cela signifie que les gouvernements britanniques ont voulu soit diminuer, soit augmenter les prohibitions, selon leur position de neutre ou de belligérant : dans ce dernier cas, la Grande-Bretagne est allée jusqu'à prohiber les objets les plus indispensables, tels que les céréales et les vivres en général. Lorsqu'elle est neutre, au con-

(1) *Revue de droit international*, XXV, p. 389.
(2) *Revue de droit international*, XXV, p. 7.

traire, elle a quelquefois déclaré libre tout commerce neutre. Elle
se fonde en tout ceci sur le principe que les défenses de contrebande seraient l'affaire non du droit international, mais du belligérant.

C'est pourquoi il n'existe pas encore de règlement international
de la contrebande, ce qui laisse la porte large ouverte aux litiges.
Les conflits sont surtout à redouter pour les articles, tels que le
charbon, que l'Angleterre produit en grandes quantités, et qu'elle
peut vendre à grand profit, lorsqu'elle est neutre.

C'est par simple décret (*order in Council*) que la Grande-Bretagne établit la liste des objets prohibés. Ces ordres sont des lois
tout accidentelles et n'ont aucune valeur comme précédents de
droit international.

L'Angleterre n'a plus de traités de contrebande qu'avec les États
scandinaves et quelques autres pays de peu d'importance commerciale.

L'Autriche ayant accédé au traité de neutralité armée de 1788, a *Autriche-Hongrie.*
adopté la liste de 1766, qu'elle a renouvelée à peu près dans son
décret de 1864. Malheureusement la loi austro-hongroise, votée à
propos de la guerre de 1870, adopte le système anglais, c'est-à-dire
qu'elle abandonne au belligérant le droit de dresser, dans chaque
cas spécial, la liste des objets prohibés.

Le Danemarck est demeuré en somme fidèle au principe de la *Danemarck.*
neutralité armée. Il n'a ajouté aux objets prohibés que le soufre
et le salpêtre.

L'Espagne a généralement suivi la voie tracée par la France, *Espagne.*
c'est-à-dire que ses prohibitions se maintinrent dans des limites
raisonnables. Elle a adhéré de plus à la neutralité armée des prohibitions comprenant les articles de guerre proprement dits, le
salpêtre et les vivres à destination d'un port bloqué. Elle a égard
du reste au principe de la réciprocité.

La législation nord-américaine sur la contrebande de guerre *États-Unis.*
ne se distingue point par la clarté et la précision. En somme,
elle repose sur les principes de la neutralité armée, mais elle
a subi plusieurs modifications. Entre autres, en 1778, les États-
Unis, dans leur traité avec l'Angleterre, admirent que les vivres,
ainsi que d'autres marchandises généralement non comptées
comme contrebande de guerre, peuvent être saisis par le belligérant, s'il le trouve convenable, moyennant indemnité au propriétaire. En conséquence, les prohibitions étaient divisées en
propres et accidentelles, division grosse de différends. Dans les

traités datant du siècle actuel, le principe de la contrebande accidentelle est abandonné en théorie, et les prohibitions contre les
vivres, la monnaie et les métaux ne sont plus admises. Le traité
de 1871 avec l'Italie se tient exclusivement aux articles de guerre,
les autres maintiennent le principe d'Utrecht, en y ajoutant les
chevaux et le salpêtre. Tels les traités avec l'Amérique du Sud.

De plus, les États-Unis font dépendre, dans leurs traités, la qualité de contrebande de guerre de la destination de la marchandise,
et ce principe a prévalu dans les sentences de la Cour suprême de
Washington.

Elle divise les articles en trois classes : 1º ceux destinés exclusivement à la guerre ; 2º ceux qui servent à la fois aux usages de
la guerre et de la paix ; 3º ceux qui servent exclusivement en temps
de paix. Les articles de la première sont contrebande, s'ils sont
destinés à un belligérant, ceux de la seconde le deviennent, s'ils
sont destinés à un usage militaire par le belligérant. De la sorte
les États-Unis sont retombés dans le système de la contrebande
occidentale.

France.   En somme, en réglant la contrebande de guerre, la France a respecté
les droits des neutres. Elle ne s'est pas refusée à traiter avec les autres nations pour aboutir à une entente, et ses listes d'articles prohibés excluent en général les équivoques. Les défenses sont limitées aux spécialités de guerre, et maintiennent le principe que la
notion même de la contrebande en restreint les objets aux choses
particulièrement faites pour l'usage militaire. Néanmoins durant
les périodes de dictature, la France a ajouté aux défenses régulières, des défenses exceptionnelles concernant des articles qui
appartiennent aux nécessités de la vie civile.

La liste française repose sur le traité des Pyrénées et l'ordonnance de la marine de 1861. Elle n'ajoute que les chevaux à la
prohibition qui frappe les munitions de guerre. Exceptionnellement
on y a adjoint la monnaie, les métaux et les munitions navales.
Mais de 1793 à 1815, la France tomba dans les excès qu'elle a re-
prochés à l'Angleterre. Elle déclara contrebande toute chose de
provenance ennemie fabriquée par l'ennemi et produite sur son sol,
et toute chose à destination de l'ennemi. La Convention soumit même les vivres au droit de préemption. Heureusement les tribunaux des prises s'efforcèrent de rester fidèles à l'ordonnance de
1681. En 1885, pendant la guerre contre la Chine, la France prohiba
le riz ; pendant la guerre de Crimée, les chevaux, les machines
marines et les munitions navales, mais seulement pour les sujets

français. Aux objets de guerre, elle ajouta le soufre et le salpêtre. Ces prescriptions demeurèrent en vigueur en 1859 et en 1870-71. Le programme français est donc en somme celui de la neutralité armée.

Ce sont les Provinces-Unies qui ont inauguré le système de la contrebande accidentelle. Les Pays-Bas y ont persévéré tant que dura leur prépondérance maritime. En 1781 ils adhérèrent à la liste libérale de 1768 et ils y sont demeurés fidèles depuis. *Pays-Bas.*

Dès 1783, la Sardaigne avait adhéré à la liste de 1766. Depuis l'unité italienne, la contrebande de guerre a été réglée par une loi intérieure qui ne répute contrebande que les munitions de guerre et généralement tout ce qui, sans manipulation, peut servir à un armement immédiat maritime ou terrestre, sauf pourtant les diverses conventions et les déclarations spéciales faites au commencement des hostilités. *Italie.*

En 1782, le Portugal qui, jusqu'alors, n'avait pas connu la notion de contrebande, accéda à la neutralité armée, c'est-à-dire à la liste de 1766. Mais il y ajouta parfois des prohibitions par traités. Aujourd'hui ses traités de commerce en vigueur ne renferment pas de liste de contrebande. *Portugal.*

La Russie étant entrée tard dans le concert européen, sa signature se trouve rarement sous des actes sanctionnant des prohibitions. Son traité de 1766 avec l'Angleterre a pour base les stipulations de la neutralité armée et n'y ajoute que fort peu d'articles. Dans les transactions suivantes, entre autres celles de 1800 et de 1801, elle marche à la tête des neutres. En 1877, elle est restée fidèle à la liste de 1766 et n'y a ajouté que le soufre et le salpêtre. *Russie.*

Avant la neutralité armée, la Suède a suivi la France. Les nombreux traités qu'elle conclut aux XVIIe et XVIIIe siècles furent profondément modifiés par celui de 1803 où les vivres sont soustraits à la confiscation et seulement soumis à la préemption. La prohibition s'étend aux munitions navales ouvrées pour navires de guerre, mais non aux produits des forêts et des mines. Ceux-ci sont soumis uniquement à la préemption. En résumé du reste la Suède s'en est tenue à la liste de 1766, en y ajoutant le soufre, le salpêtre, le harnachement et le plomb. *Suède.*

En somme tous les États maritimes, sauf l'Angleterre, reconnaissent le principe de la neutralité armée, sans autre addition que les matières premières de la poudre.

LIVRE V

DES SIÈGES ET DES BLOCUS.

Voir *Droit international*, V, § 2827.

Section I. — DU BLOCUS EFFECTIF ET DE SES EFFETS.

Aucun fait remarquable ne s'est produit dans cet ordre d'idées depuis la quatrième édition.

Section II. — DU BLOCUS FICTIF.

Opinion de M. Desjardins. Nécessité de la guerre.

§ 445. Au sujet de la théorie des nécessités de la guerre (*Droit international*, V, § 2838), M. Desjardins s'exprime comme suit :

« L'argument des nécessités de la guerre, dit Desjardins, est vague et singulièrement dangereux. Où s'arrêtent les nécessités de la guerre ? Ce qui pourrait légitimer le blocus, c'est qu'il accélère les résultats de la guerre, sans violer les règles de l'équité naturelle et les lois de l'humanité. Mais énoncer cette proposition, d'ailleurs exacte à notre avis, n'est-ce pas résoudre encore la question par la question (1) ».

Nous n'avons à compléter que sur deux points le chapitre du *Droit international* relatif aux sièges et blocus (V, § 2827).

Blocus. Affaire Lechartier.

§ 446. D'abord celui du blocus des ports du Chili, puis le cas de Porto-Plata (affaire Lechartier).

En 1889, Lechartier assigna la *Compagnie transatlantique* française en paiement de la valeur d'un envoi qu'elle n'avait pu débarquer à Porto-Plata (Haïti), en suite des troubles qui régnaient dans la république d'Haïti et du blocus de ce port. L'envoi fut dé-

(1) *Droit commercial maritime*, t. 1, n° 22.

barqué à Port-au-Prince, mais on ne le retrouva plus à l'entrepôt, lors de la cessation des troubles ; statuant sur la requète du demandeur, le tribunal de commerce du Hâvre a jugé comme suit :

Si un blocus n'a pas été établi conformément à la convention de Paris, c'est-à-dire avec des forces suffisantes, il suffit qu'il ait été déclaré par un des belligérants pour que le capitaine, chargé de débarquer certains objets dans l'un des ports bloqués, soit déchargé de toute responsabilité pour non-exécution de ses engagements. Il est exonéré également lorsque, d'après les dispositions du connaissement, il a déposé les marchandises dans le port le plus voisin du port bloqué (1).

§ 447. Dans le cours de la guerre civile qui a désolé le Chili, le président Balmaceda s'est rendu, comme ses devanciers (*Droit international*, V, § 2978), coupable d'une violation du droit des gens en général et de la déclaration de Paris en particulier, déclaration à laquelle le Chili a adhéré. Elle porte que les blocus, pour être obligatoires, doivent être effectifs. Or Balmaceda ne disposait pas d'une force maritime suffisante pour bloquer les ports au nord de Caldera, et il ne pouvait être question d'une fermeture de ces ports du côté de la terre, car les places en cause et leurs environs étaient au pouvoir des insurgés. C'est donc avec raison que les puissances étrangères intéressées ont protesté contre le décret du président, qui s'est vu contraint de le rapporter (Voir plus haut ce qui concerne la guerre civile du Chili).

Blocus non effectif. Affaire du Chili.

(1) *Journal du droit international privé*, 1892, p. 183.

LIVRE VI

DU DROIT DE VISITE ET DE RECHERCHE.

Voir *Droit international*, V, § 2939.

Opinion de Th. Barclay.

§ 448. Certains auteurs anglais, dit M. Th. Barclay, font une distinction entre *visit* et *search* (visite et recherche). D'autres, par exemple, le juge Story, n'admettent pas cette distinction. A l'entendre, ce sont des mots qui, en droit international, sont toujours assis, et que les Français expriment par *droit de visite*. Une simple visite ne donne pas de renseignements suffisants. Du moment que l'on demande les papiers d'un navire, la recherche commence. Lawrence est du même avis. En revanche, Waalsey admet la distinction entre la visite et la recherche, qui va beaucoup plus loin et qui implique la vérification en cas de soupçon, au sujet du droit d'un navire à battre un pavillon national.

La principale difficulté, conclut Barclay, provient d'une terminologie imparfaite. En français, le mot *visite* équivaut au mot anglais *search*, et non pas au mot *visit*, ce qui a été retraduit en anglais comme *right of approach*. Le terme anglais de *visit* ne peut se rendre en français que par les mots *enquête de pavillon*, ainsi que l'a fait M. Desjardins, dans son *Droit commercial maritime*. Ce terme limite trop, il est vrai, la partie de la vérification sur le droit de battre un pavillon ; mais il a été admis par les États-Unis et par la France que la vérification, par les navires de guerre des États européens, de la sincérité des pavillons, vérification qui ne peut se faire que par l'examen des papiers des navires suspects, est indispensable pour garantir la tranquillité et la sécurité en mer. Attacher un autre sens aux mots *enquête du pavillon*, c'est trancher la signification de ces termes. Les mots *visit* et *enquête du pavillon* sont synonymes ; le mot français *visite* doit se traduire par *right of approach*.

§ 449. Dans sa séance du 30 mars 1894, l'Institut de droit international a voté le projet de règlement suivant sur la police des navires négriers (*Droit international*, V, § 2996 et s.) :

Traité maritime.

Art. 1er. — Si la présomption de nationalité résultant du pavillon qui aura été arboré par un navire de commerce peut être sérieusement mise en doute, soit par suite d'indices matériels de nature à faire croire que ce navire n'appartient pas à la nation dont il a pris les couleurs, le bâtiment de guerre étranger qui le rencontre, peut recourir à la vérification de cette prétendue nationalité.

Art. 2. — Cette vérification consistera dans l'examen des titres autorisant le port du pavillon, titres qui seront conformes à un type unique strictement obligatoire.

On pourra exiger des bâtiments indigènes (boutres, dows), indépendamment des titres établissant la nationalité, le rôle d'équipage et le manifeste des passagers.

Art. 3. — Toute recherche sur un autre fait que celui de la nationalité est interdite, sans préjudice des dispositions de l'article 2, alinéa 2.

Art. 4. — Lorsque, par suite de la vérification spécifiée par l'article 2 ci-dessus, le navire sera soupçonné de fraude, il sera conduit devant l'autorité la plus proche de la nation dont il a arboré les couleurs.

Cette autorité procédera à une enquête préalable en présence de l'officier capteur.

LIVRE VII

DES PRISES MARITIMES

Voir *Droit international*, V, § 3004 et s.

Section I. — PRINCIPES GÉNÉRAUX DU DROIT DE PRISE.

Règlement du tribunal international des prises maritimes. § 450. Au sujet du droit de prise (*Droit international*, V, § 3004), nous n'avons à relater que les votes de l'Institut de droit international.

Le règlement international des prises maritimes élaboré en partie dans les sessions de Turin (1882) et de Munich (1883) sur les propositions de M. de Bulmerincq, a été parachevé dans la session de Heidelberg en 1887.

L'Institut a voté les derniers articles relatifs à la réforme des tribunaux de prises, et a réglé ainsi l'organisation et la procédure du tribunal international des prises maritimes. Voici le texte de ces articles :

Art. 100. — Au début de chaque guerre, chacune des parties belligérantes constitue un tribunal international d'appel en matière de prises maritimes :

L'État belligérant nommera lui-même le président et un des membres. Il désignera en outre trois États neutres, qui choisiront chacun un des trois autres membres.

Art. 101. — Tout procès de prises peut être déféré, sur demande des parties produite dans un délai de vingt jours, au tribunal international d'appel. L'introduction et la justification de l'appel se font en même temps et les délais courent à partir du jour du prononcé du jugement par le tribunal, ce jour non compris.

Art. 102. — L'appel s'adresse au tribunal national des prises maritimes, lequel le notifie à la partie adverse, qui exige de l'appelant un dépôt de cautionnement pour le payement des frais de justice.

ART. 103. — La justification de l'appel indique et motive les différents griefs se rapportant à des points déterminés du jugement du tribunal national des prises maritimes.

ART. 104. — Le tribunal national des prises maritimes, en communiquant le mémoire d'appel à la partie adverse, l'invite à présenter une réplique dans un délai de quinze jours. A l'expiration de ce délai, ledit tribunal envoie les actes et le mémoire d'appel avec la réplique au tribunal international d'appel. Le tribunal national pourra accorder une prorogation de délai pour cause légitime.

ART. 105. — La procédure devant le tribunal international d'appel est, en général, celle du tribunal des prises maritimes.

ART. 106. — Le jugement ou l'arrêt de l'instance d'appel sera motivé et rendu en se basant sur un rapport écrit du président du tribunal et en tenant compte des preuves et des faits nouveaux que l'on aurait produits dans la procédure d'appel.

ART. 107. — Il n'est admis, au sujet de la procédure et du jugement, ni pourvoi ou demande de restitution en entier, ni requêtes et observations des consuls et agents des États.

ART. 108. — Le jugement d'appel est prononcé en présence des mandataires des parties assignées à cet effet, auxquels sur leur demande, copie est donnée. Il sera, en outre, publié dans un ou plusieurs journaux.

ART. 109. — Après la publication le tribunal national des prises maritimes sera requis pour l'exécution du jugement (1).

(1) *Annuaire de l'Institut de droit international*, 1887-1888, pp. 239 et 240.

QUATRIÈME PARTIE

FIN DE LA GUERRE

LIVRE PREMIER

DES TRAITÉS DE PAIX.

Voir *Droit international*, V, § 3115 et suiv.

---

§ 451. Nous avons, dans notre quatrième édition du *Droit international* (I, § 77), rendu rapidement compte de l'expédition française en Tunisie et du traité du Bardo. Il nous a paru intéressant de compléter cet examen par l'étude des préliminaires de ce traité et les difficultés qu'il a suscitées entre la France et l'Italie (1).

La France et la Tunisie. Rapports de la France et de l'Italie de 1878 à 1881, à propos de la question de la Régence.

L'Italie avait conclu avec la Régence, en 1870, un traité de commerce et d'établissement et elle avait, dans la commission de contrôle des finances, une part de représentation égale à celles de l'Angleterre et de la France.

La France de son côté ne pouvait invoquer une vieille et stable politique qui datait presque de la conquête de l'Algérie : comprenant l'importance qu'il y avait à empêcher une puissance de s'installer à Tunis, elle n'avait jamais dévié de cette ligne de conduite et même en 1871, malgré les désastres qui venaient de la frapper, elle avait énergiquement protesté contre le firman, refusant d'admettre que le bey acceptât l'autorité du sultan autrement qu'au point de vue religieux. Le résultat fut qu'elle obtint, en 1861, le monopole des télégraphes, un droit de surveillance sur l'administra-

---

(1) *Annales de l'Ecole libre des sciences politiques*, 1893, p. 305 et s.

tion intérieure, et enfin, en 1876, la concession de la voie ferrée de Tunis à Alger : la France exerçait donc une influence prépondérante qu'elle ne pouvait laisser échapper.

Aussi, dès l'automne 1878, les instructions adressées par M. Waddington au marquis de Noailles, ambassadeur de France au Quirinal, expriment d'une façon très nette, que sans vouloir en aucune façon annexer les États du Bey, la France a grand intérêt à veiller à ce que la tranquillité et le bon ordre y règnent, ainsi qu'une bonne administration des finances. « Il est de plus absolument » nécessaire, dit M. Waddington, que le gouvernement italien se » pénètre bien de cette idée que l'Italie ne peut caresser des » rêves de conquête en Tunisie sans se heurter à la volonté de la » France et sans risquer un conflit avec elle..... ».

Malgré cet avertissement très net et significatif, les ministres italiens redoublèrent d'activité.

La réponse aux représentations de M. de Noailles fut la nomination au consulat de Tunis de M. Maccio, qui était en mauvais termes avec notre agent M. Roustan.

A la suite de démêlés entre les deux diplomates, le gouvernement français fit savoir au Quirinal que « la France ne désirait pas » modifier le *statu quo* à Tunis, qu'elle ne nourrissait aucun pro- » jet d'annexion, mais qu'elle ne permettait pas à l'Italie d'exercer » dans la Régence une influence politique supérieure, ni même » égale à la sienne ; que sur le terrain commercial, et dans tout ce » qui concernait les intérêts privés, la concurrence resterait libre; » que l'Italie pouvait y égaler ou y surpasser la France ; mais que » sur le terrain politique, dans tout ce qui touchait aux intérêts » d'État, il n'en serait pas de même ».

Après ce premier assaut, il y eut un moment d'accalmie.

La chute du cabinet italien présidé par M. Depretis fut le signal de la reprise des hostilités qui se manifestèrent par l'affaire du câble télégraphique entre la Sicile et la Régence et l'ouverture d'un bureau télégraphique italien, en violation du monopole accordé à la France en 1861, puis par la concession du chemin de fer de Tunis à la Goulette consentie à M. Rubattino.

Le 20 mai 1880, M. de Freycinet, ministre des Affaires étrangères de France, écrivait au marquis de Noailles de préciser de nouveau les instructions précédemment données, afin d'éviter que la France eût à faire des déclarations officielles qui risqueraient de blesser certaines susceptibilités.

M. Cairoli, président du Conseil des ministres d'Italie, se trouvait

justement à ce moment en butte à de vives attaques. Sans tenir
compte des démarches pressantes de M. de Noailles, il profita de
l'occasion qui lui était donnée par la question du chemin de fer
de Tunis à la Goulette pour donner un gage de son énergie et se
lança tête baissée sur l'obstacle : le 12 juillet 1880, il proposait et
le 13 la Chambre votait sans discussion la garantie à 6 0/0 des intérêts des capitaux engagés dans l'affaire.

A la suite de cet incident, divers entretiens eurent lieu entre
MM. de Freycinet et le général Cialdini, ambassadeur d'Italie d'une
part, et M. Cairoli, et M. le marquis de Noailles, d'autre part, desquels il résulta que l'Italie n'avait en vue que la défense de ses
intérêts commerciaux et ne voulait pas entrer en lutte avec la
France à propos de l'influence politique de la Régence (1).

On crut en France aux assurances de M. Cairoli, mais pour con-
trebalancer l'accroissement d'influence italienne, on se fit concéder par le Bey la construction du port de Tunis et des voies ferrées
de Tunis à Bizerte et à Sousse.

Cette nouvelle fut très mal accueillie en Italie et la presse s'en
donna à cœur joie contre les Français.

Sur ces entrefaites, le roi et la reine d'Italie ayant été visiter la
Sicile, en janvier 1881, M. Maccio, à cette occasion, convoqua et pré-
sida une réunion de ses nationaux ; une délégation fut nommée
pour remettre au roi une adresse dans laquelle on lisait :

« Dans les colonies, et particulièrement dans ce pays, riche de
» tant de glorieux souvenirs et qui a été autrefois province romai-
» ne, l'affection qui lie les citoyens à la patrie, s'identifie avec le
» dévouement à l'auguste famille royale. . . . .
» Les Italiens de Tunis..... attendent avec confiance le jour où le
» prestige et l'éclat de leur pays au dehors égaleront ses glorieuses
» traditions et ses anciens destins ».

L'émotion fut vive à Paris : la question était ouvertement portée
sur le terrain politique ; M. Barthélemy St-Hilaire qui avait succédé
à M. de Freycinet s'en expliqua en termes fort nets avec l'ambassadeur de France au Quirinal (2).

Ce nouveau rappel à l'ordre n'eut pas plus d'influence que les
précédents sur M. Cairoli.

En même temps, on ressentit à Tunis le contre-coup de la ma-

_____

(1) Notes de M. de Freycinet à M. de Noailles (12 et 16 juillet 1880) ;
de M. de Noailles à M. de Freycinet (25 juillet).

(2) Note du 3 janvier 1881.

nifestation de Palerme. Malgré les protestations de la France, la compagnie Rubattino installa le télégraphe entre la Goulette et Tunis et les travaux de la compagnie française de Bône-Guelma furent anterrompus par ordre supérieur, sous prétexte d'une concession antérieurement accordée à un Italien.

Dès lors les événements se précipitèrent : la question fut agitée plusieurs fois à la Chambre italienne, et malgré son désir d'ajourner, sinon d'éviter la crise finale,le gouvernement français ne pouvant plus reculer devant les conséquences désastreuses de l'agitation entretenue depuis deux ans en Tunisie.

Le 14 mars, la colonie française de Tunis avait adressé à M.Roustan une adresse réclamant « des mesures promptes, efficaces et au » besoin énergiques pour contraindre le bey à réprimer et à punir » les actes de violence contre les personnes et les propriétés et » protéger la Régence contre toute ingérence étrangère ».

En même temps, le 7 avril, sur une interpellation de MM. Massari et di Rudini sur la question tunisienne, M. Cairoli était mis en minorité et démissionnait. Le roi refusa la démission et le premier ministre reprit la direction de la politique.

Cependant, à la suite des incursions des Kroumirs, le Parlement français avait les 7 et 8 avril accordé au ministre de la Guerre des crédits extraordinaires pour « assurer d'une manière efficace et durable la sécurité de l'Algérie » et, le 11, au cours d'une interpellation, M. Jules Ferry, président du Conseil des ministres, avait déclaré que la France « entrait en Tunisie à la fois pour châtier les « agresseurs et mettre un terme à une situation intolérable, du-« rant depuis dix ans ».

L'émotion du Cabinet et de l'opinion publique au delà des Alpes fut des plus vives. M. Cairoli fit aussitôt sonder tous les cabinets européens, mais partout il n'essuya que des affronts, personne ne voulant intervenir dans la question.

Traité du Bardo.

§ 452. La résistance du Bey de Tunis probablement incité par M. Maccio, imposa à la France l'extension des opérations militaires. Bizerte fut occupée ; la menace d'une déclaration de guerre imposa silence à la Turquie, et le 12 mai était signé au Bardo le premier traité plaçant la Tunisie sous la protection de la France. En voici le texte officiel :

Le Gouvernement de la République française et celui de S. A. le Bey de Tunis, voulant empêcher à jamais le renouvellement des désordres qui se sont produits récemment sur les frontières des deux États et sur le littoral de la Tunisie, et désireux de resserrer

leurs anciennes relations d'amitié et de bon voisinage, ont résolu
de conclure une convention, à cette fin, dans l'intérêt des deux
Hautes Parties contractantes.

En conséquence le Président de la République française a nommé pour son plénipotentiaire M. le général Bréart, qui est tombé
d'accord avec Son Altesse le Bey sur les stipulations suivantes :

Art. 1er. — Les traités de paix, d'amitié et de commerce, et toutes
autres conventions existant actuellement entre la République française et Son Altesse le Bey de Tunis, sont expressément confirmés
et renouvelés.

Art. 2. — En vue de faciliter au Gouvernement de la République
française l'accomplissement des mesures qu'il doit prendre pour
atteindre le but que se proposent les Hautes Parties contractantes,
Son Altesse le Bey de Tunis consent à ce que l'autorité militaire
française fasse occuper les points qu'elle jugera nécessaire pour
assurer le rétablissement de l'ordre et la sécurité de la frontière
et du littoral. Cette occupation cessera lorsque les autorités militaires françaises et tunisiennes auront reconnu, d'un commun accord, que l'administration locale est en état de garantir le maintien de l'ordre.

Art. 3. — Le Gouvernement de la République française prend
l'engagement de prêter un constant appui à Son Altesse le Bey de
Tunis contre tout danger qui menacerait la personne ou la dynas-
tie de Son Altesse ou qui compromettrait la tranquillité de ses
États.

Art. 4. — Le Gouvernement de la République française se porte
garant de l'exécution des traités actuellement existants entre le
Gouvernement de la Régence et les diverses Puissances européennes,

Art. 5. — Le Gouvernement de la République française sera représenté auprès de Son Altesse le Bey de Tunis par un ministre
résident qui veillera à l'exécution du présent acte et qui sera l'intermédiaire des rapports du Gouvernement français avec les autorités tunisiennes pour toutes les affaires communes aux deux
Pays.

Art. 6. — Les agents diplomatiques et consulaires de la France
en pays étrangers seront chargés de la protection des intérêts tu-
nisiens et des nationaux de la Régence.

En retour, Son Altesse le Bey s'engage à ne conclure aucun acte
ayant un caractère international sans en avoir donné connaissance

au Gouvernement de la République française et sans s'être entendu préalablement avec lui.

ART. 7. — Le Gouvernement de la République française et le Gouvernement de Son Altesse le Bey de Tunis se réservent de fixer, d'un commun accord, les bases d'une organisation financière de la Régence, qui soit de nature à assurer le service de la dette publique et à garantir les droits des créanciers de la Tunisie.

ART. 8. — Une contribution de guerre sera imposée aux tribus insoumises de la frontière et du littoral.

Une convention ultérieure en déterminera le chiffre et le mode de recouvrement, dont le Gouvernement de Son Altesse le Bey se porte responsable.

ART. 9. — Afin de protéger contre la contrebande des armes et des munitions de guerre les possessions algériennes de la République française, le Gouvernement de Son Altesse le Bey de Tunis s'engage à prohiber toute introduction d'armes ou de munitions de guerre par l'île de Djerba, le port de Gabès ou les autres ports du Sud de la Tunisie.

ART. 10. — Le présent traité sera soumis à la ratification du Gouvernement de la République française et l'instrument de ratification sera soumis à Son Altesse le Bey de Tunis dans le plus bref délai possible.

MOHAMMEDES SADOQ BEY.   Général BRÉART.

(*Cachet du Bey*)

Le traité fut ratifié par les Chambres et officiellement communiqué aux puissances. A Rome, devant les nombreuses demandes d'interpellation demandant quelle attitude comptait prendre le cabinet, M. Cairoli n'osa affronter la discussion et remit au roi sa démission.

Traité de la Marsa.

§ 453. Le 8 juin 1883 fut signé à la Marsa un second traité composé de deux parties; une partie financière, et une partie administrative qui fait de la France la maîtresse de la Régence.

L'article 1er est ainsi conçu:

« Afin de faciliter au Gouvernement français l'accomplissement de son protectorat, Son Altesse le Bey s'engage à procéder aux réformes administratives, judiciaires et financières que le Gouvernement français jugera utiles ».

Aux termes de cet article, le Bey a pour ainsi dire abdiqué toute initiative entre les mains du Résident général. Il a renoncé au droit de refuser les réformes qui lui sont demandées ; les décrets qui ont force de loi dans la Régence sont bien toujours signés de lui, mais c'est à la résidence que sont rédigés tous les actes d'une certaine importance, auxquels il s'est engagé d'avance à donner toujours son approbation.

§ 454. Le conflit hispano-marocain dont nous avons parlé plus haut (Seconde partie, État de guerre, livre I) s'est terminé le 4 mars 1894.

Conflit hispano-marocain. Traité de Merakesh.

A cette date, un traité fut signé à Merakesh entre le sultan du Maroc et le général Martinez Campos (1).

Dans ce traité se trouvent des dispositions stipulant des indemnités, l'établissement de consulats en divers endroits et surtout une clause créant entre les possessions espagnoles et marocaines une zone mixte et inhabitée de 500 mètres de large. Le traité de 1860 stipulait déjà la création de cette zone mais n'avait jamais été appliqué.

La France et la Grande-Bretagne ont de même récemment organisé dans le Mékong un État tampon entre les possessions françaises et anglaises (Voir plus loin *Affaires de Siam*). Toutefois jamais on n'avait eu l'idée d'établir entre les deux territoires une sorte de désert destiné à rendre les conflits matériellement impossibles. L'idée première de cette création n'est pas mauvaise, mais les conséquences qu'elle entraînera seront peut-être très graves :

Personne ne revendiquant cette bande de terrain ne sera responsable des faits qui pourront s'y passer.

De plus la force armée ne devant sous aucun prétexte y pénétrer il est à craindre que les nomades et les pillards ne s'y trouvent chez eux et que les conflits se multiplient au lieu d'être supprimés par ce moyen.

§ 455. Quelques mois après, le 7 juin 1894, Mouley-el-Hassan, sultan du Maroc, mourait à Tadla désignant comme héritier son fils cadet Abd-el-Azis (2).

Avènement d'Abd-el-Azis.

Cette désignation qui rompait avec les règles de dévolution de la couronne ne pouvait être acceptée sans résistance par certaines tribus de l'Empire. Le jeune prince arrivait donc au pouvoir dans des circonstances critiques, d'autant plus que des difficultés s'élevaient pour l'exécution du traité de Mérakesh : les Kabyles du Riff refusaient d'abandonner sans compensation la portion de leur territoire nécessaire pour créer la zone neutre autour de Melilla ; il fallait de plus châtier les auteurs des agressions de Melilla, et enfin l'indemnité de un million de *duros* qui devait être payée

(1) *Revue générale de droit international public*, 1894, n° 2, p. 168.

dans les trois mois du traité n'avait pu l'être complètement à l'échéance.

Comprenant fort bien que l'Espagne n'avait aucun intérêt à lui créer des difficultés à l'extérieur alors qu'il en avait déjà de si grandes dans l'intérieur de son empire, le jeune émir résolut d'envoyer à Madrid une ambassade qui demanderait des délais pour l'accomplissement du traité.

L'Espagne pressentie, comprenant que le meilleur moyen d'assurer l'accomplissement du traité de Merakesh était de se montrer accommodante, accueillit favorablement ces ouvertures et le 7 décembre une frégate royale, la *Reina-Mercedès*, alla à Tanger chercher l'ambassade marocaine.

Le 27 janvier des ambassadeurs arrivaient à Cadix et le 28 à Madrid.

Attentat contre Sidi-Bricha. § 456. Tout s'annonçait donc sous un jour des plus favorables, quand le 31 janvier, au moment où il sortait de son hôtel, Sidi-Bricha, le chef de l'ambassade marocaine, reçut un violent soufflet du général de brigade en retraite Miguel Fuentès y Sanchis qui s'écria en le frappant : « Rappelle-toi de Margallo, le général » espagnol tué à Melilla, et va le dire à ton maître ». Arrêté aussitôt, le coupable fut quelques jours après traduit devant un conseil de guerre.

Malgré cet attentat, Sidi-Bricha se rendit au Palais Royal, et là, la reine lui exprima toute son indignation pour cet attentat.

Le Chef du Cabinet, le ministre des Affaires étrangères, la Chambre des députés, le Sénat joignirent l'expression de leurs regrets à ceux de la reine et offrirent toutes leurs excuses au sultan.

A la suite de cet événement, Sidi-Bricha déclara que, bien que personnellement très touché de ces marques de déférence, il ne pouvait plus entamer de négociations avant d'avoir reçu les ordres de son souverain, relativement aux suites à donner à l'agression du général Fuentès : c'était le sultan qui avait été insulté dans la personne de son ambassadeur, c'était à lui de décider.

Abd-el-Azis, en présence des protestations de l'Espagne, se décida à ne pas pousser plus loin l'incident et à accepter purement et simplement les excuses qui lui étaient faites : son intérêt même lui dictait sa conduite.

Modification du traité de Merakesh. § 457. Dans le courant de février les négociations furent ouvertes et le 24 du même mois était signé un traité qui donnait au Maroc des avantages sérieux : l'indemnité de quatre millions de *duros* fut réduite à 1.801.979 *duros* dont 401.979 payables dans les

80 jours de la ratification du traité, et les 1.400.000 autres dans les six mois.

Quant au délai pour la création de la zone neutre, il fut prorogé d'une année et le châtiment des coupables des agressions de Melilla ajourné jusqu'au jour où le sultan pourrait disposer de forces suffisantes pour cette expédition.

§ 458. A la suite des succès non interrompus des Japonais dans la guerre sino-japonaise, l'opinion publique fut vivement émue en Europe : on se préoccupait fort de ce duel engagé entre la civilisation et la barbarie, mais on ne voyait pas sans inquiétude le facile triomphe des armes du Mikado.

Guerre sino-japonaise. Attitude de l'Europe devant les succès des armées japonaises.

Plusieurs fois des bruits de pacification se répandirent et de bienveillantes activités s'efforcèrent de faire accepter aux belligérants une médiation (1).

Toutes ces entreprises échouèrent.

La situation des grandes puissances était trop délicate pour qu'aucune d'elles pût s'engager à fond pendant l'inaction des autres : cette intervention n'eût pas manqué en effet d'être mal interprétée et elle risquait de compromettre la cause de la paix plutôt que de la servir.

§ 459. Seuls, les États-Unis n'avaient pas à s'arrêter à ces scrupules, aussi en novembre 1894, des offres de médiation furent faites aux deux partis par un message du président Cleveland. Les Japonais repoussèrent cette intervention, ne voulant avoir affaire qu'au Gouvernement chinois lui-même.

Tentative de médiation des États-Unis.

§ 460. A la fin du même mois, la Chine se décida à envoyer au Mikado un plénipotentiaire chargé de s'informer de ses prétentions.

Mission Detring.

Elle choisit M. Detring, un sous-directeur dans les douanes chinoises. Celui-ci partit, porteur de lettres de Li-Hung-Chang, vice-roi du Petcheli, l'accréditant auprès du comte Ito, président du Conseil des ministres japonais. Considérant que les pouvoirs de l'envoyé n'étaient pas en règle, aucune pièce officielle ne justifiant l'intervention de Li-Hung-Chang, le comte Ito refusa de recevoir M. Detring, qui dut retourner en Chine. On comprend en effet que, pour une négociation aussi importante, le Gouvernement japonais ait exigé une intervention directe du Fils du Ciel et ne se soit pas contenté de l'initiative d'un vice-roi.

Cependant les échecs de plus en plus désastreux des armées chinoises obligèrent l'empereur à ouvrir des pourparlers sérieux.

_____

(1) *Revue générale de droit international public*, 1895, n° 1, p. 118.

§ 461. Dans les derniers jours de décembre, une commission de 8 membres fut nommée pour traiter de la paix avec le Japon (1). Cette commission était assistée, à titre purement privé, de M. Foster, ex-ministre des États-Unis en Chine.

Ces plénipotentiaires quittèrent la Chine à la fin de janvier.

Le gouvernement des États-Unis fit par précaution déclarer par M. Bull, son ministre au Japon, que M. Foster agissait à titre absolument privé, en dehors de toute qualité officielle, ceci pour éviter toute équivoque.

Le 1er février 1895, le Mikado nommait comme représentants le comte Ito et le vicomte Mutsu, ministre des Affaires étrangères.

Dès la première réunion, on s'aperçut que cette tentative aurait le même sort que la première ; les pouvoirs des plénipotentiaires chinois ne parurent pas suffisants : ceux-ci en effet étaient conçus en termes très larges et très vagues.

Le Gouvernement japonais fut peut-être exagéré en ne se contentant pas de ces pouvoirs, mais d'autre part, il avait affaire à un adversaire d'une duplicité et d'une mauvaise foi avérées, et il était prudent de sa part de ne pas s'avancer sans plus de garanties.

A la suite de cet événement, la diète impériale japonaise, dans une résolution votée à l'unanimité, remerciait la flotte et l'armée japonaises de leur courage et de leur vaillance et décidait la continuation de la guerre.

§ 462. L'empereur de Chine se décida alors à agir ; de plus on commençait à parler sérieusement d'une intervention européenne. Le 12 février, la commission chinoise fut rappelée en Chine et Li-Hung-Chang, vice-roi du Petcheli, accrédité auprès du Mikado pour traiter de la paix. Le Gouvernement chinois adjoignit encore à Li-Hung-Chang, à titre de conseil purement privé, M. Foster qui avait déjà accompagné les plénipotentiaires chinois au Japon.

De crainte que les mêmes faits ne se reproduisent, l'empereur de Chine prit la précaution de faire télégraphier au cabinet japonais par M. Denby, ministre des États-Unis, le texte des lettres de créance accréditant Li-Hung-Chang afin d'éviter tout nouveau retard et savoir si le texte des pouvoirs satisferait le Gouvernement mikadonal.

Les lettres furent admises et le 5 mars 1895 Li-Hung-Chang partait de Pékin pour Shimonoseki.

Le caractère et les idées du plénipotentiaire chinois donnaient

(1) *Revue générale de droit international public*, 1895, n° 4, p. 447.

toutes garanties en l'occasion : en effet, favorable aux étrangers et aux idées nouvelles, enclin aux concessions sans lesquelles la paix n'était pas possible, Li-Hung-Chang était un des rares Chinois pouvant se rendre compte de la situation de son pays et des sacrifices qu'il lui fallait consentir.

La Chine était enfin prête à tous les sacrifices pour arriver à la paix, pourvu que les puissances européennes ne fassent pas d'oppositions aux clauses du traité.

§ 463. Quelques jours après, le vice-roi de Petcheli débarquait au Japon, reçu avec tous les honneurs dus à son rang. Après l'examen des lettres de créance, une première conférence eut lieu dans laquelle on discuta de suite l'éventualité d'un armistice en attendant la conclusion générale de la paix. *Ouverture des négociations.*

Le 24 mars, une nouvelle conférence eut lieu et après deux heures de discussion, Li-Hung-Chang quitta le comte Ito et le vicomte Mutsu pour regagner son hôtel. Pendant ce trajet, il fut victime d'un attentat commis dans les circonstances suivantes :

Un jeune homme sortit des rangs de la foule qui se pressait sur le passage du vice-roi et lui tira un coup de pistolet à la tête. La soudaineté de cette attaque causa une panique dans la suite de Li-Hung-Chang ; mais celui-ci fut rapidement transporté à son hôtel où les médecins constatèrent que sa blessure, quoique sérieuse, ne mettait pas ses jours en danger.

L'assassin fut arrêté par la police japonaise. Il a déclaré se nommer Koyama, être âgé de vingt et un ans et avoir agi de son initiative personnelle, en vue de débarrasser le Japon de son pire ennemi.

C'était, prétendit-on, un fanatique irresponsable.

Le lendemain même, la *Gazette officielle* de Tokio publiait un message du Mikado, revêtu des signatures de ses ministres, par lequel Sa Majesté déplorait « le fanatique attentat commis sur la personne d'un envoyé pacifique dont la sauvegarde avait été confiée au Japon » et annonçait que les ordres les plus sévères ont été donnés aux autorités chargées de garantir la sécurité des délégués chinois.

Cette expression officielle de regret et de sympathie parut avoir trouvé un écho dans le peuple japonais, car tous les journaux indigènes condamnèrent avec indignation l'acte du jeune Koyama.

Enfin la diète japonaise, avant de clore sa session, adopta une motion exprimant ses regrets de l'attentat commis sur la personne d'un ambassadeur.

Attentat
contre Li-
Hung-Chang.

§ 464. L'attentat contre Li-Hung-Chang eut pour résultat immédiat de hâter les négociations, le Mikado voulant, par sa bonne grâce et ses concessions, faire oublier dans la mesure du possible l'odieux attentat d'un fanatique.

Au début des négociations de paix, Li-Hung-Chang avait demandé qu'un armistice immédiat fût déclaré. Les plénipotentiaires japonais y mirent pour conditions : 1° que les troupes mikadonales occuperaient Shanghaï-Kouan, Ta-Kou et Tien-Tsin ; 2° qu'elles auraient le contrôle de la voie ferrée de Tien-Tsin et de Shanghaï-Kouan ; 3° qu'elles auraient également le contrôle absolu de tous les forts, de toutes les armes, munitions et contributions nécessaires au maintien d'une telle occupation.

Li-Hung-Chang tenta en vain de faire modifier ces conditions, et comme les plénipotentiaires japonais demeuraient inexorables, il ne crut pas devoir refuser de négocier malgré leur refus. C'est là qu'en étaient les choses, lorsque le vice-roi du Petcheli fut victime de l'attentat que nous avons relaté plus haut. A la nouvelle de cet événement, le Mikado manda à ses représentants de souscrire à un armistice temporaire sur les bases suivantes :

L'armistice fut déclaré pour la Mandchourie, le Petcheli et le Chan-Toung (Weï-Haï-Weï) ; les Japonais, gardant les positions qu'ils occupaient alors, ne tenteront rien au delà ; les armées belligérantes pourront modifier la disposition de leurs différents corps, mais sans augmenter leurs effectifs ; tous les navires transportant des troupes ou du matériel de guerre pourront être saisis ; la durée de cette suspension d'armes était de trois semaines, sous réserve que les négociations de paix ne soient pas rompues avant la date du 20 avril.

Armistice
du 29 mars.

Un accord dans ce sens fut signé le 29 mars et ratifié le samedi par les plénipotentiaires japonais et par Li-Hung-Chang : il stipulait expressément que l'armistice ne s'appliquait qu'aux provinces ci-dessus mentionnées. Les opérations des Japonais dans la Chine méridionale et le siège de Taï-Ouan, capitale de Formose (ou plus exactement des forts d'Amping, qui la défendent), n'étaient donc pas interrompues.

Dès ce jour la paix était virtuellement faite.

Bientôt remis de sa blessure Li-Hung-Chang put reprendre ses négociations.

Traité de
Shimonoseki.

§ 465. Enfin le 17 avril, les deux parties tombèrent d'accord, et signèrent le traité suivant :

Art. 1er. — La Chine reconnaît définitivement la pleine et entière

indépendance et autonomie de la Corée, et, en conséquence, le
paiement d'un tribut et l'accomplissement de cérémonies et formalités par la Corée envers la Chine contraires à une indépendance
et autonomie cesseront complètement pour l'avenir.

ART. 2. — La Chine cède au Japon à perpétuité et en pleine souveraineté les territoires suivants ensemble avec les fortifications,
les arsenaux et les propriétés publiques qui y sont situés : *a*) La
portion méridionale de la province de Feng-Tien avec les limites
suivantes : la ligne de démarcation commence à la rivière Yalu et
remonte cette rivière jusqu'à l'embouchure de la rivière An-ping ;
de là, la ligne va à Feng-Huang ; de là à Hai-Tcheng ; de là à Yung-
Kow, formant une ligne qui décrit la portion sud du territoire. Les
places ci-dessus nommées sont comprises dans le territoire cédé ;
lorsque la ligne atteint la rivière Liao à Ying-Kow, elle suit le cours
de cette rivière jusqu'à son embouchure où elle se termine. La ligne médiane de la rivière Liao servira de démarcation. Cette session comprend aussi toutes les îles appartenant à la province de
Feng-Tien, situées dans la portion orientale de la Bare de Liao-
Tung et dans la partie septentrionale de la mer jaune. *b*) L'île de
Formose ensemble avec les îles appartenant à ladite île de Formose ou en dépendant ; *c*) le groupe des Pescadores, c'est-à-dire
toutes les îles comprises entre le 119e et le 120e degré de longitude
de Greenwich et entre le 23e et 24e degré de latitude Nord.

ART. 3. — Les alignements des frontières indiqués dans le précédent article et tracés sur la carte annexée au traité seront sujets à vérification et à démarcation sur les lieux par une commission mixte de délimitation, composée de délégués chinois et japonais, au nombre de deux au plus pour chaque pays, qui sera
nommée immédiatement après l'échange des ratifications de cet
acte.

Au cas où les frontières fixées dans l'acte seraient trouvées vi-
cieuses, ou au point de vue topographique, ou en considération
d'une bonne administration, il sera également du devoir de la commission de délimitation de les rectifier.

La commission de délimitation entrera en besogne aussitôt que
possible et devra avoir achevé ses travaux dans l'année qui suivra
sa nomination.

Les alignements posés dans cet acte seront cependant maintenus
jusqu'à ce que les rectifications de la commission de délimitation,
s'il en est fait, reçoivent l'approbation des gouvernements japonais
et chinois.

ART. 4. — La Chine consent à payer au Japon, à titre d'indemnité de guerre, une somme de 200 millions de taëls kouping. La dite somme sera acquittée en huit paiements.

Le premier paiement de 50 millions de taëls sera fait dans les six mois, le second paiement de 50 millions de taëls dans les douze mois après l'échange des ratifications de cet acte. Le reste de la somme sera payé en six parties égales, comme il suit : le premier paiement se fera dans les deux ans, le second dans les trois ans, le troisième dans les quatre ans, le quatrième dans les cinq ans, le cinquième dans les six ans, le sixième dans les sept ans qui suivront l'échange des ratifications de ce traité. Un intérêt au taux de 5 0/0 commencera à courir pour toutes les portions non payées de ladite indemnité, à partir de la date où le premier payement sera dû. La Chine, cependant, aura le droit de payer par anticipation, à un moment quelconque, tout ou partie des dites annuités. Au cas où le montant total de ladite indemnité serait payé dans les trois ans à partir de l'échange des ratifications du présent acte, tout intérêt serait abandonné, et les intérêts des deux ans et demi ou d'une période moindre s'il y a lieu, s'ils ont déjà été payés, seront compris dans le principal de l'indemnité.

ART. 5. — Les habitants des territoires cédés au Japon, qui désirent transporter leur résidence en dehors des districts cédés, seront libres de vendre leurs propriétés immobilières et de se retirer.

Pour cet objet, une période de deux ans à partir de la date de l'échange des ratifications du présent acte leur sera accordée. A l'expiration de cette période, ceux des habitants qui n'auraient pas abandonné les territoires en question, seront, au gré du Japon, considérés comme sujets japonais. Chacun des deux gouvernements enverra immédiatement après les ratifications du présent acte un ou plusieurs commissaires à Formose pour effectuer le transfert final de cette province et dans l'espace de deux mois après l'échange des ratifications de cet acte, le transfert devra être complet.

ART. 6. — Tous les traités entre le Japon et la Chine ayant pris fin en conséquence de la guerre, la Chine s'engage à nommer immédiatement après l'échange des ratifications de cet acte, des plénipotentiaires pour conclure avec les plénipotentiaires japonais un traité de commerce et de navigation et une convention réglant les rapports de frontières. Les traités, conventions et règlements existant actuellement entre la Chine et les puissances européennes serviront de base pour lesdits traité et convention, entre le Japon et la Chine. A partir de la date de l'échange des ratifications du présent acte et jusqu'à ce que les dits traité et convention entrent en vigueur, le Gouvernement japonais, ses officiers, son commerce, ses rapports de frontières, ses vaisseaux et ses sujets auront droit à tous égards de la part de la Chine au traitement de la nation la plus favorisée.

La Chine fait en outre les concessions suivantes qui auront effet six mois après la date du présent acte :

1° Les cités, villes et ports ci-après, en plus de ceux qui sont déjà ouverts, sous les mêmes conditions et avec les mêmes privilèges et facilités qui existent dans les cités, villes et ports actuellement ouverts de la Chine : a) Shashih dans la province de Hupeh ; b) Chung-Knig, dans la province de Szechuan ; c) Suchow, dans la province de Krang-Su ; d) Hangchow, dans la province de Chekiang.

Le Gouvernement japonais aura le droit de placer des consuls dans toutes les villes indiquées ci-dessus :

2° La navigation à vapeur pour vaisseaux sous pavillon japonais, transportant des passagers ou des marchandises, sera étendue aux places suivantes : a) au cours supérieur de la rivière Yangtze depuis Ichang jusqu'à Chung-Knig ; b) sur la rivière Woosung et le canal, de Shanghaï à Suchow et Hangchow. Les règles et règlements qui gouvernent la navigation dans les eaux intérieures de la Chine seront, autant que possible, suivies et observées dans les endroits ci-dessus nommés, jusqu'à ce qu'on se soit mis d'accord sur une nouvelle réglementation ;

3° Les sujets japonais achetant des biens ou produits dans l'intérieur de la Chine ou y transportant des marchandises importées, auront le droit de louer temporairement des magasins pour le dépôt des articles ainsi achetés ou transportés sans supporter aucune taxe ou exaction d'aucune sorte.

4° Les sujets japonais seront libres de se livrer à toutes les industries manufacturières dans toutes les cités, villes et ports ouverts de la Chine et seront libres d'importer en Chine toutes espèces de machines, en payant seulement les droits d'importation stipulés. Tous les articles manufacturés par des sujets japonais en Chine, seront au point de vue du transit intérieur, des taxes, droits, charges, exactions de toutes sortes, du magasinage et de l'entrepôt dans l'intérieur de la Chine, placés sur le même pied et pourvus des mêmes privilèges et emptions que les marchandises importées en Chine par des sujets japonais. Dans le cas où des règles et règlements additionnels seraient nécessaires relativement à ces conditions ils seraient incorporés dans le traité de commerce et de navigation prévu par cet acte.

ART. 7. — Sauf les prévisions de l'article suivant, l'évacuation de la Chine par les armées du Japon sera promptement effectuée dans un délai de trois mois à partir de l'échange des ratifications du présent acte.

ART. 8. — Comme garantie de l'accomplissement fidèle des stipulations de cet acte, la Chine consent à l'occupation temporaire par les forces du Japon de Weï-Haï-Weï, dans la province de Chan-Toung. Après le premier paiement des deux premières annuités de guerre ici stipulées et les ratifications du traité de commerce et de navigation, ladite place sera évacuée par les forces japonaises pourvu que le Gouvernement chinois consente à engager dans un arrangement convenable et suffisant les revenus des douanes de la Chine comme sécurité du paiement du reste de l'indemnité. Il est expressément entendu que l'évacuation n'aura lieu qu'après l'échange des ratifications du traité de commerce et de navigation.

ART. 9. — Immédiatement après l'échange des ratifications du présent acte, tous les prisonniers de guerre retenus à cette époque seront rendus, et la Chine s'engage à ne pas maltraiter et à ne pas punir les prisonniers de guerre qui lui auront été rendus par le Japon. La Chine s'engage aussi à relâcher de suite tous les Japonais accusés d'espionnage ou d'autres offenses de nature militaire. La Chine s'engage en outre à ne punir d'aucune manière et à ne pas laisser punir ceux de ses sujets qui ont été compromis d'une façon quelconque par leurs relations avec les Japonais au cours de la guerre.

ART. 10. — Toutes les opérations militaires offensives cesseront après l'échange des ratifications de cet acte.

ART. 11. — Le présent acte sera ratifié par L. L. M. M. l'Empereur du Japon et l'Empereur de Chine, et les ratifications seront échangées à Chefoo le 8e jour du 5e mois de la 28e année de Meiji correspondant au 14e jour du 4e mois de la 21e année de Kuang-Hsü.

Fait à Shimonoseki, etc.....

(Suivent les signatures.)

§ 466. La paix cependant n'était pas encore faite, et il était facile de prévoir que cette question ne se dénouerait pas sans que les puissances européennes intéressées y prissent part.

La Russie surtout se montra très émue de voir le Japon s'établir

Intervention européenne.

sur le continent et être ainsi une perpétuelle menace pour l'indépendance de la Chine et la sécurité de ses propres possessions en Asie.

L'attitude de la Russie fut de suite, pour les mêmes motifs ou à peu près, imitée par la France qui suivit bientôt dans cette voie l'Allemagne.

L'Angleterre, après bien des hésitations, resta neutre.

L'intervention européenne était légitime et se produisit des plus discrètement. La Russie, la France et l'Allemagne se bornèrent en effet à formuler des représentations contre l'article du traité qui donnait au Japon des possessions continentales en Chine.

La situation paraissait très tendue, car ces puissances semblaient disposées à appuyer énergiquement leurs représentations. Le Japon prudemment, craignant d'amener un conflit encore plus grave que celui qui venait de prendre fin, prit le parti de céder.

Ratifié la veille, le traité de Shimonoseki fut le 6 mai volontairement revisé par le Gouvernement japonais pour satisfaire les revendications européennes, mais en retour, il fut établi que le Japon aurait droit à une compensation pécuniaire.

Un décret du Mikado explique à son peuple les raisons pour lesquelles son gouvernement a dans un esprit de paix cédé aux remontrances des puissances (1).

Deux faits ressortent de cette lutte : la force du Japon et la faiblesse de la Chine. Le Japon en un espace de temps relativement court, en ouvrant ses portes aux progrès de la civilisation, est devenu un peuple digne de prendre rang parmi les grandes puissances, tandis que la Chine qui n'a pu suivre cet exemple dépasse en faiblesse tout ce qu'on peut imaginer.

Mais le fait le plus considérable, c'est la nécessité pour la Chine d'une transformation radicale.

De gré ou de force, il lui faut maintenant ouvrir ses portes à la civilisation sous peine d'une disparition prochaine et d'un démembrement certain.

Son gouvernement l'a bien senti et cette idée se dégage nettement des proclamations de l'Empereur lancées après la paix.

Les puissances européennes auront le devoir de concourir dans la mesure de leurs moyens à ce travail de régénération nécessaire pour maintenir l'équilibre asiatique. Vraisemblablement celles qui y concourront en retireront pour leur commerce et leur industrie une

(1) *Revue générale de droit international public*, 1895, n° 4, p. 458.

source de profits sans nombre ; la concurrence s'établira entre elles et à la lutte pour l'Afrique qui a occupé ces dernières années, succédera la lutte pour l'Asie.

Expédition française à Madagascar. — Traité de Tananarive. Le 30 septembre 1895, les troupes françaises occupaient la capitale de Madagascar, Tananarive, et le lendemain, 1er octobre, le général Duchesne, commandant en chef du corps expéditionnaire, signait avec la reine Ranavalo III, le traité suivant (1) :

§ 467. Art. 1er. — Le gouvernement de S. M. la reine de Madagascar reconnaît et accepte le protectorat de la France avec toutes ses conséquences.

Art. 2. — Le gouvernement de la République française sera représenté auprès de S. M. la reine de Madagascar par un résident général.

Art. 3. — Le gouvernement de la République française représentera Madagascar dans toutes ses relations extérieures.

Le Résident général sera chargé des rapports avec les agents des puissances étrangères ; les questions intéressant les étrangers à Madagascar seront traitées par son entremise.

Les agents diplomatiques et consulaires de la France en pays étranger seront chargés de la protection des sujets et des intérêts malgaches.

Art. 4. — Le gouvernement de la République française se réserve de maintenir à Madagascar les forces militaires nécessaires à l'exercice de son protectorat.

Il prend l'engagement de prêter un constant appui à S. M. la reine de Madagascar contre tout danger qui la menacerait ou qui compromettrait la tranquillité de ses États.

Art. 5. — Le Résident général contrôlera l'administration intérieure de l'île.

S. M. la reine de Madagascar s'engage à procéder aux réformes que le Gouvernement français jugera utiles à l'exercice de son protectorat, ainsi qu'au développement économique de l'île et au progrès de la civilisation.

Art. 6. — L'ensemble des dépenses des services publics à Madagascar et le service de la dette seront assurés par les revenus de l'île.

Le gouvernement de S. M. la reine de Madagascar s'interdit de

---

(1) Ce traité ne sera pas mis en vigueur; la Reine vient de signer pour le remplacer une déclaration unilatérale dont le texte officiel n'a pas encore été divulgué par le Gouvernement français.

contracter aucun emprunt sans l'autorisation du gouvernement de la République française.

Le gouvernement de la République française n'assume aucune responsabilité à raison des engagements, dettes ou concessions que le gouvernement de S. M. la reine de Madagascar a pu souscrire avant la signature du présent traité.

Le gouvernement de la République française prêtera son concours au gouvernement de S. M. la reine de Madagascar pour lui faciliter la conversion de l'emprunt du 4 décembre 1886.

Art. 7. — Il sera procédé dans le plus bref délai possible à la délimitation des territoires de Diego-Suarez. La ligne de démarcation suivra, autant que le permettra la configuration du terrain, le 12° 45' de latitude sud.

Tananarive, le 1er octobre 1895.

(Suivent les signatures.)

Dès que le texte du traité fut connu en France, de vives polémiques et de violentes critiques se produisirent dans la presse : le parti annexionniste protestait énergiquement en effet contre la situation ainsi faite à la France après une expédition aussi pénible et aussi coûteuse.

C'était, à notre avis, s'alarmer à tort et il suffisait d'étudier les termes mêmes de cet acte diplomatique pour se convaincre qu'il en résultait en réalité pour la France une annexion absolue et complète, sous le couvert et le titre officiel de protectorat.

Quelles sont en effet les conditions essentielles du protectorat?

L'État qui sollicite ou accepte le protectorat d'une nation étrangère doit veiller soigneusement à conserver et à exercer dans son intégralité les droits de sa souveraineté, c'est-à-dire qu'il doit avoir soin de les conserver *de jure et de facto*, car ce n'est que dans ces conditions que les effets du protectorat ne changent en rien la valeur et la considération internationale de l'État soumis au protectorat (1).

Pour empêcher que le protectorat dégénère en une véritable dépendance, il est nécessaire, d'une part, que l'État qui se place sous la protection d'un autre État se réserve expressément et dans tous les cas, le droit de se gouverner lui-même et d'édicter les lois qu'il juge convenables ; d'autre part, que le traité spécial qui établit le protectorat, détermine les relations qui doivent exister entre

_____

(1) V. Calvo, *Dictionnaire de droit international*, vᵒ *Protectorat*.

les deux peuples et l'ensemble des droits qu'assume l'État protecteur (1).

Ceci posé, trouvons-nous dans le traité du 1ᵉʳ octobre les conditions du protectorat ? Et tout d'abord, l'État hova conserve-t-il
de jure et de facto son autonomie ? Conserve-t-il le droit de se gouverner lui-même et d'édicter les lois qu'il juge convenables ? A ce
point de vue les articles 1 à 5 du traité répondent d'une façon assez
nette.

La reine de Madagascar accepte l'immixtion absolue de la France
dans tous ses droits de souveraineté : la France occupe militairement le pays ; l'armée hova est licenciée et ne sera reconstituée
que quand et comme le voudra le gouvernement de la République ;
enfin le Résident général contrôle l'administration intérieure du
pays et rien ne peut plus se faire en dehors de lui. Après cela,
que reste-t-il des droits de souveraineté de la reine ? Rien ou du
moins bien peu de chose : nominalement le pouvoir est entre ses
mains ; effectivement il est entre celles du résident général.

C'est donc bel et bien, nous le répétons, sous le couvert d'un protectorat, une annexion pure et simple, et même, à un certain point
de vue, plus qu'une annexion : en effet l'État annexé disparaît et
cesse d'exister comme État souverain (ce qui n'est pas ici), mais
son anéantissement n'entraine pas nécessairement l'extinction
de ses droits et obligations vis-à-vis des autres États, parce que
son peuple et son territoire continuent d'exister en substance et
n'ont fait que passer dans l'autre État : ces droits et obligations
passent à celui-ci (2)

Ces obligations, en l'espèce, ce sont les traités, les engagements
que le gouvernement hova a pu souscrire avec les puissances
étrangères : or l'article 6, § 3, dispose en termes formels, que « le
» gouvernement de la République française n'assume *aucune res-*
» *ponsabilité* à raison des engagements, dettes ou concessions que
» le gouvernement de S. M. la reine de Madagascar a pu souscrire
» avant la signature du présent traité ».

Ce qui ressort clairement de ce texte, c'est que la France a maintenant toute liberté d'allures au sujet des traités de commerce signés entre diverses puissances et le gouvernement hova, traités
toujours susceptibles d'ailleurs de dénonciation.

Le passé, le présent et l'avenir sont donc, nous le voyons, réglés

---

(1) V. *Droit international*, t. I, § 62.
(2) V. Calvo, *Dictionnaire de droit international*, vº *Annexion*.

de la façon la plus nette, au mieux des intérêts de la France, qui, dans ce soi-disant protectorat, recueille tous les avantages de la protection et de l'annexion sans en assumer aucunement les charges et les inconvénients.

§ 468. Pendant l'impression de cet ouvrage, M. Hanotaux, ancien ministre des Affaires étrangères de France et qui avait dirigé toute la partie diplomatique de l'affaire de Madagascar, a publié dans la *Revue de Paris*, sous forme de lettre au directeur, un très intéressant article sur le traité de Tananarive.

Opinion de M. Hanotaux sur le protectorat.

Nous nous sommes empressé d'en extraire quelques passages qui nous ont paru intéressants pour le lecteur.

L'ancien ministre des Affaires étrangères du cabinet Ribot rappelle tout d'abord dans quelles conditions l'expédition de Madagascar fut résolue.

Après avoir ensuite parlé de la campagne et du général Duchesne, M. Hanotaux s'efforce de montrer combien certaines des discussions intervenues à propos du traité de Tananarive étaient oiseuses et vaines.

« Qu'est-ce qu'un protectorat? Bien des polémiques ont été échangées à ce sujet, depuis trois mois. Dans cette revue même, des définitions juridiques ont été données par des théoriciens très versés dans le droit international. Mais si les personnes instruites, si les publicistes qui ont soutenu, avec des arguments également solides, des thèses contraires sur la question, avaient touché, si peu que ce fût, à la réalité, ils eussent renoncé à leur entreprise ; le protectorat, en effet, ne se définit pas. C'est un état de fait, et voilà tout.

« Il ne se définit pas, parce que le protectorat n'est rien autre chose, à vrai dire, qu'une restriction, une limitation, une modération que, dans son intérêt, la puissance victorieuse s'impose à elle-même au moment de sa victoire, dans la mesure où il lui convient, alors qu'elle pourrait, en vertu du droit de la guerre, aller jusqu'au bout de sa conquête. N'en déplaise à nos jurisconsultes de cabinet, le protectorat ne se définit pas, parce qu'il n'y a pas de tribunal pour juger les conflits qui pourraient s'élever entre la nation protectrice et la nation protégée sur la portée des termes de l'arrangement ; et que, d'autre part, la force de la puissance protégée étant brisée et anéantie par une occupation permanente et un désarmement complet, tout recours à la guerre, sanction suprême des différends internationaux, est, par là même, rendu impossible ».

« Un gouvernement existe à Madagascar. Il fonctionne ; il assure, dans des conditions rudimentaires peut-être, mais il assure, en somme, l'ordre et la paix publique. Qui ne voit que se substituer à ce gouvernement, c'est provoquer indirectement le malheur que l'on appréhendait, à savoir mettre le désordre et l'anarchie la plus coûteuse à la place d'un régime qui a, du moins, le mérite de s'être adapté lui-même, rien qu'en vivant, aux nécessités de l'existence dans la contrée où il s'est développé ?

« Or, ce gouvernement a son principal établissement dans une capitale d'où son autorité s'étend jusqu'aux extrémités de l'île, — puisque ses gouverneurs sont établis non seulement dans l'Emyrne et dans les Betsiléos, mais dans tous les ports de la côte Est, de Vohémar à Fort-Dauphin, et sur la côte Ouest : Amotsangana, Majunga et Tulléar ; dans ce centre, dans cette capitale, vous le tenez à votre discrétion ; il est placé sous le feu de vos canons. Vous pouvez vous servir de lui pour agir, au loin, sur les populations avec lesquelles vous n'avez aucun moyen de communication, aucun rapport direct. Ce sont vos ordres que vont porter, rapides comme le vent, ces « courriers de la reine » qui sont obéis sur un simple mot. On vous obéira ainsi, avec cette admirable docilité qui, jusqu'au bout de la campagne, ne vous a pas permis d'escompter une seule défection. Toute l'autorité publique est ramassée dans quelques mains : ces mains, vous les tenez ; elle dépend de quelques têtes : ces têtes, vous les désignez à votre gré. Et vous feriez l'insigne folie de briser une telle organisation, pour mettre à la place je ne sais quel autre système qu'il faudra créer de toutes pièces, et qui, avant même de fonctionner, aura tout jeté dans une inextricable confusion ! »

« Deux exemples étaient là, d'ailleurs, frappants, concluants : l'Algérie et la Tunisie. Après soixante ans d'efforts et de luttes, nous n'avons pas encore trouvé la formule de notre domination en Algérie. Après quinze ans, au contraire, la Tunisie est prospère et calme. Pas une révolte, pas une cartouche tirée, pas une goutte de sang versée depuis la conquête, pas un soldat déplacé, depuis lors, dans un intérêt de sécurité publique : voilà le résultat des deux systèmes, celui de l'administration directe et celui du protectorat.

. . . . , ...

«... On a traité, dit-on, avec la *reine de Madagascar*. Pourquoi lui reconnaître ainsi une autorité s'étendant sur l'île tout entière, alors qu'il est avéré que certains territoires ne sont pas placés sous son autorité ? » — Singulier raisonnement, ici encore. Quoi !

l'unification de l'ile est assez achevée pour que vous puissiez, par
une seule phrase, vous assurer, sans conteste, la possession légitime de tout le pays. Cette unification, elle a été proclamée par
vous-mêmes dans tous les traités antérieurs. Elle a été reconnue,
dans des actes authentiques, par les puissances étrangères. Vous
n'aurez plus à traiter désormais avec tel ou tel principicule de la
brousse ou de la forêt. Tout vous appartient, d'un consentement
unanime ; et vous prendriez à tâche de relever ces barrières, ou
plutôt vous vous imposeriez la mission de tracer ces frontières qui
n'ont jamais existé, tout cela pour refuser à une reine, qui vous
est subordonnée, un titre qui, maintenant, ne sert plus qu'à vous-
mêmes ! Ce gouvernement est le maître incontestable de tout le
plateau central et de la périphérie de l'ile. Vous êtes les maîtres de
ce gouvernement, et c'est ce moment que vous allez choisir pour
lui contester des droits que vous lui avez toujours reconnus et que
reconnaissent avec vous, à votre profit, toutes les puissances
étrangères ! Depuis que l'Angleterre s'est acquis les droits de la
Birmanie, elle ne songe nullement à les restreindre, mais à les
développer sans cesse : si on l'en croyait, ils engloberaient l'Asie
entière. Et vous n'oseriez pas étendre jusqu'aux rivages de Madagascar l'autorité de votre protégé, quand cette autorité c'est vous
qui en êtes les détenteurs !

« Que l'on examine, un à un, les articles du traité, qu'on les compare à ceux des conventions analogues sur lesquelles s'appuie notre autorité à Tunis, au Tonkin, en Annam, au Cambodge, qu'on
se réfère aux conventions que l'Angleterre a passées à Zanzibar,
aux Indes, et ailleurs, on verra qu'en vertu du traité de Tananarive
la France peut faire, à Madagascar, tout ce qui doit contribuer à
affermir sa domination, à sauvegarder ou à développer ses intérêts
et ceux de ses nationaux. »

M. Hanotaux examine ensuite les articles du traité de Tananarive et prouve qu'il confère à la France tous droits et pouvoirs en
la débarrassant des charges du passé, sauf l'emprunt de 1885.

« On a affecté, dans la discussion, de confondre notre situation
à Madagascar avec celle que le traité du Bardo nous avait faite à
Tunis.

« C'est là une équivoque qui ne peut résister à un examen, même
superficiel, de la question. A Tunis, en effet, pour des raisons
politiques sur lesquelles il n'y a pas lieu d'insister ici, on a cru
devoir prendre *expressément* l'engagement de respecter les traités
antérieurement conclus par le Bey, et l'on s'est mis dans cette si-

tuation que la nation protectrice, traitée en quelque sorte comme
un pays étranger, n'a pas cru pouvoir réclamer sur le sol du pays
protégé les avantages économiques spéciaux auxquels elle devrait
pouvoir légitimement prétendre. Cette situation tend d'ailleurs
tous les jours à se modifier et nous considérons que l'engagement
contracté il y a quinze ans ne peut être éternel, et qu'à bref délai
il devra prendre fin.

« Mais de ce que cette situation a été stipulée en termes exprès
pour la régence de Tunis dans le traité du Bardo, faut-il conclure
qu'il en doit être de même à Madagascar, alors que le traité de
Tananarive ne contient aucune clause semblable, et qu'au contraire il nous délie de toutes responsabilités en ce qui concerne
les engagements antérieurs pris par la reine? Il n'y a qu'un mot
à dire pour répondre à cette objection : c'est qu'elle n'est fondée
ni en droit ni en fait. Aussitôt que le traité aura été ratifié, c'est-à-
dire aussitôt que le gouvernement de la République aura assumé
la mission qui lui est confiée par les articles 3 et 5, de représenter
Madagascar et de prendre les mesures nécessaires au développement économique de l'île, le résident général n'a qu'à édicter tel
règlement qu'il jugera convenable en ce qui concerne l'importation des produits français ; personne ne peut soulever à ce sujet
la moindre réclamation légitime ».

§ 469. A toute époque, il y a eu entre les différents groupes de
la communauté humaine une inégalité absolue (1) : les États forment des groupes d'importance diverse, intérieurement unis par
les liens d'une dépendance plus ou moins étroite et se présentent
extérieurement comme une unité politique aux peuples demeurés
en dehors d'eux.

Le protectorat est le mode qui réalise le plus complètement l'u-
nion d'un État puissant avec un autre moins puissant.

Il existe deux formes de protectorat : la forme ancienne qui suppose deux États de force inégale, mais de civilisation sensiblement
égale ; la forme nouvelle dont l'importance est aujourd'hui bien
plus considérable et dans laquelle un peuple civilisé exerce le protectorat sur un autre moins civilisé.

Cette dernière union a été le résultat des découvertes géographiques et de la fièvre d'expansion qui s'est emparée des États européens.

Des effets du protecto-rat. Opinion de M. Pillet.

(1) Pillet, *Des droits de la puissance protectrice sur l'administration intérieure de l'Etat protégé* (*Journal du droit international privé*, 1895, p. 583).

Actuellement, et contrairement à ce qui se passait autrefois, le peuple civilisé préfère respecter les institutions publiques du non-civilisé avec lequel il entre en contact, sauf à assumer un pouvoir de direction conforme à ses visées politiques.

L'État civilisé se présente au non-civilisé comme un tuteur : il se charge de ses relations avec les autres peuples, lui promet de le protéger et de le défendre contre tout danger extérieur et enfin de le faire avancer petit à petit dans la voie du progrès et de la civilisation.

De son côté, le protégé se borne à promettre l'obéissance nécessaire pour arriver à ce triple but. Mais cette idée d'obéissance n'emporte-t-elle pas des conséquences qui se font sentir sur l'administration intérieure du protégé ; celui-ci a-t-il une autonomie aussi complète que si le protectorat n'existait pas ? C'est ce qu'il s'agit de rechercher.

Aucun des traités de protectorat actuellement en vigueur ne limite rigoureusement l'effet du protectorat aux relations extérieures du protégé, mais aucun non plus ne donne la formule exacte des conséquences de l'existence de ce lien entre les deux peuples. Nous pouvons en effet passer en revue tous les traités intervenus depuis 1847, date à laquelle fut contracté le plus ancien traité de protectorat entre la France et un autre peuple, celui de Papaëte qui mettait l'île d'Haïti sous le protectorat français.

Depuis on trouve le traité de Houdong du 11 août 1863 relatif au Cambodge ; celui de Cassar-Saïd du 12 mai 1881 relatif à la Tunisie ; celui de Hué du 6 juin 1884 relatif à l'Annam ; ceux de Tamatave du 17 décembre 1885 et de Tananarive du 1er octobre 1895 relatifs à Madagascar.

Aucun de ces documents ne fixe d'une façon précise le point qui nous occupe : on doit considérer dans chaque cas l'intention des parties, les besoins en vue desquels le protectorat est constitué, les nécessités de la situation ainsi créée.

Du côté de la doctrine, est-il possible de trouver quelque chose qui aide à nous fixer sur l'étendue des droits de la personne protectrice quant à l'administration intérieure du territoire protégé. Pas plus que dans la pratique on ne trouvera là une théorie complète des rapports en question.

Trois auteurs seulement font exception à la règle et paraissent avoir saisi toute l'importance de cette question :

Ortolan (1) met fort bien en évidence cette idée que l'État protec-

(1) *Règles internationales et diplomatie de la mer*, I, p. 48.

teur n'accorde sa protection qu'en échange, non seulement de certains éléments d'influence, mais « des conditions qui lui donnent » les moyens d'exercer cette protection d'une manière efficace. On » ne prend pas une mission de protection sans les pouvoirs suffi- » sants pour la mettre à effet ». Il est regrettable qu'Ortolan n'ait pu développer suffisamment son idée.

Chrétien (1) est parmi les contemporains un de ceux qui ont le mieux apprécié la question. Le protectorat, dit-il, est « une atteinte à l'autonomie intérieure de la puissance protégée » et pour le protecteur un droit de contrôle sur l'exercice de la souveraineté intérieure et la direction de certains pouvoirs publics.

Holtzendorff enfin a fait une analyse détaillée des rapports dérivant du protectorat (2). Il ne donne pas une solution absolue et renvoie pour chaque cas au texte du traité d'établissement.

La puissance protectrice absorbe la personnalité internationale de l'État protégé. Cette substitution est absolue, complète, car pour que le protecteur puisse accomplir son œuvre de protection il est indispensable qu'il ait en mains toute la direction des affaires extérieures de son protégé.

Ce droit de représentation suppose chez la personne publique à laquelle l est confié, la jouissance de tous les pouvoirs nécessaires à son exercice : c'est là justement la solution que nous cherchons.

Certains de ces droits sont nettement énumérés dans les traités.

Une conséquence du droit de représentation, c'est que les tiers accréditeront auprès du protecteur les ministres chargés de leurs rapports avec l'État protégé : ils s'adresseront à lui pour tout ce qui concerne l'exécution ou la modification des traités conclus avec ce dernier. On admet aussi généralement que l'État protégé ne peut faire la guerre ni conclure la paix sans l'assentiment du protecteur.

La translation du droit de présider à toutes les relations extérieures a un corollaire forcé : c'est la responsabilité pour le protecteur vis-à-vis des tiers des actes illicites que le protégé peut commettre. On ne saurait révoquer en doute le principe de cette responsabilité.

La situation résultant du protectorat est en effet telle qu'elle ne comporte d'autre alternative que l'impunité du protégé ou la responsabilité du protecteur.

(1) *Principes de droit international public*, p. 255.
(2) *Handbuch des Völkerrechts*, II, p. 102 et s.

Les choses étant ainsi il apparaît immédiatement que les droits du protecteur ne sauraient être restreints au seul domaine des relations extérieures. L'État protecteur ne peut pas être considéré comme responsable des actes du protégé si on ne lui reconnaît pas en même temps le pouvoir d'obliger celui-ci à satisfaire ses obligations internationales.

Dès lors, quels peuvent être les pouvoirs de l'État protecteur quant aux affaires intérieures du protégé? Généraux et indéfinis comme la responsabilité à laquelle ils correspondent, ces pouvoirs devront s'étendre à toutes les branches de l'administration intérieure parce que chacune peut soulever une question internationale.

Au premier rang des droits du protecteur, il faut placer le rôle qu'il a à jouer en matière de conventions diplomatiques. A cet égard il faut établir une distinction entre les traités passés avant le protectorat et ceux passés depuis son établissement.

Les premiers ont donné naissance à des droits acquis que le protecteur doit respecter, mais supposons qu'il y en ait dont les clauses sont contraires à l'exercice même du protectorat : il faut alors reconnaître que le tiers avec lequel le traité était passé a tacitement renoncé aux avantages qu'il lui conférait, s'il n'a pas protesté contre l'établissement dudit protectorat.

Pour les traités postérieurs à celui-ci, la règle est bien simple ; il ne peut y avoir de traité valable qui n'ait été fait ou approuvé par le protecteur.

Dès lors, toute intervention dans les affaires intérieures du protégé, si profonde qu'elle soit, demeure correcte et légitime si elle peut paraître nécessaire à l'exécution des traités existants.

En dehors de tout traité, il existe cependant des obligations internationales auxquelles chaque État doit satisfaire : le premier soin du protecteur sera de les faire respecter et d'y contraindre au besoin par la force son protégé.

La police et la sûreté des domaines soumis au protégé doivent être mis à la charge du protecteur : c'est à la fois une condition essentielle à tout développement pacifique et pour chaque peuple une obligation internationale précise.

L'administration de la justice civile est encore un des attributs de la souveraineté intérieure qui doivent être de la compétence du protecteur ; le commerce international n'est en effet possible que si les étrangers sont assurés de trouver des tribunaux indépendants et éclairés pour faire respecter leurs droits.

La protection des étrangers, leur législation et administration spéciale, les règlements sur le commerce maritime, le système monétaire sont incontestablement des questions qui ont un intérêt international trop grand pour ne pas rentrer dans la compétence du protecteur.

De cette étude théorique et purement spéculative, nous pouvons tirer la conclusion suivante : il est évident que le fonctionnement régulier et fécond d'un protectorat est lié à la bonne foi et à l'entente des deux parties. Suivant que ces éléments seront présents ou absents dans chaque cas, le protectorat changera en peu d'années la misère en richesse, la barbarie en civilisation ou ne manquera pas d'entraîner l'asservissement définitif d'un pays qui, ayant accepté des devoirs, n'a pas trouvé en lui les qualités qu'il aurait dû déployer pour les remplir.

LIVRE II

DU DROIT DE POSTLIMINIE ET DU DROIT DE REPRISE.

Voir *Droit international*, V, § 3169.

Aucun fait remarquable ne s'est produit sur cette question depuis la 4ᵉ édition.

———

APPENDICE

Traité garantissant le libre usage du canal de Suez en temps de paix et en temps de guerre entre la France, l'Allemagne, l'Autriche-Hongrie, l'Espagne, la Grande-Bretagne, l'Italie, les Pays-Bas, la Russie et la Turquie. (Signé à Constantinople le 29 octobre 1888, promulgué par décret du 28 janvier 1889 au *Journal officiel de la République française* du 30 janvier 1889.)

Le Président de la République française,
Sur la proposition du ministre des Affaires étrangères,

Décrète :

Article 1er. — Un traité international ayant été conclu, le 29 octobre 1888, pour l'établissement d'un régime définitif destiné à garantir le libre usage du canal de Suez, et les ratifications des gouvernements de la France, de l'Allemagne, de l'Autriche-Hongrie, de l'Espagne, de la Grande-Bretagne, de l'Italie, des Pays-Bas, de la Russie et de la Turquie sur cet acte, trouvées, après examen, en bonne et due forme, ayant été déposées à Constantinople, le 28 décembre 1888, ledit traité, dont la teneur suit, recevra sa pleine et entière exécution.

Au nom de Dieu tout-puissant,

Le Président de la République française, S. M. l'empereur d'Allemagne, roi de Prusse, S. M. l'empereur d'Autriche, roi de Bohême, etc. et roi apostolique de Hongrie, S. M. le roi d'Espagne, et en son nom la reine régente du royaume, S. M. la reine du Royaume-Uni de la Grande-Bretagne et d'Irlande, impératrice des Indes, S. M. le roi d'Italie, S. M. le roi des Pays-Bas, grand-duc de Luxembourg, etc., S. M. l'empereur de toutes les Russies et S. M. l'empereur des Ottomans, voulant consacrer par un acte conventionnel l'établissement d'un régime définitif destiné à garantir, en tous temps et à toutes les puissances, le libre usage du canal maritime de Suez et compléter ainsi le régime sous lequel la navigation par ce canal a été placée par le firman de S. M. I. le Sultan, en date du

22 février 1866 (2 jilkadé 1282), sanctionnant les concessions de
S. A. le Khédive, ont nommé pour leurs plénipotentiaires, savoir :

Le Président de la République française,

Le sieur Gustave-Louis Lannes, comte de Montebello, ambassadeur extraordinaire et plénipotentiaire de France ;

S. M. l'empereur d'Allemagne, roi de Prusse,

Le sieur Joseph de Radowitz, son ambassadeur extraordinaire et plénipotentiaire ;

S. M. l'empereur d'Autriche, roi de Bohême, etc., et roi apostolique de Hongrie,

Le sieur Henri, baron de Calice, son ambassadeur extraordinaire et plénipotentiaire ;

S. M. le roi d'Espagne et en son nom la reine régente du royaume,

Le sieur Don Miguel Florez y Garcia, son chargé d'affaires ;

S. M. la reine du Royaume-Uni de la Grande-Bretagne et d'Irlande, impératrice des Indes,

Le Très Honorable sir William Arthur White, son ambassadeur extraordinaire et plénipotentiaire ;

S. M. le roi d'Italie,

Le sieur Albert, baron Blanc, son ambassadeur extraordinaire et plénipotentiaire ;

S. M. le roi des Pays-Bas, grand-duc de Luxembourg, etc.,

Le sieur Gustave Keun, son chargé d'affaires ;

S. M. l'empereur de toutes les Russies,

Le sieur Alexandre de Nélidow, son ambassadeur extraordinaire et plénipotentiaire ;

S. M. l'empereur des Ottomans.

Méhemmet-Saïd-Pacha, son ministre des Affaires étrangères,

Lesquels, s'étant communiqué leurs pleins pouvoirs respectifs, trouvés en bonne et due forme, sont convenus des articles suivants:

Article 1er. — Le canal maritime de Suez sera toujours libre et ouvert, en temps de guerre, comme en temps de paix, à tout navire de commerce ou de guerre, sans distinction de pavillon.

En conséquence, les Hautes Parties contractantes conviennent de ne porter aucune atteinte au libre usage du canal, en temps de guerre comme en temps de paix.

Le canal ne sera jamais assujetti à l'exercice du droit de blocus.

Art. 2. — Les Hautes Parties contractantes reconnaissant que le canal d'eau douce est indispensable au canal maritime, prennent acte des engagements de Son Altesse le khédive envers la compagnie universelle du canal de Suez, en ce qui concerne le canal d'eau douce, engagements stipulés dans une convention en date du 18 mars 1863, contenant un exposé et quatre articles.

Elles s'engagent à ne porter aucune atteinte à la sécurité de ce canal et de ses dérivations, dont le fonctionnement ne pourra être l'objet d'aucune tentative d'obstruction.

Art. 3. — Les Hautes Parties contractantes s'engagent de même à respecter le matériel, les établissements, constructions et travaux du canal maritime et du canal d'eau douce.

Art. 4. — Le canal maritime restant ouvert en temps de guerre comme passage libre, même aux navires de guerre des belligérants, aux termes de l'article 1er du présent traité, les Hautes Parties contractantes conviennent qu'aucun droit de guerre, aucun acte d'hostilité ou aucun acte ayant pour but d'entraver la libre navigation du canal ne pourra être exercé dans le canal et ses ports d'accès, ainsi que dans un rayon de trois milles marins de ces ports, alors même que l'empire ottoman serait l'une des puissances belligérantes.

Les bâtiments de guerre des belligérants ne pourront, dans le canal et ses ports d'accès, se ravitailler ou s'approvisionner que dans la limite strictement nécessaire. Le transit desdits bâtiments par le canal s'effectuera dans le plus bref délai d'après les règlements en vigueur et sans autre arrêt que celui qui résulterait des nécessités du service. Leur séjour à Pord-Saïd et dans la rade de Suez ne pourra dépasser vingt-quatre heures, sauf le cas de relâche forcée. En pareil cas, ils seront tenus de partir le plus tôt possible. Un intervalle de vingt-quatre heures devra toujours s'écouler entre la sortie d'un port d'accès d'un navire belligérant et le départ d'un navire appartenant à la puissance ennemie.

Art. 5. — En temps de guerre, les puissances belligérantes ne débarqueront et ne prendront dans le canal et ses ports d'accès ni troupes, ni munitions, ni matériel de guerre. Mais, dans le cas d'un empêchement accidentel dans le canal, on pourra embarquer ou débarquer, dans les ports d'accès, des troupes fractionnées par groupe n'excédant pas 1,000 hommes, avec le matériel de guerre correspondant.

Art. 6. — Les prises seront soumises sous tous les rapports au même régime que les navires de guerre des belligérants.

Art. 7. — Les puissances ne maintiendront dans les eaux du canal (y compris le lac Timsah et les lacs amers) aucun bâtiment de guerre.

Toutefois, dans les ports d'accès de Pord-Saïd et de Suez, elles pourront faire stationner des bâtiments de guerre dont le nombre ne devra pas excéder deux pour chaque puissance.

Ce droit ne pourra être exercé par les belligérants.

Art. 8. — Les agents en Egypte des puissances signataires du présent traité seront chargés de veiller à son exécution. En toute circonstance qui menacerait la sécurité ou le libre passage du canal, ils se réuniront, sur la convocation de trois d'entre eux et sous la présidence du doyen, pour procéder aux constatations nécessaires. Ils feront connaître au gouvernement khédivial le danger qu'ils auraient reconnu afin que celui-ci prenne les mesures propres à assurer la protection et le libre usage du canal.

En tout état de cause ils se réuniront une fois par an pour constater la bonne exécution du traité. Ces dernières réunions auront lieu sous la présidence d'un commissaire spécial nommé à cet effet par le gouvernement impérial ottoman. Un commissaire khédivial pourra également prendre part à la réunion et la présider en cas d'absence du commissaire ottoman.

Ils réclameront notamment la suppression de tout ouvrage ou la dispersion de tout rassemblement qui, sur l'une ou l'autre rive du canal, pourrait avoir pour but ou pour effet de porter atteinte à la liberté et à l'entière sécurité de la navigation.

Art. 9. — Le gouvernement égyptien prendra, dans la limite de ses pouvoirs, tels qu'ils résultent des firmans et dans les conditions prévues par le présent traité, les mesures nécessaires pour faire respecter l'exécution dudit traité.

Dans le cas où le gouvernement égyptien ne disposerait pas de moyens suffisants, il devra faire appel au gouvernement impérial ottoman, lequel prendra les mesures nécessaires pour répondre à cet appel, en donnera avis aux autres puissances signataires de la déclaration de Londres, du 17 mars 1885, et, au besoin, se concertera avec elles à ce sujet.

Les prescriptions des articles 4, 5, 7 et 8 ne feront pas obstacle aux mesures qui seront prises en vertu du présent article.

Art. 10. — De même, les prescriptions des articles 4, 5, 7 et 8 ne feront pas obstacle aux mesures que Sa Majesté le Sultan et Son Altesse le khédive, au nom de Sa Majesté impériale et dans les limites des firmans concédés, seraient dans la nécessité de prendre pour assurer, par leurs propres forces, la défense de l'Egypte et le maintien de l'ordre public.

Dans le cas où Sa Majesté impériale le Sultan ou Son Altesse le khédive se trouveraient dans la nécessité de se prévaloir des exceptions prévues par le présent article, les puissances signataires de la déclaration de Londres en seraient avisées par le gouvernement impérial ottoman.

Il est également entendu que les prescriptions des quatre articles dont il s'agit ne porteront, en aucun cas, obstacle aux mesures que le gouvernement impérial ottoman croira nécessaire de prendre pour assurer par ses propres forces la défense de ses autres possessions situées sur la côte orientale de la mer Rouge.

Art. 11. — Les mesures qui seront prises dans les cas prévus par les articles 9 et 10 du présent traité ne devront pas faire obstacle au libre usage du canal.

Dans ces mêmes cas, l'érection de fortifications permanentes élevées contrairement aux dispositions de l'article 8 demeure interdite.

Art. 12. — Les Hautes Parties contractantes conviennent, par application du principe d'égalité en ce qui concerne le libre usage du canal, principe qui forme l'une des bases du présent traité, qu'aucune d'elles ne recherchera d'avantages territoriaux ou commerciaux, ni de privilèges dans les arrangements internationaux qui pourront intervenir, par rapport au canal. Sont d'ailleurs réservés les droits de la Turquie comme puissance territoriale.

Art. 13. — En dehors des obligations prévues expressément par les clauses du présent traité, il n'est porté aucune atteinte aux droits souverains de Sa Majesté impériale le Sultan et aux droits et immunités de Son Altesse le Khédive, tels qu'ils résultent des firmans.

Art. 14. — Les Hautes Parties contractantes conviennent que les engagements résultant du présent traité ne seront pas limités par la durée des actes de concession de la Compagnie universelle du canal de Suez.

Art. 15. — Les stipulations du présent traité ne feront pas obstacle aux mesures sanitaires en vigueur en Egypte.

Art. 16. — Les Hautes Parties contractantes s'engagent à porter le présent traité à la connaissance des États qui ne l'ont pas signé, en les invitant à y accéder.

Art. 17. — Le présent traité sera ratifié et les ratifications en seront échangées à Constantinople dans un délai d'un mois, ou plus tôt si faire se peut.

En foi de quoi les plénipotentiaires respectifs l'ont signé et y ont apposé le sceau de leurs armes.

Fait à Constantinople, le vingt-neuvième jour du mois d'octobre de l'an mil huit cent quatre-vingt-huit.

(*L. S.*) Signé : E. DE MONTEBELLO.

(*L. S.*) — RADOWITZ.

(*L. S.*) — CALICE.

(*L. S.*) — MIGUEL FLOREZ GARCIA

(*L. S.*) — W. A. WHITE.

(*L. S.*) — BLANC.

(*L. S.*) — GUST. KEUN.

(*L. S.*) — FELIDOW.

(*L. S.*) — M. SAID.

ART. 2. — Le ministre des Affaires étrangères est chargé de l'exécution du présent décret.

Fait à Paris, le 28 janvier 1889.   CARNOT.

Par le Président de la République :
Le ministre des Affaires étrangères,
RENÉ GOBLET.

TRAITÉ DE COMMERCE ET DE NAVIGATION ENTRE LA GRANDE-BRETAGNE
ET LE JAPON.

*Signé à Londres le 16 juillet 1894. — Ratifications échangées
à Tôkiô, le 25 août 1894.*

ARTICLE 1er. — Les sujets de chacune des deux Hautes Parties contractantes auront la liberté complète d'entrer, voyager ou résider sur tous les points des États et possessions de l'autre Partie contractante et jouiront d'une protection pleine et entière pour leurs personnes et leurs biens.

Ils auront un accès libre et facile près des Cours de justice pour la poursuite et la défense de leurs droits ; ils auront la liberté comme les habitants du pays de choisir et employer les hommes de loi, les avocats et les représentants pour poursuivre et défendre leurs droits devant ces Cours, et dans toutes les autres matières se rapportant à l'administration de la justice, ils jouiront de tous les droits et privilèges dont jouissent les nationaux.

Dans tout ce qui a rapport aux droits de résidence et de circulation, à la possession des biens et objets de toutes sortes, à la succession à la masse des biens meubles par testament ou autrement et à la disposition, en quelque manière que ce soit, de la propriété de toute sorte qu'ils peuvent légalement acquérir, les sujets de chacune des Parties contractantes jouiront dans les États et possessions de l'autre des mêmes privilèges, libertés et droits et ne pourront être soumis à ce sujet à des impôts ou charges plus considérables que les nationaux ou les sujets et citoyens de la nation la plus favorisée. Les sujets de chacune des Parties contractantes jouiront, dans les États et possessions de l'autre, d'une entière liberté de conscience, et, en se conformant aux lois, ordonnances et règlements, auront le droit d'exercice privé ou public de leur culte et aussi le droit d'enterrer leurs compatriotes respectifs suivant leurs coutumes religieuses, dans telles places appropriées et convenables qui pourront être établies et entretenues dans ce but.

Ils ne pourront être forcés, sous quelque prétexte que ce soit, de payer aucunes charges ou taxes autres ou plus élevées que celles qui sont ou pourront être payées par les nationaux ou les sujets et citoyens de la nation la plus favorisée.

Art. 2. — Les sujets de l'une des Parties contractantes résidant dans les États ou possessions de l'autre seront exempts de toute obligation de service militaire, quel qu'il soit, dans l'armée, la marine, la garde nationale ou la milice ; de toutes les contributions imposées au lieu de service personnel et de tous les emprunts forcés ou des taxes ou contributions militaires.

Art. 3. — Il y aura liberté réciproque de commerce et de navigation entre les États et possessions des deux Hautes Parties contractantes.

Les sujets de chacune des Hautes Parties contractantes pourront faire le commerce dans toutes les parties des États et possessions de l'autre, en gros ou en détail, avec toutes sortes de produits, choses fabriquées, et marchandises d'un commerce permis, en personne ou par agents, seuls ou en société avec des nationaux ou des étrangers ; ils pourront y posséder ou louer et occuper les maisons, manufactures, magasins, boutiques et locaux qui pourront leur être nécessaires et louer des terres pour leur résidence et leur commerce en se conformant comme les nationaux aux lois et aux règlements de police et de douane du pays.

Ils auront la faculté d'aller librement avec leurs navires et leurs cargaisons dans tous les ports, places et rivières des États ou possessions de l'autre qui sont ou pourront être ouverts au commerce étranger ; ils jouiront respectivement du même traitement, en ma-

tière de commerce et de navigation, que les nationaux ou les sujets
et citoyens de la nation la plus favorisée, sans avoir à payer des
taxes, impôts ou charges de quelque nature et sous quelque dénomination que ce soit, levés au nom et au profit du gouvernement,
des fonctionnaires publics, d'individualités privées, de corporations ou d'établissements de toutes sortes, autres ou plus considérables que ceux payés par les nationaux ou les sujets et citoyens
de la nation la plus favorisée ; le tout en se conformant toujours
aux lois, ordonnances et règlements de chaque pays.

Art. 4. — Les habitations, manufactures, magasins et boutiques
des sujets de chacune des Hautes Parties contractantes dans les
États et possessions de l'autre et tous les locaux leur appartenant,
destinés à leur résidence ou au commerce, seront respectés.

Il ne sera pas permis de procéder à une perquisition ou à une
visite domiciliaire dans ces habitations et locaux soit pour examiner, soit pour inspecter les livres, papiers ou comptes, excepté en
se conformant aux conditions et aux formalités ·prescrites par les
lois, ordonnances et règlements pour les nationaux.

Art. 5. — Il ne sera perçu sur l'importation dans les États et
possessions de Sa Majesté britannique de n'importe quel article
produit ou manufacturé dans les États et possessions de Sa Majesté
l'empereur du Japon, de quelque place qu'il vienne ; et il ne sera
perçu sur l'importation dans les États et possessions de Sa Majesté
l'empereur du Japon de n'importe quel article produit ou manufacturé dans les États et possessions de Sa Majesté britannique, de
quelque place qu'il vienne, aucun droit de douane autre ou plus
élevé que sur le même article produit ou manufacturé dans un autre
pays étranger ; il ne sera maintenu ou établi, sur l'importation de
n'importe quel article produit ou manufacturé dans les États et possessions de l'une des Hautes Parties contractantes, dans les États et
possessions de l'autre, de quelque place qu'il vienne, aucune prohibition qui ne serait pas étendue également à l'importation du
même article produit et manufacturé dans n'importe quel autre
pays. Cette dernière disposition n'est pas applicable aux mesures
sanitaires et aux autres prohibitions causées par la nécessité d'assurer la sécurité des personnes, du bétail et des plantes utiles à
l'agriculture.

Art. 6. — Il ne sera établi, dans les États et possessions de
l'une des Hautes Parties contractantes sur l'exploitation de n'importe quel article destiné aux États et possessions de l'autre,
aucuns droits ou charges autres ou plus élevés que ceux qui sont

ou seront perçus sur l'exportation du même article pour un autre pays étranger ; il ne sera établi sur l'exportation d'aucun article venant des États et possessions de l'une des deux Parties contractantes dans les États et possessions de l'autre, aucune prohibition qui ne serait pas étendue à l'exportation du même article dans un autre pays.

Art. 7. — Les sujets de chacune des Hautes Parties contractantes jouiront, dans les États et possessions de l'autre, de l'exemption de tous droits de transit et ils seront traités entièrement comme les nationaux pour tout ce qui a rapport aux entrepôts, primes, facilités et drawbacks.

Art. 8. — Tous les articles qui peuvent ou pourront être légalement importés dans les ports des États et possessions de Sa Majesté l'empereur du Japon sur des navires japonais pourront également être imrtés dans ces ports sur des navires anglais sans être soumis à aucuns droits ou charges autres ou plus élevés, sous quelque dénomination que ce soit, que s'ils avaient été importés sur des navires japonais ; et réciproquement tous les articles qui peuvent et pourront être légalement importés dans les ports et possessions de Sa Majesté britannique sur des navires anglais pourront également être importés dans ces ports sur des navires japonais sans être soumis à aucuns droits ou charges autres ou plus élevés, sous quelque dénomination que ce soit, que s'ils avaient été importés sur des navires anglais. Cette égalité réciproque de traitement produira effet sans distinction, que ces articles viennent directement de leur lieu d'origine ou qu'ils viennent d'un autre endroit.

De la même façon, il y aura parfaite égalité de traitement quant aux exportations, de sorte que les mêmes droits d'exportation seront payés et les mêmes primes et drawbacks seront accordés dans les États et possessions de l'une des Hautes Parties contractantes pour l'exportation de n'importe quel article qui peut et pourra être légalement exporté, que cette exportation ait lieu sur des navires japonais ou anglais et quelle que soit la destination ; que ce soit un port de l'une des Parties contractantes ou d'une troisième puissance.

Art. 9. — Aucun droit de tonnage, port, pilotage, phare, quarantaine ou autre semblable ou analogue, de quelque nature ou sous quelque dénomination que ce soit, établi au nom et pour le profit du gouvernement, de fonctionnaires publics, d'individualités privées, de corporations ou d'établissements de toutes espèces ne sera imposé dans les ports des États et possessions de l'un des pays sur les navires de l'autre, à moins d'être également et sous les mêmes conditions imposé dans les mêmes cas aux navires nationaux en général ou aux navires de la nation la plus favorisée. Cette égalité de traitement sera réciproquement appliquée aux navires des deux pays, de quelque port ou place qu'ils puissent arriver et quelle que soit leur destination.

Art. 10. — Pour tout ce qui a trait au stationnement, chargement et déchargement des navires dans les ports, bassins, docks, rades, baies ou rivières des États et possessions des deux pays, tout privilège accordé aux navires nationaux sera également accordé aux navires de l'autre pays; l'intention des Hautes Parties contractantes étant qu'à cet égard aussi leurs navires respectifs seront traités sur le pied d'une parfaite égalité.

Art. 11. — Le petit cabotage des deux Hautes Parties contractantes est excepté des prescriptions du présent traité et sera réglé conformément aux lois, ordonnances et règlements respectifs du Japon et de la Grande-Bretagne. Il est cependant bien entendu que les Japonais, dans les États et possessions de Sa Majesté britannique et les Anglais, dans les États et possessions de Sa Majesté l'empereur du Japon, jouiront, à cet égard, de tous les droits qui sont et seront accordés par les lois, ordonnances et règlements aux sujets et citoyens de n'importe quel autre pays.

Tout navire japonais chargé dans un pays étranger d'une cargaison destinée à deux ou plusieurs ports des États et possessions de Sa Majesté britannique et tout navire anglais chargé dans un pays étranger d'une cargaison destinée à deux ou plusieurs ports des États et possessions de Sa Majesté l'empereur du Japon, — ce navire pourra décharger une partie de sa cargaison dans un port et continuer sa route vers l'autre ou les autres ports, si le commerce étranger y est permis, à l'effet de débarquer le reste de sa cargaison première, en se conformant toujours aux lois et règlements de douane des deux pays.

Le gouvernement japonais, toutefois, consent à permettre aux navires anglais de continuer, comme auparavant, pendant la durée du présent traité, à transporter des marchandises entre les ports ouverts existant dans l'empire, à l'exception du transit de ou pour les ports d'Osaka, Nügata et Ebisu-Minato.

Art. 12. — Tout vaisseau de guerre ou navire marchand de l'une des Hautes Parties contractantes qui sera forcé par le temps ou toute autre nécessité de se mettre à l'abri dans un port de l'autre pays, aura la liberté de s'y réparer, de s'y procurer tous les approvisionnements nécessaires et de reprendre la mer sans payer d'autres droits que ceux qui seraient dus par les navires nationaux. Au cas, cependant, où le capitaine d'un navire marchand serait obligé de se défaire d'une partie de sa cargaison pour payer les dépenses, il serait forcé de se conformer aux règlements et tarifs de la place où il serait venu.

Si un vaisseau de guerre ou un navire de commerce de l'une des Parties contractantes venait à se jeter à la côte ou à faire naufrage sur les côtes de l'autre, les autorités en informeraient le consul, le vice-consul ou l'agent consulaire du district, ou s'il n'y avait pas dans ce district de fonctionnaire consulaire, elles informeraient le consul général, consul, vice-consul ou agent consulaire du district le plus rapproché.

Toutes les opérations relatives au sauvetage des navires japonais naufragés ou jetés à terre dans les eaux territoriales de Sa Majesté britannique auront lieu conformément aux lois, ordonnances et règlements de la Grande-Bretagne, et réciproquement toutes les mesures de sauvetage des navires anglais naufragés ou jetés à terre dans les eaux territoriales de Sa Majesté l'empereur du Japon auront lieu conformément aux lois, ordonnances et règlements du Japon.

Ces vaisseaux et navires jetés à la côte ou naufragés, leurs différentes parties, tout leur mobilier et tout ce qui leur appartiendrait, tous les objets et marchandises sauvés, et tout ce qui aurait pu être jeté à la mer et tout le produit de la vente, si ces divers objets ont été vendus, de même que tous les papiers trouvés à bord de ces vaisseaux ou navires naufragés ou jetés à la côte seront remis aux propriétaires ou à leurs agents quand ils les réclameront. Si les propriétaires ou leurs agents ne sont pas sur les lieux, ces objets seront remis aux consuls généraux, consuls, vice-consuls ou agents consulaires respectifs, sur leur demande faite dans le délai fixé par les lois du pays, et ces fonctionnaires, consulaires, propriétaires ou agents, payeront seulement les dépenses faites pour la conservation des objets, avec les droits de sauvetage et les autres dépenses qui auraient été dus dans le cas de naufrage d'un navire du pays.

Les objets et marchandises sauvés du naufrage seront exempts de tous droits de douane, à moins d'être livrés à la consommation, cas auquel ils payeront les droits ordinaires.

Quand un vaisseau ou navire appartenant aux sujets de l'une des

Parties contractantes fera naufrage ou sera jeté à la côte sur le territoire de l'autre, les consuls généraux, consuls, vice-consuls et agents consulaires respectifs seront autorisés, au cas où le propriétaire, le maître d'équipage ou un autre agent du propriétaire ne seraient pas présents, à prêter officiellement leur assistance pour apporter les secours nécessaires aux sujets des États respectifs. La même règle s'appliquera au cas où le propriétaire, le maître d'équipage ou un autre agent seront présents, mais demanderont cette assistance.

Art. 13. — Tous les navires qui, suivant la loi japonaise, sont considérés comme navires japonais et tous les navires qui, suivant la loi anglaise, sont considérés comme navires anglais, seront, pour l'application du présent traité, respectivement considérés comme navires japonais et anglais.

Art. 14. — Les consuls généraux, consuls, vice-consuls et agents consulaires de chacune des Parties contractantes, résidant dans les États et possessions de l'autre, recevront des autorités locales l'assistance permise par la loi pour la capture des déserteurs des navires de leur pays respectif.

Il est entendu que cette stipulation ne s'appliquera pas aux sujets du pays où la désertion aurait eu lieu.

Art. 15. — Les Hautes Parties contractantes conviennent que, dans tout ce qui concerne le commerce et la navigation, tout privilège, faveur ou immunité que l'une des Parties contractantes a accordés actuellement ou accordera plus tard à un gouvernement, à des navires, à des sujets ou citoyens d'un autre État, sera immédiatement et sans condition étendu au gouvernement, aux navires, aux sujets ou aux citoyens de l'autre Partie contractante, car telle est leur intention que le commerce et la navigation de chaque pays soient placés par l'autre, sous tous les rapports, sur le pied de la nation la plus favorisée.

Art. 16. — Chacune des Hautes Parties contractantes pourra accréditer des consuls généraux, consuls, vice-consuls, proconsuls et agents consulaires dans tous les ports, villes et places de l'autre, excepté dans ceux où il y aurait inconvénient à reconnaitre de tels fonctionnaires.

Cette exception, toutefois, ne sera pas opposée à l'une des parties contractantes, sans l'être également à toute autre puissance.

Les consuls généraux, consuls, vice-consuls, proconsuls et agents consulaires pourront exercer leurs fonctions et jouiront de tous les privilèges, exemptions et immunités qui sont et pourront par la suite être accordés aux fonctionnaires consulaires de la nation la plus favorisée.

Art. 17. — Les sujets de chacune des Hautes Parties contractantes jouiront, dans les États et possessions de l'autre, de la même protection que les nationaux relativement aux brevets, marques de commerce et dessins, après l'accomplissement des formalités prescrites par la loi.

Art. 18. — Le gouvernement de Sa Majesté britannique, en tant que cela le concerne, donne son consentement à l'arrangement suivant :

Les divers établissements étrangers dans le Japon seront incorporés dans les communes japonaises respectives et formeront, par suite, une partie du système municipal général du Japon.

Les autorités japonaises compétentes se chargeront de toutes les obligations municipales et des services qui en résultent, et les fonds et biens communs appartenant à ces établissements, s'il en existe, seront transférés en même temps auxdites autorités japonaises.

Quand cette incorporation aura lieu, les baux à perpétuité qui existent et sous lesquels la propriété est concédée dans lesdits établissements seront confirmés, et aucune condition, quelle qu'elle soit, autre que celles contenues dans les baux existants, ne pourra être imposée à ces biens. Il est cependant convenu que les autorités consulaires mentionnées dans ces baux seront, dans tous les cas, remplacées par les autorités japonaises.

Toutes les terres qui avaient été concédées libres d'impôts par le gouvernement japonais seront, conformément au droit du domaine éminent, exonérées à perpétuité de toutes taxes et charges pour services publics dont elles ont été déchargées à l'origine.

Art. 19. — Les stipulations du présent traité seront applicables, autant que les lois le permettent, à toutes les colonies et possessions étrangères de Sa Majesté britannique, excepté à celles ci-après nommées qui sont :

Les Indes,
Les États du Canada,
Terre-Neuve,
Le Cap,
Natal,
La Nouvelle Galles du Sud,
Victoria,
Queensland,

La Tasmanie,

L'Australie du Sud,

L'Australie de l'Ouest,

La Nouvelle-Zélande.

Il est toutefois convenu que les stipulations du présent traité pourront être rendues applicables à celles des colonies susnommées ou aux possessions étrangères pour lesquelles avis en serait donné au gouvernement japonais par le représentant de Sa Majesté britannique à Tôkiô, dans un délai de deux ans, de la date de l'échange des ratifications du présent traité.

Art. 20. — Le présent traité, à partir de la date de son entrée en vigueur, prendra la place des conventions respectives du 23 du 8e mois de la 7e année de Kayei, correspondant au 14 octobre 1854 et du 13 du 5e mois de la 2e année de Keiou, correspondant au 25 juin 1866, du traité du 18 du 7e mois de la 5e année d'Ansei, correspondant au 26 août 1858, et de tous arrangements et accords conclus ou existant entre les Hautes Parties contractantes ; à partir de cette date ces conventions, traité, arrangements et accords cesseront de produire effet, et, en conséquence, la juridiction exercée par les Cours anglaises du Japon et tous les privilèges exceptionnels, exemptions et immunités dont jouissent les sujets anglais en résultance de cette juridiction, cesseront et prendront fin entièrement et sans avis, et toute cette juridiction sera remplie et exercée par les Cours japonaises.

Art. 21. — Le présent traité ne produira pas effet avant au moins cinq années après sa signature. Il entrera en vigueur un an après que le gouvernement de Sa Majeté l'empereur du Japon aura donné avis au gouvernement de Sa Majesté britannique de son désir de le voir produire effet. Cet avis pourra être donné après l'expiration d'un délai de quatre ans, de la date du présent traité. Le traité restera en vigueur pendant une période de douze ans, à partir du jour de son application.

Chacune des Hautes Parties contractantes aura le droit, au bout de onze ans, à partir du jour où le traité aura produit effet, de donner avis à l'autre de son intention de le faire cesser, et douze mois après cet avis le traité cessera et prendra fin entièrement.

Art. 22. — Le présent traité sera ratifié, et les ratifications seront échangées à Tôkiô aussitôt que possible et dans un délai qui ne dépassera pas six mois de ce jour.

En foi de quoi les plénipotentiaires respectifs ont signé les présentes et y ont apposé le sceau de leurs armes.

Fait double à Londres, ce 16 juillet de l'an du Seigneur 1894.

(*L. S.*) Kimberley.

(*L. S.*) Aoki.

Protocole signé a Londres, le 16 juillet 1894.

Le gouvernement de Sa Majesté, etc.

2. Le gouvernement japonais, en attendant d'ouvrir le pays aux
sujets anglais, consent à étendre le système existant de passeports,
de manière à permettre aux sujets anglais, sur la production d'un
certificat de recommandation du représentant anglais à Tòkiò ou
d'un consul de Sa Majesté, dans un des ports ouverts du Japon,
d'obtenir sur demande des passeports valables pour toutes les parties du pays et pour un temps ne dépassant pas douze mois, et délivrés par le ministère des Affaires étrangères de l'Empire du Japon
à Tòkiò ou par les autorités de la Préfecture dans laquelle est
situé un port ouvert ; étant bien compris que les règles et règlements existants qui gouvernent les sujets anglais visitant l'intérieur de l'Empire continueront à être appliqués.

3. Le gouvernement japonais garantit qu'avant la cessation de
la juridiction consulaire anglaise au Japon, il adhérera aux conventions internationales pour la protection de la propriété industrielle et littéraire.

4. Il est convenu entre les deux Hautes Parties contractantes que
si le Japon juge nécessaire, à un moment donné, d'imposer un
droit supplémentaire sur la production ou la fabrication du sucre
au Japon, une augmentation équivalente des droits de douane
pourra être mise sur les sucres raffinés anglais importés au Japon
aussi longtemps que la taxe ou le droit intérieur supplémentaire
continuera à être prélevé.

Il est toujours décidé que le sucre raffiné anglais jouira, à cet
égard, du traitement accordé au sucre raffiné produit ou manufacturé par la nation la plus favorisée.

5. Les plénipotentiaires soussignés ont décidé que ce protocole
sera soumis aux deux Hautes Parties contractantes en même temps
que le traité de commerce et de navigation signé aujourd'hui, et
que, quand ledit traité sera ratifié, les conventions contenues dans
le protocole seront également considérées comme approuvées sans
avoir besoin d'une autre ratification spéciale.

Il est également décidé que ce protocole prendra fin en même temps que ledit traité.

En foi de quoi les plénipotentiaires respectifs ont signé les présentes et y ont apposé le sceau de leurs armes.

Fait à Londres, en double, le 16 juillet de l'an du Seigneur 1894.

(*L. S.*) Kimberley.

(*L. S.*) Aoki.

Échange de Note

Le comte de Kimberley au vicomte Aoki.

Ministère des Affaires étrangères, 16 juillet 1894.

Monsieur,

Se référant à l'article 19 du traité entre la Grande-Bretagne et le Japon, signé aujourd'hui, comme quelques-unes des colonies anglaises et possessions étrangères énumérées dans cet article pourraient être empêchées d'accéder au présent traité par suite de leur incapacité d'accepter les stipulations relatives au service militaire contenues dans l'article 2 dudit traité et pour éviter tous malentendus futurs, le gouvernement de Sa Majesté demande au gouvernement du Japon l'assurance que quelques-unes desdites colonies anglaises et possessions pourront accéder au présent traité sous la condition que, nonobstant leur adhésion, elles ne seront pas liées par les stipulations de l'article 2.

J'ai, etc.....   Signé : Kimberley.

Le vicomte Aoki au comte de Kimberley.

Légation japonaise, Londres, 16 juillet 1894.

Monsieur le Comte,

En réponse à la note du gouvernement de Sa Majesté, se référant à l'article 19 du traité entre la Grande-Bretagne et le Japon, signé aujourd'hui, et demandant, pour des raisons contenues en la note, l'assurance que quelques-unes des colonies anglaises et possessions étrangères énumérées en cet article pourront accéder au présent traité, sous cette condition que, nonobstant leur adhésion, elles ne seront pas liées par les stipulations de l'article 2, le gouvernement du Japon donne ici même l'assurance demandée.

J'ai, etc.....   Signé : Aoki.

Le vicomte Aoki au comte de Kimberley.

Le soussigné, envoyé extraordinaire et ministre plénipotentiaire de Sa Majesté l'empereur du Japon, en vertu d'une autorisation spéciale du gouvernement de Sa Majesté l'empereur du Japon, a l'honneur d'annoncer au premier secrétaire d'État du ministre des Affaires étrangères de Sa Majesté britannique que le gouvernement impérial japonais, reconnaissant qu'il aura avantage à ce que les Codes de l'Empire, déjà promulgués, soient en vigueur quand les stipulations du traité actuellement existant entre le gouvernement du Japon et celui de la Grande-Bretagne viendront à cesser, s'engage à ne pas donner l'avis prévu par le premier paragraphe de l'article 21 du traité de commerce et de navigation signé ce jour, jusqu'à ce que les parties desdits Codes, qui sont actuellement en expectative, soient entrées en vigueur.

Le soussigné a l'avantage, etc.....   Signé : Aoki.

Légation japonaise, Londres, le 16 juillet 1894.

(Traduction de M. G. Rafin, docteur en droit ; extraite du *Journal du droit international privé*, 1895, p. 904.)

Il est intéressant de comparer, avec le traité anglo-japonais que nous venons de rapporter intégralement, le traité de commerce et de navigation contracté entre le Japon et les États-Unis d'Amérique, le 22 novembre 1894, et dont les ratifications ont été échangées le 21 mars 1895, ainsi que les protocoles qui s'y rattachent. *(Note du traducteur.)*

Ce dernier traité, sauf quelques différences que nous allons signaler, est *identique* au traité anglo-japonais. Il suffit donc de relever sommairement les quelques points par lesquels il s'en différencie :

1° Dans le traité américain, l'article 2 (copié sur l'article 3 du traité anglais) est complété par la disposition suivante : « Il est cependant convenu que les stipulations qui précèdent ne peuvent, en aucune manière, porter atteinte aux lois, ordonnances et règlements concernant le commerce, l'immigration des travailleurs, la police et la sécurité publique qui sont ou pourront être édictés dans chacun des deux pays. »

2° L'article 19 du traité anglo-japonais n'a pas d'équivalent dans le traité avec les États-Unis, ce qui se comprend aisément.

3° Le traité des États-Unis doit entrer en vigueur, le 17 juillet 1899, pour une durée de douze ans, et remplacer le traité du 31 mars 1854, celui du 29 juillet 1858, le tarif conventionnel du 25 juin 1866, et la convention du 25 juillet 1878.

4° Un protocole joint au traité décide qu'un mois après l'échange des ratifications du traité, le tarif d'importation au Japon pour les marchandises américaines cessera. Il sera remplacé par le tarif général du Japon, sauf l'application de l'article 9 du traité du 31 mars 1854 et l'application de l'article 4 et de l'article 14 du nouveau traité (correspondant aux articles 5 et 15 du traité anglais).

5° Ce protocole contient pour les passeports une disposition analogue au paragraphe 2 du protocole anglais.

Note du *Journal du droit international privé.* Le traité anglo-japonais a fait l'objet, de la part de M. Boissonade, d'une série d'études publiées dans la *Revue française du Japon*, 1894, nᵒˢ 32, 33 et 35, qui offrent un très grand intérêt. V. aussi, *Revue générale de droit international public*, chronique des faits internationaux, 1894, p. 562 ; J. Dubois, La Codification au Japon et la révision des traités, *Revue générale de droit international public*, 1895, p. 111. — Sur le traité entre les États-Unis et le Japon, V. Clunet, 1894, p. 1147.

L'Italie a également signé avec le Japon une convention abolitive de la juridiction consulaire (V. l'*Italie* du 25 décembre 1894) ; ce traité a été adopté par la Chambre des députés d'Italie, le 31 juillet 1895 et par le Sénat, le 2 août de la même année ; en attendant la mise en vigueur du nouvel accord, les relations entre l'Italie et le Japon continuent à être réglées par le traité d'amitié et de navigation du 25 août 1866.

Nous trouvons dans le rapport du Conseil fédéral à l'Assemblée fédérale sur sa gestion en 1894 (département des affaires étrangères) certains renseignements sur l'activité de la diplomatie japonaise, qu'il nous paraît utile de reproduire :

« L'année 1894 a ramené au premier plan la question des traités avec le Japon. Le but auquel le gouvernement de ce pays n'a pu parvenir au cours des années 1884, 1886 et 1889 dans des conférences communes avec les représentants des puissances européennes et des États-Unis d'Amérique, c'est-à-dire la reconnaissance de la juridiction japonaise à l'égard des étrangers et l'élévation des taxes douanières en échange de l'ouverture générale du pays au commerce étranger, a été atteint successivement au moyen de traités particuliers conclus d'abord avec la Grande-Bretagne (16 juillet 1894), puis avec les États-Unis d'Amérique (22 novembre 1894) et l'Italie (1ᵉʳ décembre 1894). A la fin de l'année, le Japon négociait encore avec l'Empire allemand, l'Autriche-Hongrie, la Russie et l'Espagne au sujet de la conclusion de traités analogues et nous nous verrons probablement dans le cas d'entamer des pourparlers analogues. Jusque-là, notre traité de commerce avec le Japon du 6 février 1864 conclu pour une durée illimitée, de même que le tarif douanier conventionnel du 25 juin 1866 qui en est le corollaire, demeurent en vigueur. Aussi longtemps que ledit traité n'aura pas été abrogé par un autre, les conditions qui y sont stipulées ne pourront pas être remplacées par de moins favorables. La clause de la nation la plus favorisée qui y est inscrite nous garantit en même temps la participation aux avantages que de nouveaux traités conclus avec le Japon pourraient procurer à d'autres États.

Les traités conclus par le Japon avec les États-Unis d'Amérique et l'Italie ne contiennent pas de tarifs, mais bien celui passé avec la Grande-Bretagne.

En principe, ce dernier traité ne doit pas entrer en vigueur avant un délai d'au moins cinq ans. Cependant, en ce qui concerne les taxes du tarif, qui presque toutes ont été majorées à l'entrée au Japon, l'accord intervenu devait, en vertu d'un protocole joint au traité, être appliqué un mois déjà après l'échange des ratifications, c'est-à-dire dès le 25 septembre 1894. Cependant, comme, d'une part, la convention prévoit le traitement de la nation la plus favorisée et comme, d'autre part, les anciens traités que le Japon a conclus avec les autres États et qui y fixent les droits d'entrée au 5 0/0 de la valeur sont encore en vigueur, il résulte que les taxes majorées d'un commun accord avec la Grande-Bretagne ne pourront être appliquées avant l'expiration de tous les anciens traités, et cela, même à des marchandises de provenance britannique. »

Les traités du Japon avec l'Angleterre, les États-Unis et l'Italie ne sont pas les seuls que le Japon ait conclus en vue de la suppression de la juridiction consulaire ; il y a lieu de citer encore, dans le même ordre d'idées, les accords intervenus avec le Mexique et avec le gouvernement provisoire d'Hawaï ; de même, le Portugal a implicitement abandonné son privilège de juridiction consulaire en cessant de remplir les conditions de son exercice (Ordonnance impériale du 14 juillet 1892, qui prononce la déchéance de la juridiction consulaire au Japon, *Revue française*, 1892, p. 221). V. encore, Le Japon et Hawaï, *ibid.*, 1894, p. 144.

— Réserve éventuellement faite à l'égard des citoyens d'Hawaï, des Mexicains, des Portugais, la condition des étrangers se trouve encore régie, à l'heure actuelle, d'après les dispositions des traités antérieurs. V. à ce sujet, L'exterritorialité et les tribunaux mixtes dans l'Extrême-Orient, et particulièrement au Japon, Clunet, 1875, p. 169 et p. 249 ; G. Boissonade, L'exterritorialité au Japon, *ibid.*, 1892, p. 632.

LE LIVRE JAUNE SUR LE SIAM ET LE HAUT MÉKONG (1).

Le gouvernement français vient de distribuer au Parlement le Livre jaune, dont il avait annoncé la publication, et qui concerne les négociations qui ont accompagné la convention signée le 15 janvier entre la France et l'Angleterre.

Le texte de la convention est précédé d'une lettre du ministre des Affaires étrangères, M. Berthelot, adressée au ministre des Colonies, M. Guieysse, où se trouve caractérisée la portée de l'arrangement. A la suite de cette lettre se trouvent les lettres échangées entre l'ambassadeur à Londres, M. de Courcel, et lord Salisbury, pour la signature de la convention.

Voici, par ordre chronologique, l'ensemble de ces divers documents :

Le baron de Courcel, ambassadeur de la République française à Londres, au marquis de Salisbury, premier ministre de Sa Majesté britannique.

Londres, 15 janvier.

Les deux gouvernements de France et de Grande-Bretagne s'étant mis d'accord pour régler un certain nombre de questions qui ont donné lieu, dans les derniers temps, à des discussions entre eux, je suis heureux de pouvoir vous annoncer l'adhésion du gouvernement de la République française aux arrangements constatés par la déclaration ci-jointe que j'ai été autorisé à signer avec Votre Seigneurie.

Mon gouvernement a la confiance que la conclusion de ces négociations, en manifestant la bonne entente établie entre la France et l'Angleterre, sera de nature à exercer une influence salutaire sur les populations soumises à l'autorité des deux pays ou voisines de leurs possessions respectives. Elle témoignera, en particulier, de leur commune sollicitude pour la sécurité et la stabilité du royaume de Siam. Les assurances que les deux gouvernements ont échangées impliquent, en effet, de la part de chacun d'eux le désir d'entretenir avec ce royaume les relations les plus amicales et l'intention de respecter les conventions existantes.

Je ne doute pas que Votre Seigneurie ne partage mon sentiment à cet égard et je saisis cette occasion, etc.....

ALPH. DE COURCEL.

(1) On trouvera sur cette question une étude intéressante dans la chronique des faits internationaux. *Revue générale de droit international public*, 1896, n° 1.

Le marquis de Salisbury, premier ministre de Sa Majesté britannique, au baron de Courcel, ambassadeur de la République française à Londres.

Foreign Office, 15 janvier 1896.

J'ai l'honneur d'accuser réception à Votre Excellence de la lettre, en date de ce jour, par laquelle Elle m'annonce que son gouvernement accepte les arrangements sur lesquels nous sommes tombés d'accord pour le règlement de diverses questions récemment discutées entre nos deux gouvernements, et que vous êtes autorisé à signer la déclaration dans laquelle ces arrangements sont consignés.

J'ai été heureux d'en recevoir l'avis et je suis prêt à signer immédiatement cette déclaration avec vous.

Vous me faites connaître que votre gouvernement a la confiance que la conclusion de ces négociations, en manifestant la bonne entente établie entre la France et l'Angleterre, sera de nature à exercer une influence salutaire sur les populations soumises à l'autorité des deux pays ou voisines de leurs possessions respectives.

Vous ajoutez que cette déclaration témoignera, en particulier, de la commune sollicitude des deux gouvernements pour la sécurité et la stabilité du royaume de Siam et que les assurances échangées par eux impliquent, en effet, de la part de chacun d'eux, le désir d'entretenir avec ce royaume les relations les plus amicales et l'intention de respecter les conventions existantes.

Je suis heureux de recevoir cet exposé des vues et des intentions de votre gouvernement et d'en prendre note, et de vous offrir des assurances semblables de la part du gouvernement de Sa Majesté britannique.

SALISBURY.

Le texte de l'arrangement est le suivant :

DÉCLARATION.

Les soussignés, dûment autorisés par leurs gouvernements respectifs, ont signé la déclaration suivante :

I. Les gouvernements de France et de Grande-Bretagne s'engagent mutuellement à ne faire pénétrer, dans aucun cas et sous aucun prétexte, sans le consentement l'un de l'autre, leurs forces armées dans la région comprenant les bassins des rivières Petchabouri, Meiklong, Ménam et Bang-Pa-Kong (rivière de Petriou) et leurs affluents respectifs, ainsi que le littoral qui s'étend depuis Muong-Bang-Tapan jusqu'à Muong-Pase, les bassins des rivières sur lesquelles sont situées ces deux villes, et les bassins des autres rivières dont les embouchures sont incluses dans cette étendue de littoral ; et comprenant aussi le territoire situé au nord du bassin du Ménam entre la frontière anglo-siamoise, le fleuve Mékong et la limite orientale du bassin du Mé-Ing. Ils s'engagent en outre à n'acquérir dans cette région aucun privilège ou avantage particulier dont le bénéfice ne soit pas commun à la France et à la Grande-Bretagne, à leurs nationaux et ressortissants, ou qui ne leur serait pas accessible sur le pied de l'égalité.

Ces stipulations, toutefois, ne seront pas interprétées comme dérogeant aux clauses spéciales qui, en vertu du traité conclu le 3 octobre 1893, entre la France et le Siam, s'appliquent à une zone de 25 kilomètres sur la rive droite du Mékong et à la navigation de ce fleuve.

II. Rien dans la clause qui précède ne mettra obstacle à aucune action dont les deux puissances pourraient convenir, et qu'elles jugeraient nécessaire pour maintenir l'indépendance du royaume de Siam. Mais elles s'engagent à n'entrer dans aucun arrangement séparé qui permette à une tierce puissance de faire ce qu'elles s'interdisent réciproquement par la présente déclaration.

III. A partir de l'embouchure du Nam-Huak et en remontant vers le nord jusqu'à la frontière chinoise, le thalweg du Mékong formera la limite des possessions ou sphères d'influence de la France et de la Grande-Bretagne. Il est convenu que les nationaux et ressortissants d'aucun des deux pays n'exerceront une juridiction ou autorité quelconque dans les possessions ou la sphère d'influence de l'autre pays.

Dans la partie du fleuve dont il s'agit, la police des îles séparées de la rive britannique par un bras dudit fleuve appartiendra aux autorités françaises tant que cette séparation existera. L'exercice du droit de pêche sera commun aux habitants des deux rives.

IV. Les deux gouvernements conviennent que tous les privilèges et avantages commerciaux ou autres, concédés dans les deux provinces chinoises du Yun-Nan et du See-Tchuen soit à la France, soit à la Grande-Bretagne, en vertu de leurs conventions respectives avec la Chine du 1er mars 1894, et du 20 juin 1895, et tous les privilèges et avantages de nature quelconque qui pourront être concédés par la suite dans ces deux mêmes provinces chinoises soit à la France, soit à la Grande-Bretagne, seront, autant qu'il dépend d'eux, étendus et rendus communs aux deux puissances, à leurs nationaux et ressortissants, et ils s'engagent à user à cet effet de leur influence et de leurs bons offices auprès du gouvernement chinois.

V. Les deux gouvernements conviennent de nommer des commissaires délégués par chacun d'eux, et qui seront chargés de fixer de commun accord, après examen des titres invoqués de part et d'autre, la délimitation la plus équitable entre les possessions françaises et anglaises dans la région située à l'ouest du Bas-Niger.

VI. Conformément aux stipulations de l'article XI de la convention générale conclue entre la Grande-Bretagne et la Régence de Tunis le 19 juillet 1875, qui prévoit une revision de ce traité « afin que les deux Parties contractantes puissent avoir occasion de traiter ultérieurement et de convenir de tels arrangements qui puissent tendre encore davantage à améliorer leurs relations mutuelles et à développer les intérêts de leurs nations respectives », les deux gouvernements conviennent d'ouvrir immédiatement des négociations en vue de remplacer ladite convention générale par une convention nouvelle répondant aux intentions annoncées dans l'article qui vient d'être cité.

Fait à Londres, le 15 janvier 1896.

ALP. DE COURCEL.
SALISBURY.

Voici maintenant la lettre adressée par M. Berthelot à M. Guieysse :

M. Berthelot, ministre des Affaires étrangères, à M. Guieysse, ministre des Colonies.

Paris, 20 *janvier* 1896.

J'ai l'honneur de vous communiquer avec les lettres échangées par eux à cette occasion, les déclarations signées le 15 janvier par M. de Courcel et Lord Salisbury, et qui règlent diverses questions pendantes entre le gouvernement français et le gouvernement britannique.

Je vous signalerai particulièrement la délimitation de nos possessions d'Indo-Chine, délimitation fixée au cours du Mékong, entre le gouvernement français et le gouvernement britannique. Les dispositions relatives à cette même limite entre le Siam et nous, inscrites dans notre traité du 3 octobre 1893, sont visées d'une manière expresse. On ne saurait méconnaître l'importance de cet accord qui met fin à une contestation existant depuis plusieurs années entre les deux gouvernements. La remise entre nos mains du territoire de Muong-Sing, occupé indûment, à nos yeux, par une force anglaise, présente à cet égard un intérêt moral et matériel des plus sérieux, indépendamment même du rôle que ce territoire est susceptible de jouer dans l'ouverture des voies de communication entre nos possessions et l'empire chinois par la vallée du Mékong.

Vous remarquerez les dispositions relatives au royaume de Siam. Les deux gouvernements déclarent qu'ils mettent en dehors de toute action militaire de leur part la partie de ce royaume comprise dans le bassin du Ménam et qu'ils s'engagent à n'entrer dans aucun arrangement séparé qui permette à une tierce puissance de faire ce qu'ils s'interdisent réciproquement. Ils s'engagent, en outre, à n'acquérir dans cette région aucun privilège ou avantage particulier dont le bénéfice ne soit pas commun à leurs nationaux et ressortissants. Les autres parties du royaume de Siam demeurent en dehors de cette clause de neutralisation réciproque. Chacune des deux puissances conserve le droit d'assurer l'exécution des traités existant entre elle et le Siam par les voies et moyens convenables. Je n'ai pas besoin d'ajouter, en ce qui touche l'exécution demeurée jusqu'ici incomplète du traité du 3 octobre 1893, que nous userons de cette faculté en nous inspirant des sentiments de modération et d'équité qui nous ont toujours guidés.

M. BERTHELOT.

INDEX ALPHABÉTIQUE

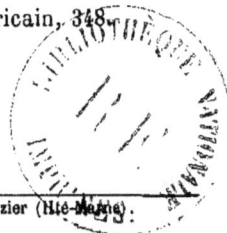

Imp. G. Saint-Aubin et Thevenot. — J. Thevenot, successeur, St-Dizier (Hte-Marne).

www.ingramcontent.com/pod-product-compliance
Lightning Source LLC
Chambersburg PA
CBHW031449210326
41599CB00016B/2158